南开大学人文社会科学年度发展报告

# 中国保险公司治理发展报告
# 2019

郝 臣 等编著

Annual Report on the Development of
China's Insurance Company Governance
2019

南开大学出版社
天 津

**图书在版编目(CIP)数据**

中国保险公司治理发展报告. 2019 / 郝臣等编著
. —天津：南开大学出版社，2020.12
ISBN 978-7-310-06018-4

Ⅰ. ①中… Ⅱ. ①郝… Ⅲ. ①保险公司－企业管理－
研究报告－中国－2019 Ⅳ. ①F842.3

中国版本图书馆 CIP 数据核字(2021)第 000146 号

中国保险公司治理发展报告 2019
ZHONGGUO BAOXIAN GONGSI ZHILI FAZHAN BAOGAO 2019

南开大学出版社出版发行
出版人：陈　敬
地址：天津市南开区卫津路 94 号　　邮政编码：300071
营销部电话：(022)23508339　营销部传真：(022)23508542
http://www.nkup.com.cn

北京君升印刷有限公司印刷　全国各地新华书店经销
2020 年 12 月第 1 版　2020 年 12 月第 1 次印刷
260×185 毫米　16 开本　27.25 印张　654 千字
定价：126.00 元

如遇图书印装质量问题，请与本社营销部联系调换，电话：(022)23508339

# 序　言

习近平总书记在 2017 年第五次全国金融工作会议上指出，"金融是实体经济的血脉，为实体经济服务是金融的天职，是金融的宗旨，也是防范金融风险的根本举措"。当前，中国金融体系稳健运行，为全面深化改革、推动经济高质量发展提供了坚强保障（郭树清，2019）。保险业与银行业、信托业、证券业、租赁业等共同构成了我国的金融体系。保险业的发展先后经历了舶来期（1805—1949 年）、中断期（1949—1978 年）和恢复期（1979 年至今）三个阶段。1949 年 10 月 20 日，中华人民共和国第一家保险公司中国人民保险公司成立，该公司与中华人民共和国同生共长，自此我国开始独立自主地经营保险业务。该公司的成立也标志着我国保险业的发展进入了一个新的阶段。如果从 1949 年新中国成立，建立中国人民保险公司算起，那么中国保险业已经经历了 70 年的风雨，其中包括 10 年的整顿和初期发展阶段，近 20 年的停业阶段，以及改革开放后 40 年的飞速发展阶段。公开统计数据显示，中国保险业的年保费收入从 1980 年的 4.6 亿元，增加到 2019 年的 42645 亿元，增长了 9271 倍，复合增长率为 25.65%。保险经营机构的数量也从 1949 年的 1 家发展到 2019 年的 237 家，其中人身险经营机构 98 家，财产险经营机构 89 家，再保险经营机构 11 家，集团控股机构 13 家，资产管理机构 26 家。

保险业的健康和快速发展离不开保险监管，我国保险业的发展史在一定意义上可以说是保险监管的发展史。1998 年之前，我国保险业的监管主要由中国人民银行负责。1997 年 11 月，中共中央、国务院召开第一次全国金融工作会议，会后联合下发《关于深化金融改革，整顿金融秩序，防范金融风险的通知》。为落实上述文件精神，1998 年 11 月 18 日，中国保险监督管理委员会（以下简称"中国保监会"）成立，集中统一监督管理全国保险市场，成为继 1992 年 10 月 26 日成立的中国证券监督管理委员会（以下简称"中国证监会"）之后的第二个金融监管机构，中国保监会、中国证监会与 2003 年 4 月 25 日成立的中国银行业监督管理委员会（以下简称"中国银监会"）成为我国的三大金融监管机构。在监管体系建设方面，早期我国保险监管以市场行为监管为主，后来形成了市场行为和偿付能力并重的监管体系。直到 2006 年，监管部门出台了《关于规范保险公司治理结构的指导意见（试行）》，公司治理与市场行为和偿付能力共同构成我国保险监管的"三支柱"框架，并一直持续至今。

目前国内学术界既有公司治理发展报告（李维安，2007；2011；2012；2014；2016；2017；2018；2019），又有保险业发展报告（孙祁祥和郑伟，2013；2014；2015；2016；2017；2018；2019；江生忠，2009；南开大学风险管理与保险学系，2012），而本发展报告专注于我国保险公司治理的发展状况。在教育部中央高校基本科研业务费专项资金项目、南开大学人文社科系列年度报告专项项目的支持下，本发展报告课题组先后作了报告框架结构设计、相关数据搜集整理、报告初稿写作和报告润色校对等工作，并在南开大学出版社正式出版了国内首部保险公司治理领域的年度发展报告，即《中国保险公司治理发展报告 2018》。此次是该系列发展报告第二次出版，而 2019 年也是南开大学建校 100 周年，因此，课题组以《中国保险公司治理发展报告 2019》献礼南开大学百年校庆。本报告是教育部中央高校基本科研业务费专项资金项目、南开大学人文社科系列年度报告专项项目的最终成果，也是笔者主持的国家社科基金后期资助项目《我国中小型保险机构治理研究》（项目号：20FGLB037）、国家社科基金年度项目《保险公司治理、投资效率与投保人利益保护研究》（项目号：16BGL055）、天津市哲学社会科学规划基金项目《基于风险承担视角的我国保险公司监督机制有效性研究》（项目号：TJGL20-003）、中国保险学会年度项目《严监管形势下中小保险机构公司治理研究》（项目号：ISCKT2019-N-1-02）的阶段性成果，本报告的写作也得到了国家自然科学基金重点项目《现代社会治理的组织与模式研究》（项目号：71533002）和南开大学中国公司治理研究院著作出版计划专项项目的支持，在此一并表示感谢！

为了准确理解公司治理的内涵和科学设计报告框架结构，本报告首先对"治理"一词的内涵进行了梳理。在 JSTOR 期刊数据库检索"Governance"一词发现，最早的文献是 1811 年《贝尔法斯特月刊》（*The Belfast Monthly Magazine*）第 6 卷第 35 期发表的文章《爱尔兰教育委员会的第十一份报告》（*Eleventh Report from the Commissioners of the Board of Education in Ireland*），该文首次提及"Governance"一词；题名检索发现，最早的文献是 1886 年在杂志《英国历史评论》（*The English Historical Review*）第 1 卷第 3 期发表的关于 1885 年出版的著作《统治英格兰：绝对王权与有限王权的区别》（*The Governance of England, Otherwise Called the Difference between an Absolute and a Limited Monarchy*）的书评文章。

20 世纪 90 年代以来，一些重要的国际组织和以政治学家、经济学家为代表的学者开始对"治理"的概念进行界定。世界银行在 1989 年发表的题为《撒哈拉以南的非洲：从危机到可持续增长》（*Sub-Saharan Africa: From Crisis to Sustainable Growth*）的报告中提出了"治理危机"（crisis of governance）这一概念，并认为治理就是行使政治权力来管理国家事务（the exercise of political power to manage a nation's affairs）；此后，世界银行在 1991 年的《管理发展：治理的视角》（*Managing Development: The Governance Dimension*）中明确给出了治理的定义，即认为治理是一个国家为了促进经济和社会资源的发展而运用的一种管理方式（the manner in which power is exercised in the management of a county's economic and social resources for development）；世界银行在 1992 年的《治理与发展》（*Governance and Development*）报告和 1994 年的《治理：世界银行的经验》（*Governance: The World Bank's Experience*）报告中均沿用了上述定义。此外，世界银行自 1978 年开始每年发布不同主题的《世界发展报告》（*World Development*），2017 年将主题定为"治理与法律"（Governance and the Law），进一步解释治理的内涵，认为治理是国家和非国家行为体在一组给定的正式、非正式规则中相互作用来设计与履行政策的过程，这些规则受到权力的影响（"governance is the process through which state and nonstate actors interact to design and implement policies within a given set of formal and informal rules that shape and are shaped by power"）。

联合国有关机构成立了全球治理委员会（Commission on Global Governance），并出版了一份名为《全球治理》（*Global Governance*）的杂志。1995 年，全球治理委员会明确了"治理"的定义：治理是指个人和机构、公共及私人部门，管理其公共事务的诸多方式的总和（"governance is the sum of the many ways individuals and institutions, public and private, manage their common affairs"），它是使相互冲突或不同的利益得以调和并且采取联合行动的持续的过程，包括有权迫使人们服从的规章制度以及种种非正式安排。诺贝尔经济学奖得主威廉姆森（Williamson）在 1975 年首次提到了"治理结构"（Governance Structure）一词，在 1984 年以"公司治理"（Corporate Governance）为题在《耶鲁法学杂志》（*Yale Law Journal*）发表文章，并在其于 1985 年出版的著作《资本主义的经济制度：企业、市场与关系性契约》（*The Economic Institutions of Capitalism: Firms, Markets, Relational Contracting*）中专门安排一章探讨公司治理问题。此外，全球治理理论的主要创始人之一罗西瑙（Rosenau，1995）将治理定义为一系列活动领域里的管理机制，它们虽未得到正式授权，却能有效发挥作用。我国学者俞可平（2002）也对治理的概念进行了界定，认为治理是一种公共管理活动和公共管理过程，包括必要的公共权威、管理规则、治理机制和治理方式。

从全球治理到国家治理再到各类社会治理、组织治理，治理作为在多个主体间的一种正式或非正式的制度，发挥着重要的作用。其中，全球治理指的是通过具有约束力的国际规制解决全球性的冲突、生态、人权、移民、毒品、走私和传染病等问题，以维持正常的国际政治经济秩序（俞可平，2002）；国家治理是指通过规约行政行为、市场行为和社会行为的一系列制度与程序来规范社会权力运行并维护公共秩序（俞可平，2014；辛向阳，2014）；社会治理是由政府组织主导，吸纳社会组织等多方治理主体参与的针对社会公共事务进行的治理活动（王浦劬，2014；代山庆，2015）；组织治理则更多地关注微观层面，因此对组织治理概念进行直接界定的文献较少，更多的是对组织治理的具体类型进行界定，例如组织治理包括营利性性组织治理和非营利组织治理，公司治理就是营利组织治理中的重要分支，大量学者对公司治理的内涵进行了研究。

治理作为对各方主体权责进行划分的过程，和管理存在许多差别。首先，二者的目标不同：治理的目标是对各治理主体的权责进行协调和制衡并最终实现决策科学化，而管理的目标是利益最大化。其次，二者的主体数量不同：治理涉及多方主体，而管理往往只存在一方主体。最后，二者的实施基础不同：治理可以通过正式或者非正式的制度来实施，而管理多通过正式的制度授权完成。治理作为一个持续的过程，通过一系列正式或非正式的制度安排，在全球、国家、社会及各类组织等多类主体的运行、运营过程中，发挥着决定方向的重要作用。

"公司治理"一词较早出现在美国学者伊尔斯（Eells）在 1960 年出版的《现代企业的含义：大型公司企业的哲学》（*The Meaning of Modern Business: An Introduction to the Philosophy of Large Corporate Enterprise*）一书中。不同学者对于公司治理的理解角度不同，例如施莱弗和维什尼（Shleifer 和 Vishny，1997）认为，公司治理要处理的是公司的资本供给者如何确保自己得到投资回报的途径问题，公司治理的中心问题是保证资本供给者（股东和债权人）的利益。也有学者从结构视角对公司治理进行了定义，例如吴敬琏（1994）认为公司治理是指由所有者、董事会和高级执行人员（高级经理人员）三者组成的一种组织结构。而张维迎（1996）则认为，广义的公司治理与企业所有权安排几乎是同一个意思，或者更准确地讲，公司治理只是企业所有权安排的具体化，企业所有权是公司治理的一个抽象概括。本报告主要参考了李维安对公司治理的定义，即所谓公司治理是指一套用来协调公司与所有利益相关者之间利益关系的包括正式和非正式的、内部和外部的制度安排，公司治理的目标是通过科学化的决策实现利益相关者利益最大化（李维安，2001、2005、2009、2016；李维安和郝臣，2015）。

本报告认为保险公司治理不是公司治理理论在保险公司上的简单运用，即"公司治理＋保险公司"，而是对保险公司的治理，即"保险公司＋治理"。保险公司治理有狭义和广义之分（郝臣，2015、2016；郝臣、李慧聪和崔光耀，2017；郝臣和崔光耀，2018）。狭义的保险公司治理是指保险公司的内部治理结构与机制，即通过有关"三会一层"的构成、地位与性质、基本职权、运作规则等方面的制度安排来解决股东与经理人以及大股东和小股东之间的委托代理问题，治理的目标是股东利益最大化。广义的保险公司治理是指一套综合公司章程、薪酬合约等公司内部机制，和监管机构监管、各类市场竞争等公司外部机制，协调公司与投保人、股东、经理人、雇员、社区、政府等利益相关者的利益，以实现保险公司决策科学化，进而实现利益相关者利益最大化的制度安排。

保险公司治理体系包括内部治理和外部治理，股东治理、董事会治理、监事会治理、高管治理等是内部治理的重要内容，而信息披露、外部监管、接管机制、利益相关者治理等则是外部治理的重要内容（郝臣、李慧聪和罗胜，2011；李维安、李慧聪和郝臣，2012、2015；郝臣，2018；李维安和郝臣，2018；郝臣、付金薇和李维安，2018）。考虑保险公司治理数据的可获得性，本报告关注了我国保险公司内部治理中的股东治理、董事会治理、监事会治理和高管治理以及外部治理中的信息披露、外部监管和保险公司重要利益相关者（投保人）的利益保护等内容。按照上述对保险公司治理概念的理解和界定，本报告设计了六篇十八章内容，这六篇分别是"发展基础篇""发展环境篇""发展内容篇""发展案例篇""发展评价篇"和"发展展望篇"，共计五十万余字。"发展基础篇"包括世界与中国保险业发展概况、我国保险机构概况、我国保险公司财务状况与评价、我国保险公司治理发展沿革四章内容；"发展环境篇"包括 1979—2018 年中国保险公司治理政策法规回顾和 2019 年中国保险公司治理政策法规分析两章内容；"发展内容篇"包括保险公司内部治理状况分析和保险公司外部治理之外部监管、信息披露、投保人利益保护四章内容；"发展案例篇"包括建信财险公司治理案例分析、阳光人寿公司治理案例分析、安华农险公司治理案例分析、中国人保治理案例分析四章内容；"发展评价篇"包括一般保险公司治理评价、上市保险公司治理评价两章内容；"发展展望篇"包括我国保险公司治理发展总结、我国保险公司治理发展展望两章内容。

本报告由郝臣负责整体的统筹设计，具体章节编写分工如下：第一章，郝臣、姜帝杉、殷贞颖；第二章，郝臣、韩阳、张丹；第三章，郝臣、冯晓翠；第四章，郝臣、孙舒琳；第五章、第六章，郝臣、崔光耀、冯筱璐；第七章，郝臣、崔光耀、吴霖森、程漫漫、王萍、张梓琳；第八章，郝臣、李艺华、罗宇洋、刘琦；第九章，郝臣、王仲梅；第十章，郝臣、姜帝杉、张闫利；第十一章至第十四章，郝臣、马雨飞、赵晨辉、唐潇宇、从晓楠、刘琦、张权生、朱慧利；第十五章、第十六章，郝臣、邢碧玉；第十七章，郝臣、韩阳、应淑云；第十八章，郝臣。最后由郝臣和崔光耀负责报告的统稿。此外，孙云霞、王博文、胡港、孙羽杉、王霄汉、唐语崎、肖雯轩、任雅琪等也参与了报告初稿的校对和试读工作。笔者在此一并感谢上述所有人员对报告的贡献！

另外，本报的编写引用了诸多资料，在此对其作者和单位一并表示感谢！最后感谢出版社编辑专业、高效的编校工作！

郝臣

2020 年 1 月 15 日

于南开园

# 目　录

## 第五篇　发展评价篇

## 第六篇　发展展望篇

# 第一篇

# 发展基础篇

70 年砥砺奋进，70 年风雨兼程，我国的保险业和中华人民共和国一起走过了 70 年的奋斗道路。70 年来，在党中央的领导下，中国秉持改革开放基本国策，经过艰苦探索，努力拼搏，取得了举世瞩目的成就。现在，中国已经成为世界第二大经济体、第一大工业国、第一大货物贸易国、第一大外汇储备国，中国保险市场也已成为全球第二大保险市场。

——周延礼回顾中国保险业：见证从无到有 期待从大到强[N]. 新京报，2019-08-12.

# 第一章 世界与中国保险业发展概况

若干保险公司的发展促成保险行业的发展，而保险行业的发展反过来又会影响保险公司的发展。本章首先基于瑞士再保险公司的统计数据，从保费情况、保险深度和保险密度等方面分析了 1980—2018 年间 160 个国家和地区保险业发展的总体状况,比较了保险业发展的区域状况；其次对我国内地、香港、澳门和台湾地区保险业发展状况进行了比较和分析，重点对我国内地保险业发展状况进行了介绍；最后，基于中国保险行业协会发布的中国保险发展指数对我国保险业发展状况进行了总体评价和分析。

## 第一节 世界范围内保险业的发展情况

### 一、世界保费情况

本报告手工整理了 1980—2018 年瑞士再保险公司官网披露的世界 160 个国家和地区的保费情况（见表 1-1）。1980 年，世界 160 个国家和地区的保费总额达到 4662.5 亿美元，其中人身险保费 1912.6 亿美元，非人身险保费 2749.9 亿美元。截至 2018 年，世界 160 个国家和地区的保费总额达到 51916.8 亿美元，其中人身险保费达到 28195.4 亿美元，非人身险保费达到 23721.4 亿美元。

综观 1980—2018 年世界保费增长率，其中，1986 年保费增长最快，保费总额增长率达 36.20%，人身险保费增长率达 44.99%，非人身险保费增长率达 28.86%。

表 1-1 1980—2018 年世界保费情况

| 年份 | 总保费（十亿美元） | 保费增长率（%） | 人身险保费（十亿美元） | 人身险保费增长率（%） | 非人身险保费（十亿美元） | 非人身险保费增长率（%） |
|---|---|---|---|---|---|---|
| 1980 | 466.25 | — | 191.26 | — | 274.99 | — |
| 1981 | 477.13 | 2.33 | 201.04 | 5.11 | 276.09 | 0.40 |
| 1982 | 490.65 | 2.83 | 209.08 | 4.00 | 281.57 | 1.98 |
| 1983 | 514.22 | 4.80 | 220.60 | 5.51 | 293.62 | 4.28 |
| 1984 | 552.26 | 7.40 | 244.96 | 11.04 | 307.30 | 4.66 |

续表

| 年份 | 总保费（十亿美元） | 保费增长率（%） | 人身险保费（十亿美元） | 人身险保费增长率（%） | 非人身险保费（十亿美元） | 非人身险保费增长率（%） |
|---|---|---|---|---|---|---|
| 1985 | 641.06 | 16.08 | 291.72 | 19.09 | 349.34 | 13.68 |
| 1986 | 873.11 | 36.20 | 422.96 | 44.99 | 450.15 | 28.86 |
| 1987 | 1047.90 | 20.02 | 533.58 | 26.15 | 514.32 | 14.26 |
| 1988 | 1222.01 | 16.62 | 645.27 | 20.93 | 576.74 | 12.14 |
| 1989 | 1250.57 | 2.34 | 658.42 | 2.04 | 592.15 | 2.67 |
| 1990 | 1405.73 | 12.41 | 747.07 | 13.46 | 658.66 | 11.23 |
| 1991 | 1512.75 | 7.61 | 813.77 | 8.93 | 698.98 | 6.12 |
| 1992 | 1671.15 | 10.47 | 911.40 | 12.00 | 759.75 | 8.69 |
| 1993 | 1817.89 | 8.78 | 1018.07 | 11.70 | 799.82 | 5.27 |
| 1994 | 1962.93 | 7.98 | 1117.80 | 9.80 | 845.13 | 5.67 |
| 1995 | 2155.25 | 9.80 | 1237.41 | 10.70 | 917.84 | 8.60 |
| 1996 | 2130.55 | −1.15 | 1212.95 | −1.98 | 917.60 | −0.03 |
| 1997 | 2147.40 | 0.79 | 1249.33 | 3.00 | 898.07 | −2.13 |
| 1998 | 2189.52 | 1.96 | 1297.67 | 3.87 | 891.85 | −0.69 |
| 1999 | 2365.31 | 8.03 | 1447.40 | 11.54 | 917.91 | 2.92 |
| 2000 | 2490.52 | 5.29 | 1552.08 | 7.23 | 938.44 | 2.24 |
| 2001 | 2453.60 | −1.48 | 1471.04 | −5.22 | 982.56 | 4.70 |
| 2002 | 2669.44 | 8.80 | 1564.40 | 6.35 | 1105.04 | 12.47 |
| 2003 | 3004.65 | 12.56 | 1714.98 | 9.63 | 1289.67 | 16.71 |
| 2004 | 3303.91 | 9.96 | 1906.82 | 11.19 | 1397.09 | 8.33 |
| 2005 | 3458.70 | 4.69 | 2021.92 | 6.04 | 1436.78 | 2.84 |
| 2006 | 3697.07 | 6.89 | 2156.63 | 6.66 | 1540.44 | 7.21 |
| 2007 | 4130.55 | 11.72 | 2460.61 | 14.10 | 1669.94 | 8.41 |
| 2008 | 4181.79 | 1.24 | 2431.83 | −1.17 | 1749.96 | 4.79 |
| 2009 | 4072.86 | −2.60 | 2367.59 | −2.64 | 1705.27 | −2.55 |
| 2010 | 4308.50 | 5.79 | 2511.84 | 6.09 | 1796.66 | 5.36 |
| 2011 | 4569.50 | 6.06 | 2614.97 | 4.11 | 1954.53 | 8.79 |
| 2012 | 4609.82 | 0.88 | 2618.84 | 0.15 | 1990.98 | 1.86 |
| 2013 | 4610.54 | 0.02 | 2539.26 | −3.04 | 2071.28 | 4.03 |
| 2014 | 4779.79 | 3.67 | 2655.92 | 4.59 | 2123.87 | 2.54 |
| 2015 | 4598.47 | −3.79 | 2542.75 | −4.26 | 2055.72 | −3.21 |
| 2016 | 4701.70 | 2.24 | 2581.62 | 1.53 | 2120.08 | 3.13 |
| 2017 | 4890.49 | 4.02 | 2656.87 | 2.91 | 2233.62 | 5.36 |
| 2018 | 5191.68 | 6.16 | 2819.54 | 6.12 | 2372.14 | 6.20 |

资料来源：根据瑞士再保险公司官网披露数据整理。

## 二、世界保险深度和保险密度

本报告对 1980—2018 年的世界保险深度和保险密度进行了计算（见表 1-2）。其中，保险深度是指某地保费收入与该地国内生产总值（GDP）之比，反映了该地保险业在该地国民经济中的地位；保险密度是指在限定的统计区域内常住人口平均保险费的数额，它反映了该地区保险业务的发展程度，也反映了该地区经济发展的状况与人们保险意识的强弱。2018 年，世界保险深度达 6.10%，保险密度达 691.94 美元／人，较 1980 年有了明显的增长。

本报告进一步对世界 160 个国家和地区的保险深度与与保险密度进行了计算，并对各年度的平均值进行了统计。结果发现，保险深度平均值在 1980—2007 年呈现总体上升的趋势，在 2007 达到 7.11% 的最高水平，2008 年后开始下降，2018 年下降至 6.10%。而保险密度平均值呈现出总体上升的趋势，从 1980 的 106.01 美元／人上升到 2018 年的 691.94 美元／人（见表 1-2）。在每一年度，保险深度和保险密度的平均数都大于中位数，说明其在各国家和地区的分布很不均衡，保险深度和保险密度非常小的国家与地区有很多（见表 1-3，2018 年 160 个国家和地区的保费、保险深度、保险密度等的具体情况详见附表 1）。

表 1-2　1980—2018 年世界保险深度和保险密度情况

| 年份 | 总保费<br>（十亿美元） | GDP<br>（十亿美元） | 保险深度<br>（%） | 人口<br>（百万） | 保险密度<br>（美元/人） |
|------|------|------|------|------|------|
| 1980 | 466.25 | 10925.26 | 4.27 | 4398.18 | 106.01 |
| 1981 | 477.13 | 11174.35 | 4.27 | 4424.57 | 107.84 |
| 1982 | 490.65 | 10964.94 | 4.47 | 4555.76 | 107.70 |
| 1983 | 514.22 | 11274.53 | 4.56 | 4637.17 | 110.89 |
| 1984 | 552.26 | 11674.78 | 4.73 | 4719.74 | 117.01 |
| 1985 | 641.06 | 12272.58 | 5.22 | 4803.90 | 133.45 |
| 1986 | 873.11 | 14442.40 | 6.05 | 4890.84 | 178.52 |
| 1987 | 1047.90 | 16774.66 | 6.25 | 4978.16 | 210.50 |
| 1988 | 1222.01 | 19312.58 | 6.33 | 5076.93 | 240.70 |
| 1989 | 1250.57 | 21043.89 | 5.94 | 5168.52 | 241.96 |
| 1990 | 1405.73 | 23973.20 | 5.86 | 5257.98 | 267.35 |
| 1991 | 1512.75 | 24454.33 | 6.19 | 5343.91 | 283.08 |
| 1992 | 1671.15 | 25212.00 | 6.63 | 5426.17 | 307.98 |
| 1993 | 1817.89 | 26070.00 | 6.97 | 5509.18 | 329.97 |
| 1994 | 1962.93 | 28034.00 | 7.00 | 5590.18 | 351.14 |
| 1995 | 2155.25 | 30992.00 | 6.95 | 5669.78 | 380.13 |
| 1996 | 2130.55 | 31764.00 | 6.71 | 5749.98 | 370.53 |
| 1997 | 2147.40 | 31654.00 | 6.78 | 5826.59 | 368.55 |
| 1998 | 2189.52 | 31738.00 | 6.90 | 5903.89 | 370.86 |

续表

| 年份 | 总保费<br>（十亿美元） | GDP<br>（十亿美元） | 保险深度<br>（%） | 人口<br>（百万） | 保险密度<br>（美元/人） |
|---|---|---|---|---|---|
| 1999 | 2365.31 | 32891.00 | 7.19 | 5978.59 | 395.63 |
| 2000 | 2490.52 | 33713.00 | 7.39 | 6054.29 | 411.36 |
| 2001 | 2453.60 | 33380.00 | 7.35 | 6131.90 | 400.14 |
| 2002 | 2669.44 | 34766.00 | 7.68 | 6207.30 | 430.05 |
| 2003 | 3004.65 | 39135.00 | 7.68 | 6364.30 | 472.11 |
| 2004 | 3303.91 | 43820.00 | 7.54 | 6361.90 | 519.33 |
| 2005 | 3458.70 | 47269.00 | 7.32 | 6438.11 | 537.22 |
| 2006 | 3697.07 | 51390.96 | 7.19 | 6519.86 | 567.05 |
| 2007 | 4130.55 | 58097.00 | 7.11 | 6601.46 | 625.70 |
| 2008 | 4181.79 | 63411.00 | 6.59 | 6682.96 | 625.74 |
| 2009 | 4072.86 | 60311.00 | 6.75 | 6763.66 | 602.17 |
| 2010 | 4308.50 | 65962.00 | 6.53 | 6843.96 | 629.53 |
| 2011 | 4569.50 | 73209.00 | 6.24 | 6928.06 | 659.56 |
| 2012 | 4609.82 | 74155.00 | 6.22 | 7011.66 | 657.45 |
| 2013 | 4610.54 | 76492.00 | 6.03 | 7094.97 | 649.83 |
| 2014 | 4779.79 | 78399.00 | 6.10 | 7178.47 | 665.85 |
| 2015 | 4598.47 | 73948.00 | 6.22 | 7258.87 | 633.50 |
| 2016 | 4701.70 | 75295.00 | 6.24 | 7341.77 | 640.40 |
| 2017 | 4890.49 | 79644.00 | 6.14 | 7423.67 | 658.77 |
| 2018 | 5191.68 | 85164.00 | 6.10 | 7503.07 | 691.94 |

资料来源：根据瑞士再保险公司官网披露数据整理。

表 1-3 1980—2018 年各国保险深度、保险密度平均值和中位数

| 年份 | 保险深度（%） | | 保险密度（美元/人） | |
|---|---|---|---|---|
| | 平均值 | 中位数 | 平均值 | 中位数 |
| 1980 | 0.99 | 0.00 | 76.28 | 0.00 |
| 1981 | 0.99 | 0.00 | 83.49 | 0.00 |
| 1982 | 1.01 | 0.00 | 74.23 | 0.00 |
| 1983 | 1.03 | 0.00 | 75.30 | 0.00 |
| 1984 | 1.07 | 0.00 | 77.43 | 0.00 |
| 1985 | 1.11 | 0.00 | 83.24 | 0.00 |
| 1986 | 1.22 | 0.00 | 111.08 | 0.00 |
| 1987 | 1.24 | 0.00 | 140.15 | 0.00 |
| 1988 | 1.25 | 0.00 | 166.15 | 0.00 |
| 1989 | 1.27 | 0.00 | 167.91 | 0.00 |
| 1990 | 1.40 | 0.00 | 203.04 | 0.00 |

续表

| 年份 | 保险深度（%） | | 保险密度（美元/人） | |
|------|--------|--------|----------|----------|
| | 平均值 | 中位数 | 平均值 | 中位数 |
| 1991 | 1.61 | 0.42 | 225.99 | 3.35 |
| 1992 | 1.76 | 0.61 | 254.16 | 5.16 |
| 1993 | 1.99 | 0.88 | 269.72 | 9.32 |
| 1994 | 2.08 | 1.00 | 314.61 | 14.74 |
| 1995 | 2.17 | 1.00 | 394.19 | 17.13 |
| 1996 | 2.22 | 1.01 | 399.47 | 23.31 |
| 1997 | 2.34 | 1.12 | 419.15 | 23.34 |
| 1998 | 2.45 | 1.23 | 447.38 | 28.57 |
| 1999 | 2.56 | 1.28 | 471.00 | 28.29 |
| 2000 | 2.68 | 1.26 | 492.03 | 28.01 |
| 2001 | 2.77 | 1.40 | 487.43 | 31.50 |
| 2002 | 2.96 | 1.58 | 537.11 | 35.65 |
| 2003 | 3.17 | 1.53 | 808.65 | 43.00 |
| 2004 | 3.30 | 1.54 | 1093.23 | 49.77 |
| 2005 | 3.61 | 1.53 | 1419.66 | 54.86 |
| 2006 | 3.83 | 1.59 | 1852.82 | 62.41 |
| 2007 | 3.99 | 1.66 | 2046.84 | 76.04 |
| 2008 | 3.77 | 1.63 | 2027.04 | 99.14 |
| 2009 | 4.43 | 1.73 | 2532.78 | 84.05 |
| 2010 | 4.49 | 1.75 | 2795.75 | 93.96 |
| 2011 | 3.94 | 1.69 | 2110.54 | 107.40 |
| 2012 | 4.03 | 1.72 | 2018.70 | 102.28 |
| 2013 | 4.02 | 1.84 | 1928.91 | 123.33 |
| 2014 | 4.06 | 1.78 | 1989.04 | 116.54 |
| 2015 | 4.14 | 1.91 | 1782.34 | 106.42 |
| 2016 | 4.05 | 1.92 | 1806.09 | 108.06 |
| 2017 | 4.13 | 1.86 | 2138.14 | 112.19 |
| 2018 | 3.99 | 1.76 | 2192.04 | 116.56 |

资料来源：根据瑞士再保险公司官网披露数据整理。

## 三、各大洲的保费情况

本报告对各大洲的保费情况进行了统计，结果发现，1980—2018 年间，各大洲保费总额、人身险保费、非人身险保费均呈现增长趋势。比较各大洲人身险和非人身险数据发现，在 2018 年，北美洲、拉丁美洲和大洋洲的非人身险保费略高于人身险保费，而非洲、欧洲和亚洲的人身险保费高于非人身险保费（见图 1-1 至图 1-6）。

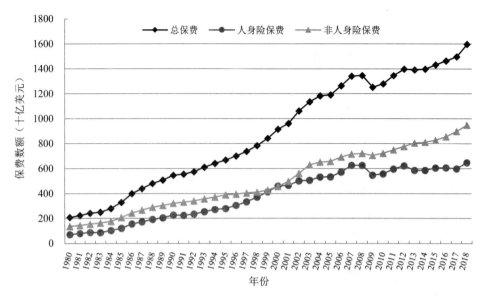

图 1-1　1980—2018 年北美洲的保费情况

资料来源：根据瑞士再保险公司官网披露数据整理。

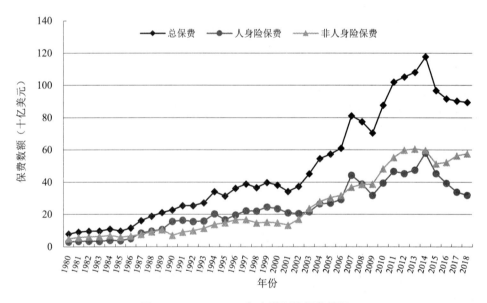

图 1-2　1980—2018 年大洋洲的保费情况

资料来源：根据瑞士再保险公司官网披露数据整理。

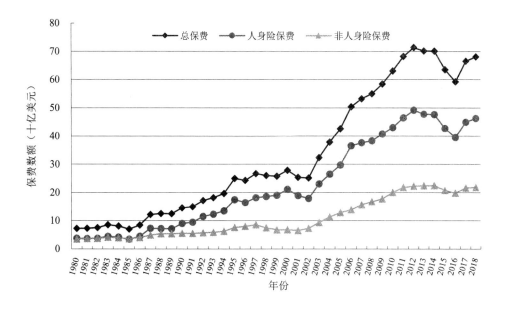

图 1-3　1980—2018 年非洲的保费情况

资料来源：根据瑞士再保险公司官网披露数据整理。

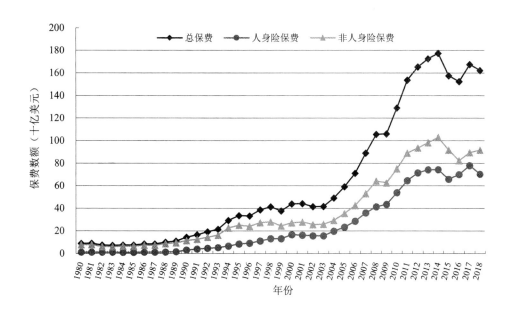

图 1-4　1980—2018 年拉丁美洲的保费情况

资料来源：根据瑞士再保险公司官网披露数据整理。

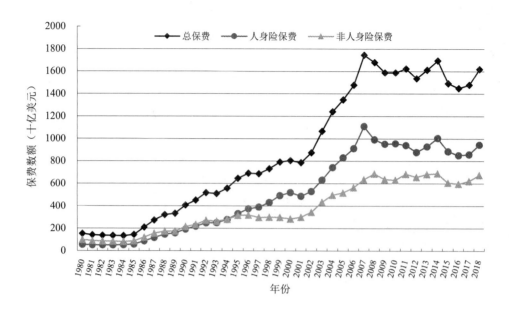

图 1-5　1980—2018 年欧洲的保费情况

资料来源：根据瑞士再保险公司官网披露数据整理。

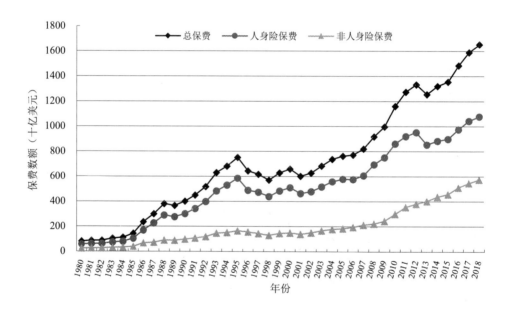

图 1-6　1980—2018 年亚洲的保费情况

资料来源：根据瑞士再保险公司官网披露数据整理。

## 四、各大洲的保险深度和保险密度情况

本报告对世界 160 个国家和地区的保险深度与与保险密度进行计算，并按照各大洲

进行分类。结果发现：1980 年，保险深度和保险密度平均值最高的地区为北美洲，保险深度平均值最低的地区为拉丁美洲，保险密度平均值最低的地区则为非洲；2018 年，保险深度和保险密度平均值最高的地区为欧洲，而保险深度和保险密度平均值最低的地区均为非洲（见表 1-4 和表 1-5）。

表 1-4　1980—2018 年各大洲的保险深度平均值

单位：%

| 年份 | 北美洲 | 大洋洲 | 非洲 | 拉丁美洲 | 欧洲 | 亚洲 |
|------|--------|--------|------|----------|------|------|
| 1980 | 6.00 | 2.02 | 0.65 | 0.51 | 1.74 | 0.57 |
| 1981 | 5.79 | 1.95 | 0.56 | 0.54 | 1.79 | 0.59 |
| 1982 | 5.95 | 2.28 | 0.59 | 0.54 | 1.78 | 0.62 |
| 1983 | 5.65 | 2.24 | 0.58 | 0.58 | 1.82 | 0.64 |
| 1984 | 5.68 | 2.28 | 0.59 | 0.61 | 1.90 | 0.69 |
| 1985 | 6.12 | 2.24 | 0.56 | 0.67 | 1.96 | 0.77 |
| 1986 | 6.92 | 2.41 | 0.61 | 0.62 | 2.05 | 1.02 |
| 1987 | 7.13 | 3.08 | 0.65 | 0.63 | 2.20 | 0.80 |
| 1988 | 7.06 | 2.59 | 0.72 | 0.74 | 2.11 | 0.86 |
| 1989 | 6.99 | 2.54 | 0.73 | 0.81 | 2.12 | 0.87 |
| 1990 | 7.21 | 2.57 | 0.69 | 1.16 | 2.12 | 1.14 |
| 1991 | 7.16 | 4.14 | 0.72 | 1.51 | 2.47 | 1.19 |
| 1992 | 7.20 | 3.87 | 0.76 | 1.78 | 2.69 | 1.36 |
| 1993 | 7.22 | 4.40 | 0.82 | 1.88 | 3.28 | 1.47 |
| 1994 | 7.19 | 4.78 | 1.00 | 2.06 | 3.23 | 1.51 |
| 1995 | 7.13 | 4.58 | 1.01 | 2.11 | 3.50 | 1.58 |
| 1996 | 7.09 | 4.56 | 1.07 | 1.88 | 3.75 | 1.60 |
| 1997 | 7.16 | 4.64 | 1.21 | 1.78 | 4.04 | 1.68 |
| 1998 | 7.20 | 4.53 | 1.29 | 1.91 | 4.26 | 1.73 |
| 1999 | 7.25 | 4.42 | 1.39 | 1.95 | 4.62 | 1.69 |
| 2000 | 7.40 | 4.48 | 1.39 | 2.30 | 4.80 | 1.71 |
| 2001 | 7.45 | 4.22 | 1.43 | 2.45 | 4.73 | 1.99 |
| 2002 | 7.88 | 4.40 | 1.68 | 2.77 | 4.88 | 2.08 |
| 2003 | 8.08 | 4.58 | 1.45 | 2.64 | 5.85 | 2.18 |
| 2004 | 7.99 | 4.29 | 1.41 | 2.49 | 6.51 | 2.19 |
| 2005 | 7.65 | 4.27 | 1.43 | 2.59 | 7.56 | 2.24 |
| 2006 | 7.62 | 4.27 | 1.46 | 2.67 | 8.28 | 2.28 |
| 2007 | 7.76 | 4.29 | 1.48 | 3.07 | 8.50 | 2.38 |
| 2008 | 7.63 | 3.82 | 1.49 | 2.97 | 7.77 | 2.37 |
| 2009 | 7.70 | 3.90 | 1.60 | 2.93 | 10.11 | 2.45 |

续表

| 年份 | 北美洲 | 大洋洲 | 非洲 | 拉丁美洲 | 欧洲 | 亚洲 |
|------|--------|--------|------|----------|------|------|
| 2010 | 7.49 | 3.88 | 1.54 | 3.20 | 10.20 | 2.49 |
| 2011 | 7.40 | 3.83 | 1.50 | 3.21 | 8.15 | 2.46 |
| 2012 | 7.41 | 4.05 | 1.56 | 3.33 | 8.16 | 2.63 |
| 2013 | 7.26 | 4.19 | 1.65 | 3.66 | 7.81 | 2.63 |
| 2014 | 7.17 | 4.18 | 1.67 | 3.78 | 7.83 | 2.70 |
| 2015 | 7.30 | 4.32 | 1.65 | 4.00 | 7.84 | 2.82 |
| 2016 | 7.31 | 2.91 | 1.64 | 3.73 | 7.72 | 2.94 |
| 2017 | 7.17 | 2.73 | 1.63 | 3.61 | 8.06 | 2.99 |
| 2018 | 7.31 | 2.68 | 1.54 | 3.06 | 8.09 | 2.90 |

资料来源：根据瑞士再保险公司官网披露数据整理。

表 1-5 1980—2018 年各大洲的保险密度平均值

单位：美元/人

| 年份 | 北美洲 | 大洋洲 | 非洲 | 拉丁美洲 | 欧洲 | 亚洲 |
|------|--------|--------|------|----------|------|------|
| 1980 | 689.77 | 186.88 | 9.57 | 17.15 | 188.33 | 30.11 |
| 1981 | 763.01 | 201.54 | 8.92 | 17.84 | 208.36 | 32.77 |
| 1982 | 804.69 | 220.91 | 8.97 | 17.76 | 168.84 | 33.19 |
| 1983 | 821.17 | 213.16 | 9.57 | 19.77 | 167.20 | 36.86 |
| 1984 | 887.98 | 224.93 | 9.06 | 19.34 | 167.73 | 40.82 |
| 1985 | 1003.98 | 202.28 | 7.80 | 19.19 | 180.82 | 47.67 |
| 1986 | 1182.34 | 243.21 | 9.03 | 12.90 | 259.03 | 65.68 |
| 1987 | 1310.57 | 367.93 | 12.15 | 12.17 | 335.34 | 79.24 |
| 1988 | 1445.26 | 397.70 | 12.61 | 19.45 | 393.70 | 104.78 |
| 1989 | 1542.81 | 412.52 | 12.60 | 17.69 | 394.59 | 105.70 |
| 1990 | 1657.11 | 434.09 | 13.91 | 36.32 | 479.74 | 132.55 |
| 1991 | 1670.56 | 517.49 | 14.31 | 66.76 | 521.42 | 148.65 |
| 1992 | 1695.76 | 528.43 | 16.00 | 76.52 | 588.60 | 177.68 |
| 1993 | 1718.53 | 570.24 | 16.56 | 82.73 | 603.20 | 211.80 |
| 1994 | 1759.41 | 692.84 | 20.94 | 147.56 | 685.47 | 238.76 |
| 1995 | 1805.76 | 680.51 | 23.22 | 155.15 | 949.33 | 269.02 |
| 1996 | 1866.95 | 736.48 | 24.56 | 149.71 | 976.92 | 255.95 |
| 1997 | 1958.33 | 764.45 | 25.53 | 155.49 | 1036.85 | 259.09 |
| 1998 | 2002.05 | 676.34 | 27.27 | 213.63 | 1131.68 | 238.16 |
| 1999 | 2124.85 | 700.75 | 28.45 | 171.75 | 1223.10 | 254.92 |
| 2000 | 2309.52 | 656.90 | 27.55 | 250.10 | 1223.91 | 277.70 |
| 2001 | 2350.96 | 589.32 | 25.64 | 262.66 | 1187.14 | 294.53 |

续表

| 年份 | 北美洲 | 大洋洲 | 非洲 | 拉丁美洲 | 欧洲 | 亚洲 |
|------|--------|--------|------|----------|------|------|
| 2002 | 2550.98 | 657.42 | 26.94 | 303.43 | 1323.68 | 302.57 |
| 2003 | 2814.38 | 816.63 | 33.20 | 295.61 | 2308.74 | 322.85 |
| 2004 | 3009.57 | 965.77 | 39.45 | 302.94 | 3328.50 | 352.02 |
| 2005 | 3118.35 | 1034.02 | 44.90 | 392.74 | 4463.31 | 383.16 |
| 2006 | 3339.00 | 1051.81 | 48.03 | 319.51 | 6114.83 | 414.59 |
| 2007 | 3613.16 | 1341.97 | 52.30 | 495.79 | 6635.20 | 469.67 |
| 2008 | 3633.12 | 1286.89 | 56.16 | 469.43 | 6560.89 | 486.27 |
| 2009 | 3391.95 | 1165.04 | 58.65 | 439.94 | 8534.36 | 479.88 |
| 2010 | 3591.34 | 1405.18 | 65.14 | 494.51 | 9397.28 | 542.17 |
| 2011 | 3769.33 | 1612.21 | 68.28 | 530.67 | 6669.01 | 603.31 |
| 2012 | 3850.51 | 1671.52 | 69.64 | 556.14 | 6245.31 | 648.26 |
| 2013 | 3821.00 | 1700.28 | 74.60 | 646.59 | 5814.98 | 669.54 |
| 2014 | 3782.88 | 1802.36 | 72.26 | 728.75 | 5928.87 | 723.02 |
| 2015 | 3649.20 | 1493.83 | 61.24 | 749.03 | 5178.79 | 718.79 |
| 2016 | 3648.63 | 1360.69 | 56.99 | 709.97 | 5255.18 | 774.46 |
| 2017 | 3736.60 | 1364.13 | 66.67 | 695.37 | 6456.53 | 832.42 |
| 2018 | 3968.95 | 1333.19 | 63.66 | 557.69 | 6723.47 | 856.84 |

资料来源：根据瑞士再保险公司官网披露数据整理。

## 第二节 中国保险业的发展情况

### 一、中国保费情况

本报告手工整理了1980—2018年瑞士再保险公司官网披露的中国（含港澳台地区）的总保费情况。1980年，中国保费总额达到8.2亿美元，其中人身险保费3.1亿美元，非人身险保费5.1亿美元。截至2018年，中国的保费总额达到7636.5亿美元，其中人身险保费达到4771.5亿美元，非人身险保费达到2865.0亿美元。

观察1980—2018年中国的保费情况可以发现，1988年总保费增长率最高，达到56.25%；1987年人身险保费增长率最高，达到61.45%；1993年非人身险保费增长率最高，达到44.57%（见表1-6）。

表 1-6 1980—2018 年中国（含港澳台地区）保费情况

| 年份 | 总保费（十亿美元） | 总保费增长率（%） | 人身险保费（十亿美元） | 人身险保费增长率（%） | 非人身险保费（十亿美元） | 非人身险保费增长率（%） |
|---|---|---|---|---|---|---|
| 1980 | 0.82 | — | 0.31 | — | 0.51 | — |
| 1981 | 1.11 | 35.37 | 0.42 | 35.48 | 0.69 | 35.29 |
| 1982 | 1.28 | 15.32 | 0.53 | 26.19 | 0.75 | 8.70 |
| 1983 | 1.65 | 28.91 | 0.70 | 32.08 | 0.95 | 26.67 |
| 1984 | 2.09 | 26.67 | 0.96 | 37.14 | 1.13 | 18.95 |
| 1985 | 2.58 | 23.44 | 1.27 | 32.29 | 1.31 | 15.93 |
| 1986 | 3.36 | 30.23 | 1.79 | 40.94 | 1.57 | 19.85 |
| 1987 | 4.96 | 47.62 | 2.89 | 61.45 | 2.07 | 31.85 |
| 1988 | 7.75 | 56.25 | 4.20 | 45.33 | 3.55 | 71.50 |
| 1989 | 10.01 | 29.16 | 5.48 | 30.48 | 4.53 | 27.61 |
| 1990 | 12.13 | 21.18 | 7.17 | 30.84 | 4.96 | 9.49 |
| 1991 | 14.47 | 19.29 | 8.50 | 18.55 | 5.97 | 20.36 |
| 1992 | 19.33 | 33.59 | 11.14 | 31.06 | 8.19 | 37.19 |
| 1993 | 24.89 | 28.76 | 13.05 | 17.15 | 11.84 | 44.57 |
| 1994 | 23.19 | -6.83 | 13.22 | 1.30 | 9.97 | -15.79 |
| 1995 | 27.10 | 16.86 | 15.37 | 16.26 | 11.73 | 17.65 |
| 1996 | 30.85 | 13.84 | 18.51 | 20.43 | 12.34 | 5.20 |
| 1997 | 36.99 | 19.90 | 23.29 | 25.82 | 13.70 | 11.02 |
| 1998 | 38.59 | 4.33 | 24.73 | 6.18 | 13.86 | 1.17 |
| 1999 | 43.93 | 13.84 | 28.62 | 15.73 | 15.31 | 10.46 |
| 2000 | 50.08 | 14.00 | 31.36 | 9.57 | 18.72 | 22.27 |
| 2001 | 59.17 | 18.15 | 38.87 | 23.95 | 20.30 | 8.44 |
| 2002 | 76.46 | 29.22 | 53.15 | 36.74 | 23.31 | 14.83 |
| 2003 | 95.46 | 24.85 | 68.49 | 28.86 | 26.97 | 15.70 |
| 2004 | 108.63 | 13.80 | 78.96 | 15.29 | 29.67 | 10.01 |
| 2005 | 126.47 | 16.42 | 91.77 | 16.22 | 34.70 | 16.95 |
| 2006 | 142.11 | 12.37 | 101.93 | 11.07 | 40.18 | 15.79 |
| 2007 | 178.04 | 25.28 | 129.10 | 26.66 | 48.94 | 21.80 |
| 2008 | 229.02 | 28.63 | 167.68 | 29.88 | 61.34 | 25.34 |
| 2009 | 250.32 | 9.30 | 179.73 | 7.19 | 70.59 | 15.08 |
| 2010 | 317.02 | 26.65 | 227.20 | 26.41 | 89.82 | 27.24 |
| 2011 | 329.74 | 4.01 | 221.87 | -2.35 | 107.87 | 20.10 |
| 2012 | 366.54 | 11.16 | 239.98 | 8.16 | 126.56 | 17.33 |
| 2013 | 409.16 | 11.63 | 258.62 | 7.77 | 150.54 | 18.95 |
| 2014 | 467.44 | 14.24 | 290.93 | 12.49 | 176.51 | 17.25 |

续表

| 年份 | 总保费<br>（十亿美元） | 总保费增长率<br>（%） | 人身险保费<br>（十亿美元） | 人身险保费<br>增长率（%） | 非人身险保费<br>（十亿美元） | 非人身险保费<br>增长率（%） |
|---|---|---|---|---|---|---|
| 2015 | 530.19 | 13.42 | 328.59 | 12.94 | 201.60 | 14.21 |
| 2016 | 625.31 | 17.94 | 394.00 | 19.91 | 231.31 | 14.74 |
| 2017 | 721.17 | 15.33 | 466.71 | 18.45 | 254.46 | 10.01 |
| 2018 | 763.65 | 5.89 | 477.15 | 2.24 | 286.50 | 12.59 |

资料来源：根据瑞士再保险公司官网披露数据整理。

## 二、中国的保险深度和保险密度情况

本报告对 1980—2018 年的中国保险深度和保险密度进行了计算。2018 年中国的保险深度达 5.23%，保险密度达 527.67 美元 / 人，较 1980 年有了明显的增长（见表 1-7）。

表 1-7　1980—2018 年中国（含港澳台地区）保险深度和保险密度情况

| 年份 | 总保费<br>（十亿美元） | GDP<br>（十亿美元） | 保险深度（%） | 人口（百万） | 保险密度<br>（美元/人） |
|---|---|---|---|---|---|
| 1980 | 0.82 | 356.00 | 0.23 | 1003.80 | 0.82 |
| 1981 | 1.11 | 347.00 | 0.32 | 1017.80 | 1.09 |
| 1982 | 1.28 | 346.00 | 0.37 | 1031.90 | 1.24 |
| 1983 | 1.65 | 367.00 | 0.45 | 1046.50 | 1.58 |
| 1984 | 2.09 | 388.00 | 0.54 | 1061.90 | 1.97 |
| 1985 | 2.58 | 391.00 | 0.66 | 1078.10 | 2.39 |
| 1986 | 3.36 | 404.00 | 0.83 | 1095.60 | 3.07 |
| 1987 | 4.96 | 471.00 | 1.05 | 1114.00 | 4.45 |
| 1988 | 7.75 | 624.00 | 1.24 | 1161.50 | 6.67 |
| 1989 | 10.01 | 711.00 | 1.41 | 1182.40 | 8.47 |
| 1990 | 12.13 | 670.00 | 1.81 | 1200.90 | 10.10 |
| 1991 | 14.47 | 723.00 | 2.00 | 1217.20 | 11.89 |
| 1992 | 19.33 | 835.00 | 2.31 | 1231.70 | 15.69 |
| 1993 | 24.89 | 989.00 | 2.52 | 1245.20 | 19.99 |
| 1994 | 23.19 | 974.00 | 2.38 | 1257.60 | 18.44 |
| 1995 | 27.10 | 1177.00 | 2.30 | 1269.10 | 21.35 |
| 1996 | 30.85 | 1334.00 | 2.31 | 1279.60 | 24.11 |
| 1997 | 36.99 | 1458.00 | 2.54 | 1288.80 | 28.70 |
| 1998 | 38.59 | 1491.00 | 2.59 | 1297.20 | 29.75 |
| 1999 | 43.93 | 1573.00 | 2.79 | 1305.20 | 33.66 |
| 2000 | 50.08 | 1720.00 | 2.91 | 1313.50 | 38.13 |
| 2001 | 59.17 | 1814.00 | 3.26 | 1321.70 | 44.77 |

| 年份 | 总保费<br>（十亿美元） | GDP<br>（十亿美元） | 保险深度<br>（%） | 人口<br>（百万） | 保险密度<br>（美元/人） |
|------|------|------|------|------|------|
| 2002 | 76.46 | 1951.00 | 3.92 | 1329.60 | 57.51 |
| 2003 | 95.46 | 2144.00 | 4.45 | 1337.40 | 71.38 |
| 2004 | 108.63 | 2477.00 | 4.39 | 1345.00 | 80.77 |
| 2005 | 126.47 | 2849.00 | 4.44 | 1352.60 | 93.50 |
| 2006 | 142.11 | 3341.00 | 4.25 | 1360.40 | 104.46 |
| 2007 | 178.04 | 4180.00 | 4.26 | 1368.20 | 130.13 |
| 2008 | 229.02 | 5242.00 | 4.37 | 1375.90 | 166.45 |
| 2009 | 250.32 | 5724.00 | 4.37 | 1383.70 | 180.91 |
| 2010 | 317.02 | 6790.00 | 4.67 | 1391.30 | 227.86 |
| 2011 | 329.74 | 8326.00 | 3.96 | 1399.20 | 235.66 |
| 2012 | 366.54 | 9349.00 | 3.92 | 1407.20 | 260.47 |
| 2013 | 409.16 | 10503.00 | 3.90 | 1415.00 | 289.16 |
| 2014 | 467.44 | 11311.00 | 4.13 | 1422.30 | 328.65 |
| 2015 | 530.19 | 11771.00 | 4.50 | 1429.20 | 370.97 |
| 2016 | 625.31 | 12080.00 | 5.18 | 1435.50 | 435.60 |
| 2017 | 721.17 | 12798.00 | 5.64 | 1441.60 | 500.26 |
| 2018 | 763.65 | 14614.00 | 5.23 | 1447.20 | 527.67 |

资料来源：根据瑞士再保险公司官网披露数据整理。

## 三、中国内地和港澳台地区的保费情况

本报告进一步对我国内地、香港、澳门和台湾地区的保费情况进行了统计，结果发现：1980 年台湾地区总保费最高，达 6.3 亿美元；2018 年内地总保费最高，达 5748.8 亿美元，而台湾地区为 1219.0 亿美元。同时，通过比较我国内地、香港、澳门和台湾地区的人身险与非人身险保费额发现，其人身险保费均高于非人身险保费（见表 1-8、图 1-7 至图 1-10）。

表 1-8 1980—2018 年中国内地和港澳台地区总保费情况

单位：十亿美元

| 年份 | 中国内地 | 中国香港 | 中国澳门 | 中国台湾 |
|------|------|------|------|------|
| 1980 | 0.19 | 0.00 | 0.00 | 0.63 |
| 1981 | 0.31 | 0.00 | 0.00 | 0.80 |
| 1982 | 0.34 | 0.00 | 0.00 | 0.94 |
| 1983 | 0.52 | 0.00 | 0.00 | 1.13 |
| 1984 | 0.65 | 0.00 | 0.01 | 1.43 |

续表

| 年份 | 中国内地 | 中国香港 | 中国澳门 | 中国台湾 |
|------|---------|---------|---------|---------|
| 1985 | 0.89 | 0.00 | 0.01 | 1.68 |
| 1986 | 1.23 | 0.00 | 0.01 | 2.12 |
| 1987 | 1.80 | 0.00 | 0.01 | 3.15 |
| 1988 | 2.55 | 0.62 | 0.03 | 4.55 |
| 1989 | 3.20 | 0.69 | 0.03 | 6.09 |
| 1990 | 3.15 | 2.04 | 0.04 | 6.90 |
| 1991 | 4.00 | 2.49 | 0.05 | 7.93 |
| 1992 | 6.20 | 3.10 | 0.05 | 9.98 |
| 1993 | 10.09 | 3.66 | 0.06 | 11.08 |
| 1994 | 5.75 | 4.44 | 0.08 | 12.92 |
| 1995 | 7.37 | 5.04 | 0.09 | 14.60 |
| 1996 | 9.62 | 5.43 | 0.09 | 15.71 |
| 1997 | 13.48 | 6.15 | 0.10 | 17.26 |
| 1998 | 15.07 | 6.51 | 0.12 | 16.89 |
| 1999 | 16.83 | 7.03 | 0.13 | 19.94 |
| 2000 | 19.28 | 7.80 | 0.13 | 22.87 |
| 2001 | 25.49 | 9.26 | 0.17 | 24.25 |
| 2002 | 36.88 | 10.74 | 0.18 | 28.66 |
| 2003 | 46.88 | 12.30 | 0.20 | 36.08 |
| 2004 | 52.23 | 13.56 | 0.24 | 42.60 |
| 2005 | 60.19 | 17.01 | 0.28 | 48.99 |
| 2006 | 70.76 | 19.47 | 0.31 | 51.57 |
| 2007 | 92.46 | 24.66 | 0.40 | 60.52 |
| 2008 | 140.79 | 23.53 | 0.43 | 64.27 |
| 2009 | 163.04 | 23.10 | 0.41 | 63.77 |
| 2010 | 214.64 | 25.47 | 0.48 | 76.43 |
| 2011 | 221.91 | 28.87 | 0.54 | 78.42 |
| 2012 | 245.48 | 32.63 | 0.68 | 87.75 |
| 2013 | 280.12 | 37.22 | 0.85 | 90.97 |
| 2014 | 328.44 | 42.28 | 1.09 | 95.63 |
| 2015 | 386.50 | 46.81 | 0.90 | 95.98 |
| 2016 | 466.14 | 56.83 | 0.89 | 101.45 |
| 2017 | 541.45 | 61.29 | 0.96 | 117.47 |
| 2018 | 574.88 | 65.91 | 0.96 | 121.90 |

资料来源：根据瑞士再保险公司官网披露数据整理。

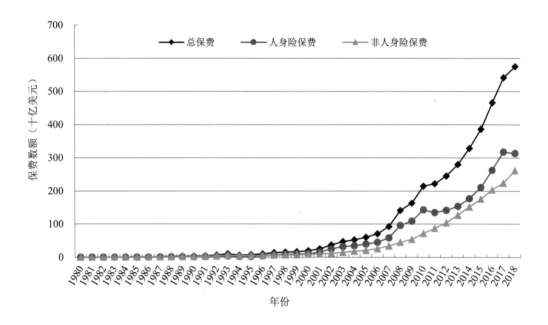

图 1-7　1980—2018 年中国内地的保费情况

资料来源：根据瑞士再保险公司官网披露数据整理。

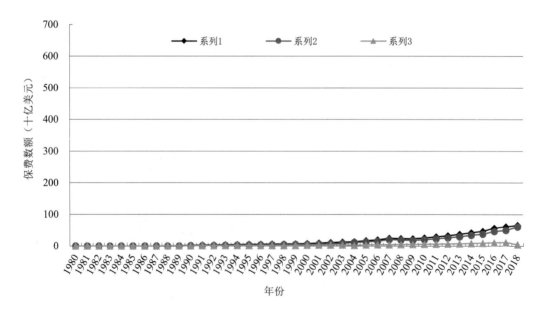

图 1-8　1980—2018 年中国香港的保费情况

资料来源：根据瑞士再保险公司官网披露数据整理。

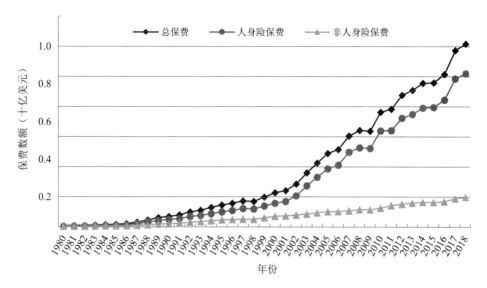

图 1-9  1980—2018 年中国澳门的保费情况

资料来源：根据瑞士再保险公司官网披露数据整理。

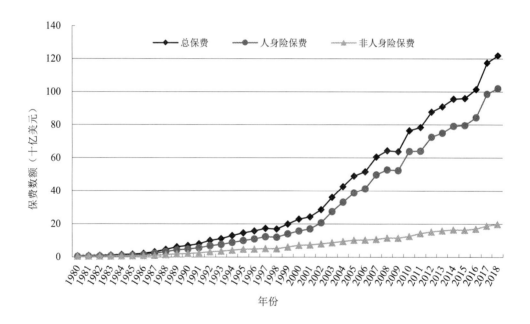

图 1-10  1980—2018 年中国台湾的保费情况

资料来源：根据瑞士再保险公司官网披露数据整理。

## 四、中国内地和港澳台地区的保险深度和保险密度情况

本报告进一步对我国内地、香港、澳门和台湾地区的保险深度与保险密度进行了计算，并对各年度的平均值进行了统计。结果发现：1980 年，中国台湾地区的保险深度最高，达 2.74%，同时其保险密度最大，达 35.80 美元／人；2018 年，中国台湾地区的保险深度仍旧最高，达 20.87%，而中国香港的保险密度最大，达 8906.76 美元／人（见表1-9 和表 1-10）。

表 1-9　1980—2018 年中国内地和港澳台地区保险深度情况

单位：%

| 年份 | 中国内地 | 中国香港 | 中国澳门 | 中国台湾 |
|------|---------|---------|---------|---------|
| 1980 | 0.06 | 0.00 | 0.00 | 2.74 |
| 1981 | 0.11 | 0.00 | 0.00 | 2.76 |
| 1982 | 0.12 | 0.00 | 0.00 | 3.03 |
| 1983 | 0.17 | 0.00 | 0.00 | 3.23 |
| 1984 | 0.21 | 0.00 | 1.00 | 3.33 |
| 1985 | 0.29 | 0.00 | 1.00 | 3.50 |
| 1986 | 0.41 | 0.00 | 0.50 | 3.31 |
| 1987 | 0.56 | 0.00 | 0.50 | 3.32 |
| 1988 | 0.59 | 1.03 | 1.50 | 3.45 |
| 1989 | 0.67 | 1.00 | 1.00 | 3.83 |
| 1990 | 0.76 | 2.65 | 1.33 | 3.94 |
| 1991 | 0.92 | 2.80 | 1.25 | 4.05 |
| 1992 | 1.25 | 2.98 | 1.00 | 4.32 |
| 1993 | 1.62 | 3.05 | 1.20 | 4.56 |
| 1994 | 1.02 | 3.26 | 1.33 | 4.86 |
| 1995 | 1.00 | 3.48 | 1.29 | 5.05 |
| 1996 | 1.11 | 3.39 | 1.29 | 5.22 |
| 1997 | 1.40 | 3.47 | 1.43 | 5.57 |
| 1998 | 1.46 | 3.85 | 2.00 | 5.95 |
| 1999 | 1.54 | 4.23 | 2.17 | 6.52 |
| 2000 | 1.59 | 4.53 | 2.17 | 6.91 |
| 2001 | 1.90 | 5.48 | 2.43 | 8.11 |
| 2002 | 2.51 | 6.47 | 2.57 | 9.34 |
| 2003 | 2.82 | 7.64 | 2.50 | 11.45 |
| 2004 | 2.67 | 8.02 | 2.40 | 12.42 |
| 2005 | 2.63 | 9.35 | 2.33 | 13.31 |

续表

| 年份 | 中国内地 | 中国香港 | 中国澳门 | 中国台湾 |
|------|---------|---------|---------|---------|
| 2006 | 2.57 | 10.04 | 2.07 | 13.61 |
| 2007 | 2.60 | 11.63 | 2.22 | 15.24 |
| 2008 | 3.06 | 10.74 | 2.05 | 15.91 |
| 2009 | 3.19 | 10.79 | 1.95 | 16.83 |
| 2010 | 3.52 | 11.12 | 1.71 | 17.73 |
| 2011 | 2.93 | 11.59 | 1.46 | 16.76 |
| 2012 | 2.87 | 12.41 | 1.58 | 18.36 |
| 2013 | 2.89 | 13.49 | 1.63 | 18.45 |
| 2014 | 3.14 | 14.53 | 1.98 | 18.68 |
| 2015 | 3.54 | 15.15 | 2.00 | 18.97 |
| 2016 | 4.16 | 17.70 | 1.98 | 19.89 |
| 2017 | 4.57 | 17.92 | 1.96 | 21.32 |
| 2018 | 4.22 | 18.16 | 1.78 | 20.87 |

资料来源：根据瑞士再保险公司官网披露数据整理。

表 1-10 1980—2018 年中国内地和港澳台地区保险密度情况

单位：美元/人

| 年份 | 中国内地 | 中国香港 | 中国澳门 | 中国台湾 |
|------|---------|---------|---------|---------|
| 1980 | 0.19 | 0.00 | 0.00 | 35.80 |
| 1981 | 0.31 | 0.00 | 0.00 | 44.44 |
| 1982 | 0.34 | 0.00 | 0.00 | 51.37 |
| 1983 | 0.51 | 0.00 | 0.00 | 60.75 |
| 1984 | 0.63 | 0.00 | 33.33 | 75.66 |
| 1985 | 0.85 | 0.00 | 33.33 | 87.96 |
| 1986 | 1.15 | 0.00 | 33.33 | 109.28 |
| 1987 | 1.65 | 0.00 | 33.33 | 160.71 |
| 1988 | 2.25 | 110.71 | 100.00 | 228.64 |
| 1989 | 2.77 | 121.05 | 100.00 | 302.99 |
| 1990 | 2.68 | 351.72 | 133.33 | 339.90 |
| 1991 | 3.36 | 422.03 | 125.00 | 386.83 |
| 1992 | 5.15 | 525.42 | 125.00 | 482.13 |
| 1993 | 8.28 | 610.00 | 150.00 | 530.14 |
| 1994 | 4.67 | 727.87 | 200.00 | 612.32 |
| 1995 | 5.94 | 812.90 | 225.00 | 685.45 |
| 1996 | 7.69 | 861.90 | 225.00 | 730.70 |
| 1997 | 10.70 | 960.94 | 250.00 | 795.39 |

| 年份 | 中国内地 | 中国香港 | 中国澳门 | 中国台湾 |
|------|---------|---------|---------|---------|
| 1998 | 11.88 | 1001.54 | 300.00 | 771.23 |
| 1999 | 13.19 | 1065.15 | 325.00 | 906.36 |
| 2000 | 15.01 | 1164.18 | 325.00 | 1030.18 |
| 2001 | 19.73 | 1382.09 | 425.00 | 1082.59 |
| 2002 | 28.37 | 1579.41 | 450.00 | 1273.78 |
| 2003 | 35.85 | 1808.82 | 400.00 | 1596.46 |
| 2004 | 39.72 | 1994.12 | 480.00 | 1876.65 |
| 2005 | 45.51 | 2501.47 | 560.00 | 2158.15 |
| 2006 | 53.20 | 2821.74 | 620.00 | 2261.84 |
| 2007 | 69.11 | 3573.91 | 800.00 | 2642.79 |
| 2008 | 104.64 | 3410.14 | 860.00 | 2794.35 |
| 2009 | 120.49 | 3300.00 | 820.00 | 2760.61 |
| 2010 | 157.74 | 3638.57 | 960.00 | 3308.66 |
| 2011 | 162.17 | 4066.20 | 1080.00 | 3380.17 |
| 2012 | 178.38 | 4595.77 | 1133.33 | 3766.09 |
| 2013 | 202.43 | 5169.44 | 1416.67 | 3887.61 |
| 2014 | 236.10 | 5872.22 | 1816.67 | 4086.75 |
| 2015 | 276.51 | 6412.33 | 1500.00 | 4084.26 |
| 2016 | 331.98 | 7784.93 | 1483.33 | 4317.02 |
| 2017 | 383.98 | 8282.43 | 1600.00 | 4998.72 |
| 2018 | 406.10 | 8906.76 | 1600.00 | 5165.25 |

资料来源：根据瑞士再保险公司官网披露数据整理。

## 五、中国内地的保险业发展情况

本报告对中国内地的保险情况进行了单独的分析。1980 年中国内地总保费达 1.9 亿美元，全部为非人身险保费，保险深度为 0.06%，保险密度为 0.19 美元 / 人。到了 2018 年，中国内地的总保费达 5748.8 亿美元，其中人身险保费 3133.7 亿美元，非人身险保费 2615.1 亿美元，保险深度为 4.22%，保险密度为 406.10 美元 / 人。见表 1-11。

表 1-11　1980—2018 年中国内地保险业发展情况

| 年份 | 总保费（十亿美元） | 人身险保费（十亿美元） | 非人身险保费（十亿美元） | 人口（百万） | 保险深度（%） | GDP（十亿美元） | 保险密度（美元/人） |
|------|------|------|------|------|------|------|------|
| 1980 | 0.19 | 0.00 | 0.19 | 980.90 | 0.06 | 304.00 | 0.19 |
| 1981 | 0.31 | 0.00 | 0.31 | 994.40 | 0.11 | 287.00 | 0.31 |
| 1982 | 0.34 | 0.00 | 0.34 | 1008.10 | 0.12 | 282.00 | 0.34 |
| 1983 | 0.52 | 0.01 | 0.51 | 1022.30 | 0.17 | 302.00 | 0.51 |

续表

| 年份 | 总保费<br>（十亿美元） | 人身险保费<br>（十亿美元） | 非人身险保费<br>（十亿美元） | 人口<br>（百万） | 保险深度<br>（%） | GDP<br>（十亿美元） | 保险密度<br>（美元/人） |
|---|---|---|---|---|---|---|---|
| 1984 | 0.65 | 0.03 | 0.62 | 1037.30 | 0.21 | 311.00 | 0.63 |
| 1985 | 0.89 | 0.15 | 0.74 | 1053.20 | 0.29 | 307.00 | 0.85 |
| 1986 | 1.23 | 0.33 | 0.90 | 1070.40 | 0.41 | 298.00 | 1.15 |
| 1987 | 1.80 | 0.67 | 1.13 | 1088.50 | 0.56 | 324.00 | 1.65 |
| 1988 | 2.55 | 1.01 | 1.54 | 1135.70 | 0.59 | 430.00 | 2.25 |
| 1989 | 3.20 | 1.22 | 1.98 | 1156.30 | 0.67 | 480.00 | 2.77 |
| 1990 | 3.15 | 1.18 | 1.97 | 1174.50 | 0.76 | 415.00 | 2.68 |
| 1991 | 4.00 | 1.56 | 2.44 | 1190.40 | 0.92 | 434.00 | 3.36 |
| 1992 | 6.20 | 2.58 | 3.62 | 1204.70 | 1.25 | 495.00 | 5.15 |
| 1993 | 10.09 | 3.45 | 6.64 | 1217.90 | 1.62 | 621.00 | 8.28 |
| 1994 | 5.75 | 1.88 | 3.87 | 1230.00 | 1.02 | 566.00 | 4.67 |
| 1995 | 7.37 | 2.33 | 5.04 | 1241.20 | 1.00 | 736.00 | 5.94 |
| 1996 | 9.62 | 3.97 | 5.65 | 1251.40 | 1.11 | 866.00 | 7.69 |
| 1997 | 13.48 | 6.84 | 6.64 | 1260.30 | 1.40 | 964.00 | 10.70 |
| 1998 | 15.07 | 8.06 | 7.01 | 1268.40 | 1.46 | 1032.00 | 11.88 |
| 1999 | 16.83 | 9.28 | 7.55 | 1276.20 | 1.54 | 1095.00 | 13.19 |
| 2000 | 19.28 | 10.28 | 9.00 | 1284.20 | 1.59 | 1211.00 | 15.01 |
| 2001 | 25.49 | 15.56 | 9.93 | 1292.20 | 1.90 | 1339.00 | 19.73 |
| 2002 | 36.88 | 25.05 | 11.83 | 1299.90 | 2.51 | 1471.00 | 28.37 |
| 2003 | 46.88 | 32.25 | 14.63 | 1307.50 | 2.82 | 1660.00 | 35.85 |
| 2004 | 52.23 | 34.38 | 17.85 | 1315.00 | 2.67 | 1955.00 | 39.72 |
| 2005 | 60.19 | 39.63 | 20.56 | 1322.60 | 2.63 | 2287.00 | 45.51 |
| 2006 | 70.76 | 45.04 | 25.72 | 1330.20 | 2.57 | 2753.00 | 53.20 |
| 2007 | 92.46 | 58.67 | 33.79 | 1337.90 | 2.60 | 3553.00 | 69.11 |
| 2008 | 140.79 | 95.81 | 44.98 | 1345.50 | 3.06 | 4598.00 | 104.64 |
| 2009 | 163.04 | 109.17 | 53.87 | 1353.10 | 3.19 | 5110.00 | 120.49 |
| 2010 | 214.64 | 143.01 | 71.63 | 1360.70 | 3.52 | 6102.00 | 157.74 |
| 2011 | 221.91 | 134.57 | 87.34 | 1368.40 | 2.93 | 7572.00 | 162.17 |
| 2012 | 245.48 | 141.19 | 104.29 | 1376.20 | 2.87 | 8565.00 | 178.38 |
| 2013 | 280.12 | 153.30 | 126.82 | 1383.80 | 2.89 | 9682.00 | 202.43 |
| 2014 | 328.44 | 176.95 | 151.49 | 1391.10 | 3.14 | 10453.00 | 236.10 |
| 2015 | 386.50 | 210.76 | 175.74 | 1397.80 | 3.54 | 10911.00 | 276.51 |
| 2016 | 466.14 | 262.62 | 203.52 | 1404.10 | 4.16 | 11204.00 | 331.98 |
| 2017 | 541.45 | 317.57 | 223.88 | 1410.10 | 4.57 | 11856.00 | 383.98 |
| 2018 | 574.88 | 313.37 | 261.51 | 1415.60 | 4.22 | 13613.00 | 406.10 |

资料来源：根据瑞士再保险公司官网披露数据整理。

# 第三节　中国保险发展指数

## 一、中国保险发展指数说明

2018 年 3 月 27 日和 29 日,中国银行保险监督管理委员(以下简称"中国银保监会")会先后召开党委(扩大)会议和银行保险改革领导小组第一次会议,全力推动银行保险业向高质量发展转变。在这一大背景下,推动保险业实现高质量发展,已经成为当前和今后一段时期保险业发展的主旋律(冯占军等,2018)。

中国保险行业协会在 2015 年首发中国保险发展指数,旨在综合、直观地呈现近年来我国保险业取得的成就,反映保险业对经济社会发展作出的积极贡献,为国家制定宏观经济政策提供参考依据。构建科学、合理的指标体系是编制指数的基础,中国保险发展指数指标体系框架以《关于加快发展现代保险服务业的若干意见》(又称"新国十条")2020 年发展目标为政策理论依据,即"到 2020 年,基本建成保障全面、功能完善、安全稳健、诚信规范,具有较强服务能力、创新能力和国际竞争力,与我国经济社会发展需求相适应的现代保险服务业,努力由保险大国向保险强国转变",并遵循科学性、代表性、导向性和可操作性原则。指标体系分成三个层次:第一个层次是总指数,反映我国保险业总体发展情况;第二个层次是四个分指数,反映我国保险业在基础实力、服务能力、创新能力和国际竞争力领域的发展情况;第三个层次是 27 个评价指标,反映各领域具体发展情况(见图 1-11)。

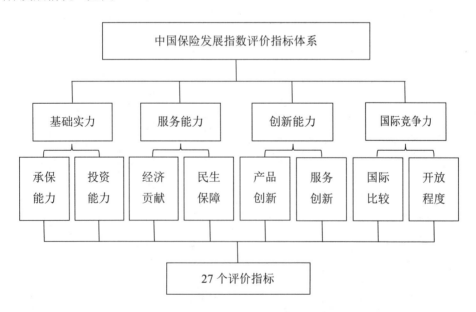

图 1-11　中国保险发展指数评价指标体系

资料来源:中国保险行业协会.2015 年中国保险发展指数报告[R].中国保险行业协会,2016.

中国保险发展指数采用综合指数法进行编制，其优点是对复杂的指标体系进行了简化处理，能给出直观、简洁的评价结果，且经济含义清晰，容易理解。

（一）标准值的选取

标准值的选取一般有两种方式，一是以目标值为标准值，二是以基期值为标准值。保险业评价指标中，除"新国十条"明确了 2020 保险深度达到 5%，保险密度达到 3500 元 / 人，其他指标没有可供参考的目标值（或全球平均、业内最佳值）。为了充分反映保险业的发展轨迹，中国保险行业协会采用了第二种方式，即将基期值作为标准值。权重的设定采用德尔菲法，权重如表 1-12 所示。

表 1-12　中国保险发展指数权重

| 一级指标 | 二级指标 | 三级指标 |
|---|---|---|
| 中国保险发展指数 | 基础实力（30%） | 原保险保费收入 |
| | | 再保险保费收入 |
| | | 净资产 |
| | | 保险深度 |
| | | 保险密度 |
| | | 资金收益率 |
| | | 资金运用余额 |
| | 服务能力（30%） | 保险业增加值与 GDP 的比值 |
| | | 纳税额 |
| | | 保险业总资产与金融业总资产的比值 |
| | | 赔付贡献度 |
| | | 劳均保费 |
| | | 保险业从业人员占比 |
| | | 健康险赔付与医疗费用支出之比 |
| | | 商业养老深度 |
| | 创新能力（20%） | 中国精算师数量 |
| | | 新产品量 |
| | | 巨灾险、农险、责任险、信用险占比 |
| | | 年金托管资产 |
| | | 保费网销比例 |
| | | 亿元保费投诉率 |
| | 国际竞争力（20%） | 中国保险深度与全球平均水平之比 |
| | | 中国保险密度与全球平均水平之比 |
| | | 中国保费全球占比 |
| | | 外资保险公司数量 |
| | | 境外上市的中资公司数量 |
| | | 保险服务贸易出口额 |

资料来源：中国保险行业协会.2015 年中国保险发展指数报告［R］.中国保险行业协会，2016.

## （二）评价值的计算

评价值计算主要采用定基标准化法。该方法将指标实际值与标准值相除，得到的评价值与实际值序列走势完全一致，能充分反映各指标实际数值代表的评价结果。测算中针对时期类指标、时点类指标、比重比率类指标、正指标、逆指标等不同性质指标进行了必要的分类修正。

## （三）指数的合成

中国保险发展指数的分指数由领域内各指标的评价值加权汇总得到，总指数由各领域分指数加权汇总合成。

## （四）指标调整

中国保险发展指数首发于 2015 年 12 月，该指数以 2010 年为基期，反映了 2014 年保险业发展状况和 2011—2014 年我国保险业发展趋势。

2015 年的中国保险发展指数，在上一年的编制基础上有所优化和完善，增加了体现保险行业效率的"劳均保费"、体现开放程度的"保险服务贸易出口额"。调整后的指标体系，丰富了指数内涵，实现了有效衔接，不仅客观反映了 2015 年我国保险业的发展特点，也完整记录了"十二五"时期我国保险业的发展变化。

# 二、中国保险发展指数分析

## （一）中国保险发展指数总体发展分析

在宏观经济稳中有进的背景下，保险业发展总体向好。测算结果显示，2015 年中国保险发展指数①稳步提升，为 112.8（2010 年为 100），比上一年提高了 3.5 个点，为"十二五"期间同比提升幅度最大的一年。随着"新国十条"、《关于加快发展商业健康保险的若干意见》等重大政策的陆续出台，保险业迎来新的发展机遇，保险需求有所增加，业务范围逐步拓宽，进入了快速发展期。2011—2014 年中国保险发展指数提高幅度分别为 1.1、3.1、2.1 和 3.0 个点（见图 1-12）。

据中国保险行业协会测算，2015 年，服务能力指数对总指数的贡献最大，贡献率达到 31.2%，反映出保险业更多地承担起了服务经济社会发展的责任。得益于近年来保险业承保能力和投资能力的快速提升，基础实力指数对总指数的贡献率达到 27.6%，排名第二。创新能力指数对总指数的贡献率为 27.5%，国际竞争力指数对总指数的贡献率为 13.7%，仍具有较大的发展潜力。

## （二）中国保险发展指数分领域发展分析

1. 基础实力继续壮大

2015 年，基础实力分指数为 113.7，高于总指数 0.9 个点，比上年提高 3.1 个点（见图 1-13）。

---

① 中国保险行业协会在 2015 年 12 月 7 日首次发布"中国保险发展指数"，本部分内容主要参考了中国保险行业协会于 2016 年 7 月 8 日（全国保险公众宣传日）发布的《2015 年中国保险发展指数报告》。

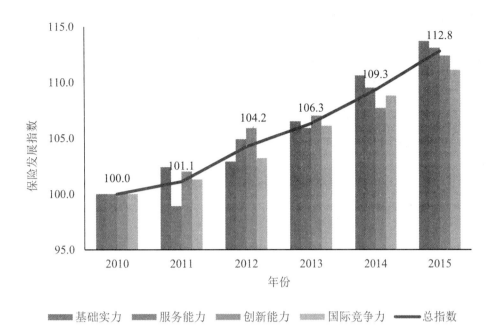

**图1-12　中国保险发展总指数（2010—2015年）**

资料来源：中国保险行业协会.2015年中国保险发展指数报告[R].中国保险行业协会，2016.

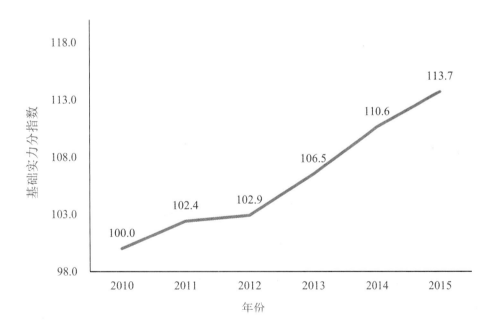

**图1-13　中国保险发展基础实力分指数（2010—2015年）**

资料来源：中国保险行业协会.2015年中国保险发展指数报告[R].中国保险行业协会，2016.

第一，保险业务高速增长。2015年是保险业"新国十条"全面落地的一年，全行业主动适应经济发展新常态，着力服务经济社会发展新需求，全年实现原保险保费收入

24282.52 亿元，同比增长 20.00%，较上年提高 2.51 个百分点，增速是近年来最快的一年。其中，财产险公司原保险保费收入 8423.26 亿元，同比增长 11.65%；寿险公司原保险保费收入 15859.13 亿元，同比增长 24.97%。保险业效率也有所提升，2015 年劳均保费（单位劳动力创造的保费）为 237.00 万元，比上年提高 13.23 万元。

第二，资产规模不断扩大。2015 年末，保险业总资产达到 12.36 万亿元，较年初增长 21.66%；净资产达到 1.61 万亿元，较年初增长 21.38%。

第三，资金运用效果突出。资金运用的市场化改革，进一步拓宽了保险资金运用领域和业务范围。2015 年，资金运用余额为 11.18 万亿元，同比增长 19.81%；资金收益率为 7.56%，高出上年度 1.26 个百分点，投资效率创 5 年来新高。

2. 服务能力明显提升

2015 年，服务能力分指数为 113.1，高于总指数 0.3 个点，比上年提高 3.6 个点（见图 1-14）。

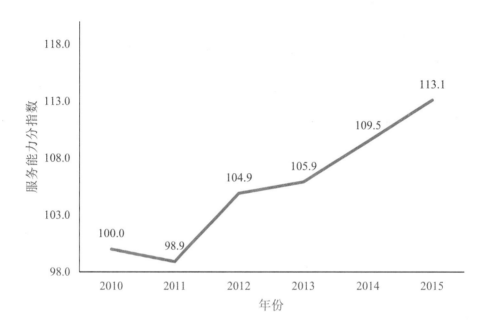

**图 1-14　中国保险发展服务能力分指数（2010—2015 年）**

资料来源：中国保险行业协会.2015 年中国保险发展指数报告［R］.中国保险行业协会，2016.

第一，对经济发展贡献增大。保险业的快速发展，进一步提高了服务业在国民经济中的份额。2015 年，保险业实现营业税金及附加 637.48 亿元，比上年增长 40.35%，保险业营业税占全社会营业税的比重为 3.30%，比上年提高 0.75 个百分点；同时，保险作为现代金融体系的重要支柱，在优化金融结构、提高金融体系运行的协调性方面也发挥了积极作用。

第二，保障民生作用凸显。受国务院办公厅《关于加快发展商业健康保险的若干意见》出台和个人所得税优惠政策落地的影响，健康险持续高速发展，发挥了商业保险参与社会保障的作用。2015 年，健康险赔付与医疗费用支出之比为 6.40%，比上年提高 0.79

个百分点。商业保险深入参与国家养老服务体系建设，受《机关事业单位职业年金办法》《基本养老保险基金投资管理办法》《养老保障管理业务管理办法》等一系列利好政策影响，实现快速发展。2015 年，商业养老保险的保险密度为 963 元 / 人，比上年提高 166 元 / 人。

3. 创新能力有所提高

2015 年，创新能力分指数为 112.4，低于总指数 0.4 个点，比上年提高 4.7 个点，是提升幅度最大的领域（见图 1-15）。

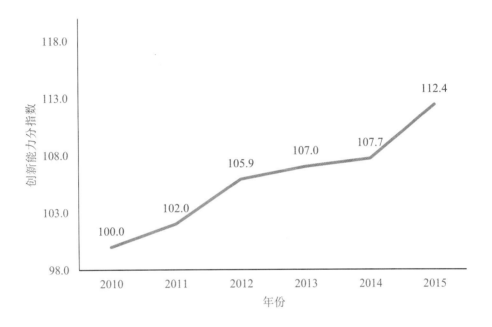

图 1-15　中国保险发展创新能力分指数（2010—2015 年）

资料来源：中国保险行业协会.2015 年中国保险发展指数报告［R］.中国保险行业协会，2016.

第一，产品创新力度加大。保险业围绕国家中心工作开发保险产品，如启动了巨灾保险试点应对灾害事故，2015 年，我国首只巨灾债券在北美成功发行，宁波"灿鸿""杜鹃"台风保险赔付 8000 万元，广东"彩虹"台风保险赔付 7.50 亿元，"东方之星"事件共赔付 7380.60 万元。又如升级农业保险条款服务"三农"，2015 年，农业保险实现保费收入 374.90 亿元，参保农户约 2.30 亿户次，提供风险保障近 2 万亿元。同时，大力发展信用保证保险，积极推广"政银保"发展模式，缓解小微企业融资难、融资贵问题，全年贷款保证保险支持小微企业及个人所获得的融资金额达 1015.60 亿元。

第二，服务创新再上台阶。在鼓励互联网保险产品创新的同时，互联网渠道的便利性也促进了互联网销售的快速增长。2015 年，保费网销比例为 9.20%，比上年提高 2.46 个百分点；随着全社会保险意识的不断增强，保险服务效果也有所显现，2015 年亿元保费投诉率为 1.244 件 / 亿元，比上年减少了 0.131 件 / 亿元。

### 4. 国际竞争力进一步增强

2015 年，我国保险业国际竞争力分指数为 111.1，低于总指数 1.7 个点，比上年提高 2.3 个点（见图 1-16）。

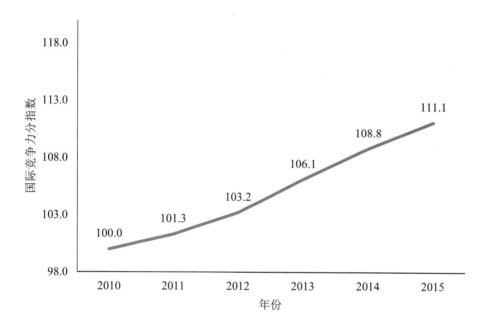

图 1-16 中国保险发展国际竞争力分指数（2010—2015 年）

资料来源：中国保险行业协会.2015 年中国保险发展指数报告[R].中国保险行业协会，2016.

第一，国际地位继续提高。有潜力的新兴保险市场，在全球保险市场中的作用越来越大，2015 年中国保费收入超过英国，全球排名由上年的第 4 位升至第 3 位。

第二，开放程度有所扩大。"引进来"和"走出去"步伐加快，一方面，外资保险公司以不同方式进入中国市场，截至 2015 年末，外资保险公司（直保公司①）数量为 50 家，其中财产险公司 22 家，人身险公司 28 家。2015 年，外资保险公司实现保费收入 1165.61 亿元，同比增长 29.27%，占全国保费收入的 4.80%，占比较上一年提高 0.34 个百分点，增加了我国保险市场的竞争活力。另一方面，中资保险公司走出国门，截至 2014 年末，共有 12 家境内保险机构在境外设立了 32 家营业机构，境外上市的中资保险公司数量为 6 家。此外，2015 年保险服务贸易出口额为 49.74 亿美元，比上一年增长 8.75%。

---

① 直保公司，是直接保险公司的简称，指向投保人签发保单、直接承担保险责任的保险公司。

# 第二章　中国保险机构概况

本章首先对我国保险机构进行了分类（按照保险机构经营业务将保险机构分为保险经营机构和保险中介机构，按照保险机构是否具有法人资格将保险机构划分为法人保险机构和非法人保险机构①）。然后，对我国保险机构代码的编制原则和思路进行了设计，并详细说明了代码参数的含义。最后，对我国 1980—2019 年历年各类保险机构的数量进行了梳理和分析。

## 第一节　保险机构的分类

### 一、保险机构内涵的界定

在监管部门法规文件中较早用到"保险机构"一词且进行详细界定的文件是《保险机构高级管理人员任职资格管理暂行规定》（保监发〔1999〕10 号），其中第二条为"本规定所称保险机构是指在中华人民共和国境内依法设立的各类商业保险机构，包括中资、外资、中外合资保险机构和保险中介机构。中资保险机构是指中国公民、法人或其他组织出资（含外资参股）设立的保险公司及其分支机构。外资保险机构是指外商独资保险公司及其分支机构，外国保险公司在中国境内设立的分支机构。保险中介机构是指保险代理公司、保险经纪公司和其他中介性质的保险机构"。

本报告认为，保险机构包括保险经营机构和保险中介机构。保险经营机构包括人身险公司、财产险公司、再保险公司，作为保险公司母公司的保险集团公司，以保险公司子公司形式出现的保险资产管理公司、相互保险组织以及上述所有机构的分支机构。保险中介机构包括保险代理机构、保险经纪机构和保险公估机构。

本报告界定的保险机构框架与上述保险公司治理政策法规文件总体吻合。需要说明的是，本报告中的外资保险机构包括独资和合资两种类型，合资保险机构是指外资出资或者持股比例达到 25% 的非独资机构。监管部门最近发布的文件也常用到"保险机构"

---

① 实际上，也可以按照保险机构的资本性质进行分类，分为中资保险机构和外资保险机构。30 多年来，特别是我国加入世贸组织以来，扩大对外开放在推动保险业发展中发挥了积极作用，但外资保险机构发展相对缓慢，市场份额占比仍然较小（冯占军等，2018）。因此，报告本部分主要采用了保险机构经营业务和是否具有法人资格两个标准进行分类，当然在报告中也会涉及分资本性质的比较分析。

一词，如中国银保监会印发的《保险机构独立董事管理办法》（银保监发〔2018〕35 号）。2018 年 11 月 13 日，中国机构编制网发布的《中国银行保险监督管理委员会职能配置、内设机构和人员编制规定》也使用了"保险机构"一词。

## 二、按照保险机构经营业务分类

### （一）保险经营机构

保险经营机构是指依《中华人民共和国保险法》（以下简称《保险法》）、《中华人民共和国公司法》（以下简称《公司法》）、《相互保险组织监管试行办法》等相关规定设立的法人或非法人组织。保险经营机构中具有法人资格的保险经营机构包括财产险公司、人身险公司、再保险公司和相互保险组织，而这些机构的分支机构不具有法人资格。

1. 人身险、财产险和再保险经营机构

（1）人身险经营机构

表 2-1 为我国人身险保险经营机构名录，合计 98 家。其中，中资保险经营机构 64 家，外资保险经营机构 34 家。表中列示了我国各人身险经营机构的机构名称、设立时间、资本性质和机构简称等具体信息。

表 2-1　我国人身险经营机构名录

| 序号 | 机构名称 | 设立时间 | 资本性质 | 机构简称 |
|---|---|---|---|---|
| 1 | 友邦保险有限公司上海分公司 | 1992-09-29 | 外资 | 友邦上海 |
| 2 | 友邦保险有限公司广东分公司 | 1995-10-30 | 外资 | 友邦广东 |
| 3 | 新华人寿保险股份有限公司 | 1996-09-28 | 中资 | 新华人寿 |
| 4 | 中宏人寿保险有限公司 | 1996-11-15 | 外资 | 中宏人寿 |
| 5 | 建信人寿保险股份有限公司 | 1998-10-12 | 中资 | 建信人寿 |
| 6 | 中德安联人寿保险有限公司 | 1998-11-25 | 外资 | 中德安联 |
| 7 | 工银安盛人寿保险有限公司 | 1999-05-14 | 外资 | 工银安盛人寿 |
| 8 | 友邦保险有限公司深圳分公司 | 1999-10-19 | 外资 | 友邦深圳 |
| 9 | 交银康联人寿保险有限公司 | 2000-07-04 | 外资 | 交银康联 |
| 10 | 中信保诚人寿保险有限公司 | 2000-09-28 | 外资 | 信诚人寿 |
| 11 | 天安人寿保险股份有限公司 | 2000-11-24 | 中资 | 天安人寿 |
| 12 | 中国太平洋人寿保险股份有限公司 | 2001-11-09 | 中资 | 太保寿险 |
| 13 | 太平人寿保险有限公司 | 2001-11-30 | 中资 | 太平人寿 |
| 14 | 中意人寿保险有限公司 | 2002-01-31 | 外资 | 中意人寿 |
| 15 | 富德生命人寿保险股份有限公司 | 2002-03-04 | 中资 | 富德生命 |
| 16 | 光大永明人寿保险有限公司 | 2002-04-22 | 中资 | 光大永明人寿 |
| 17 | 友邦保险有限公司北京分公司 | 2002-06-11 | 外资 | 友邦北京 |
| 18 | 民生人寿保险股份有限公司 | 2002-06-18 | 中资 | 民生人寿 |
| 19 | 友邦保险有限公司江苏分公司 | 2002-07-16 | 外资 | 友邦江苏 |

续表

| 序号 | 机构名称 | 设立时间 | 资本性质 | 机构简称 |
|------|----------|----------|----------|----------|
| 20 | 友邦保险有限公司东莞支公司 | 2002-11-07 | 外资 | 友邦东莞 |
| 21 | 友邦保险有限公司江门支公司 | 2002-11-07 | 外资 | 友邦江门 |
| 22 | 中荷人寿保险有限公司 | 2002-11-19 | 外资 | 中荷人寿 |
| 23 | 北大方正人寿保险有限公司 | 2002-11-28 | 外资 | 北大方正 |
| 24 | 中英人寿保险有限公司 | 2002-12-11 | 外资 | 中英人寿 |
| 25 | 中国平安人寿保险股份有限公司 | 2002-12-17 | 中资 | 平安人寿 |
| 26 | 同方全球人寿保险有限公司 | 2003-04-16 | 外资 | 同方全球人寿 |
| 27 | 中国人寿保险股份有限公司 | 2003-06-30 | 中资 | 国寿股份 |
| 28 | 招商信诺人寿保险有限公司 | 2003-08-04 | 外资 | 招商信诺 |
| 29 | 长生人寿保险有限公司 | 2003-09-23 | 外资 | 长生人寿 |
| 30 | 恒安标准人寿保险有限公司 | 2003-12-01 | 外资 | 恒安标准 |
| 31 | 瑞泰人寿保险有限公司 | 2004-01-06 | 外资 | 瑞泰人寿 |
| 32 | 平安养老保险股份有限公司 | 2004-12-13 | 中资 | 平安养老 |
| 33 | 陆家嘴国泰人寿保险有限责任公司 | 2004-12-29 | 外资 | 陆家嘴国泰 |
| 34 | 太平养老保险股份有限公司 | 2005-01-26 | 中资 | 太平养老 |
| 35 | 合众人寿保险股份有限公司 | 2005-01-28 | 中资 | 合众人寿 |
| 36 | 华泰人寿保险股份有限公司 | 2005-03-22 | 外资 | 华泰人寿 |
| 37 | 中国人民健康保险股份有限公司 | 2005-03-31 | 中资 | 人保健康 |
| 38 | 中银三星人寿保险有限公司 | 2005-05-26 | 外资 | 中银三星 |
| 39 | 平安健康保险股份有限公司 | 2005-06-13 | 外资 | 平安健康 |
| 40 | 中美联泰大都会人寿保险有限公司 | 2005-08-10 | 外资 | 中美联泰 |
| 41 | 长城人寿保险股份有限公司 | 2005-09-20 | 中资 | 长城人寿 |
| 42 | 中国人民人寿保险股份有限公司 | 2005-11-10 | 中资 | 人保寿险 |
| 43 | 农银人寿保险股份有限公司 | 2005-12-19 | 中资 | 农银人寿 |
| 44 | 中法人寿保险有限责任公司 | 2005-12-23 | 外资 | 中法人寿 |
| 45 | 昆仑健康保险股份有限公司 | 2006-01-12 | 中资 | 昆仑健康 |
| 46 | 和谐健康保险股份有限公司 | 2006-01-12 | 中资 | 和谐健康 |
| 47 | 恒大人寿保险有限公司 | 2006-05-11 | 外资 | 恒大人寿 |
| 48 | 君康人寿保险股份有限公司 | 2006-11-06 | 中资 | 君康人寿 |
| 49 | 华夏人寿保险股份有限公司 | 2006-12-30 | 中资 | 华夏人寿 |
| 50 | 中国人寿养老保险股份有限公司 | 2007-01-15 | 中资 | 国寿养老 |
| 51 | 信泰人寿保险股份有限公司 | 2007-05-18 | 中资 | 信泰人寿 |
| 52 | 长江养老保险股份有限公司 | 2007-05-18 | 中资 | 长江养老 |
| 53 | 英大泰和人寿保险股份有限公司 | 2007-06-26 | 中资 | 英大人寿 |
| 54 | 泰康养老保险股份有限公司 | 2007-08-10 | 中资 | 泰康养老 |
| 55 | 幸福人寿保险股份有限公司 | 2007-11-05 | 中资 | 幸福人寿 |
| 56 | 国华人寿保险股份有限公司 | 2007-11-08 | 中资 | 国华人寿 |

| 序号 | 机构名称 | 设立时间 | 资本性质 | 机构简称 |
|------|----------|----------|----------|----------|
| 57 | 阳光人寿保险股份有限公司 | 2007-12-17 | 中资 | 阳光人寿 |
| 58 | 君龙人寿保险有限公司 | 2008-11-10 | 外资 | 君龙人寿 |
| 59 | 鼎诚人寿保险有限责任公司 | 2009-03-02 | 外资 | 鼎诚人寿 |
| 60 | 百年人寿保险股份有限公司 | 2009-06-01 | 中资 | 百年人寿 |
| 61 | 汇丰人寿保险有限公司 | 2009-06-27 | 外资 | 汇丰人寿 |
| 62 | 中邮人寿保险股份有限公司 | 2009-08-18 | 中资 | 中邮人寿 |
| 63 | 中融人寿保险股份有限公司 | 2010-03-26 | 中资 | 中融人寿 |
| 64 | 大家人寿保险股份有限公司 | 2010-06-23 | 中资 | 大家人寿 |
| 65 | 利安人寿保险股份有限公司 | 2011-07-14 | 中资 | 利安人寿 |
| 66 | 慈溪市龙山镇伏龙农村保险互助社 | 2011-09-06 | 中资 | 伏龙互助社 |
| 67 | 华汇人寿保险股份有限公司 | 2011-12-22 | 中资 | 华汇人寿 |
| 68 | 前海人寿保险股份有限公司 | 2012-02-08 | 中资 | 前海人寿 |
| 69 | 东吴人寿保险股份有限公司 | 2012-05-23 | 中资 | 东吴人寿 |
| 70 | 弘康人寿保险股份有限公司 | 2012-07-19 | 中资 | 弘康人寿 |
| 71 | 吉祥人寿保险股份有限公司 | 2012-09-07 | 中资 | 吉祥人寿 |
| 72 | 复星保德信人寿保险有限公司 | 2012-09-21 | 外资 | 复星保德信 |
| 73 | 珠江人寿保险股份有限公司 | 2012-09-26 | 中资 | 珠江人寿 |
| 74 | 中韩人寿保险有限公司 | 2012-11-30 | 外资 | 中韩人寿 |
| 75 | 慈溪市龙山农村保险互助联社 | 2013-07-17 | 中资 | 龙山互助社 |
| 76 | 德华安顾人寿保险有限公司 | 2013-07-22 | 外资 | 德华安顾 |
| 77 | 大家养老保险股份有限公司 | 2013-12-31 | 中资 | 大家养老 |
| 78 | 太保安联健康保险股份有限公司 | 2014-12-10 | 中资 | 太保安联健康 |
| 79 | 渤海人寿保险股份有限公司 | 2014-12-18 | 中资 | 渤海人寿 |
| 80 | 国联人寿保险股份有限公司 | 2014-12-31 | 中资 | 国联人寿 |
| 81 | 上海人寿保险股份有限公司 | 2015-02-16 | 中资 | 上海人寿 |
| 82 | 中华联合人寿保险股份有限公司 | 2015-11-24 | 中资 | 中华人寿 |
| 83 | 新华养老保险股份有限公司 | 2016-09-19 | 中资 | 新华养老 |
| 84 | 泰康人寿保险有限责任公司 | 2016-11-28 | 中资 | 泰康人寿 |
| 85 | 横琴人寿保险有限公司 | 2016-12-28 | 中资 | 横琴人寿 |
| 86 | 复星联合健康保险股份有限公司 | 2017-01-23 | 中资 | 复星联合健康 |
| 87 | 和泰人寿保险股份有限公司 | 2017-01-24 | 中资 | 和泰人寿 |
| 88 | 华贵人寿保险股份有限公司 | 2017-02-17 | 中资 | 华贵保险 |
| 89 | 信美人寿相互保险社 | 2017-05-11 | 中资 | 信美相互 |
| 90 | 爱心人寿保险股份有限公司 | 2017-06-22 | 中资 | 爱心人寿 |
| 91 | 招商局仁和人寿保险股份有限公司 | 2017-07-04 | 中资 | 招商仁和人寿 |

| 序号 | 机构名称 | 设立时间 | 资本性质 | 机构简称 |
|---|---|---|---|---|
| 92 | 中国人民养老保险有限责任公司 | 2017-10-12 | 中资 | 人保养老 |
| 93 | 三峡人寿保险股份有限公司 | 2017-12-20 | 中资 | 三峡人寿 |
| 94 | 北京人寿保险股份有限公司 | 2018-02-14 | 中资 | 北京人寿 |
| 95 | 国宝人寿保险股份有限公司 | 2018-04-08 | 中资 | 国宝人寿 |
| 96 | 瑞华健康保险股份有限公司 | 2018-05-15 | 中资 | 瑞华健康 |
| 97 | 海保人寿保险股份有限公司 | 2018-05-30 | 中资 | 海保人寿 |
| 98 | 国富人寿保险股份有限公司 | 2018-06-07 | 中资 | 国富人寿 |

资料来源：中国银保监会官网。

**（2）财产险经营机构**

我国财产险经营机构包括中国人民财产保险股份有限公司、太平财产保险有限公司、中国大地财产保险股份有限公司、中国太平洋财产保险股份有限公司和中国平安财产保险股份有限公司等合计 89 家，其中中资 66 家、外资 23 家（详见表 2-2）。

表 2-2　我国财产险经营机构名录

| 序号 | 机构名称 | 设立时间 | 资本性质 | 机构简称 |
|---|---|---|---|---|
| 1 | 史带财产保险股份有限公司 | 1995-01-25 | 外资 | 史带财险 |
| 2 | 天安财产保险股份有限公司 | 1995-01-27 | 中资 | 天安财险 |
| 3 | 永安财产保险股份有限公司 | 1996-09-13 | 中资 | 永安财险 |
| 4 | 华安财产保险股份有限公司 | 1996-12-03 | 中资 | 华安财险 |
| 5 | 中国出口信用保险公司 | 2001-11-08 | 中资 | 中国信保 |
| 6 | 中国太平洋财产保险股份有限公司 | 2001-11-09 | 中资 | 太保财险 |
| 7 | 太平财产保险有限公司 | 2001-12-20 | 中资 | 太平财险 |
| 8 | 中国平安财产保险股份有限公司 | 2002-12-24 | 中资 | 平安财险 |
| 9 | 中国人民财产保险股份有限公司 | 2003-07-07 | 中资 | 人保财险 |
| 10 | 中国大地财产保险股份有限公司 | 2003-10-15 | 中资 | 大地财险 |
| 11 | 安信农业保险股份有限公司 | 2004-09-15 | 中资 | 安信农险 |
| 12 | 永诚财产保险股份有限公司 | 2004-09-27 | 中资 | 永诚财险 |
| 13 | 安华农业保险股份有限公司 | 2004-12-30 | 中资 | 安华农险 |
| 14 | 安盛天平财产保险股份有限公司 | 2004-12-31 | 外资 | 安盛天平 |
| 15 | 中银保险有限公司 | 2005-01-05 | 中资 | 中银保险 |
| 16 | 亚太财产保险有限公司 | 2005-01-10 | 中资 | 亚太财险 |
| 17 | 阳光农业相互保险公司 | 2005-01-10 | 中资 | 阳光农险 |
| 18 | 三星财产保险（中国）有限公司 | 2005-04-25 | 外资 | 三星财险 |
| 19 | 日本财产保险（中国）有限公司 | 2005-05-31 | 外资 | 日本财险 |
| 20 | 阳光财产保险股份有限公司 | 2005-07-28 | 中资 | 阳光产险 |
| 21 | 渤海财产保险股份有限公司 | 2005-09-28 | 中资 | 渤海财险 |

| 序号 | 机构名称 | 设立时间 | 资本性质 | 机构简称 |
|---|---|---|---|---|
| 22 | 都邦财产保险股份有限公司 | 2005-10-19 | 中资 | 都邦财险 |
| 23 | 华农财产保险股份有限公司 | 2006-01-24 | 中资 | 华农财险 |
| 24 | 中华联合财产保险股份有限公司 | 2006-12-06 | 中资 | 中华财险 |
| 25 | 中国人寿财产保险股份有限公司 | 2006-12-30 | 中资 | 国寿财险 |
| 26 | 安诚财产保险股份有限公司 | 2006-12-31 | 中资 | 安诚财险 |
| 27 | 现代财产保险（中国）有限公司 | 2007-03-02 | 外资 | 现代财险 |
| 28 | 劳合社保险（中国）有限公司 | 2007-03-15 | 外资 | 劳合社中国 |
| 29 | 中意财产保险有限公司 | 2007-04-13 | 外资 | 中意财险 |
| 30 | 三井住友海上火灾保险（中国）有限公司 | 2007-09-06 | 外资 | 三井住友 |
| 31 | 利宝保险有限公司 | 2007-09-21 | 外资 | 利宝保险 |
| 32 | 美亚财产保险有限公司 | 2007-09-24 | 外资 | 美亚保险 |
| 33 | 长安责任保险股份有限公司 | 2007-11-07 | 中资 | 长安责任 |
| 34 | 国元农业保险股份有限公司 | 2008-01-18 | 中资 | 国元农险 |
| 35 | 安达保险有限公司 | 2008-02-01 | 外资 | 安达保险 |
| 36 | 瑞再企商保险有限公司 | 2008-03-17 | 外资 | 瑞再企商 |
| 37 | 鼎和财产保险股份有限公司 | 2008-05-22 | 中资 | 鼎和财险 |
| 38 | 东京海上日动火灾保险（中国）有限公司 | 2008-07-22 | 外资 | 东京海上日动 |
| 39 | 国泰财产保险有限责任公司 | 2008-08-28 | 外资 | 国泰财险 |
| 40 | 中煤财产保险股份有限公司 | 2008-10-13 | 中资 | 中煤财险 |
| 41 | 英大泰和财产保险股份有限公司 | 2008-11-04 | 中资 | 英大财险 |
| 42 | 爱和谊日生同和财产保险（中国）有限公司 | 2009-01-23 | 外资 | 爱和谊财险 |
| 43 | 紫金财产保险股份有限公司 | 2009-05-08 | 中资 | 紫金财险 |
| 44 | 日本兴亚财产保险（中国）有限责任公司 | 2009-06-19 | 外资 | 日本兴亚 |
| 45 | 浙商财产保险股份有限公司 | 2009-06-25 | 中资 | 浙商财险 |
| 46 | 国任财产保险股份有限公司 | 2009-08-31 | 中资 | 国任财险 |
| 47 | 乐爱金财产保险（中国）有限公司 | 2009-10-23 | 外资 | 乐爱金财险 |
| 48 | 京东安联财产保险（中国）有限公司 | 2010-03-24 | 外资 | 京东安联 |
| 49 | 富邦财产保险有限公司 | 2010-10-08 | 外资 | 富邦财险 |
| 50 | 泰山财产保险股份有限公司 | 2010-12-31 | 中资 | 泰山财险 |
| 51 | 锦泰财产保险股份有限公司 | 2011-01-30 | 中资 | 锦泰财险 |
| 52 | 中航安盟财产保险有限公司 | 2011-02-22 | 外资 | 中航安盟 |
| 53 | 信利保险（中国）有限公司 | 2011-03-14 | 外资 | 信利保险 |
| 54 | 众诚汽车保险股份有限公司 | 2011-06-08 | 中资 | 众诚车险 |
| 55 | 华泰财产保险有限公司 | 2011-07-29 | 外资 | 华泰财险 |
| 56 | 长江财产保险股份有限公司 | 2011-11-18 | 中资 | 长江财险 |

续表

| 序号 | 机构名称 | 设立时间 | 资本性质 | 机构简称 |
|---|---|---|---|---|
| 57 | 诚泰财产保险股份有限公司 | 2011-12-31 | 中资 | 诚泰财险 |
| 58 | 富德财产保险股份有限公司 | 2012-05-07 | 中资 | 富德财险 |
| 59 | 鑫安汽车保险股份有限公司 | 2012-06-15 | 中资 | 鑫安车险 |
| 60 | 北部湾财产保险股份有限公司 | 2013-01-18 | 中资 | 北部湾财险 |
| 61 | 苏黎世财产保险（中国）有限公司 | 2013-07-02 | 外资 | 苏黎世财险 |
| 62 | 众安在线财产保险股份有限公司 | 2013-10-09 | 中资 | 众安在线 |
| 63 | 中石油专属财产保险股份有限公司 | 2013-12-26 | 中资 | 中石油自保 |
| 64 | 华海财产保险股份有限公司 | 2014-12-09 | 中资 | 华海财险 |
| 65 | 恒邦财产保险股份有限公司 | 2014-12-30 | 中资 | 恒邦财险 |
| 66 | 燕赵财产保险股份有限公司 | 2015-02-03 | 中资 | 燕赵财险 |
| 67 | 合众财产保险股份有限公司 | 2015-02-11 | 中资 | 合众财险 |
| 68 | 中路财产保险股份有限公司 | 2015-04-03 | 中资 | 中路财险 |
| 69 | 中原农业保险股份有限公司 | 2015-05-13 | 中资 | 中原农险 |
| 70 | 中国铁路财产保险自保有限公司 | 2015-07-06 | 中资 | 中铁自保 |
| 71 | 瑞安市兴民农村保险互助社 | 2015-10-22 | 中资 | 兴农互助社 |
| 72 | 泰康在线财产保险股份有限公司 | 2015-11-12 | 中资 | 泰康在线 |
| 73 | 东海航运保险股份有限公司 | 2015-12-25 | 中资 | 东海航运 |
| 74 | 安心财产保险有限责任公司 | 2015-12-31 | 中资 | 安心财险 |
| 75 | 阳光信用保证保险股份有限公司 | 2016-01-11 | 中资 | 阳光信保 |
| 76 | 易安财产保险股份有限公司 | 2016-02-16 | 中资 | 易安财险 |
| 77 | 久隆财产保险有限公司 | 2016-03-17 | 中资 | 久隆财险 |
| 78 | 新疆前海联合财产保险股份有限公司 | 2016-05-19 | 中资 | 前海联合 |
| 79 | 珠峰财产保险股份有限公司 | 2016-05-22 | 中资 | 珠峰财险 |
| 80 | 海峡金桥财产保险股份有限公司 | 2016-08-25 | 中资 | 海峡金桥 |
| 81 | 建信财产保险有限公司 | 2016-10-11 | 中资 | 建信财险 |
| 82 | 中远海运财产保险自保有限公司 | 2017-02-08 | 中资 | 中远海运自保 |
| 83 | 众惠财产相互保险社 | 2017-02-14 | 中资 | 众惠相互 |
| 84 | 汇友财产相互保险社 | 2017-06-28 | 中资 | 汇友相互 |
| 85 | 广东粤电财产保险自保有限公司 | 2017-11-10 | 中资 | 粤电自保 |
| 86 | 黄河财产保险股份有限公司 | 2018-01-02 | 中资 | 黄河财险 |
| 87 | 太平科技保险股份有限公司 | 2018-01-08 | 中资 | 太平科技 |
| 88 | 融盛财产保险股份有限公司 | 2018-07-09 | 中资 | 融盛保险 |
| 89 | 大家财产保险有限责任公司 | 2019-08-28 | 中资 | 大家财险 |

资料来源：中国银保监会官网。

（3）再保险经营机构

我国再保险经营机构合计 11 家，其中中资 5 家、外资 6 家。具体包括慕尼黑再保险公司北京分公司、瑞士再保险股份有限公司北京分公司、中国财产再保险有限责任公司、中国人寿再保险有限责任公司、德国通用再保险股份公司上海分公司、法国再保险公司北京分公司、汉诺威再保险股份公司上海分公司、RGA 美国再保险公司上海分公司、太平再保险（中国）有限公司、前海再保险股份有限公司和人保再保险股份有限公司（详见表 2-3）。

表 2-3　我国再保险经营机构名录

| 序号 | 机构名称 | 设立时间 | 资本性质 | 机构简称 |
|---|---|---|---|---|
| 1 | 慕尼黑再保险公司北京分公司 | 2003-09-05 | 外资 | 慕尼黑再北京 |
| 2 | 瑞士再保险股份有限公司北京分公司 | 2003-09-27 | 外资 | 瑞士再北京 |
| 3 | 中国财产再保险有限责任公司 | 2003-12-15 | 中资 | 中再产险 |
| 4 | 中国人寿再保险有限责任公司 | 2003-12-16 | 中资 | 中再寿险 |
| 5 | 德国通用再保险股份公司上海分公司 | 2004-07-30 | 外资 | 通用再上海 |
| 6 | 法国再保险公司北京分公司 | 2008-03-12 | 外资 | 法国再北京 |
| 7 | 汉诺威再保险股份公司上海分公司 | 2008-05-19 | 外资 | 汉诺威再上海 |
| 8 | RGA 美国再保险公司上海分公司 | 2014-09-26 | 外资 | RGA 美国再上海 |
| 9 | 太平再保险（中国）有限公司 | 2015-12-11 | 中资 | 太平再（中国） |
| 10 | 前海再保险股份有限公司 | 2016-12-05 | 中资 | 前海再 |
| 11 | 人保再保险股份有限公司 | 2017-02-23 | 中资 | 人保再 |

资料来源：中国银保监会官网。

2.保险公司母公司——保险集团公司

我国保险集团公司[①]合计 12 家，其中，11 家为中资公司，1 家为外资公司。具体包括中国人民保险集团股份有限公司、中国平安保险（集团）股份有限公司、泰康保险集团股份有限公司、华泰保险集团股份有限公司、中国太平洋保险（集团）股份有限公司、中国人寿保险（集团）公司、中华联合保险集团股份有限公司、阳光保险集团股份有限公司、中国再保险（集团）股份有限公司、中国太平保险集团有限责任公司、富德保险控股股份有限公司和大家保险集团有限责任公司（详见表 2-4）。

表 2-4　我国保险集团公司名录

| 序号 | 机构名称 | 设立时间 | 资本性质 | 机构简称 |
|---|---|---|---|---|
| 1 | 中国人民保险集团股份有限公司 | 1949-10-20 | 中资 | 人保集团 |
| 2 | 中华联合保险集团股份有限公司 | 1986-07-15 | 中资 | 中华集团 |
| 3 | 中国平安保险（集团）股份有限公司 | 1988-03-21 | 中资 | 平安集团 |
| 4 | 中国太平洋保险（集团）股份有限公司 | 1991-05-13 | 中资 | 太保集团 |
| 5 | 中国人寿保险（集团）公司 | 1996-08-22 | 中资 | 国寿集团 |

① 根据《保险集团公司管理办法（试行）》（保监发〔2010〕29 号）规定，所谓保险集团公司，是指"经中国保监会批准设立并依法登记注册，名称中具有'保险集团或''保险控股'字样，对保险集团内其他成员公司实施控制、共同控制和重大影响的公司"。

| 序号 | 机构名称 | 设立时间 | 资本性质 | 机构简称 |
|---|---|---|---|---|
| 6 | 中国再保险（集团）股份有限公司 | 1996-08-22 | 中资 | 中再集团 |
| 7 | 华泰保险集团股份有限公司 | 1996-08-29 | 外资 | 华泰集团 |
| 8 | 泰康保险集团股份有限公司 | 1996-09-09 | 中资 | 泰康集团 |
| 9 | 中国太平保险集团有限责任公司 | 1998-07-08 | 中资 | 太平集团 |
| 10 | 阳光保险集团股份有限公司 | 2007-06-27 | 中资 | 阳光集团 |
| 11 | 富德保险控股股份有限公司 | 2015-07-01 | 中资 | 富德控股 |
| 12 | 大家保险集团有限责任公司 | 2019-06-25 | 中资 | 大家集团 |

资料来源：中国银保监会官网。

### 3.保险公司子公司——保险资产管理公司

保险资产管理公司是指经中国银保监会会同有关部门批准，依法登记注册、受托管理保险资金的金融机构。从实质上来看，保险资产管理公司是指主要股东或母公司为保险公司的资产管理机构，即保险系资产管理机构。我国保险资产管理公司合计26家，其中23家为中资公司，3家为外资公司（见表2-5）。

表2-5 我国保险资产管理公司名录

| 序号 | 机构名称 | 设立时间 | 资本性质 | 机构简称 |
|---|---|---|---|---|
| 1 | 中国人保资产管理有限公司 | 2003-07-16 | 中资 | 人保资产 |
| 2 | 中国人寿资产管理有限公司 | 2003-11-23 | 中资 | 国寿资产 |
| 3 | 华泰资产管理有限公司 | 2005-01-18 | 中资 | 华泰资产 |
| 4 | 中再资产管理股份有限公司 | 2005-02-18 | 中资 | 中再资产 |
| 5 | 平安资产管理有限责任公司 | 2005-05-27 | 中资 | 平安资产 |
| 6 | 泰康资产管理有限责任公司 | 2006-02-21 | 中资 | 泰康资产 |
| 7 | 太平洋资产管理有限责任公司 | 2006-06-09 | 中资 | 太平洋资产 |
| 8 | 新华资产管理股份有限公司 | 2006-07-03 | 中资 | 新华资产 |
| 9 | 太平资产管理有限公司 | 2006-09-01 | 中资 | 太平资产 |
| 10 | 大家资产管理有限责任公司 | 2011-05-20 | 中资 | 大家资产 |
| 11 | 生命保险资产管理有限公司 | 2011-07-15 | 中资 | 生命资产 |
| 12 | 光大永明资产管理股份有限公司 | 2012-03-02 | 中资 | 光大永明资产 |
| 13 | 合众资产管理股份有限公司 | 2012-05-14 | 中资 | 合众资产 |
| 14 | 民生通惠资产管理有限公司 | 2012-11-15 | 中资 | 民生迪愚 |
| 15 | 阳光资产管理股份有限公司 | 2012-12-04 | 中资 | 阳光资产 |
| 16 | 中英益利资产管理股份有限公司 | 2013-04-12 | 中资 | 中英益利 |
| 17 | 中意资产管理有限责任公司 | 2013-05-23 | 外资 | 中意资产 |
| 18 | 华安财保资产管理有限责任公司 | 2013-09-05 | 中资 | 华安资产 |
| 19 | 长城财富保险资产管理股份有限公司 | 2015-03-18 | 中资 | 长城财富 |

续表

| 序号 | 机构名称 | 设立时间 | 资本性质 | 机构简称 |
|---|---|---|---|---|
| 20 | 英大保险资产管理有限公司 | 2015-04-03 | 中资 | 英大资产 |
| 21 | 华夏久盈资产管理有限责任公司 | 2015-05-12 | 中资 | 华夏久盈 |
| 22 | 建信保险资产管理有限公司 | 2016-04-07 | 中资 | 建信资产 |
| 23 | 百年保险资产管理有限责任公司 | 2016-08-01 | 中资 | 百年资产 |
| 24 | 永诚保险资产管理有限公司 | 2016-08-01 | 中资 | 永诚资产 |
| 25 | 工银安盛资产管理有限公司 | 2019-05-13 | 外资 | 工银安盛资产 |
| 26 | 交银康联资产管理有限公司 | 2019-06-18 | 外资 | 交银康联资产 |

资料来源：中国银保监会官网。

### （二）保险中介机构

保险中介机构，又称为保险中介人，是指介于保险经营机构之间或保险经营机构与投保人之间，专门从事保险业务咨询与招揽、风险管理与安排、价值衡量与评估、损失鉴定与理算等中介服务活动，并依法获取佣金或手续费的组织。保险中介机构包括保险代理机构、保险经纪机构和保险公估机构等。

保险中介机构有狭义保险中介机构和广义保险中介机构之分。狭义保险中介机构包括保险代理机构、保险经纪机构和保险公估机构；广义保险中介机构除了上述三种以外，还包括与保险中介服务有直接关系的单位和个人，如保险顾问、保险咨询事务所、法律事务所、审计事务所、会计师事务所、保险中介行业协会、保险精算师事务所、保险中介资格考试机构和保险中介信用评估机构等。

本报告主要采用狭义的定义，即保险中介机构主要指保险代理机构、保险经纪机构和保险公估机构。保险代理机构包括专业代理机构和兼业代理机构。专业代理机构即经中国银保监会批准取得经营保险代理业务许可证，根据保险人的委托，向保险人收取佣金，在保险人授权的范围内专门代为办理保险业务的单位。兼业代理机构即在从事自身业务的同时，根据保险人的委托，向保险人收取佣金，在保险人授权的范围内代办保险业务的单位。兼业代理主要包括银行代理、行业代理和单位代理三种。经纪机构是基于投保人的利益，为投保人与保险人订立保险合同提供中介服务，并依法收取佣金的单位。公估机构是指接受保险当事人委托，专门从事保险标的的评估、勘验、鉴定、估损、理算等业务的单位。考虑到我国保险中介机构总量比较大，所以本部分只列示了我国主要保险中介机构，并选择了代理机构和经纪机构中 2017 年利润过千万的机构，以及公估机构中利润过百万的机构[①]（见表 2-6 至表 2-8），而各年度保险中介机构具体数量详见本章第三节相关内容。

---

① 本部分列示了我国规模相对较大的保险中介机构，而衡量保险中介机构规模的指标主要有业务收入和利润，利润高的机构其业务收入一般也较高，所以本部分将利润总额作为各机构排序的标准。

表 2-6 我国主要保险代理机构名录

| 序号 | 中介机构名称 | 设立时间 | 总部所在地 | 保险业务收入（百万元） | 利润总额（百万元） |
|---|---|---|---|---|---|
| 1 | 中升（大连）汽车保险销售服务有限公司 | 2013-04 | 大连市 | 330.71 | 311.60 |
| 2 | 泛华联兴保险销售股份公司 | 2010-12 | 北京市 | 1878.77 | 299.19 |
| 3 | 大童保险销售服务有限公司 | 2008-09 | 北京市 | 1744.32 | 222.24 |
| 4 | 湖北泛华保险销售有限公司 | 2004-10 | 武汉市 | 2387.23 | 187.85 |
| 5 | 河北盛安汽车保险销售有限公司 | 2002-05 | 石家庄市 | 299.36 | 181.83 |
| 6 | 山东远通兴华保险代理有限公司 | 2012-08 | 临沂市 | 102.64 | 89.15 |
| 7 | 恒信汽车保险销售服务有限公司 | 2013-12 | 武汉市 | 250.25 | 85.52 |
| 8 | 北京恒荣汇彬保险代理股份有限公司 | 2009-02 | 北京市 | 182.72 | 77.17 |
| 9 | 广西永安保险代理有限责任公司 | 2008-12 | 南宁市 | 66.18 | 77.10 |
| 10 | 利星行宝汇汽车保险代理（北京）有限公司 | 2013-01 | 北京市 | 195.94 | 73.57 |
| 11 | 山东润华保险代理股份有限公司 | 2004-08 | 济南市 | 194.70 | 66.01 |
| 12 | 车车保险销售服务有限公司 | 2004-11 | 广州市 | 716.60 | 57.64 |
| 13 | 鹏诚保险代理有限公司 | 2011-02 | 重庆市 | 369.59 | 57.45 |
| 14 | 内蒙古利丰保险代理有限责任公司 | 2009-11 | 呼和浩特市 | 114.11 | 54.47 |
| 15 | 携程保险代理有限公司 | 2011-06 | 上海市 | 422.20 | 49.37 |
| 16 | 四川蓉泰保险代理有限公司 | 2011-08 | 成都市 | 51.31 | 48.77 |
| 17 | 苏州华成保险代理有限公司 | 2004-06 | 苏州市 | 71.82 | 48.04 |
| 18 | 上海广汇德太保险代理有限公司贵州分公司 | 2013-10 | 贵阳市 | 58.78 | 46.27 |
| 19 | 宜信博诚保险销售服务（北京）股份有限公司 | 2011-11 | 北京市 | 249.84 | 34.59 |
| 20 | 鼎宏汽车保险销售股份有限公司 | 2012-03 | 宁波市 | 263.71 | 33.67 |
| 21 | 上海广汇德太保险代理有限公司宁夏分公司 | 2014-12 | 上海市 | 33.32 | 32.82 |
| 22 | 临沂佳轮汽车保险代理有限公司 | 2012-05 | 临沂市 | 31.74 | 28.42 |
| 23 | 上海申安保险代理有限公司 | 2003-12 | 上海市 | 398.84 | 27.98 |
| 24 | 华康保险代理有限公司浙江分公司 | 2005-08 | 深圳市 | 33.33 | 27.70 |
| 25 | 鼎泽保险代理有限公司 | 2013-08 | 北京市 | 314.75 | 27.32 |
| 26 | 诚安达保险销售服务股份有限公司 | 2006-01 | 保定市 | 508.66 | 27.18 |
| 27 | 英茂汽车保险销售服务有限公司 | 2013-08 | 昆明市 | 58.00 | 27.00 |
| 28 | 厦门建发保险代理有限公司 | 2014-04 | 厦门市 | 57.83 | 26.89 |
| 29 | 安徽伟腾汽车保险代理有限公司 | 2013-09 | 合肥市 | 81.94 | 26.31 |
| 30 | 尊荣亿方（大连）汽车保险销售服务有限公司 | 2013-09 | 大连市 | 25.42 | 24.70 |
| 31 | 广东协诚保险代理有限公司 | 2007-01 | 广州市 | 75.17 | 23.38 |
| 32 | 鑫山保险代理有限公司 | 2012-05 | 上海市 | 172.18 | 23.06 |

续表

| 序号 | 中介机构名称 | 设立时间 | 总部所在地 | 保险业务收入（百万元） | 利润总额（百万元） |
|---|---|---|---|---|---|
| 33 | 天津安泰保险代理股份有限公司 | 2003-07 | 天津市 | 196.07 | 22.64 |
| 34 | 江苏海泰保险代理有限公司 | 2008-08 | 南京市 | 44.30 | 21.28 |
| 35 | 临沂翔宇君悦保险代理有限公司 | 2008-05 | 临沂市 | 24.80 | 19.68 |
| 36 | 人保汽车保险销售服务有限公司 | 2006-01 | 青岛市 | 5068.73 | 19.12 |
| 37 | 青岛海尔保险代理有限公司 | 2001-12 | 青岛市 | 21.48 | 18.26 |
| 38 | 重庆鸿源汽车保险销售有限公司 | 2013-11 | 重庆市 | 22.00 | 17.89 |
| 39 | 福建吉诺汽车保险销售服务有限公司 | 2013-11 | 福州市 | 30.45 | 17.25 |
| 40 | 天圆地方（北京）保险代理有限公司 | 2010-05 | 北京市 | 166.69 | 17.20 |
| 41 | 杭州三润保险代理有限公司 | 2006-10 | 杭州市 | 17.34 | 16.76 |
| 42 | 甘肃一诺保险代理有限责任公司 | 2008-02 | 兰州市 | 1042.54 | 16.17 |
| 43 | 天津浩保行保险代理有限公司 | 2014-02 | 天津市 | 19.96 | 15.77 |
| 44 | 上海博骏保险代理有限公司浙江分公司 | 2014-07 | 上海市 | 16.59 | 14.94 |
| 45 | 君信汽车保险代理有限公司 | 2014-02 | 天津市 | 17.93 | 14.28 |
| 46 | 广西德安保险代理有限责任公司 | 2011-04 | 南宁市 | 16.48 | 14.07 |
| 47 | 厦门市盈众保险销售有限公司 | 2013-09 | 厦门市 | 120.30 | 13.87 |
| 48 | 辽宁路安伟业汽车保险代理有限公司 | 2012-04 | 沈阳市 | 37.00 | 13.68 |
| 49 | 宜信博诚保险销售服务（北京）股份有限公司上海分公司 | 2013-04 | 北京市 | 31.23 | 13.40 |
| 50 | 辽宁汇安汽车保险销售股份有限公司 | 2012-08 | 沈阳市 | 73.00 | 13.09 |
| 51 | 贵州通源汽车保险代理有限公司 | 2014-02 | 贵阳市 | 2.02 | 12.92 |
| 52 | 江西汇通保险代理有限公司 | 2001-09 | 南昌市 | 14.53 | 12.76 |
| 53 | 广州广铁保险代理有限公司 | 2013-09 | 广州市 | 20.30 | 12.52 |
| 54 | 广州市鸿通保险代理有限公司 | 2011-01 | 广州市 | 44.46 | 12.36 |
| 55 | 菏泽惠和保险代理有限公司 | 2007-03 | 菏泽市 | 20.71 | 12.07 |
| 56 | 华康保险代理有限公司湖南分公司 | 2010-08 | 深圳市 | 29.00 | 11.86 |
| 57 | 贵州长运保险代理有限公司 | 2004-07 | 贵阳市 | 12.38 | 10.67 |
| 58 | 安徽徽运保险代理有限公司 | 2007-08 | 合肥市 | 11.67 | 10.57 |
| 59 | 苏宁保险销售有限公司 | 2014-02 | 南京市 | 5.14 | 10.56 |

资料来源：中国保险年鉴编委会. 中国保险年鉴 2018[M]. 中国保险年鉴社，2018.

表 2-7　我国主要保险经纪机构名录

| 序号 | 机构名称 | 设立时间 | 总部所在地 | 保险业务收入（百万元） | 利润总额（百万元） |
|---|---|---|---|---|---|
| 1 | 英大长安保险经纪有限公司 | 2001-06 | 北京市 | 1349.30 | 398.12 |
| 2 | 永达理保险经纪有限公司 | 2011-05 | 北京市 | 1535.12 | 257.43 |
| 3 | 中怡保险经纪有限责任公司 | 2003-11 | 上海市 | 600.54 | 183.58 |

续表

| 序号 | 机构名称 | 设立时间 | 总部所在地 | 保险业务收入（百万元） | 利润总额（百万元） |
|---|---|---|---|---|---|
| 4 | 昆仑保险经纪股份有限公司 | 2003-09 | 北京市 | 257.31 | 169.70 |
| 5 | 华信保险经纪有限公司 | 2003-09 | 北京市 | 187.49 | 159.76 |
| 6 | 明亚保险经纪股份有限公司 | 2004-11 | 北京市 | 1003.29 | 152.28 |
| 7 | 国电保险经纪（北京）有限公司 | 2007-03 | 北京市 | 172.66 | 134.33 |
| 8 | 达信（中国）保险经纪有限公司 | 1993-12 | 北京市 | 382.90 | 124.28 |
| 9 | 国家电投集团保险经纪有限公司 | 2007-12 | 北京市 | 118.50 | 113.07 |
| 10 | 达信（中国）保险经纪有限公司上海分公司 | 2005-07 | 北京市 | 0.00 | 103.00 |
| 11 | 北京大唐泰信保险经纪有限公司 | 2010-11 | 北京市 | 113.81 | 102.27 |
| 12 | 明亚保险经纪股份有限公司上海分公司 | 2007-11 | 北京市 | 0.00 | 91.42 |
| 13 | 江泰保险经纪股份有限公司 | 2000-06 | 北京市 | 830.92 | 85.03 |
| 14 | 诚合保险经纪有限公司 | 2009-07 | 北京市 | 175.63 | 50.32 |
| 15 | 航联保险经纪有限公司 | 2004-08 | 北京市 | 131.36 | 50.15 |
| 16 | 英大长安保险经纪有限公司浙江分公司 | 2006-03 | 北京市 | 51.54 | 41.97 |
| 17 | 山东英大保险经纪有限公司 | 2001-04 | 济南市 | 48.76 | 39.89 |
| 18 | 北京联合保险经纪有限公司 | 2001-08 | 北京市 | 421.97 | 36.76 |
| 19 | 中铁汇达保险经纪有限公司 | 2015-12 | 北京市 | 46.84 | 32.42 |
| 20 | 天津协和万邦保险经纪有限公司 | 2008-10 | 天津市 | 611.01 | 31.36 |
| 21 | 浙江涌嘉保险经纪有限公司 | 2004-04 | 杭州市 | 71.75 | 30.02 |
| 22 | 安徽亚夏保险经纪有限公司 | 2006-05 | 合肥市 | 130.65 | 28.88 |
| 23 | 云南冶金集团珺安保险经纪有限公司 | 2008-11 | 昆明市 | 40.67 | 28.10 |
| 24 | 五洲（北京）保险经纪有限公司 | 2003-08 | 北京市 | 105.21 | 27.64 |
| 25 | 联华国际保险经纪（北京）有限公司 | 2011-05 | 北京市 | 49.28 | 26.68 |
| 26 | 招商海达远东保险经纪（上海）有限公司 | 2005-07 | 上海市 | 43.77 | 26.25 |
| 27 | 广东德晟保险经纪股份有限公司 | 2006-12 | 广州市 | 29.92 | 26.10 |
| 28 | 中汇国际保险经纪股份有限公司 | 2005-09 | 北京市 | 174.47 | 25.72 |
| 29 | 中石化保险经纪有限公司 | 2016-08 | 北京市 | 28.39 | 22.84 |
| 30 | 北京鞍汇联保险经纪有限公司 | 2010-12 | 北京市 | 21.66 | 21.22 |
| 31 | 大童保险经纪有限公司 | 2011-09 | 北京市 | 30.18 | 20.46 |
| 32 | 中化保险经纪（北京）有限责任公司 | 2013-03 | 北京市 | 25.59 | 20.24 |
| 33 | 新奥保险经纪有限公司 | 2017-01 | 天津市 | 79.32 | 19.19 |
| 34 | 昆仑保险经纪股份有限公司新疆分公司 | 2004-12 | 北京市 | 22.23 | 18.73 |
| 35 | 昆仑保险经纪股份有限公司甘肃分公司 | 2010-11 | 北京市 | — | 17.39 |
| 36 | 上海美世保险经纪有限公司 | 2005-11 | 上海市 | 0.00 | 16.04 |
| 37 | 重庆润通保险经纪有限公司 | 2003-11 | 重庆市 | 34.45 | 15.70 |

续表

| 序号 | 机构名称 | 设立时间 | 总部所在地 | 保险业务收入（百万元） | 利润总额（百万元） |
|---|---|---|---|---|---|
| 38 | 陕西延长保险经纪有限责任公司 | 2008-04 | 西安市 | 30.10 | 15.43 |
| 39 | 英大长安保险经纪有限公司甘肃分公司 | 2006-03 | 北京市 | 22.05 | 15.27 |
| 40 | 永达理保险经纪有限公司浙江分公司 | 2013-09 | 北京市 | 105.38 | 14.40 |
| 41 | 湖南华菱保险经纪有限公司 | 2004-11 | 长沙市 | 17.66 | 14.12 |
| 42 | 安润国际保险经纪（北京）有限公司 | 2009-11 | 北京市 | 110.34 | 13.71 |
| 43 | 扬子江保险经纪有限公司 | 2003-10 | 北京市 | 69.92 | 13.67 |
| 44 | 佳达保险经纪（北京）有限公司 | 2010-11 | 北京市 | 44.12 | 13.49 |
| 45 | 三峡保险经纪有限责任公司 | 2012-07 | 北京市 | 15.29 | 13.41 |
| 46 | 中船保险经纪有限责任公司 | 2016-08 | 北京市 | 20.54 | 12.96 |
| 47 | 中铝保险经纪（北京）股份有限公司 | 2002-09 | 北京市 | 20.76 | 12.77 |
| 48 | 上海晨光保险经纪有限公司 | 2004-04 | 上海市 | 14.40 | 12.43 |
| 49 | 五矿保险经纪（北京）有限责任公司 | 2006-11 | 北京市 | 17.40 | 12.25 |
| 50 | 新疆安泰保险经纪有限责任公司 | 2005-01 | 乌鲁木齐市 | 18.28 | 12.21 |
| 51 | 江西联合保险经纪有限公司 | 2013-08 | 南昌市 | 36.30 | 10.74 |
| 52 | 英大长安保险经纪有限公司青海分公司 | 2006-04 | 北京市 | 16.50 | 10.63 |
| 53 | 江泰保险经纪股份有限公司新疆分公司 | 2003-07 | 北京市 | 18.83 | 10.38 |
| 54 | 金联安保险经纪（北京）有限公司 | 2005-05 | 北京市 | 363.98 | 10.33 |

资料来源：中国保险年鉴编委会. 中国保险年鉴 2018[M]. 中国保险年鉴社，2018.

表 2-8　我国主要保险公估机构名录

| 序号 | 机构名称 | 设立时间 | 总部所在地 | 保险业务收入（百万元） | 利润总额（百万元） |
|---|---|---|---|---|---|
| 1 | 上海悦之保险公估有限公司 | 2003-10 | 上海市 | 0.00 | 2.86 |
| 2 | 中衡保险公估股份有限公司 | 2008-03 | 合肥市 | 72.34 | 2.68 |
| 3 | 民太安财产保险公估股份有限公司浙江分公司 | 2015-08 | 深圳市 | — | 2.51 |
| 4 | 泛华保险公估股份有限公司浙江分公司 | 2010-04 | 深圳市 | 0.00 | 2.26 |
| 5 | 民太安财产保险公估股份有限公司宁波分公司 | 2013-12 | 深圳市 | 9.78 | 2.03 |
| 6 | 竞胜保险公估有限公司 | 2003-09 | 北京市 | 10.93 | 1.94 |
| 7 | 盛华（北京）保险公估有限公司 | 2017-11 | 北京市 | 6.84 | 1.75 |
| 8 | 佛山市兴禅保险公估有限公司 | 2017-12 | 佛山市 | 11.20 | 1.64 |
| 9 | 北京华泰保险公估有限公司 | 2006-12 | 北京市 | 60.99 | 1.54 |
| 10 | 北京华信保险公估有限公司 | 2003-09 | 北京市 | 5.02 | 1.34 |
| 11 | 上海祥汇保险公估有限公司 | 2005-11 | 上海市 | 4.85 | 1.28 |

续表

| 序号 | 机构名称 | 设立时间 | 总部所在地 | 保险业务收入（百万元） | 利润总额（百万元） |
|---|---|---|---|---|---|
| 12 | 民太安财产保险公估股份有限公司 新疆分公司 | 2010-08 | 深圳市 | 4.14 | 1.28 |
| 13 | 北京安恒信保险公估有限公司 | 2016-01 | 北京市 | 8.29 | 1.25 |
| 14 | 陕西泾渭保险公估有限责任公司 | 2006-10 | 西安市 | 2.73 | 1.17 |
| 15 | 西安水平保险公估有限公司 | 2006-10 | 西安市 | 4.66 | 1.14 |

资料来源：中国保险年鉴编委会. 中国保险年鉴 2018［M］. 中国保险年鉴社，2018.

## 三、按照保险机构是否具有法人资格分类

### （一）法人保险机构

法人保险机构是指保险机构中以法人形式存在的组织，指代总公司或者本公司或者本组织，不包括保险公司、保险集团公司、保险资产管理公司以及保险中介机构的分支机构。

按照业务类型可以将法人保险机构分为法人保险经营机构和法人保险中介机构。而按照组织形式，法人保险机构又可以分为公司法人保险机构和非公司法人保险机构。在我国，非公司法人保险机构主要是指合作互助性质的保险组织中的相互保险社、交互保险社、保险互助社及保险合作社，因为这些保险组织区别不大，加之数量相对较少，所以通常将其统称为非公司制合作互助型保险组织。我国非公司法人保险经营机构主要包括慈溪市龙山镇伏龙农村保险互助社、慈溪市龙山农村保险互助联社、瑞安市兴民农村保险互助社、众惠财产相互保险社、信美人寿相互保险社和汇友财产相互保险社[①]（见表 2-9）。需要说明的是，相互保险公司也是合作互助性质的保险组织，在我国只有一家，即阳光农业相互保险公司，以公司法人形态存在。

表 2-9　我国非公司法人保险经营机构名录

| 序号 | 机构名称 | 设立时间 | 资本性质 | 机构简称 |
|---|---|---|---|---|
| 1 | 慈溪市龙山镇伏龙农村保险互助社 | 2011-09-05 | 中资 | 伏龙互助社 |
| 2 | 慈溪市龙山农村保险互助联社 | 2013-07-09 | 中资 | 龙山互助社 |
| 3 | 瑞安市兴民农村保险互助社 | 2015-10-13 | 中资 | 兴农互助社 |
| 4 | 众惠财产相互保险社 | 2017-02-10 | 中资 | 众惠相互 |
| 5 | 信美人寿相互保险社 | 2017-05-05 | 中资 | 信美相互 |
| 6 | 汇友财产相互保险社 | 2017-06-22 | 中资 | 汇友相互 |

资料来源：中国银保监会官网。

---

① 关于这些机构到底是财产险经营机构，还是人身险经营机构，根据监管部门官网公布的名录无法判断。本报告在天眼查官网（https://www.tianyancha.com）检索了各相互保险组织的主要业务，通过主要业务来判断其是财产险还是人身险经营机构，最后将瑞安市兴民农村保险互助社、众惠财产相互保险社和汇友财产相互保险社划分为财产险经营机构，而将慈溪市龙山镇伏龙农村保险互助社、慈溪市龙山农村保险互助联社和信美人寿相互保险社划分为人身险经营机构。

**（二）非法人保险机构**

非法人保险机构主要是指保险机构的分支机构。保险机构分支机构是指保险机构依照法定程序设立、以本机构名义进行经营活动、其经营后果由保险机构承担的分公司、支公司或代表处等。设立分支机构的保险机构可以称为总公司或本公司等。按照经营业务的不同，非法人保险机构主要分为非法人保险经营机构，即保险经营机构分支机构，以及非法人保险中介机构，即保险中介机构分支机构。按照资本的性质不同，非法人保险机构又可以分为中资非法人保险机构和外资非法人保险机构。

1. 中资非法人保险机构

2013 年 3 月 15 日，中国保监会印发《保险公司分支机构市场准入管理办法》（以下简称《管理办法》，保监发〔2013〕20 号）。该《管理办法》包括总则、筹建条件、开业标准、设立程序、材料报送、附则共 6 章 35 条，自 2013 年 4 月 1 日起施行，统一规范了保险公司分支机构审批工作，加强了对保险公司分支机构设立的管理。《管理办法》所称保险公司，是指经监管部门批准设立，并依法登记注册的商业保险公司。《管理办法》所称保险公司分支机构，是指保险公司依法设立的省级分公司、分公司、中心支公司、支公司、营业部和营销服务部。

2. 外资非法人保险机构

根据《中华人民共和国外资保险公司管理条例实施细则》（以下简称《外资保险公司管理条例实施细则》，中国保监会令〔2004〕4 号）第二十七条相关规定，外资保险公司可以根据业务发展需要申请设立分支机构。外国保险公司分公司只能在其所在省、自治区或者直辖市的行政辖区内开展业务。外资保险公司可以根据实际情况申请设立中心支公司、支公司、营业部或者营销服务部。关于营销服务部的设立和管理，监管部门另有规定的，适用其规定。

外资非法人保险机构中，除了外资分公司之外，代表处也是重要的形式。[①]为了加强对外资保险机构驻华代表机构（以下简称"代表机构"）的管理，适应中国保险市场对外开放的需要，中国保监会发布《外国保险机构驻华代表机构管理办法》（中国保险监督管理委员会令第 5 号），自 2006 年 8 月 1 日起施行。该办法所称外国保险机构，是指在中国境外注册的保险公司、再保险公司、保险中介机构、保险协会及其他保险组织。该办法所称代表机构，是指外国保险机构在中国境内获准设立并从事联络、市场调查等非经营性活动的代表处、总代表处。为正确适用该办法进一步加强对外国保险机构驻华代表机构的管理工作，中国保监会结合有关监管实践，专门发布了《中国保监会关于适用〈外国保险机构驻华代表机构管理办法〉若干问题的解释》。

外资保险公司代表处包括日本东京海上日动火灾保险株式会社驻中国总代表处、日本东京海上日动火灾保险株式会社广州代表处、美国国际集团北京代表处、瑞士苏黎世保险公司北京代表处、英国皇家太阳联合保险集团北京代表处等 190 家机构（详见表 2-10）。

---

① 在博鳌亚洲论坛 2018 年年会上，中国人民银行行长易纲表示："未来人身险公司外资持股比例的上限将放宽至 51%，三年以后不再设限。今年年底以前，全面取消外资保险公司设立前须开设两年代表处的要求。"

表 2-10 我国外资保险公司代表处名录

| 序号 | 机构名称 | 设立时间 |
|---|---|---|
| 1 | 日本东京海上日动火灾保险株式会社驻中国总代表处 | 1980-07-07 |
| 2 | 美国国际集团北京代表处 | 1980-12-02 |
| 3 | 美国大陆保险公司北京代表处 | 1980-12-19 |
| 4 | 日本财产保险公司驻中国总代表处 | 1981-10-28 |
| 5 | 日本生命保险公司北京代表处 | 1986-12-10 |
| 6 | 第一生命保险公司北京代表处 | 1988-07-06 |
| 7 | 日本住友生命保险公司北京代表处 | 1991-01-23 |
| 8 | 英国皇家太阳联合保险集团北京代表处 | 1992-11-18 |
| 9 | 香港亚洲保险有限公司深圳代表处 | 1993-06-08 |
| 10 | 日本东京海上日动火灾保险株式会社广州代表处 | 1993-06-23 |
| 11 | 韩国贸易保险公社北京代表处 | 1993-09-09 |
| 12 | 三井住友海上火灾保险公司大连代表处 | 1993-11-13 |
| 13 | 日本财产保险公司深圳代表处 | 1993-12-17 |
| 14 | 日本东京海上日动火灾保险株式会社大连代表处 | 1993-12-23 |
| 15 | 荷兰保险有限公司（Ⅱ）北京代表处 | 1994-01-07 |
| 16 | 安联保险集团北京代表处 | 1994-01-15 |
| 17 | 英国保诚保险有限公司北京代表处 | 1994-01-25 |
| 18 | 三井住友海上火灾保险公司深圳代表处 | 1994-02-02 |
| 19 | 日本东京海上日动火灾保险株式会社深圳代表处 | 1994-02-25 |
| 20 | 英国皇家太阳联合保险集团大连代表处 | 1994-04-27 |
| 21 | 安联保险上海代表处 | 1994-06-23 |
| 22 | 法国安盟保险公司北京代表处 | 1994-08-04 |
| 23 | 法国安盛公司北京代表处 | 1994-09-10 |
| 24 | 美国信安人寿保险公司北京代表处 | 1994-12-14 |
| 25 | 日本兴亚损害保险公司上海代表处 | 1995-02-05 |
| 26 | 三星生命保险公司北京代表处 | 1995-04-17 |
| 27 | 富士火灾海上保险株式会社上海代表处 | 1995-04-24 |
| 28 | 日本明治安田生命保险公司北京代表处 | 1995-05-22 |
| 29 | 三星火灾海上保险有限公司北京代表处 | 1995-05-31 |
| 30 | 加拿大永明人寿保险公司北京代表处 | 1995-05-31 |
| 31 | 新加坡职总英康保险合作社北京代表处 | 1995-05-31 |
| 32 | 美国纽约人寿国际公司广州代表处 | 1995-08-25 |
| 33 | 爱和谊日生同和保险公司广州代表处 | 1995-08-25 |
| 34 | 日本三井住友海上火灾保险公司天津代表处 | 1995-09-25 |
| 35 | 日本东京海上日动火灾保险株式会社天津代表处 | 1996-02-28 |
| 36 | 韩国乐爱金财产保险有限公司北京代表处 | 1996-05-20 |

| 序号 | 机构名称 | 设立时间 |
|---|---|---|
| 37 | 瑞士苏黎世保险公司上海代表处 | 1996-07-01 |
| 38 | 忠利保险有限公司北京代表处 | 1996-07-26 |
| 39 | 日本东京海上日动火灾保险株式会社南京代表处 | 1996-11-27 |
| 40 | 瑞士再保险股份有限公司上海代表处 | 1996-12-02 |
| 41 | 香港闽信保险有限公司福州代表处 | 1997-03-05 |
| 42 | 安保集团北京代表处 | 1997-07-04 |
| 43 | 澳大利亚昆士兰保险集团股份有限公司广州代表处 | 1997-07-10 |
| 44 | 新加坡再保险有限公司上海代表处 | 1997-07-10 |
| 45 | 汇丰保险顾问集团有限公司北京代表处 | 1997-08-12 |
| 46 | 忠利保险有限公司上海代表处 | 1997-08-19 |
| 47 | 现代海上火灾保险有限公司北京代表处 | 1997-08-19 |
| 48 | 慕尼黑再保险公司上海代表处 | 1997-09-10 |
| 49 | 美国纽约人寿企业有限公司北京代表处 | 1997-09-16 |
| 50 | 法国安盛保险公司大连代表处 | 1997-10-05 |
| 51 | 麦理伦国际集团有限公司上海代表处 | 1997-10-20 |
| 52 | 大韩再保险公司北京代表处 | 1997-10-30 |
| 53 | 日本东京海上日动火灾保险株式会社成都代表处 | 1997-11-04 |
| 54 | 汉诺威再保险股份公司上海代表处 | 1997-11-10 |
| 55 | 大西洋再保险公司上海代表处 | 1997-11-10 |
| 56 | 法国国家人寿保险公司北京代表处 | 1998-02-20 |
| 57 | 全球人寿保险国际公司北京代表处 | 1998-02-27 |
| 58 | 加拿大人寿保险公司北京代表处 | 1998-04-15 |
| 59 | 三井住友海上火灾保险公司成都代表处 | 1998-07-07 |
| 60 | 美国保德信保险公司北京代办处 | 1998-09-17 |
| 61 | 菲律宾中华保险公司厦门代表处 | 1998-09-24 |
| 62 | 日本财产保险公司重庆代表处 | 1998-11-16 |
| 63 | DKV 德国健康保险股份公司深圳代表处 | 1998-11-27 |
| 64 | 法国再保险公司北京代表处 | 2000-03-27 |
| 65 | 美国大陆保险公司上海代表处 | 2000-04-10 |
| 66 | 新世界保险服务有限公司北京代表处 | 2000-05-26 |
| 67 | 美国万通保险亚洲有限公司上海代表处 | 2000-07-31 |
| 68 | 劳合社北京代表处 | 2000-12-18 |
| 69 | 恒生保险有限公司深圳代表处 | 2001-02-01 |
| 70 | 富邦产物保险股份有限公司北京代表处 | 2001-02-02 |
| 71 | 国泰人寿保险股份有限公司北京代表处 | 2001-02-02 |

| 序号 | 机构名称 | 设立时间 |
|---|---|---|
| 72 | 新光人寿保险股份有限公司北京代表处 | 2001-02-02 |
| 73 | 中国太平保险控股有限公司上海代表处 | 2001-02-21 |
| 74 | ACE 美国北美洲保险公司北京代表处 | 2001-04-29 |
| 75 | 美国国际集团成都代表处 | 2001-05-24 |
| 76 | 德国通用再保险北京代表处 | 2001-06-15 |
| 77 | 其士保险有限公司北京代表处 | 2001-09-13 |
| 78 | 美国霍顿保险经纪有限公司 | 2001-11-26 |
| 79 | 明台产物保险股份有限公司上海代表处 | 2001-12-17 |
| 80 | 三井住友海上火灾保险公司驻中国总代表处 | 2001-12-21 |
| 81 | 新鸿基保险顾问有限公司上海代表处 | 2002-08-05 |
| 82 | 国泰人寿保险股份有限公司成都代表处 | 2002-12-04 |
| 83 | 富邦产物保险股份有限公司上海代表处 | 2003-01-08 |
| 84 | 台湾人寿保险股份有限公司北京代表处 | 2003-01-09 |
| 85 | 富邦人寿保险股份有限公司北京代表处 | 2003-01-09 |
| 86 | 汇丰人寿保险（国际）有限公司广州代表处 | 2003-03-25 |
| 87 | 三井住友海上火灾保险公司苏州代表处 | 2003-03-31 |
| 88 | 日本东京海上日动火灾保险株式会社苏州代表处 | 2003-04-01 |
| 89 | 乐爱金财产保险有限公司上海代表处 | 2003-04-10 |
| 90 | 英国奔福有限公司中国总代表处 | 2003-04-10 |
| 91 | 荷兰富杰保险国际股份有限公司上海代表处 | 2003-04-10 |
| 92 | 汇丰保险（亚洲）有限公司广州代表处 | 2003-04-16 |
| 93 | 中银集团人寿保险有限公司北京代表处 | 2003-04-28 |
| 94 | 第一美国产权保险公司北京代表处 | 2003-04-30 |
| 95 | 日本兴亚损害保险公司深圳代表处 | 2003-04-30 |
| 96 | 汇丰人寿保险（国际）有限公司上海代表处 | 2003-05-08 |
| 97 | 汇丰保险（亚洲）有限公司上海代表处 | 2003-05-19 |
| 98 | 高诚保险经纪人有限公司福州代表处 | 2003-05-19 |
| 99 | 汇丰人寿保险（国际）有限公司北京代表处 | 2003-05-23 |
| 100 | 汇丰保险（亚洲）有限公司北京代表处 | 2003-05-23 |
| 101 | 三星火灾海上保险公司青岛代表处 | 2003-05-26 |
| 102 | 法国巴黎人寿保险有限公司上海代表处 | 2003-06-18 |
| 103 | 法国科法斯信用保险公司北京代表处 | 2003-07-14 |
| 104 | 香港蓝十字（亚太）保险有限公司上海代表处 | 2003-07-16 |
| 105 | 韩国大韩生命保险有限公司北京代表处 | 2003-08-22 |
| 106 | 美国北美洲保险公司上海代表处 | 2003-08-27 |
| 107 | 香港美历国际有限公司广州代表处 | 2003-09-08 |

| 序号 | 机构名称 | 设立时间 |
|---|---|---|
| 108 | 日本兴亚损害保险公司驻中国总代表处 | 2003-10-20 |
| 109 | 日本财产保险公司广州代表处 | 2003-12-26 |
| 110 | 日本财产保险公司苏州代表处 | 2004-01-06 |
| 111 | 教保生命保险株式会社北京代表处 | 2004-01-29 |
| 112 | 英国眷卫公共有限公司北京代表处 | 2004-04-14 |
| 113 | 爱和谊保险公司上海代表处 | 2004-06-02 |
| 114 | 日本爱和谊日生同和保险公司驻中国总代表处 | 2004-06-16 |
| 115 | 日生同和损害保险公司上海代表处 | 2004-07-29 |
| 116 | 日本兴亚损害保险公司青岛代表处 | 2004-07-29 |
| 117 | 日本兴亚损害保险公司苏州代表处 | 2004-07-30 |
| 118 | 日本兴亚损害保险公司大连代表处 | 2004-08-03 |
| 119 | 瑞士苏黎世保险公司北京代表处 | 2004-08-16 |
| 120 | 日本三井住友海上火灾保险公司杭州代表处 | 2004-09-13 |
| 121 | 日本东京海上日动火灾保险株式会社杭州代表处 | 2004-09-17 |
| 122 | 三井住友海上火灾保险公司青岛代表处 | 2004-09-22 |
| 123 | 韩国贸易保险公社上海代表处 | 2004-10-11 |
| 124 | 日本第一生命控股股份有限公司上海代表处 | 2005-01-18 |
| 125 | 台湾新光人寿保险股份有限公司上海代表处 | 2005-01-20 |
| 126 | RGA美国再保险公司北京代表处 | 2005-01-21 |
| 127 | 日本永松保险公估公司上海代表处 | 2005-02-07 |
| 128 | 台湾新光产物保险股份有限公司苏州代表处 | 2005-03-24 |
| 129 | 美国在线健康保险代理公司厦门代表处 | 2005-06-09 |
| 130 | 法国巴黎财产保险有限公司北京代表处 | 2005-07-01 |
| 131 | 美国展维住房抵押贷款保险公司北京代表处 | 2005-07-08 |
| 132 | 中国人寿保险股份有限公司（台湾）北京代表处 | 2005-07-27 |
| 133 | 开曼群岛信利集团公司北京代表处 | 2005-10-23 |
| 134 | 澳大利亚保险集团有限公司上海代表处 | 2005-11-01 |
| 135 | 美国佳达再保险经纪有限公司北京代表处 | 2005-11-03 |
| 136 | 香港中国国际再保险有限公司北京代表处 | 2005-12-22 |
| 137 | MIC汽车保险公司上海代表处 | 2006-04-21 |
| 138 | 美国联合保险公司北京代表处 | 2006-05-09 |
| 139 | 法国再保险全球人寿公司北京代表处 | 2006-06-07 |
| 140 | 韩国东部火灾海上保险公司北京代表处 | 2006-07-07 |
| 141 | 台湾产物保险股份有限公司上海代表处 | 2006-08-01 |
| 142 | 台湾新安东京海上产物保险股份有限公司上海代表处 | 2006-08-01 |

续表

| 序号 | 机构名称 | 设立时间 |
|---|---|---|
| 143 | 英国保柏金融公众有限公司北京代表处 | 2006-08-08 |
| 144 | 加拿大皇家银行人寿保险公司北京代表处 | 2006-08-24 |
| 145 | 大新人寿保险有限公司深圳代表处 | 2006-10-25 |
| 146 | 百慕大大新人寿保险有限公司深圳代表处 | 2006-10-25 |
| 147 | 英国库柏盖伊有限公司上海代表处 | 2006-12-06 |
| 148 | 新加坡大东方人寿保险有限公司北京代表处 | 2007-01-15 |
| 149 | 法国兴业保险股份有限公司北京代表处 | 2007-02-06 |
| 150 | 美国柏柯莱保险集团公司北京代表处 | 2007-06-27 |
| 151 | 台湾华南产物保险股份有限公司深圳代表处 | 2007-07-11 |
| 152 | 南非和德保险有限公司北京代表处 | 2007-07-16 |
| 153 | 美国安森保险有限公司北京代表处 | 2007-08-15 |
| 154 | 美国史带公司北京代表处 | 2007-08-30 |
| 155 | 德国安顾保险集团股份公司北京代表处 | 2007-10-08 |
| 156 | 美国盛博保险有限公司上海代表处 | 2007-10-15 |
| 157 | 台湾兆丰产物保险股份有限公司上海代表处 | 2007-11-28 |
| 158 | 百慕大博纳再保险有限责任公司北京代表处 | 2007-12-06 |
| 159 | 美国法特瑞互助保险公司北京代表处 | 2007-12-19 |
| 160 | 韩国首尔保证保险株式会社北京代表处 | 2008-04-16 |
| 161 | 德国欧洲旅行保险公司北京代表处 | 2008-04-23 |
| 162 | 韩国兴国生命保险株式会社北京代表处 | 2008-04-25 |
| 163 | 美国安泰人寿保险公司上海代表处 | 2008-06-12 |
| 164 | 荷兰富通保险国际股份有限公司北京代表处 | 2008-07-25 |
| 165 | 荷兰富通保险国际股份有限公司驻中国总代表处 | 2008-08-06 |
| 166 | 日本索尼人寿保险股份有限公司北京代表处 | 2008-08-27 |
| 167 | 突尼斯伊盛再保险公司北京代表处 | 2008-09-22 |
| 168 | 美国国际金融保险公司北京代表处 | 2008-10-15 |
| 169 | 美国联邦保险股份有限公司北京代表处 | 2008-10-29 |
| 170 | 法国安盟甘寿险公司北京代表处 | 2009-01-20 |
| 171 | 韩国现代海上火灾保险株式会社上海代表处 | 2009-02-11 |
| 172 | 德国汉萨美安相互医疗保险公司上海代表处 | 2009-04-01 |
| 173 | 德国安顾保险集团股份公司济南代表处 | 2009-07-03 |
| 174 | 法国圣汇安保险经纪股份有限公司上海代表处 | 2009-07-03 |
| 175 | 中国太平保险集团（香港）有限公司 | 2009-08-05 |
| 176 | 卢森堡瑞再国际财产保险有限公司上海代表处 | 2010-04-26 |
| 177 | 美国恒诺公司北京代表处 | 2010-04-26 |
| 178 | 维朋公司北京代表处 | 2010-05-19 |

| 序号 | 机构名称 | 设立时间 |
|------|----------|----------|
| 179 | 西班牙曼福保险集团北京代表处 | 2010-08-24 |
| 180 | 英国利安杰集团上海代表处 | 2010-12-28 |
| 181 | 美国万凯公司北京代表处 | 2011-03-29 |
| 182 | 台湾台银人寿保险股份有限公司北京代表处 | 2012-01-10 |
| 183 | 英国利安杰集团北京代表处 | 2012-09-19 |
| 184 | 香港友邦保险控股有限公司北京代表处 | 2013-02-21 |
| 185 | 中国太平保险控股有限公司深圳办事处 | 2014-05-20 |
| 186 | 中国太平保险控股有限公司北京办事处 | 2014-05-20 |
| 187 | 香港友邦保险控股有限公司上海代表处 | 2014-05-20 |
| 188 | 百慕达富卫人寿保险（百慕达）有限公司上海代表处 | 2014-09-15 |
| 189 | 百慕大凯林集团有限公司北京代表处 | 2015-05-25 |
| 190 | 英国佰仕富人寿再保险有限公司上海代表处 | 2017-04-06 |

资料来源：中国银保监会官网。

外资分公司指的是在中国已经注册登记的外资公司（外商独资企业或中外合资企业）所设立的分支机构，而代表处则是国外的企业在华设立的常驻代表机构。外资分公司与代表处的相同点是它们都没有注册资本。它们的主要区别在于业务范围不同：外国企业代表处不可以从事业务经营，只能进行信息收集和业务联络等；而外资分公司可以从事咨询服务、生产或产品销售，可以经营实际业务。

# 第二节　保险机构的编码

## 一、上市公司代码介绍

为了区分证券的种类，上海和深圳证券交易所分别推出了各自的证券编码规则，目前均采用 6 位数编制方法。

### （一）沪市 A 股和 B 股

沪市 A 股票买卖的代码是以 600 或 601 打头，如：天士力，股票代码是 600535；中国国航，股票代码是 601111。B 股票买卖的代码是以 900 打头，如老凤祥 B 股，股票代码是 900905。

### （二）深市 A 股和 B 股

深市 A 股股票买卖的代码是以 000 打头，如深圳能源，股票代码是 000027。B 股买卖的代码是以 200 打头，如飞亚达 B 股，股票代码是 200026。

## （三）中小板和创业板

中小板股票买卖的代码以 002 打头，如顺丰控股，股票代码是 002352。

创业板股票买卖的代码以 300 打头，如同花顺，股票代码是 300033。

## 二、我国保险机构代码设计原则

截至目前，我国保险机构中具有法人资格的已达到两千多家，如果加上分支机构，所有保险机构数量将过万。一方面，这些机构数量较多；另一方面，它们因为股东变化等原因而经常更名，进而给监管部门、广大投保人和研究人员等关注保险业与保险机构的相关人员带来一定的不便。因此，本报告在参考上市公司代码编制等做法的基础上，对我国包括保险公司、保险资产管理公司、保险集团公司、再保险公司及这些机构的分支机构等在内的所有保险机构进行编码。

我国相关部门和机构实际上也就金融机构代码设计展开过研究并出台了行业标准文件。例如，全国金融标准化技术委员会保险分技术委员会 2007 年制定了《保险行业机构代码编码规范》（标准编号为 JR／T0035-2007）；中国人民银行在 2014 年 9 月发布了《金融机构编码规范》（JR／T0124-2014），该金融行业标准文件从宏观层面统一了我国金融机构分类标准，明确了我国金融机构涵盖的范围，界定了各类金融机构的具体组成，规范了金融机构统计编码方式与方法，即金融机构编码长度为 14 位，前 6 位为三级分类代码，接下来的两位为地区代码，再后面的 5 位为顺序码，最后 1 位为校验码。其中，在保险业金融机构当中考虑到了财产保险公司、人身保险公司、再保险公司、保险资产管理公司、保险经纪公司、保险代理公司、保险公估公司和企业年金八种类型。该标准文件更多侧重的是金融机构在宏观层面的分类，没有从各个行业层面考虑到分支机构等更细致的分类以及相互保险组织等新组织形式保险机构的出现。本报告的保险机构代码设计逻辑与上述标准文件并不矛盾，实际上是对上述标准文件的创新和细化。

本报告在保险机构编码过程中遵循两大原则：第一，唯一性原则，机构代码具有唯一性，每一家机构有一个明确的代码，不管机构名字如何变化调整，代码是终身不变的；第二，有用性原则，代码尽可能地揭示更多的信息内容，反映出保险公司的各种状态。

## 三、我国保险机构代码具体设计

基于上述两条原则，本报告把保险公司代码划分为两大部分：第一部分是基础信息代码，主要包括设立时间以及顺序号，基础信息代码具有唯一性，一共用 10 位数字来表示，第二部分是状态信息代码[①]，主要包括注册城市、组织形式、资本性质、法律形态、业务类型和营业状态，这 6 个方面分别用 8 位字母来表示，以揭示更多的有用信息。

需要说明的是，状态信息代码每年变化不大，但存在变化的可能，因此主要使用保险机构基础信息代码识别保险机构，状态信息代码实际上是对保险机构目前最新状态的

---

① 状态信息代码可以为学术研究提供服务，在分别提取字母后，可以直接将相应字母转换成哑变量并放入模型作为控制变量或解释变量。

一个说明。一旦保险机构的状态信息发生了变化，则要更新状态信息代码，所以状态信息代码实际上是每年一组代码。

## 四、我国保险机构代码参数说明与示例

### （一）保险机构代码参数说明

图 2-1 为保险机构代码示意图，保险机构代码由基础信息代码和状态信息代码两部分组成。

| 2018　1225　01 | BJS B / I C / F S / L / M / U P / N / S / A / G / R / I O / F |
|:---:|:---:|
| 基础信息代码<br>（识别身份） | 状态信息代码<br>（揭示状况） |

图 2-1　保险机构代码组成示意图

资料来源：作者自制。

1. 基础信息代码说明

"2018"表示机构成立的年份。

"1225"表示成立的日期，即经过批准设立且完成工商登记的具体日期。如果只有月份，则用"1201"表示；如果只有年份，则用"0101"表示。

"01"表示在这个日期或者月份成立的顺序号，成立日期相同情况下，按照机构名称首字拼音排序。

2. 状态信息代码说明

"BJS"代表保险机构的注册城市拼音缩写，即北京市。[①]

"B / I"代表保险机构组织形式。"B"（Branch）代表保险机构是分支机构（主要统计外资保险分支机构）。"I"（Independent）代表保险机构是独立法人组织。

"C / F"代表保险机构资本性质。"C"（China）代表保险机构是中资性质的。"F"（Foreign）代表保险机构是外资性质的。

"S / L / M / U"代表保险机构法律形态。"S"（Stock）代表保险机构是股份有限公司。"L"（Limited）代表保险机构是有限责任公司。"M"（Mutual）代表保险机构是相互保险组织。"U"（Unincorporated）代表保险机构是非法人保险机构，主要是指分支

---

① 本报告在整理各保险机构的注册地所在城市的过程中发现有 42 个城市作为注册地出现过，本报告将各个城市的代码编制如下：北京市为 BJS，长春市为 CCS，成都市为 CDS，重庆市为 CQS，长沙市为 CSS，东莞市为 DGS，大连市为 DLS，福州市为 FZS，贵阳市为 GYS，广州市为 GZS，哈尔滨市为 HEB，海口市为 HKS，杭州市为 HZS，吉林市为 JLS，江门市为 JMS，济南市为 JNS，嘉兴市为 JXS，克拉玛依市为 KLM，昆明市为 KMS，拉萨市为 LSS，兰州市为 LZS，宁波市为 NBS，南昌市为 NCS，南京市为 NJS，南宁市为 NNS，青岛市为 QDS，上海市为 SHS，三亚市为 SYS，深圳市为 SZS，天津市为 TJS，唐山市为 TSS，太原市为 TYS，武汉市为 WHS，乌鲁木齐市为 WLM，无锡市为 WXS，温州市为 WZS，西安市为 XAS，厦门市为 XMS，银川市为 YCS，烟台市为 YTS，珠海市为 ZHS，郑州市为 ZZS。

机构，在分支机构中又包括分公司、支公司等，考虑到分支机构层面的治理问题相对简单，所以本报告并未专门针对分支机构的层次进行代码设计。

"P／N／S／A／G／R／I"代表保险机构业务类型。"P"（Property）代表财产险保险经营机构，其开展的业务有财产损失保险、责任保险、信用保险、保证保险等。"N"（Non Property）代表人身险保险经营机构，其开展的业务有人寿保险、健康保险、意外伤害保险等。"S"（Sum）代表兼营财产险和人身险的保险机构。[①]"A"（Asset）代表保险资产管理公司。"G"（Group）代表保险集团公司。"R"（Reinsurance）代表再保险经营机构。"I"（Intermediary）代表保险中介机构。[②]

"O／F"代表保险机构营业状态。"O"（On）代表保险机构正在营业。"F"（Off）代表保险机构处于停业状态。

**（二）保险机构代码示例**

示例：北京人寿保险股份有限公司的代码为2018021401BJSICSNO，其中2018021401是基础信息代码，而BJSICSNO是状态信息代码，表示2018年2月14日在北京市设立的具有独立法人资格的中资股份有限人身险公司，是当天设立的所有保险机构中的第1家，该保险公司目前正常营业。

需要说明的是：第一，对于更名的保险机构，其代码保持不变；第二，对于因改制、改组和重组而发生变更的保险机构，其机构代码保持不变；第三，对于分公司改制为独立法人机构和因改制而设立的新法人机构，新法人机构重新编码，分公司不再存续，分公司的机构代码也将随之消失。改制、改组和重组的情况主要存在于我国早期设立的混业经营保险机构中，这些机构为符合分业经营原则，相继转为保险集团公司，在编码过程中，集团公司沿用原保险机构代码，而集团公司下面新设立的分业经营的各子公司则编写新代码。我国所有保险机构的代码详见附表2。[③]

# 第三节　保险机构数量统计

## 一、我国历年保险经营机构数量分析

我国保险经营机构由法人保险经营机构和非法人保险经营机构组成。在行业统计上，由于中资的非法人保险经营机构在国内都存在本公司或本组织，且相关内容已经反映在本公司或者本组织的报表中，因此此处统计的非法人保险经营机构主要是指外资非法人

---

[①] 在1995年10月1日正式实施《保险法》之前，我国保险业是混业经营的，所以该代码主要适用于我国早期的保险机构。

[②] 考虑到我国保险中介机构数量庞大，本报告未专门对保险机构进行细致代码设计，没有区分中介机构的业务类型，而是主要关注了保险机构中的经营机构。随着对中介机构治理问题关注的增加，本报告也会考虑生成所有保险中介机构的代码，例如将参数"I"替换为"A"（Agent）代表保险代理机构，或"B"（Broker）代表保险经纪机构，或"L"（Loss Adjuster）代表保险公估机构，本年度报告因未给出保险中介机构的编码，所以暂且选用参数"I"。

[③] 考虑篇幅的限制，本报告没有提供1980—2019年各年我国保险经营机构的代码，但我们编写了《中国保险机构代码手册》，该手册中给出了除保险中介机构以外的历年所有保险机构的代码，如果有需要相关资料，可以邮件联系作者（nkhaochen@163.com）。

保险经营机构。从表 2-11 可以看出，我国保险经营机构数量从最开始的 1 家发展到了
2019 年的 237 家，其中法人保险经营机构 224 家，非法人保险经营机构 13 家。

表 2-11　我国保险经营机构历年数量统计（1980—2010 年）

单位：家

| 年份 | 法人保险经营机构数量 | | | | | | 非法人保险经营机构数量 | | | | 数量合计 |
|---|---|---|---|---|---|---|---|---|---|---|---|
| | 人身险公司 | 财产险公司 | 再保险公司 | 资产管理公司 | 混业经营公司 | 集团公司 | 人身险机构 | 财产险机构 | 再保险机构 | 混业经营机构 | |
| 1980 | 0 | 0 | 0 | 0 | 1 | 0 | 0 | 0 | 0 | 0 | 1 |
| 1981 | 0 | 0 | 0 | 0 | 1 | 0 | 0 | 0 | 0 | 0 | 1 |
| 1982 | 0 | 0 | 0 | 0 | 1 | 0 | 0 | 1 | 0 | 0 | 2 |
| 1983 | 0 | 0 | 0 | 0 | 1 | 0 | 0 | 1 | 0 | 0 | 2 |
| 1984 | 0 | 0 | 0 | 0 | 1 | 0 | 0 | 1 | 0 | 0 | 2 |
| 1985 | 0 | 0 | 0 | 0 | 1 | 0 | 0 | 1 | 0 | 0 | 2 |
| 1986 | 0 | 0 | 0 | 0 | 2 | 0 | 0 | 1 | 0 | 0 | 3 |
| 1987 | 0 | 0 | 0 | 0 | 2 | 0 | 0 | 1 | 0 | 0 | 3 |
| 1988 | 0 | 0 | 0 | 0 | 3 | 0 | 0 | 2 | 0 | 0 | 5 |
| 1989 | 0 | 0 | 0 | 0 | 3 | 0 | 0 | 2 | 0 | 0 | 5 |
| 1990 | 0 | 0 | 0 | 0 | 3 | 0 | 0 | 2 | 0 | 0 | 5 |
| 1991 | 0 | 0 | 0 | 0 | 4 | 0 | 0 | 2 | 0 | 0 | 6 |
| 1992 | 0 | 0 | 0 | 0 | 4 | 0 | 0 | 2 | 0 | 1 | 7 |
| 1993 | 0 | 0 | 0 | 0 | 4 | 0 | 0 | 2 | 0 | 1 | 7 |
| 1994 | 0 | 0 | 0 | 0 | 4 | 0 | 0 | 3 | 0 | 1 | 8 |
| 1995 | 0 | 2 | 0 | 0 | 4 | 0 | 1 | 4 | 0 | 1 | 12 |
| 1996 | 4 | 6 | 1 | 0 | 3 | 1 | 1 | 4 | 0 | 1 | 21 |
| 1997 | 4 | 6 | 1 | 0 | 3 | 1 | 2 | 6 | 0 | 0 | 23 |
| 1998 | 6 | 6 | 1 | 0 | 3 | 2 | 2 | 7 | 0 | 0 | 27 |
| 1999 | 7 | 5 | 1 | 0 | 3 | 2 | 3 | 8 | 0 | 0 | 29 |
| 2000 | 10 | 6 | 1 | 0 | 2 | 2 | 3 | 9 | 0 | 0 | 33 |
| 2001 | 12 | 9 | 1 | 0 | 1 | 3 | 3 | 12 | 0 | 0 | 41 |
| 2002 | 21 | 10 | 1 | 0 | 1 | 3 | 7 | 12 | 0 | 0 | 55 |
| 2003 | 25 | 12 | 2 | 2 | 0 | 6 | 7 | 15 | 2 | 0 | 71 |
| 2004 | 28 | 17 | 2 | 2 | 0 | 6 | 7 | 16 | 3 | 0 | 81 |
| 2005 | 39 | 25 | 2 | 5 | 0 | 6 | 7 | 12 | 3 | 0 | 99 |
| 2006 | 44 | 28 | 2 | 9 | 0 | 7 | 7 | 12 | 3 | 0 | 112 |
| 2007 | 52 | 35 | 2 | 9 | 0 | 8 | 7 | 7 | 3 | 0 | 123 |
| 2008 | 53 | 43 | 2 | 9 | 0 | 8 | 7 | 4 | 6 | 0 | 132 |

续表

| 年份 | 法人保险经营机构数量 | | | | | | 非法人保险经营机构数量 | | | | 数量合计 |
|------|----------|----------|----------|------------|----------|----------|----------|----------|----------|------------|------|
| | 人身险公司 | 财产险公司 | 再保险公司 | 资产管理公司 | 混业经营公司 | 集团公司 | 人身险机构 | 财产险机构 | 再保险机构 | 混业经营机构 | |
| 2009 | 57 | 49 | 2 | 9 | 0 | 8 | 7 | 4 | 6 | 0 | 142 |
| 2010 | 59 | 52 | 2 | 9 | 0 | 8 | 7 | 3 | 6 | 0 | 146 |
| 2011 | 61 | 58 | 2 | 11 | 0 | 10 | 7 | 2 | 6 | 0 | 157 |
| 2012 | 68 | 60 | 2 | 15 | 0 | 10 | 7 | 2 | 6 | 0 | 170 |
| 2013 | 71 | 65 | 2 | 18 | 0 | 10 | 7 | 0 | 6 | 0 | 179 |
| 2014 | 74 | 66 | 2 | 18 | 0 | 10 | 7 | 0 | 7 | 0 | 184 |
| 2015 | 76 | 75 | 3 | 21 | 0 | 11 | 7 | 0 | 6 | 0 | 199 |
| 2016 | 78 | 82 | 4 | 24 | 0 | 12 | 7 | 0 | 6 | 0 | 213 |
| 2017 | 86 | 86 | 5 | 24 | 0 | 12 | 7 | 0 | 6 | 0 | 226 |
| 2018 | 91 | 89 | 5 | 24 | 0 | 12 | 7 | 0 | 6 | 0 | 234 |
| 2019 | 91 | 89 | 5 | 26 | 0 | 13 | 7 | 0 | 6 | 0 | 237 |

资料来源：根据中国银保监会官网、各保险机构官网等公开信息整理。

## 二、我国历年保险中介机构数量分析

从表 2-12 可以看出，我国保险中介机构数量从 2001 年的 8 家快速发展到 2005 年的 1297 家，之后继续发展到 2007 年的 2110 家，2010—2015 年间保险中介机构数量总体上保持稳定，而 2016 年和 2017 年呈现下降趋势，2018 年保险中介机构数量创历史新高。此外，从结构上看，保险代理机构占绝大多数，数量远超过保险经纪机构和保险公估机构的数量总和。

表 2-12　我国保险中介机构历年数量统计（2001—2018 年）

单位：家

| 年份 | 保险代理机构 | 保险经纪机构 | 保险公估机构 | 保险中介机构 |
|------|------------|------------|------------|------------|
| 2001 | 5 | 3 | 0 | 8 |
| 2002 | 35 | 7 | 6 | 48 |
| 2003 | 102 | 13 | 21 | 136 |
| 2004 | 416 | 67 | 91 | 574 |
| 2005 | 920 | 197 | 180 | 1297 |
| 2006 | 1313 | 268 | 219 | 1800 |
| 2007 | 1563 | 303 | 244 | 2110 |
| 2008 | 1755 | 322 | 254 | 2331 |
| 2009 | 1822 | 350 | 273 | 2445 |

| 年份 | 保险代理机构 | 保险经纪机构 | 保险公估机构 | 保险中介机构 |
|------|------------|------------|------------|------------|
| 2010 | 1903 | 378 | 289 | 2570 |
| 2011 | 1853 | 392 | 305 | 2550 |
| 2012 | 1823 | 416 | 315 | 2554 |
| 2013 | 1770 | 434 | 325 | 2529 |
| 2014 | 1767 | 438 | 320 | 2525 |
| 2015 | 1764 | 445 | 337 | 2546 |
| 2016 | 1719 | 445 | 333 | 2497 |
| 2017 | 1549 | 483 | 300 | 2332 |
| 2018 | 1784 | 487 | 325 | 2596 |

资料来源：根据历年《中国保险年鉴》统计整理。

# 第三章 中国保险公司财务状况与评价

本章主要关注我国保险公司的财务状况，首先基于中国银保监会公开披露的数据，从保险公司资产总额、原保险保费收入、赔款和给付支出、资金运用余额等角度，对2013—2018年保险公司财务状况进行了概述；其次通过手工整理历年《中国保险年鉴》中保险公司两大报表数据，计算出保险公司关键财务指标并进行趋势分析；最后介绍了我国监管部门的保险公司经营评价体系并分析了历年评价结果。

## 第一节 保险公司财务状况总览

### 一、我国保险公司资产总额

从表3-1可以看出，我国保险公司资产总额2013—2018年的年增长率都在6%以上，特别是2014年、2015年和2016年三年的增长率均达到20%以上。2018年我国保险公司的总资产达到173222亿元。其中财产险公司总资产23485亿元，较年初下降6.05%；人身险公司总资产146087亿元，较年初增长10.55%；再保险公司总资产3650亿元，较年初增长15.87%。

表3-1 我国保险公司资产统计（2013—2018年）

| 统计指标 | 2013年 | 2014年 | 2015年 | 2016年 | 2017年 | 2018年 |
|---|---|---|---|---|---|---|
| 总额（亿元） | 81295 | 100062 | 122993 | 150875 | 160291 | 173222 |
| 财产险公司总资产（亿元） | 10941 | 14061 | 18481 | 23744 | 24997 | 23485 |
| 人身险公司总资产（亿元） | 68250 | 82487 | 99325 | 124370 | 132144 | 146087 |
| 再保险公司总资产（亿元） | 2104 | 3514 | 5187 | 2761 | 3150 | 3650 |
| 总额增长率（%） | 12.42 | 23.09 | 22.92 | 22.67 | 6.24 | 8.07 |
| 财产险公司增长率（%） | 15.45 | 28.52 | 31.43 | 28.48 | 5.28 | -6.05 |
| 人身险公司增长率（%） | 11.90 | 20.86 | 20.41 | 25.22 | 6.25 | 10.55 |
| 再保险公司增长率（%） | 14.02 | 67.02 | 47.61 | -46.77 | 14.09 | 15.87 |

资料来源：根据中国银保监会官网公开数据统计。

## 二、我国保险公司原保险保费收入

从表 3-2 可以看出,我国保险公司原保险保费收入①从 2013 年开始呈现快速增长的趋势,而 2018 年的增速有所回落。2018 年原保险保费收入 38017 亿元,同比增长 3.92%;财产险业务原保险保费收入 10770 亿元,同比增长 9.51%;寿险业务原保险保费收入 20723 亿元,同比下降 3.41%;健康险业务原保险保费收入 5448 亿元,同比增长 24.12%;意外险业务原保险保费收入 1076 亿元,同比增长 19.33%。

表 3-2　我国保险公司原保险保费收入情况统计（2013—2018 年）

| 统计指标 | 2013 年 | 2014 年 | 2015 年 | 2016 年 | 2017 年 | 2018 年 |
|---|---|---|---|---|---|---|
| 总额（亿元） | 17222 | 20235 | 24283 | 30960 | 36581 | 38017 |
| 财产险业务保费收入（亿元） | 6212 | 7203 | 7995 | 8725 | 9835 | 10770 |
| 寿险业务保费收入（亿元） | 9425 | 10902 | 13242 | 17442 | 21456 | 20723 |
| 健康险业务保费收入（亿元） | 1124 | 1587 | 2410 | 4043 | 4389 | 5448 |
| 意外险业务保费收入（亿元） | 461 | 543 | 636 | 750 | 901 | 1076 |
| 总额增长率（%） | 11.20 | 17.50 | 20.00 | 27.50 | 18.16 | 3.93 |
| 财产险业务增长率（%） | 16.53 | 15.95 | 11.00 | 9.13 | 12.72 | 9.51 |
| 寿险业务增长率（%） | 5.80 | 15.67 | 21.46 | 31.72 | 23.01 | -3.42 |
| 健康险业务增长率（%） | 30.22 | 41.19 | 51.86 | 67.76 | 8.56 | 24.13 |
| 意外险业务增长率（%） | 19.46 | 17.79 | 17.13 | 17.92 | 20.13 | 19.42 |

资料来源：根据中国银保监会官网公开数据统计。

## 三、我国保险公司赔款和给付支出情况

从表 3-3 可以看出,保险公司赔款和给付支出总额在 2016 年首次突破万亿。2017 年增速开始放缓,2018 年赔款和给付支出 12298 亿元,同比增长 9.99%;财产险业务支出 5897 亿元,同比增长 15.92%;寿险业务支出 4389 亿元,同比下降 4.07%;健康险业务支出 1744 亿元,同比增长 34.72%;意外险业务支出 268 亿元,同比增长 19.68%。

表 3-3　我国保险公司赔款和给付支出情况统计（2013—2018 年）

| 统计指标 | 2013 年 | 2014 年 | 2015 年 | 2016 年 | 2017 年 | 2018 年 |
|---|---|---|---|---|---|---|
| 总额（亿元） | 6213 | 7215 | 8674 | 10513 | 11181 | 12298 |
| 财产险业务支出（亿元） | 3439 | 3788 | 4194 | 4726 | 5087 | 5897 |
| 寿险业务支出（亿元） | 2253 | 2728 | 3565 | 4603 | 4575 | 4389 |
| 健康险业务支出（亿元） | 411 | 571 | 763 | 1001 | 1295 | 1744 |
| 意外险业务支出（亿元） | 110 | 128 | 152 | 183 | 224 | 268 |
| 总额增长率（%） | 31.73 | 16.13 | 20.22 | 21.20 | 6.35 | 9.99 |

---

① 保费收入是指保险公司提供保险合同而收取的费用。这种收入可以分为两种:一是被保险标的选择的是直接向保险公司投保,即原保险,对应形成的收入就是原保险保费收入;二是保险人为了分担保险责任,经监管部门的同意,将其保险责任分担出去,即再保险,对应的收入就是再保险保费收入。

| 统计指标 | 2013 年 | 2014 年 | 2015 年 | 2016 年 | 2017 年 | 2018 年 |
|---|---|---|---|---|---|---|
| 财产险支出增长率（%） | 22.11 | 10.15 | 10.72 | 12.68 | 7.64 | 15.92 |
| 寿险支出增长率（%） | 49.71 | 21.08 | 30.68 | 29.11 | -0.61 | -4.07 |
| 健康险支出增长率（%） | 37.88 | 38.93 | 33.62 | 31.19 | 29.37 | 34.67 |
| 意外险支出增长率（%） | 13.12 | 16.36 | 18.75 | 20.39 | 22.40 | 19.64 |

资料来源：根据中国银保监会官网公开数据统计。

## 四、我国保险公司资金运用情况

从表 3-4 可以看出，我国保险公司资金运用总额呈现逐年上升趋势。2018 年，资金运用总额 164088 亿元，较年初增长 9.97%；银行存款 24364 亿元，占比 14.85%；债券 56383 亿元，占比 34.36%；股票和证券投资基金 19220 亿元，占比 11.71%；其他投资 64122 亿元，占比 39.08%。

表 3-4　我国保险公司资金运用情况统计（2013—2018 年）

| 统计指标 | 2013 年 | 2014 年 | 2015 年 | 2016 年 | 2017 年 | 2018 年 |
|---|---|---|---|---|---|---|
| 总额（亿元） | 76873 | 93315 | 111795 | 133910 | 149207 | 164089 |
| 银行存款（亿元） | 22641 | 25311 | 24350 | 24844 | 19274 | 24364 |
| 债券（亿元） | 33375 | 35600 | 38446 | 43050 | 51613 | 56383 |
| 股票、证券投资基金（亿元） | 7865 | 10326 | 16969 | 17788 | 18354 | 19220 |
| 其他投资（亿元） | 12992 | 22078 | 32030 | 48228 | 59966 | 64122 |
| 总额增长率（%） | 12.15 | 21.39 | 19.80 | 19.78 | 11.42 | 9.97 |
| 银行存款占比（%） | 29.45 | 27.12 | 21.78 | 18.55 | 12.92 | 14.85 |
| 债券占比（%） | 43.42 | 38.15 | 34.39 | 32.15 | 34.59 | 34.36 |
| 股票基金占比（%） | 10.23 | 11.07 | 15.18 | 13.28 | 12.30 | 11.71 |
| 其他投资占比（%） | 16.90 | 23.66 | 28.65 | 36.02 | 40.19 | 39.08 |

资料来源：根据中国银保监会官网公开数据统计。

# 第二节　保险公司关键财务指标分析

## 一、我国保险公司经营成本指标分析

常用来反映保险公司经营成本方面的指标有赔付率、费用率和综合成本率。本报告采用的计算公式如下：赔付率=赔付支出 / 已赚保费×100%；成本率=综合费用 / 保费收入×100%；综合费用=税金及附加+手续费及佣金+业务及管理费；综合成本率=赔付率+

成本率。

本报告根据上述计算公式，基于历年《中国保险年鉴》①公开数据，计算了我国保险公司法人机构和分支机构（主要是外资机构）的三个指标（见表3-5）。我国保险公司三个指标存在显著的极值，各年平均值波动较大，因此报告中重点分析中位数。费用率的中位数总体上较平稳;结果显示,而赔付率呈现出显著的上升态势，从2009年的12.04%提升到2015年的47.78%，2018年略有下降；赔付率的上升导致综合成本率从2009年的50.56%提升到2018年的83.76%。

表3-5　我国保险公司赔付率、费用率和综合成本率情况（2009—2018年）

单位：%

| 年份 | 赔付率 | | 费用率 | | 综合成本率 | |
|---|---|---|---|---|---|---|
| | 平均值 | 中位数 | 平均值 | 中位数 | 平均值 | 中位数 |
| 2009 | 50.30 | 12.04 | 47.99 | 32.65 | 98.29 | 50.56 |
| 2010 | 32.77 | 21.56 | 71.62 | 39.36 | 104.32 | 81.23 |
| 2011 | 40.20 | 19.64 | 163.28 | 34.22 | 203.48 | 77.95 |
| 2012 | 82.43 | 23.68 | 70.71 | 34.97 | 153.14 | 73.67 |
| 2013 | 334.44 | 34.20 | 107.14 | 37.72 | 441.58 | 81.15 |
| 2014 | 1656.21 | 44.20 | 88.43 | 37.95 | 1744.64 | 94.13 |
| 2015 | 6229.34 | 47.78 | 51.31 | 36.76 | 6280.65 | 93.00 |
| 2016 | 2805.57 | 45.32 | 1091.60 | 41.54 | 3897.17 | 95.99 |
| 2017 | 73.82 | 39.79 | 814.68 | 37.16 | 888.51 | 92.98 |
| 2018 | 5886.33 | 35.87 | 46.57 | 34.46 | 5774.72 | 83.76 |

资料来源：根据历年《中国保险年鉴》计算整理所得。

## 二、我国保险公司收益能力指标分析

反映保险公司收益能力的常见指标有以下四个：投资收益率[投资收益／（总资产－固定资产）×100%]、保费利润率（税前利润／保费收入×100%）、净资产收益率（净利润／期末所有者权益×100%）和总资产收益率（净利润／期末总资产×100%）。本报告根据上述公式计算了我国保险公司法人机构和非法人机构四个指标的历年平均值和中位数，发现投资收益率无论是平均值还是中位数均呈现了一定的上升趋势，保费利润率的中位数从负值变为正值，净资产收益率的中位数从2009年的-18.48%提高到2018年的1.15%，总资产收益率的中位数也实现了从负值到正值的转变（见表3-6）。

---

① 《中国保险年鉴》由监管部门主管、中国保险年鉴社主办，是一部全面反映中国保险市场发展历程的大型历史性、资料性期刊。《中国保险年鉴》每年出版一次，记录了上一年度中国保险市场的基本情况。因此，2018年《中国保险年鉴》的数据实际上对应的是2017我国保险业的状况。截至本报告编著完成，2019年《中国保险年鉴》仍然没有出版，因此，本报告相关统计数据以2018年《中国保险年鉴》为参考，下同，特此说明。

表 3-6　我国保险公司收益能力指标统计（2009—2018 年）

单位：%

| 年份 | 投资收益率 | | 保费利润率 | | 净资产收益率 | | 总资产收益率 | |
|---|---|---|---|---|---|---|---|---|
| | 平均值 | 中位数 | 平均值 | 中位数 | 平均值 | 中位数 | 平均值 | 中位数 |
| 2009 | 1.84 | 2.48 | -27.99 | -12.54 | -29.36 | -18.48 | -6.67 | -5.57 |
| 2010 | 2.99 | 2.92 | -32.68 | -3.60 | -10.58 | -0.93 | -2.48 | -0.64 |
| 2011 | 2.65 | 2.76 | -6.06 | -0.43 | -1.86 | 0.04 | -1.55 | -0.23 |
| 2012 | 2.41 | 2.51 | -11.30 | -0.81 | -7.02 | 0.04 | -1.80 | -0.33 |
| 2013 | 2.83 | 2.90 | -73.32 | 0.44 | -6.37 | 0.63 | -1.20 | 0.11 |
| 2014 | 3.39 | 3.57 | -41.43 | 0.15 | -2.66 | 0.40 | -1.72 | 0.06 |
| 2015 | 4.15 | 4.02 | 3.65 | 1.90 | -2.39 | 2.31 | -0.44 | 0.49 |
| 2016 | 4.81 | 4.89 | 1646.36 | 4.47 | 4.86 | 4.63 | -0.05 | 0.84 |
| 2017 | 3.56 | 3.71 | -4611.86 | 1.13 | 8.24 | 1.35 | -0.50 | 0.23 |
| 2018 | 3.41 | 3.62 | -250.76 | 0.89 | -0.21 | 1.15 | -1.32 | 0.27 |

资料来源：根据历年《中国保险年鉴》计算整理所得。

# 第三节　保险公司经营评价体系

## 一、我国保险公司经营评价依据

本章第一节和第二节的分析主要关注保险公司的具体指标，而没有从整体视角来评价保险公司的财务状况。为综合评价保险公司经营状况，加强保险监管，促进保险公司改善经营管理、转变发展方式，中国保监会制定了《保险公司经营评价指标体系（试行）》。

根据《保险公司经营评价指标体系（试行）》，中国保险行业协会负责对保险公司法人机构的经营状况进行评价，各省（自治区、直辖市、计划单列市）保险行业协会负责对保险公司分支机构的经营状况进行评价。中国保险行业协会和地方行业协会在每年 6 月底前公布保险公司法人机构和分支机构上一年度的评价类别、评价指标的行业均值和中位数，供社会各界查阅。

## 二、我国保险公司经营评价指标体系

我国保险公司经营评价指标主要是由定量指标组成，没有定性指标，根据评价对象是否具有法人资格，又分为法人机构经营评价指标和分支机构经营评价指标。[①]

---

① 各指标的评价标准请详见《中国保监会关于印发〈保险公司经营评价指标体系（试行）〉的通知》（保监发〔2015〕80 号）中的 4 个附件文件。

### （一）保险公司法人机构经营评价指标

保险公司法人机构经营评价指标由速度规模、效益质量和社会贡献 3 大类指标构成。其中，财产险公司有 12 个评价指标，而人身险公司有 14 个评价指标。

财产险公司的 12 个评价指标具体如下。第一，速度规模方面 3 个指标（共 3 分）：保费增长率、自留保费增长率和总资产增长率。第二，效益质量方面 5 个指标（共 5 分）：综合成本率、综合赔付率、综合投资收益率、净资产收益率和百元保费经营活动净现金流。第三，社会贡献方面 4 个指标（共 2 分）：风险保障贡献度、赔付贡献度、纳税增长率和增加值增长率。

人身险公司的 14 个评价指标，具体如下。第一，速度规模方面 3 个指标（共 3 分）：保费收入增长率、规模保费增长率和总资产增长率。第二，效益质量方面 7 个指标（共 5 分）：综合投资收益率、净资产收益率、新业务利润率、内含价值增长率、综合退保率、13 个月保单继续率和综合费用率。第三，社会贡献方面 4 个指标（共 2 分）：风险保障贡献度、赔付贡献度、纳税增长率和增加值增长率。

### （二）保险公司分支机构经营评价指标

保险公司分支机构经营评价指标由速度规模、效益质量和社会贡献 3 大类指标构成。其中，财产险公司分支机构有 10 个评价指标，人身险公司分支机构有 13 个评价指标。

财产险公司分支机构的 10 个评价指标具体如下。第一，速度规模方面 2 个指标（共 3 分）：车险保费增长率和非车险保费增长率。第二，效益质量方面 4 个指标（共 5 分）：综合成本率、综合赔付率、车险销售费用率和百元保费经营活动净现金流。第三，社会贡献方面 4 个指标（共 2 分）：风险保障贡献度、赔付贡献度、纳税增长率和增加值增长率。

人身险公司分支机构包括 13 个评价指标，具体如下。第一，速度规模方面 3 个指标（共 3 分）：保费收入增长率、规模保费增长率和新单保费增长率。第二，效益质量方面 6 个指标（共 5 分）：个险期交业务费用率、个险趸交业务费用率、银邮期交业务费用率、银邮趸交业务费用率、综合退保率和 13 个月保单继续率。第三，社会贡献方面 4 个指标（共 2 分）：风险保障贡献度、赔付贡献度、纳税增长率和增加值增长率。

## 三、我国保险公司经营评价分类

经营评价采用十分制，满分为 10 分。中国保险行业协会和地方行业协会根据评分规则，对每项评价指标打分，加总得到保险公司和分支机构的得分。根据法人机构和分支机构的得分情况，将其分为 A、B、C、D 四类：得分大于等于 8 分的，为 A 类机构；得分小于 8 分但大于等于 4 分的，为 B 类机构；得分小于 4 分但大于等于 2 分的，为 C 类机构；得分小于 2 分的，为 D 类机构。A 类公司是指在速度规模、效益质量和社会贡献等各方面经营状况良好的公司；B 类公司是指在速度规模、效益质量和社会贡献等各方面经营正常的公司；C 类公司是指在速度规模、效益质量和社会贡献某方面存在问题的公司；D 类公司是指在速度规模、效益质量和社会贡献等方面存在严重问题的公司。

# 第四节　保险公司经营评价结果

## 一、我国保险公司经营评价结果概况

本报告整理了 2015—2018 年我国保险公司经营状况的评价结果。评价过程主要运用财务指标，得出综合得分，然后按照从高到低分成 A、B、C、D 四个等级。

在 562 个保险公司样本中，经营评价结果为 B 类的保险公司有 386 家，占比 68.68%；A 类次之，占比 20.28%；C、D 类保险公司占比较少。总体而言，我国保险公司经营状况良好，但大部分处于 B 类，而 A 类保险公司相对较少（见表 3-7）。

表 3-7　我国保险公司经营评价结果（2015—2018 年）

| 评级 | 频数 | 比例（%） | 累计比例（%） |
|---|---|---|---|
| A | 114 | 20.28 | 20.28 |
| B | 386 | 68.68 | 88.97 |
| C | 57 | 10.14 | 99.11 |
| D | 5 | 0.89 | 100.00① |
| 合计 | 562 | 100.00 | — |

资料来源：根据中国保险行业协会官网公开数据统计。

## 二、不同年份保险公司经营评价结果

对 2015—2018 年保险公司经营评价结果进行分析，得出如下结论：2017 年和 2018 年我国保险公司经营评价结果为 A 类的保险公司比例总体上高于 2015 年和 2016 年；评价结果为 B 类的占比最高，在 60%—75% 这个区间波动；评价结果为 C 类的比例在 10% 上下；评价结果为 D 类的比例比较低，2015 年没有评价结果为 D 类的保险公司，而 2016 年、2017 年和 2018 年分别只有 2 家、2 家和 1 家保险公司评级为 D 类（见表 3-8）。

表 3-8　不同年份保险公司经营评价结果比较

| 年份 | 评级 | 频数 | 比例（%） | 累计比例（%） |
|---|---|---|---|---|
| 2015 | A | 25 | 18.80 | 18.80 |
| | B | 91 | 68.42 | 87.22 |
| | C | 17 | 12.78 | 100.00 |
| | 合计 | 133 | 100.00 | — |

① 本书比例合计采取四舍五入计算方法，选取近似值。

| 年份 | 评级 | 频数 | 比例（%） | 累计比例（%） |
|---|---|---|---|---|
| 2016 | A | 23 | 17.04 | 17.04 |
| | B | 98 | 72.59 | 89.63 |
| | C | 12 | 8.89 | 98.52 |
| | D | 2 | 1.48 | 100.00 |
| | 合计 | 135 | 100.00 | — |
| 2017 | A | 33 | 23.08 | 23.08 |
| | B | 92 | 64.34 | 87.42 |
| | C | 16 | 11.19 | 98.61 |
| | D | 2 | 1.40 | 100.00 |
| | 合计 | 143 | 100.00 | — |
| 2018 | A | 33 | 21.85 | 21.85 |
| | B | 105 | 69.54 | 91.39 |
| | C | 12 | 7.95 | 99.34 |
| | D | 1 | 0.66 | 100.00 |
| | 合计 | 151 | 100.00 | — |

资料来源：根据中国保险行业协会官网公开数据统计。

## 三、不同年份保险公司经营评价结果比较（按险种类型分类）

本报告按照险种类型将保险公司分为财产险公司和人身险公司。将不同年份不同险种类型保险公司的经营评价结果进行比较发现：财产险公司评价结果为 A 类的比例在 2015—2018 年保持增长，评价结果为 B 类的比例在 2018 年较上一年度有所上升，评价结果为 C 类的比例在 2018 年有所下降；对于人身险公司而言，2018 年评价结果为 A 类的比例有所下降，评价结果为 B 类的比例有所上升，而评价结果为 C 类和 D 类的公司比例均下降（见表 3-9）。

表 3-9　不同年份保险公司经营评价结果比较（按险种类型分类）

| 年份 | 险种类型 | 评级 | 频数 | 比例（%） | 累计比例（%） |
|---|---|---|---|---|---|
| 2015 | 财产险 | A | 13 | 20.31 | 20.31 |
| | | B | 44 | 68.75 | 89.06 |
| | | C | 7 | 10.94 | 100.00 |
| | | 合计 | 64 | 100.00 | — |
| | 人身险 | A | 12 | 17.39 | 17.39 |
| | | B | 47 | 68.12 | 85.51 |
| | | C | 10 | 14.49 | 100.00 |
| | | 合计 | 69 | 100.00 | — |
| 2016 | 财产险 | A | 15 | 22.06 | 22.06 |
| | | B | 49 | 72.06 | 94.12 |
| | | C | 3 | 4.41 | 98.53 |
| | | D | 1 | 1.47 | 100.00 |
| | | 合计 | 68 | 100.00 | — |

| 年份 | 险种类型 | 评级 | 频数 | 比例（%） | 累计比例（%） |
|---|---|---|---|---|---|
| 2016 | 人身险 | A | 8 | 11.94 | 11.94 |
| | | B | 49 | 73.13 | 85.07 |
| | | C | 9 | 13.43 | 98.51 |
| | | D | 1 | 1.49 | 100.00 |
| | | 合计 | 67 | 100.00 | — |
| 2017 | 财产险 | A | 19 | 25.33 | 25.33 |
| | | B | 48 | 64.00 | 89.33 |
| | | C | 8 | 10.67 | 100.00 |
| | | 合计 | 75 | 100.00 | — |
| | 人身险 | A | 14 | 20.59 | 20.59 |
| | | B | 44 | 64.71 | 85.29 |
| | | C | 8 | 11.76 | 97.06 |
| | | D | 2 | 2.94 | 100.00 |
| | | 合计 | 68 | 100.00 | — |
| 2018 | 财产险 | A | 20 | 25.97 | 25.97 |
| | | B | 51 | 66.23 | 92.21 |
| | | C | 6 | 7.79 | 100.00 |
| | | 合计 | 77 | 100.00 | — |
| | 人身险 | A | 13 | 17.57 | 17.57 |
| | | B | 54 | 72.97 | 90.54 |
| | | C | 6 | 8.11 | 98.65 |
| | | D | 1 | 1.35 | 100.00 |
| | | 合计 | 74 | 100.00 | — |

资料来源：根据中国保险行业协会官网公开数据统计。

## 四、不同年份保险公司经营评价结果比较（按组织形式分类）

本报告按照组织形式将保险公司分为股份制公司和有限责任制公司。将不同年份不同组织形式的保险公司经营评价结果进行比较发现:2018 年股份制保险公司评级为 A 类的比例减少，评级为 B 类的比例增加，而 A 类和 B 类的保险公司总占比较上一年度有所增加；对于有限制保险公司而言，评级为 A 类的保险公司比例较上一年度有所增加，评级为 B 类的公司比例略微减少，而 A 类和 B 类的保险公司总占比较上一年度增长，并且超过了 2018 年的股份制保险公司 A 类和 B 类公司所占的比例（见表 3-10）。

表 3-10　不同年份保险公司经营评价结果比较（按组织形式分类）

| 年份 | 组织形式 | 评级 | 频数 | 比例（%） | 累计比例（%） |
|---|---|---|---|---|---|
| 2015 | 股份制 | A | 20 | 25.00 | 25.00 |
| | | B | 55 | 68.75 | 93.75 |
| | | C | 5 | 6.25 | 100.00 |
| | | D | — | — | — |
| | | 合计 | 80 | 100.00 | — |

续表

| 年份 | 组织形式 | 评级 | 频数 | 比例（%） | 累计比例（%） |
|------|---------|------|------|----------|--------------|
| 2015 | 有限制 | A | 5 | 9.43 | 9.43 |
| | | B | 36 | 67.92 | 77.36 |
| | | C | 12 | 22.64 | 100.00 |
| | | D | — | — | — |
| | | 合计 | 53 | 100.00 | — |
| 2016 | 股份制 | A | 18 | 22.50 | 22.50 |
| | | B | 56 | 70.00 | 92.50 |
| | | C | 4 | 5.00 | 97.50 |
| | | D | 2 | 2.50 | 100.00 |
| | | 合计 | 80 | 100.00 | — |
| | 有限制 | A | 5 | 9.09 | 9.09 |
| | | B | 42 | 76.36 | 85.45 |
| | | C | 8 | 14.55 | 100.00 |
| | | 合计 | 55 | 100.00 | — |
| 2017 | 股份制 | A | 22 | 25.88 | 25.88 |
| | | B | 51 | 60.00 | 85.88 |
| | | C | 11 | 12.94 | 98.82 |
| | | D | 1 | 1.18 | 100.00 |
| | | 合计 | 85 | 100.00 | — |
| | 有限制 | A | 11 | 18.97 | 18.97 |
| | | B | 41 | 70.69 | 89.66 |
| | | C | 5 | 8.62 | 98.28 |
| | | D | 1 | 1.72 | 100.00 |
| | | 合计 | 58 | 100.00 | — |
| 2018 | 股份制 | A | 19 | 21.11 | 21.11 |
| | | B | 62 | 68.89 | 90.00 |
| | | C | 8 | 8.89 | 98.89 |
| | | D | 1 | 1.11 | 100.00 |
| | | 合计 | 90 | 100.00 | — |
| | 有限制 | A | 14 | 22.95 | 22.95 |
| | | B | 43 | 70.49 | 93.44 |
| | | C | 4 | 6.56 | 100.00 |
| | | 合计 | 61 | 100.00 | — |

资料来源：根据中国保险行业协会官网公开数据统计。

# 第四章　中国保险公司治理发展沿革

本章首先回顾了公司治理概念的提出过程，概括了早期国内外学者对公司治理的探索历程和关注情况，然后简述了我国一般公司治理发展的四个阶段，梳理了每个阶段的公司治理特点和典型事件，最后介绍了保险公司治理问题的提出以及我国保险公司治理的发展历程。

## 第一节　公司治理问题的提出

### 一、公司治理概念的首次提出

公司治理问题实际上很早就存在了，它是随着公司制的出现而产生的。如果以 1600 年东印度公司的设立作为标志，公司治理问题已经有 400 多年的历史。1776 年，亚当·斯密（Adam Smith）在《国富论》（*An Inquiry into the Nature and Causes of the Wealth of Nations*）中对两权分离下股份制公司及其董事行为的分析实际上已经触及公司治理问题。但学术界更多地认为 1932 年阿道夫·伯利（Adolf Berle）和加德纳·米恩斯（Gardiner Means）的著作《现代公司与私有财产》（*The Modern Corporation and Private Property*）首次正式提出公司治理问题。特别值得一提的是，1937 年罗纳德·科斯（Ronald Coase）的《企业的性质》（"The Nature of the Firm"）一文的发表所带来的新制度经济学的兴起，也为后续公司治理问题的研究提供了扎实的理论基础。这是因为在新古典经济学中，企业是一个黑箱，只包括生产要素的投入比例安排问题，制度因素并没有被纳入考虑，企业只有生产属性，没有交易属性。科斯正是因为在这方面的贡献，于 1991 年获得了诺贝尔经济学奖。另一位公司治理领域的诺贝尔经济学奖得主奥利弗·F. 威廉姆森（Oliver E. Williamson）进一步发展了科斯的交易成本（transaction cost）概念，提出了影响交易成本的重要因素之一是资产专用性（asset specificity）。基于这个核心概念，威廉姆森在其于 1975 年出版的巨著《市场与层级制：分析与反托拉斯含义》（*Markets and Hierarchies: Analysis and Antitrust Implications*）中提出"治理结构"，这个概念已经涵盖了"公司治理"的内容。1984 年，他直接以"Corporate Governance"为题对公司治理进行了较系统的分析，指出公司治理的研究经过了漫长的沉寂，最近正在复兴，导致这种情况的一个重要原因是缺乏对公司治理经济（The Economics of Corporate Governance）的微观分析。从这个意义上来说，实践上，公司治理是一个老话题，但理论上，它还是一个新兴的领域。

不得不提的另一位较早对公司治理进行研究和界定的学者是英国《公司治理：国际评论》（Corporate Governance:An International Review）杂志的创始主编罗伯特·特里克（Robert Ian Tricker）。在1984年出版的《公司治理》（Corporate Governance: Practices，Procedures，and Powers in British Companies and Their Boards of Directors）一书中，他认为公司治理包括董事及董事会的思维方式、理论和做法，它研究董事会和股东、高层管理部门、规制者、审计员以及其他利益相关者的关系，因此，"公司治理是对现代公司行使权力的过程"。特里克把公司治理归纳为四种主要活动：战略制定（direction）、决策执行（executive action）、监督（supervision）和问责（accountability）。他还认为，公司治理（governance of a company）与公司管理（management of a company）是不同的概念。如果说管理是针对经营业务（running business）的话，那么，治理则能确保公司恰当地经营（running properly）。公司不但需要管理（managing），而且需要治理（governing）。卡德伯利（Cadbury）把特里克视为英国公司治理的"先驱"（Nestor）。

飞利浦·L. 科克伦（Philip L. Cochran）和史蒂文·L. 沃特克（Steven L.Wartick）在1988年出版的仅有74页的著作《公司治理——文献回顾》（Corporate Governance：A Review of the Literature）中认为，公司治理是一个概括性术语（umbrella term），它涵盖了董事会、执行董事及非执行董事的概念（concepts）和理论（theories）与实践（practices）等多方面问题。公司治理要解决的核心问题包括：①谁从公司决策及高级管理阶层的行动中受益；②谁应该从公司决策及高级管理阶层的行动中受益。如果二者不一致，就出现了公司治理问题。"毒丸计划"的创始人马丁·利普顿（Martin Lipton）在1991年提出，公司治理是一种手段，而不是目的。

## 二、第一次公司治理浪潮加速了对公司治理的探索

一直到1992年的《卡德伯利报告》（Cadbury Report）出台后，"公司治理"这一概念才越来越多地被使用，对公司治理的理解和界定也更加准确和规范。萨利姆·谢赫（Saleem Sheikh）在1995年指出，公司治理就是关于公司事务方向性（direction of a company affairs）方面的董事被信托义务和责任的一种制度，是以股东利益最大化的问责机制（accountability）为基础的。奥利弗·哈特（Oliver Hart）在1995年提出只要存在以下两个条件，公司治理问题就必然会在一个组织中产生。第一个条件是代理问题，具体来说是公司组织成员之间存在利益冲突；第二个条件是交易费用较大，使得代理问题不可能通过合约解决。当出现代理问题且合约不完全时，公司治理就至关重要了。哈特提出了五个公司治理问题：代理合同的成本问题；个人股东控制问题；大股东问题；董事会的局限性问题；管理层以牺牲股东利益为代价，追求自己的目标问题。罗伯特·蒙克斯（Robert Monks）和尼尔·米诺（Nell Minow）在1995年提出公司治理是指决定公司发展方向和绩效的各参与者之间的关系。斯蒂芬·普劳斯（Stephen Prowse）在1995年提出，公司治理是一个机构中控制公司所有者、董事和管理者行为的规则、标准与组

织。玛格瑞特·布莱尔（Margaret Blair）在 1995 年指出，从狭义角度讲，公司治理是指有关董事会的功能和结构以及股东的权利等方面的制度安排；；从广义角度上讲，则是指有关公司控制权和剩余索取分配权的一整套法律、文化与制度安排；这些安排决定公司目标，谁在什么情况下对公司实施控制、如何控制，风险和收益如何在企业不同的成员之间分配等一系列问题。1997 年，柯林·梅尔（Colin Mayer）指出，公司治理往往涉及委托代理问题，即作为委托人的股东，委托作为代理人的经营者按照他们的利益来经营企业。所谓公司治理是使双方的利益一致，并确保企业为投资者的利益而运行的方式。凯文·基西（Kevin Keasey）、史蒂夫·汤普森（Steve Thompson）和迈克·莱特（Michael Wright）在 1997 年指出，"公司治理"一词在 1990 年之前出现得还比较少，而近 10 年学界则开始了对公司治理问题的探讨。安德烈·施莱弗（Andrei Shleifer）和罗伯特·W. 维什尼（Robert W. Vishny）在 1997 年提出，"公司治理"要处理的是公司的资本供给者如何确保自己得到投资回报的途径问题，公司治理的核心问题是保证资本供给者（股东和债权人）的利益。伊莱恩·斯滕伯格（Elaine Sternberg）在 1998 年提出，公司治理是确保公司活动、资产和代理人能够符合股东既定目标的一种方式。

1993 年，特里克在《公司治理：国际评论》（*Corporate Governance:An International Review*）创刊第一期主编寄语中写道："在 20 世纪 80 年代初，公司治理并不是一个严肃的学术话题，公司治理这个词语也很难在专业文献中发现。最近 10 年，公司治理成为严肃的研究问题，而且公司治理词语在文献中比较普及。"劳伦斯·E. 米切尔（Lawrence E. Mitchell）在 1994 年指出，目前还没有一个广泛被接受的公司治理定义或者尚未对公司治理的含义达成共识。同样，奈杰尔·G. 莫（Nigel G. Maw）等在 1994 年指出，公司治理虽然是已被接受的话题，但是至今还没有清楚的定义，其边界仍然模糊不清。这是因为：各个定义从不同侧面对其进行界定，如治理结构的具体形式、公司治理制度的功能或公司治理所面对的基本问题等，这些都不够全面、科学；同时，这些定义中，对"公司治理"与"公司治理结构"的使用非常混乱。从以上关于公司治理的讨论可以看出，在 1975—1992 年间，国外对于公司治理的研究尚处于起步阶段，1992 年第一次公司治理浪潮的发生加速了对公司治理的理论研究。

## 三、国内对公司治理问题的关注

在国内，代表性的公司治理界定有如下几种。吴敬琏（1994）认为公司治理是指由公司所有者、董事会和高级执行人员即高级经理人员三者组成的一种组织结构。要完善公司治理，就要明确划分股东、董事会、经理人员各自的权利、责任和利益，从而确立三者之间的关系。钱颖一（1995）和青木昌彦等（2005）认为，公司治理是一套制度安排，用以支配若干在企业中有重大利害关系的团体投资者（股东和贷款人）、经理人员、职工之间的关系，并从这种联盟中实现经济利益，公司治理包括：①如何配置和行使控制权；②如何监督和评价董事会、经理人员和职工；③如何设计和实施激励机制。张维迎（1996）认为：狭义地讲，公司治理是指有关公司董事会的功能、结构、股东的权利等方面的制度安排；广义的公司治理几乎等同于企业所有权安排。或者更准确地讲，公司治理只是企业所有权安排的具体化，企业所有权是公司治理的一个抽象概括。林毅夫和李周（1997）及蔡昉等（1997）是在论述市场环境的重要性时论及这一问题的，他们认为所谓的公司治理，是指所有者对一个企业的经营管理和绩效进行监督与控制的一整套制度安排。杨瑞龙和周业安（1998）认为，在政府扮演所有者角色的条件下，按照"股东至上主义"的逻辑，改制后的国有企业就形成了有别于"内部人控制"的"行政干预下的经营控制型"企业治理。这种治理使国有企业改革陷入了困境。为了摆脱困境，须实现企业治理的创新，其核心是扬弃"股东至上主义"，遵循既符合中国国情又顺应历史潮流的"共同治理"思想。这一思想强调，企业不但要重视股东的权益，而且要重视其他利益相关者对经营者的监控，不仅强调经营者的权威，还要关注其他利益相关者的实际参与。这种共同治理的逻辑符合现代市场经济的内在要求。李维安在日文著作《中国的公司治理研究》（1998）中明确给出了公司治理的定义：所谓公司治理是指通过一套包括正式的或非正式的、内部的或外部的制度或者机制来协调公司与所有利益相关者之间的利益关系，以保证公司决策的科学化，从而最终维护公司各方面的利益的一种制度安排，公司治理有结构和机制两个层面问题，治理的目标是公司决策的科学化。李维安在 2001 年出版的著作《公司治理》、2005 年出版的教材《公司治理学》和 2009 年再版的《公司治理学》中继续沿用上述定义。

除了上述有代表性的研究以外，还有一批学者较早开始了公司治理理论方面的探讨。例如，卢昌崇 1994 年在《经济研究》发表了论文《公司治理机构及新、老三会关系论》，1999 年出版了著作《企业治理结构——一个组织制度的演进与设计》。费方域（1996）认为，对于公司治理这样一个复杂的概念，是不可能也不应该用一两句话就给出完整定义的。而且，随着人们对它的认识的深入，对它做出的解释也将更加丰富。在辩证地综合各个侧面抽象研究的意义上，这个概念应该是一个知识体系。知识的最小表述单位是判断，所以，它可以用一系列互为补充的判断来加以说明：公司治理的本质是一种合同关系；公司治理的功能是配置权、责、利；公司治理的起因是产权分离；公司治理的形式多种多样。田志龙较早对公司治理问题和基本理论进行了研究，田志龙、杨辉和李玉清（1998）在《管理世界》发表的论文《我国股份公司治理结构的一些基本特征研究——对我国百家股份公司的实证分析》，通过对百家股份公司的实证分析，提炼了我国公司治理结构的一些基本特征，提出公司股权结构是影响治理结构的重要因素之一。田志龙在 1999 年 6 月出版的《经营者监督与激励：公司治理的理论与实践》是我国较早的有关公司治理结构理论和实践的专著，尽管其主题主要集中在经营者激励监督问题上。

## 第二节　一般公司治理发展的四个阶段

回顾中国经济和企业这 40 年的发展，本报告将公司治理实践分为观念导入、结构构建、机制建立和有效性提高四个阶段。[①]

---

[①] 董迎秋和王瑞涵（2018）通过分析保险主体、治理机制及监管政策，对我国保险公司治理发展历程作出阶段性划分，并总结出各阶段的发展路径和发展经验。

## 一、第一阶段：公司治理观念导入阶段（1978—1992 年）

1978 年党的十一届三中全会以后，中国经济体制开始由计划经济向有计划的商品经济转变，国家逐步下放和扩大国有企业的自主权。在国有企业的经营管理上，由单一的政府直接管理转变为政府直接管理和企业适度自主经营相结合的"双轨制管理"。企业开始由"国营"逐步转变为"国有"（赵国英，2009）。企业在完成指令性计划的同时，可以自主开发市场，经批准可以投资开办企业。1984 年开始，国有企业内部管理体制由党委领导下的厂长（经理）负责制逐步转变为厂长（经理）负责制，并于 1987 年进入全面实施阶段。1988 年，《全民所有制工业企业法》正式颁布，确定了全民所有制企业的法人地位，结束了全民所有制企业法律地位不明确的状况。始于 1978 年的中国国有企业改革，在经过扩大企业经营自主权、利改税、承包经营责任制和转换企业经营机制改革后，到 20 世纪 90 年代中期，企业经营管理人员尤其是经理人员获取了过大的不受约束与控制的权力。在消除行政型治理，但尚未建立经济型治理的过程中出现了"内部人控制"（insider control）问题。许多学者认为这是因为中国当时的法人治理结构不完善，企业内部缺乏对经营管理人员有效的制衡机制造成的。基于这样的背景，从解决"内部人控制"入手展开对法人治理结构的搭建与完善，属于探索性的治理实践，即从观念上开始导入公司治理理念。但这一阶段对公司治理的认识还局限于法人治理的结构层面，建设法人治理结构更多是为了实现制衡，即制衡"一把手"。

## 二、第二阶段：公司治理结构构建阶段（1993—1998 年）

1993 年，《中共中央关于建立社会主义市场经济体制若干问题的决定》指出，国有企业改革的方向是建立产权明晰、权责明确、政企分开、管理科学的现代企业制度，但文件中还没有直接论及公司治理问题。随着上海证券交易所和深圳证券交易所的先后设立，1993 年 4 月，国务院发布了《股票发行与交易管理暂行条例》；同年 6 月，中国证券监督管理委员会（以下简称"中国证监会"）制定了《公开发行股票公司信息披露实施细则（试行）》，明确信息披露是公司治理的重要方面之一。1994 年 7 月，《公司法》正式实施，从法律上对规范股份有限公司的设立和运作，以及股票的发行和上市作出了明确规定，特别是确立了"三会制度"。《公司法》出台前，股份公司的设立及其股票的发行和上市，主要是依据原国家经济体制改革委员会于 1992 年 5 月制定和实施的《股份有限公司规范意见》，与国务院于 1993 年 4 月发布和施行的《股票发行与交易管理暂行条例》。1998 年 4 月，两个交易所推出"特别处理"（Special Treatment，ST）制度。2007 年，东北高速（600003）成为首家因公司治理问题被 ST 的公司。1998 年通过的《中华人民共和国证券法》（以下简称《证券法》）中关于投资者权益、持续信息披露和对经营者约束等规定均为公司治理内容。通过上述分析不难看出，这一阶段的公司治理已经实现了由观念导入到结构构建的转变，特别是《公司法》的正式推出，使公司治理实践有了现实的主体和法律基础，因为按照《企业法》注册的企业，不存在董事会、监事会等治理问题。尽管这一阶段有了《公司法》这一法律基础，但在治理实践上，多数公司只是满足《公司法》的基本要求，搭建了公司治理基本架构而已，治理合规性得到提高，治理机制却没有很好地发挥作用。最明显的证据就是各公司章程与工商部门提供的范例相似度极高，董事会和监事会的职能也多局限于开会，从"形"上符合治理的要求，强调更多的是治理合规性。这一阶段中，对于如何处理好"新三会"与"老三会"的关系，还没有找到合适的解决办法（卢昌崇，1994）。

## 三、第三阶段：公司治理机制建立阶段（1999—2012 年）

以 1999 年党的十五届四中全会通过《中共中央关于国有企业改革和发展若干重大问题的决定》（以下简称《决定》）为标志，中国公司治理实践进入一个新的阶段，即相对深入阶段，开始注重治理机制的建立。《决定》指出，公司制是现代企业制度的一种有效组织形式，而法人治理结构是公司制的核心，这是我国第一次在文件中正式提到法人治理结构的概念。为了保证董事会的独立性和更好地保护中小股东权益，2001 年 8 月，中国证监会推出《关于在上市公司建立独立董事制度的指导意见》，正式导入英美公司治理模式中的独立董事制度，实现了监事会和独立董事的双重监督。2002 年 1 月，中国证监会和原国家经济贸易委员会联合发布了《上市公司治理准则》，使上市公司的治理有章可循。股权结构是公司治理的基础，2002 年出台的《合格境外机构投资者境内证券投资管理暂行办法》（QFII 制度），以及随后出台的《外国投资者对上市公司战略投资管理办法》《关于外国投资者并购境内企业的规定》《关于上市公司股权分置改革试点有关问题的通知》等规定，都是从完善公司股权层面来进行探索的。2003 年，党的十六届三中全会通过《中共中央关于完善社会主义市场经济体制若干问题的决定》，明确提出不但要建设公司治理，而且要完善公司治理。同年，国务院国资委成立，之后各地方国资委相继成立，结束了中国国有企业"多龙治水"的局面，国有企业出资人这一主体得到明确。为全面深入贯彻落实《国务院关于推进资本市场改革开放和稳定发展的若干意见》，中国证监会于 2005 年推出《关于提高上市公司质量的意见》的"二十六条"，其中第三条对上市公司治理进行了明确规定。随着公司治理实践的深入，实践当中出现的一些治理问题需要以法律的形式对其进行总结。2005 年《公司法》进行了修订，2006 年实施的新《公司法》在完善公司治理基本制度方面有颇多建树。2007 年 3 月，中国证监会发布《关于开展加强上市公司治理专项活动有关事项的通知》，拉开了公司治理专项活动的序幕，使中国上市公司治理状况得到进一步改善。纵观中国企业发展的历史，可以看出中国企业改革的"宝"押在了股份制上，始于 2004 年的央企董事会试点改革已初具规模。截至 2012 年初，117 家大型国有独资公司中已有 40 家引入董事会制度，国有企业治理水平得到显著提高。与上一阶段公司治理实践相比，这一阶段的重要性不言而喻，该治理阶段主要是围绕如何建立治理机制展开的，除了完善《公司法》《证券法》等法律，还制定了《上市公司治理准则》《国务院关于推进资本市场改革开放和稳定发展的若干意见》《关于提高上市公司质量的意见》《公开发行股票公司信息披露实施细则（试行）》《上市公司章程指引》等具体的政策法规。

## 四、第四阶段：公司治理有效性提高阶段（2013年至今）

2013年，党的十八届三中全会通过了《中共中央关于全面深化改革若干重大问题的决定》，明确指出要推动国有企业完善现代企业制度。具体内容包括：健全协调运转机制、有效制衡的公司法人治理结构；建立职业经理人制度，更好发挥企业家作用；深化企业内部管理人员能上能下、员工能进能出、收入能增能减的制度改革；建立长效激励约束机制，强化国有企业经营投资责任追究；探索推进国有企业财务预算等重大信息公开；国有企业要合理增加市场化选聘比例，合理确定并严格规范国有企业管理人员薪酬水平、职务待遇、职务消费、业务消费等。这一阶段，要在实现公司治理形似的基础上，探索如何有效发挥公司治理机制的作用，改革不但要实现治理的"形"似，还要"神"似。公司治理是国家治理体系的重要组成部分，是治理能力现代化的基础，提高公司治理有效性是未来一段时间内我国公司治理改革的风向标。

# 第三节　保险公司治理的提出与内涵界定

## 一、保险公司治理问题的提出

20世纪90年代中期之前，公司治理还主要是针对非金融机构而言的，对金融机构的关注集中体现为商业银行的专家式债权监督和非银行金融机构的市场评价式监督，即参与非金融机构的治理。股东的"搭便车"行为导致管理人员的机会主义行为缺乏必要的监督，结果往往是股东的利益遭受损失。而债务的硬预算约束特点和独特的破产制度可以给非金融机构经理人员不同于股权的压力，从而在公司治理中赋予金融机构独特和重要的角色。公司治理的市场评价式监督主要依赖保险公司、证券公司、各类基金公司等机构客观公正的评价和相应的信息发布活动，从而对经理人员产生监督效果，进而降低代理成本，提高治理绩效。

仔细研究不同国家、不同时期金融危机的历史，我们不难发现那些曾显赫一时、堪称国际一流的金融机构在一夜之间突然垮台的根本原因并不是我们通常所认为的金融风险，而是公司治理的缺陷所导致的治理风险。这些金融机构也基本上都建立了金融风险预警与控制制度，但在公司治理结构与机制上仍存在着重大问题和不足。1997年开始的东亚金融危机，以及在美国发生的包括安然、安达信等在内的一系列大公司财务丑闻，进一步引起了人们对银行和非银行类金融机构自身治理问题的重视。相比非金融机构，保险公司、商业银行、证券公司等金融机构具有许多与生俱来的特殊性质，并由此决定了金融机构治理并不能只是公司治理理论在金融机构领域的简单运用，而是需要结合其特殊性进行治理结构与机制的创新。

在20世纪90年代中期之后，公司治理的研究和实践无疑已经进入了非金融机构和金融机构并重的新阶段（李维安，2005）。正是由于金融机构存在自身治理和对业务对象治理的双重问题，如果金融机构治理不善，其治理风险将日积月累，达到阈值并最终以风险事故的形式爆发，进而导致其自身陷入经营困境，甚至破产倒闭。从这个意义上来讲，金融机构最大、最根本的风险是治理风险，将着力点放在治理风险上，是金融机构治理研究的明确选择和指导各类金融机构改革与发展的主要方向。

金融机构运营的对象是资金或有价证券等重要社会资源，鉴于它们在整个社会中的重要地位，金融机构还会受到来自金融监管部门的相应管制和治理。这也是金融机构自身治理问题的重要内容之一。作为金融系统的重要组成部分，保险公司的治理问题也逐渐受到经济合作与发展组织（Organization for Economic Co-operation and Development，OECD）和国际保险监督官协会（The International Association of Insurance Supervisors，IAIS）等国际组织、各国政府及保险公司的广泛关注。IAIS 十分重视保险公司治理问题，在 1997 年首次发布的《保险监管核心原则》（Insurance Core Principles，ICP）中，将保险公司治理监管列为重要内容。此后，在 2000 年版、2003 年版的 ICP 中，保险公司治理监管的内容不断得到强化和细化。2004 年 10 月，IAIS 又发布了《保险公司治理核心原则》（Insurance Core Principles on Corporate Governance），提出了对保险公司完善治理的要求及对保险公司治理监管的重点与方法。2005 年，OECD 出台了《保险公司治理指引》（Guidelines for Insurers' Governance），基于保险公司特性的保险公司治理由此在全球范围内兴起（杨馥，2011）。

## 二、保险公司治理内涵的界定

国内外专门对保险公司治理的内涵进行解释和界定的文献并不多见，2015 年李维安和郝臣合著的《公司治理手册》首次给出了保险公司治理的定义："所谓保险公司治理是指对保险公司这一特殊行业企业的治理，也是金融机构治理的重要内容之一。"这是一个比较笼统的定义，也是保险公司治理的第一版定义。2016 年，郝臣在其著作《保险公司治理对绩效影响实证研究——基于公司治理评价视角》中进一步界定了保险公司治理的内涵，认为：所谓保险公司治理，是指对财产险、人身险、再保险和相互制保险公司这一特殊行业公司的治理，即"保险公司+治理"，而不是公司治理理论在保险公司上的简单运用，即"公司治理+保险公司"。这是保险公司治理的第二版定义。

2017 年，郝臣、李慧聪和崔光耀在著作《治理的微观、中观与宏观——基于中国保险业的研究》中给出了保险公司治理的第三版定义。首先，保险公司治理具有狭义和广义之分。狭义保险公司治理就是指关于保险公司"三会一层"构成、地位与性质、基本职权、运作规则等的制度安排，即保险公司的内部治理结构与机制，用于解决股东（所有者、委托人）与管理层（经营者、代理人）以及大股东和小股东之间的委托代理问题，治理的目标是使股东利益最大化；广义的保险公司治理就是指协调投保人、股东、经理人、雇员、社区、政府等利益相关者的利益的，一套来自公司的内部和外部、正式和非正式的，以实现保险公司决策科学化，进而实现利益相关者利益最大化的制度安排。其次，保险公司治理是指对财产险和人身险等保险公司这一特殊行业公司的治理，即"保险公司+治理"，而不是公司治理理论在保险公司上的简单运用，即"公司治理+保险公司"。最后，从狭义定义上来看，其没有很好地体现出保险公司治理的特殊性，与一般公司的狭义公司治理概念完全相同；而广义保险公司治理的概念则更好地体现了保险公司治理的特殊性。[①]

## 第四节　保险公司治理发展的五个阶段

### 一、完全行政型治理阶段（1949—1959 年）

完全行政型治理是指保险公司采取单一的政府管理体制，实行政企合一的计划管理。1949 年 8 月，由陈云同志主持，在上海召开了由华东、华北、华中、东北、西北 5 个地区的财政、金融、贸易部门领导干部参加的财经会议，创建中国人民保险公司的建议就是在这次会议上提出来的。1949 年 9 月 25 日至 10 月 6 日，由中国人民银行组织的第一次全国保险工作会议在北京举行。1949 年 10 月 20 日，中国人民保险公司在北京成立，宣告了我国统一的国家保险机构的诞生。作为中华人民共和国第一家保险公司，中国人民保险公司在随后的 60 多年时间里经历了停办、恢复、一家独大、分业经营和集团化发展。中国人民保险公司成立之初，不仅是一个经营各种保险业务的经济实体，还是兼有领导与监督全国保险业职能的行政管理机构。因此，开业时总公司和各区公司均设有监理室和监理科。

中国人民保险公司的成立，标志着我国保险事业进入了新的历史时期——人民保险事业的新纪元。中国人民保险公司成立后，一方面通过中国人民银行各地分支机构广泛开展保险业务，另一方面则在有条件的地方建立起自己的保险分支机构。截至 1950 年 6 月，总公司已下设区公司 5 个、分公司 31 个、支公司 8 个、办事处 75 个、营业部及派驻所 4 个，一些边远省份如青海、宁夏都设置了分公司，新疆也派去了干部。保险机构分布之广，保险业务覆盖面之大，是我国保险史上前所未有的，改变了过去保险公司集中在上海、天津、汉口等大城市的状况，为在全国范围内开展保险业务创造了条件。1950 年 1 月下旬起，保险监理业务改由中国人民银行金融管理部门处理，中国人民保险公司下属的监理部门相继奉令撤销，实现了保险公司向完全的金融企业过渡的转变。1952 年 6 月，中国人民保险公司从中国人民银行领导改为财政部领导。

1951 年下半年，上海和天津的 28 家私营保险公司（中外合资与未复业的人身险公司不包括在内）分别组成太平保险公司和新丰保险公司，由中国人民保险公司投入一半以上的资金，走上了国家资本主义的道路。1956 年 8 月，太平、新丰两家保险公司通过合并实现了全行业公私合营，标志着我国保险业的社会主义改造完成。

1958 年 12 月，由于认为人民公社化后，保险工作的作用已经消失，财政部决定停

---

[①] 郝臣等随后发表的论文：郝臣，崔光耀.保险公司治理概念之辨析与拓展——基于中国实践视角[J].公司治理评论，2018（1）：1-19；郝臣.提升我国保险公司治理能力的思考——标准引领与监管推动的视角[J].保险理论与实践，2018（7）：1-31.其中对保险公司治理内涵的界定仍然沿用第三版的定义。在中国保险行业协会 2018 年发布的公司治理标准文件《保险业公司治理实务指南　总体框架》（TIAC 21-2018）中，保险公司治理的定义也参考了第三版的定义。本报告同样在第三版的定义下开展相关内容的写作和分析。

办国内保险业务。除上海、哈尔滨、广州、天津的保险业务办理到 1966 年，其余国内保险业务全部停办。1959 年，中国人民保险公司从财政部划归中国人民银行领导，取消了保险公司建制。①截至 1964 年，全国共有保险机构 27 个、干部 114 人。1965 年，中国人民保险公司又独立建制，当时的保险总公司包括工友在内总共 86 人。

1949 年，外商保险公司的保险费收入占全国保险费收入的 62%，1950 年降低到 9.8%，1952 年则为 0.01%。因此，1952 年，外商保险公司陆续申请停业，自动退出中国保险市场。在这一阶段，我国保险公司在单一的政府直接管理模式下，类似于政府的一个职能部门，完全以传统的行政命令、计划指标来实施运营，治理客体也比较单一。中资的国有保险公司的结构也比较简单。但是，这种机制所形成的政企不分、约束缺位、所有权和经营权分离等制度缺陷造成内部人控制与行政干预下的经营控制，出现了严重的经营目标偏离问题。实践证明，保险公司改革必须以建立现代企业制度为方向，摆脱行政型治理。

## 二、治理理念导入阶段（1979—2000 年）

1978 年 12 月党的十一届三中全会后，中国进入社会主义改革和社会主义建设的新历史时期。1979 年 2 月，中国人民银行全国分行行长会议作出恢复国内保险业务的重大决策；1979 年 4 月，国务院批准通过《中国人民银行全国分行行长会议纪要》，作出了"逐步恢复国内保险业务"的重大决策。1979 年 4 月，中国人民银行颁发《关于恢复国内保险业务和加强保险机构的通知》，就恢复国内保险业务和保险机构设置等问题作出指示，直到 1979 年 11 月全国保险工作会议召开，停办了 20 多年的国内保险业务才就此复业。

全国保险工作会议结束后，经国务院批准，中国人民保险公司从 1980 年开始逐步恢复停办了 20 年的国内保险业务，组建各地分支机构的工作也全面展开。国务院于 1982 年 12 月批准了《中国人民保险公司章程》，并批准成立中国人民保险公司董事会、监事会。当时，在人事级别上，中国人民保险公司直接隶属于中国人民银行，为局级专业公司，各地分公司相当于当地人民银行"处一级企业单位"；职位分配上，省（市）分公司经理可由中国人民银行省（市）分行副行长兼任，各分、支公司内部可以根据业务和人员编制情况，分设若干科（股）；管理体制上，基本沿袭 20 世纪 50 年代的"总、分、支公司"的垂直领导模式，相关人员的人事关系都在中国人民银行，对外是中国人民保险公司北京分公司，对内是中国人民银行北京分行保险处。这种状况一直持续到 1984 年。

1983 年 9 月，经国务院批准，中国人民保险公司升格为国务院直属局级经济实体，并于 1984 年 1 月 1 日从中国人民银行分离出来，成为副部级建制单位，接受中国人民银行的领导、管理、监督和稽核。作为全国唯一的国家独资保险公司，中国人民保险公司经营管理体制上的弊端逐步显露：由总公司统收统支、统一核算、统一交税，对分支公司管得过多，同时分支公司不负盈亏，不担风险。这一体制在 1984 年末成为历史，1984 年 12 月，中国人民保险公司召开了历时 9 天的全国保险工作会议，通过了改革管理体制的方案，改进了核算管理办法和利润留成办法，总公司和分公司实行两级核算，自负盈

---

① 1959—1978 年是我国保险业停业的 20 年，这一阶段也是我国保险公司治理实践的空白期，因此本部分五个阶段划分过程中第一阶段和第二阶段在时间上没有连续。

亏，利润留成比例由 5% 提高至 7%，同时，下放业务经营自主权、干部管理权、自有资金运用权和财务费用管理权。

自恢复国内保险业务以来，我国保险事业有了很大的发展，并逐渐打破了自中华人民共和国成立以来所形成的由中国人民保险公司独家经营的传统格局。1982 年，香港民安保险公司经中国人民银行批准，在深圳设立了分公司。1985 年 3 月，国务院颁布《保险企业管理暂行条例》，根据该条例有关规定，1986 年 7 月，新疆生产建设兵团农牧业生产保险公司经中国人民银行批准成立。1986 年 10 月，恢复组建的我国第一家股份制综合性银行交通银行在开业后不久，便将其总管理处从北京迁至上海，并在 1987 年由上海分行率先组建了保险业务部，开展保险业务。1991 年 4 月，交通银行保险业务部按分业管理的要求分离出来，组建了中国太平洋保险公司，也将总部设在上海。中国太平洋保险公司是改革开放以来第一家总部设在上海的保险公司，也是我国第一家全国性、综合性的股份制保险公司。1988 年 3 月，经中国人民银行批准，深圳蛇口工业区招商局等单位合资创办了我国第一家股份制保险公司——平安保险公司，总公司设在深圳。1992 年，该公司更名为中国平安保险公司，经营区域扩大至全国。1992 年，邓小平同志发表视察南方的谈话使我国的改革开放出现了崭新局面，保险业也开始对外开放。美国国际集团的子公司美国友邦保险公司和美亚保险公司于同年 9 月经中国人民银行批准在上海开设分公司。嗣后，日本的东京海上火灾保险公司经批准于 1994 年 11 月在上海也开设了分公司。这标志着我国保险市场迈出了国际化的第一步。与此同时，中国天安保险有限公司和大众保险有限公司这两家区域性保险公司分别于 1994 年 12 月、1995 年 1 月在上海成立。

1995 年 6 月，《保险法》颁布，这是中华人民共和国成立以来第一部保险基本法，为规范我国保险市场提供了有力的法律依据，也为发展我国保险市场创造了良好的法律环境。其中，第六十九条规定保险公司应当采取下列组织形式：股份有限公司或国有独资公司。第八十一条规定保险公司有下列变更事项之一的，须经金融监督管理部门批准：变更名称；变更注册资本；变更公司或者分支机构的营业场所；调整业务范围；公司分立或者合并；修改公司章程；变更出资人或者持有公司股份百分之十以上的股东；金融监督管理部门规定的其他变更事项。同时，《保险法》还规定，保险公司更换董事长、总经理，应当报经金融监督管理部门审查其任职资格。第八十二条规定保险公司的组织机构，适用《公司法》的规定。第八十三条规定国有独资保险公司设立监事会。监事会由金融监督管理部门、有关专家和保险公司工作人员的代表组成，对国有独资保险公司提取各项准备金、最低偿付能力和国有资产保值增值等情况以及高级管理人员违反法律、行政法规或者章程的行为和损害公司利益的行为进行监督。

1995 年以前，我国保险市场实行混业经营，然而财产险、人身险混业经营既不利于控制保险经营风险，也给保险监管增加了难度。同时，各险种之间的平衡发展也一度受到这种经营体制的束缚和制约。1995 年颁布的《保险法》以法律形式确立了财产险、人身险分业经营的原则，此后国内各保险公司陆续开始实施分业经营体制改革。1996 年，中国人民保险公司率先拉开了国内保险公司改制的序幕。按照《保险法》的分业经营原则，1996 年 7 月，中国人民保险公司改制为中国人民保险（集团）公司，下设 3 家专业保险公司：中保财产保险有限公司、中保人寿保险有限公司、中保再保险有限公司（1998

年 11 月，集团公司撤销，分别改制为：中国人民保险公司、中国人寿保险公司、中国再保险公司）。同年，中国人民银行又批准成立 5 家中资保险公司，其中 3 家是总部设在北京的全国性保险公司，包括华泰财产保险股份有限公司、泰康人寿保险股份有限公司和新华人寿保险股份有限公司，另两家是总部分别设在西安和深圳的区域性保险公司，分别是永安保险股份有限公司和华安保险股份有限公司。第一家获准在华开业的欧洲保险公司——瑞士丰泰保险集团于 1997 年 5 月在上海设立了分公司。

改革开放以来，我国保险业快速发展，截至 1997 年底，全国共有中资保险公司 13 家、外资保险公司 9 家。1997 年，全国保费收入 1080.97 亿元，比上年增长 39.19%，承保金额 21.5 万亿元，保险公司总资产已达 1646 亿元。为加强保险监管，落实银行、保险、证券分业经营、分业管理的方针，1998 年 11 月，中国保监会在北京宣告成立，开始逐步探索建立符合我国金融保险业发展实际的现代保险监管体系。中国保监会成立后，立即对保险市场的现状和存在的问题进行调查研究，并着手修改、补充和完善保险法律法规，先后颁布了《保险公司管理规定》《向保险公司投资入股暂行规定》《保险公估人管理规定（试行）》等一系列保险规章。其中，《保险公司管理规定》是全面规范保险公司及其分支机构设立活动、经营规则、监督管理的基础性规章，于 2000 年出台。

据统计，2000 年全国保费收入 1595.9 亿元，同比增长 14.5%；保险深度 1.8%，保险密度 127.7 元／人，分别比上年增长 0.1 个百分点和 17.1 元／人。1980—2000 年，我国保险公司主体呈多元化发展，除了中资保险公司外，外资保险公司也重新回到我国保险市场。这一阶段陆续出台了一些零散的公司治理法律法规，如《中华人民共和国财产保险合同条例》（以下简称《财产保险合同条例》）、《保险企业管理暂行条例》（以下简称《保险企业管理暂行条例》）、《上海外资保险机构暂行管理办法》、《保险法》、《保险管理暂行规定》、《保险机构高级管理人员任职资格管理暂行规定》、《保险公司内部控制制度建设指导原则》、《外资保险机构驻华代表机构管理暂行办法》、《向保险公司投资入股暂行规定》等。伴随 20 世纪 90 年代中后期《公司法》和《保险法》两大保险公司治理基础性法律的出台，新成立的股份制保险公司都设立了"新三会"治理架构，公司投资主体相对多元化，出现了国家股、法人股、外资股、私人股的混合产权结构，但是这一阶段的公司治理实际上还是局限于治理理念的导入，建立治理架构也往往是为了符合相关法律法规的要求而"被动"合规，股东产权性质总体比较单一，所以还谈不上治理有效性的问题。总体来讲，这一阶段的保险公司从"形"上已经基本符合要求，但是初步构建了董事会、监事会等现代公司治理结构的公司多数停留在"违规"和"消极合规"的阶段，其治理方式主要还是以"老三会"为主体，其实质还是行政型治理的变形，不能使现代企业制度"形神兼备"。

## 三、治理主体股改与上市（2001—2005 年）

1999 年，《关于国有企业改革和发展若干重大问题的决定》发布后，中国保监会就开始研究国有保险公司股份制改革。紧跟国有企业改革的步伐，中国保监会于 2000 年 6 月正式提出了股份制改革的构想。2002 年初召开的全国金融工作会议提出，要"加快国有独资保险公司股份制改革步伐，完善法人治理结构，切实转换经营机制，引进国外先进技术和管理经验，增强经营活力和竞争能力"。至此，国有保险公司股份改革进入实质性阶段。

在随后召开的全国保险工作会议上，中国保监会又对国有保险公司股份制改革作出具体安排。保险公司方面，自 2003 年 1 月中旬中国人寿宣布公司将股份制改革提上议程之后，中国人保和中国再保险也相继宣布进行股份制改革。这表明人们期盼已久的国有保险公司体制改革特别是股份制改革，已进入实施阶段。

2003 年 7 月 19 日，经国务院批准，中国人民保险公司重组后更名为中国人保控股公司，并同时发起设立了中国内地最大的非人身险公司中国人民财产保险股份有限公司和首家保险资产管理公司中国人保资产管理有限公司。2003 年 11 月 6 日，中国人保财险作为中国内地金融机构境外上市第一股——中国财险（上市代码 02328）——正式在港挂牌交易，由此成功拉开了中国内地金融业进军境外资本市场的序幕。人保财险正式在我国香港联交所挂牌交易，不仅成为中国内地保险第一股，同时也是金融机构境外上市第一股，创下了国企历年境外发行的多项纪录，被《国际金融评论》评为 2003 年度"中国股票最佳发行公司"，同时也被《亚洲货币》评为"2003 年度最佳新上市公司"。进入 2003 年，中国人寿再次把前行的目标锁定为转换体制、重组上市。经国务院同意，中国保监会批准，中国人寿保险公司启动重组改制。经过半年多的紧张筹备，2003 年 8 月 28 日，中国人寿在京举行了新公司揭牌仪式——中国人寿保险公司重组为中国人寿保险（集团）公司和中国人寿保险股份有限公司。2003 年 12 月 17 日和 18 日，中国人寿股份有限公司分别在纽约证券交易所和香港联合交易所挂牌交易，成为当年全球最大 IPO 项目，中国人寿股份有限公司也成为中国内地第一家在中国香港和美国两地同时上市的金融企业。

2002 年 10 月 28 日，第九届全国人大常委会第三十次会议通过《全国人民代表大会常务委员会关于修改〈中华人民共和国保险法〉的决定》，并规定于 2003 年 1 月 1 日起实施，时任国家主席江泽民签署主席令予以公布，1995 年颁布实施的《保险法》迎来 7 年后首次修改。此次《保险法》的修改，充分体现了中国履行加入世贸组织的承诺、加强对被保险人利益的保护、强化保险监管、支持保险业改革与发展的指导思想，对一些过去未涉及或界限模糊的问题作出了新的规定，适应了我国保险业改革与发展的要求。《保险法》的修改涉及 38 个条文，对主要条款的修正包括：取消由监管部门制定条款费率，把制定权交给保险公司；将市场监管核心从市场行为监管转向偿付能力监管；扩大财产险公司的经营范围；规范保险中介尤其是保险代理人的代理行为；拓宽保险资金运用渠道以及加大对保险违法行为的处罚力度；等等。修改《保险法》是我国保险界的一件大事，标志着我国保险法制建设迈出了重要一步，将对深化保险体制改革、加强和改善保险监管、推进保险市场化进程、加快我国保险业与国际接轨、保证我国保险业的持续快速健康发展产生深远的影响。

2002 年中国再保险市场发生的变化，体现出我国加入世贸组织带来的影响。中国原来唯一的再保险市场主体中国再保险公司于 2002 年初提出将大力发展商业分保业务作为公司发展战略目标。因为根据加入世贸组织的承诺，我国将取消法定分保，而这一业务在中国再保险公司的业务构成中占绝对地位。2002 年 10 月底，新修改的《保险法》取消了法定分保的规定，随后中国保监会发出通知，规定自 2003 年 1 月 1 日起逐年降低法定分保比例直至取消。在这一年，两家全球性再保险公司慕尼黑再保险公司与瑞士再保险公司，先后获得在华筹建中国分公司的资格，标志着我国再保险业务仅由一家公司经营的局面被打破，保险业最后一块受保护的市场对外开放。

按照国务院批准同意的股份制改革方案，国有独资的中国再保险公司重组为中国再保险（集团）股份有限公司（以下简称"中再集团"），并以投资人和主发起人的身份控股设立中国财产再保险股份有限公司、中国人寿再保险股份有限公司、中国大地财产保险股份有限公司。在此之前，中再集团已于 2003 年 8 月 18 日正式更名，并完成内部机构调整和人员重组，3 家子公司也先后招股组建。其中，大地财险于 2003 年 10 月 20 日在上海挂牌开业。中再财产险和中再人身险在 2003 年 12 月 22 日与中再集团一同在北京挂牌开业。中国再保险公司重组改制挂牌，标志着中国三大国有保险公司改制尘埃落定，同时也标志着最后一家国有保险公司完成重组改制。

2003 年是国有保险公司股份制改革的关键之年，中国人保、中国人寿、中国再保分别成功改制。与此同时，中国人民财产保险股份有限公司、中国人寿股份有限公司、中国平安保险（集团）公司相继在中国香港和美国上市。2003 年，中国人保和中国人寿在境外上市，共融资 354 亿元，两家公司的偿付能力当年分别达到了监管标准的 1.9 倍和 5.6 倍。2006 年，中华联合保险控股股份有限公司（2017 年更名为"中华联合保险集团股份有限公司"）正式成立，标志着国有独资保险公司退出历史舞台，国有保险公司股份制改革全部完成。截至 2007 年，国内共有 6 家保险公司在境内外上市。

2005 年底，我国共有保险公司 82 家，保险集团公司 6 家，保险资产管理公司 5 家，专业保险中介机构达 1800 家，兼业代理机构达 12 万家，保险营销员达 152 万人。外资保险公司由 2000 年的 13 家增至 2005 年的 40 家，外资参股的保险公司达到 22 家。这一阶段，初步形成了国有控股（集团）公司、股份制公司、外资公司等多种形式、多种所有制成分并存，公平竞争、共同发展的市场格局。我国国有保险公司虽然效益逐年提高，盈利能力、综合实力大为增强，但一些由体制带来的问题仍未从根本上得到解决。随着保险业的发展，特别是在中国加入世贸组织后，保险市场发生急剧变化，这些体制性矛盾更加突出，严重制约着国有保险公司壮大实力、提高竞争力。因此，突破体制性障碍、改革股权结构，已成为国有保险公司进一步发展的迫切要求。这一阶段，国有保险公司完成重组改制，中国人保、中国人寿和中国平安先后在境外成功上市，为金融企业改革开拓了新的道路。国有保险公司重组改制上市吸引了外资和社会资金参股，实现了股权多元化；伴随着股改，保险公司治理架构形成，现代企业制度初步确立；保险公司经营机制转换，提高了竞争能力。占我国保险市场 60% 以上份额的国有保险公司改制成功，对我国保险业产生了深远的影响。此外，保险公司上市，特别是在境外上市，通过利用境外成熟法律环境或治理环境来"倒逼"我国保险公司治理改革，有利于提高我国保险公司治理水平，实现公司治理与国际先进模式接轨。这一阶段，我国完成了《保险法》第一次修正，颁布实施了与之相配套的法规规章，相关支持政策相继出台，市场运行环境不断优化，行政审批制度和条款费率管理制度改革稳步推进，保险业市场化、专业化和法制化程度不断提高，出台了《保险公司最低偿付能力及监管指标管理规定》《外资保险公司管理条例》《保险公司偿付能力额度及监管指标管理规定（试行）》《保险公司管理规定》《外资保险公司管理条例实施细则》等与公司治理相关的法律法规，但专门的或者指引性的公司治理文件尚未出台，所以这一阶段主要还是通过股改来确立现代企业制度，公司治理问题实际上还没有完全提到议程上。

## 四、保险公司治理全面开展（2006—2010 年）

2006 年 1 月 5 日，中国保监会颁布我国第一个系统的保险公司治理指引性文件《关于规范保险公司治理结构的指导意见（试行）》。引入保险公司治理监管制度标志着我国保险公司治理在经过股改后进入全面开展阶段。

2006 年 6 月 26 日，《国务院关于保险业改革发展的若干意见》（又称保险业"国十条"）发布，该意见 4 次提到"公司治理结构"一词，在公司治理建设及其监管方面提出明确的方向和要求，是一部具有历史性意义的文件。该意见也开辟了保险业混业经营的政策之路。

该意见指出，未来我国保险业改革发展的总体目标是：建设一个市场体系完善，服务领域广泛，经营诚信规范，偿付能力充足，综合竞争力较强，发展速度、质量和效益相统一的现代保险业。围绕这一目标，主要任务包括：第一，拓宽保险服务领域，积极发展财产保险、人身保险、再保险和保险中介市场，健全保险市场体系；第二，继续深化体制机制改革，完善公司治理结构，提升对外开放的质量和水平，增强我国保险公司的国际竞争力和可持续发展能力；第三，推进自主创新，调整优化结构，转变增长方式，不断提高服务水平；第四，加强保险资金运用管理，提高资金运用水平，为国民经济建设提供资金支持；第五，加强和改善监管，防范化解风险，切实保护被保险人合法权益；第六，完善法规政策，宣传普及保险知识，加快建立保险信用体系，推动诚信建设，营造良好发展环境。

主要任务中的第二条，具体来说，是进一步完善保险公司治理结构，规范股东会／股东大会、董事会、监事会和经营管理者的权责，形成权力机构、决策机构、监督机构和经营管理者之间的制衡机制；加强内控制度建设和风险管理，强化法人机构管控责任，完善和落实保险经营责任追究制；转换经营机制，建立科学的考评体系，探索规范的股权、期权等激励机制；实施人才兴业战略，深化人才体制改革，优化人才结构，建立一支高素质的人才队伍。主要任务中的第四条，具体来说，是坚持把防范风险作为保险业健康发展的生命线，不断完善以偿付能力、公司治理结构和市场行为为支柱的现代保险监管制度；加强偿付能力监管，建立动态偿付能力监管指标体系，健全精算制度，统一财务统计口径和绩效评估标准；参照国际惯例，研究制定符合保险业特点的财务会计制度，保证财务数据真实、及时、透明，提高偿付能力监管的科学性和约束力；深入推进保险公司治理结构监管，规范关联交易，加强信息披露，提高信息透明度；强化市场行为监管，改进现场、非现场检查，严厉查处保险经营中的违法违规行为，提高市场行为监管的针对性和有效性。

党的十六届五中全会指出，要加快金融体制改革，完善金融机构公司治理结构，并对保险业提出了新的要求，而完善公司治理结构即为下一步深化保险业改革的中心工作。这一阶段，伴随《关于规范保险公司治理结构的指导意见（试行）》《国务院关于保险业改革发展的若干意见》两个重要文件的出台，《寿险公司内部控制评价办法（试行）》《保险公司董事和高级管理人员任职资格管理规定》《外国保险机构驻华代表机构管理办法》《保险公司设立境外保险类机构管理办法》《关于保险机构投资商业银行股权的通知》《关于加强保险资金风险管理的意见》《保险公司独立董事管理暂行办法》《保险公司风险管理指引（试行）》《保险公司关联交易管理暂行办法》《保险公司内部审计指引（试行）》《公开发行证券的公司信息披露编报规则第 4 号——保险公司信息披露特别规定》《保险公司合规管理指引》《保险公司总精算师管理办法》《保险业信息系统灾难恢复管理指引》《保险公司董事、监事及高级管理人员培训管理暂行办法》《企业内部控制基本规范》《保险公司董事会运作指引》《关于规范保险公司章程的意见》《关于向保监会派出机构报送保险公司分支机构内部审计报告有关事项的通知》《保险公司财务负责人任职资格管理规定》《保险公司管理规定》《保险公司信息化工作管理指引（试行）》《保险公司董事、监事和高级管理人员任职资格管理规定》《保险机构案件责任追究指导意见》《保险集团公司管理办法（试行）》《保险公司股权管理办法》《保险公司信息披露管理办法》《保险资金运用管理暂行办法》《保险公司内部控制基本准则》《保险公司董事及高级管理人员审计管理办法》等陆续实施，夯实了我国保险公司治理的制度基础。

"十一五"时期的五年，是我国保险行业实现跨越式发展、整体实力明显增强的五年，是改革开放深入推进、保险行业体制机制不断完善的五年，是监管体系日益健全、保险行业监管能力逐步增强的五年，是服务功能更加强大、保险行业为经济社会发展作出重要贡献的五年，是市场安全稳健运行、保险行业风险得到有效防范的五年。2010 年，保险业保费收入达到 1.45 万亿元，是 2005 年的 2.7 倍；总资产突破 5 万亿元，是 2005 年的 3.2 倍。在这一阶段，保险公司治理存在的风险和问题越来越受到监管部门的高度关注。IAIS 和 OECD 等先后发布了一系列相关指导文件，并提出了公司治理、偿付能力和市场行为"三支柱"的监管模式。保险公司治理监管成为加强和改善保险监管的重要内容及国际保险监管的新趋势。以现代股份制为主要特征的混合所有制已经成为我国保险企业制度的主要形式，占市场份额 70%以上的市场主体是上市公司，完善治理结构成为促进保险业健康发展的重要体制保障。同时，我国保险公司治理改革深入推进，风险管理和内部控制不断加强，信息技术等现代科技手段在保险经营管理中的作用越来越大，保险公司的决策能力和管理水平明显提高，现代企业制度逐步建立，逐步构建了保险公司治理监管体系，公司治理监管成为我国保险监管三大支柱之一，保险企业制度建设与公司治理改革逐步进入了合规建设和向经济型治理转型的新阶段。然而，对于国有保险公司而言，在治理质量逐年提高的基础上，仍然面临行政因素影响公司治理过程的实践问题。一方面，政府具有国民经济的管理者与企业国有股东权利行使者的双重身份，在公司治理过程中可能存在角色冲突；另一方面，国有股东作为国有资产的管理者在行使股东权利时，由于多重政治因素的介入，其经济动机和行政动机也较难把握，在实践中容易导致治理结构与治理过程"漂亮的外衣"下存在不同程度的行政型治理，如在公司管理中对高管任命存在行政型偏好等。国内的保险公司经过股份制改造、上市后，在转化经营机制、提高企业竞争力等方面取得了可喜成绩；然而，保险公司的公司治理改革仍然任重道远。（孙蓉和杨馥，2008）

## 五、保险公司治理深化发展（2011 年至今）

经过第四个阶段的发展，可以说我国保险公司治理架构已真正地搭建起来，并且有大量的相关基础性制度文件陆续出台，接下来将是我国保险公司治理有效发挥作用的阶段，即保险公司治理深化发展阶段。公司治理就是要使现代企业制度有血有肉，并且要解决两方面问题：一是制度安排，即公司是谁的、向谁负责、问责于谁等基础问题；二是治理机制，要使利益相关者互相制衡，保证决策科学，实现价值最大化（李维安，2006）。

2011 年发布的《中国保险业发展"十二五"规划纲要》提出，要积极推进保险业由外延式发展向内涵式发展战略转型，大力推动保险市场主体结构、区域布局、业务结构优化升级，促进市场竞争从同质化向差异化转变，充分发挥比较优势，不断提高发展质量和效益，提升保险业综合竞争力。这就需要深化改革，形成有力的体制机制保障，进一步调动各方积极性。改革的重点是大力推进公司治理、国有保险公司、营销员体制、监管体制等重点领域和关键环节的改革，为保险业加快转变发展方式、实现科学发展提供有力体制机制保障。在深化保险公司治理改革方面，应做到以下几点：①继续引入各类优质资本，适当放宽保险公司股权比例限制，加强保险公司控股股东和实际控制人管理，建立适合稳健发展和持续增资需求的合理的股权结构；②进一步完善董事会制度，规范董事会运作，增强董事会的独立性，强化董事尽职监督；③规范保险公司薪酬考核制度，建立稳健薪酬机制，将长期风险和合规指标纳入薪酬考核体系，强化董事会在保险公司薪酬管理中的作用；④健全保险公司监督问责机制，强化独立董事和监事会的监督职能；⑤增强经营管理层的执行力，强化总精算师、合规责任人和审计责任人等关键岗位职责；⑥深化内部审计体制改革，完善保险公司内控管理，健全风险管控体系；⑦推动保险机构不断优化组织体系，提高管理效率；⑧加大对非上市保险机构的信息披露力度，加强社会公众监督。继续深化国有保险公司改革方面应做到以下几点：①加快推动中国出口信用保险公司改革，研究建立与其发展相配套的相关制度，充分发挥政策性保险机构的作用；②积极推动人保集团和中再集团上市，推进人寿集团股份制改革，强化公司治理和内部风险管理，完善现代企业制度；③推动国有保险集团公司内部管理机制改革，切实增强集团公司风险管控、资源整合、战略协同能力；④探索建立持续高效的国有保险公司资本补充机制；⑤健全国有保险公司薪酬和考核机制；⑥完善国有保险公司责任追究机制，强化国有控股股东对管理层的监督。

2012 年 12 月 7 日，中国人民保险集团股份有限公司在香港联合交易所成功上市（股票代码 01339）。此次中国人保 H 股募集资金达到 240 亿港元，这也是继 2010 年中国农业银行之后，中资企业在香港地区完成的最大规模首次公开募股。上市后，人保集团总股本将增至 477.13 亿股，新发行股份占总股本的 14.46%，首日市值约为 1660.41 亿港元。

中再集团由财政部和中央汇金投资有限公司（以下简称"中央汇金公司"）发起设立，注册资本为 364.08 亿元，其中，财政部持有 15.09% 的股份，中央汇金公司持有 84.91% 的股份。目前，中再集团是我国唯一的国有再保险集团公司。截至 2012 年底，中再集团控股 6 家境内子公司：中国财产再保险、中国人寿再保险、中国大地财产保险、中再资产管理、中国保险报业、华泰保险经纪。其实，早在中央汇金公司注资中再保险之时，其就有"改制、引资、上市"三步走的计划，这一计划也与中央汇金公司注资的其他大型国有金融机构无异。于 2007 年获中央汇金公司 40 亿美元注资后，中再集团整体改制为股份公司。中再集团董事长李培育在 2014 年初的年度工作会议上表示，2014 年集团经营管理工作将以上市为主线，坚持"稳增长、防风险、创价值"的经营取向，不断提升集团总体经营业绩。

2014 年 8 月，国务院印发"新国十条"，明确了今后较长一段时期保险业发展的总体要求、重点任务和政策措施，提出到 2020 年，基本建成保障全面、功能完善、安全稳健、诚信规范，具有较强服务能力、创新能力和国际竞争力，与我国经济社会发展需求相适应的现代保险服务业，努力实现由保险大国向保险强国的转变。"新国十条"提出了 10 方面共 30 条政策措施。第 7 个方面提出要推进保险业改革开放，全面提升行业发展水平，深化保险行业改革，提升保险业对外开放水平，鼓励保险产品服务创新，加快发展再保险市场，充分发挥保险中介市场作用。其中的重要工作就是继续深化保险公司改革，加快建立现代保险企业制度，完善保险公司治理。

实际上，通过历届保险公司董事会秘书联席会议上保险监管部门领导的讲话可以一窥我国保险公司治理的发展状况。[1]2011 年 4 月 20 日，第五届保险公司董事会秘书联席会议暨中国保险行业协会公司治理专业委员会 2011 年年会在重庆召开，时任中国保监会主席助理袁力表示：目前，公司治理改革进入了"形似"转向"神至"的重要阶段，要实现"神至"，最基本的还是要狠抓公司治理监管制度的落实，这就要求从深层次体制机制问题着眼，通过完善保险公司激励约束机制、监督管控机制和问责机制，形成提高治理水平的内在动力。

2012 年 9 月 14 日，第六届保险公司董事会秘书联席会议暨中国保险行业协会公司治理专业委员会 2012 年年会在成都召开。在此次会议上，时任中国保监会副主席李克穆在书面讲话中强调，当前保险公司治理改革工作已经进入"深水区"，面临更高更深的要求。要使公司治理实现从"形似"到"神至"转变，保险公司和监管机构都面临很多挑战。他强调，推动公司治理从"形似"向"神至"转变，需要强化检查督导的力度，下一步，监管部门将加强对治理评价的监管，以更好地发挥治理评价在识别、防范风险中的作用。

2013 年 8 月 29 日，第七届保险公司董事会秘书联席会议暨中国保险行业协会公司治理专业委员会 2013 年年会在山东召开。时任中国保监会副主席李克穆表示，持续深化公司治理改革是新形势下推进保险业改革发展的必然要求，保险公司治理监管的总体思路是按照建立现代金融企业制度的要求继续完善监管制度，改进监管手段，抓好制度落实并持续加强公司治理监管，推动公司治理从"形似规范"向"治理实效"转变。

2014 年 12 月 4 日，时任中国保监会副主席王祖继在第八届保险公司董事会秘书联

---

[1] 2010 年 5 月 25 日，中国保监会召开第四届保险公司董事会秘书联席会议，时任中国保监会主席助理袁力出席会议并讲话。他指出，近年来保险公司治理建设取得积极成效，行业整体治理水平明显提升，保险公司治理监管理念逐步成熟，监管机制基本健全，今后要继续按照"形神兼备"的目标，进一步规范保险公司股东行为，完善保险公司董事会运作机制，推动保险公司内控建设，提高保险公司经营管理透明度，引导保险公司规范薪酬管理，提升公司治理监管水平。同日，中国保险行业协会公司治理专业委员会正式成立。除此以外，首届保险公司董事会秘书联席会议于 2006 年年底召开，第二届保险公司董事会秘书联席会议于 2007 年年底召开，第三届保险公司董事会秘书联席会议于 2009 年 3 月在深圳召开，时任中国保监会主席助理袁力也出席了这三届会议。

席会暨中国保险行业协会公司治理专业委员会 2014 年年会上强调要加强保险集团监管工作。他指出，在保险业快速发展的背景下，保险集团监管是新的课题，保险集团公司已有 10 家，业务规模和总资产占行业近 70%，金融业一般意义上的监管套利、监管空白、风险传递等问题开始出现，保险集团监管的重要性进一步凸显。

2015 年 9 月 21 日，第九届保险公司董事会秘书联席会议暨保险行业协会公司治理专业委员会 2015 年年会在济南召开。时任中国保监会副主席梁涛出席会议并强调，要高度重视新常态下进一步深化公司治理改革。对于保险业的公司治理和监管工作而言，一方面，行业治理水平仍处于初级阶段并且水平分化，基础较弱，规范任务任重道远；另一方面，互联网金融方兴未艾，互联网保险、相互保险、自保公司等新兴机构和业态不断涌现，公司治理改革和监管面临前所未有的挑战和机遇，规范与创新的任务并重。当前和今后一段时期，要按照建立现代金融企业制度的要求，扎实开展好下一步公司治理工作：一是明确公司治理监管目标，要保护保单持有人（保险消费者）的利益，要保护股东、客户、员工以及国家和社会责任等其他利益相关者利益，要防范保险业风险，促进行业健康发展；二是推动建立公司治理文化理念，加强相关培训，加强政策宣导，组织编写好年度的《保险业公司治理与监管报告》和理论宣传文章；三是加强公司治理制度建设，推动修订《保险法》，明确监管机构的职责、权限和处罚手段，尽快出台《保险公司治理结构评价管理办法》，加强对保险公司治理的分类监管，尽快制定发布《保险公司章程必备条款》，为公司章程制定和修改提供遵循和参考，四是进一步强化公司治理监管制度执行。

2016 年 10 月 10 日，第十届保险公司董事会秘书联席会议暨保险行业协会公司治理专业委员会 2016 年年会在太原召开，时任中国保监会副主席梁涛出席会议并在讲话中指出，保险公司治理监管工作已开展十个年头，要坚持不懈，继续完善规则体系建设，规范和改进监管方式，增强保险公司治理有效性。

2017 年 9 月 15 日，第十一届保险公司董事会秘书联席会议暨中国保险行业协会公司治理专业委员会 2017 年年会在深圳召开。时任中国保监会副主席梁涛出席会议并在讲话中指出，要认真贯彻全国金融工作会议精神，培育恪尽职守、敢于监管、精于监管、严格问责的监管精神，深入推进公司治理监管改革，夯实公司治理风险防范长效机制。具体来说，要以建立完善"三维度"监管体系为重点，深入推进公司治理监管改革，这三个维度分别是：治理架构、治理机制以及透明度和报告体系。

2018 年 12 月 21 日，第十二届保险公司董事会秘书联席会议暨中国保险行业协会公司治理专业委员会 2018 年年会在江西南昌召开。中国银保监会党委委员、副主席梁涛同志出席会议并发表"新时代 新征程 提升保险机构公司治理有效性"主题讲话。中国银保监会公司治理部主任刘峰进行会议总结并部署工作，中国保险行业协会党委书记邢炜出席会议并主持了相关议程。共有190 余家保险公司的董事会秘书参加。"提升保险机构公司治理有效性具有现实性和紧迫性，这是保险业实现高质量发展的必由之路，是深化金融改革的必然要求，是打好防范化解重大金融风险攻坚战的重要前提，也是金融危机后国际金融监管改革的重要成果。"中国银保监会副主席梁涛如是说。会议在总结 2018 年公司治理监管所做的主要工作、分析公司治理面临的形势和存在问题的基础上，对下一阶段加强保险机构公司治理有效性作出了工作部署。中国银保监会公司治理监管部相关同志对 2018 年度保险公司治理评估结果进行通报，并就新发布的监管规则进行了讲解。在此次会议上，中国保险行业协会公司治理专业委员会作了 2018 年工作情况的报告，正式发布了中国保险行业"千人计划"公司治理核心人才名单，分享了相关课题研究成果。

2018 年 3 月，中国保监会修订发布《保险公司股权管理办法》，明确规定了保险公司股东准入、股权结构、资本真实性等方面的内容。

2018 年 4 月 8 日，中国银保监会在京揭牌，标志着新组建的中国银行保险监督管理委员会正式挂牌运行。作为国务院直属事业单位，中国银保监会的主要职责是依照法律法规统一监督管理银行业和保险业，保护金融消费者合法权益，维护银行业和保险业合法、稳健运行，防范和化解金融风险，维护金融稳定，等等。

2018 年 4 月，中国银保监会成立伊始即召开中小银行和保险公司公司治理培训座谈会，中国银保监会主席郭树清在会上强调了加强公司治理监管的重要意义。

2018 年 5 月，中国银保监会发布《保险公司关联交易管理办法（征求意见稿）》，旨在进一步加强关联交易监管，防范不正当利益输送的风险。

2018 年 6 月，中国银保监会发布《保险机构独立董事管理办法》。该办法主要从 5 个方面对原暂行办法作了修订：规定了制度的适用范围，明确了独立董事设置要求，优化了独立董事的提名及任免机制，明确了独立董事的权利义务及履职保障，建立了独立董事履职评价和信息公开机制，健全了对独立董事及相关主体的监督和问责机制。同时，该办法规定，中国保险行业协会负责保险机构独立董事人才库建设，使之成为独立董事人才资源、履职评价、信息公开、履职监督管理的平台。下一步，中国银保监会将继续健全法人治理结构，持续加强公司治理监管，加快完善有中国特色的现代金融企业制度，全面提升保险业公司治理的科学性、稳健性和有效性，为打好防控金融风险攻坚战、决胜全面建成小康社会作出新贡献。

2018 年 8 月，中国保险行业协会对外发布《保险业公司治理实务指南》等 4 项团体标准。这是保险业首批公司治理团体标准，填补了金融领域公司治理标准的空白。公司治理是金融业健康稳定发展的重要基石。中国太平洋人寿保险股份有限公司董事长徐敬惠认为，较为完善的公司治理制度能够保障公司发展战略的制定有效、传导顺畅、执行到位，而且对防范金融风险、维护金融市场稳定、促进经济发展有重要作用。

2018 年 9 月，中国银保监会召开偿付能力监管委员会第 43 次工作会议。会议指出，当前保险业偿付能力充足稳定。2018 年第二季度末，纳入该次会议审议的 176 家保险公司的平均综合偿付能力充足率为 246%，较上季末下降 2 个百分点；平均核心偿付能力充足率为 235%，较上季末下降 2 个百分点。其中，财产险公司、人身险公司、再保险公司的平均综合偿付能力充足率分别为 272%、240% 和 299%。经审议，119 家保险公司在风险综合评级中被评为 A 类公司，52 家被评为 B 类公司，2 家被评为 C 类公司，2 家被评为 D 类公司。会议强调，防范和化解重大风险依然是保险监管的首要任务。保险行业自身正在发生积极变化，偿付能力充足率保持在合理区间，战略风险和声誉风险均呈现向好趋势。当前外部环境正发生较大变化，各种外部冲击给保险业带来了严峻挑战。中国银保监会要继续深入贯彻落实习近平总书记关于金融工作的系列重要指示精神，按照党中央、国务院的部署，坚持稳中求进工作总基调，从宏观金融稳定大局出发，坚决打好防范化解重大风险攻坚战，稳步推进保险业偿付能力监管和风险防控工作。

为进一步加强保险法人机构公司治理监管，提升保险机构公司治理有效性，2018年，中国银保监会组织对50家中资保险法人机构开展了公司治理现场评估工作。评估结果于2019年1月23日发布，评估发现保险法人机构存在的主要问题有：股东股权行为不合规；"三会一层"运作不规范；关联交易管理不严格；内部审计不达标；薪酬管理制度不完善；信息披露不充分；自我评价不客观。下一步将采取如下措施。第一，分类采取监管措施。中国银保监会督促参评机构抓紧对评估发现的公司治理问题进行整改。对重点关注类和不合格类机构，视情况采取监管谈话、下发监管函、责令撤换公司董事会秘书、一年内停止批准分支机构设立等监管措施。第二，"一对一"反馈评估结果。中国银保监会向参与现场评估的保险机构"一对一"反馈公司治理评估结果、评估发现的问题及相关风险隐患，并要求参评机构限期完成整改。第三，加强评估结果应用。根据此次公司治理监管评分，中国银保监会将对各机构《中国第二代偿付能力监管制度体系建设规划》（以下简称"偿二代"）下风险综合评级公司治理风险项目进行分值调整。同时，将公司治理评估结果作为分支机构批设、高管任免等行政审批事项的重要参考。

2019年4月2日，中国银保监会印发2019年保险中介市场乱象整治工作方案，主要包含三项重点任务：一是压实保险公司对各类中介渠道的管控责任；二是认真排查保险中介机构业务合规性；三是强化整治与保险机构合作的第三方网络平台的保险业务。整治对象覆盖保险公司、保险专业中介机构、保险兼业代理机构及与保险机构合作的第三方网络平台。

2019年4月11日上午，中国人民银行党委书记、中国银保监会主席郭树清赴中国人民保险集团股份有限公司调研，并主持召开保险机构座谈会。中国银保监会党委委员、副主席黄洪、梁涛，中国人民银行和中国银保监会有关部门负责同志，部分保险机构主要负责人参加座谈。会议指出，在以习近平同志为核心的党中央坚强领导下，在国务院金融委的直接指挥下，近年来，保险业紧紧围绕服务实体经济，深化供给侧结构性改革，坚决整治市场乱象，努力防范和化解各类风险，业务结构和质量逐步改善，服务经济社会能力有所提升，各项工作取得明显成效。但同时也要看到，保险业公司治理结构仍然不够规范，内控机制需要进一步加强，服务经济社会发展的能力和水平迫切需要进一步提高，全行业转向高质量发展的任务依然十分艰巨。

2019年11月10日，中国银保监会起草《银行业保险业金融机构会计信息质量审慎监管办法（征求意见稿）》，并向银行保险机构征求意见。据了解，该征求意见稿在内控方面明确了多个"不得"，如"不得隐瞒相关合同、协议等原始会计资料""不得依据虚假的经济业务事项或资料进行会计确认、计量和报告"等。

在总结银行保险机构公司治理评估经验和近年来市场乱象整治中发现的各类公司治理问题的基础上，中国银保监会充分借鉴和吸收《二十国集团/经合组织公司治理原则》、巴塞尔委员会《银行公司治理原则》、国际保险监督官协会《保险核心原则》等国际规则，于2019年11月25日推出《银行保险机构公司治理监管评估办法（试行）》。银行保险机构公司治理监管评估内容涉及8个方面，具体包括党的领导、股东治理、董事会治理、监事会和高管层治理、风险内控、关联交易治理、市场约束、其他利益相关者治理。每个方面均涉及一系列合规性指标和有效性指标，其中商业银行公司治理评价指标共计162项，保险机构公司治理评价指标共计163项。银行保险机构监管评估流程主要包括机构自评、监管评估、结果反馈、督促整改等环节。银行保险机构每年 1 月底前按照要求完成上一年度的自评，各级监管部门原则上应于每年 4 月底前完成监管评估，及时将评估结果通报相关机构，督促相关机构认真落实整改要求。该办法规定公司治理监管评估结果分为 5 个等级：90 分以上为 A 级（优秀），80 以上至 90 分以下为 B 级（较好），70 以上至 80 分以下为 C 级（合格），60 以上至 70 分以下为 D 级（较弱），60 分以下为 E 级（差）。

　　这一阶段，除了《金融业发展和改革"十二五"规划》《中国保险业发展"十二五"规划纲要》《中国保险业发展"十三五"规划纲要》对保险公司治理及其监管提出了更加明确的要求，围绕治理监管支柱，我国保险监管部门也相继出台了《保险公司开业验收指引》《保险公司资本保证金管理办法》《保险公司保险业务转让管理暂行办法》《保险公司信息系统安全管理指引（试行）》《保险公司薪酬管理规范指引（试行）》《保险公司控股股东管理办法》《保险销售从业人员监管办法》《保险经纪从业人员、保险公估从业人员监管办法》《中国保监会办公厅关于进一步做好保险公司公开信息披露工作的通知》《保险公司发展规划管理指引》《保险公司分支机构市场准入管理办法》《关于规范保险机构向中国保险监督管理委员会报送文件的通知》《保险公司声誉风险管理指引》《中国保监会关于外资保险公司与其关联企业从事再保险交易有关问题的通知》《保险公司收购合并管理办法》《相互保险组织监管试行办法》《中国保监会关于进一步规范保险公司关联交易有关问题的通知》《保险机构董事监事和高级管理人员培训管理办法》《中国保监会关于进一步规范报送〈保险公司治理报告〉的通知》《中国保监会关于保险机构开展员工持股计划有关事项的通知》《中国保监会关于加强保险公司筹建期治理机制有关问题的通知》《互联网保险业务监管暂行办法》《保险公司服务评价管理办法（试行）》《保险公司经营评价指标体系（试行）》《保险法人机构公司治理评价办法（试行）》《保险机构内部审计工作规范》《保险机构董事、监事和高级管理人员任职资格考试管理暂行办法》《保险公司合规管理办法》《中国保监会关于加强相互保险组织信息披露有关事项的通知》《中国保监会关于进一步加强保险监管　维护保险业稳定健康发展的通知》《关于进一步加强保险公司关联交易管理有关事项的通知》《保险机构独立董事管理办法》《保险公司股权管理办法》《保险公司关联交易管理办法》《保险业公司治理实务指南》《银行保险机构公司治理监管评估办法（试行）》《中华人民共和国外资保险公司管理条例实施细则》《关于明确取消合资寿险公司外资股比限制时点的通知》等更加细致的有关保险公司治理的制度文件，标志着保险公司企业制度日益完善，提升保险公司治理有效性成为未来一段时间我国保险公司治理发展的主要方向。

# 第二篇

# 发展环境篇

坚持和完善中国特色社会主义制度、推进国家治理体系和治理能力现代化的总体目标是，到我们党成立一百年时，在各方面制度更加成熟更加定型上取得明显成效；到二○三五年，各方面制度更加完善，基本实现国家治理体系和治理能力现代化；到中华人民共和国成立一百年时，全面实现国家治理体系和治理能力现代化，使中国特色社会主义制度更加巩固、优越性充分展现。

——中国共产党第十九届中央委员会第四次全体会议公报

# 第五章 1979—2018 年中国保险公司治理政策法规回顾

治理环境是影响治理发展的重要因素之一。本章对 1979—2018 年我国保险公司治理政策法规文件进行了较为系统和全面的梳理,回顾了 1979—2018 年间我国保险公司治理政策法规的发展脉络,并从发布主体、文件层次、发布时间、修订情况等方面进行了具体分析,使读者能够较为完整地了解 1979—2018 年间保险公司治理发展的政策法规环境。

## 第一节 1979—2018 年保险公司治理政策法规概况

### 一、保险公司治理政策法规类型的界定

LLSV（1998、2000、2002）[①]的研究发现, 投资者保护程度的差异源于不同的法源或法系, 而投资者保护程度直接影响到一个国家对金融体系模式的选择；融资模式和所有权结构又决定了公司治理的水平,公司治理水平影响公司价值、公司绩效和经济发展。所以本报告专门关注了作为治理环境中重要内容的保险公司治理政策法规状况。

政策法规,即政策和广义的规范性文件。所谓政策主要是指政府及相关部门出台的关于行业发展等有关问题的宏观性文件, 一般来说, 属于方针和规划层面的内容。广义的规范性文件包括宪法、法律、法规、规章以及国家机关在职权范围内依法制定的具有普遍约束力的文件（狭义的规范性文件）。

宪法是国家的根本大法,具有最高法律权威和最高法律效力。宪法是制定普通法律的依据, 普通法律的内容都必须符合宪法的规定。

法律是指全国人民代表大会及其常务委员会依照法定程序制定,由国家主席签署,并以国家主席令公布实施的规范性文件。其中,由全国人民代表大会制定和修改的法律称为"基本法律",如《中华人民共和国宪法》《中华人民共和国刑法》等；由全国人民代表大

---

[①] LLSV 是拉波塔（La Porta）、洛配兹·西拉内斯（Lopez-de-Silanes）、施莱弗（Shleifer）和维什尼（Vishny）四位学者的简称, 由于他们经常一起署名发表文章, 学界将四人简称为 LLSV。

会常务委员会制定和修改的法律称为"普通法律",如《中华人民共和国森林法》《中华人民共和国野生动物保护法》等。法律效力仅次于宪法。

法规通常是指行政法规和地方性法规的总称。行政法规是国务院根据宪法和法律制定,由国务院总理签署,以国务院令发布实施的规范性文件。行政法规的效力低于宪法和法律。地方性法规有两种,一种是由省、自治区、直辖市人民代表大会及其常务委员会制定,由大会主席团或者常务委员会以公告公布施行的规范性文件。地方性法规在本行政区域内有效,其效力低于宪法、法律和行政法规。另一种是由设区的市的人民代表大会及其常务委员会制定,报省、自治区人民代表大会常务委员会批准后施行的规范性文件。这些地方性法规在本市范围内有效,其效力低于宪法、法律、行政法规和本省、自治区的地方性法规。

规章包括部门规章和地方政府规章。部门规章是指国务院各部(局)、委员会在本部门的权限范围内制定,由部(局)长或者委员会主任签署发布的规范性文件。部门规章在全国范围内有效,其效力低于法律、行政法规和地方性法规。地方政府规章是指省、自治区、直辖市以及设区的市的人民政府制定,分别由省长、自治区主席、市长签署,以政府令发布实施的规范性文件。地方政府规章在本行政区域内有效,其效力低于法律、行政法规和地方性法规。设区的市的人民政府制定的规章效力低于省、自治区人民政府制定的规章。

狭义上的规范性文件是指除宪法、法律、法规、规章以外的具有普遍约束力的非立法性文件。我们通常所说的规范性文件是指狭义上的规范性文件,又称为行政规范性文件,就是俗称的"红头文件",是指各级人民政府及其工作部门在权限范围内,为实施法律、法规、规章和上级规范性文件按规定程序发布的在一定时间内相对稳定,规定公民、法人或其他组织的权利义务,具有普遍约束力的行政措施,包括规定、办法、细则、通知、通告、布告等。

依据上述对政策法规的界定,本报告采用手工方式对我国保险公司治理政策法规进行收集整理。政策法规原文主要来源于中国政府网、中国银保监会官网和北大法宝官网。所有政策法规的发布主体、发布时间、文件层次和修订情况等基础信息均通过手工整理和校对。政策法规发布时间范围为 1979—2018 年,涉及政策、法律、行政法规、部门规章和规范性文件。

## 二、1979—2018 年保险公司治理政策法规总体情况

截至 2018 年底,我国保险公司治理政策法规总共有 169 部。按照每部政策法规适用范围从小到大的顺序,这些保险公司治理政策法规的内容涵盖保险公司治理、保险机构治理和保险业治理,其中适用于保险公司治理的政策法规 96 部,适用于保险机构治理的政策法规 36 部,适用于保险业治理的政策法规 37 部,每部分又可以根据其内容进行细分。我国保险公司治理政策法规的发布主体共有 13 个,对于发布超过一部政策法规的发布主体,按照发布政策法规的数量排列依次为中国保监会、中国人民保险公司、国务院、中国人民银行、中国银保监会和财政部。我国保险公司治理政策法规有政策、法律、行政法规、部门规章、国务院规范性文件、部门规范性文件和行业规定 7 个文件层次。

在169部保险公司治理政策法规中，我国第一部保险公司治理政策法规于1979年发布，有110部集中在2006—2018年间发布，其余年份发布的保险公司治理政策法规数量较少。截至2018年底，在我国169部保险公司治理政策法规中，除了43部在特定背景下有效的文件以外，有90部现行有效，36部已废止。此外，在我国所有保险公司治理政策法规中，有148部自颁布以来未曾修订，有9部修订过1次，有9部修订过2次，有1部修订过3次，有2部修订过4次。具体内容详见本章第三节"1979—2018年保险公司治理政策法规具体分析"。

本章统计了这169部保险公司治理政策法规的发布主体、文件编号、文件层次和发布时间，并按照适用范围进行了一级分类，划分为保险公司治理、保险机构治理和保险业治理三类①，按照文件内容进一步进行了二级分类，并总结了每部政策法规的治理意义，具体内容详见附表3中序号1—169部分。

# 第二节　1979—2018年保险公司治理政策法规发展脉络

## 一、保险公司治理政策法规发展脉络

1979年4月，国务院批准通过《中国人民银行全国分行行长会议纪要》，作出了"逐步恢复国内保险业务"的重大决策，直到同年11月全国保险工作会议召开，停办了20多年的国内保险业务才就此复业。随着国内保险业务的恢复，我国保险公司治理实践也逐渐起步，之后我国在保险公司治理基础和具体治理结构与机制建设方面做了大量工作，一系列政策法规文件相继出台。

### （一）保险公司治理基础建设

1. 中国保监会成立前的探索

在构建公司治理基础层面，我国保险公司进行了有益的探索。1982年12月27日，《中国人民保险公司章程》出台，明确了中国人民保险公司在组织上设立董事会、监事会和高级管理人员，并规定了董事会、监事会和总经理的职权，这是我国保险公司较早的治理实践。随着改革开放的深入和现代企业制度的逐步确立，1994年3月24日，中国人民保险公司颁布《经营目标责任制管理暂行办法》，明确了经营目标责任制的考核相关问题，要求深化公司内部改革，转换经营机制，提高分公司的自我约束能力，加强总公司的宏观管理，充分调动分公司自主经营、自我发展的积极性。

此外，国务院分别于1983年9月1日和1985年3月3日发布了《中华人民共和国财产保险合同条例》和《保险企业管理暂行条例》，前者实际上是《中华人民共和国经济合同法》（已废止）在财产保险领域的实施细则，是中华人民共和国成立以来第一部财产

---

① 本报告关于"保险公司治理"的内涵在第四章第三节已经进行过界定，而关于"保险机构治理""保险业治理"的内涵请参见《治理的微观、中观与宏观——基于中国保险业的研究》（郝臣、李慧聪和崔光耀，2017）。本报告认为微观层面的保险公司治理、中观层面的保险机构治理和宏观层面的保险业治理之间是紧密相互联系的，不是简单的包含与被包含的关系，因此本报告第五章和第六章分析了三个层面的政策法规状况，是广义层面上的保险公司治理政策法规。

保险合同方面的规范性法律文件，在一定程度上起到了保险合同法的作用，而后者首次对保险企业设立与经营等内容进行了规范，是当时仅有的一部临时性、行政管理性的保险法规。这两部行政法规的颁布规范了我国保险公司的经营和管理。需要特别指出的是，为了适应上海市对外开放和经济发展的需要，1992 年 9 月 11 日，中国人民银行制定了《上海外资保险机构暂行管理办法》，对外资保险机构在上海开展业务进行规范，加强对上海市外资保险机构的管理，是首部有关外资保险机构监管的法规。

这一时期，中国人民保险公司作为具有特殊地位的国有保险公司可谓"一家独大"，占据了我国保险市场的主要部分，并且出台了大量特定背景的公司治理文件，包括《中国人民保险公司全资附属（或合资）企业财务管理的若干规定》《中国人民保险公司全资直属企业暂行管理办法》《中国人民保险公司附属企业管理审计方案》和《中国人民保险（集团）公司海外机构管理暂行规定》等，分别对附属企业、海外机构的财务管理、审计等方面作出规定。

2. 中国保监会成立后的发展

随着我国保险业的快速发展，为加强保险监管，落实银行、保险、证券分业经营、分业管理的方针，1998 年 11 月，中国保监会在北京宣告成立，开始逐步探索建立符合我国保险业发展实际的现代保险监管体系。中国保监会成立后，立即对保险市场的现状和存在的问题进行调研，并着手修改、补充和完善保险法律法规体系，我国保险公司治理实践走上了规范、系统的发展道路。

中国保监会于 2000 年 1 月 13 日出台了《保险公司管理规定》，规定了保险公司法人机构和分支机构的准入和日常监管等基本制度，是全面规范保险公司及其分支机构的设立、经营规则、监督管理的基础性规章。为履行中国加入世贸组织的对外承诺，中国保监会于 2002 年修正了该规定中设立审批时间等方面的部分条文。随着保险监管的深入，2004 年 5 月，中国保监会对该规定进行了修订，分别对保险机构、保险经营、保险条款和费率、保险资金和保险公司偿付能力、监督检查 5 个保险监管的主要领域进行了规定。与原规定相比，新规定在保险机构设立、保险公司分支机构管理、向保险公司投资入股等方面都有较大改革和突破，加大了对保险公司设立的审查力度，降低了保险公司设立分支机构的门槛，提高了保险公司单一股东的持股比例。新规定在稳定保险行业秩序、促进保险行业健康发展方面发挥了重要作用，而随着保险业的快速发展，实践中出现了一些新情况和新问题，因此，需要对新规定进行修改和完善。具体来说，一方面，2009 年修订后的《保险法》即将施行，新规定需要根据新《保险法》进行修改，并对新《保险法》的原则性规定进行细化；另一方面，近年来保险公司分支机构发展较快，机构管理日益复杂和多样，对提高保险公司内部管控力度，确保其依法合规经营，维护投保人、被保险人和受益人的合法权益提出了更高的监管要求。因此，新规定有必要完善机构监管制度，适应新需要。中国保监会在借鉴银行业、证券业机构管理方面的经验及广泛听取意见之后，于 2009 年 9 月发布修改后的规定。此次修改主要包括 3 方面内容：一是提高准入门槛；二是强化对保险公司分支机构的内部管控和外部监管；三是明确了对营销服务部的监管要求。2015 年，为贯彻落实国务院行政审批制度改革和注册资本登记制度改革要求，中国保监会对 2009 年发布的规定部分条文作出修改。

为适应我国保险市场进一步对外开放的需要，国务院于 2001 年 12 月 12 日颁布《外资保险公司管理条例》，既是对保险业对外开放以来管理外资保险机构经验做法的总结，又体现出中国加入世贸组织的对外承诺，以取代 1992 年颁布的《上海外资保险机构暂行管理办法》。该条例对外资保险公司的设立与登记、业务范围、监督管理、终止与清算、法律责任等方面作出规定，加强和完善了对外资保险公司的监督管理。根据"入世"承诺，2003 年底开始，外国非人身险公司在华设立营业机构的形式，在原有分公司和合资公司的基础上增加了独资子公司。为此，中国保监会在 2004 年 5 月 10 日下发了《关于外国财产保险分公司改建为独资财产保险公司有关问题的通知》，允许符合条件的外资财产险公司分公司改建为子公司，这是中国保险市场进一步对外开放的积极表现。

党的十六大以后，保险体制改革不断取得突破，有力地推动了保险业稳定、持续、健康、快速发展，同时也带来了新的任务和挑战。一是体制改革提出新要求。随着国有保险公司股份制改革的顺利完成，中国人民财产保险股份有限公司（简称"中国人保财险"，股票代码 02328）、中国人寿保险股份有限公司（简称"中国人寿"，股票代码 02628）和中国平安保险（集团）股份有限公司（简称"中国平安"，股票代码 02318）3 家最大的保险公司在境外成功上市，进一步完善体制机制、建立现代保险企业制度的要求更加紧迫地摆到保险业面前。党的十六届五中全会指出，要加快金融体制改革，完善金融机构公司治理结构，同时对保险业提出了新的要求。完善公司治理结构成为下一步深化保险业改革的中心工作。二是保险监管呈现新趋势。保险公司治理结构存在的风险和问题越来越受到监管机构的高度关注。IAIS 和 OECD 等先后发布了一系列相关指导文件，并提出了治理结构、偿付能力和市场行为"三支柱"的监管模式。保险公司治理结构监管成为加强和改善保险监管的重要内容与国际保险监管的新趋势。三是市场体系发生新变化。以现代股份制为主要特征的混合所有制已经成为我国保险企业制度的主要形式，占市场份额 70%以上的市场主体是上市公司，完善治理结构成为促进保险业健康发展的重要体制保障。而实践中，一些保险公司在完善治理结构方面大胆实践，摸索出一些好的做法。在借鉴国际先进经验的基础上，认真总结实践中的经验和做法，并使之上升为普遍适用的制度和规范，这对提升全行业公司治理结构的整体水平是十分必要的。因此，中国保监会于 2006 年 1 月制定并发布《关于规范保险公司治理结构的指导意见（试行）》（以下简称《指导意见》），这是中国保监会贯彻落实党的十六届五中全会精神的一项重要措施，也是全面落实科学发展观的具体体现，对于加强监管、防范风险，实现保险业又好又快发展，做大做强保险业具有深远而重要的意义。《指导意见》分别从强化主要股东义务、加强董事会建设、发挥监事会作用、规范管理层运作、加强关联交易和信息披露管理以及治理结构监管这 6 个方面对规范保险公司治理结构提出了进一步的要求，《指导意见》的重点是加强董事会建设，强化董事会及董事的职责和作用，同时也兼顾了公司内部相关各方的职能和作用。《指导意见》是完善保险公司治理结构的总体指导性文献，标志着我国保险公司治理改革全面展开。

为强化保险公司治理结构监管，2008 年 7 月，中国保监会发布《关于规范保险公司章程的意见》。该意见对保险公司章程的基本内容、制定和修改程序、审批和登记程序等进行了规定。时任中国保监会新闻发言人、主席助理袁力指出，公司章程是公司的根本行为准则，规范保险公司治理结构必须从公司章程这个基础抓起。值得注意的是，该意见通过章程加强了对保险公司的股权管理，规定公司章程应当分别编制发起人表和股份结构表，以反映公司控制关系变化。此外，为规范公司重大决策行为，该意见规定，公司章程应界定公司相关机构在资产买卖、重大投资、对外担保、重要业务合同和重大关联交易等事项的审议权限及决策方式，明确董事会授权公司其他机构履行其职权的方式和范围，明确董事会不得将法定职权笼统或永久授予公司其他机构或个人。

2015 年 7 月，中国保监会发布《关于加强保险公司筹建期治理机制有关问题的通知》，进一步规范保险公司筹建行为，在源头上健全保险公司治理结构，防范有关风险。该通知坚持便民高效原则，为新设保险公司顺利开业营造良好环境：一是针对保险公司筹建期的阶段性特殊情况，就创立大会召开、任职资格核准等作出明确可衔接的治理和监管安排；二是顺应信息技术的最新发展趋势，允许新设保险公司使用依托云计算模式的电子商务系统等应用系统。该通知坚持抓住关键，提升新设保险公司的决策能力和管理水平：一是要求新设保险公司进一步优化董事会结构，规定拟任董事长、拟任总经理不得兼任；二是要求新设保险公司按照市场化和专业化原则选聘高管人员，并建立对董事、监事和高管人员候选人的历史评价机制。该通知坚持关口前移，为新设保险公司的稳健有效治理奠定基础：一是规定新设保险公司应在章程中明确董事长、总经理无法正常履职时的替代和递补机制，以及出现重大财务困境或者经营失败后的系统处置方案；二是规定应在章程中明确股东委托行使表决权的具体方式、委托期限和比例要求等，不得通过委托行使表决权规避对股东资质的实质审核。

2017 年 6 月，中国保监会发布《中国保监会关于进一步加强保险公司开业验收工作的通知》，对保险公司开业验收工作提出了四项要求：一是要加强保险公司筹建落实情况审查，具体要加强对筹建规划落实的审查和公司章程有效性的审查；二是要加强股东资质核查，具体要加强股东资质条件核查、入股资金来源审查、公司股权结构核查、强化社会监督；三是要增加面谈考核，强化责任落实，具体要在开业现场验收前增加对拟任董事长、总经理、高级管理人员等负责人的面谈环节，建立履职评价档案和体系；四是要完善验收标准，强化长效监督，具体要建立验收评价机制，加强跟踪评估和长效监管。

2018 年，为贯彻落实国务院关于清理规范行政审批中介服务事项的要求，中国保监会决定以"修改决定"的形式对《中华人民共和国外资保险公司管理条例实施细则》《外国保险机构驻华代表机构管理办法》《保险公司次级定期债务管理办法》《保险公司董事、监事和高级管理人员任职资格管理规定》4 部规章相关条文进行集中统一修改。主要对已取消的"设立外资保险公司相关材料公证""外国保险机构驻华代表机构设立及重大事项变更相关材料公证""出具保险公司发行私募次级债法律意见书""保险公司的董事、监事和高级管理人员任职材料中文译本公证"等中介服务事项所涉条文进行调整。同时，对保险公司申请募集次级债务所需提交的材料作进一步删减，更好适应行政审批改革要求。本次修改进一步适应了简政放权、放管结合和转变政府职能的需要，落实了深化行政审批改革的要求，有利于提升行政审批中介服务规范化水平。

（二）保险公司具体治理结构与机制建设

对保险公司具体治理结构与机制的规范和监管主要是在中国保监会成立之后开始的，下面分别从内部治理和外部治理两方面对保险公司具体治理结构与机制建设进行梳理。

1. 保险公司内部治理

（1）保险公司股东治理方面的政策法规文件。股权是公司治理的基础，加强股东治理对于完善保险公司治理关系重大，中国保监会早在成立之初就出台相关文件以加强股东治理。1999 年 12 月，中国保监会发布《向保险公司投资入股暂行规定》，规范了向保险公司投资入股的行为，有利于保证保险公司资本金来源真实、正当，促进保险公司规范管理，保障被保险人的利益。2001 年 6 月，中国保监会发布《关于规范中资保险公司吸收外资参股有关事项的通知》，对外资参股进行了规范，也适应了中国保险市场进一步对外开放的需要。在公司治理成为中国保监会三大监管支柱之一后，中国保监会先后出台了一系列规范性文件，对股权管理、控股股东管理及关联交易等进行规范。随着金融混业经营的深入，保险公司的关联交易也日益频繁。为了强化保险公司关联交易管理、加强保险监管，2007 年 4 月，中国保监会出台了《保险公司关联交易管理暂行办法》，该办法对关联交易的披露和报告等事宜作出了详细规定，要求保险公司制定关联交易管理制度，且应当每年至少组织一次关联交易专项审计，并将审计结果报董事会和监事会，保险公司重大关联交易应当在发生后 15 个工作日内报告中国保监会。

随着中国改革开放的深入和保险业的快速发展，保险公司资本构成多元化和股权结构多样化特征日益明显，股权流动和股权交易日趋频繁，新情况、新问题不断出现，现行规定已不能适应当前保险业发展和监管的新形势，迫切需要调整和更新。为保持保险公司经营稳定，保护投资人和被保险人的合法权益，加强保险公司股权监管，中国保监会于 2010 年 5 月发布《保险公司股权管理办法》。该办法依据遵循市场规律、尊重商业选择、实质重于形式，以及从行政审批向强制信息披露监管转变的原则，就股东资格、投资入股、股权变更及材料申报等作出了明确规定。为进一步加强保险公司治理监管，规范保险公司控股股东行为，中国保监会于 2012 年 7 月发布了《保险公司控股股东管理办法》。该办法界定了保险公司控股股东的概念，规范了保险公司控股股东的控制行为和交易行为，规定了其应当承担的义务，并明确规定了中国保监会有权采取的监管措施。该办法明确，保险公司控股股东应当维护保险公司财务和资产独立，不得对保险公司的财务核算、资金调动、资产管理和费用管理等进行非法干预，不得通过借款、担保等方式占用保险公司资金。2017 年 6 月，中国保监会发布《中国保监会关于进一步加强保险公司关联交易管理有关事项的通知》，进一步加强对保险公司关联交易的监管，要求保险公司设立关联交易委员会、完善关联交易的内部控制机制等制度建设，有效防范不正当利益输送。

为贯彻落实党的十九大、中央经济工作会议和全国金融工作会议精神，加强股权监管，弥补监管短板，有效防范风险，中国保监会修订发布了《保险公司股权管理办法》（2018 年 3 月 2 日）。该办法坚持问题导向，针对股东虚假出资、违规代持、通过增加股权层级规避监管、股权结构不透明等现象，进一步明确股权管理的基本原则，丰富股权监管手段，加大对违规行为的问责力度。该办法重点明确了保险公司股东准入、股权结构、资本真实性、穿透监管等方面的规范。该办法的出台有利于持续加强保险公司股权和市场准入监管，弥补监管短板，规范保险公司股东行为，严厉打击违规行为，切实防范化解风险。

（2）保险公司董事会治理方面的政策法规文件。董事会是公司治理的核心，加强董事会建设是国内外完善公司治理的普遍做法。2006 年发布的《关于规范保险公司治理结构的指导意见（试行）》的重点是加强董事会建设，因而中国保监会出台了一系列董事会治理方面的规范性文件，从独立董事管理到董事会运作，再到发展规划管理，逐步加强董事会建设。2007 年 4 月，中国保监会发布《保险公司独立董事管理暂行办法》，对保险公司的独立董事设置、任免、权利和义务都作了详尽的规定。为促进保险公司完善治理结构，2008 年 7 月，中国保监会制定发布了《保险公司董事会运作指引》，指出要从明确董事会职责、强化董事责任、建立独立董事制度、设立专业委员会 4 个方面加强董事会建设，规范重点集中在职权明确和组织完善两个方面。

（3）保险公司董监高任职、薪酬和审计方面的政策法规文件。中国保监会逐步加强对董事、监事及高级管理人员的任职资格、薪酬、审计等方面的规范和指引。就任职资格而言，中国保监会分别于 1999 年 1 月、2002 年 3 月、2008 年 4 月和 2010 年 1 月发布相关任职资格管理规定，从源头上提高保险公司董事、监事和高级管理人员的质量，加强和完善对保险公司董事、监事和高级管理人员的管理，保障保险公司稳健经营，促进保险业健康发展。随着保险监管的深入，全行业越来越充分地认识到，加强对保险公司董事、监事和高级管理人员履职过程的监管，做到真正"管住人"，是落实监管措施、实现有效监管的关键和重点。建立高管审计制度是加强对高管人员监管的必要措施，从全行业目前的实际来看，大部分公司都建立了高管人员审计制度，也开展了离任审计等工作，但普遍存在制度设计不规范等问题。各公司对高管审计的范围、频率、内容和组织方式各不相同，对审计结果的运用也不统一，客观上影响了审计工作的效果。此外，部分保险公司未对长期任职的总公司的董事长、执行董事和高管人员进行过有针对性的审计，并且在这方面存在一定的制度空白。因此，中国保监会于 2010 年 9 月出台《保险公司董事及高级管理人员审计管理办法》，目的正在于规范和统一对各公司高管审计的范围、程序和内容，并对如何运用审计结果进行统一要求，通过内部审计和外部审计建立保险公司董事和高管人员的履职监督机制，规范相关审计工作。长期以来，薪酬都由其自身按照市场化原则自主决定，监管机构很少过问，但近年来这一情况发生了很大改变。2008 年金融危机爆发后，不当的薪酬制度使得人们认为金融机构过度冒险是引发金融危机的主要原因之一。随后启动的国际金融监管改革，将原本认为监管机构不宜介入的薪酬问题纳入监管范畴，相关组织陆续出台一系列改革措施，如金融稳定理事会（Financial Stability Board，FSB）发布的《稳健薪酬做法原则》（Principles for Sound Compensation Practices）和《稳健薪酬做法原则的执行标准》（Implementation Standards for the FSB Principles for Sound Compensation Practices），巴塞尔银行业监管委员会（Basel Committee on Banking Supervision，BCBS）发布的《稳健薪酬做法原则和实施标准评估方法》（Compensation Principles and Standards Assessment Methodology）、《将薪酬制度与风险、业绩挂钩的方法》（Range of Methodologies for Risk and Performance Alignment），等等。为加强保险公司治理监管，健全激励约束机制，规范保险公司薪酬管理行为，发挥薪酬在风险管理中的作用，促进保险公司稳健经营和可持续发展，中国保监会制定了《保险公司薪酬管理规范指引（试行）》，并于 2012 年 7 月发布。此外，针对保险公司的特有高管总精算师的管理，中国保监会也出台了相关的规范性文件，2007 年 9 月，中国保监会发布《保险公司总精算师管理办法》，完善了保险精算监管制度，规范了保险公司内部治理。

（4）保险公司内部控制、合规和风险管理方面的政策法规文件。中国保监会在成立之初就注重对保险公司内部控制和内部审计工作的规范和引导，并在 1999 年和 2000 年先后出台《保险公司内部控制制度建设指导原则》《中国人民保险公司内部审计工作规范的暂行规定》，从内部控制和审计的角度做好公司内部风险管控。在公司治理成为保险监管三大支柱之一后，中国保监会进一步从政策角度加强了对保险公司内部控制、合规和风险管理的规范和引导，如 2007 年发布的《保险公司合规管理指引》和《保险公司风险管理指引（试行）》、2010 年发布的《保险公司内部控制基本准则》、2014 年发布的《保险公司声誉风险管理指引》和 2016 年发布的《中国保监会关于进一步加强保险公司合规管理工作有关问题的通知》等。《保险公司合规管理指引》的出台，既是金融监管的大势所趋，也是保险业发展的内在需要。保险业全面建立合规管理制度，对于完善保险公司治理机制、强化保险公司内部控制管理、提升保险公司风险管理水平具有重要意义。在保险公司不断扩大投资渠道的过程中，风险管理也成为中国保监会的监管重点，为强化保险公司风险管理，提高其风险防范能力，中国保监会出台了《保险公司风险管理指引（试行）》。该指引要求建立由董事会负最终责任、管理层直接领导，以风险管理机构为依托，相关职能部门密切配合，覆盖所有业务单位的风险管理组织体系。《保险公司内部控制基本准则》根据我国保险公司治理状况和国际发展趋势，要求其建立"由董事会负最终责任、管理层直接领导、内控职能部门统筹协调、内部审计部门检查监督、业务单位负首要责任的分工明确、路线清晰、相互协作、高效执行"的内部控制组织体系。在此基础上，2016 年 12 月 30 日，中国保监会发布了《保险公司合规管理办法》，并于 2017 年 7 月 1 日起施行，替代原有《保险公司合规管理指引》。该办法共分 6 章 42 条，首先界定了合规管理的基本概念，其次分别明确了董事会、监事会、总经理、合规负责人和合规管理部门的合规职责，最后确立了合规的外部监管，进一步提高了保险合规监管工作的科学性和有效性。

2. 保险公司外部治理

（1）保险公司信息披露方面的政策法规文件。信息披露是解决市场信息不对称、提高市场运转效率和透明度的重要措施。由于保险业是经营风险的行业，与社会公众利益相关性很强，因此，市场要求保险公司要比其他公司披露更多的信息。为了保障投保人、被保险人和受益人的合法权益，进一步完善保险公司治理结构和保险监管体系，提高保险市场效率，维护保险业平稳健康发展，中国保监会逐步细化对保险公司信息披露的要求，从出台《关于定期报送保险公司基本资料和数据的通知》到出台《保险公司信息披露管理办法》，再到多部细化规定保险公司资金运用信息披露准则的发布，中国保监会对保险公司信息披露的要求不断提高。2010 年 5 月，中国保监会发布《保险公司信息披露管理办法》。该办法规定，保险公司要将反映其经营状况的主要信息向社会公众公开，包括保险公司应该披露的基本信息、财务会计信息、风险管理状况信息、保险产品经营信息、偿付能力信息、重大关联交易信息和重大事项信息 7 个方面的内容，系统地规范了保险公司的信息披露工作。2018 年中国银保监会成立后，为进一步规范保险公司的信息披露行为，中国银保监会在 2018 年第 1 次主席会议通过了《保险公司信息披露管理办法》，并于 2018 年 4 月 28 日发布，自 2018 年 7 月 1 日起施行，该办法是对中国保监会于 2010 年 5 月发布的《保险公司信息披露管理办法》（中国保监会令 2010 年第 7 号）的全面修订。该办法共 6 章 40 条，主要从 3 个方面加强了对保险公司信息披露的管理：一是细化保险公司信息披露内容，并明确每一项具体内容的披露要求；二是明确了保险公司信息披露的方式和时间，例如明确要求公司基本信息发生变动的保险公司在 10 日内更新公司网站的相应信息，保险公司要在 4 月 30 日前发布公司年度信息披露报告，等等；三是明确了信息披露的管理制度，例如要求保险公司在公司网站的显著位置设置"公开信息披露"专栏，并在专栏下分类设置多项一二级子栏目等。这些要求进一步细化了保险公司信息披露的要求，有利于保障投保人、被保险人、受益人以及相关当事人的合法权益，促进保险业健康发展。

（2）保险公司外部监管方面的政策法规文件。保险公司的外部监管包括市场行为、偿付能力和公司治理三大方面，本部分主要对外部监管中与保险公司业务和偿付能力相关的部分内容进行介绍。中国保监会成立前，财政部曾先后发布《国营金融、保险企业成本管理办法》《关于外商投资金融保险企业制定内部财务管理制度的指导意见》和《关于保险公司保险保障基金有关财务管理的通知》，主要从财务成本管理角度对保险公司的业务展开监管。中国保监会成立后，对保险公司的众多行为展开监管，出台了《保险资金投资股权暂行办法》《保险公司资本保证金管理办法》《保险公司业务范围分级管理办法》《保险公司服务评价管理办法（试行）》《保险公司经营评价指标体系（试行）》和《关于保险公司在全国中小企业股份转让系统挂牌有关事项的通知》等文件。近年来，中国保监会在引导保险业专业化发展、对保险公司实施差别化监管等方面进行了积极探索。对保险公司业务范围进行审批和调整，既是法定行政许可事项，又是重要的保险监管手段。为规范保险公司业务范围管理，建立健全保险市场准入和退出机制，促进保险行业专业化、差异化发展，根据《保险法》《外资保险公司管理条例》《保险公司管理规定》等有关法律、行政法规和规章，中国保监会于 2013 年 5 月制定了《保险公司业务范围分级管理办法》。该办法按照"有进有出、动态调整、稳步推进"的原则，对财产保险公司和人身保险公司的业务范围进行归类细分，并确定了相应的准入和退出条件。出台这一办法的主要有 3 个目的：一是通过对业务范围的合理划分，鼓励保险公司发展保障型业务；二是通过适当限定新设保险公司的业务范围，在源头上增强保险公司精耕细作、注重服务、不断创新的内在动力；三是通过将业务范围调整与偿付能力等监管指标挂钩，促使保险公司提高自身的资本管理能力、风险管控水平和合规经营意识。

（3）保险公司并购退出机制方面的政策法规文件。中国保监会逐步规范和完善了保险公司的并购和退出机制，先后发布《保险公司保险业务转让管理暂行办法》和《保险公司收购合并管理办法》。2011 年 8 月，中国保监会发布《保险公司保险业务转让管理暂行办法》。该办法规定的保险业务转让，是指保险公司之间在平等协商的基础上自愿转让全部或者部分保险业务的行为。保险公司通过业务转让，达到自愿退出保险市场或者剥离部分保险业务的目的。这种自愿转让不同于《保险法》规定的强制转让。也就是说，经营人寿保险业务的保险公司在被撤销或者破产情形下发生的保险业务转让，以及因偿付能力不足而被监管机构强制要求的保险业务转让，都不适用该办法。2014 年 3 月，中国保监会发布《保险公司收购合并管理办法》。该办法指出，兼并重组是企业加强资源整合、实现快速发展的有效措施，也是调整优化产业结构、提高发展质量效益的重要途径。国务院出台专门意见明确了进一步优化企业兼并重组市场环境的主要目标、基本原则和具体措施。近年来，随着中国保险业加快向国内外开放资本，保险公司数量持续增加，经营管理状况开始分化，不同动机、不同形式、不同规模的保险公司的收购合并日益活跃。该办法按照"一要促进、二要规范"的总体思路，坚持市场化、法治化原则，在注重保护保险消费者权益、维护保险市场公平秩序的基本前提下，着眼于促进保险业的结构优化和竞争力提升，同时丰富保险机构风险处置的"工具箱"。

## 二、保险机构治理政策法规发展脉络

### （一）保险机构治理政策法规实践概述

保险机构可分为经营机构和中介机构两类。经营机构包括保险公司、再保险公司、保险集团公司、保险资产管理公司等机构以及新兴的相互保险组织。中介机构包括保险代理机构、保险经纪机构和保险公估机构。本章所讲的保险机构是指除保险公司之外的其他保险机构。

在中国保监会成立之前，我国保险机构治理实践更多的是对中介机构中的代理机构和经纪机构进行监管。例如，1992 年 11 月，中国人民银行出台的《保险代理机构管理暂行办法》加强了对保险企业设立保险代理机构的管理，规范了保险代理机构的经营活动。1997 年 11 月，中国人民银行发布《保险代理人管理规定（试行）》，从从业资格、执业管理、保险代理合同等方面对如何管理各种代理人作出了具体规定。1998 年 2 月，中国人民银行发布《保险经纪人管理规定（试行）》，对保险经纪公司的相关内容进行了规定，规范了保险经纪人的行为。

中国保监会成立后，随着保险业的发展，我国保险机构治理实践逐渐丰富，中国保监会先后出台文件规范了再保险公司、保险资产管理公司、保险集团公司和相互保险组织等保险经营机构以及保险代理机构、保险经纪机构和保险公估机构等保险中介机构的治理。

### （二）保险经营机构治理政策法规实践

在经营机构方面，中国保监会于 2002 年 9 月发布《再保险公司设立规定》、2004 年 4 月发布《保险资产管理公司管理暂行规定》、2010 年 3 月发布《保险集团公司管理办法（试行）》以及 2015 年 1 月发布《相互保险组织监管试行办法》，分别对再保险公司、保险资产管理公司、保险集团公司以及相互保险组织的设立、变更、人员从业资格、经营管理及监督管理进行了规范。

2002 年 9 月 17 日，中国保监会发布《再保险公司设立规定》。此前，根据我国《保险法》，除人寿保险业务外，保险公司应以其承保的每笔保险业务的 20%向中国再保险公司办理再保险，即法定分保。据测算，目前法定分保业务占再保险市场份额的 90%左右。按中国入世承诺，法定分保业务将逐年下调 5%，入世 4 年内，20%的法定分保业务将完全取消，再保险市场将完全商业化。在此背景下，中国保监会发布《再保险公司设立规定》，明确了入世开放新格局下再保险公司设立的条件。

2004 年 4 月 25 日，中国保监会发布《保险资产管理公司管理暂行规定》。保险资金运用是保险市场联系资本市场和货币市场的重要环节，也是保险业发挥资金融通功能、支持国家经济建设的重要途径。面对日益增加的保险资金，作为保险公司业务部门的保险资金管理中心显然已力不从心，难当大任。因为内设投资部门的管理形式只适合于小规模的、单一品种的投资活动，并不能适应保险资金规模日益扩大以及投资业务量和投资品种快速增长的需要，特别是今后可能进一步扩大投资领域，保险公司内设投资部门的架构很难为保险公司投资业务的进一步发展提供人才及制度保障，在一定程度上限制了保险资金投资领域的拓宽。国外实践证明，设立专业化的保险资产管理公司可根据保险资金运用的实际需要，从市场研究、投资决策、业务操作、风险控制等诸方面对保险资金运用实行规范化管理和风险控制。设立专业化的保险资产管理公司，是保险公司适应投资规模迅速扩大、投资领域不断拓展的形势的需要，从根本上说是我国保险资金运用长远发展的大计。2004 年，全国保险工作会议提出，要推进资金运用管理体制改革，逐步把保险业务和资金运用业务彻底分离，允许有条件的公司成立保险资产管理公司。在此之前，经国务院批准，中国人保控股公司、中国人寿保险集团公司分别发起设立了保险资产管理公司。太平洋保险、新华人寿、华泰保险、中国再保险等保险经营机构相继提交了设立保险资产管理公司的申请。为保证保险资产管理公司规范健康发展，促进保险资金的专业化运作，确保保险资金运用的安全与有效，中国保监会经过广泛调研和多方协调，制定出台了上述规定。

2010 年 3 月 12 日，《保险集团公司管理办法（试行）》出台。当时我国保险业共有 8 家保险集团公司，其合并总资产、净资产和保费收入均占行业总规模的 3／4，对行业发展起着主导作用。加强保险集团公司监管，对于维护市场安全稳定运行、防范化解金融风险、保护被保险人利益都具有十分重要的意义。为了加强保险集团公司监管，防范保险集团经营风险，更好地促进保险主业发展，中国保监会发布《保险集团公司管理办法（试行）》，对保险集团公司的准入条件、公司治理、资本管理、信息披露以及监督管理作出规定。

2015 年 1 月 23 日，《相互保险组织监管试行办法》出台。相互保险是指有相同风险保障需求的投保人，在平等自愿、民主管理的基础上，以互相帮助、共摊风险为目的，为自己办理保险的经济活动。相互保险发展历史悠久，起源早于股份制保险，目前在国际保险市场仍占据重要地位，尤其在高风险领域如农业、渔业和中低收入人群风险保障被广泛应用。中国对相互保险进行了长期探索，随着市场经济的发展和人们风险防范需求的增加，各类社会主体发展相互保险的愿望愈发强烈，特别是互联网技术的发展使相互保险面临新的发展机遇。《国务院关于加快发展现代保险服务业的若干意见》明确提出"鼓励开展多种形式的互助合作保险"。为加强对相互保险组织的监督管理，促进相互保险规范健康发展，中国保监会在充分借鉴国际监管经验并结合我国保险市场实际的基础上，制定了上述办法，从总体原则、设立、会员、组织机构、业务规则和监督管理等方面明确了对相互保险组织的监管要求。此外，2017 年 3 月 28 日，《中国保监会关于加强相互保险组织信息披露有关事项的通知》进一步规范了相互保险组织信息披露行为，明确了相互保险组织的信息披露内容和要求。

2018 年 6 月 30 日，中国银保监会发布《保险机构独立董事管理办法》。该办法共 8 章 56 条，是对 2007 年发布的《保险公司独立董事管理暂行办法》的一次全面修订。针对保险机构独立董事独立性不足、勤勉尽职不到位、专业能力欠缺以及履职配套机制不健全等问题，该办法通过建立健全独立董事制度运行机制，明确主体责任，规范主体行为，强化监管约束等制度安排，进一步改善独立董事履职的内外部环境，促进独立董事在公司治理结构中充分发挥作用。该办法主要从 5 个方面对原暂行办法进行了修订：完善了制度的适用范围及独立董事设置要求；优化了独立董事的提名及任免机制；明确了独立董事的权利义务及履职保障；建立了独立董事履职评价和信息公开机制；健全了对独立董事及相关主体的监督和问责机制。同时，该办法规定，中国保险行业协会负责保险机构独立董事人才库建设，使之成为独立董事人才资源、履职评价、信息公开、履职监督管理的平台。

（三）保险中介机构治理政策法规实践

中国保监会于 2005 年 2 月发布《保险中介机构法人治理指引（试行）》和《保险中介机构内部控制指引（试行）》，对中介机构法人治理和内部控制进行规范引导。

《保险公估机构管理规定》于 2002 年 1 月 1 日起实施，《保险代理机构管理规定》和《保险经纪机构管理规定》于 2005 年 1 月 1 日起实施，这三部针对保险中介机构的管理规定对于建立保险中介市场体系、完善有序竞争的市场格局发挥了重要作用。而随着我国保险市场的快速发展，保险中介机构的经营理念、体制、机制、专业水平都发生了很大变化，保险市场也对保险中介行业提出了更高的要求。随着新《保险法》的实施，对保险中介机构的监管也需要及时梳理已有的法规，做好与新《保险法》的衔接工作。因此，2009 年 9 月，中国保监会颁布了新的《保险专业代理机构监管规定》《保险经纪机构监管规定》和《保险公估机构监管规定》。新的三个规章主要在市场准入、经营规则、市场退出、监督检查和法律责任等方面进行了修订，更加注重对被保险人利益的保护，监管重心转移到关注市场和风险、监管力度进一步强化、适当提高市场准入标准、注重发挥市场对资源配置和整合的作用、提高保险中介业的服务能力和竞争能力。

2015 年 9 月 17 日，《中国保监会关于深化保险中介市场改革的意见》出台。为进一步推进保险中介市场深化改革，促进保险中介市场有序健康发展，中国保监会发布了《中国保监会关于深化保险中介市场改革的意见》。该意见明确了保险中介市场深化改革的总体目标，确定了保险中介市场深化改革要遵循的 3 个基本原则，并要求各相关单位加强组织领导、加强内部协作、密切外部协调、加强宣传引导。

为贯彻落实中央经济工作会议和全国金融工作会议精神，进一步规范保险经纪业务，中国保监会于 2018 年 2 月发布了《保险经纪人监管规定》和《保险公估人监管规定》（以下分别简称《经纪人规定》和《公估人规定》）。这两个文件的出台进一步巩固了简政放权改革的成果，实现了从"主要管机构"到"重点管业务"的转变，有利于进一步规范保险经纪业务和公估业务，防范风险，维护投保人、被保险人、受益人的合法权益。《经纪人规定》在已有的关于经纪业务的政策法规的基础上，针对近年来特别是 2014 年保险中介市场清理整顿以来市场出现的新情况以及监管面临的新环境，对保险经纪人市场准入、经营规则、市场退出、行业自律、监督检查、法律责任等方面作出了更加全面和详细的规定。《公估人规定》在已有的关于公估业务的政策法规的基础上，结合近年来特别是 2014 年保险中介市场清理整顿以来市场出现的新情况以及监管面临的新环境，完善了相关制度：一是规定经营条件；二是加强事中事后监管；三是规范市场经营秩序；四是新增行业自律。《公估人规定》的发布施行对进一步明确经营保险公估业务备案程序、优化保险公估监管体系、保护保险公估活动当事人合法权益具有重要作用，将为保险公估由业务许可转为业务备案提供有效的制度支撑。

2018 年 4 月 10 日，习近平主席在博鳌亚洲论坛主旨演讲中提出要"加快保险行业开放进程"，中国人民银行行长易纲随后于 4 月 11 日在博鳌亚洲论坛宣布进一步扩大金融业对外开放的具体措施和时间表。随后中国银保监会积极落实扩大保险业对外开放的承诺，于 2018 年 4 月 27 日发布《关于放开外资保险经纪公司经营范围的通知》（银保监发〔2018〕19 号），于 2018 年 6 月 28 日发布《中国银保监会关于允许境外投资者来华经营保险公估业务的通知》（银保监发〔2018〕29 号）和《中国银保监会关于允许境外投资者来华经营保险代理业务的通知》（银保监发〔2018〕30 号），已经实现了易纲行长在博鳌亚洲论坛上提出的前两项对外开放具体措施，进一步扩大了保险业的对外开放水平，这些举措有利于促进我国保险业，特别是保险中介行业的发展。

## 三、保险业治理政策法规发展脉络

### （一）我国保险业的恢复建立和初步发展

1979 年 4 月，国务院批准《中国人民银行全国分行行长会议纪要》，作出了"逐步恢复国内保险业务"的重大决策，直到同年 11 月全国保险工作会议召开，停办了 20 多年的国内保险业务才就此恢复。保险业务在恢复后立即发挥出积极的作用，但当时我国保险事业的经营规模以及在国民经济中发挥的作用远远落后于中国经济迅速发展的需要，也远远落后于发达国家甚至一些发展中国家。国务院于 1984 年发布了《关于加快发展我国保险事业的报告》，对我国保险事业的现状进行了分析，提出了 6 点加速发展我国保险事业的具体意见，并根据工作中的实践，提出了需要采取的 5 项措施，进一步推动我国保险事业发展。在这一时期，中国人民银行实际上扮演了保险业监管者的角色，为了维护被保险方和保险企业的合法权益，1988 年 3 月，中国人民银行出台《关于依法加强人民银行行使国家保险管理机关职责的通知》，要求各级人民银行履行国家保险管理机关的各项职责，加强对保险企业的管理。1989 年 2 月，国务院发布《国务院办公厅关于加强保险事业管理的通知》，在肯定保险事业快速发展的同时指出了现存的比较突出的问题，强调了中国人民保险公司在我国保险事业中的主渠道作用，突出中国人民银行保险事业主管机关的地位，进一步规范我国保险事业管理。

### （二）《保险法》的出台和修订

1995 年 6 月 30 日，《保险法》出台。该法律集保险合同法与保险业法于一身，共 8 章 151 条，包括总则、保险合同、保险公司、保险经营规则、保险业的监督管理、保险代理人及保险经纪人、法律责任及附则等。《保险法》的出台彻底结束了我国保险业无法可依的局面，是我国保险法制建设史上的一个重要里程碑，掀开了我国保险业发展新的一页，与《公司法》共同构成了我国保险公司治理的基础法律。

为履行加入世贸组织时的承诺，2002 年 10 月，第九届全国人大常委会第三十次会议对《保险法》进行修改，对其中许多不符合入世承诺的条款如原《保险法》第九十三条规定的提取和结转责任准备金的比例、第一百零一条规定的办理再保险的比例等问题作了修改，此次修改的内容重在"保险业法"部分。2009 年 2 月 28 日，第十一届全国人大常委会第七次会议对《保险法》进行第二次修改，此次修改的内容主要涉及"保险合同法"部分。在制度设计及规制完善上，加强对被保险人利益保护的立法精神贯穿始终，成为本次《保险法》修改的最大亮点，例如：明确了保险双方当事人的权利与义务，有利于减少保险合同纠纷；规范了保险公司的经营行为，保护了被保险人的利益；进一步完善了保险基本制度、规则，为保险业拓宽了发展空间；加强了对保险公司偿付能力的监管，确保保险公司稳健经营。2014 年 8 月 31 日，为适应修订后的《公司法》，第十二届全国人大常委会第十次会议对《保险法》进行了第三次修改。2015 年 4 月 24 日，第十二届全国人大常委会第十四次会议对《保险法》进行了第四次修改，主要修改了行政审批、工商登记前置审批或者价格管理的相关内容，与"放开前端、管住后端"的监管思路相适应，在放松行政管制的同时加强后端管理。

（三）中国保监会的成立及其自身的治理

1998 年 11 月，中国保监会在北京成立，保险业有了单独的监管机构。中国保监会在促进保险业发展的同时，也加强了对作为监管机构的自身的监管。1999 年 3 月，国务院发布《国务院办公厅关于印发中国保险监督管理委员会职能配置内设机构和人员编制规定的通知》，明确中国保监会是全国商业保险的主管部门，根据国务院授权履行行政管理职能，依照法律、法规统一监督管理全国保险市场，将原来由中国人民银行履行的保险监管职能交给中国保监会，并明确了中国保监会的内设机构和相关人员编制。2003 年 7 月，中国保监会发布《中国保险监督管理委员会主要职责内设机构和人员编制规定》，对中国保监会的职责、机构和人员编制进行更新和明确。

针对自身内部治理，中国保监会于 2010 年出台了《中国保险监督管理委员会行政处罚程序规定》，规范了行政处罚的程序；2015 年出台的《中国保险监督管理委员会政务信息工作办法》，进一步推进了中国保监会的政务信息工作。

中国保监会还针对自身派出机构出台了一系列治理要求。2004 年发布的《中国保监会派出机构管理部工作规则》以及 2016 年发布的《中国保险监督管理委员会派出机构监管职责规定》分别明确了派出机构管理部的职责和派出机构监管工作的职责，加强和改善派出机构对保险市场的监督管理，促进保险业的健康有序发展。

（四）中国银保监会的成立

2018 年 3 月，《深化党和国家机构改革方案》公开发布。为深化金融监管体制改革，解决现行体制存在的监管职责不清晰、交叉监管和监管空白等问题，强化综合监管，优化监管资源配置，更好地统筹系统重要性金融机构监管，逐步建立符合现代金融特点、统筹协调监管、有力有效的现代金融监管框架，守住不发生系统性金融风险的底线，中国银监会和中国保监会合并组建"中国银保监会"，其主要职责是依照法律法规统一监督管理银行业和保险业，保护金融消费者合法权益，维护银行业和保险业合法、稳健运行、防范和化解金融风险，维护金融稳定，等等。保险行业监督管理机构由中国保监会变为中国银保监会，这一机构调整顺应了金融危机以后全球金融监管制度的变化，能够起到强化综合监管、加强统筹协调的效果。

（五）我国保险业发展的两次顶层设计

1. 2006 年保险业的"国十条"

2006 年 6 月 15 日，《国务院关于保险业改革发展的若干意见》出台。改革开放，特别是党的十六大以来，我国保险业改革取得了举世瞩目的成就。但保险业起步晚、基础薄弱、覆盖面不广，导致其功能和作用发挥不充分，与全面建设小康社会和构建社会主义和谐社会的要求不相适应，与建立完善的社会主义市场经济体制的目标不相适应，与经济全球化、金融一体化和全面对外开放的新形势不相适应。为全面贯彻落实科学发展观，明确今后一个时期保险业改革发展的指导思想、目标任务和政策措施，加快保险业改革发展，促进社会主义和谐社会建设，该意见提出了 10 条具体意见。这是国务院首次对我国保险业发展进行顶层设计。

2. 2014 年保险业的"新国十条"

2014 年 8 月 10 日，《国务院关于加快发展现代保险服务业的若干意见》出台。该意见明确了今后较长一段时期保险业发展的总体要求、重点任务和政策措施，提出到 2020 年，我国基本建成保障全面、功能完善、安全稳健、诚信规范，具有较强服务能力、创新能力和国际竞争力，与中国经济社会发展需求相适应的现代保险服务业，努力由保险大国向保险强国转变。这是继 2006 年国务院首次对我国保险业发展进行顶层设计之后的再一次宏观布局。

**（六）我国保险业的五年规划**

从 2006 年起，中国保监会连续发布保险业发展的"五年规划纲要"，明确保险业的发展方向、预期目标和政策措施。

2006 年 9 月 21 日，中国保监会发布《中国保险业发展"十一五"规划纲要》（以下简称《"十一五"规划纲要》）。《"十一五"规划纲要》对中国"十五"期间我国保险业的发展进行了回顾，并对"十一五"期间我国保险发展作出规划。"十一五"期间保险业的发展总目标是：到 2010 年，基本建成一个业务规模较大、市场体系完善、服务领域广泛、经营诚信规范、偿付能力充足、综合竞争力较强，发展速度、质量和效益相统一，充满生机和活力的现代保险业。5 个子目标包括业务发展目标、综合竞争力目标、功能作用目标、风险防范目标和环境建设目标。其中，政策措施中第八条明确提出加强和改善保险监管，健全风险防范机制，要求坚持把防范风险作为保险业健康发展的生命线，按照依法监管、防范风险和保护被保险人利益的原则，进一步健全保险监管体系，完善监管制度，建立防范化解风险的长效机制。

2011 年 8 月 18 日，中国保监会发布《中国保险业发展"十二五"规划纲要》（以下简称《"十二五"规划纲要》）。《"十二五"规划纲要》是我国保险业 2011—2015 年科学发展的战略性和指导性规划。编制和实施《"十二五"规划纲要》是保险业深入落实科学发展观的重大战略举措。其中第二十二条明确提出："深化保险公司治理改革。继续引入各类优质资本，适当放宽保险公司股权比例限制，加强保险公司控股股东和实际控制人管理，建立适合稳健发展和持续增资需求的合理的股权结构。进一步完善董事会制度，规范董事会运作，增强董事会的独立性，强化董事尽职监督。规范保险公司薪酬考核制度，建立稳健薪酬机制，将长期风险和合规指标纳入薪酬考核体系，强化董事会在保险公司薪酬管理中的作用。健全保险公司监督问责机制，强化独立董事和监事会的监督职能。增强经营管理层的执行力，强化总精算师、合规责任人和审计责任人等关键岗位职责。深化内部审计体制改革，完善保险公司内控管理，健全风险管控体系。推动保险机构不断优化组织体系，提高管理效率。加大对非上市保险机构的信息披露力度，加强社会公众监督。"

2016 年 8 月 23 日，中国保监会发布《中国保险业发展"十三五"规划纲要》（以下简称《"十三五"规划纲要》）。党的十八大以来，中国经济社会发展进入新的阶段，党中央、国务院高度重视保险业在经济社会发展战略全局中的重要作用。2014 年 8 月，国务院发布了保险业"新国十条"，标志着党中央、国务院把发展现代保险服务业放在经济社会工作整体布局中统筹考虑，保险业成为中国经济社会发展总体布局中的重要一环。行业战略定位发生的根本性改变为制定规划提出了更高的战略要求，同时保险业的发展基础有了根本性提升。经过"十一五"和"十二五"两个完整规划周期，保险业自身的发展水平有了明显提升，保险市场体系、业务结构更加优化和完善，行业实力和经营效益明显提升，改革创新取得实质性突破。保险业具备了更强的内生活力，能够承担国家、经济社会及保险客户对行业的更高要求。这些变化使得保险业"十三五"规划应当着眼于提升保险业在国家治理体系和治理能力现代化中的地位与作用，稳步实现"新国十条"提出的"到 2020 年基本建成现代保险服务业"发展目标。《"十三五"规划纲要》的具体措施中第七章明确提出，要加强监管，筑牢风险防范底线。具体来说，要坚持机构监管与功能监管相统一，宏观审慎监管与微观审慎监管相统一，风险防范与消费者权益保护并重，完善公司治理、偿付能力和市场行为"三支柱"监管制度，建立全面风险管理体系，牢牢守住不发生系统性、区域性风险的底线。

# 第三节　1979—2018 年保险公司治理政策法规具体分析

## 一、保险公司治理政策法规内容类型分析

将我国保险公司治理政策法规进行分类，可以根据政策法规的适用范围分为 3 类：适用于保险公司治理的政策法规、适用于保险机构治理的政策法规和适用于保险业治理的政策法规（见表 5-1）。

适用于保险公司治理的政策法规可以按照内容分为公司治理基础政策法规、内部治理政策法规、外部治理政策法规和其他主题政策法规 4 类。其中，公司治理基础政策法规有 15 部，占总量的 8.88%。内部治理政策法规共有 41 部，占所有公司治理政策法规数量的 24.26%。其中董监高和股东治理方面的政策法规数量最多，分别为 13 部（占比 7.69%）、11 部（占比 6.51%），其次分别为合规管理（5 部，占比 2.96%）、董事会治理（4 部，占比 2.37%）、内部审计（3 部、占比 1.78%）、风险管理（2 部，占比 1.18%）、内部控制（2 部，占比 1.18%）以及监事会治理（1 部，占比 0.59%）。外部治理政策法规有 31 部，占总量的 18.34%。其中，外部监管、信息披露、信科治理、退出机制和并购机制方面的政策法规分别有 18 部（占比 10.65%）、9 部（占比 5.33%）、2 部（占比 1.18%）、1 部（占比 0.59%）和 1 部（占比 0.59%）。此外，其他主题的保险公司治理政策法规共有 9 部，占比保险公司治理政策法规总数的 5.33%。

适用于保险机构治理的政策法规可以分为适用于保险经营机构治理的政策法规和

适用于保险中介机构治理的政策法规。保险经营机构治理政策法规有 16 部，占总数的 9.45%，分别适用于保险公司、保险集团、保险资产管理公司、再保险公司、相互保险组织和外国保险机构等不同保险经营机构中的一类或几类。保险中介机构治理政策法规有 20 部，占总数的 11.84%，包括适用于中介机构治理基础的政策法规（4 部，占比 2.37%）以及分别适用于代理机构（7 部，占比 4.14%）、经纪机构（5 部，占比 2.96%）、公估机构（3 部，占比 1.78%）和中介服务集团公司（1 部，占比 0.59%）这 4 类不同保险中介机构治理的政策法规。

适用于保险业治理的政策法规可以按照内容分为法律、发展方针、发展规划、行业监管、行业协会和监管机构 6 类。其中，行业监管方面的政策法规数量最多，达到 14 部（占比 8.28%）；监管机构方面的政策法规为 8 部，占比 4.73%；发展规划方面的政策法规为 7 部，占比 4.14%；发展方针方面的政策法规有 6 部，占比 3.55%；此外还有行业协会方面的政策法规 1 部，法律 1 部，各占比 0.59%。

表 5-1　我国保险公司治理政策法规内容分类

| 政策法规内容 | | | 数量（部） | 比例（%） |
|---|---|---|---|---|
| 公司治理基础 | | | 15 | 8.88 |
| 保险公司治理 | 内部治理 | 股东治理 | 11 | 6.51 |
| | | 董事会治理 | 4 | 2.37 |
| | | 监事会治理 | 1 | 0.59 |
| | | 董监高 | 13 | 7.69 |
| | | 风险管理 | 2 | 1.18 |
| | | 合规管理 | 5 | 2.96 |
| | | 内部控制 | 2 | 1.18 |
| | | 内部审计 | 3 | 1.78 |
| | 外部治理 | 并购机制 | 1 | 0.59 |
| | | 退出机制 | 1 | 0.59 |
| | | 信科治理 | 2 | 1.18 |
| | | 信息披露 | 9 | 5.33 |
| | | 外部监管 | 18 | 10.65 |
| 其他主题 | | | 9 | 5.33 |
| 保险机构治理 | 经营机构 | 保险集团、保险公司、保险资产管理公司 | 6 | 3.55 |
| | | 保险集团、保险公司、保险资产管理公司、再保险公司 | 2 | 1.18 |
| | | 保险集团、保险公司、保险资产管理公司、相互保险组织 | 1 | 0.59 |
| | | 保险公司、保险资产管理公司 | 1 | 0.59 |
| | | 相互保险组织 | 2 | 1.18 |
| | | 保险集团 | 1 | 0.59 |
| | | 再保险公司 | 1 | 0.59 |
| | | 保险资产管理公司 | 1 | 0.59 |
| | | 外国保险机构 | 1 | 0.59 |
| | 中介机构 | 代理机构 | 7 | 4.14 |
| | | 经纪机构 | 5 | 2.96 |
| | | 公估机构 | 3 | 1.78 |
| | | 中介服务集团公司 | 1 | 0.59 |
| | | 中介机构治理基础 | 4 | 2.37 |

续表

| 政策法规内容 | | 数量（部） | 比例（%） |
|---|---|---|---|
| 保险业治理 | 法律 | 1 | 0.59 |
| | 发展方针 | 6 | 3.55 |
| | 发展规划 | 7 | 4.14 |
| | 行业监管 | 14 | 8.28 |
| | 行业协会 | 1 | 0.59 |
| | 监管机构 | 8 | 4.73 |
| 合计 | | 169 | 100.00 |

资料来源：作者整理。

## 二、保险公司治理政策法规发布主体分析

通过表 5-2 可知，我国保险公司治理政策法规共有 13 个发布主体。其中，中国保监会发布了 119 部保险公司治理政策法规，占我国保险公司治理政策法规总数的 70.41%，是我国保险公司治理政策法规的第一大发布主体。中国人民保险公司作为第二大发布主体，共发布 13 部（占比 7.69%）保险公司治理政策法规。其次分别为国务院（12 部，占比 7.10%）、中国人民银行（9 部，占比 5.33%）、中国银保监会（5 部，占比 2.96%）、财政部（4 部，占比 2.37%）。此外，还有 7 个发布主体分别发布 1 部保险公司治理政策法规，例如全国人民代表大会常务委员会于 1995 年颁布的《保险法》和中国保险行业协会于 2015 年发布的《保险公司董事会提案管理指南》。

表 5-2　我国保险公司治理政策法规发布主体统计

| 发布主体 | 数量（部） | 比例（%） |
|---|---|---|
| 全国人民代表大会常务委员会 | 1 | 0.59 |
| 国务院 | 12 | 7.10 |
| 中国共产党第十九届中央委员会 | 1 | 0.59 |
| 财政部、中国人民银行、中国工商银行、中国农业银行、中国人民建设银行和中国人民保险公司 | 1 | 0.59 |
| 财政部 | 4 | 2.37 |
| 中国人民银行 | 9 | 5.33 |
| 中国银保监会 | 5 | 2.96 |
| 中国保监会 | 119 | 70.41 |
| 中国保监会、中国证监会 | 1 | 0.59 |
| 中国证监会 | 1 | 0.59 |
| 中国保险行业协会 | 1 | 0.59 |
| 中国人民保险公司 | 13 | 7.69 |
| 13 家签约保险公司 | 1 | 0.59 |
| 合计 | 169 | 100.00 |

资料来源：作者整理。

## 三、保险公司治理政策法规文件层次分析

依照文件层次进行分类，我国保险公司治理政策法规可以分为党内法规、法律、行

政法规、部门规章、国务院规范性文件、部门规范性文件和行业规定 7 类，其中数量最
多的是部门规范性文件，共有 106 部，占所有保险公司治理政策法规总数的 62.72%。部
门规章有 34 部，占政策法规总数的 20.12%。行业规定有 16 部，占政策法规总数的 9.47%。
国务院规范性文件有 8 部，占政策法规总数的 4.73%。此外，还有 3 部行政法规、1 部
法律和 1 部党内法规，分别占比 1.78%、0.59% 和 0.59%，它们是国务院在 1983 年发布
的《财产保险合同条例》、在 1985 年发布的《保险企业管理暂行条例》、在 2001 年发布
的《外资保险公司管理条例》、全国人民代表大会常务委员会在 1995 年发布的《保险法》，
以及中共第十九届中央委员会在 2018 年发布的《深化党和国家机构改革方案》（详见表
5-3）。

表 5-3　我国保险公司治理政策法规文件层次统计

| 文件层次 | 数量（部） | 比例（%） |
|---|---|---|
| 党内法规 | 1 | 0.59 |
| 法律 | 1 | 0.59 |
| 行政法规 | 3 | 1.78 |
| 部门规章 | 34 | 20.12 |
| 国务院规范性文件 | 8 | 4.73 |
| 部门规范性文件 | 106 | 62.72 |
| 行业规定 | 16 | 9.47 |
| 合计 | 169 | 100.00 |

资料来源：作者整理。

## 四、保险公司治理政策法规发布年份分析

依据表 5-4，我国自 1979 年发布了第一部保险公司治理政策法规以来，于 1982
年、1983 年、1984 年、1985 年、1988 年、1989 年、1990 年和 1991 年各发布 1 部保
险公司治理政策法规，1992 年发布 3 部保险公司治理政策法规，1993 年和 1994 年分
别发布 2 部保险公司治理政策法规。而 1995 年共发布保险公司治理政策法规 9 部，数
量激增，这主要是由于 1995 年 6 月 30 日第八届全国人民代表大会常务委员会第十四次
会议通过了《保险法》，因而保险公司治理亟须随之调整，大量保险公司治理政策法规应
运而生。1996—2005 年间，我国每年保险公司治理政策法规发布数量一直保持在 2—7
部之间（分别为 2 部、3 部、3 部、5 部、3 部、5 部、2 部、2 部、7 部和 3 部）。自从
2006 年国务院颁布了推动和完善我国保险事业的《国务院关于保险业改革发展的若干意
见》，各年份保险公司治理政策法规发布数量明显增加。在 2006—2018 年间，每年发布
的政策法规数量分别为 9 部、7 部、7 部、7 部、7 部、5 部、4 部、7 部、7 部、20 部、
12 部、10 部和 7 部。

表 5-4 我国保险公司治理政策法规发布数量年份统计（1979—2018 年）

| 发布年份 | 数量（部） | 比例（%） |
| --- | --- | --- |
| 1979 | 1 | 0.59 |
| 1982 | 1 | 0.59 |
| 1983 | 1 | 0.59 |
| 1984 | 1 | 0.59 |
| 1985 | 1 | 0.59 |
| 1988 | 1 | 0.59 |
| 1989 | 1 | 0.59 |
| 1990 | 1 | 0.59 |
| 1991 | 1 | 0.59 |
| 1992 | 3 | 1.78 |
| 1993 | 2 | 1.18 |
| 1994 | 2 | 1.18 |
| 1995 | 9 | 5.33 |
| 1996 | 2 | 1.18 |
| 1997 | 3 | 1.78 |
| 1998 | 3 | 1.78 |
| 1999 | 5 | 2.96 |
| 2000 | 3 | 1.78 |
| 2001 | 5 | 2.96 |
| 2002 | 2 | 1.18 |
| 2003 | 2 | 1.18 |
| 2004 | 7 | 4.14 |
| 2005 | 3 | 1.78 |
| 2006 | 9 | 5.33 |
| 2007 | 7 | 4.14 |
| 2008 | 7 | 4.14 |
| 2009 | 7 | 4.14 |
| 2010 | 7 | 4.14 |
| 2011 | 5 | 2.96 |
| 2012 | 4 | 2.37 |
| 2013 | 7 | 4.14 |
| 2014 | 7 | 4.14 |
| 2015 | 20 | 11.83 |
| 2016 | 12 | 7.10 |
| 2017 | 10 | 5.92 |
| 2018 | 7 | 4.14 |
| 合计 | 169 | 100.00 |

资料来源：作者整理。

## 五、保险公司治理政策法规效力情况分析

在我国 169 部保险公司治理政策法规中,现行有效的法规共 90 部,占总量的 53.25%,已有 36 部(约 21.30%)政策法规现已废止。其余 43 部为特定背景政策法规,占总量的 26.04%(见表 5-5)。

表 5-5  我国保险公司治理政策法规效力情况统计

| 效力情况 | 数量（部） | 比例（%） |
|---|---|---|
| 现行有效 | 90 | 53.25 |
| 已废止 | 36 | 20.71 |
| 特定背景 | 43 | 26.04 |
| 合计 | 169 | 100.00 |

资料来源：作者整理。

## 六、保险公司治理政策法规修订情况分析

根据表 5-6,我国所有的保险公司治理政策法规中,有 148 部(占比 87.57%)自颁布以来未曾修订过;另有 9 部修订过 1 次,所占比例为 5.33%。此外,还有 12 部经过多次修订:《保险公估机构监管规定》《保险公司董事、监事和高级管理人员任职资格管理规定》《保险公司股权管理办法》《保险经纪机构监管规定》《保险专业代理机构监管规定》《外国保险机构驻华代表机构管理办法》《中华人民共和国外资保险公司管理条例》《中国保险监督管理委员会派出机构监管职责规定》《中华人民共和国外资保险公司管理条例实施细则》分别修订过 2 次;《保险公司管理规定》修订过 3 次;《保险法》《中国保险监督管理委员会行政处罚程序规定》分别修订过 4 次。

表 5-6  我国保险公司治理政策法规修订次数统计

| 修订次数 | 数量（部） | 比例（%） |
|---|---|---|
| 未修订 | 148 | 87.57 |
| 修订 1 次 | 9 | 5.33 |
| 修订 2 次 | 9 | 5.33 |
| 修订 3 次 | 1 | 0.59 |
| 修订 4 次 | 2 | 1.18 |
| 合计 | 169 | 100.00 |

资料来源：作者整理。

# 第六章  2019 年中国保险公司治理政策法规分析

本章对 2019 年我国保险公司治理政策法规文件进行了较为系统和全面的梳理，总结了 2019 年以来我国保险公司治理政策法规的发展情况，并从发布主体、文件层次、发布时间、修订情况等方面进行了具体分析，使读者能够较为全面地了解 2019 年以来保险公司治理发展的政策法规环境。

## 第一节  2019 年保险公司治理政策法规概况

### 一、2019 年保险公司治理政策法规总体情况

第五章第一节已经对保险公司治理政策法规的类型进行了界定，本章在整理 2019 年保险公司治理政策法规时沿用第五章的界定。

依据上述对政策法规的界定，本报告采用手工方式对我国保险公司治理政策法规进行收集整理。政策法规原文主要来源于中国政府网、中国银行保险监督管理委员会官网和北大法宝官网。所有政策法规的发布主体、发布时间、文件层次和修订情况等基础信息均通过手工整理和校对。经整理的政策法规的发布时间范围为 2019 年 1 月 1 日至 2019 年 12 月 31 日，涉及政策、法律、行政法规、部门规章和规范性文件等。

截至 2019 年 12 月底，我国保险公司治理政策法规总共有 184 部。在这些保险公司治理政策法规中，适用的范围从小到大依次涵盖保险公司治理、保险机构治理和保险业治理，其中适用于保险公司治理的政策法规有 98 部，适用于保险机构治理的政策法规有 42 部，适用于保险业治理的政策法规有 44 部，每部分又可以根据其内容进行细分。其中，2019 年新出台的政策法规有 15 部，另外有 2 部政策法规在 2019 年进行了修订，还有 6 部政策法规在 2019 年被废止。2019 年新出台、修订、废止的 21 部保险公司治理政策法规统计详见本节后续内容。184 部保险公司治理政策法规文件详见附表 3，除了整理每部文件的文件名、发布主体、文件编号、文件层次、一级分类和二级分类外，本报告还特别整理了每部政策法规文件的治理意义附在表格中。[①]

---

[①] 限于篇幅，本报告附表 3 列示了 184 部保险公司治理领域的主要政策法规，全部相关政策法规约 400 余部，如果需要相关资料，可以邮件联系作者（nkhaochen@163.com）。

## 二、2019 年新出台保险公司治理政策法规统计

本部分统计了 2019 年新出台的 15 部保险公司治理政策法规的基本信息，并按照第五章的分类标准对其进行分类，具体内容详见表 6-1。从发布主体来看，这 15 部新出台的保险公司治理政策法规分别由 4 个发布主体发布：国务院（1 部），中国银保监会（10 部），中国银保监会办公厅（3 部），以及财政部、农业农村部、银保监会和林草局联合（1 部）。从文件层次来看，1 部为国务院规范性文件，1 部为部门规章，其余 13 部均为部门规范性文件。从内容分类来看，包含 2 部保险公司治理政策法规文件、6 部保险机构治理政策法规文件（其中 5 部关于经营机构，1 部关于中介机构）和 7 部保险业治理政策法规文件。

表 6-1　2019 年新出台保险公司治理政策法规文件目录

| 文件名 | 发布主体 | 文件编号 | 文件层次 | 一级分类 | 二级分类 | 发布时间 |
|---|---|---|---|---|---|---|
| 《中国银保监会关于2018 年保险法人机构公司治理现场评估结果的通报》 | 中国银保监会 | 银保监发〔2019〕2 号 | 部门规范性文件 | 保险机构治理 | 经营机构 | 2019-01-11 |
| 《中国银保监会关于进一步加强金融服务民营企业有关工作的通知》 | 中国银保监会 | 银保监发〔2019〕8 号 | 部门规范性文件 | 保险业治理 | 发展规划 | 2019-02-25 |
| 《中国银保监会办公厅关于加强保险公司中介渠道业务管理的通知》 | 中国银保监会办公厅 | 银保监办发〔2019〕19 号 | 部门规范性文件 | 保险机构治理 | 中介机构 | 2019-02-26 |
| 《中国银保监会办公厅关于授权派出机构实施部分行政许可事项的通知》 | 中国银保监会办公厅 | 银保监办发〔2019〕69 号 | 部门规范性文件 | 保险业治理 | 监管机构 | 2019-03-11 |
| 《中国银保监会关于开展"巩固治乱象成果 促进合规建设"工作的通知》 | 中国银保监会 | 银保监发〔2019〕23 号 | 部门规范性文件 | 保险业治理 | 发展规划 | 2019-05-08 |
| 《保险资产负债管理监管暂行办法》 | 中国银保监会 | 银保监发〔2019〕32 号 | 部门规范性文件 | 保险机构治理 | 经营机构 | 2019-08-07 |
| 《保险公司关联交易管理办法》 | 中国银保监会 | 银保监发〔2019〕35 号 | 部门规范性文件 | 保险公司治理 | 股东治理 | 2019-08-25 |
| 《关于加快农业保险高质量发展的指导意见》 | 财政部、农业农村部、银保监会、林草局 | 财金〔2019〕102 号 | 部门规范性文件 | 保险业治理 | 发展规划 | 2019-09-19 |
| 《中国银保监会办公厅关于开展银行保险机构侵害消费者权益乱象整治工作的通知》 | 中国银保监会办公厅 | 银保监办发〔2019〕194 号 | 部门规范性文件 | 保险机构治理 | 经营机构 | 2019-09-24 |

| 文件名 | 发布主体 | 文件编号 | 文件层次 | 一级分类 | 二级分类 | 发布时间 |
|---|---|---|---|---|---|---|
| 《国务院关于进一步做好利用外资工作的意见》 | 国务院 | 国发〔2019〕23 号 | 国务院规范性文件 | 保险业治理 | 发展规划 | 2019-10-30 |
| 《中国银保监会关于银行保险机构加强消费者权益保护工作体制机制建设的指导意见》 | 中国银保监会 | 银保监发〔2019〕38 号 | 部门规范性文件 | 保险机构治理 | 经营机构 | 2019-11-04 |
| 《中国银保监会关于印发银行保险机构公司治理监管评估办法（试行）的通知》 | 中国银保监会 | 银保监发〔2019〕43 号 | 部门规范性文件 | 保险机构治理 | 经营机构 | 2019-11-25 |
| 《中国银保监会办公厅关于明确取消合资寿险公司外资股比限制时点的通知》 | 中国银保监会 | 银保监办发〔2019〕230 号 | 部门规范性文件 | 保险公司治理 | 股东治理 | 2019-12-06 |
| 《中国银保监会现场检查办法（试行）》 | 中国银保监会 | 中国银保监会令2019 年第 7 号 | 部门规章 | 保险业治理 | 监管部门 | 2019-12-24 |
| 《中国银保监会关于推动银行业和保险业高质量发展的指导意见》 | 中国银保监会 | 银保监发〔2019〕52 号 | 部门规范性文件 | 保险业治理 | 发展规划 | 2019-12-30 |

注：表格中"文件编号"指该文件最新版本的编号。

资料来源：作者自制。

## 三、2019 年新修订保险公司治理政策法规统计

本部分统计了 2019 年新修订的 2 部保险公司治理政策法规的基本信息，具体内容详见表 6-2。2019 年新修订的是保险公司治理方面的行政法规《中华人民共和国外资保险公司管理条例》和部门规章《中华人民共和国外资保险公司管理条例实施细则》；从修订情况来看，前者是根据中华人民共和国国务院令第 720 号《中华人民共和国国务院关于修改〈中华人民共和国外资保险公司管理条例〉和〈中华人民共和国外资银行管理条例〉的决定》对部分条款予以修改，后者是根据中国银行保险监督管理委员会令 2019 年第 4 号直接发布新文件。

## 四、2019 年新废止保险公司治理政策法规统计

本部分统计了 2019 年新废止的 6 部保险公司治理政策法规的基本信息，废止的这 6 部文件均是由中国保监会发布的部门规范性文件。从废止原因来看，其中 4 部文件是由于发布新文件《保险公司关联交易管理办法》而废止，另外 2 部也是由于新文件的发布而废止。具体内容详见表 6-3。

表 6-2　2019 年新修订保险公司治理政策法规文件目录

| 文件名 | 发布主体 | 文件编号 | 文件层次 | 修订情况 |
|---|---|---|---|---|
| 《中华人民共和国外资保险公司管理条例》 | 国务院 | 中华人民共和国国务院令第 720 号 | 行政法规 | 根据中华人民共和国国务院令第 720 号《国务院关于修改〈中华人民共和国外资保险公司管理条例〉和〈中华人民共和国外资银行管理条例〉的决定》对部分条款予以修改 |
| 《中华人民共和国外资保险公司管理条例实施细则》 | 中国银保监会 | 中国银保监会令 2019 年第 4 号 | 部门规章 | 根据中国银行保险监督管理委员会令 2019 年第 4 号修订 |

资料来源：作者自制。

表 6-3　2019 年新废止保险公司治理政策法规文件目录

| 文件名 | 发布主体 | 文件编号 | 文件层次 | 废止原因 |
|---|---|---|---|---|
| 《保险公司关联交易管理暂行办法》 | 中国保监会 | 保监发〔2007〕24 号 | 部门规范性文件 | 根据 2019 年 8 月 25 日《中国银保监会关于印发保险公司关联交易管理办法的通知》（银保监发〔2019〕35 号）废止 |
| 《中国保监会关于进一步规范保险公司关联交易有关问题的通知》 | 中国保监会 | 保监发〔2015〕36 号 | 部门规范性文件 | |
| 《中国保监会关于进一步加强保险公司关联交易信息披露工作有关问题的通知》 | 中国保监会 | 保监发〔2016〕52 号 | 部门规范性文件 | |
| 《关于进一步加强保险公司关联交易管理有关事项的通知》 | 中国保监会 | 保监发〔2017〕52 号 | 部门规范性文件 | |
| 《关于银行类保险兼业代理机构行政许可有关事项的通知》 | 中国保监会 | 保监中介〔2016〕44 号 | 部门规范性文件 | 根据 2019 年 8 月 23 日《商业银行代理保险业务管理办法》（银保监发〔2019〕179 号）废止 |
| 《保险法人机构公司治理评价办法（试行）》 | 中国保监会 | 保监发〔2015〕112 号 | 部门规范性文件 | 根据 2019 年 11 月 25 日《银行保险机构公司治理监管评估办法（试行）》（银保监发〔2019〕43 号）废止 |

注：表格中"文件编号"指该文件最新版本的编号。

资料来源：作者自制。

# 第二节　2019 年保险公司治理政策法规发展脉络

## 一、监管机构建设：进一步简政放权

2019 年 3 月，为贯彻落实国务院机构改革精神，进一步简政放权，优化监管流程，提高监管质效，中国银保监会办公厅发布《中国银保监会办公厅关于授权派出机构实施部分行政许可事项的通知》，明确了授权派出机构实施的部门行政许可事项。保险公司在银保监局辖内变更营业场所审批，保险公司省级分公司开业审批以及保险公司除董事长、总经理（含主持工作的副总经理）以外的其他董事、监事和高级管理人员任职资格核准三类行政许可事项由保险公司或拟设省级分公司所在地银保监局受理、审查和决定。

## 二、服务实体经济、整治市场乱象

为深入贯彻落实中共中央办公厅、国务院办公厅印发的《关于加强金融服务民营企业的若干意见》精神，进一步缓解民营企业融资难、融资贵问题，切实提高民营企业金融服务的获得感，中国银保监会推动保险机构持续优化金融服务体系，在风险可控的情况下提供更灵活的民营企业贷款保证保险服务，为民营企业获得融资提供增信支持。

为贯彻落实 2019 年监管工作会议精神，进一步规范保险中介市场秩序，筑牢防范系统性金融风险底线，中国银保监会先后发布《中国银保监会办公厅关于加强保险公司中介渠道业务管理的通知》《中国银保监会关于开展"巩固治乱象成果 促进合规建设"工作的通知》《中国银保监会办公厅关于开展银行保险机构侵害消费者权益乱象整治工作的通知》《中国银保监会关于银行保险机构加强消费者权益保护工作体制机制建设的指导意见》等政策文件，集中整治中介业务乱象、违规乱象和侵害消费者权益乱象，推进消费者权益保护体制机制建设，有利于进一步筑牢防范系统性金融风险的底线，推动保险市场健康发展。

## 三、推进保险机构公司治理建设

为进一步加强保险法人机构公司治理监管，提升保险机构公司治理有效性，2018 年，中国银保监会组织对 50 家中资保险法人机构开展了公司治理现场评估工作，2019 年 1 月 11 日发布《中国银保监会关于 2018 年保险法人机构公司治理现场评估结果的通报》，通报了评估的基本情况、评估发现的主要问题、下一步工作措施和相关工作要求，要求各保险机构抓紧整改，以此次评估为契机，加强对公司治理相关监管政策制度尤其是新出台监管制度的学习，对照检查本机构公司治理的制度与运作流程，全面提升公司治理的实际效果。

为进一步完善保险资产负债管理监管制度体系，加强分类监管，强化资产负债管理监管硬约束,中国银保监会于 2019 年 8 月 7 日发布了《保险资产负债管理监管暂行办法》。该暂行办法共 5 章 37 条,该暂行办法的发布和实施有利于推动保险公司提高资产负债管理能力,防范资产负债错配风险,有利于引导保险行业转型和稳健审慎资产配置,促进行业高质量发展。

为规范保险公司关联交易行为,加强保险公司关联交易监管,防范利益输送风险,中国银保监会于 2019 年 8 月 25 日发布了《保险公司关联交易管理办法》。该办法共 7 章 64 条,按照关联交易管理流程,对关联关系认定、关联交易的内控管理及外部监管等方面进行明确规定,该办法明确了从严监管、穿透监管的原则,建立事前、事中、事后全流程的关联交易审查和报告制度,突出重点、抓大放小,重点监控公司治理不健全机构的关联交易和大额资金运用行为,要求保险公司提高市场竞争力,控制关联交易的数量和规模,从而达到提高保险公司经营独立性,防止利益输送风险的监管目标。

为进一步加强银行保险机构公司治理监管,切实提升公司治理有效性,中国银保监会于 2019 年 11 月 25 日发布了《银行保险机构公司治理监管评估办法(试行)》。该办法共 5 章 25 条,评估内容主要包括党的领导、股东治理、董事会治理、监事会和高管层治理、风险内控、关联交易治理、市场约束、其他利益相关者治理等 8 个方面。该办法的发布和实施,是中国银保监会坚决打好防范化解重大金融风险攻坚战的重要手段,是推动银行保险机构建立现代金融企业制度的重要举措。该办法的出台将为监管部门做好银行保险机构公司治理评估工作提供制度依据,对引导规范银行保险机构提升公司治理水平起到重要作用。

## 四、进一步推动保险行业对外开放

党中央、国务院高度重视对外开放工作,明确将"开放"列为五大发展理念之一,强调改善投资和市场环境、加快对外开放步伐,积极稳妥推动金融业对外开放。习近平主席在博鳌亚洲论坛 2018 年年会开幕式上,发表题为《开放共创繁荣 创新引领未来》的主旨演讲,宣布大幅放宽市场准入,确保放宽银行、证券、保险行业外资股比限制的重大措施落地,同时要加大开放力度,加快保险行业开放进程,放宽外资金融机构设立限制,扩大外资金融机构在华业务范围,拓宽中外金融市场合作领域。经党中央、国务院批准,2019 年 5 月,中国银保监会从取消外资股比限制、放宽市场准入条件、拓宽商业存在和扩大业务范围等方面,提出 12 条银行业保险业新开放政策措施。2019 年 7 月,国务院金融稳定发展委员会办公室在深入研究评估的基础上,再次推出包括放宽外资保险公司准入条件在内的 11 条新开放政策措施。

为全面贯彻落实党中央、国务院决策部署,为保险业对外开放顺利实施提供法治保障,中国银保监会推动修改《中华人民共和国外资保险公司管理条例》。2019 年 10 月,国务院总理李克强签署国务院令,公布《国务院关于修改〈中华人民共和国外资保险公司管理条例〉和〈中华人民共和国外资银行管理条例〉的决定》。

修改后的《中华人民共和国外资保险公司条例》放宽了外资保险公司准入限制,对申请设立外资保险公司的外国保险公司,取消"经营保险业务 30 年以上"和"在中国境内已经设立代表机构 2 年以上"的条件,鼓励更多有经营特色和专长的保险机构进入中国市场。同时，允许外国保险集团公司在中国境内投资设立外资保险公司，允许境外金融机构入股外资保险公司，并授权国务院保险监督管理机构制定具体管理办法，进一步丰富外资保险公司的股东类型，激发市场活力，促进保险业高质量发展。

2019 年 11 月 29 日，《中华人民共和国外资保险公司管理条例实施细则》发布，要求放宽外资人身险公司外方股比限制，将外资人身险公司外方股比放宽至 51%，并为 2020 年适时全面取消外方股比限制预留制度空间。此外，新细则不再对"经营保险业务 30 年""在中国境内已经设立代表机构 2 年以上"等相关事项作出规定。为规范外资保险公司股权管理，新细则要求外资保险公司至少有 1 家经营正常的保险公司作为主要股东，进一步明确主要股东的责任和义务，保障外资保险公司持续健康运行。在统一中外资监管制度方面，新细则删除了关于外资保险公司分支机构管理等相关条款，外资保险公司在分支机构的设立和管理方面与中资保险公司同等适用《保险公司分支机构市场准入管理办法》等相关规定，设立合资保险公司的中国申请人的资格条件统一适用《保险公司股权管理办法》，确保相关监管规定的协调统一。

2019 年 12 月 6 日，中国银保监会发布《中国银保监会办公厅关于明确取消合资寿险公司外资股比限制时点的通知》，规定自 2020 年 1 月 1 日起，正式取消合资人身险公司的外资比例限制，外资最高持股比例可达 100%。关于现行《中华人民共和国外资保险公司管理条例实施细则》中合资寿险公司"外资比例不得超过公司总股本的 51%"的规定，中国银保监会表示将尽快启动修订，并在修订后重新发布。

# 第三篇

# 发展内容篇

　　保险业公司治理结构仍然不够规范，内控机制需要进一步加强，服务经济社会发展的能力和水平迫切需要进一步提高，全行业转向高质量发展的任务依然十分艰巨。

　　——郭树清 2019 年 4 月 11 日在中国人民保险集团股份有限公司座谈会上的讲话

# 第七章 保险公司内部治理状况分析

本章分别关注了保险公司召开股东会／股东大会情况、股权结构、董事会和监事会规模、董事和监事的学历和职业背景、高管规模以及 4 个特殊高管设置等保险公司内部治理指标，从股东与股东会／股东大会、董事与董事会、监事与监事会以及高管治理 4 个方面对保险公司内部治理发展的状况进行了统计、描述和分析。此外，本章最后同样从这 4 个方面分析了再保险公司内部治理发展的状况。

## 第一节 股东与股东会／股东大会

### 一、股权结构

#### （一）股权结构总体状况

股权结构是衡量公司治理好坏的一个重要指标。股权集中有利于公司决策，但同时也有可能导致中小股东利益难以保障；股权过于分散则不利于公司的稳定经营。表 7-1 显示了我国保险公司第一大股东持股比例和股权集中度指标。其中，Z 指数是第一大股东持股比例与第二大股东持股比例的比值，H3 指数是前三大股东持股比例平方之和，H5 指数是前五大股东持股比例平方之和。在统计的 164 家保险公司中[①]，第一大股东持股比例的平均值为 50.71%，说明其具有优势控股地位；标准差为 29.95%，体现出不同保险公司的股权结构有较为明显的差异。Z 指数平均值为 80.52，体现了第一大股东和第二大股东持股水平相差较为悬殊；标准差为 9998.00，体现出不同的保险公司的股权分布有较为明显的差异。H3 指数平均值为 0.41，H5 指数平均值为 0.43，反映出我国保险公司股权结构总体上较为集中。

---

① 截至 2019 年 12 月，我国保险机构一共 237 家，样本构成详见第二章相关内容。本章的分析中剔除了一些样本，其中包括：保险资产管理公司 26 家，再保险公司 11 家，集团（控股）公司 13 家，友邦保险有限公司分公司 7 家，相互保险组织 7 家，大家财产保险股份有限公司、大家养老保险股份有限公司、大家人寿保险股份有限公司 3 家保险公司，以及信息未进行披露的中远海运财产保险自保有限公司（公司官网治理数据并未披露）和久隆财产保险有限公司（官网仍在建设中）2 家保险公司。最终得到的样本为 168 家，部分公司治理指标存在信息披露不全的情况，因此本章统计数据中样本总数小于或者等于 168 家。

表 7-1　保险公司第一大股东持股比例及股权集中度指标

| 持股比例及股权集中统计 | | | | |
|---|---|---|---|---|
| 统计指标 | 第一大股东持股比例（%） | Z 指数 | H3 指数 | H5 指数 |
| 平均值 | 50.71 | 80.52 | 0.41 | 0.43 |
| 中位数 | 50.00 | 1.43 | 0.33 | 0.34 |
| 标准差 | 29.95 | 861.10 | 0.34 | 0.32 |
| 极差 | 88.40 | 9998.00 | 0.97 | 0.96 |
| 最小值 | 11.60 | 1.00 | 0.03 | 0.04 |
| 最大值 | 100.00 | 9999.00 | 1.00 | 1.00 |
| 样本情况统计（家） | | | | |
| 统计样本 | 第一大股东持股比例（%） | Z 指数 | H3 指数 | H5 指数 |
| 有效样本 | 164 | 135 | 164 | 164 |
| 缺失样本 | 4 | 33 | 4 | 4 |

资料来源：根据各保险公司官网公开数据整理。

**（二）股权结构分类比较**

下文主要描述了不同组织形式、资本性质和险种类型的保险公司在股东持股情况上的差异。

表 7-2 显示了股份制和有限制保险公司股东的持股情况。从第一大股东持股情况来看，有限制保险公司第一大股东持股优势更明显，持股比例平均值为 68.02%，而股份制公司为 41.49%。从 Z 指数、H3 指数和 H5 指数的平均值来看，股份制公司分别为 110.16、0.30 和 0.32，有限制公司分别为 2.02、0.64 和 0.64。因此，相较于有限制公司，股份制公司第一大股东和第二大股东的力量更悬殊，而有限制公司前三大股东和前五大股东股权更为集中。

表 7-2　不同组织形式的保险公司股权集中度对比

| 组织形式 | 数据统计情况 | | | | |
|---|---|---|---|---|---|
| | 股权集中度对比 | | | | |
| | 统计指标 | 第一大股东持股比例（%） | Z 指数 | H3 指数 | H5 指数 |
| | 平均值 | 41.49 | 110.16 | 0.30 | 0.32 |
| | 中位数 | 27.11 | 1.46 | 0.14 | 0.18 |
| | 标准差 | 28.18 | 1010.49 | 0.30 | 0.29 |
| 股份制 | 极差 | 88.40 | 9998.00 | 0.97 | 0.96 |
| | 最小值 | 11.60 | 1.00 | 0.03 | 0.04 |
| | 最大值 | 100.00 | 9999.00 | 1.00 | 1.00 |
| | 样本统计情况（家） | | | | |
| | 统计样本 | 第一大股东持股比例（%） | Z 指数 | H3 指数 | H5 指数 |
| | 有效样本 | 107 | 98 | 107 | 107 |
| | 缺失样本 | 1 | 10 | 1 | 1 |

| 组织形式 | 股权集中度对比 | | | | |
|---|---|---|---|---|---|
| | 统计指标 | 第一大股东持股比例（%） | Z 指数 | H3 指数 | H5 指数 |
| 有限制 | 平均值 | 68.02 | 2.02 | 0.64 | 0.64 |
| | 中位数 | 51.00 | 1.04 | 0.50 | 0.50 |
| | 标准差 | 25.29 | 2.92 | 0.29 | 0.28 |
| | 极差 | 80.00 | 17.41 | 0.88 | 0.84 |
| | 最小值 | 20.00 | 1.00 | 0.12 | 0.16 |
| | 最大值 | 100.00 | 18.41 | 1.00 | 1.00 |
| | 样本统计情况（家） | | | | |
| | 统计样本 | 第一大股东持股比例（%） | Z 指数 | H3 指数 | H5 指数 |
| | 有效样本 | 57 | 37 | 57 | 57 |
| | 缺失样本 | 3 | 23 | 3 | 3 |

资料来源：根据各保险公司官网公开数据整理。

据表 7-3 可知，中资保险公司第一大股东持股比例的平均值为 44.27%，低于外资保险公司的 66.26%。从 Z 指数、H3 指数和 H5 指数的平均值来看，中资保险公司分别为 107.10、0.33 和 0.35，外资保险公司分别为 1.59、0.62 和 0.62。说明中资保险公司第一大股东和第二大股东持股力量差距更明显，中资保险公司和外资保险公司前三大股东与前五大股东持股总数情况没有明显差异。中资企业第一大股东持股比例的标准差为 30.17%，极差为 88.40%，外资企业第一大股东持股比例的标准差为 23.11%，极差为 75.00%，可见中资企业股权集中度的差异比外资企业股权集中度的差异更大。

表 7-3 不同资本性质的保险公司股权集中度对比

| 资本性质 | 数据统计情况 | | | | |
|---|---|---|---|---|---|
| | 股权集中度对比 | | | | |
| | 统计指标 | 第一大股东持股比例（%） | Z 指数 | H3 指数 | H5 指数 |
| 中资 | 平均值 | 44.27 | 107.10 | 0.33 | 0.35 |
| | 中位数 | 31.86 | 1.43 | 0.15 | 0.19 |
| | 标准差 | 30.17 | 995.37 | 0.33 | 0.32 |
| | 极差 | 88.40 | 9998.00 | 0.97 | 0.96 |
| | 最小值 | 11.60 | 1.00 | 0.03 | 0.04 |
| | 最大值 | 100.00 | 9999.00 | 1.00 | 1.00 |
| | 样本统计情况（家） | | | | |
| | 统计样本 | 第一大股东持股比例（%） | Z 指数 | H3 指数 | H5 指数 |
| | 有效样本 | 116 | 101 | 116 | 116 |
| | 缺失样本 | 2 | 17 | 2 | 2 |
| | 股权集中度对比 | | | | |
| | 统计指标 | 第一大股东持股比例（%） | Z 指数 | H3 指数 | H5 指数 |
| 外资 | 平均值 | 66.26 | 1.59 | 0.62 | 0.62 |
| | 中位数 | 51.00 | 1.04 | 0.50 | 0.50 |
| | 标准差 | 23.11 | 0.82 | 0.26 | 0.26 |
| | 极差 | 75.00 | 2.98 | 0.86 | 0.83 |
| | 最小值 | 25.00 | 1.00 | 0.14 | 0.17 |
| | 最大值 | 100.00 | 3.98 | 1.00 | 1.00 |

| 外资 | 样本统计情况（家） | | | | |
|---|---|---|---|---|---|
| | 统计样本 | 第一大股东持股比例（%） | Z 指数 | H3 指数 | H5 指数 |
| | 有效样本 | 48 | 34 | 48 | 48 |
| | 缺失样本 | 2 | 16 | 2 | 2 |

资料来源：根据各保险公司官网公开数据整理。

依据表 7-4 数据可知，财产险公司第一大股东持股比例平均值为 54.52%，而人身险公司为 47.17%，二者均在 50% 左右。从 Z 指数来看，人身险公司平均值为 133.90，财产险公司平均值为 2.89，可见人身险公司的第一大股东与第二大股东持股力量相比财产险公司更悬殊；同时，人身险公司 Z 指数的极差和标准差也更大，说明人身险公司持股情况变化更剧烈。同时，财产险公司的 H3 指数和 H5 指数平均值分别为 0.45 和 0.47，人身险公司为 0.38 和 0.39，说明财产险公司前几大股东股权更为集中。

表 7-4 不同险种类型的保险公司股权集中度对比

| 险种类型 | 数据统计情况 | | | | |
|---|---|---|---|---|---|
| | 股权集中度对比 | | | | |
| | 统计指标 | 第一大股东持股比例（%） | Z 指数 | H3 指数 | H5 指数 |
| | 平均值 | 54.52 | 2.89 | 0.45 | 0.47 |
| | 中位数 | 49.00 | 1.50 | 0.27 | 0.28 |
| | 标准差 | 34.03 | 4.16 | 0.39 | 0.38 |
| 财产险 | 极差 | 86.50 | 21.98 | 0.96 | 0.96 |
| | 最小值 | 13.50 | 1.00 | 0.04 | 0.04 |
| | 最大值 | 100.00 | 22.98 | 1.00 | 1.00 |
| | 样本情况统计（家） | | | | |
| | 统计样本 | 第一大股东持股比例（%） | Z 指数 | H3 指数 | H5 指数 |
| | 有效样本 | 79 | 55 | 79 | 79 |
| | 缺失样本 | 3 | 27 | 3 | 3 |
| | 股权集中度对比 | | | | |
| | 统计指标 | 第一大股东持股比例（%） | Z 指数 | H3 指数 | H5 指数 |
| | 平均值 | 47.17 | 133.90 | 0.38 | 0.39 |
| | 中位数 | 50.00 | 1.29 | 0.38 | 0.38 |
| | 标准差 | 25.27 | 1118.31 | 0.28 | 0.26 |
| 人身险 | 极差 | 88.40 | 9998.00 | 0.97 | 0.94 |
| | 最小值 | 11.60 | 1.00 | 0.03 | 0.06 |
| | 最大值 | 100.00 | 9999.00 | 1.00 | 1.00 |
| | 样本统计情况（家） | | | | |
| | 统计样本 | 第一大股东持股比例（%） | Z 指数 | H3 指数 | H5 指数 |
| | 有效样本 | 85 | 80 | 85 | 85 |
| | 缺失样本 | 1 | 6 | 1 | 1 |

资料来源：根据各保险公司官网公开数据整理。

## 二、股东会 / 股东大会

股东会 / 股东大会是公司最高权力机关，它是股东借以对企业行使财产管理权的组织。股东会 / 股东大会有定期与临时举行两种方式，即年度股东会 / 股东大会和临时股东会 / 股东大会。本报告对保险公司近 5 年来召开股东会 / 股东大会次数进行了统计，并按组织形式、资本性质和险种类型对保险公司进行了分类，对比分析了不同保险公司召开股东会 / 股东大会的情况。

### （一）2015—2019 年保险公司召开股东会 / 股东大会情况统计

监管机构要求保险公司在官网上披露近 3 年股东会 / 股东大会的主要决议。本部分统计了 2015—2019 年保险公司召开股东会 / 股东大会的情况，但 2015 年数据缺失较多，数据缺失原因包括保险公司未设立股东会 / 股东大会、设立股东会 / 股东大会但未开会和设立并召开股东会 / 股东大会但未披露股东 3 种。从 2015 年的有效样本来看，只召开年度股东会 / 股东大会的公司占比 23.30%，80.20% 的公司召开的股东会 / 股东大会次数在 4 次（含 4 次）以下，最多召开次数为 8 次（见表 7-5）。

表 7-5　2015 年保险公司召开股东会 / 股东大会频数统计

| 样本情况 | 股东会 / 股东大会次数 | 频数 | 比例（%） | 有效比例（%） |
|---|---|---|---|---|
| 有效样本 | 1 | 20 | 11.90 | 23.30 |
| | 2 | 16 | 9.50 | 18.60 |
| | 3 | 15 | 8.90 | 17.40 |
| | 4 | 18 | 10.70 | 20.90 |
| | 5 | 5 | 3.00 | 5.80 |
| | 6 | 5 | 3.00 | 5.80 |
| | 7 | 4 | 2.40 | 4.70 |
| | 8 | 3 | 1.80 | 3.50 |
| | 小计 | 86 | 51.20 | 100.00 |
| 缺失样本 | | 82 | 48.80 | —— |
| 合计 | | 168 | 100.00 | —— |

资料来源：根据各保险公司官网公开数据整理。

2016 年只召开年度股东会 / 股东大会的公司占比 15.50%，73.60% 的公司召开的股东会 / 股东大会议次数在 4 次（含 4 次）以下，最多召开次数为 11 次。2016 年保险公司召开股东会 / 股东大会次数的众数为 3 次。整体来看，相较于 2015 年，2016 年所有保险公司召开股东会 / 股东大会次数明显增多，召开股东会 / 股东大会最多次数为 11 次，且召开 1 次股东会 / 股东大会的公司比例明显下降（见表 7-6）。

表 7-6 2016 年保险公司召开股东会/股东大会频数统计

| 样本情况 | 股东会/股东大会次数 | 频数 | 比例（%） | 有效比例（%） |
|---|---|---|---|---|
| 有效样本 | 1 | 17 | 10.10 | 15.50 |
| | 2 | 25 | 14.90 | 22.70 |
| | 3 | 26 | 15.50 | 23.60 |
| | 4 | 13 | 7.70 | 11.80 |
| | 5 | 13 | 7.70 | 11.80 |
| | 6 | 7 | 4.20 | 6.40 |
| | 7 | 2 | 1.20 | 1.80 |
| | 8 | 1 | 0.60 | 0.90 |
| | 9 | 5 | 3.00 | 4.50 |
| | 11 | 1 | 0.60 | 0.90 |
| | 小计 | 110 | 65.50 | 100.00 |
| 缺失样本 | | 58 | 34.50 | — |
| 合计 | | 168 | 100.00 | — |

资料来源：根据各保险公司官网公开数据整理。

从 2017 年统计结果来看，有一家保险公司未召开股东会/股东大会，只召开年度股东会/股东大会的保险公司占比 9.40%，79.50% 的公司召开的股东会/股东大会次数在 4 次（含 4 次）以下，最多召开次数为 10 次。2017 年，随着监管的加强，越来越多的保险公司增加了召开股东会/股东大会的次数。仅召开 1 次股东会/股东大会的公司数量占比低于 10%，多数公司选择召开 1 次年度股东会/股东大会和 N 次（N 大于 0）临时股东会/股东大会议的形式（见表 7-7）。

表 7-7 2017 年保险公司召开股东会/股东大会频数统计

| 样本情况 | 股东会/股东大会次数 | 频数 | 比例（%） | 有效比例（%） |
|---|---|---|---|---|
| 有效样本 | 0 | 1 | 0.60 | 0.90 |
| | 1 | 11 | 6.50 | 9.40 |
| | 2 | 29 | 17.30 | 24.80 |
| | 3 | 24 | 14.30 | 20.50 |
| | 4 | 28 | 16.70 | 23.90 |
| | 5 | 11 | 6.50 | 9.40 |
| | 6 | 8 | 4.80 | 6.80 |
| | 7 | 2 | 1.20 | 1.70 |
| | 8 | 1 | 0.60 | 0.90 |
| | 10 | 2 | 1.20 | 1.70 |
| | 小计 | 117 | 69.70 | 100.00 |
| 缺失样本 | | 51 | 30.40 | — |
| 合计 | | 168 | 100.00 | — |

资料来源：根据各保险公司官网公开数据整理。

从 2018 年数据来看，只召开年度股东会／股东大会的公司占比 13.00%，79.10%的公司召开的股东会／股东大会议次数在 4 次（含 4 次）以下，最多召开次数为 8 次。2018 年股东会／股东大会的召开情况与前 3 年基本一致，无明显差异（见表 7-8）。

表 7-8　2018 年保险公司召开股东会／股东大会频数统计

| 样本情况 | 股东会／股东大会次数 | 频数 | 比例（%） | 有效比例（%） |
| --- | --- | --- | --- | --- |
| 有效样本 | 1 | 15 | 8.90 | 13.00 |
| | 2 | 28 | 16.70 | 24.30 |
| | 3 | 30 | 17.90 | 26.10 |
| | 4 | 18 | 10.70 | 15.70 |
| | 5 | 16 | 9.50 | 13.90 |
| | 6 | 3 | 1.80 | 2.60 |
| | 7 | 4 | 2.40 | 3.50 |
| | 8 | 1 | 0.60 | 0.90 |
| | 小计 | 115 | 68.50 | 100.00 |
| 缺失样本 | | 53 | 31.50 | — |
| 合计 | | 168 | 100.00 | — |

资料来源：根据各保险公司官网公开数据整理。

截至 2019 年 11 月初，部分公司尚未披露 2019 年召开股东会／股东大会情况，数据缺失较多，有效样本为 105 家。从目前所获数据来看，4 家公司本年度尚未召开股东会／股东大会，84.70%的公司召开股东会／股东大会次数为 1—3 次，召开股东会／股东大会在 6 次及以上的公司有两家（见表 7-9）。

表 7-9　2019 年保险公司召开股东会／股东大会频数统计

| 样本情况 | 股东会／股东大会次数 | 频数 | 比例（%） | 有效比例（%） |
| --- | --- | --- | --- | --- |
| 有效样本 | 0 | 4 | 2.40 | 3.80 |
| | 1 | 37 | 22.00 | 35.20 |
| | 2 | 25 | 14.90 | 23.80 |
| | 3 | 27 | 16.10 | 25.70 |
| | 4 | 7 | 4.20 | 6.70 |
| | 5 | 3 | 1.80 | 2.90 |
| | 6 | 1 | 0.60 | 1.00 |
| | 7 | 1 | 0.60 | 1.00 |
| | 小计 | 105 | 62.50 | 100.00 |
| 缺失样本 | | 63 | 37.50 | — |
| 合计 | | 168 | 100.00 | — |

资料来源：根据各保险公司官网公开数据整理。

综合来看，2015—2019 年间，保险公司召开股东会／股东大会次数总体保持稳定，呈现微弱的先上升后下降趋势：2015 年所有保险公司召开股东会／股东大会的平均次数为 3.21 次，2016 年为 3.47 次，2017 年为 3.40 次，2018 年为 3.19 次，2019 年为 2.13 次（见

表 7-10）。因 2019 年数据只统计到 11 月，故 2019 年数据平均值与前 4 年有一定差距。

表 7-10　近 5 年保险公司召开股东会／股东大会情况统计

| 统计指标 | 2015 年 | 2016 年 | 2017 年 | 2018 年 | 2019 年 |
|---|---|---|---|---|---|
| 有效样本（家） | 86 | 110 | 117 | 115 | 105 |
| 缺失样本（家） | 82 | 58 | 51 | 53 | 63 |
| 平均值（次） | 3.21 | 3.47 | 3.40 | 3.19 | 2.13 |
| 中位数（次） | 3.00 | 3.00 | 3.00 | 3.00 | 2.00 |
| 标准差（次） | 1.92 | 2.14 | 1.77 | 1.57 | 1.29 |
| 极差（次） | 7.00 | 10.00 | 10.00 | 7.00 | 7.00 |
| 最小值（次） | 1.00 | 1.00 | 0.00 | 1.00 | 0.00 |
| 最大值（次） | 8.00 | 11.00 | 10.00 | 8.00 | 7.00 |

资料来源：根据各保险公司官网公开数据整理。

**（二）2015—2019 年保险公司召开股东会／股东大会分类比较**

从组织形式来看，多数保险公司以股份有限公司的组织形式存在，占比达 64.29%。2015—2019 年，有限责任公司与股份有限公司在召开股东会／股东大会次数平均值上略有差距，在 2017 年和 2018 年，有限责任公司召开股东会／股东大会的次数明显多于股份有限公司，2017 年二者平均值分别为 4.62 和 3.21，2018 年二者平均值分别为 4.06 和 3.05（表 7-11）。

表 7-11　近 5 年保险公司股东会／股东大会召开情况统计（按组织形式分类）

| 组织形式 | 统计指标 | 2015 年 | 2016 年 | 2017 年 | 2018 年 | 2019 年 |
|---|---|---|---|---|---|---|
| 股份制 | 有效样本（家） | 72 | 94 | 101 | 99 | 92 |
| | 缺失样本（家） | 36 | 14 | 7 | 9 | 16 |
| | 平均值（次） | 3.21 | 3.49 | 3.21 | 3.05 | 2.03 |
| | 中位数（次） | 3.00 | 3.00 | 3.00 | 3.00 | 2.00 |
| | 标准差（次） | 1.89 | 2.06 | 1.62 | 1.43 | 1.15 |
| | 极差（次） | 7.00 | 10.00 | 10.00 | 6.00 | 7.00 |
| | 最小值（次） | 1.00 | 1.00 | 0.00 | 1.00 | 0.00 |
| | 最大值（次） | 8.00 | 11.00 | 10.00 | 7.00 | 7.00 |
| 有限制 | 有效样本（家） | 14 | 16 | 16 | 16 | 13 |
| | 缺失样本（家） | 46 | 44 | 44 | 44 | 47 |
| | 平均值（次） | 3.21 | 3.38 | 4.62 | 4.06 | 2.85 |
| | 中位数（次） | 3.00 | 3.00 | 4.00 | 3.50 | 3.00 |
| | 标准差（次） | 2.16 | 2.60 | 2.19 | 2.11 | 1.95 |
| | 极差（次） | 7.00 | 8.00 | 9.00 | 7.00 | 6.00 |
| | 最小值（次） | 1.00 | 1.00 | 1.00 | 1.00 | 0.00 |
| | 最大值（次） | 8.00 | 9.00 | 10.00 | 8.00 | 6.00 |

资料来源：根据各保险公司官网公开数据整理。

从资本性质来看，目前我国中资的保险公司占比约为 70.24%，其近年来信息披露力度有所加强，在公司网站上能查询到股东会／股东大会相关决议；外资保险公司样本缺失比较严重，且近年来并未好转。从召开次数来看，中资保险公司召开股东会／股东大会的次数在 2015—2017 年多于外资保险公司，但在 2018 年和 2019 年，这一情况有所变化（见表 7-12）。

表 7-12　近 5 年保险公司股东会／股东大会召开情况统计（按资本性质分类）

| 资本性质 | 统计指标 | 2015 | 2016 | 2017 | 2018 | 2019 |
|---|---|---|---|---|---|---|
| 中资 | 有效样本（家） | 76 | 98 | 106 | 103 | 97 |
| | 缺失样本（家） | 42 | 20 | 12 | 15 | 21 |
| | 平均值（次） | 3.29 | 3.53 | 3.41 | 3.18 | 2.11 |
| | 中位数（次） | 3.00 | 3.00 | 3.00 | 3.00 | 2.00 |
| | 标准差（次） | 2.00 | 2.17 | 1.77 | 1.56 | 1.25 |
| | 极差（次） | 7.00 | 10.00 | 10.00 | 7.00 | 7.00 |
| | 最小值（次） | 1.00 | 1.00 | 0.00 | 1.00 | 0.00 |
| | 最大值（次） | 8.00 | 11.00 | 10.00 | 8.00 | 7.00 |
| 外资 | 有效样本（家） | 10 | 12 | 11 | 12 | 8 |
| | 缺失样本（家） | 40 | 38 | 39 | 38 | 42 |
| | 平均值（次） | 2.60 | 3.00 | 3.36 | 3.25 | 2.38 |
| | 中位数（次） | 3.00 | 2.50 | 3.00 | 3.00 | 2.50 |
| | 标准差（次） | 1.08 | 1.86 | 1.80 | 1.71 | 1.85 |
| | 极差（次） | 3.00 | 5.00 | 5.00 | 5.00 | 6.00 |
| | 最小值（次） | 1.00 | 1.00 | 1.00 | 1.00 | 0.00 |
| | 最大值（次） | 4.00 | 6.00 | 6.00 | 6.00 | 6.00 |

资料来源：根据各保险公司官网公开数据整理。

从险种类型来看，目前我国财产险公司和人身险公司数量差别不大。近 5 年来，以人身险为主要产品的保险公司召开股东会／股东大会的次数普遍多于以财产险为主要产品的保险公司（见表 7-13）。

表 7-13　近 5 年保险公司股东会／股东大会召开情况统计（按险种类型分类）

| 险种类型 | 统计指标 | 2015 | 2016 | 2017 | 2018 | 2019 |
|---|---|---|---|---|---|---|
| 财产险 | 有效样本（家） | 44 | 58 | 59 | 58 | 50 |
| | 缺失样本（家） | 38 | 24 | 23 | 24 | 32 |
| | 平均值（次） | 2.82 | 3.36 | 3.14 | 3.03 | 1.90 |
| | 中位数（次） | 2.50 | 3.00 | 3.00 | 3.00 | 2.00 |
| | 标准差（次） | 1.93 | 1.82 | 1.70 | 1.43 | 1.02 |
| | 极差（次） | 7.00 | 8.00 | 10.00 | 6.00 | 4.00 |
| | 最小值（次） | 1.00 | 1.00 | 0.00 | 1.00 | 0.00 |
| | 最大值（次） | 8.00 | 9.00 | 10.00 | 7.00 | 4.00 |

续表

| 险种类型 | 统计指标 | 2015 | 2016 | 2017 | 2018 | 2019 |
|---|---|---|---|---|---|---|
| 人身险 | 有效样本（家） | 42 | 52 | 58 | 57 | 55 |
| | 缺失样本（家） | 44 | 34 | 28 | 29 | 31 |
| | 平均值（次） | 3.62 | 3.60 | 3.67 | 3.35 | 2.35 |
| | 中位数（次） | 4.00 | 3.00 | 4.00 | 3.00 | 2.00 |
| | 标准差（次） | 1.85 | 2.45 | 1.81 | 1.71 | 1.48 |
| | 极差（次） | 7.00 | 10.00 | 9.00 | 7.00 | 7.00 |
| | 最小值（次） | 1.00 | 1.00 | 1.00 | 1.00 | 0.00 |
| | 最大值（次） | 8.00 | 11.00 | 10.00 | 8.00 | 7.00 |

资料来源：根据各保险公司官网公开数据整理。

## 三、关联交易

本部分所分析的样本包括财产险公司和人身险公司，不包括再保险公司、相互保险社和资产管理公司，数据主要来自保险公司官网关联交易报告中公开披露的信息。需要说明的是，部分保险公司官网未公开披露关联交易报告，在这种情况下，本报告以该公司在中国保险业协会官网中公开披露的关联交易报告为分析的基础。如表 7-14 所示，2016 年、2017 年和 2018 年的关联交易总额分别为 6597.35 亿元、7642.82 亿元和 6063.20 亿元，各年关联交易总额占保险公司原保险保费收入的比例依次为 21.31%、20.89%和 15.95%。

本报告将保险公司关联交易分为合并披露的一般关联交易和单独披露的关联交易两大类，2017 年合并披露的一般关联交易金额约为 2016 年和 2018 年金额的 2 倍，2016 年和 2018 年单独披露的关联交易金额差别不大，为 4000 亿元左右，但 2017 年相对较少，为 3384.06 亿元（见表 7-14）。

表 7-14 保险公司关联交易金额描述性统计

单位：亿元

| 年份 | 统计指标 | 合并披露的<br>一般关联交易金额 | 单独披露的<br>关联交易金额 | 关联交易总额 |
|---|---|---|---|---|
| 2016 | 总计 | 2232.54 | 4364.81 | 6597.35 |
| | 平均值 | 15.40 | 30.10 | 45.50 |
| | 中位数 | 0.47 | 0.18 | 2.81 |
| | 标准差 | 61.79 | 106.91 | 124.84 |
| | 最小值 | 0.00 | 0.00 | 0.00 |
| | 最大值 | 611.11 | 750.83 | 751.06 |
| | 极差 | 611.11 | 750.83 | 751.06 |
| 2017 | 总计 | 4202.96 | 3384.06 | 7642.82 |
| | 平均值 | 26.60 | 21.42 | 48.37 |
| | 中位数 | 1.04 | 0.54 | 3.52 |

续表

| 年份 | 统计指标 | 合并披露的<br>一般关联交易金额 | 单独披露的<br>关联交易金额 | 关联交易总额 |
|---|---|---|---|---|
| 2017 | 标准差 | 96.09 | 63.36 | 145.23 |
| | 最小值 | 0.00 | 0.00 | 0.00 |
| | 最大值 | 644.63 | 500.20 | 1136.50 |
| | 极差 | 644.63 | 500.20 | 1136.50 |
| 2018 | 总计 | 2282.57 | 3831.83 | 6063.20 |
| | 平均值 | 13.75 | 22.48 | 36.53 |
| | 中位数 | 1.01 | 0.69 | 3.79 |
| | 标准差 | 49.73 | 93.74 | 11.72 |
| | 最小值 | 0.00 | 0.00 | 0.00 |
| | 最大值 | 488.14 | 908.77 | 944.61 |
| | 极差 | 488.14 | 908.77 | 944.61 |

资料来源：根据各保险公司关联交易报告整理。

依据《中国保监会关于进一步加强保险公司关联交易信息披露工作有关问题的通知》（保监发〔2016〕52 号），保险公司合并披露的一般关联交易分为 4 类：①资产类、利益转移类关联交易；②保险业务和保险代理业务；③再保险的分出或分入业务；④劳务或服务。但是部分保险公司对上述通知理解不够全面，导致这些公司的一般关联交易披露中出现了《保险公司关联交易管理暂行办法》（保监发〔2007〕24 号）中规定的"资金的投资运用和委托管理"类关联交易，以及其他无法归以上 5 类的"其他关联交易"。因此，在统计过程中，本报告按照以上 6 类进行统计。

本报告对各类型关联交易金额所占比重进行了分析，发现其中保险业务和保险代理业务关联交易在关联交易总额中占比最大，2016 年、2017 年和 2018 年占比依次为 21.05%、17.91% 和 19.36%（见表 7-15）。

表 7-15 保险公司合并披露的一般关联交易累计金额统计

| 年份 | 关联交易分类 | 合并披露<br>关联交易金额<br>（亿元） | 占合并披露<br>关联交易总额<br>比例（%） | 占关联交易<br>总额比例（%） |
|---|---|---|---|---|
| 2016 | 资金投资运用和委托管理 | 261.70 | 11.72 | 3.97 |
| | 资产类、利益转移类 | 17.04 | 0.76 | 0.26 |
| | 保险业务和保险代理业务 | 1388.75 | 62.21 | 21.05 |
| | 再保险的分出或分入业务 | 115.77 | 5.19 | 1.75 |
| | 劳务或服务类 | 176.87 | 7.92 | 2.68 |
| | 其他类 | 27.58 | 1.24 | 0.42 |
| | 未按分类披露 | 244.83 | 10.96 | 3.71 |
| | 小计 | 2232.54 | 100.00 | 33.84 |
| 2017 | 资金投资运用和委托管理 | 646.59 | 15.38 | 8.46 |
| | 资产类、利益转移类 | 16.90 | 0.40 | 0.22 |

| 年份 | 关联交易分类 | 合并披露关联交易金额（亿元） | 占合并披露关联交易总额比例（%） | 占关联交易总额比例（%） |
|---|---|---|---|---|
| 2017 | 保险业务和保险代理业务 | 1368.62 | 32.56 | 17.91 |
| | 再保险的分出或分入业务 | 96.01 | 2.28 | 1.26 |
| | 劳务或服务类 | 199.44 | 4.75 | 2.61 |
| | 其他类 | 39.62 | 0.94 | 0.52 |
| | 未按分类披露 | 1835.78 | 43.69 | 24.01 |
| | 小计 | 4202.96 | 100.00 | 54.99 |
| 2018 | 资金投资运用和委托管理 | 312.05 | 13.67 | 5.15 |
| | 资产类、利益转移类 | 35.81 | 1.57 | 0.59 |
| | 保险业务和保险代理业务 | 1173.69 | 51.42 | 19.36 |
| | 再保险的分出或分入业务 | 76.90 | 3.37 | 1.27 |
| | 劳务或服务类 | 175.24 | 7.68 | 2.89 |
| | 其他类 | 89.23 | 3.91 | 1.47 |
| | 未按分类披露 | 419.65 | 18.38 | 6.92 |
| | 小计 | 2282.57 | 100.00 | 37.65 |

资料来源：根据各保险公司关联交易报告整理。

该通知按照关联交易内容和金额将单独披露的关联交易分为以下 5 类：①单独披露的重大关联交易；②单独披露的资金运用类关联交易；③单独披露的资产类关联交易；④单独披露的利益转移类关联交易；⑤单独披露的统一交易协议。此外，同样由于保险公司对该通知理解不够全面，部分保险公司单独披露的关联交易无法归为以上 5 类，因此在统计过程中，本报告增设"单独披露的其他关联交易"作为第 6 类用于客观反映保险公司关联交易状况。

本报告通过统计分析发现，单独披露的重大关联交易和单独披露的资金运用类关联交易占关联交易总额比重较大，2016 年两个分类占比分别为 51.15%和 11.90%，2017 年占比分别为 35.56%和 7.40%，2018 年占比分别为 40.36%和 15.82%（见表 7-16）。

表 7-16 保险公司单独披露的关联交易累计金额统计

| 年份 | 关联交易分类 | 单独披露关联交易金额（亿元） | 占单独披露关联交易总额比例（%） | 占关联交易总额比例（%） |
|---|---|---|---|---|
| 2016 | 单独披露重大关联交易 | 3374.35 | 77.31 | 51.15 |
| | 单独披露资金运用类关联交易 | 785.26 | 17.99 | 11.90 |
| | 单独披露资产类关联交易 | 0.30 | 0.01 | 0.00 |
| | 单独披露利益转移类关联交易 | 0.00 | 0.00 | 0.00 |
| | 单独披露统一交易协议 | 42.95 | 0.98 | 0.65 |
| | 单独披露其他关联交易 | 161.94 | 3.71 | 2.45 |
| | 小计 | 4364.00 | 100.00 | 66.15 |

续表

| 年份 | 关联交易分类 | 单独披露关联交易金额（亿元） | 占单独披露关联交易总额比例（%） | 占关联交易总额比例（%） |
|---|---|---|---|---|
| 2017 | 单独披露重大关联交易 | 2718.06 | 80.32 | 35.56 |
| | 单独披露资金运用类关联交易 | 565.29 | 16.70 | 7.40 |
| | 单独披露资产类关联交易 | 5.06 | 0.15 | 0.07 |
| | 单独披露利益转移类关联交易 | 0.29 | 0.01 | 0.00 |
| | 单独披露统一交易协议 | 74.87 | 2.21 | 0.98 |
| | 单独披露其他关联交易 | 20.48 | 0.61 | 0.27 |
| | 小计 | 3384.05 | 100.00 | 44.28 |
| 2018 | 单独披露重大关联交易 | 2447.39 | 63.87 | 40.36 |
| | 单独披露资金运用类关联交易 | 959.02 | 25.03 | 15.82 |
| | 单独披露资产类关联交易 | 56.78 | 1.48 | 0.94 |
| | 单独披露利益转移类关联交易 | 28.01 | 0.73 | 0.46 |
| | 单独披露统一交易协议 | 219.10 | 5.72 | 3.61 |
| | 单独披露其他关联交易 | 21.53 | 0.56 | 0.36 |
| | 小计 | 3731.83 | 97.39 | 61.55 |

资料来源：根据各保险公司关联交易报告整理。

鉴于目前各保险公司在官网只披露了 2019 年前三季度的关联交易报告，因此本报告对 2019 年前三季度关联交易状况进行了分析。统计发现，2019 年保险公司前三季度关联交易总额为 4899.46 亿元，合并披露的一般关联交易总额为 2257.70 亿元，单独披露的关联交易总额为 2584.93 亿元。按关联交易具体内容分类发现，合并披露的一般关联交易中保险业务和保险代理业务占关联交易总额比例较大，为 21.79%，单独披露的关联交易中重大关联交易和资金运用类关联交易占比较大，比例依次为 19.70% 和 25.79%。

# 第二节　董事与董事会

## 一、董事会规模结构

### （一）董事会规模结构总体状况

董事会是保险公司内部进行公司治理的重要机构，负责公司业务经营活动的指挥与管理，其规模反映了公司治理状况。本部分分析了 168 家保险公司的董事会情况，其中有效样本为 167 家，无效样本为未披露数据的保险公司，数量为 1 家。从表 7-17 可以看出，董事会人数为 6 人的公司最多；超过半数的公司的董事会人数在 5—9 人之间，占有效样本的 63.47%。

表 7-17  保险公司董事会规模频数分布表

| 样本情况 | 人数 | 频数 | 比例（%） | 有效比例（%） |
|---|---|---|---|---|
| 有效样本 | 3 | 3 | 1.79 | 1.80 |
| | 4 | 5 | 2.98 | 2.99 |
| | 5 | 19 | 11.31 | 11.38 |
| | 6 | 30 | 17.86 | 17.96 |
| | 7 | 20 | 11.90 | 11.98 |
| | 8 | 18 | 10.71 | 10.78 |
| | 9 | 19 | 11.31 | 11.38 |
| | 10 | 18 | 10.71 | 10.78 |
| | 11 | 16 | 9.52 | 9.58 |
| | 12 | 6 | 3.57 | 3.59 |
| | 13 | 7 | 4.17 | 4.19 |
| | 15 | 2 | 1.19 | 1.20 |
| | 16 | 2 | 1.19 | 1.20 |
| | 18 | 2 | 1.19 | 1.20 |
| | 小计 | 167 | 99.40 | 100.00 |
| 缺失样本 | | 1 | 0.60 | — |
| 合计 | | 168 | 100.00 | — |

资料来源：根据各保险公司官网公开数据整理。

有效样本中，每家保险公司的董事会总人数平均值为 8.24；独立董事人数平均值为 2.03；执行董事人数平均值为 1.63；两职设置（董事长兼任总经理的记为 1，否则为 0）平均值为 0.10；独立董事比例平均值为 22.54%；董事长兼任党委书记（董事长兼任党委书记的记为 1，否则为 0）的平均值为 0.16（见表 7-18）。

表 7-18  保险公司董事会规模结构统计

| 董事会规模统计 | | | | | |
|---|---|---|---|---|---|
| 统计指标 | 董事会规模（人） | 独立董事（人） | 执行董事（人） | 两职设置 | 独董比例（%） | 兼任党委书记 |
| 平均值 | 8.24 | 2.03 | 1.63 | 0.10 | 22.54 | 0.16 |
| 中位数 | 8 | 2 | 1 | 0 | 25.00 | 0 |
| 标准差 | 2.89 | 1.77 | 1.82 | 0.30 | 18.12 | 0.37 |
| 极差 | 15 | 8 | 10 | 1 | 66.70 | 1 |
| 最小值 | 3 | 0 | 0 | 0 | 0.00 | 0 |
| 最大值 | 18 | 8 | 10 | 1 | 66.70 | 1 |
| 样本情况统计（家） | | | | | |
| 统计指标 | 董事会规模 | 独立董事 | 执行董事 | 两职设置 | 独董比例 | 兼任党委书记 |
| 有效样本 | 167 | 167 | 158 | 165 | 167 | 168 |
| 缺失样本 | 1 | 1 | 10 | 3 | 1 | 0 |

资料来源：根据各保险公司官网公开数据整理。

## （二）董事会规模分类比较

表 7-19 从不同组织形式分析了保险公司董事会构成。股份制公司的有效样本为 107 家，有限制公司的有效样本为 60 家。从平均值和中位数来看，股份制公司的董事会规模普遍大于有限制公司，其中，股份制公司平均值为 9.19，中位数为 9，而有限制公司平均值为 6.55，中位数为 6。股份制公司独立董事人数平均值 2.70，高于有限制公司 0.83。股份制公司执行董事人数平均值也高于有限制公司平均值。有限制公司董事长更多兼任总经理，而股份制公司董事长担任党委书记的人数更多（见如表 7-19）

**表 7-19　不同组织形式的保险公司董事会构成**

| 组织形式 | 数据统计情况 | | | | | |
|---|---|---|---|---|---|---|
| | 董事会构成 | | | | | |
| | 统计指标 | 董事会规模（人） | 独立董事（人） | 执行董事（人） | 两职设置 | 独董比例（%） | 兼任党委书记 |
| 股份制 | 平均值 | 9.19 | 2.70 | 1.83 | 0.08 | 28.38 | 0.20 |
| | 中位数 | 9 | 3 | 51 | 0 | 33.33 | 0 |
| | 标准差 | 2.87 | 1.68 | 2.07 | 0.28 | 15.41 | 0.41 |
| | 极差 | 13 | 8 | 10 | 1 | 66.70 | 1 |
| | 最小值 | 5 | 0 | 0 | 0 | 0.00 | 0 |
| | 最大值 | 18 | 8 | 10 | 1 | 66.70 | 1 |
| | 样本情况统计（家） | | | | | |
| | 统计样本 | 董事会规模 | 独立董事 | 执行董事 | 两职设置 | 独董比例 | 兼任党委书记 |
| | 有效样本 | 107 | 107 | 101 | 106 | 107 | 108 |
| | 缺失样本 | 1 | 1 | 7 | 2 | 1 | 0 |
| | 董事会构成 | | | | | |
| | 统计指标 | 董事会规模 | 独立董事 | 执行董事 | 两职设置 | 独董比例 | 兼任党委书记 |
| 有限制 | 平均值 | 6.55 | 0.83 | 1.28 | 0.12 | 12.12 | 0.08 |
| | 中位数 | 6 | 0 | 1 | 0 | 0.00 | 0 |
| | 标准差 | 2.05 | 1.20 | 1.21 | 0.33 | 18.01 | 0.28 |
| | 极差 | 10 | 4 | 4 | 1 | 66.70 | 1 |
| | 最小值 | 3 | 0 | 0 | 0 | 0.00 | 0 |
| | 最大值 | 13 | 4 | 4 | 1 | 66.70 | 1 |
| | 样本情况统计（家） | | | | | |
| | 统计样本 | 董事会规模 | 独立董事 | 执行董事 | 两职设置 | 独董比例 | 兼任党委书记 |
| | 有效样本 | 60 | 60 | 57 | 59 | 60 | 60 |
| | 缺失样本 | 0 | 0 | 3 | 1 | 0 | 0 |

资料来源：根据各保险公司官网公开数据整理。

中资保险公司有效样本为 117 家，外资保险公司有效样本为 50 家。中资保险公司的董事会规模大于外资保险公司，中资保险公司平均值为 9.10，中位数为 9，外资保险公司平均值为 6.22，中位数为 6。中资保险公司独立董事平均值为 2.60，外资保险公司独立董事平均值为 0.70，说明中资保险公司独立董事平均人数多于外资保险公司。中资保险公司执行董事极差为 10，外资保险公司执行董事极差为 4。中资保险公司董事长兼任党委书记人数多于外资保险公司，反映了中资保险公司的治理特色（见表 7-20）。

表 7-20　不同资本性质的保险公司董事会构成

| 资本性质 | 数据统计情况 | | | | | |
|---|---|---|---|---|---|---|
| | 董事会构成 | | | | | |
| | 统计指标 | 董事会规模（人） | 独立董事（人） | 执行董事（人） | 两职设置 | 独董比例（%） | 兼任党委书记 |
| 中资 | 平均值 | 9.10 | 2.60 | 1.79 | 0.08 | 27.69 | 0.22 |
| | 中位数 | 9 | 3 | 1 | 0 | 33.33 | 0 |
| | 标准差 | 2.84 | 1.68 | 2.01 | 0.27 | 15.67 | 0.42 |
| | 极差 | 14 | 8 | 10 | 1 | 66.70 | 1 |
| | 最小值 | 4 | 0 | 0 | 0 | 0.00 | 0 |
| | 最大值 | 18 | 8 | 10 | 1 | 66.70 | 1 |
| | 样本统计情况（家） | | | | | |
| | 统计样本 | 董事会规模 | 独立董事 | 执行董事 | 两职设置 | 独董比例 | 兼任党委书记 |
| | 有效样本 | 117 | 117 | 111 | 116 | 117 | 118 |
| | 缺失样本 | 1 | 1 | 7 | 2 | 1 | 0 |
| | 董事会构成 | | | | | |
| | 统计指标 | 董事会规模（人） | 独立董事（人） | 执行董事（人） | 两职设置 | 独董比例（%） | 兼任党委书记 |
| 外资 | 平均值 | 6.22 | 0.70 | 1.26 | 0.14 | 10.49 | 0.02 |
| | 中位数 | 6 | 0 | 1 | 0 | 0.00 | 0 |
| | 标准差 | 1.81 | 1.18 | 1.19 | 0.35 | 17.87 | 0.14 |
| | 极差 | 7 | 4 | 4 | 1 | 66.70 | 1 |
| | 最小值 | 3 | 0 | 0 | 0 | 0.00 | 0 |
| | 最大值 | 10 | 4 | 4 | 1 | 66.70 | 1 |
| | 样本统计情况（家） | | | | | |
| | 统计样本 | 董事会规模 | 独立董事 | 执行董事 | 两职设置 | 独董比例 | 兼任党委书记 |
| | 有效样本 | 50 | 50 | 47 | 49 | 50 | 50 |
| | 缺失样本 | 0 | 0 | 3 | 1 | 0.00 | 0 |

资料来源：根据各保险公司官网公开数据整理。

根据险种类型，可以把保险公司划分为财产险保险公司和人身险保险公司，这也是保险公司治理区别于其他公司治理的特征。不同险种类型保险公司的董事会构成，包括独立董事人数、执行董事人数、两职设置、独董比例和兼任党委书记董事长人数相差不大，董事会规模在 8 人左右（见表 7-21）。

表 7-21　不同险种类型的保险公司董事会构成

| 险种类型 | 数据统计情况 | | | | | |
|---|---|---|---|---|---|---|
| | 董事会构成 | | | | | |
| | 统计指标 | 董事会规模（人） | 独立董事（人） | 执行董事（人） | 两职设置 | 独董比例（%） | 兼任党委书记 |
| 财产险 | 平均值 | 8.15 | 1.95 | 1.95 | 0.11 | 21.30 | 0.21 |
| | 中位数 | 8 | 2 | 1 | 0 | 23.61 | 0 |
| | 标准差 | 3.15 | 1.67 | 2.20 | 0.32 | 16.80 | 0.41 |
| | 极差 | 15 | 6 | 10 | 1 | 60.00 | 1 |
| | 最小值 | 3 | 0 | 0 | 0 | 0.00 | 0 |
| | 最大值 | 18 | 6 | 10 | 1 | 60.00 | 1 |
| | 样本统计情况（家） | | | | | |
| | 统计样本 | 董事会规模 | 独立董事 | 执行董事 | 两职设置 | 独董比例 | 兼任党委书记 |
| | 有效样本 | 82 | 82 | 78 | 80 | 82 | 82 |
| | 缺失样本 | 0 | 0 | 4 | 2 | 0 | 0 |
| | 董事会构成 | | | | | |
| | 统计指标 | 董事会规模（人） | 独立董事（人） | 执行董事（人） | 两职设置 | 独董比例（%） | 兼任党委书记 |
| 人身险 | 平均值 | 8.33 | 2.11 | 1.32 | 0.08 | 23.73 | 0.12 |
| | 中位数 | 8 | 2 | 1 | 0 | 28.57 | 0 |
| | 标准差 | 2.64 | 1.86 | 1.29 | 0.28 | 19.33 | 0.32 |
| | 极差 | 14 | 8 | 7 | 1 | 66.70 | 1 |
| | 最小值 | 4 | 0 | 0 | 0 | 0.00 | 0 |
| | 最大值 | 18 | 8 | 7 | 1 | 66.70 | 1 |
| | 样本统计情况（家） | | | | | |
| | 统计样本 | 董事会规模 | 独立董事 | 执行董事 | 两职设置 | 独董比例 | 兼任党委书记 |
| | 有效样本 | 85 | 85 | 80 | 85 | 85 | 86 |
| | 缺失样本 | 1 | 1 | 6 | 1 | 1 | 0 |

资料来源：根据各保险公司官网公开数据整理。

　　独立董事具备一定的专业素质和能力，能够凭借自己的专业知识和经验对公司的有关问题独立作出判断并发表有价值的意见。中国银保监会规定保险公司独立董事不少于 3 人，占董事会比例不少于 1 / 3。167 家有效样本中有 39.54% 的公司独立董事比例符合这一要求（见表 7-22）。

表 7-22　保险公司独立董事比例统计分析

| 样本情况 | 独董比例（%） | 频数 | 比例（%） | 有效比例（%） |
|---|---|---|---|---|
| 有效样本 | 0.00 | 53 | 31.55 | 31.74 |
| | 10.00 | 1 | 0.60 | 0.60 |
| | 13.33 | 1 | 0.60 | 0.60 |

| 样本情况 | 独董比例（%） | 频数 | 比例（%） | 有效比例（%） |
|---|---|---|---|---|
| 有效样本 | 14.29 | 2 | 1.19 | 1.20 |
| | 15.38 | 1 | 0.60 | 0.60 |
| | 16.67 | 3 | 1.79 | 1.80 |
| | 18.18 | 2 | 1.19 | 1.20 |
| | 20.00 | 10 | 5.95 | 5.99 |
| | 22.22 | 6 | 3.57 | 3.59 |
| | 23.08 | 2 | 1.19 | 1.20 |
| | 25.00 | 6 | 3.57 | 3.59 |
| | 27.27 | 2 | 1.19 | 1.20 |
| | 28.57 | 9 | 5.36 | 5.39 |
| | 30.00 | 1 | 0.60 | 0.60 |
| | 30.77 | 1 | 0.60 | 0.60 |
| | 31.25 | 1 | 0.60 | 0.60 |
| | 33.33 | 18 | 10.71 | 10.78 |
| | 36.36 | 9 | 5.36 | 5.39 |
| | 37.50 | 12 | 7.14 | 7.19 |
| | 38.46 | 2 | 1.19 | 1.20 |
| | 38.89 | 1 | 0.60 | 0.60 |
| | 40.00 | 5 | 2.98 | 2.99 |
| | 41.67 | 1 | 0.60 | 0.60 |
| | 42.86 | 4 | 2.38 | 2.40 |
| | 45.45 | 1 | 0.60 | 0.60 |
| | 50.00 | 6 | 3.57 | 3.59 |
| | 54.55 | 1 | 0.60 | 0.60 |
| | 55.56 | 2 | 1.19 | 1.20 |
| | 60.00 | 1 | 0.60 | 0.60 |
| | 66.67 | 3 | 1.79 | 1.80 |
| | 小计 | 167 | 99.40 | 100.00 |
| 缺失样本 | | 1 | 0.60 | — |
| 合计 | | 168 | 100.00 | — |

资料来源：根据各保险公司官网公开数据整理。

## 二、董事会成员

### （一）董事学历频数统计

学历是评价董事专业素养和能力的一个重要方面，从表 7-23 可以看出，有效样本中仅有 13.98%的保险公司存在最高学历为大专或中专的董事，86.02%的保险公司董事最高学历高于大专。

表 7-23 大专或中专学历董事频数分布标表

| 样本情况 | 董事人数 | 频数 | 比例（%） | 有效比例（%） |
|---|---|---|---|---|
| 有效样本 | 0 | 80 | 47.62 | 86.02 |
| | 1 | 13 | 7.74 | 13.98 |
| | 小计 | 93 | 55.36 | 100.00 |
| 缺失样本 | | 75 | 44.64 | — |
| 合计 | | 168 | 100.00 | — |

资料来源：根据各保险公司官网公开数据整理。

保险公司董事会中具有本科学历的董事人数从 0 人到 8 人不等。从表 7-24 可以看出拥有不同数量具有本科学历董事的公司数量和占比，其中符合条件董事人数在 0—3 人的保险公司比例超过 50%。

表 7-24 本科学历董事频数分布表

| 样本情况 | 董事人数 | 频数 | 比例（%） | 有效比例（%） |
|---|---|---|---|---|
| 有效样本 | 0 | 24 | 14.29 | 15.79 |
| | 1 | 35 | 20.83 | 23.03 |
| | 2 | 33 | 19.64 | 21.71 |
| | 3 | 19 | 11.31 | 12.50 |
| | 4 | 20 | 11.90 | 13.16 |
| | 5 | 12 | 7.14 | 7.89 |
| | 6 | 3 | 1.79 | 1.97 |
| | 7 | 3 | 1.79 | 1.97 |
| | 8 | 3 | 1.79 | 1.97 |
| | 小计 | 152 | 90.48 | 100.00 |
| 缺失样本 | | 16 | 9.52 | — |
| 合计 | | 168 | 100.00 | — |

资料来源：根据各保险公司官网公开数据整理。

表 7-25 反映了各保险公司具有硕士研究生学历（以下简称"硕士学历"）董事的分布状况。各保险公司董事会中具有硕士学历的董事人数从 0 人到 11 人不等。有效样本中，董事会中 3 名具有硕士学历董事的公司数最多，有效比例为 19.50%，具有 2—4 名有硕士学历董事的保险公司占比超过 50%。

表 7-25 硕士学历董事频数分布表

| 样本情况 | 董事人数 | 频数 | 比例（%） | 有效比例（%） |
|---|---|---|---|---|
| 有效样本 | 0 | 7 | 4.17 | 4.40 |
| | 1 | 16 | 9.52 | 10.06 |
| | 2 | 25 | 14.88 | 15.72 |
| | 3 | 31 | 18.45 | 19.50 |
| | 4 | 27 | 16.07 | 16.98 |
| | 5 | 23 | 13.69 | 14.47 |

| 样本情况 | 董事人数 | 频数 | 比例（%） | 有效比例（%） |
|---|---|---|---|---|
| 有效样本 | 6 | 17 | 10.12 | 10.69 |
| | 7 | 9 | 5.36 | 5.66 |
| | 8 | 2 | 1.19 | 1.26 |
| | 9 | 1 | 0.60 | 0.63 |
| | 11 | 1 | 0.60 | 0.63 |
| | 小计 | 159 | 94.64 | 100.00 |
| 缺失样本 | | 9 | 5.36 | — |
| 合计 | | 168 | 100.00 | — |

资料来源：根据各保险公司官网公开数据整理。

表 7-26 反映了各保险公司具有博士研究生学历（以下简称"博士学历"）董事的分布状况。各保险公司董事会中具有博士学历的董事人数为 0 人到 7 人不等，从表中可以看出拥有不同数量具有博士学历董事的公司数量和比例，其中，有 0—3 位具有博士学历董事的保险公司数量最多，占比为 84.83%。

表 7-26 博士学历董事频数分布表

| 样本情况 | 董事人数 | 频数 | 比例（%） | 有效比例（%） |
|---|---|---|---|---|
| 有效样本 | 0 | 35 | 20.83 | 24.14 |
| | 1 | 38 | 22.62 | 26.21 |
| | 2 | 26 | 15.48 | 17.93 |
| | 3 | 24 | 14.29 | 16.55 |
| | 4 | 11 | 6.55 | 7.59 |
| | 5 | 5 | 2.98 | 3.45 |
| | 6 | 4 | 2.38 | 2.76 |
| | 7 | 2 | 1.19 | 1.38 |
| | 小计 | 145 | 86.31 | 100.00 |
| 缺失样本 | | 23 | 13.69 | — |
| 合计 | | 168 | 100.00 | — |

资料来源：根据各保险公司官网公开数据整理。

表 7-27 是未披露学历董事的频数分布状况。表格中董事人数为 0 表示该公司所有董事的学历均进行了披露，即有效样本中 55.96% 的公司披露了全部董事的学历情况，有 20.18% 的公司有 1 名董事未披露学历。

表 7-27 未披露学历董事频数分布表

| 样本情况 | 董事人数 | 频数 | 比例（%） | 有效比例（%） |
|---|---|---|---|---|
| 有效样本 | 0 | 61 | 36.31 | 55.96 |
| | 1 | 22 | 13.10 | 20.18 |
| | 2 | 14 | 8.33 | 12.84 |

| 样本情况 | 董事人数 | 频数 | 比例（%） | 有效比例（%） |
|---|---|---|---|---|
| 有效样本 | 3 | 5 | 2.98 | 4.59 |
| | 5 | 3 | 1.79 | 2.75 |
| | 9 | 1 | 0.60 | 0.92 |
| | 12 | 1 | 0.60 | 0.92 |
| | 13 | 1 | 0.60 | 0.92 |
| | 14 | 1 | 0.60 | 0.92 |
| | 小计 | 109 | 64.88 | 100.00 |
| 缺失样本 | | 59 | 35.12 | — |
| 合计 | | 168 | 100.00 | — |

资料来源：根据各保险公司官网公开数据整理。

### （二）董事职业背景情况统计

表 7-28 显示了各保险公司董事会中具备财务审计背景的董事的情况。从有效样本来看，董事会中没有具备财务审计背景董事的保险公司比例为 21.48%。36.30% 的公司董事会中只有 1 名具有财务审计背景的董事，所占比例最高。19.26% 的公司董事会中有 2 名具有财务审计背景的董事。董事会中拥有 4 名以上具备财务审计背景的董事的公司占比很小。

表 7-28　具备财务审计背景董事频数分布表

| 样本情况 | 董事人数 | 频数 | 比例（%） | 有效比例（%） |
|---|---|---|---|---|
| 有效样本 | 0 | 29 | 17.26 | 21.48 |
| | 1 | 49 | 29.17 | 36.30 |
| | 2 | 26 | 15.48 | 19.26 |
| | 3 | 18 | 10.71 | 13.33 |
| | 4 | 7 | 4.17 | 5.19 |
| | 5 | 3 | 1.79 | 2.22 |
| | 6 | 1 | 0.60 | 0.74 |
| | 7 | 1 | 0.60 | 0.74 |
| | 8 | 1 | 0.60 | 0.74 |
| | 小计 | 135 | 80.36 | 100.00 |
| 缺失样本 | | 33 | 19.64 | — |
| 合计 | | 168 | 100.00 | — |

资料来源：根据各保险公司官网公开数据整理。

表 7-29 反映了各保险公司董事会中具备金融背景的董事的情况。从有效样本来看，有 15.54% 的保险公司没有具备金融背景的董事，保险公司董事会中具备金融背景的董事人数集中在 1—4 人，占比为 70.94%。

表 7-29 具备金融背景董事频数分布表

| 样本情况 | 董事人数 | 频数 | 比例（%） | 有效比例（%） |
|---|---|---|---|---|
| 有效样本 | 0 | 23 | 13.69 | 15.54 |
| | 1 | 38 | 22.62 | 25.68 |
| | 2 | 22 | 13.10 | 14.86 |
| | 3 | 29 | 17.26 | 19.59 |
| | 4 | 16 | 9.52 | 10.81 |
| | 5 | 12 | 7.14 | 8.11 |
| | 6 | 5 | 2.98 | 3.38 |
| | 7 | 3 | 1.79 | 2.03 |
| | 小计 | 148 | 88.10 | 100.00 |
| 缺失样本 | | 20 | 11.90 | — |
| 合计 | | 168 | 100.00 | — |

资料来源：根据各保险公司官网公开数据整理。

表 7-30 反映了各保险公司董事会中具备保险精算背景的董事的情况。从有效样本来看，10.67%的保险公司没有具备保险精算背景的董事，各保险公司董事会中具备保险精算背景的董事人数集中在 0—4 人，占比为 88.66%。

表 7-30 具备保险精算背景董事频数分布表

| 样本情况 | 董事人数 | 频数 | 比例（%） | 有效比例（%） |
|---|---|---|---|---|
| 有效样本 | 0 | 16 | 9.52 | 10.67 |
| | 1 | 27 | 16.07 | 18.00 |
| | 2 | 38 | 22.62 | 25.33 |
| | 3 | 38 | 22.62 | 25.33 |
| | 4 | 14 | 8.33 | 9.33 |
| | 5 | 12 | 7.14 | 8.00 |
| | 6 | 3 | 1.79 | 2.00 |
| | 7 | 2 | 1.19 | 1.33 |
| | 小计 | 150 | 89.29 | 100.00 |
| 缺失样本 | | 18 | 10.71 | — |
| 合计 | | 168 | 100.00 | — |

资料来源：根据各保险公司官网公开数据整理。

表 7-31 反映了各保险公司董事会中具备经济管理背景的董事的情况。从有效样本来看，10.14%的保险公司没有具备经济管理背景的董事，各保险公司董事会中具备经济管理背景的董事人数集中在 1—5 人，占比为 87.68%。

表 7-31 具备经济管理背景董事频数分布表

| 样本情况 | 董事人数 | 频数 | 比例（%） | 有效比例（%） |
|---|---|---|---|---|
| 有效样本 | 0 | 14 | 8.33 | 10.14 |
| | 1 | 32 | 19.05 | 23.19 |
| | 2 | 36 | 21.43 | 26.09 |
| | 3 | 22 | 13.10 | 15.94 |
| | 4 | 16 | 9.52 | 11.59 |
| | 5 | 15 | 8.93 | 10.87 |
| | 6 | 3 | 1.79 | 2.17 |
| | 小计 | 138 | 82.14 | 100.00 |
| 缺失样本 | | 30 | 17.86 | — |
| 合计 | | 168 | 100.00 | — |

资料来源：根据各保险公司官网公开数据整理。

表 7-32 反映了具有其他背景及未披露背景的董事情况，有效样本中未披露董事背景以及董事具有其他背景的公司占比较少，只有 24.07%，未被披露职业背景的董事人数在 1—3 人之间。

表 7-32 具有其他背景及未披露背景的董事频数分布表

| 样本情况 | 董事人数 | 频数 | 比例（%） | 有效比例（%） |
|---|---|---|---|---|
| 有效样本 | 0 | 82 | 48.81 | 75.93 |
| | 1 | 19 | 11.31 | 17.59 |
| | 2 | 5 | 2.98 | 4.63 |
| | 3 | 2 | 1.19 | 1.85 |
| | 小计 | 108 | 64.29 | 100.00 |
| 缺失样本 | | 60 | 35.71 | — |
| 合计 | | 168 | 100.00 | — |

资料来源：根据各保险公司官网公开数据整理。

### （三）董事学历、职业背景分类统计

本报告通过统计保险公司董事会成员学历及任职时的从业背景来反映各保险公司董事会的状况，同时按照组织形式、资本性质和险种类型对保险公司进行分类，来对比董事会成员学历及任职时的从业背景。

从所有保险公司有效样本来看，董事会成员具有高学历特征。具有本科及以上学历成员平均占比达 88.57%，具有硕士及以上学历成员平均占比为 61.55%，具有博士学历成员占比为 18.42%（见表 7-33）。从董事会成员职业背景来看，66.81%成员之前从事过财务审计、金融、保险精算等与保险行业相关的职业，其中董事具备保险精算背景的保险公司行业占比达 28.69%（见表 7-34）。

表 7-33 保险公司董事学历情况

| 统计指标 | 本科及以上 | 硕博 | 博士 |
|---|---|---|---|
| 有效样本（家） | 167 | 167 | 167 |
| 缺失样本（家） | 1 | 1 | 1 |
| 平均值（%） | 88.57 | 61.55 | 18.42 |
| 中位数（%） | 100.00 | 66.67 | 15.39 |
| 标准差（%） | 23.75 | 27.65 | 18.11 |
| 极差（%） | 100.00 | 100.00 | 80.00 |
| 最小值（%） | 0.00 | 0.00 | 0.00 |
| 最大值（%） | 100.00 | 100.00 | 80.00 |

资料来源：根据各保险公司网站公开数据整理。

表 7-34 保险公司董事职业背景情况

| 统计指标 | 行业相关背景 | 财务审计 | 金融 | 保险精算 | 经济管理 |
|---|---|---|---|---|---|
| 有效样本（家） | 167 | 167 | 167 | 167 | 167 |
| 缺失样本（家） | 1 | 1 | 1 | 1 | 1 |
| 平均值（%） | 66.81 | 15.07 | 23.05 | 28.69 | 24.04 |
| 中位数（%） | 70.00 | 12.50 | 20.00 | 25.00 | 20.00 |
| 标准差（%） | 26.01 | 15.70 | 19.02 | 23.37 | 21.53 |
| 极差（%） | 100.00 | 73.00 | 71.40 | 100.00 | 100.00 |
| 最小值（%） | 0.00 | 0.00 | 0.00 | 0.00 | 0.00 |
| 最大值（%） | 100.00 | 73.00 | 71.40 | 100.00 | 100.00 |

资料来源：根据各保险公司官网公开数据整理。

从组织形式来看，股份有限公司董事会成员学历水平普遍高于有限责任公司，表现在股份有限公司平均有 91.04% 的董事拥有本科及其以上学历，而有限责任公司拥有本科及其以上学历的董事人数平均比例为 84.15%；股份有限公司具有硕士及以上学历和博士学历董事人数占比均高于有限责任公司（见表 7-35）。董事会成员行业相关背景占比在股份有限公司与有限责任公司中并没有表现出明显差异。但有限责任公司具有保险精算行业背景的董事人数占比明显高于股份有限公司，分别为 36.86% 和 24.11%（见表 7-36）。

表 7-35 不同组织形式保险公司董事学历情况

| 统计指标 | 股份制 | | | 有限制 | | |
|---|---|---|---|---|---|---|
| | 本科及以上 | 硕士及以上 | 博士 | 本科及以上 | 硕士及以上 | 博士 |
| 有效样本（家） | 107 | 107 | 107 | 60 | 60 | 60 |
| 缺失样本（家） | 1 | 1 | 1 | 0 | 0 | 0 |
| 平均值（%） | 91.04 | 65.99 | 21.89 | 84.15 | 53.63 | 12.21 |

续表

| 统计指标 | 股份制 | | | 有限制 | | |
|---|---|---|---|---|---|---|
| | 本科及以上 | 硕士及以上 | 博士 | 本科及以上 | 硕士及以上 | 博士 |
| 中位数（%） | 100.00 | 70.00 | 18.18 | 100.00 | 60.00 | 0.00 |
| 标准差（%） | 20.22 | 24.11 | 18.58 | 28.67 | 31.74 | 15.55 |
| 极差（%） | 100.00 | 100.00 | 80.00 | 100.00 | 100.00 | 50.00 |
| 最小值（%） | 0.00 | 0.00 | 0.00 | 0.00 | 0.00 | 0.00 |
| 最大值（%） | 100.00 | 100.00 | 80.00 | 100.00 | 100.00 | 50.00 |

资料来源：根据各保险公司网站公开数据整理。

表 7-36　不同组织形式保险公司董事职业背景情况

| 统计指标 | 股份制 | | | | | 有限制 | | | | |
|---|---|---|---|---|---|---|---|---|---|---|
| | 行业相关背景 | 财务审计 | 金融 | 保险精算 | 经济管理 | 行业相关背景 | 财务审计 | 金融 | 保险精算 | 经济管理 |
| 有效样本（家） | 107 | 107 | 107 | 107 | 107 | 60 | 60 | 60 | 60 | 60 |
| 缺失样本（家） | 1 | 1 | 1 | 1 | 1 | 0 | 0 | 0 | 0 | 0 |
| 平均值（%） | 66.03 | 17.42 | 24.5 | 24.11 | 25.13 | 68.20 | 10.88 | 20.46 | 36.86 | 22.11 |
| 中位数（%） | 70.00 | 15.38 | 25.00 | 20.00 | 22.22 | 75.00 | 5.00 | 16.67 | 33.33 | 16.67 |
| 标准差（%） | 24.49 | 16.43 | 18.11 | 19.74 | 19.47 | 28.67 | 13.44 | 20.44 | 27.02 | 24.83 |
| 极差（%） | 100.00 | 73.00 | 71.40 | 83.00 | 100.00 | 100.00 | 50.00 | 66.70 | 100.00 | 100.00 |
| 最小值（%） | 0.00 | 0.00 | 0.00 | 0.00 | 0.00 | 0.00 | 0.00 | 0.00 | 0.00 | 0.00 |
| 最大值（%） | 100.00 | 73.00 | 71.40 | 83.00 | 100.00 | 100.00 | 50.00 | 66.70 | 100.00 | 100.00 |

资料来源：根据各保险公司网站公开数据整理。

从资本性质来看，中资保险公司董事会成员学历普遍高于外资保险公司。具体表现在中资保险公司本科及以上学历董事占比为 90.71%，高于外资的 83.55%；中资保险公司硕士及以上和博士学历董事占比分别为 65.43% 和 22.48%，也高于外资的 52.48% 和 8.91%（见表 7-37）。从董事会成员职业背景来看，外资保险公司董事会具有行业相关背景的成员平均占比高于中资保险公司，其中外资保险公司具有保险精算行业背景的董事会成员占比明显高于中资保险公司，分别为 41.53% 和 23.20%（见表 7-38）。

表 7-37　不同资本性质保险公司董事学历情况

| 统计指标 | 中资 | | | 外资 | | |
|---|---|---|---|---|---|---|
| | 本科及以上 | 硕士及以上 | 博士 | 本科及以上 | 硕士及以上 | 博士 |
| 有效样本（家） | 117 | 117 | 117 | 50 | 50 | 50 |
| 缺失样本（家） | 1 | 1 | 1 | 0 | 0 | 0 |
| 平均值（%） | 90.71 | 65.43 | 22.48 | 83.55 | 52.48 | 8.91 |
| 中位数（%） | 100.00 | 70.00 | 20.00 | 100.00 | 55.00 | 0.00 |

续表

| | 中资 | | | 外资 | | |
|---|---|---|---|---|---|---|
| | 本科及以上 | 硕士及以上 | 博士 | 本科及以上 | 硕士及以上 | 博士 |
| 标准差（%） | 21.23 | 24.44 | 18.41 | 28.42 | 32.51 | 13.32 |
| 极差（%） | 100.00 | 100.00 | 80.00 | 100.00 | 100.00 | 40.00 |
| 最小值（%） | 0.00 | 0.00 | 0.00 | 0.00 | 0.00 | 0.00 |
| 最大值（%） | 100.00 | 100.00 | 80.00 | 100.00 | 100.00 | 40.00 |

资料来源：根据各保险公司网站公开数据整理。

表 7-38　不同资本性质保险公司董事职业背景情况

| 统计指标 | 中资 | | | | | 外资 | | | | |
|---|---|---|---|---|---|---|---|---|---|---|
| | 行业相关背景 | 财务审计 | 金融 | 保险精算 | 经济管理 | 行业相关背景 | 财务审计 | 金融 | 保险精算 | 经济管理 |
| 有效样本（家） | 117 | 117 | 117 | 117 | 117 | 50 | 50 | 50 | 50 | 50 |
| 缺失样本（家） | 1 | 1 | 1 | 1 | 1 | 0 | 0 | 0 | 0 | 0 |
| 平均值（%） | 64.92 | 17.27 | 24.45 | 23.20 | 24.45 | 71.24 | 9.93 | 19.77 | 41.53 | 23.09 |
| 中位数（%） | 69.23 | 14.29 | 25.00 | 18.75 | 22.22 | 75.00 | 0.00 | 16.67 | 35.42 | 16.67 |
| 标准差（%） | 25.35 | 16.40 | 18.24 | 20.07 | 19.47 | 27.23 | 12.64 | 20.55 | 25.62 | 25.90 |
| 极差（%） | 100.00 | 73.00 | 71.40 | 83.00 | 100.00 | 100.00 | 40.00 | 66.70 | 100.00 | 100.00 |
| 最小值（%） | 0.00 | 0.00 | 0.00 | 0.00 | 0.00 | 0.00 | 0.00 | 0.00 | 0.00 | 0.00 |
| 最大值（%） | 100.00 | 73.00 | 71.40 | 83.00 | 100.00 | 100.00 | 40.00 | 66.70 | 100.00 | 100.00 |

资料来源：根据各保险公司网站公开数据整理。

从险种类型来看，人身险公司董事的学历总体高于财产险公司（见表 7-39）。人身险公司具有行业相关背景的董事占比略高于财产险公司，两者平均值分别为 68.97%和 64.56%。在财产险和人身险公司中，具备财务审计背景的董事占比平均值分别为 16.41%和 13.77%，具备保险精算背景的董事占比平均值分别为 30.07%和 27.36%，人身险公司中具备金融背景的董事占比平均值高于财产险公司，分别为 27.84%和 18.08%（见表 7-40）。

表 7-39　不同险种类型保险公司董事学历情况

| 统计指标 | 财产险 | | | 人身险 | | |
|---|---|---|---|---|---|---|
| | 本科及以上 | 硕士及以上 | 博士 | 本科及以上 | 硕士及以上 | 博士 |
| 有效样本（家） | 82 | 82 | 82 | 85 | 85 | 85 |
| 缺失样本（家） | 0 | 0 | 0 | 1 | 1 | 1 |
| 平均值（%） | 87.05 | 56.41 | 17.14 | 90.03 | 66.51 | 19.65 |
| 中位数（%） | 100.00 | 63.07 | 14.84 | 100.00 | 70.00 | 16.67 |
| 标准差（%） | 25.59 | 28.72 | 17.17 | 21.89 | 25.79 | 19.00 |

续表

| 统计指标 | 财产险 | | | 人身险 | | |
|---|---|---|---|---|---|---|
| | 本科及以上 | 硕士及以上 | 博士 | 本科及以上 | 硕士及以上 | 博士 |
| 极差（%） | 100.00 | 100.00 | 80.00 | 100.00 | 100.00 | 71.40 |
| 最小值（%） | 0.00 | 0.00 | 0.00 | 0.00 | 0.00 | 0.00 |
| 最大值（%） | 100.00 | 100.00 | 80.00 | 100.00 | 100.00 | 71.40 |

资料来源：根据各保险公司网站公开数据整理。

表 7-40 不同险种类型保险公司董事职业背景情况

| 统计指标 | 财产险 | | | | | 人身险 | | | | |
|---|---|---|---|---|---|---|---|---|---|---|
| | 行业相关背景 | 财务审计 | 金融 | 保险精算 | 经济管理 | 行业相关背景 | 财务审计 | 金融 | 保险精算 | 经济管理 |
| 有效样本（家） | 82 | 82 | 82 | 82 | 82 | 85 | 85 | 85 | 85 | 85 |
| 缺失样本（家） | 0 | 0 | 0 | 0 | 0 | 1 | 1 | 1 | 1 | 1 |
| 平均值（%） | 64.56 | 16.41 | 18.08 | 30.07 | 25.69 | 68.97 | 13.77 | 27.84 | 27.36 | 22.45 |
| 中位数（%） | 66.67 | 14.29 | 16.67 | 27.27 | 22.22 | 71.43 | 11.11 | 28.57 | 25.00 | 20.00 |
| 标准差（%） | 27.14 | 16.62 | 17.35 | 26.96 | 23.65 | 24.83 | 14.74 | 19.43 | 19.36 | 19.26 |
| 极差（%） | 100.00 | 73.00 | 66.70 | 100.00 | 100.00 | 100.00 | 67.00 | 71.40 | 83.00 | 83.30 |
| 最小值（%） | 0.00 | 0.00 | 0.00 | 0.00 | 0.00 | 0.00 | 0.00 | 0.00 | 0.00 | 0.00 |
| 最大值（%） | 100.00 | 73.00 | 66.70 | 100.00 | 100.00 | 100.00 | 67.00 | 71.40 | 83.00 | 83.30 |

资料来源：根据各保险公司网站公开数据整理。

# 第三节 监事与监事会

## 一、监事会规模结构

### （一）监事会规模结构概述

监事会是公司的监督机关，其职能是监督董事会及经营层的决策活动。如表 7-41 所示，我国保险公司监事会人数平均值为 3.86，职工监事人数平均值为 1.36。根据法律规定，保险公司监事会要设立职工监事，我国保险公司职工监事情况基本符合法律规定（见表 7-41）。

表 7-41 监事会规模和职工监事情况

| 统计指标 | 监事会规模 | 职工监事 |
|---|---|---|
| 有效样本（家） | 154 | 135 |
| 缺失样本（家） | 14 | 33 |
| 平均值（人） | 3.86 | 1.36 |
| 中位数（人） | 3 | 1 |

| 统计指标 | 监事会规模 | 职工监事 |
|---|---|---|
| 标准差（人） | 2.23 | 1.04 |
| 极差（人） | 15 | 5 |
| 最小值（人） | 0 | 0 |
| 最大值（人） | 15 | 5 |

资料来源：根据各保险公司官网公开数据整理。

如表 7-42 所示，各保险公司监事会的人数在 0—15 人之间，有效样本中有 57.79% 的保险公司监事会人数在 3 人以内（含 3 人），其中有一家公司未设立监事会（《公司法》规定，规模小的有限责任公司可以不设立监事会，但必须有 1—2 名监事，而设立监事会的监事人数至少是 3 人），90.91% 的公司监事会人数在 6 人以内（含 6 人）。频数最大和第二的监事会人数分别是 3 人和 5 人。

表 7-42　监事会具体人数统计表

| 样本情况 | 人数 | 频数 | 比例（%） | 有效比例（%） |
|---|---|---|---|---|
| 有效样本 | 0 | 1 | 0.60 | 0.65 |
| | 1 | 17 | 10.12 | 11.04 |
| | 2 | 14 | 8.33 | 9.09 |
| | 3 | 57 | 33.93 | 37.01 |
| | 4 | 8 | 4.76 | 5.19 |
| | 5 | 36 | 21.43 | 23.38 |
| | 6 | 7 | 4.17 | 4.55 |
| | 7 | 4 | 2.38 | 2.60 |
| | 8 | 5 | 2.98 | 3.25 |
| | 9 | 2 | 1.19 | 1.30 |
| | 10 | 1 | 0.60 | 0.65 |
| | 14 | 1 | 0.60 | 0.65 |
| | 15 | 1 | 0.60 | 0.65 |
| | 小计 | 154 | 91.67 | 100.00 |
| 缺失样本 | | 14 | 8.33 | — |
| 合计 | | 168 | 100.00 | — |

资料来源：根据各保险公司官网公开数据整理。

### （二）监事会规模分类比较

下文主要说明了不同组织形式、资本性质和险种类型保险公司的监事会情况的差异。

如表 7-43 所示，股份制保险公司监事会规模的平均值为 4.49，有限制保险公司监事会规模的平均值为 2.45，说明股份制保险公司监事会大约比有限制保险公司的监事会多 2 人。股份制公司职工监事规模也略高于有限制公司，二者平均值分别为 1.59 和 0.76。

表 7-43　不同组织形式保险公司监事会情况

| 组织形式 | 统计指标 | 监事会规模 | 职工监事 |
|---|---|---|---|
| 股份制 | 有效样本（家） | 107 | 97 |
| | 缺失样本（家） | 1 | 11 |
| | 平均值（人） | 4.49 | 1.59 |
| | 中位数（人） | 4 | 2 |
| | 标准差（人） | 2.20 | 1.01 |
| | 极差（人） | 13 | 5 |
| | 最小值（人） | 2 | 0 |
| | 最大值（人） | 15 | 5 |
| 有限制 | 有效样本（家） | 47 | 38 |
| | 缺失样本（家） | 13 | 22 |
| | 平均值（人） | 2.45 | 0.76 |
| | 中位数（人） | 2 | 1 |
| | 标准差（人） | 1.57 | 0.88 |
| | 极差（人） | 6 | 4 |
| | 最小值（人） | 0 | 0 |
| | 最大值（人） | 6 | 4 |

资料来源：根据各保险公司官网公开数据整理。

如表 7-44 所示，中资保险公司监事会规模平均值是外资保险公司的 2 倍多，为 4.43。中资保险公司监事会规模的差别较大，标准差为 2.17，最小规模和最大规模之间相差 14 人。从职工监事情况来看，中资保险公司职工监事规模平均值是外资保险公司的 3 倍，为 1.59，标准差为 0.97，最小规模与最大规模之间相差 5 人。

表 7-44　不同资本性质保险公司监事会情况

| 资本性质 | 统计指标 | 监事会规模 | 职工监事 |
|---|---|---|---|
| 中资 | 有效样本（家） | 117 | 105 |
| | 缺失样本（家） | 1 | 13 |
| | 平均值（人） | 4.43 | 1.59 |
| | 中位数（人） | 4 | 2 |
| | 标准差（人） | 2.17 | 0.97 |
| | 极差（人） | 14 | 5 |
| | 最小值（人） | 1 | 0 |
| | 最大值（人） | 15 | 5 |
| 外资 | 有效样本（家） | 37 | 30 |
| | 缺失样本（家） | 13 | 20 |
| | 平均值（人） | 2.08 | 0.53 |
| | 中位数（人） | 2 | 0 |
| | 标准差（人） | 1.30 | 0.86 |
| | 极差（人） | 5 | 4 |
| | 最小值（人） | 0 | 0 |
| | 最大值（人） | 5 | 4 |

资料来源：根据各保险公司官网公开数据整理。

如表 7-45 所示，财产险公司监事会和职工监事规模平均值略高于人身险公司，监事会规模平均值分别为 3.97 和 3.75，职工监事规模平均值分别为 1.50 和 1.20。

表 7-45 不同险种类型保险公司监事会情况

| 险种类型 | 统计指标 | 监事会规模（人） | 职工监事（人） |
|---|---|---|---|
| 财产险 | 有效样本（家） | 79 | 70 |
| | 缺失样本（家） | 3 | 12 |
| | 平均值（人） | 3.97 | 1.50 |
| | 中位数（人） | 3 | 1 |
| | 标准差（人） | 2.56 | 1.09 |
| | 极差（人） | 15 | 5 |
| | 最小值（人） | 0 | 0 |
| | 最大值（人） | 15 | 5 |
| 人身险 | 有效样本（家） | 75 | 65 |
| | 缺失样本（家） | 11 | 21 |
| | 平均值（人） | 3.75 | 1.20 |
| | 中位数（人） | 3 | 1 |
| | 标准差（人） | 1.83 | 0.97 |
| | 极差（人） | 10 | 4 |
| | 最小值（人） | 1 | 0 |
| | 最大值（人） | 11 | 4 |

资料来源：根据各保险公司官网公开数据整理。

## 二、监事会成员

### （一）监事学历情况频数统计

表 7-46 显示了各保险公司监事会中具备大专或中专学历的监事情况。其中，66 家（83.54%）保险公司没有大专或中专学历的监事。仅有 11 家（13.92%）的保险公司有 1 名大专或中专学历的监事，仅有 2 家（2.53%）的保险公司有 2 名大专或中专学历的监事。

表 7-46 大专、中专学历监事频数分布表

| 样本情况 | 监事人数 | 频数 | 比例（%） | 有效比例（%） |
|---|---|---|---|---|
| 有效样本 | 0 | 66 | 39.29 | 83.54 |
| | 1 | 11 | 6.55 | 13.92 |
| | 2 | 2 | 1.19 | 2.53 |
| | 小计 | 79 | 47.02 | 100.00 |
| 缺失样本 | | 89 | 52.98 | — |
| 合计 | | 168 | 100.00 | — |

资料来源：根据各保险公司官网公开数据整理。

表 7-47 显示了各保险公司具有本科学历的监事情况，有效样本中有 19.70%的保险公司没有具有本科学历的监事，46 家（34.85%）保险公司有 1 名具有本科学历的监事，21 家（15.91%）保险公司有 2 名具有本科学历的监事，22 家（16.67%）保险公司有 3 名具有本科学历的监事，12 家（9.09%）保险公司有 4 名具有本科学历的监事，5 家（3.79%）保险公司有 5 名具有本科学历的监事。

表 7-47　本科学历监事频数分布表

| 样本情况 | 监事人数 | 频数 | 比例（%） | 有效比例（%） |
|---|---|---|---|---|
| 有效样本 | 0 | 26 | 15.48 | 19.70 |
| | 1 | 46 | 27.38 | 34.85 |
| | 2 | 21 | 12.50 | 15.91 |
| | 3 | 22 | 13.10 | 16.67 |
| | 4 | 12 | 7.14 | 9.09 |
| | 5 | 5 | 2.98 | 3.79 |
| | 小计 | 132 | 78.57 | 100.00 |
| 缺失样本 | | 36 | 21.43 | — |
| 合计 | | 168 | 100.00 | — |

资料来源：根据各保险公司官网公开数据整理。

表 7-48 显示了各保险公司监事会中具备硕士学历的监事情况。有效样本中有 18.57%保险公司的监事会没有硕士学历的监事，40 家（28.57%）保险公司的监事会有 1 名硕士学历的监事，39 家（27.86%）保险公司的监事会有 2 名硕士学历的监事，25 家（17.86%）保险公司的监事会有 3 名硕士学历的监事。

表 7-48　硕士学历监事频数分布表

| 样本情况 | 监事人数 | 频数 | 比例（%） | 有效比例（%） |
|---|---|---|---|---|
| 有效样本 | 0 | 26 | 15.48 | 18.57 |
| | 1 | 40 | 23.81 | 28.57 |
| | 2 | 39 | 23.21 | 27.86 |
| | 3 | 25 | 14.88 | 17.86 |
| | 4 | 7 | 4.17 | 5.00 |
| | 5 | 2 | 1.19 | 1.43 |
| | 8 | 1 | 0.60 | 0.71 |
| | 小计 | 140 | 83.33 | 100.00 |
| 缺失样本 | | 28 | 16.67 | — |
| 合计 | | 168 | 100.00 | — |

资料来源：根据各保险公司官网公开数据整理。

表 7-49 反映了各保险公司监事会中具备博士学历的监事情况。有效样本中有 68 家

（68.69%）保险公司的监事会没有博士学历的监事，25 家（25.25%）保险公司的监事会有 1 名博士学历的监事，6 家（6.06%）保险公司的监事会有 2 名博士学历的监事。

表 7-49　博士学历监事频数分布表

| 样本情况 | 监事人数 | 频数 | 比例（%） | 有效比例（%） |
|---|---|---|---|---|
| 有效样本 | 0 | 68 | 40.48 | 68.69 |
| | 1 | 25 | 14.88 | 25.25 |
| | 2 | 6 | 3.57 | 6.06 |
| | 小计 | 99 | 58.93 | 100.00 |
| 缺失样本 | | 69 | 41.07 | — |
| 合计 | | 168 | 100.00 | — |

资料来源：根据各保险公司官网公开数据整理。

从表 7-50 可知，有效样本中，有 58 家（67.44%）保险公司披露了全部监事的学历状况，18 家（20.93%）保险公司有 1 名监事的学历状况未披露，2 家（2.33%）保险公司有 2 名监事的学历状况未披露，5 家（5.81%）保险公司有 3 名监事的学历状况未披露。3 名以上监事学历状况未得到披露的仅占比 3.48%。

表 7-50　未披露学历监事频数分布表

| 样本情况 | 监事人数 | 频数 | 比例（%） | 有效比例（%） |
|---|---|---|---|---|
| 有效样本 | 0 | 58 | 34.52 | 67.44 |
| | 1 | 18 | 10.71 | 20.93 |
| | 2 | 2 | 1.19 | 2.33 |
| | 3 | 5 | 2.98 | 5.81 |
| | 4 | 1 | 0.60 | 1.16 |
| | 5 | 1 | 0.60 | 1.16 |
| | 15 | 1 | 0.60 | 1.16 |
| | 小计 | 86 | 51.19 | 100.00 |
| 缺失样本 | | 82 | 48.81 | — |
| 合计 | | 168 | 100.00 | — |

资料来源：根据各保险公司官网公开数据整理。

### （二）监事职业背景情况统计

表 7-51 反映了各保险公司监事会中具备财务审计背景的监事的情况。有效样本中，41 家（34.45%）保险公司的监事会没有具备财务审计背景的监事，46 家（38.66%）保险公司的监事会只有 1 名具有财务审计背景的监事，有 2 名和 3 名具备财务审计背景的监事的保险公司比例分别为 15.13% 和 5.88%，4.20% 的保险公司的监事会有 4 名具备财务审计背景的监事。具有 4 名以上具备财务审计背景监事的保险公司占比较小。

表 7-51 具备财务审计背景监事频数统计表

| 样本情况 | 监事人数 | 频数 | 比例（%） | 有效比例（%） |
|---|---|---|---|---|
| 有效样本 | 0 | 41 | 24.40 | 34.45 |
| | 1 | 46 | 27.38 | 38.66 |
| | 2 | 18 | 10.71 | 15.13 |
| | 3 | 7 | 4.17 | 5.88 |
| | 4 | 5 | 2.98 | 4.20 |
| | 5 | 1 | 0.60 | 0.84 |
| | 8 | 1 | 0.60 | 0.84 |
| | 小计 | 119 | 70.83 | 100.00 |
| 缺失样本 | | 49 | 29.17 | — |
| 合计 | | 168 | 100.00 | — |

资料来源：根据各保险公司官网公开数据整理。

表 7-52 反映了各保险公司监事会中具备金融背景的监事的情况。有效样本中，54 家（50.00%）保险公司的监事会没有具备金融背景的监事，32 家（29.63%）保险公司的监事会只有 1 名具有金融背景的监事，19 家（17.59%）保险公司的监事会有 2 名具备金融背景的监事，3 家（2.78%）保险公司的监事会有 3 名具备金融背景的监事。

表 7-52 具备金融背景监事频数统计表

| 样本情况 | 监事人数 | 频数 | 比例（%） | 有效比例（%） |
|---|---|---|---|---|
| 有效样本 | 0 | 54 | 32.14 | 50.00 |
| | 1 | 32 | 19.05 | 29.63 |
| | 2 | 19 | 11.31 | 17.59 |
| | 3 | 3 | 1.79 | 2.78 |
| | 小计 | 108 | 64.29 | 100.00 |
| 缺失样本 | | 60 | 35.71 | — |
| 合计 | | 168 | 100.00 | — |

资料来源：根据各保险公司官网公开数据整理。

表 7-53 反映了各保险公司监事会中具备保险精算背景的监事情况。有效样本中，36 家（29.03%）保险公司的监事会没有具备保险精算背景的监事，42 家（33.87%）保险公司的监事会只有 1 名具有保险精算背景的监事，27 家（21.77%）保险公司的监事会有 2 名具备保险精算背景的监事，14 家（11.29%）保险公司的监事会有 3 名具备保险精算背景的监事。有 3 名以上具备保险精算相关背景监事的保险公司占比较小。

表 7-53　具备保险精算背景监事频数统计表

| 样本情况 | 监事人数 | 频数 | 比例（%） | 有效比例（%） |
|---|---|---|---|---|
| 有效样本 | 0 | 36 | 21.43 | 29.03 |
| | 1 | 42 | 25.00 | 33.87 |
| | 2 | 27 | 16.07 | 21.77 |
| | 3 | 14 | 8.33 | 11.29 |
| | 4 | 3 | 1.79 | 2.42 |
| | 5 | 2 | 1.19 | 1.61 |
| | 小计 | 124 | 73.81 | 100.00 |
| 缺失样本 | | 44 | 26.19 | — |
| 合计 | | 168 | 100.00 | — |

资料来源：根据各保险公司官网公开数据整理。

表 7-54 反映了各保险公司监事会中具备经济管理背景的监事的情况。有效样本中，27 家（21.77%）保险公司的监事会没有具备经济管理背景的监事，55 家（44.35%）保险公司的监事会只有 1 名具备经济管理背景的监事，21 家（16.94%）保险公司的监事会有 2 名具备经济管理背景的监事，11 家（8.87%）保险公司的监事会有 3 名具备经济管理背景的监事。有 3 名以上具备经济管理背景监事的保险公司比较少。

表 7-54　具备经济管理背景监事频数统计表

| 样本情况 | 监事人数 | 频数 | 比例（%） | 有效比例（%） |
|---|---|---|---|---|
| 有效样本 | 0 | 27 | 16.07 | 21.77 |
| | 1 | 55 | 32.74 | 44.35 |
| | 2 | 21 | 12.50 | 16.94 |
| | 3 | 11 | 6.55 | 8.87 |
| | 4 | 7 | 4.17 | 5.65 |
| | 5 | 3 | 1.79 | 2.42 |
| | 小计 | 124 | 73.81 | 100.00 |
| 缺失样本 | | 44 | 26.19 | — |
| 合计 | | 168 | 100.00 | — |

资料来源：根据各保险公司官网公开数据整理。

从表 7-55 可知，在有效样本中，79 家（92.94%）保险公司披露了所有监事的专业背景。有 6 家公司监事会有 1 名未披露专业背景的监事，占比 7.06%。

表 7-55　未披露专业背景监事频数统计表

| 样本情况 | 监事人数 | 频数 | 比例（%） | 有效比例（%） |
|---|---|---|---|---|
| 有效样本 | 0 | 79 | 47.02 | 92.94 |
| | 1 | 6 | 3.57 | 7.06 |
| | 小计 | 85 | 50.60 | 100.00 |
| 缺失样本 | | 83 | 49.40 | —— |
| 合计 | | 168 | 100.00 | —— |

资料来源：根据各保险公司官网公开数据整理。

### （三）监事学历、职业背景情况分类统计

本报告通过统计保险公司监事会成员学历及任职时从业背景来反映保险公司监事会的状况后，根据组织形式、资本性质和险种类型对保险公司进行分类并对监事会成员学历及任职时从业背景进行比较。

从所有保险公司有效样本来看，监事会成员具有高学历特征。具有本科及以上学历的成员占比达 85.90%，具有硕士及以上学历的成员占比 47.86%，但不同公司监事会本科及其以上学历成员占比差别较大（见表 7-56）。

表 7-56　保险公司监事学历情况

| 统计指标 | 本科及以上 | 硕士及以上 | 博士 |
|---|---|---|---|
| 有效样本（家） | 153 | 153 | 153 |
| 缺失样本（家） | 15 | 15 | 15 |
| 平均值（%） | 85.90 | 47.86 | 6.80 |
| 中位数（%） | 100.00 | 50.00 | 0.00 |
| 标准差（%） | 28.79 | 34.03 | 16.35 |
| 极差（%） | 100.00 | 100.00 | 100.00 |
| 最小值（%） | 0.00 | 0.00 | 0.00 |
| 最大值（%） | 100.00 | 100.00 | 100.00 |

资料来源：根据各保险公司网站公开数据整理。

从监事会成员职业背景来看，64.60% 的成员从事过财务审计、金融、保险精算等与保险行业相关的行业，其中具有保险精算背景的人员占比达 28.88%，具有财务审计背景的人员占比达 22.63%（见表 7-57）。

表 7-57　保险公司监事职业背景情况

| 统计指标 | 行业相关背景 | 财务审计 | 金融 | 保险精算 | 经济管理 |
|---|---|---|---|---|---|
| 有效样本（家） | 153 | 153 | 153 | 153 | 153 |
| 缺失样本（家） | 15 | 15 | 15 | 15 | 15 |
| 平均值（%） | 64.60 | 22.63 | 13.08 | 28.88 | 27.55 |
| 中位数（%） | 66.67 | 12.50 | 0.00 | 20.00 | 22.22 |
| 标准差（%） | 32.17 | 28.55 | 21.42 | 32.33 | 28.35 |

| 统计指标 | 行业相关背景 | 财务审计 | 金融 | 保险精算 | 经济管理 |
|---|---|---|---|---|---|
| 极差（%） | 100.00 | 100.00 | 100.00 | 100.00 | 100.00 |
| 最小值（%） | 0.00 | 0.00 | 0.00 | 0.00 | 0.00 |
| 最大值（%） | 100.00 | 100.00 | 100.00 | 100.00 | 100.00 |

资料来源：根据各保险公司网站公开数据整理。

从组织形式来看，股份有限公司监事会硕士及以上学历成员占比略低于有限责任公司，其中股份有限公司监事会硕士及以上成员占比为 46.97%，有限责任公司为 49.93%（见表 7-58）。有限责任公司监事会人员具有行业相关背景的比例为 70.91%，高于股份有限公司的 61.89%（见表 7-59）。

表 7-58　不同组织形式保险监事学历情况

| 统计指标 | 股份制 | | | 有限制 | | |
|---|---|---|---|---|---|---|
| | 本科及以上 | 硕士及以上 | 博士 | 本科及以上 | 硕士及以上 | 博士 |
| 有效样本（家） | 107 | 107 | 107 | 46 | 46 | 46 |
| 缺失样本（家） | 1 | 1 | 1 | 14 | 14 | 14 |
| 平均值（%） | 87.11 | 46.97 | 5.77 | 83.08 | 49.93 | 9.20 |
| 中位数（%） | 100.00 | 50.00 | 0.00 | 100.00 | 50.00 | 0.00 |
| 标准差（%） | 26.18 | 30.63 | 12.23 | 34.27 | 41.17 | 23.29 |
| 极差（%） | 100.00 | 100.00 | 50.00 | 100.00 | 100.00 | 100.00 |
| 最小值（%） | 0.00 | 0.00 | 0.00 | 0.00 | 0.00 | 0.00 |
| 最大值（%） | 100.00 | 100.00 | 50.00 | 100.00 | 100.00 | 100.00 |

资料来源：根据各保险公司网站公开数据整理。

表 7-59　不同组织形式保险公司监事职业背景情况

| 统计指标 | 股份制 | | | | | 有限制 | | | | |
|---|---|---|---|---|---|---|---|---|---|---|
| | 行业相关背景 | 财务审计 | 金融 | 保险精算 | 经济管理 | 行业相关背景 | 财务审计 | 金融 | 保险精算 | 经济管理 |
| 有效样本（家） | 107 | 107 | 107 | 107 | 107 | 46 | 46 | 46 | 46 | 46 |
| 缺失样本（家） | 1 | 1 | 1 | 1 | 1 | 14 | 14 | 14 | 14 | 14 |
| 平均值（%） | 61.89 | 22.71 | 13.01 | 26.18 | 29.78 | 70.91 | 22.46 | 13.26 | 35.18 | 22.36 |
| 中位数（%） | 66.67 | 20.00 | 0.00 | 20.00 | 26.67 | 70.83 | 0.00 | 0.00 | 33.33 | 8.33 |
| 标准差（%） | 24.86 | 19.28 | 29.69 | 28.15 | 31.59 | 36.03 | 25.95 | 37.37 | 28.42 | 32.97 |
| 极差（%） | 100.00 | 66.67 | 100.00 | 100.00 | 100.00 | 100.00 | 100.00 | 100.00 | 100.00 | 100.00 |
| 最小值（%） | 0.00 | 0.00 | 0.00 | 0.00 | 0.00 | 0.00 | 0.00 | 0.00 | 0.00 | 0.00 |
| 最大值（%） | 100.00 | 66.67 | 100.00 | 100.00 | 100.00 | 100.00 | 100.00 | 100.00 | 100.00 | 100.00 |

资料来源：根据各保险公司网站公开数据整理。

从资本性质来看，外资保险公司监事会成员学历与中资保险公司相比无明显差异。其中，外资保险公司监事会本科及以上学历成员占比 84.95%、研究生及以上学历成员占比 47.78%，而中资保险公司的对应数据分别为 86.19% 和 47.88%（见表 7-60）。在行业背景方面，外资保险公司中有 77.18% 的监事会成员具有行业相关背景，其中具有保险精算背景的成员占比达到 40.05%，而中资保险公司监事会具有行业相关背景成员占比为 60.73%，具有保险精算行业背景的成员占比 25.45%（见表 7-61）。

表 7-60　不同资本性质保险公司监事学历情况

| 统计指标 | 中资 | | | 外资 | | |
|---|---|---|---|---|---|---|
| | 本科及以上 | 硕士及以上 | 博士 | 本科及以上 | 硕士及以上 | 博士 |
| 有效样本（家） | 117 | 117 | 117 | 36 | 36 | 36 |
| 缺失样本（家） | 1 | 1 | 1 | 14 | 14 | 14 |
| 平均值（%） | 86.19 | 47.88 | 5.88 | 84.95 | 47.78 | 9.81 |
| 中位数（%） | 100.00 | 50.00 | 0.00 | 100.00 | 50.00 | 0.00 |
| 标准差（%） | 27.67 | 30.95 | 12.16 | 32.60 | 43.06 | 25.66 |
| 极差（%） | 100.00 | 100.00 | 50.00 | 100.00 | 100.00 | 100.00 |
| 最小值（%） | 0.00 | 0.00 | 0.00 | 0.00 | 0.00 | 0.00 |
| 最大值（%） | 100.00 | 100.00 | 50.00 | 100.00 | 100.00 | 100.00 |

资料来源：根据各保险公司网站公开数据整理。

表 7-61　不同资本性质保险公司监事职业背景情况

| 统计指标 | 中资 | | | | | 外资 | | | | |
|---|---|---|---|---|---|---|---|---|---|---|
| | 行业相关背景 | 财务审计 | 金融 | 保险精算 | 经济管理 | 行业相关背景 | 财务审计 | 金融 | 保险精算 | 经济管理 |
| 有效样本（家） | 117 | 117 | 117 | 117 | 117 | 36 | 36 | 36 | 36 | 36 |
| 缺失样本（家） | 1 | 1 | 1 | 1 | 1 | 14 | 14 | 14 | 14 | 14 |
| 平均值（%） | 60.73 | 22.36 | 12.92 | 25.45 | 30.14 | 77.18 | 23.52 | 13.61 | 40.05 | 19.12 |
| 中位数（%） | 66.67 | 20.00 | 0.00 | 20.00 | 33.33 | 100.00 | 0.00 | 0.00 | 36.67 | 0.00 |
| 标准差（%） | 31.04 | 24.53 | 18.97 | 28.08 | 27.26 | 33.01 | 39.31 | 28.28 | 41.92 | 30.52 |
| 极差（%） | 100.00 | 100.00 | 66.67 | 100.00 | 100.00 | 100.00 | 100.00 | 100.00 | 100.00 | 100.00 |
| 最小值（%） | 0.00 | 0.00 | 0.00 | 0.00 | 0.00 | 0.00 | 0.00 | 0.00 | 0.00 | 0.00 |
| 最大值（%） | 100.00 | 100.00 | 66.67 | 100.00 | 100.00 | 100.00 | 100.00 | 100.00 | 100.00 | 100.00 |

资料来源：根据各保险公司网站公开数据整理。

从险种类型来看，财产险与人身险公司监事会成员学历差异不大，整体来看，人身险公司监事会成员学历略高于财产险（见表 7-62）。职业背景方面，财产险公司监事会成员中有 26.57% 具有财务审计背景，而人身险公司监事会具有财务审计背景的成员占比为 18.54%（见表 7-63）。

表 7-62　不同险种类型保险公司监事学历情况

| 统计指标 | 财产险 | | | 人身险 | | |
|---|---|---|---|---|---|---|
| | 本科及以上 | 硕士及以上 | 博士 | 本科及以上 | 硕士及以上 | 博士 |
| 有效样本（家） | 78 | 78 | 78 | 75 | 75 | 75 |
| 缺失样本（家） | 4 | 4 | 4 | 11 | 11 | 11 |
| 平均值（%） | 85.26 | 46.34 | 5.10 | 86.56 | 49.44 | 8.58 |
| 中位数（%） | 100.00 | 50.00 | 0.00 | 100.00 | 50.00 | 0.00 |
| 标准差（%） | 29.55 | 33.24 | 14.91 | 28.17 | 34.98 | 17.65 |
| 极差（%） | 100.00 | 100.00 | 100.00 | 100.00 | 100.00 | 100.00 |
| 最小值（%） | 0.00 | 0.00 | 0.00 | 0.00 | 0.00 | 0.00 |
| 最大值（%） | 100.00 | 100.00 | 100.00 | 100.00 | 100.00 | 100.00 |

资料来源：根据各保险公司网站公开数据整理。

表 7-63　不同险种类型保险公司监事职业背景情况

| 统计指标 | 财产险 | | | | | 人身险 | | | | |
|---|---|---|---|---|---|---|---|---|---|---|
| | 行业相关背景 | 财务审计 | 金融 | 保险精算 | 经济管理 | 行业相关背景 | 财务审计 | 金融 | 保险精算 | 经济管理 |
| 有效样本（家） | 78 | 78 | 78 | 78 | 78 | 75 | 75 | 75 | 75 | 75 |
| 缺失样本（家） | 4 | 4 | 4 | 4 | 4 | 11 | 11 | 11 | 11 | 11 |
| 平均值（%） | 62.43 | 26.57 | 7.49 | 28.38 | 27.55 | 66.85 | 18.54 | 18.90 | 29.41 | 27.55 |
| 中位数（%） | 66.67 | 20.00 | 0.00 | 18.33 | 21.11 | 66.67 | 0.00 | 0.00 | 20.00 | 25.00 |
| 标准差（%） | 33.84 | 31.03 | 13.14 | 34.08 | 29.06 | 30.41 | 25.29 | 26.37 | 30.62 | 27.79 |
| 极差（%） | 100.00 | 100.00 | 50.00 | 100.00 | 100.00 | 100.00 | 100.00 | 100.00 | 100.00 | 100.00 |
| 最小值（%） | 0.00 | 0.00 | 0.00 | 0.00 | 0.00 | 0.00 | 0.00 | 0.00 | 0.00 | 0.00 |
| 最大值（%） | 100.00 | 100.00 | 50.00 | 100.00 | 100.00 | 100.00 | 100.00 | 100.00 | 100.00 | 100.00 |

资料来源：根据各保险公司网站公开数据整理。

# 第四节　高管治理

## 一、高管规模

### （一）高管规模的总体分析

高管是高级管理人员的简称，是指在公司管理层中担任重要职务，负责公司经营管理、掌握公司重要信息的人员，主要包括总经理、副总经理、财务负责人、上市公司董事会秘书和公司章程中规定的其他人员，[①]高管对于公司内部治理具有重要意义。本报告统计并按组织形式、资本性质和险种类型对比分析了高管人员规模。

表 7-64 显示了我国保险公司高管的整体情况。从数据来看，平均每家保险公司高管人数在 8 人左右，其中人数最多达到了 20 人，最少仅有 1 人，差异很大。

表 7-64　我国保险公司高管规模情况

| 统计指标 | 数值 |
| --- | --- |
| 有效样本（家） | 166 |
| 缺失样本（家） | 2 |
| 平均值（人） | 8.30 |
| 中位数（人） | 8.00 |
| 标准差（人） | 3.12 |
| 极差（人） | 19.00 |
| 最小值（人） | 1.00 |
| 最大值（人） | 20.00 |

资料来源：根据各保险公司官网公开数据整理。

如表 7-65 所示，我国保险公司高管人数在 1—20 人不等，多为 5—9 人，其中高管人员数量的众数是 7 和 8，频数为 26，共占有效样本的 31.40%。高管人数在 3 人以下（含 3 人）的保险公司占比不足 3%，高管人数在 15 人以上（含 15 人）保险公司占比为 4.80%，不足 5%。

表 7-65　我国保险公司高管人数频数统计表

| 样本情况 | 人数 | 频数 | 比例（%） | 有效比例（%） |
| --- | --- | --- | --- | --- |
| 有效样本 | 1 | 1 | 0.60 | 0.60 |
| | 2 | 1 | 0.60 | 0.60 |
| | 3 | 2 | 1.20 | 1.20 |

---

① 广义的高管实际上还包括董事和监事，与经营者的概念相似，多应用在理论研究中；而实务界中的高管和经理层的内涵是一样的。考虑本报告的定位和特点，同时为了保持上下文行文的一致性，本报告采用狭义的高管定义。

| 样本情况 | 人数 | 频数 | 比例（%） | 有效比例（%） |
|---|---|---|---|---|
| 有效样本 | 4 | 4 | 2.40 | 2.40 |
| | 5 | 18 | 10.70 | 10.80 |
| | 6 | 24 | 14.30 | 14.50 |
| | 7 | 26 | 15.50 | 15.70 |
| | 8 | 26 | 15.50 | 15.70 |
| | 9 | 18 | 10.70 | 10.80 |
| | 10 | 14 | 8.30 | 8.40 |
| | 11 | 8 | 4.80 | 4.80 |
| | 12 | 6 | 3.60 | 3.60 |
| | 13 | 6 | 3.60 | 3.60 |
| | 14 | 4 | 2.40 | 2.40 |
| | 15 | 3 | 1.80 | 1.80 |
| | 16 | 2 | 1.20 | 1.20 |
| | 17 | 1 | 0.60 | 0.60 |
| | 18 | 1 | 0.60 | 0.60 |
| | 20 | 1 | 0.60 | 0.60 |
| | 小计 | 166 | 98.80 | 100.00 |
| 缺失样本 | | 2 | 1.20 | — |
| 合计 | | 168 | 100.00 | — |

资料来源：根据各保险公司官网公开数据整理。

### （二）高管规模分类比较

从组织形式来看，有限责任公司高管人员平均数量与股份有限公司相差不大，两者平均值分别为 8.34 和 8.27，但股份有限公司高管人员数量标准差低于有限责任公司。有限责任公司高管层人员数量最大值为 18，股份有限公司高管层人员数量最大值为 20（见表 7-66）。

表 7-66　不同组织形式保险公司高管数量对比

| 组织形式 | 统计指标 | 数值 |
|---|---|---|
| 股份制 | 有效样本（家） | 107 |
| | 缺失样本（家） | 1 |
| | 平均值（人） | 8.27 |
| | 中位数（人） | 8.00 |
| | 标准差（人） | 2.80 |
| | 极差（人） | 17.00 |
| | 最小值（人） | 3.00 |
| | 最大值（人） | 20.00 |

续表

| 组织形式 | 统计指标 | 数值 |
|---|---|---|
| 有限制 | 有效样本（家） | 59 |
| | 缺失样本（家） | 1 |
| | 平均值（人） | 8.34 |
| | 中位数（人） | 8.00 |
| | 标准差（人） | 3.66 |
| | 极差（人） | 17.00 |
| | 最小值（人） | 1.00 |
| | 最大值（人） | 18.00 |

资料来源：根据各保险公司官网公开数据整理。

从资本性质来看，中资保险公司高管人员平均数量略高于外资保险公司。中资保险公司高管人员数量最大值为18，最小值为1；外资保险公司高管人员数量最大值为20，最小值为2（见表7-67）。

表 7-67　不同资本性质保险公司高管数量对比

| 资本性质 | 统计指标 | 数值 |
|---|---|---|
| 中资 | 有效样本（家） | 49 |
| | 缺失样本（家） | 1 |
| | 平均值（人） | 8.45 |
| | 中位数（人） | 7.00 |
| | 标准差（人） | 3.69 |
| | 极差（人） | 17.00 |
| | 最小值（人） | 1.00 |
| | 最大值（人） | 18.00 |
| 外资 | 有效样本（家） | 117 |
| | 缺失样本（家） | 1 |
| | 平均值（人） | 8.23 |
| | 中位数（人） | 8.00 |
| | 标准差（人） | 2.86 |
| | 极差（人） | 18.00 |
| | 最小值（人） | 2.00 |
| | 最大值（人） | 20.00 |

资料来源：根据各保险公司官网公开数据整埋。

从险种类型来看，人身险公司高管人员平均数量明显多于财产险公司，人身险公司高管人员数量平均值为8.79，财产险公司为7.79。从标准差来看，财产险公司高管数量标准差为3.05，人身险公司高管数量标准差为3.13，说明财产险公司高管人员数量相对会更加集中（见表7-68）。

表 7-68　不同险种类型保险公司高管数量对比

| 险种类型 | 统计指标 | 数值 |
|---|---|---|
| 财产险 | 有效样本（家） | 82 |
| | 缺失样本（家） | 0 |
| | 平均值（人） | 7.79 |
| | 中位数（人） | 7.00 |
| | 标准差（人） | 3.05 |
| | 极差（人） | 15.00 |
| | 最小值（人） | 2.00 |
| | 最大值（人） | 17.00 |
| 人身险 | 有效样本（家） | 84 |
| | 缺失样本（家） | 2 |
| | 平均值（人） | 8.79 |
| | 中位数（人） | 8.00 |
| | 标准差（人） | 3.13 |
| | 极差（人） | 19.00 |
| | 最小值（人） | 1.00 |
| | 最大值（人） | 20.00 |

资料来源：根据各保险公司官网公开数据整理。

## 二、特殊高管设置

### （一）保险公司四类特殊高管设置的整体情况

本报告整理了保险公司中四类特殊高管（总精算师、合规负责人、首席风险官、审计负责人）的设置情况。

在 168 家保险公司中，有 120 家设立了总精算师职位，占整体样本 71.43%；设立合规负责人职位的保险公司有 140 家，占整体样本的 83.33%；设立首席风险官职位的保险公司有 88 家，占整体样本的 52.38%；设立审计负责人职位的保险公司有 134 家，占整体样本的 79.76%。

通过比较可以发现，168 家保险公司样本中，合规负责人职位的设立比例最高，其次是审计负责人和总精算师，而首席风险官职位的设立比例最低，但超过 50%（见表 7-69）。

表 7-69　保险公司四类特殊高管设置的整体情况

| 高管类型 | 设置情况 | 频数 | 比例（%） | 累计比例（%） |
|---|---|---|---|---|
| 总精算师 | 未设置 | 48 | 28.57 | 28.57 |
| | 设置 | 120 | 71.43 | 100.00 |
| | 合计 | 168 | 100.00 | — |

续表

| 高管类型 | 设置情况 | 频数 | 比例（%） | 累计比例（%） |
|---|---|---|---|---|
| 合规负责人 | 未设置 | 28 | 16.67 | 16.67 |
| | 设置 | 140 | 83.33 | 100.00 |
| | 合计 | 168 | 100.00 | — |
| 首席风险官 | 未设置 | 80 | 47.62 | 47.62 |
| | 设置 | 88 | 52.38 | 100.00 |
| | 合计 | 168 | 100.00 | — |
| 审计负责人 | 未设置 | 34 | 20.24 | 20.24 |
| | 设置 | 134 | 79.76 | 100.00 |
| | 合计 | 168 | 100.00 | — |

资料来源：根据各保险公司官网公开数据整理。

**（二）不同资本性质保险公司四类特殊高管设置情况比较**

本报告将保险公司按照资本性质进行分类，并对其特殊高管设置情况进行比较。结果显示，外资保险公司总精算师和审计负责人的设置比例高于中资保险公司，而合规负责人和首席风险官的设置比例在中资保险公司和外资保险公司中不存在显著差异（见表7-70和表7-71）。

表7-70　不同资本性质保险公司总精算师和合规负责人设置情况比较

| 资本性质 | 总精算师 | | | 合规负责人 | | |
|---|---|---|---|---|---|---|
| | 类型 | 频数 | 比例（%） | 类型 | 频数 | 比例（%） |
| 中资 | 未设置 | 39 | 32.50 | 未设置 | 20 | 16.67 |
| | 设置 | 81 | 67.50 | 设置 | 100 | 83.33 |
| | 合计 | 120 | 100.00 | 合计 | 120 | 100.00 |
| 外资 | 未设置 | 9 | 18.75 | 未设置 | 8 | 16.67 |
| | 设置 | 39 | 81.25 | 设置 | 40 | 83.33 |
| | 合计 | 48 | 100.00 | 合计 | 48 | 100.00 |

资料来源：根据各保险公司官网公开数据整理。

表7-71　不同资本性质保险公司首席风险官和审计负责人设置情况比较

| 资本性质 | 首席风险官 | | | 审计负责人 | | |
|---|---|---|---|---|---|---|
| | 类型 | 频数 | 比例（%） | 类型 | 频数 | 比例（%） |
| 中资 | 未设置 | 57 | 47.50 | 未设置 | 26 | 21.67 |
| | 设置 | 63 | 52.50 | 设置 | 94 | 78.33 |
| | 合计 | 120 | 100.00 | 合计 | 120 | 100.00 |
| 外资 | 未设置 | 23 | 47.92 | 未设置 | 8 | 16.67 |
| | 设置 | 25 | 52.08 | 设置 | 40 | 83.33 |
| | 合计 | 48 | 100.00 | 合计 | 48 | 100.00 |

资料来源：根据各保险公司官网公开数据整理。

### （三）不同组织形式保险公司四类特殊高管设置情况比较

本报告将保险公司按照组织形式，划分为股份制和有限制保险公司两类，并对其特殊高管设置情况进行了比较。结果显示，股份制保险公司的合规负责人和首席风险官的设置比例高于有限制保险公司，而有限制保险公司审计负责人的设置比例略高于股份制保险公司；此外，股份制和有限制保险公司总精算师设置比例不存在明显的差异（见表7-72和表7-73）。

表 7-72　不同组织形式保险公司总精算师和合规负责人设置情况比较

| 组织形式 | 总精算师 | | | 合规负责人 | | |
|---|---|---|---|---|---|---|
| | 类型 | 频数 | 比例（%） | 类型 | 频数 | 比例（%） |
| 股份制 | 未设置 | 31 | 28.70 | 未设置 | 13 | 12.04 |
| | 设置 | 77 | 71.30 | 设置 | 95 | 87.96 |
| | 合计 | 108 | 100.00 | 合计 | 108 | 100.00 |
| 有限制 | 未设置 | 17 | 28.33 | 未设置 | 15 | 25.00 |
| | 设置 | 43 | 71.67 | 设置 | 45 | 75.00 |
| | 合计 | 60 | 100.00 | 合计 | 60 | 100.00 |

资料来源：根据各保险公司官网公开数据整理。

表 7-73　不同组织形式保险公司首席风险官和审计负责人设置情况比较

| 组织形式 | 首席风险官 | | | 审计负责人 | | |
|---|---|---|---|---|---|---|
| | 类型 | 频数 | 比例（%） | 类型 | 频数 | 比例（%） |
| 股份制 | 未设置 | 48 | 44.44 | 未设置 | 23 | 21.30 |
| | 设置 | 60 | 55.56 | 设置 | 85 | 78.70 |
| | 合计 | 108 | 100.00 | 合计 | 108 | 100.00 |
| 有限制 | 未设置 | 32 | 53.33 | 未设置 | 11 | 18.33 |
| | 设置 | 28 | 46.67 | 设置 | 49 | 81.67 |
| | 合计 | 60 | 100.00 | 合计 | 60 | 100.00 |

资料来源：根据各保险公司官网公开数据整理。

### （四）不同险种类型保险公司的四类特殊高管设置情况比较

本报告将保险公司按照险种类型划分为财产险和人身险公司，并对其特殊高管设置情况进行比较。结果显示，人身险公司的四类特殊高管设置比例均高于财产险，特别是总精算师的设置比例，是财产险公司的近2倍（见表7-74和7-75）。

表 7-74　不同险种类型保险公司的总精算师和合规负责人设置情况比较

| 险种类型 | 总精算师 | | | 合规负责人 | | |
|---|---|---|---|---|---|---|
| | 类型 | 频数 | 比例（%） | 类型 | 频数 | 比例（%） |
| 财产险 | 未设置 | 37 | 44.58 | 未设置 | 15 | 18.07 |
| | 设置 | 46 | 55.42 | 设置 | 68 | 81.93 |
| | 合计 | 83 | 100.00 | 合计 | 83 | 100.00 |

续表

| 险种类型 | 总精算师 | | | 合规负责人 | | |
|---|---|---|---|---|---|---|
| | 类型 | 频数 | 比例（%） | 类型 | 频数 | 比例（%） |
| 人身险 | 未设置 | 11 | 12.94 | 未设置 | 13 | 15.29 |
| | 设置 | 74 | 87.06 | 设置 | 72 | 84.71 |
| | 合计 | 85 | 100.00 | 合计 | 85 | 100.00 |

资料来源：根据各保险公司官网公开数据整理。

表 7-75　不同险种类型保险公司的首席风险官和审计负责人设置情况比较

| 险种类型 | 首席风险官 | | | 审计负责人 | | |
|---|---|---|---|---|---|---|
| | 类型 | 频数 | 比例（%） | 类型 | 频数 | 比例（%） |
| 财产险 | 未设置 | 40 | 48.19 | 未设置 | 18 | 21.69 |
| | 设置 | 43 | 51.81 | 设置 | 65 | 78.31 |
| | 合计 | 83 | 100.00 | 合计 | 83 | 100.00 |
| 人身险 | 未设置 | 40 | 47.06 | 未设置 | 16 | 18.82 |
| | 设置 | 45 | 52.94 | 设置 | 69 | 81.18 |
| | 合计 | 85 | 100.00 | 合计 | 85 | 100.00 |

资料来源：根据各保险公司官网公开数据整理。

### （五）保险公司四类特殊高管兼任情况统计

本报告统计了保险公司四类特殊高管兼任情况，结果发现，168 家保险公司中，有 68 家保险公司总精算师是专职的，52 家保险公司合规负责人是专职的，3 家保险公司首席风险官是专职的，113 家保险公司审计负责人是专职的。进一步分析数据发现，保险公司样本中审计负责人专职比例最大，其次是总精算师和合规负责人，而首席风险官很少是专职；同时，副总经理兼任总精算师以及首席风险官和合规负责人相互兼任的保险公司较多（见表 7-76 至表 7-79）。

表 7-76　总精算师兼任情况

| 总精算师兼任情况 | 频数 | 比例（%） |
|---|---|---|
| 专职 | 68 | 40.48 |
| 未设立或未披露 | 48 | 28.57 |
| 兼任副总经理 | 15 | 8.93 |
| 兼任首席风险官 | 6 | 3.57 |
| 兼任副总裁 | 5 | 2.98 |
| 兼任总经理助理 | 5 | 2.98 |
| 兼任财务负责人 | 4 | 2.38 |
| 兼任合规负责人 | 3 | 1.79 |
| 兼任副总裁、财务负责人 | 2 | 1.19 |
| 兼任审计负责人 | 2 | 1.19 |
| 兼任总裁助理 | 2 | 1.19 |
| 兼任董事会秘书 | 1 | 0.60 |

| 总精算师兼任情况 | 频数 | 比例（%） |
|---|---|---|
| 兼任副总裁、首席投资官 | 1 | 0.60 |
| 兼任副总经理、财务负责人 | 1 | 0.60 |
| 兼任首席财务官、副总裁 | 1 | 0.60 |
| 兼任首席定价官 | 1 | 0.60 |
| 兼任首席风险官、合规负责人 | 1 | 0.60 |
| 兼任总经理助理、财务负责人、董事会秘书 | 1 | 0.60 |
| 兼任总经理助理、首席风险官、财务负责人 | 1 | 0.60 |
| 合计 | 168 | 100.00 |

资料来源：根据各保险公司官网公开数据整理。

表 7-77　合规负责人兼任情况

| 合规负责人兼任情况 | 频数 | 比例（%） |
|---|---|---|
| 专职 | 52 | 30.95 |
| 未设立或未披露 | 28 | 16.67 |
| 兼任首席风险官 | 28 | 16.67 |
| 兼任董事会秘书 | 7 | 4.17 |
| 兼任总经理助理 | 7 | 4.17 |
| 兼任法律责任人 | 6 | 3.57 |
| 兼任总经理 | 5 | 2.98 |
| 兼任副总经理 | 4 | 2.38 |
| 兼任首席风险官、董事会秘书 | 4 | 2.38 |
| 兼任首席风险官、副总经理 | 4 | 2.38 |
| 兼任总精算师 | 3 | 1.79 |
| 兼任首席风险官、副总裁 | 2 | 1.19 |
| 兼任首席风险官、总裁助理 | 2 | 1.19 |
| 兼任法律责任人 | 1 | 0.60 |
| 兼任副董事长、总经理、首席运营官 | 1 | 0.60 |
| 兼任副总裁 | 1 | 0.60 |
| 兼任副总经理、董事会秘书 | 1 | 0.60 |
| 兼任副总经理、首席法务官 | 1 | 0.60 |
| 兼任监事 | 1 | 0.60 |
| 兼任审计负责人 | 1 | 0.60 |
| 兼任首席风险官、常务副总裁 | 1 | 0.60 |
| 兼任首席风险官、总经理助理 | 1 | 0.60 |
| 兼任首席运营官、法律责任人 | 1 | 0.60 |
| 兼任助理总裁、董事会秘书 | 1 | 0.60 |
| 兼任总裁 | 1 | 0.60 |
| 兼任总裁助理 | 1 | 0.60 |
| 兼任总裁助理、法律责任人 | 1 | 0.60 |

续表

| 合规负责人兼任情况 | 频数 | 比例（%） |
|---|---|---|
| 兼任总经理助理、董事会秘书 | 1 | 30.95 |
| 兼任总精算师、首席风险官 | 1 | 16.67 |
| 合计 | 168 | 100.00 |

资料来源：根据各保险公司官网公开数据整理。

表 7-78 首席风险官兼任情况

| 首席风险官兼任情况 | 频数 | 比例（%） |
|---|---|---|
| 专职 | 3 | 1.79 |
| 未设立或未披露 | 80 | 47.62 |
| 兼任合规负责人 | 28 | 16.67 |
| 兼任总经理助理 | 10 | 5.95 |
| 兼任副总经理 | 8 | 4.76 |
| 兼任总精算师 | 6 | 3.57 |
| 兼任合规负责人、副总经理 | 4 | 2.38 |
| 兼任合规负责人、董事会秘书 | 3 | 1.79 |
| 兼任财务负责人 | 2 | 1.19 |
| 兼任董事会秘书 | 2 | 1.19 |
| 兼任合规负责人、副总裁 | 2 | 1.19 |
| 兼任总经理助理 合规负责人 | 2 | 1.19 |
| 兼任董事会秘书、副总经理 | 1 | 0.60 |
| 兼任董事会秘书、首席风险官、财务负责人 | 1 | 0.60 |
| 兼任董事会秘书、首席信息官 | 1 | 0.60 |
| 兼任法律责任人、总裁助理 | 1 | 0.60 |
| 兼任副总裁 | 1 | 0.60 |
| 兼任副总经理、财务负责人 | 1 | 0.60 |
| 兼任合规负责人、常务副总裁 | 1 | 0.60 |
| 兼任合规负责人、总裁助理 | 1 | 0.60 |
| 兼任合规责任人、董事会秘书 | 1 | 0.60 |
| 兼任审计责任人、董事会秘书 | 1 | 0.60 |
| 兼任首席财务官 | 1 | 0.60 |
| 兼任首席风险官 | 1 | 0.60 |
| 兼任总裁助理 | 1 | 0.60 |
| 兼任总裁助理、财务负责人 | 1 | 0.60 |
| 兼任总经理 | 1 | 0.60 |
| 兼任总经理助理、董事会秘书 | 1 | 0.60 |
| 兼任总经理助理、总精算师、财务负责人 | 1 | 0.60 |
| 兼任总精算师、合规负责人 | 1 | 0.60 |
| 合计 | 168 | 100.00 |

资料来源：根据各保险公司官网公开数据整理。

表 7-79　审计负责人兼任情况

| 审计负责人兼任情况 | 频数 | 比例（%） |
|---|---|---|
| 专职 | 113 | 67.26 |
| 未设立或未披露 | 34 | 20.24 |
| 兼任董事会秘书 | 3 | 1.79 |
| 兼任董事 | 2 | 1.19 |
| 兼任副总裁 | 2 | 1.19 |
| 兼任监事 | 2 | 1.19 |
| 兼任总裁助理 | 2 | 1.19 |
| 兼任总经理助理 | 2 | 1.19 |
| 兼任总精算师 | 2 | 1.19 |
| 兼任常务副总裁 | 1 | 0.60 |
| 兼任副总经理 | 1 | 0.60 |
| 兼任副总经理、董事会秘书 | 1 | 0.60 |
| 兼任合规负责人 | 1 | 0.60 |
| 兼任拟任董事 | 1 | 0.60 |
| 兼任首席风险官、董事会秘书 | 1 | 0.60 |
| 合计 | 168 | 100.00 |

资料来源：根据各保险公司官网公开数据整理。

## 第五节　再保险公司治理

### 一、股东与股东会／股东大会①

股权结构方面，有 3 家再保险公司为全资子公司，其中前海再保险股份有限公司为国内首家社会资本主导发起设立的再保险公司，第一大股东持股比例为 20.00%（见表 7-80）。

表 7-80　再保险公司第一大股东持股比例

| 股东名称 | 第一大股东持股比例（%） |
|---|---|
| 太平再保险（中国）有限公司 | 100.00 |
| 中国人寿再保险股份有限公司 | 100.00 |
| 中国财产再保险有限责任公司 | 100.00 |
| 前海再保险股份有限公司 | 20.00 |
| 人保再保险股份有限公司 | 51.00 |

资料来源：根据各保险公司官网公开数据整理。

① 本章前四节主要是针对财产险和人身险公司的治理状况展开分析，因此，本节重点关注了再保险公司的治理状况。我国目前总共有 5 家法人再保险公司，分别是太平再保险（中国）有限公司、前海再保险股份有限公司、中国人寿再保险股份有限公司、中国财产再保险股份有限公司和人保再保险股份有限公司。其中人保再保险股份有限公司虽在官网上设立"信息披露"栏目，但能获取的信息较少，因此本报告以其余 4 家公司为研究样本进行治理状况的分析。

股东会／股东大会召开方面，有 3 保险家公司未在官网披露召开股东会／股东大会情况，主要有两方面原因：一是信息未得到及时披露；二是有些公司为全资子公司，这些子公司如果是国有独资公司，按照《公司法》规定，不设立股东会，如果是有限责任公司，则必须设立股东会，但可以不召开股东会（见表 7-81）。

表 7-81　再保险公司近 3 年股东会／股东大会召开次数

| 股东名称 | 设立年份 | 2019 年 | 2018 年 | 2017 年 |
|---|---|---|---|---|
| 太平再保险（中国）有限公司 | 2015 | 3 | 3 | 4 |
| 前海再保险股份有限公司 | 2016 | 2 | 1 | 2 |
| 中国人寿再保险股份有限公司 | 2003 | 未披露 | | |
| 中国财产再保险有限责任公司 | 2003 | 未披露 | | |
| 人保再保险股份有限公司 | 2017 | 未披露 | | |

资料来源：根据各保险公司官网公开数据整理。

## 二、董事与董事会

再保险公司的董事会规模平均值为 6 人，独立董事规模平均值为 1 人，执行董事规模平均值为 1.25 人，5 家再保险公司均不存在两职分立设置（见表 7-82）。

表 7-82　再保险公司董事会情况分析

| 董事会情况 | | | | | |
|---|---|---|---|---|---|
| 统计指标 | 董事会规模（人） | 独立董事人数（人） | 执行董事（人） | 两职设置 | 独董比例（%） | 党委书记 |
| 平均值 | 6.00 | 1.00 | 1.25 | 0 | 14.58 | 0 |
| 中位数 | 5.50 | 0.50 | 1.50 | 0 | 12.50 | 0 |
| 标准差 | 1.87 | 1.22 | 0.83 | 0 | 14.88 | 0 |
| 极差 | 5 | 3 | 2 | 0 | 33.33 | 0 |
| 最小值 | 4 | 0 | 0 | 0 | 0 | 0 |
| 最大值 | 9 | 3 | 2 | 0 | 33.33 | 0 |
| 样本情况统计（个） | | | | | |
| 统计样本 | 董事会规模 | 独立董事人数 | 执行董事 | 两职设置 | 独董比例 | 党委书记 |
| 有效样本 | 4 | 4 | 4 | 4 | 4 | 4 |
| 缺失样本 | 1 | 1 | 1 | 1 | 1 | 1 |

资料来源：根据各保险公司官网公开数据整理。

从再保险公司董事会成员学历来看，5 家再保险公司的董事会成员均为本科及以上学历，硕士及以上学历成员比例达到 68.61%（见表 7-83）。行业相关背景方面，具备行业相关背景的董事比例达到 86.81%，其中具备保险精算背景的董事比例高达 60.28%（见表 7-84）。

表 7-83　再保险公司董事学历情况

| 统计指标 | 本科及以上 | 硕士及以上 | 博士 |
|---|---|---|---|
| 有效样本（家） | 4 | 4 | 4 |
| 缺失样本（家） | 1 | 1 | 1 |
| 平均值（%） | 100.00 | 68.61 | 25.83 |
| 中位数（%） | 100.00 | 72.22 | 26.67 |
| 标准差（%） | 0.00 | 11.87 | 18.31 |
| 极差（%） | 0.00 | 30.00 | 50.00 |
| 最小值（%） | 100.00 | 50.00 | 0.00 |
| 最大值（%） | 100.00 | 80.00 | 50.00 |

资料来源：根据各保险公司网站公开数据整理。

表 7-84　再保险公司董事职业背景情况

| 统计指标 | 行业相关背景 | 财务审计 | 金融 | 保险精算 | 经济管理 |
|---|---|---|---|---|---|
| 有效样本（家） | 4 | 4 | 4 | 4 | 4 |
| 缺失样本（家） | 1 | 1 | 1 | 1 | 1 |
| 平均值（%） | 86.81 | 6.23 | 5.56 | 60.28 | 14.72 |
| 中位数（%） | 86.11 | 0.00 | 0.00 | 58.33 | 18.33 |
| 标准差（%） | 9.08 | 10.83 | 9.62 | 14.02 | 8.73 |
| 极差（%） | 25.00 | 25.00 | 22.22 | 35.56 | 22.22 |
| 最小值（%） | 75.00 | 0.00 | 0.00 | 44.44 | 0.00 |
| 最大值（%） | 100.00 | 25.00 | 22.22 | 80.00 | 22.22 |

资料来源：根据各保险公司网站公开数据整理。

## 三、监事与监事会

再保险公司监事会规模平均值为 3.00 人，职工监事平均值为 1.33 人。各保险公司监事人数为 2—5 人（见表 7-85）。

表 7-85　再保险公司监事会规模和职工监事情况

| 统计指标 | 监事会规模 | 职工监事 |
|---|---|---|
| 有效样本（家） | 4 | 4 |
| 缺失样本（家） | 1 | 1 |
| 平均值（%） | 3.00 | 1.33 |
| 中位数（%） | 2.50 | 1.00 |
| 标准差（%） | 1.22 | 0.47 |
| 极差（%） | 3.00 | 2.00 |
| 最小值（%） | 2 | 0 |
| 最大值（%） | 5 | 2 |

资料来源：根据各保险公司官网公开数据整理。

从再保险公司监事会成员学历来看，本科其以上学历成员比例为 100%，硕士及以上学历成员比例高达 95.00%（见表 7-86）。具有行业相关背景的监事占比为 85%，其中保险精算类相关背景最高，占比 71.67%（见表 7-87）。

表 7-86　再保险公司监事学历情况

| 统计指标 | 本科及以上 | 硕士及以上 | 博士 |
|---|---|---|---|
| 有效样本（家） | 4 | 4 | 4 |
| 缺失样本（家） | 1 | 1 | 1 |
| 平均值（%） | 100.00 | 95.00 | 20.83 |
| 中位数（%） | 100.00 | 100.00 | 16.67 |
| 标准差（%） | 0.00 | 8.66 | 21.65 |
| 极差（%） | 0.00 | 20.00 | 50.00 |
| 最小值（%） | 100.00 | 80.00 | 0.00 |
| 最大值（%） | 100.00 | 100.00 | 50.00 |

资料来源：根据各保险公司网站公开数据整理。

表 7-87　再保险公司监事职业背景情况

| 统计指标 | 行业相关背景 | 财务审计 | 金融 | 保险精算 | 经济管理 |
|---|---|---|---|---|---|
| 有效样本（家） | 4 | 4 | 4 | 4 | 4 |
| 缺失样本（家） | 1 | 1 | 1 | 1 | 1 |
| 平均值（%） | 85.00 | 13.33 | 0.00 | 71.67 | 15.00 |
| 中位数（%） | 100.00 | 0.10 | 0.00 | 83.33 | 0.00 |
| 标准差（%） | 25.98 | 14.14 | 0.00 | 32.79 | 25.98 |
| 极差（%） | 60.00 | 33.33 | 0.00 | 80.00 | 60.00 |
| 最小值（%） | 40.00 | 0.00 | 0.00 | 20.00 | 0.00 |
| 最大值（%） | 100.00 | 33.33 | 0.00 | 100.00 | 60.00 |

资料来源：根据各保险公司网站公开数据整理。

## 四、高管规模

各再保险公司高管层规模平均值为 6.50 人，高管层人数为 5—8 人（见表 7-88）。

表 7-88　再保险公司高管情况

| 统计指标 | 规模 |
|---|---|
| 有效样本（家） | 4 |
| 缺失样本（家） | 1 |
| 平均值（人） | 6.50 |
| 中位数（人） | 6.50 |
| 标准差（人） | 1.18 |
| 极差（人） | 3 |
| 最小值（人） | 5 |
| 最大值（人） | 8 |

资料来源：根据各保险公司官网公开数据整理。

# 第八章　保险公司外部治理：外部监管

保险监管是保险监管机构的主要工作内容。保险监管的最大职责是保护消费者利益（孙祁祥和郑伟，2009）。从保险公司角度来看，来自监管机构的外部监管是其重要的外部治理机制，这不仅是由保险公司的经营特殊性所决定，也是保险公司外部治理特殊性的重要体现。因此，本章首先介绍了我国保险监管体系，然后基于监管部门公开披露的文件，对下发监管函和行政处罚两大类保险监管手段的历年使用情况以及 2019 年的最新趋势进行了统计分析，进而从外部监管视角呈现我国保险公司外部治理发展的状况。

## 第一节　外部监管概述

### 一、保险监管与保险监管体系

#### （一）保险监管及其发展过程

保险监管是指国家对保险业的监督和管理，是保险监管机构依法对保险人、保险市场进行监督管理，以确保保险市场的规范运作和保险人的稳健经营，保护被保险人的根本利益，促进保险业健康发展的整个过程。

综观各国的保险监管制度，不难发现，一些国家对保险实施较为严格的监管，一些国家的保险监管却较为宽松。一般认为，保险监管的宽松抑或严格是由各个国家有差异性的经济发展与人文及保险的制度背景所决定的。事实上，保险监管的宽严与采取何种保险监管理论为依据密切相关，而保险监管理论更受经济理论（如保险监管的公众利益理论、捕捉或追逐理论和监管经济理论）或经济学派的影响（卓志，2001）。

除了理论因素之外，保险监管还受实践因素的影响。保险监管就是在与保险业发展的否定之否定过程中不断发展和完善的（冷煜，2009）。当保险监管满足不了行业发展需要，成为制约其进一步发展的因素时，国家就需要根据新条件修订或制定监管规则。从全球监管变迁看，自保险监管起源至今，全球监管已经历了放松监管和严格监管之间的几个周期的转换。每一次转换都是由一些保险公司的连续破产或者波及所在国甚至全球保险市场的重大事件所直接诱发的。19 世纪初，保险业崇尚价格自由，保险公司自主定价，恶性竞争加剧，导致风险大量积累，由此全球保险监管进入严格监管阶段。20 世纪中后期，由于长期以来的过度严格监管，保险公司效率低下，伴随着保险市场全球化和国际化趋势的日益加剧，国际保险市场逐步形成，保险监管遇到了新的难题，监管难度大幅度增加，从而各国进入了逐步放松市场行为监管并加强偿付能力监管的阶段。再到21 世纪初期，美国安然事件的发生，加之几乎所有出现问题的金融保险机构都被发现拥有糟糕的公司治理结构，再次引发了保险市场对重新建立严格管制制度的呼吁。从各国监管的演进看，尽管不同国家的监管模式发生转变的具体时间各不相同，但基本上都遵循了全球监管变迁的规律：都根据本国保险市场发展的实际情况逐步完善，在严格监管与放松监管间转换；都从单一的市场行为监管，到市场行为与偿付能力监管并重，再到以偿付能力监管为主，最终又都认识到基于风险的动态偿付能力监管的重要性。全球保险监管模式成螺旋式发展、波浪式前进的趋势，随着保险业的创新与发展而不断健全和完善。

### （二）一套完整的保险监管体系的构成要素

监管的本质是公权力对市场的合理干预。从自由主义经济学的观点出发，政府规制市场的合法性主要基于两点：一是校正非公平性，二是抑制负外部性。监管作为一种行政行为，必然包括规则、执行、效果等要素。换句话说，一套完整的保险公司监管体系，应当包括：一个事先公开的、为保险公司所普遍遵守的、以惩罚机制作为强制性保障的规则体系，即良好的保险公司监管的制度环境；一个有严格程序约束和权利保障的执行体系，涉及监管的行为或手段和部分监管的制度环境内容；一个科学严谨的效果评价和反馈体系，例如中国保监会开展的保险公司治理评价就是典型的评价机制。总体来说，一套完整的保险公司监管体系主要包括：监管的目标、监管的行为或手段、监管的内容、监管的原则、监管的效果评价与反馈和监管的制度环境六大核心内容。监管的目标决定了监管行为或手段以及监管的内容，而监管的行为或手段以及监管内容又会反过来影响监管目标的实现；监管行为或手段侧重点不同，或者说导向不同，又会导致监管方式的不同，常见的监管方式有市场型、行政型和法律引导型监管；监管内容侧重点不同就会带来监管的导向问题，即合规性导向还是有效性导向的问题。

## 二、我国的保险监管机构

### （一）中国保监会成立前的保险监管机构

保险监管制度的完善与否、保险监管职能是否充分发挥及保险监管效果是否显著，在很大程度上取决于保险监管组织的完善程度，即保险监管主体或机构的建立和完善程度（刘宝瑝，2005）。

我国保险监管始于计划经济体制下的政府管制。中华人民共和国成立后，中国人民银行既是经营实体，也是保险业最初的主管机关，承担了金融管理的部分职能。1952 年，中国人民银行仿效苏联将保险业务交由财政部管理。国内保险业务停办期间，中国人民保险公司在行政上成为中国人民银行国外业务局的一个处。1984 年中国人民保险公司从中国人民银行分离，后者开始专门行使中央银行职能，同时对保险业实施监管。1985 年3 月 3 日由国务院发布的《保险企业管理暂行条例》是我国第一部保险业管理方面的规范性法律文件，该条例于 1985 年 4 月 1 日开始生效，其中规定国家保险管理机关是中国人民银行。

之后，中国人民银行逐步建立和完善了监管保险业的内设机构。1995 年颁布的《保险法》也明确规定中国人民银行是保险业的监管机关。1995 年 7 月，中国人民银行成立保险司，专司对中资保险公司的监管。同时，中国人民银行加强了保险监管机构的系统建设，要求在省级分行设立保险科，省以下分支行配备专职保险监管人员。

**（二）中国保监会成立后的保险监管机构**

为落实银行、证券、保险分业经营、分业管理的方针，更好地对保险业进行监督管理，国务院于 1998 年 11 月 18 日批准中国保监会成立。作为国务院直属事业单位，中国保监会拥有独立和完整的行政管理权，是依据《保险法》授权的具有全国商业保险市场的监管职能的部门。

2003 年，中国保监会从副部级单位升格为正部级单位，同时中国银监会成立，开始形成了"一行三会"①的中国金融监管格局。

**（三）中国银保监会成立后的保险监管机构**

根据第十三届全国人民代表大会第一次会议批准的国务院机构改革方案，我国将中国银监会和中国保监会的职责整合，设立中国银保监会，作为国务院直属事业单位。2018 年 3 月 21 日 15 时，各主要人员在中国银监会 302 报告厅召开会议，宣布中国银保监会成立有关事项，在京会管单位副局级以上干部参会。会上，中共中央组织部宣布中国银保监会成立，并宣布由郭树清出任中国银保监会党委书记、主席。这意味着，2003 年 4 月 28 日成立的中国银监会和 1998 年 11 月 18 日成立的中国保监会，在相伴前行多年之后，正式退出历史舞台。

中国银保监会的主要职责是依照法律法规统一监督管理银行业和保险业，保护金融消费者合法权益，维护银行业和保险业合法、稳健运行，防范和化解金融风险，维护金融稳定，等等。2017 年 11 月，经党中央、国务院批准，国务院金融稳定发展委员会正式成立，进一步协调原"一行三会"和现在"一行两会"之间的职能，进而形成了我国金融业"一委一行两会"的监管新格局。

## 三、我国保险监管的目标

### （一）部分国家、地区和组织的保险监管目标梳理

保险监管作为一种具有特定内容的政府规制行为，有其确定的目标。保险监管目标（regulation goal）是指一个国家或地区建立整个保险监管制度的动机，即通过保险监管所要实现的目的，它是一切保险监管制度设计、方式采纳与手段选择的出发点（胡坚和高飞，2004）。

美国保险监督官协会（The National Association of Insurance Commissioners，NAIC）指出保险监管的目标是保护公众利益，提高市场竞争，公平与公正地对待保险投保人，提高保险机构的可靠性、偿付能力和财务稳健性，支持和完善保险业的国家监管。英国审慎监管局（The Prudential Regulation Authority，PRA）指出保险监管的目标是促进被

---

① "一行三会"具体指中国人民银行、中国证监会、中国保监会和中国银监会。中国人民银行 1948 年 12 月成立，中国证监会于 1992 年 10 月成立，中国保监会 1998 年 11 月成立，中国银监会 2003 年 4 月成立。

监管公司的安全与稳健运行，确保为保险投保人或潜在投保人提供适度的保护，促进有效竞争。德国联邦金融监管局（Federal Financial Supervisory Authority，BaFin）指出，保险监管的目标是充分保护投保人的利益，使保险机构随时可以履行保险合同规定的义务，保证商业运作正常进行并符合法律规定。瑞士金融市场监督管理局（Swiss Financial Market Supervisory Authority，FINMA）指出，金融监管的目标是保护债权人、投资者和保险投保人的利益，确保金融市场的正常运作，保持瑞士金融中心的声誉和竞争力。日本金融监管厅（Financial Services Agency，FSA）指出，鉴于保险行业的公共性，保险监管的目的在于确保保险业务的健全性以及运营的合理性、保险销售的公正性，进而确保签订保险者的利益，也有益于国民生活的安定以及国民经济的健康发展。我国香港保险业监理处（Office of the Commissioner of Insurance，OCI）指出该处的使命是保障保单持有人的利益、促进保险业的整体稳定。IAIS 指出保险监管的目标是维护高效、公平、安全和稳定的保险市场，以保护投保人的利益。

### （二）我国保险监管目标梳理

1998 年 11 月 18 日，时任国务院副总理温家宝在出席中国保监会成立大会上的讲话中指出："中国保监会为国务院直属事业单位，是全国商业保险的主管机关，根据国务院授权履行行政管理职能，依照法律、法规统一监督管理保险市场。主要任务是：拟定有关商业保险的政策法规和行业规划；依法对保险企业的经营活动进行监督管理和业务指导，依法查处保险企业违法违规行为，保护被保险人的利益；维护保险市场秩序，培育和发展保险市场，完善保险市场体系，推进保险改革，促进保险企业公平竞争；建立保险业风险的评价与预警系统，防范和化解保险业风险，促进保险企业稳健经营与业务的健康发展。"

2001 年 10 月 11 日在中国人民大学举办的"中国的保险监管与精算实务国际学术研讨会"上，时任中国保监会副主席的吴小平指出了我国保险监管三大目标。第一个目标是维护被保险人的利益。在保险市场上，由于保险知识的专业性很强，保险合同也是由保险公司单方面制定的，保险费率等重要事项已经事先确定，因而被保险人处于弱势地位。同时，由于保险代理人实行的是佣金制，存在营销员误导投保人的问题，被保险人的利益也容易受到侵害。如果不加强监管，侵害被保险人利益的事层出不穷，就会使投保人或被保险人对市场失去信心，从而危及保险业的健康发展。因此，保险监管必须把维护被保险人的利益放在首位。第二个目标是维护公平竞争的市场秩序。我国既有国有独资保险公司，也有股份制保险公司，还有外资保险公司，保险监管就是要充当球场裁判的角色，维护公平竞争的市场秩序，一要防止市场垄断，二要防止过度竞争，因为二者最终都将损害被保险人的利益。第三个目标是维护保险体系的安全与稳定。金融体系的安全与稳定不仅关系到一个国家的经济稳定，还关系到一个国家的政治稳定。金融体系稳定，才能很好地保护被保险人的利益。这里包括两层含义：一是不能以损害被保险人利益、抑制竞争和效率为代价；二是不排除单个保险机构因经营失败而自动或被强制退出市场。

2010 年中国保监会系统招考录用计划机构介绍中表明，中国保监会监管目标为保护保单持有人利益，促进保险业持续、快速、协调发展，防范和化解风险。

中国保监会出版的《中国保险市场年报》逐年表述了中国保监会的监管目标。其中，

2005—2012 年《中国保险市场年报》将中国保监会监管目标表述为"保护保单持有人利益，促进保险业持续、快速、协调发展，防范和化解风险"，2013—2016 年《中国保险市场年报》将中国保监会监管目标表述为"保护保单持有人的利益，防范和化解风险，促进保险业持续健康发展"。

除此之外，相关法规文件也指出了我国保险监管的目标，如表 8-1 所示。

表 8-1　相关法规文件关于我国保险监管目标的表述

| 序号 | 发布时间 | 法规文件名称 | 监管目标 |
|---|---|---|---|
| 1 | 1985 年 3 月 3 日 | 《保险企业管理暂行条例》 | 促进保险事业的发展，维护被保险方（在保险单或保险凭证中称"被保险人"）的利益，发挥保险的经济补偿作用，以利于社会主义现代化建设和人民生活的安定 |
| 2 | 1992 年 11 月 7 日 | 《中华人民共和国海商法》 | 维护当事人各方的合法权益，促进海上运输和经济贸易的发展 |
| 3 | 1995 年 6 月 30 日 | 《中华人民共和国保险法》 | 保护保险活动当事人的合法权益，加强对保险业的监督管理，促进保险事业的健康发展 |
| 4 | 1996 年 7 月 25 日 | 《保险管理暂行规定》 | 促进保险事业健康发展 |
| 5 | 2000 年 1 月 3 日 | 《保险公司管理规定》 | 维护保险市场的正常秩序，保护被保险人的合法权益，促进保险事业健康发展 |
| 6 | 2003 年 7 月 7 日 | 《中国保险监督管理委员会主要职责内设机构和人员编制规定》 | 维护保险业的合法、稳健运行 |
| 7 | 2004 年 5 月 13 日 | 《保险公司管理规定》 | 维护保险市场的正常秩序，保护被保险人的合法权益，促进保险业健康发展 |
| 8 | 2009 年 2 月 28 日 | 《中华人民共和国保险法》 | 保护保险活动当事人的合法权益，加强对保险业的监督管理，维护社会经济秩序和社会公共利益，促进保险事业的健康发展 |

资料来源：作者整理。

### （三）我国保险监管目标的确定

关于保险监管的目标，有的国家在保险立法中予以明确规定，有的则使之体现在保险监管制度中。设定明确的监管目标，是建立我国保险监管制度体系的基础，更是制定各项监管政策和措施的依据与出发点。实际工作中的经验和常识也告诉我们，做任何一件事情，明确的目标都是工作效率的保证。因此，我国保险监管制度体系建设是否需要有明确的监管目标已不需要再进行论证,需要论证的是我国保险监管的目标究竟是什么，但是这个问题却一直没有得到很好的解决（谢志刚和崔亚，2014）。

保护保险消费者的利益是保险业发展的基石，但我国保险监管存在监管目标不明确、监管重点不突出、监管手段简单化等问题（王峰虎和张怀莲，2003）。当前保险业抵御化解风险的能力明显提高，但个别公司在经营中偏离"保险姓保"的发展理念，偏离保险保障的主业，存在潜在的风险。对此监管机构应更加居安思危，把防范风险放在更加突出的位置。谢志刚和崔亚（2014）认为，保险业中的风险按照主体不同可分为保险消费者的风险、保险公司的风险和保险行业的系统性风险。针对上述 3 类风险，保险监管的目标应相应地设定为：提升社会公众的保险意识，保护消费者的合法权益；督促保险公司合规经营、审慎经营；完善行业治理，营造良好市场环境。要建立一套风险导向的保险监管制度体系，首先应该有风险导向的监管目标，而且监管目标应该直接针对保险业中的主要风险类别，即消费者的风险、保险公司的风险以及行业系统性风险。根据对风险后果的承担者和风险形成、传导路径的分析，得出上述三类风险互为因果关系的结论，因此不宜将保护消费者的合法权益作为保险监管的唯一目标和终极目标，而应该将保险监管目标按照 3 个层次分别列示，并按照风险的形成和演变规律制定相应的监管措施，尤其是针对行业系统性风险实施行业治理，营造良好的市场环境。

　　基于上述梳理和分析，本报告认为，监管目标应具有多元性、层次性和简洁性 3 个特点。多元性是指监管目标可以包括多方面内容，层次性是指这些内容在逻辑上多层次递进，简洁性是指内容表述上力求简洁。因此，本报告将我国保险监管目标表述为：保护保单持有人的合法权益，确保保险机构合规、审慎经营，促进保险业健康发展。

## 四、我国保险监管的方式

### （一）主要的保险监管方式

　　目前，主要的保险监管方式有 3 种：公告监管、规范监管和实体监管。

　　公告监管，又称公示主义，是指保险机构定期将营业结果呈报监管机构，并予以公告。除此之外，国家很少对保险业进行其他干预。这种监管方式的优点是保险业通过自由经营，在自由竞争的环境中得到充分发展；缺点是一般公众对保险业的评判标准不易掌握，对不正当竞争无能为力。这种方式最为宽松，英国主要采取这种监管方式。

　　规范监管，又称准则主义，是指由保险监管机构规定保险业经营的一定准则，要求保险业共同遵守的监管方式。这种监管方式与公告监管相比，虽对保险经营的重大事项，如最低资本额的要求、法定公布的主要内容等有明确规定，但对保险机构的监管仅仅是在形式上加以审查，这就导致保险机构形式上合法，而实质上不合法的现象时有发生，难以管理。这种方式较前一种方式严格，但未触及保险业经营管理的实体，荷兰和德国曾经采用这种方式，但目前大部分国家都不采用这种方式。

　　实体监管，又称批准主义，是指国家制定完善的保险监管规则，国家保险监管机构具有较大的权威和权力的监管方式。保险组织在创设时，必须经政府审批核准，发放许可证。经营开始后，监管机构在其财务、业务等方面进行有效的监督和管理，在破产清算时，仍予以监管，这就是所谓的"全程"监管方式。实体监管方式是从规范监管方式的基础上发展而来的。规范监管的基础是立法，实体监管的基础除了完备的法律体系外，还包括严格的执法和高素质的行政管理人员。这是当今大多数国家，如日本、美国、德国等都采用的监管方式。

### （二）我国目前的保险监管方式

　　我国的保险监管一直采用实体监管方式。与公告监管和规范监管两种监管方式相比，实体监管回避了许多形式上的内容，追求更有效的监督管理，更为严格、具体和全面。

## 五、我国保险监管的手段

### （一）主要的保险监管手段

保险监管手段是保险监管机关实施监管的工作方法的总称，是监管方式的具体体现。一般来说，国家不同，保险监管手段的使用及作用效果会略有侧重和差异，同时，同一国家内，不同监管手段在不同的经济、社会、文化时期所起的作用也是不同的。保险监管手段因保险监管方式不同而有差异，主要有行政手段（administrative means）、经济手段（economic means）和法律手段（legal means）。

行政手段就是依靠国家和政府以及企业行政领导机构自上而下的行政隶属关系，采用指示、命令、规定等形式强制干预保险活动。市场经济并不绝对排斥国家和政府的行政管理，有时还要凭借这些行政力为保险经济运行创造良好的外部环境和社会条件，及时纠正干扰保险市场正常秩序的不良倾向。但过分集中化、行政化管理，会阻碍保险业务的拓展和保险经营者积极性的发挥，要使保险市场真正充满生机和活力，就应使保险企业真正成为独立核算、自主经营、自负盈亏，具有自我发展、自我约束能力的企业，尽量减少和弱化行政干预手段。

经济手段就是国家根据客观经济规律的要求，运用财政、税收、信贷等各种经济杠杆，正确处理各种经济关系来管理保险业的方法。用经济手段管理保险市场，就要尊重经济运行规律，遵守等价交换原则，充分发挥市场、价格、竞争的作用，以使效益最大化。

法律手段是指运用有关经济和保险方面的法律、规定、法令、条例等对保险业进行监督管理的方法。市场经济发展到今天，其对法治的呼唤越来越强烈，因而法律手段逐渐受到各国保险监管机构的青睐。

### （二）我国目前的保险监管手段

监管手段的选择往往需要考虑保险业发展的实际状况和所要解决的问题，在我国保险业发展初期，行政手段和经济手段是主要的监管手段，而随着我国保险业政策法规的完善，法律手段成为最主要的监管手段，行政手段和经济手段是辅助手段。目前，监管函和行政处罚是我国主要的两大监管手段，后文将详细介绍。

## 六、我国保险监管的途径

### （一）主要的保险监管途径

保险监管的途径包括现场检查（on-site regulation）和非现场监管（off-site regulation）。现场检查需要监管人员到监管对象现场进行监管，包括常规检查和专项检查。非现场监管是指监管机构在采集、分析、处理保险公司相关信息的基础上，监测、评估保险公司风险状况，进行异动预警和分类监管的过程。

非现场监管与现场检查一样，都是保险监管的重要手段，二者相辅相成。与现场检查相比，非现场监管主要具有如下特点。

第一，全面综合。通过每年对各保险公司的风险状况、风险管理能力进行综合分析、评价，能够全面反映各家保险公司的整体风险状况。

第二，提前预警。通过对保险公司的业务风险进行季度监测，能够提早预警保险公司可能存在的风险。

第三，节省成本。非现场监管在采集保险公司相关信息的基础上，尽可能地借助信息技术对风险进行监测、评价，并根据评价结果实施分类监管，能够最大限度地节省成本。

第四，非现场实施。现场检查需要进驻保险公司，在公司经营现场实施检查；而非现场监管是对保险公司相关信息的采集、分析和处理，基本在非现场实施。

**（二）我国目前的保险监管途径**

在保险业信息化水平比较低的阶段，现场检查是我国保险业监管的重要途径。随着我国保险业信息化水平的提高以及大数据技术的应用和各种模型的开发，非现场监管的重要性日益凸显。二者相辅相成，非现场监管发现的问题可能需要到现场进行检查和确认，而现场检查的结果又会反过来指导非现场监管的开展。

## 七、我国保险监管的内容

**（一）主要的保险监管内容**

保险监管内容按照监管对象不同，可以分为保险经营机构监管和保险中介机构监管。其中，对保险经营机构的监管可以分为保险机构监管、保险经营方监管和保险资金运用监管。保险机构监管包括对保险机构准入和退出的监管（包括对保险机构设立、变更、整顿、接管、分立、合并、撤销以及破产清算等方面的监管）、对保险机构管理人员及专业人员的监管、对外资保险公司的监管。保险经营方监管包括对经营范围的监管、对偿付能力的监管、对费率和条款的监管、对再保险业务的监管、对业务竞争的监管、对衍生工具的监管以及对交易行为的监管等。保险资金运用监管包括对资金运用的渠道和比例的监管。对保险中介机构的监管包括资格监管、业务监管和财务监管。

本节将主要从监管主要内容及核心内容视角来出发探讨宏观层面的保险监管内容问题。保险监管内容包括市场行为（market conduct）、偿付能力（solvency）和公司治理（corporate governance）3 个方面。市场行为监管实际就是市场交易行为监管。偿付能力监管有广义和狭义之分：广义的偿付能力监管实际是指以确保公司最终能履行对客户的承诺和其他偿债义务为目的的监管，基本涵盖了整个监管体系；狭义的偿付能力监管主要指财务监管（financial regulatory）。研究中一般采用狭义概念。偿付能力监管的实质是资本充足率监管。西方国家一系列公司丑闻发生后，国际组织和政府机构对公司治理监管有了深入认识，相继发布了一系列指引文件或监管规则，如 OECD 发布的《保险公司治理指引》（Guidelines for Insurers' Governance）、IAIS 发布的《保险公司治理核心原则》（Insurance Core Principles on Corporate Governance）等，把公司治理纳入监管范畴，推动监管的深入。特别是 2006 年 IAIS 维也纳年会明确提出市场行为、偿付能力和公司治理"三支柱"的现代保险监管框架，使公司治理监管成为各国保险监管的一致行动。

**（二）我国目前的保险监管内容**

如果从中国人民银行退出经营领域专司央行职能起算，保险监管的历史可以按监管内容的不同分为 3 个阶段。

第一个阶段：市场行为监管独重阶段（1984—2003 年）。我国早期对保险公司的监管行为，大部分可以纳入市场行为监管的范畴，大体包括针对保险公司经营过程中以下环节中行为的监管：市场准入环节，主要通过对保险公司及其分支机构的牌照审查，确保保险公司取得合格的交易主体资格；交易达成环节，主要通过对保险产品和费率的审查以及对交易过程中误导、不正当竞争等行为的控制，确保公平交易和公平竞争；服务履行环节，通过对后续经营过程的监管，确保保险公司按照合同约定提供合格的保险服务。从国际上看，部分国家对市场行为监管持放松的态度，除保险公司经营保险业务需取得许可之外，保险产品、交易达成等都不是监管的重点。随着市场日益成熟，我国保险监管在这些环节上也有所放松。但从我国保险市场的发展阶段来看，市场行为监管在保险监管中将长期占据重要地位，理由如下：一是我国关于消费者保护的法律体系不完善，尤其是民事追责机制极不发达，经营者在单个市场交易中仍处于明显的强势地位；二是社会诚信体系不完善，经营过程中弄虚作假行为仍然严重，违规成本低，违规现象普遍；三是保险消费者的消费识别和理性选择能力弱。这些都导致了我国保险市场和发达国家保险市场有很大差距，因此市场行为监管在我国保险监管中将长期居于重要地位且具有很强的中国特色。

第二个阶段：市场行为和偿付能力监管并重阶段（2003—2006 年）。偿付能力监管最早是在 1995 年颁布的《保险法》中规定的。1996 年中国人民银行发布《保险管理暂行规定》，专门用一章的内容规定偿付能力监管，明确了偿付能力最低额度要求和实际偿付能力的规则。但在当时的情况下，偿付能力监管并未实际开展。主要有以下几个方面的原因：一是在计划经济体制下，国有企业并不是市场风险的最终承担者，国家为金融机构实际上提供了隐形的信用担保，金融机构一旦存在破产可能，国家也会采取财政注资或剥离坏账等方式对金融机构实施救助，偿付能力监管无实际意义；二是当时国家对国有保险公司的注资并未实际到账，没有资本金，无法计算偿付能力；三是国有保险公司在市场中占垄断地位，如果对其他保险公司实施偿付能力监管而豁免最大的国有保险公司，有失公平；四是偿付能力监管规则比较笼统，实施细则极不完善。2003 年，中国保监会发布《保险公司偿付能力额度及监管指标管理规定》，标志着偿付能力监管正式启动。中国人保和中国人寿两家国有保险公司上市募集了大量资金，使得资本金得以落实，也为偿付能力监管创造了条件。偿付能力监管的制度体系现已基本建成，对公司经营也发挥着越来越实质的约束作用。

第三个阶段：市场行为、偿付能力和公司治理"三支柱"的监管框架基本确立阶段（2006 年至今）。2006 年，中国保监会发布《关于规范保险公司治理结构的指导意见》，标志着公司治理监管制度的确立，也标志着"三支柱"监管框架的确立。公司治理监管的形成，有多方面的背景因素。一是改革深入的需要。2003 年，国有公司改制并上市，但上市本身并不是目的，目的在于利用引入外部资本所带来的约束，迫使国有公司接受国际资本市场规则的改造，从而克服国有体制的问题，成为真正能够做到自主经营、自负盈亏的市场化的公司。如何才能完成上市后时代的公司改革并且实现目标？答案就是进行公司治理。因此，启动公司治理监管，进一步完善公司治理就成为继续深化公司体制改革的中心任务，也是最终实现改革目标的必由之路。二是改善监管的需要。对于市场秩序的建立，外部监管固然重要，但市场主体自身的约束力才是根本。治理不善的公司对风险缺乏本能的应对反应，对市场信号不敏感，其利润机制对公司的指导效应不强，常导致公司失常、市场失灵。实践中，在监管机构多年的查处下，公司违规行为依然屡禁屡犯，甚至出现保险行业所有公司都亏损的局面。因此，确立公司治理监管制度，使公司成为利润导向正常、具备有效风险应对机制的公司，是提高监管效能的治本之策。三是顺应国际监管趋势的需要。我国正是在这样的背景下，开始了保险公司治理的实践历程，并使"三支柱"的模式成为我国保险监管的架构体系。"十三五"期间，我国在保险监管体系方面，坚持机构监管与功能监管相统一，宏观审慎和微观审慎相统一，加快建设以风险为导向的监管制度，不断加强公司治理、偿付能力和市场行为的"三支柱"监管。

## 第二节　监管函视角的分析

### 一、监管函概述

中国银保监会官网在 2013—2019 年间公开披露监管函共计 183 封，本报告手工整理了监管函发布的时间、主要监管方向和监管要求，并重点分析了监管函对公司治理下合规、偿付能力等各细类的监管关注度。①

监管部门披露的监管函中，提出 2 项监管要求的监管函有 51 封，占比 27.87%；提出 3 项监管要求的监管函有 103 封，占比最大，达 56.28%；提出 4 项监管要求的监管函有 18 封，占比 9.84%。

本报告进一步具体分析了监管部门提出的 494 项要求，发现有 8 项监管要求被提及 10 次以上（含 10 次）。其中，有 3 项监管要求被提及 14 次：①"你公司应当高度重视公司治理评估发现的问题，在接到本监管函后立即实施整改工作，成立由主要负责人牵头的专项工作组，制定切实可行的整改方案。整改方案应当明确具体时间和措施，确保将每一项问题的整改工作落实到具体部门和责任人"；②"你公司应当依据相关法律法规、监管规定和公司内控制度的有关要求，按照整改方案，对评估发现的问题逐项整改，形成整改报告，并于 2017 年 12 月 30 日前书面报至我会。已经整改完成的列明整改完成时间及具体措施；尚未完成的，列明整改时限及具体方案"；③"你公司应当以此次检查和整改为契机，加强对公司治理相关监管规定的学习，牢固树立依法合规意识，全面查找公司在'三会一层'运作、内部控制、关联交易等方面存在的问题，进一步完善制度，规范运作，加强问责，有效防范风险"。同时，有 5 项监管要求被提及 10 次，包括：①"你公司应高度重视产品开发管理方面存在的问题，切实承担起产品管理主体责任，完善产品管理制度流程，严格按照法律法规和监管规定，对产品开发管理工作进行全面自

---

① 本报告在整理这 183 封监管函的过程中发现，监管函的函号并不连续，可能由于涉及监管对象的商业机密等原因不方便公开披露，因此，中国银保监会官网披露的并不是全部的监管函，实际监管函数量可能远远超过这些。2019 年在中国保监会官网"行政监管措施"栏目下，没有新的监管函披露，但是披露了 2 份监管意见和 5 份行政监管措施决定书，而在中国银保监会官网"行政监管措施"栏目下 2019 年一共披露了 28 份行政监管措施决定书，这些政监管措施决定书本质上就是监管函，因此本部分分析仍然沿用监管函这一说法。

查整改";②"你公司应及时向我会报送自查整改报告。自查整改报告包括：公司落实监管要求情况、对相关责任人的处理情况、对产品自查整改回头看的情况、完善产品管理制度和提升产品管理质量的切实措施等。我会将视你公司整改情况，决定是否恢复你公司申报新的保险条款和保险费率或采取进一步监管措施";③"你公司应立即停止使用问题产品";④"自本监管函发文之日起，暂停你公司增设分支机构";⑤"自本监管函下发之日起三个月内，禁止你公司备案新的保险条款和保险费率（农险产品除外）"。从监管部门频繁提及的监管要求中可以看出，内部控制、高管治理、关联交易等均为监管部门重点关注的领域。

## 二、监管函数量的统计分析

监管部门在 2013—2019 年间发布的监管函数量整体呈现出先减少后增加的趋势，然后在 2019 年略有下降，如图 8-1 所示。2015 年监管部门仅公布了 5 封监管函，为近年来最少。2015 年之后，监管部门开始加大监管力度，发布监管函的数量逐年增长，2016 年监管函数量较上一年度增长两倍多，2017 年监管函更是上一年的两倍多，2018 年监管部门公布监管函 59 封，占近 7 年监管函总数的 32.24%。

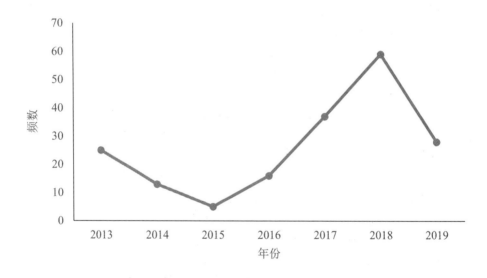

**图 8-1　2013—2019 年监管部门公布监管函数量趋势**

资料来源：根据中国银保监会官网公开数据统计。

## 三、监管函内容的整体分析

监管部门 2013—2019 年公布的监管函主要涉及产品、公司治理、经营、营销、资金运用 5 大类。通过比较分析可以发现，涉及产品和公司治理的监管函最多：产品类 77 封，占比 42.08%；公司治理类 60 封，占比 32.79%。其次是营销类、资金运用类和经营类（见表 8-2）。可以看出，监管部门对保险产品和公司治理的监管十分重视。

表 8-2　监管函的 5 大类划分情况

| 类型 | 数量（封） | 比例（%） |
|---|---|---|
| 产品 | 77 | 42.08 |
| 公司治理 | 60 | 32.79 |
| 经营 | 12 | 6.56 |
| 营销 | 19 | 10.38 |
| 资金运用 | 15 | 8.20 |
| 合计 | 183 | 100.00 |

资料来源：根据中国银保监会官网公开数据统计。

## 四、公司治理相关监管函的详细分析

对监管部门公布的涉及公司治理的 60 封监管函进行细分，本报告发现，监管函涉及了公司治理中报告报送、偿付能力、董事会治理、分支机构、高管治理、股东治理、关联交易、内部控制、信息披露、依法合规、治理要素等 11 个方面（见表 8-3）。其中，涉及治理要素的监管函占比最大，达到 43.33%（见图 8-3）。同时，分支机构的公司治理问题也引起监管部门的高度重视。

表 8-3　公司治理类监管函的细分情况

| 类型 | 数量（封） | 比例（%） |
|---|---|---|
| 报告保送 | 1 | 1.67 |
| 偿付能力 | 3 | 5.00 |
| 董事会治理 | 1 | 1.67 |
| 分支机构 | 9 | 15.00 |
| 高管治理 | 2 | 3.33 |
| 股东治理 | 1 | 1.67 |
| 关联交易 | 7 | 11.67 |
| 内部控制 | 3 | 5.00 |
| 信息披露 | 2 | 3.33 |
| 依法合规 | 5 | 8.33 |
| 治理要素 | 26 | 43.33 |
| 合计 | 60 | 100.00 |

资料来源：根据中国银保监会官网公开数据统计。

## 五、监管函内容的年度趋势分析

比较各年度监管函涉及的内容，可以发现，产品和公司治理是监管部门长期监管的重点（见表 8-4）。2013 年公布的监管函中，68% 的监管函涉及公司治理；2014—2016年，产品监管成为监管部门的监管重点。2017 年，公司治理又成为监管函中涉及最多的方面。2018 年和 2019 年，产品监管再次成为监管部门监管重点，但仍存在对公司治理的监管。综观各年度监管函涉及的内容，结果显示，监管部门监管的领域在逐渐扩大，从 2013 年只涉及产品和公司治理两方面，逐渐扩大到 2018 年和 2019 年涉及产品、公司治理、经营、营销、资金运用 5 个领域。

表 8-4 2013—2019 年监管函内容的统计

| 年份 | 类型 | 数量（封） | 比例（%） |
|---|---|---|---|
| 2013 | 产品 | 8 | 32.00 |
| | 公司治理 | 17 | 68.00 |
| | 小计 | 25 | 100.00 |
| 2014 | 产品 | 6 | 46.15 |
| | 公司治理 | 3 | 23.08 |
| | 经营 | 3 | 23.08 |
| | 营销 | 1 | 7.69 |
| | 小计 | 13 | 100.00 |
| 2015 | 产品 | 4 | 80.00 |
| | 经营 | 1 | 20.00 |
| | 小计 | 5 | 100.00 |
| 2016 | 产品 | 7 | 43.75 |
| | 公司治理 | 3 | 18.75 |
| | 经营 | 3 | 18.75 |
| | 营销 | 3 | 18.75 |
| | 小计 | 16 | 100.00 |
| 2017 | 产品 | 8 | 21.62 |
| | 公司治理 | 22 | 59.46 |
| | 营销 | 6 | 16.22 |
| | 资金运用 | 1 | 2.70 |
| | 小计 | 37 | 100.00 |
| 2018 | 产品 | 22 | 37.29 |
| | 公司治理 | 12 | 20.34 |
| | 经营 | 5 | 8.47 |
| | 营销 | 9 | 15.25 |
| | 资金运用 | 11 | 18.64 |
| | 小计 | 59 | 100.00 |
| 2019 | 产品 | 22 | 78.57 |
| | 公司治理 | 3 | 10.71 |
| | 经营 | 0 | 0.00 |
| | 营销 | 0 | 0.00 |
| | 资金运用 | 3 | 10.71 |
| | 小计 | 28 | 100.00 |
| 合计 | | 183 | — |

资料来源：根据中国银保监会官网公开数据统计。

## 第三节　行政处罚视角的分析

### 一、行政处罚概述

本报告手工整理了 2008—2019 年中国银保监会官网公开披露的 231 份行政处罚决定书，并按照处罚年度、处罚对象、违法违规行为数量、违法违规行为分类等角度进行比较分析。①结果显示，监管部门的行政处罚对象以公司为主，呈现多元化趋势，行政处罚决定书多针对一个违法违规行为。20%左右的行政处罚是针对公司治理方面的违法违规行为，且该比例近两年不断增加，可以看出公司治理正在逐渐成为监管部门的监管重点。各年度行政处罚数量分析见图 8-2。

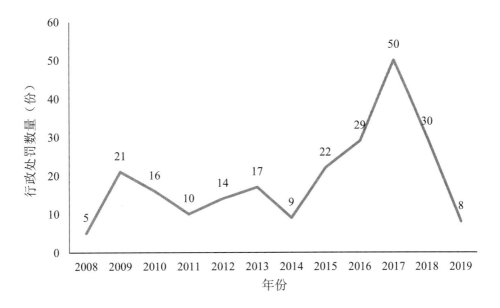

图 8-2　监管部门行政处罚数量的发展趋势（2008—2019 年）

资料来源：根据中国银保监会官网公开数据统计。

### 二、行政处罚对象分析

2008—2019 年，中国银保监会官网公开披露行政处罚决定书共计 231 份。其中，处

---

① 本报告在整理这 231 份行政处罚决定书（主要是中国银保监会机关发出的，不包括银保监局及分局发出的）的过程中发现，处罚决定书的发文字号并不连续，可能由于涉及监管对象的商业机密等原因不方便公开披露，因此，中国银保监会官网披露的并不是全部的行政处罚据决定书，实际行政处罚决定书的数量可能远远超过这些。需要说明的是，2019 年中国银保监会机关一共发出 30 份行政处罚决定书，但其中针对保险机构的只有 8 份。

罚对象为公司的处罚决定书数量最多，为 121 份，占整体样本的 52.38%；其次为分公司，占整体样本的 22.94%；而针对支公司、中心支公司、个人、其他部门等处罚对象的处罚决定书数量相对较少。具体分析见表 8-5。

表 8-5　监管部门行政处罚对象分类统计

| 处罚对象 | 数量（份） | 比例（%） |
|---|---|---|
| 分公司 | 53 | 22.94 |
| 分理处 | 2 | 0.87 |
| 个人 | 22 | 9.52 |
| 公司 | 121 | 52.38 |
| 其他 | 2 | 0.87 |
| 销售中心 | 10 | 4.33 |
| 信用卡中心 | 1 | 0.43 |
| 营销服务部 | 2 | 0.87 |
| 支公司 | 11 | 4.76 |
| 中心支公司 | 7 | 3.03 |
| 合计 | 231 | 100.00 |

资料来源：根据中国银保监会官网公开数据统计。

通过分析 2008—2019 年监管部门各年度行政处罚决定书针对的处罚对象可以发现，2012 年以前，监管部门主要的行政处罚对象为个人、公司及分公司，而在 2012 年以后，监管部门的处罚对象呈现多元化的发展趋势，分理处、销售中心、信用卡中心等也逐渐成为监管部门的处罚对象。具体分析见表 8-6。

表 8-6　监管部门行政处罚对象分类（2008—2019 年）

| 年份 | 对象分类 | 数量（份） | 比例（%） |
|---|---|---|---|
| 2008 | 个人 | 1 | 20.00 |
| | 公司 | 4 | 80.00 |
| | 小计 | 5 | 100.00 |
| 2009 | 个人 | 8 | 38.10 |
| | 公司 | 11 | 52.38 |
| | 分公司 | 2 | 9.52 |
| | 小计 | 21 | 100.00 |
| 2010 | 个人 | 9 | 56.25 |
| | 公司 | 6 | 37.50 |
| | 分公司 | 1 | 6.25 |
| | 小计 | 16 | 100.00 |
| 2011 | 公司 | 7 | 70.00 |
| | 分公司 | 3 | 30.00 |
| | 小计 | 10 | 100.00 |

续表

| 年份 | 对象分类 | 数量（份） | 比例（%） |
|------|---------|-----------|-----------|
| 2012 | 公司 | 9 | 64.29 |
| | 分公司 | 3 | 21.43 |
| | 中心支公司 | 2 | 14.28 |
| | 小计 | 14 | 100.00 |
| 2013 | 公司 | 9 | 52.95 |
| | 分公司 | 2 | 11.76 |
| | 中心支公司 | 3 | 17.65 |
| | 分理处 | 2 | 11.76 |
| | 其他 | 1 | 5.88 |
| | 小计 | 17 | 100.00 |
| 2014 | 公司 | 7 | 77.78 |
| | 分公司 | 2 | 22.22 |
| | 小计 | 9 | 100.00 |
| 2015 | 公司 | 11 | 50.00 |
| | 分公司 | 6 | 27.27 |
| | 中心支公司 | 1 | 4.55 |
| | 其他 | 1 | 4.55 |
| | 支公司 | 3 | 13.63 |
| | 小计 | 22 | 100.00 |
| 2016 | 公司 | 10 | 34.48 |
| | 分公司 | 5 | 17.24 |
| | 中心支公司 | 1 | 3.45 |
| | 支公司 | 8 | 27.59 |
| | 销售中心 | 3 | 10.34 |
| | 营销服务部 | 2 | 6.90 |
| | 小计 | 29 | 100.00 |
| 2017 | 公司 | 24 | 48.00 |
| | 分公司 | 18 | 36.00 |
| | 销售中心 | 7 | 14.00 |
| | 信用卡中心 | 1 | 2.00 |
| | 小计 | 50 | 100.00 |
| 2018 | 个人 | 3 | 10.00 |
| | 公司 | 16 | 53.33 |
| | 分公司 | 11 | 36.67 |
| | 小计 | 30 | 100.00 |
| 2019 | 个人 | 1 | 12.50 |
| | 公司 | 7 | 87.50 |
| | 小计 | 8 | 100.00 |
| 合计 | | 231 | — |

资料来源：根据中国银保监会官网公开数据统计。

## 三、行政处罚违法违规行为数量分析

按照各行政处罚决定书针对的违法违规行为数量进行划分，可以发现，处罚决定书仅针对 1 项违法违规行为进行处罚的占比 71.00%，而针对 5 项及以上的违法违规行为统一进行行政处罚的决定书占比较小，仅为 2.60%（见表 8-7）。

表 8-7　监管部门行政处罚决定书按违法违规行为数量统计

| 违法违规行为数量 | 频数 | 比例（%） |
| :---: | :---: | :---: |
| 1 | 164 | 71.00 |
| 2 | 47 | 20.35 |
| 3 | 12 | 5.19 |
| 4 | 2 | 0.87 |
| 5 | 2 | 0.87 |
| 6 | 3 | 1.30 |
| 7 | 1 | 0.43 |
| 合计 | 231 | 100.00 |

资料来源：根据中国银保监会官网公开数据统计。

## 四、行政处罚内容分析

### （一）内容框架：治理问题与非治理问题

本报告将监管部门行政处罚决定书处罚的违法违规行为按照其是否涉及公司治理问题进行了划分。整理数据后发现，涉及公司治理问题的行政处罚决定书占全部样本的 19.48%，涉及经营问题、产品问题等不涉及公司治理问题的行政处罚决定书占全部样本的 80.52%（见表 8-8）。

表 8-8　监管部门行政处罚决定书数量统计（按是否涉及公司治理问题分类）

| 分类 | 数量（份） | 比例（%） |
| :---: | :---: | :---: |
| 非公司治理问题 | 186 | 80.52 |
| 公司治理问题 | 45 | 19.48 |
| 合计 | 231 | 100.00 |

资料来源：根据中国银保监会官网公开数据统计。

### （二）行政处罚内容的年度趋势分析

本报告将 2008—2019 年间监管部门行政处罚决定书处罚的违法违规行为划分为公司治理类和非公司治理类，通过比较可以发现，2016 年以后，监管部门处罚的公司治理类违法违规行为越来越多，特别是在 2017—2019 年，监管部门处罚的非公司治理行为开始减少，而越来越多地处罚公司治理类违法违规行为（见表 8-9 和图 8-3）。

表 8-9　监管部门行政处罚内容分析（2008—2019 年）

| 年份 | 违法违规类型 | 数量（份） | 比例（%） |
|---|---|---|---|
| 2008 | 非公司治理问题 | 4 | 80.00 |
|  | 公司治理问题 | 1 | 20.00 |
|  | 小计 | 5 | 100.00 |
| 2009 | 非公司治理问题 | 16 | 76.19 |
|  | 公司治理问题 | 5 | 23.81 |
|  | 小计 | 21 | 100.00 |
| 2010 | 非公司治理问题 | 9 | 56.25 |
|  | 公司治理问题 | 7 | 43.75 |
|  | 小计 | 16 | 100.00 |
| 2011 | 非公司治理问题 | 7 | 70.00 |
|  | 公司治理问题 | 3 | 30.00 |
|  | 小计 | 10 | 100.00 |
| 2012 | 非公司治理问题 | 13 | 92.86 |
|  | 公司治理问题 | 1 | 7.14 |
|  | 小计 | 14 | 100.00 |
| 2013 | 非公司治理问题 | 15 | 88.24 |
|  | 公司治理问题 | 2 | 11.76 |
|  | 小计 | 17 | 100.00 |
| 2014 | 非公司治理问题 | 7 | 77.78 |
|  | 公司治理问题 | 2 | 22.22 |
|  | 小计 | 9 | 100.00 |
| 2015 | 非公司治理问题 | 18 | 81.82 |
|  | 公司治理问题 | 4 | 18.18 |
|  | 小计 | 22 | 100.00 |
| 2016 | 非公司治理问题 | 27 | 93.10 |
|  | 公司治理问题 | 2 | 6.90 |
|  | 小计 | 29 | 100.00 |
| 2017 | 非公司治理问题 | 44 | 88.00 |
|  | 公司治理问题 | 6 | 12.00 |
|  | 小计 | 50 | 100.00 |
| 2018 | 非公司治理问题 | 20 | 66.67 |
|  | 公司治理问题 | 10 | 33.33 |
|  | 小计 | 30 | 100.00 |
| 2019 | 非公司治理问题 | 6 | 75.00 |
|  | 公司治理问题 | 2 | 25.00 |
|  | 小计 | 8 | 100.00 |
| 合计 |  | 231 | — |

资料来源：根据中国银保监会官网公开数据统计。

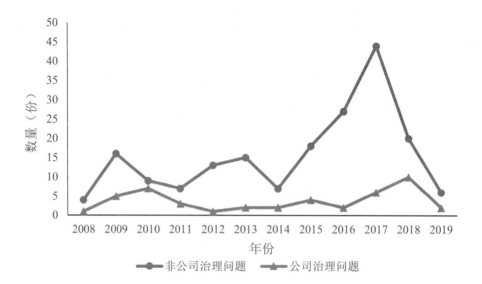

**图 8-3 监管部门行政处罚决定书分年度、违法类型分析**

资料来源：根据中国银保监会官网公开数据统计。

### （三）违法违规行为的具体分析

通过整理 2008—2019 年间监管部门行政处罚决定书中公布的各类违法违规行为，本报告对非公司治理类和公司治理类违法违规行为进行了进一步细分。非公司治理类违法违规行为包括编制提供虚假材料、经营业务有问题、欺骗投保人、资金运用有问题、产品销售有问题等。其中，经营业务有问题、欺骗投保人、编制提供虚假材料是 3 个主要的非公司治理类违法违规行为。公司治理类违法违规行为涉及报告报送编制问题、内部控制有问题、关联交易有问题、分支机构管理有问题、机构设置有问题等；其中，任职资格不符合规定、自查报告与实际不符、信息披露问题是 3 个主要的非公司治理类违法违规行为；同时，还有 10 份涉及多个方面公司治理问题的行政处罚决定书（见表 8-10）。

**表 8-10 行政处罚决定书中各违法违规行为数量分析**

| 违法违规行为分类 | 具体行为 | 数量（份） | 比例（%） |
|---|---|---|---|
| 非公司治理 | 经营业务有问题 | 75 | 40.54 |
| | 欺骗投保人 | 37 | 20.00 |
| | 编制提供虚假材料 | 29 | 15.68 |
| | 产品销售有问题 | 16 | 8.65 |
| | 产品销售有问题、编制提供虚假资料 | 6 | 3.24 |
| | 经营业务问题、编制提供虚假资料 | 5 | 2.70 |
| | 资金运用有问题 | 5 | 2.70 |
| | 编制提供虚假资料 | 4 | 2.16 |
| | 编制提供虚假材料、欺骗投保人 | 2 | 1.08 |
| | 编制提供虚假材料、资金运用有问题 | 2 | 1.08 |

续表

| 违法违规<br>行为分类 | 具体行为 | 数量（份） | 比例（%） |
|---|---|---|---|
| 非公司治理 | 编制提供虚假材料、经营业务有问题 | 1 | 0.54 |
| | 欺骗投保人、产品销售有问题 | 1 | 0.54 |
| | 产品销售问题、经营业务有问题 | 1 | 0.54 |
| | 经营业务问题、资金运用有问题 | 1 | 0.54 |
| | 小计 | 185 | 100.00 |
| 公司<br>治理 | 任职资格不符合规定 | 13 | 28.26 |
| | 同时存在多方面问题 | 10 | 21.74 |
| | 自查报告与实际不符 | 9 | 19.57 |
| | 信息披露有问题 | 3 | 6.52 |
| | 报告报送编制有问题 | 2 | 4.35 |
| | 关联交易有问题 | 2 | 4.35 |
| | 机构设置有问题 | 2 | 4.35 |
| | 拒绝妨碍监督检查 | 2 | 4.35 |
| | 分支机构管理有问题 | 1 | 2.17 |
| | 任职资格不符合规定、机构设置有问题 | 1 | 2.17 |
| | 报告报送编制有问题、内部控制有问题 | 1 | 2.17 |
| | 小计 | 46 | 100.00 |
| 合计 | | 231 | — |

资料来源：根据中国银保监会官网公开数据统计。

## 五、公司治理问题年度趋势分析

针对 2008—2019 年间监管部门公布的涉及公司治理类违法违规行为的行政处罚决定书，本报告将不同年度的公司治理违法违规行为进行细分并进行比较。分析发现，因任职资格不符合规定或编制提供虚假材料而受到监管部门行政处罚的情况在很多年份都有出现，成为监管部门在对公司治理类违法违规行为进行行政处罚时的关注重点（见表8-11）。

表 8-11 各年度公司治理问题违法违规行为统计

| 年份 | 具体行为 | 数量（份） | 比例（%） |
|---|---|---|---|
| 2008 | 关联交易有问题 | 1 | 100.00 |
| 2009 | 关联交易有问题 | 1 | 20.00 |
| | 多方面有问题 | 1 | 20.00 |
| | 任职资格不符合规定 | 1 | 20.00 |
| | 信息披露有问题 | 2 | 40.00 |
| | 小计 | 5 | 100.00 |

| 年份 | 具体行为 | 数量（份） | 比例（%） |
|------|----------|-----------|-----------|
| 2010 | 同时存在多方面问题 | 4 | 57.13 |
|      | 信息披露有问题 | 1 | 14.29 |
|      | 任职资格不符合规定、机构设置有问题 | 1 | 14.29 |
|      | 拒绝妨碍监督检查 | 1 | 14.29 |
|      | 小计 | 7 | 100.00 |
| 2011 | 同时存在多方面问题 | 2 | 66.67 |
|      | 任职资格不符合规定 | 1 | 33.33 |
|      | 小计 | 3 | 100.00 |
| 2012 | 任职资格不符合规定 | 1 | 100.00 |
| 2013 | 任职资格不符合规定 | 1 | 50.00 |
|      | 报告报送编制有问题 | 1 | 50.00 |
|      | 小计 | 2 | 100.00 |
| 2014 | 任职资格不符合规定 | 1 | 50.00 |
|      | 报告报送编制有问题、内部控制有问题 | 1 | 50.00 |
|      | 小计 | 2 | 100.00 |
| 2015 | 同时存在多方面问题 | 1 | 25.00 |
|      | 任职资格不符合规定 | 3 | 70.00 |
|      | 小计 | 4 | 100.00 |
| 2016 | 分支机构管理有问题 | 1 | 50.00 |
|      | 机构设置有问题 | 1 | 50.00 |
|      | 小计 | 2 | 100.00 |
| 2017 | 同时存在多方面问题 | 2 | 33.33 |
|      | 任职资格不符合规定 | 3 | 50.00 |
|      | 机构设置有问题 | 1 | 16.67 |
|      | 小计 | 6 | 100.00 |
| 2018 | 报告报送编制有问题 | 1 | 10.00 |
|      | 自查报告与实际不符 | 9 | 90.00 |
|      | 小计 | 10 | 100.00 |
| 2019 | 任职资格不符合规定 | 2 | 66.67 |
|      | 拒绝妨碍监督检查 | 1 | 33.33 |
|      | 小计 | 3 | 100.00 |
| 合计 |  | 46 | — |

资料来源：根据中国银保监会官网公开数据统计。

## 六、行政处罚对象违反法规分析

### （一）违反法规总体分析

本报告对 2008—2019 年间监管部门行政处罚决定书中的处罚对象所违反的法规进行了统计，结果发现，处罚对象违反《保险法》的在整体样本中占比最高，达到 58.87%；如果将同时违反的多个法规中包含《保险法》的情况也计算在内的话，那么比例高达 77.84%。除《保险法》外，处罚对象违反较多的法规有《农业保险条例》和《机动车交通事故责任强制保险条例》等（见表 8-12）。

表 8-12　行政处罚对象违反法规总体分析

| 编号 | 违反法规 | 数量（份） | 比例（%） |
|---|---|---|---|
| 1 | 《中华人民共和国行政处罚法》《保险公估机构管理规定》 | 1 | 0.43 |
| 2 | 《保险公估机构监管规定》 | 1 | 0.43 |
| 3 | 《保险公司董事、监事和高级管理人员任职资格管理规定》 | 1 | 0.43 |
| 4 | 《保险公司非人身险业务准备金管理办法》 | 2 | 0.87 |
| 5 | 《保险公司管理规定》 | 2 | 0.87 |
| 6 | 《保险法》《保险公司管理规定》 | 12 | 5.19 |
| 7 | 《保险公司总精算师管理办法》《人身保险公司保险条款和保险费率管理办法》《人寿保险精算规定》 | 1 | 0.43 |
| 8 | 《保险公司总精算师管理办法》《人身保险公司保险条款和保险费率管理办法》《人寿保险精算规定》 | 2 | 0.87 |
| 9 | 《保险兼业代理管理暂行办法》《保险公司管理规定》 | 1 | 0.43 |
| 10 | 《保险经纪机构管理规定》 | 1 | 0.43 |
| 11 | 《保险法》《保险资金境外投资管理暂行办法》 | 1 | 0.43 |
| 12 | 《保险法》《保险资金境外投资管理暂行规定》 | 1 | 0.43 |
| 13 | 《保险法》《关于调整人身险保单预定利率的紧急通知》 | 2 | 0.87 |
| 14 | 《机动车交通事故责任强制保险条例》 | 12 | 5.19 |
| 15 | 《健康保险管理办法》 | 1 | 0.43 |
| 16 | 《农业保险条例》 | 17 | 7.36 |
| 17 | 《人身保险新型产品信息披露管理办法》 | 1 | 0.43 |
| 18 | 《保险法》《中国保监会关于父母为其未成年子女投保以死亡为给付保险金条件人身保险有关问题的通知》 | 1 | 0.43 |
| 19 | 《保险法》 | 136 | 58.87 |
| 20 | 《保险法》《保险公司董事、监事和高级管理人员任职资格管理规定》 | 1 | 0.43 |
| 21 | 《保险法》《保险公司董事和高级管理人员任职资格管理规定》 | 5 | 2.16 |
| 22 | 《保险法》《保险公司董事和高级管理人员任职资格管理规定》《保险公司投资证券投资基金管理暂行办法》《保险公司管理规定》 | 1 | 0.43 |
| 23 | 《保险法》《保险公司董事和高级管理人员任职资格管理规定》《关于加强保险机构债券回购业务管理的通知》 | 1 | 0.43 |

续表

| 编号 | 违反法规 | 数量（份） | 比例（%） |
|------|---------|-----------|----------|
| 24 | 《保险法》《保险公司管理规定》《保险资金运用管理暂行办法》《保险资金运用管理暂行办法》 | 1 | 0.43 |
| 25 | 《保险法》《保险公司投资证券投资基金管理暂行办法》 | 1 | 0.43 |
| 26 | 《保险法》《保险合同相关会计处理规定》《企业会计准则第3号——投资性房地产》《企业会计准则第3号——投资性房地产》 | 1 | 0.43 |
| 27 | 《保险法》《保险机构投资者股票投资管理暂行办法》 | 1 | 0.43 |
| 28 | 《保险法》《保险机构投资者股票投资管理暂行办法》《财产保险公司保险条款和保险费率管理办法》《保险公司管理规定》 | 1 | 0.43 |
| 29 | 《保险法》《保险机构投资者股票投资管理暂行办法》《保险公司管理规定》 | 1 | 0.43 |
| 30 | 《保险法》《保险机构投资者债券投资管理暂行办法》 | 1 | 0.43 |
| 31 | 《保险法》《保险资金运用管理暂行办法》 | 1 | 0.43 |
| 32 | 《保险法》《保险资金运用管理暂行办法》《保险资金委托投资管理暂行办法》 | 1 | 0.43 |
| 33 | 《保险法》《保险资金运用管理暂行办法》《人身保险新型产品信息披露管理办法》《保险公司偿付能力报告编报规则第15号：再保险业务》 | 1 | 0.43 |
| 34 | 《保险法》《关于加强保险机构债券回购业务管理的通知》《人身保险新型产品信息披露管理办法》 | 1 | 0.43 |
| 35 | 《保险法》《机动车交通事故责任强制保险条例》 | 1 | 0.43 |
| 36 | 《保险法》《机动车交通事故责任强制保险条例》 | 1 | 0.43 |
| 37 | 《保险法》《健康保险管理办法》《人身保险新型产品信息披露管理办法》 | 1 | 0.43 |
| 39 | 《保险法》《人身保险电话销售业务管理办法》 | 1 | 0.43 |
| 39 | 《保险法》《人身保险电话销售业务管理办法》《关于保险资金投资有关金融产品的通知》《保险资金投资不动产暂行办法》 | 1 | 0.43 |
| 40 | 《保险法》《人身保险新型产品信息披露管理办法》 | 1 | 0.43 |
| 41 | 《保险法》《人身保险新型产品信息披露管理办法》《健康保险管理办法》 | 1 | 0.43 |
| 42 | 《外资保险公司管理条例》 | 2 | 0.87 |
| 43 | 《外资保险公司管理条例》《保险公司董事和高级管理人员任职资格管理规定》《保险机构董事、监事和高级管理人员任职资格管理规定》 | 1 | 0.43 |
| 44 | 《中华人民共和国行政许可法》 | 5 | 2.16 |
| 45 | 《保险法》《健康保险管理办法》 | 1 | 0.43 |
| 合计 | | 231 | 100.00 |

资料来源：根据中国银保监会官网公开数据统计。

### （二）各年度违反法规趋势分析

本报告对 2008—2019 年间监管部门行政处罚决定书中提及的处罚对象所违反的法规进行了统计，结果显示，2008—2019 年的行政处罚决定书中均出现了处罚对象的行为违反《保险法》的情况，特别是在 2018 年，涉及处罚对象违反《保险法》的行政处罚决定书占 2018 年已公布行政处罚决定书的 90.63%（见表 8-13）。

表 8-13　行政处罚对象违反法规年度趋势分析

| 年份 | 违反法规 | 数量（份） | 比例（%） |
|---|---|---|---|
| 2008 | 《保险法》《关于调整寿险保单预定利率的紧急通知》 | 2 | 40.00 |
| | 《保险法》 | 2 | 40.00 |
| | 《外资保险公司管理条例》 | 1 | 20.00 |
| | 小计 | 5 | 100.00 |
| 2009 | 《保险公估机构管理规定》《中华人民共和国行政处罚法》 | 1 | 4.80 |
| | 《保险公司非寿险业务准备金管理办法》 | 2 | 9.50 |
| | 《保险公司管理规定》 | 1 | 4.80 |
| | 《保险经纪机构管理规定》 | 1 | 4.80 |
| | 《保险资金境外投资管理暂行办法》《保险法》 | 2 | 9.60 |
| | 《保险法》 | 2 | 9.50 |
| | 《保险法》《保险公司董事和高级管理人员任职资格管理规定》 | 1 | 4.80 |
| | 《保险法》《保险公司管理规定》 | 3 | 14.30 |
| | 《保险法》《保险机构投资者股票投资管理暂行办法》《保险公司管理规定》 | 1 | 4.80 |
| | 《保险法》《保险机构投资者债券投资管理暂行办法》 | 1 | 4.80 |
| | 《外资保险公司管理条例》 | 1 | 4.80 |
| | 《中华人民共和国行政许可法》 | 5 | 23.80 |
| | 小计 | 21 | 100.00 |
| 2010 | 《保险法》《保险公司管理规定》 | 2 | 12.40 |
| | 《保险法》 | 8 | 50.00 |
| | 《保险法》《保险公司董事和高级管理人员任职资格管理规定》 | 2 | 12.50 |
| | 《保险法》《保险公司董事和高级管理人员任职资格管理规定》《保险公司投资证券投资基金管理暂行办法》《保险公司管理规定》 | 1 | 6.20 |
| | 《保险法》《保险公司董事和高级管理人员任职资格管理规定》《关于加强保险机构债券回购业务管理的通知》 | 1 | 6.20 |
| | 《保险法》《保险公司投资证券投资基金管理暂行办法》 | 1 | 6.20 |
| | 《保险法》《保险机构投资者股票投资管理暂行办法》 | 1 | 6.20 |
| | 小计 | 16 | 100.00 |
| 2011 | 《保险公估机构监管规定》 | 1 | 10.00 |
| | 《保险法》 | 6 | 60.00 |
| | 《保险法》《保险公司董事和高级管理人员任职资格管理规定》 | 2 | 20.00 |
| | 《外资保险公司管理条例》《保险公司董事和高级管理人员任职资格管理规定》《保险机构董事、监事和高级管理人员任职资格管理规定》 | 1 | 10.00 |
| | 小计 | 10 | 100.00 |

| 年份 | 违反法规 | 数量（份） | 比例（%） |
|---|---|---|---|
| 2012 | 《保险法》《保险公司管理规定》 | 1 | 7.10 |
| | 《保险法》《健康保险管理办法》《人身保险新型产品信息披露管理办法》 | 1 | 7.10 |
| | 《保险法》 | 9 | 64.30 |
| | 《保险法》《保险公司管理规定》 | 2 | 14.30 |
| | 《保险法》《关于加强保险机构债券回购业务管理的通知》《人身保险新型产品信息披露管理办法》 | 1 | 7.10 |
| | 小计 | 14 | 100.00 |
| 2013 | 《保险法》 | 1 | 5.90 |
| | 《保险公司董事、监事和高级管理人员任职资格管理规定》 | 1 | 5.90 |
| | 《保险法》 | 12 | 70.60 |
| | 《保险法》《保险公司管理规定》 | 2 | 11.80 |
| | 《保险法》《保险资金运用管理暂行办法》《人身保险新型产品信息披露管理办法》《保险公司偿付能力报告编报规则第 15 号：再保险业务》 | 1 | 5.90 |
| | 小计 | 17 | 100.00 |
| 2014 | 《保险法》 | 2 | 22.20 |
| | 《保险兼业代理管理暂行办法》《保险公司管理规定》 | 1 | 11.10 |
| | 《保险法》 | 2 | 22.20 |
| | 《保险法》《保险公司管理规定》 | 2 | 22.20 |
| | 《保险法》《保险公司管理规定》《保险资金运用管理暂行办法》 | 1 | 11.10 |
| | 《保险法》《人身保险新型产品信息披露管理办法》《健康保险管理办法》 | 1 | 11.10 |
| | 小计 | 9 | 100.00 |
| 2015 | 《保险法》 | 1 | 4.50 |
| | 《保险公司管理规定》 | 1 | 4.50 |
| | 《健康保险管理办法》 | 1 | 4.50 |
| | 《保险法》 | 15 | 68.20 |
| | 《保险法》《保险公司董事、监事和高级管理人员任职资格管理规定》 | 1 | 4.50 |
| | 《保险法》《保险合同相关会计处理规定》《企业会计准则第 3 号——投资性房地》 | 1 | 4.50 |
| | 《保险法》《人身保险电话销售业务管理办法》《关于保险资金投资有关金融产品的通知》《保险资金投资不动产暂行办法》 | 1 | 4.50 |
| | 《保险法》《人身保险新型产品信息披露管理办法》 | 1 | 4.50 |
| | 小计 | 22 | 100.00 |
| 2016 | 《农业保险条例》 | 17 | 58.60 |
| | 《人身保险新型产品信息披露管理办法》 | 1 | 3.40 |
| | 《保险法》 | 11 | 37.90 |
| | 小计 | 29 | 100.00 |

续表

| 年份 | 违反法规 | 数量（份） | 比例（%） |
|---|---|---|---|
| 2017 | 《保险法》《保险机构投资者股票投资管理暂行办法》《财产保险公司保险条款和保险费率管理办法》《保险公司管理规定》 | 1 | 2.00 |
| | 《机动车交通事故责任强制保险条例》 | 12 | 24.00 |
| | 《中国保监会关于父母为其未成年子女投保以死亡为给付保险金条件人身保险有关问题的通知》《保险法》 | 1 | 2.00 |
| | 《保险法》 | 31 | 62.00 |
| | 《保险法》《保险资金运用管理暂行办法》 | 1 | 2.00 |
| | 《保险法》《保险资金运用管理暂行办法》《保险资金委托投资管理暂行办法》 | 1 | 2.00 |
| | 《保险法》《机动车交通事故责任强制保险条例》 | 2 | 4.00 |
| | 《保险法》《人身保险电话销售业务管理办法》 | 1 | 2.00 |
| | 小计 | 50 | 100.00 |
| 2018 | 《保险公司总精算师管理办法》《人身保险公司保险条款和保险费率管理办法》《人寿保险精算规定》 | 3 | 10.00 |
| | 《保险法》 | 27 | 90.00 |
| | 小计 | 30 | 100.00 |
| 2019 | 《保险法》《健康保险管理办法》 | 1 | 12.50 |
| | 《保险法》 | 7 | 87.50 |
| | 小计 | 8 | 100.00 |
| 合计 | | 231 | — |

资料来源：根据中国银保监会官网公开数据统计。

# 第九章　保险公司外部治理：信息披露

信息披露能够降低公司与各利益相关者之间的信息不对称程度，进而缓解各类委托代理问题。因此，信息披露是公司重要的外部治理机制。本章从信息披露视角呈现了我国保险公司外部治理发展的状况。首先，对上市公司的信息披露的实践进行了介绍，在此基础上提出非上市保险公司因为经营的特殊性而同样需要更高水平的信息披露，以保护投保人利益。其次，对监管部门开展的信息披露检查和学者对信息披露状况进行的评价进行了梳理。最后，从公司网站及其"公司信息披露"专栏的建设情况角度，对我国保险公司 2019 年的信息披露状况进行了总体分析。

## 第一节　保险公司信息披露及其重要性

### 一、上市公司信息披露实践

信息披露（information disclosure）主要是指公众公司以招股说明书、上市公告书以及定期报告和临时报告等形式，把公司及与公司相关的信息，向投资者和社会公众公开披露的行为。信息披露的基本内容包括：发行和上市新股的初次披露，主要包括招股说明书、上市公告书；定期报告，主要包括年度报告、半年度报告和季度报告；临时报告，即上市公司根据有关法规对某些可能对上市公司股票的市场价格产生较大影响的事件予以披露的报告，包括会议决议、重大事件公告和公司收购公告，具体包括公司董事会决议、公司监事会决议、公司股东大会决议、公司资产的收购与出售、关联交易、公司股票异常波动，以及公司的其他重大事项如重大担保，重大诉讼仲裁，重大投资行为，重大损失，重大行政处罚，募集资金的使用与公司变更、减资、合并、分立、解散或申请破产的决定，更换会计师事务所、经营方针和经营范围的重大变化等。具体见图 9-1。

《公司法》和《证券法》对上市公司信息披露进行了规定，而 2007 年 1 月 30 日发布的《上市公司信息披露管理办法》（证监会令第 40 号）是我国迄今为止最权威、最全面的上市公司信息披露法规。自《上市公司信息披露管理办法》施行以来，其他的信息披露法规，如《公开发行股票公司信息披露实施细则（试行）》（证监上字〔1993〕43 号）、《关于股票公开发行与上市公司信息披露有关事项的通知》（证监研字〔1993〕19 号）、

《中国证券监督管理委员会关于加强对上市公司临时报告审查的通知》（证监上字〔1996〕26 号）、《中国证券监督管理委员会关于上市公司发布澄清公告若干问题的通知》（证监上字〔1996〕28 号）、《关于上市公司披露信息电子存档事宜的通知》（证监信字〔1998〕50 号）、《关于进一步加强 ST、PT 公司信息披露监管工作的通知》（证监公司字〔2000〕63 号）、《关于拟发行新股的上市公司中期报告有关问题的通知》（证监公司字〔2001〕69 号）、《关于上市公司临时公告及相关附件报送中国证监会派出机构备案的通知》（证监公司字〔2003〕7 号）等同时废止。

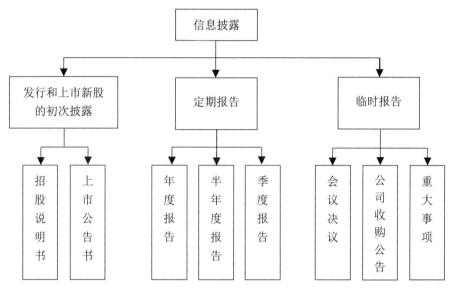

**图 9-1　我国上市公司信息披露主要内容**

资料来源：作者自制。

　　信息披露的原则包括公开性、全面性、真实性、及时性、持续性和易得性。①公开性原则是指证券发行人必须依法向所有投资者和债权人公开披露法律所规定的信息，禁止只向部分投资者或债权人透露信息而导致选择性信息披露，产生内幕交易和投机行为。②全面性原则是指证券发行者必须全面披露和公开提供供投资人判断证券投资价值的有关资料。如果公开的资料有隐瞒、遗漏的情形，那么所公开的资料将不具有法律效力。③真实性原则是指证券发行人对外公开的信息必须符合客观实际情况，严禁披露作假和失实的信息以误导投资者。④及时性原则要求证券发行者向公众投资者公开的信息应当具有时效性，即所公开资料必须反映公司当前的现实状况，并且一旦有重大事项发生或重大变动就要立即作出公告。⑤持续性原则是指上市公司一旦发行证券，必须定期向公众投资者公开和披露有关财务状况、经营状况等，以使投资者对公司的发展状况有较为完整和准确的了解和把握。⑥易得性原则是指上市公司所公开披露的资料容易为一般投资者所获得，以消除在信息披露过程中由于公开方式不当造成的公开性原则"名存实亡"的情形，以保证证券市场的平等竞争。

《上市公司治理准则》①指出：持续披露信息是上市公司的责任，上市公司应严格按照法律法规和公司章程的规定，真实、准确、完整、及时地披露信息；上市公司除按照强制性规定披露信息外，应主动、及时地披露所有可能对股东和其他利益相关者决策产生实质性影响的信息，并保证所有股东有平等的机会获得信息；上市公司披露的信息应当便于理解；上市公司应保证使用者能够通过经济、便捷的方式（如互联网）获得信息；上市公司董事会秘书负责信息披露事项，包括建立信息披露制度、接待来访、回答咨询、联系股东、向投资者提供公司公开披露的资料等；董事会及经理人员应对董事会秘书的工作予以积极支持；任何机构及个人不得干预董事会秘书的工作。

信息披露的方式包括强制性披露和自愿性披露。信息披露的途径很多，如在交易所网站上发布公告，在本公司网站上提供相关信息，在媒体上发布公告，与投资者和分析师举行现场会议（分为公司发行时的交易路演和上市后的非交易路演）和电话会议，接待投资者的来访，接听投资者的电话和传真，给投资者发送各种电子版或纸质版的信息，等等。强制信息披露的渠道和形式包括年报、公告和股东大会。自愿信息披露的渠道包括分析师会议或说明会、一对一沟通、网站、广告、公司调研、媒体报道、邮寄资料、现场参观、电话咨询、路演等。

相对于我国信息披露制度的不完善，美国纳斯达克（National Association of Securities Dealers Automated Quotations，NASDAQ）市场作为全球最大的资本市场之一，拥有一套较为完善的、行之有效的信息披露制度。其信息披露制度主要分为 3 个层次：第一个层次是美国国会颁布的有关法律，包括 1933 年的《证券法》和 1934 年的《证券交易法》等；第二个层次是美国证监会制定的关于证券市场信息披露的各种规则，主要包括会计资料编制公告、财务报告编制制度、财务信息披露内容与格式条例、非财务信息披露内容与格式、C 条例等；第三个层次是美国全国证券交易商协会制定的有关市场规则。从披露的形式来看，首先是初次披露，主要以登记说明书和初步招股说明书的形式披露。其次是持续披露，主要包括定期报告和临时报告两种形式，而定期报告又分为年度报告、季度报告。

## 二、保险公司的信息披露

现代金融市场实际上是一个庞大的信息市场，市场的运作过程就是各个市场主体处理信息的过程。社会资金以信息为导向，流向各实体部门，从而实现金融市场的资源配置功能。保险公司作为金融市场的一个重要主体，它以风险为经营对象，以提供保险保障获得相应的利润，具有高度风险性和不确定性。投保人作为保险公司债权人，必然会通过保险公司披露的信息来评价保险公司经营的好坏、履约的可能性大小，从而作出进一步的购买保单、转让或退保等决定。中国保监会等机构作为市场的监管者，必然会根

---

① 《上市公司治理准则》首次提出与公司治理有关的信息披露问题，包括但不限于：（1）董事会、监事会的人员及构成；（2）董事会、监事会的工作及评价；（3）独立董事工作情况及评价，包括独立董事出席董事会的情况、发表独立意见的情况及对关联交易、董事及高级管理人员的任免等事项的意见；（4）各专门委员会的组成及工作情况；（5）公司治理的实际状况及与该准则存在的差异及其原因；（6）改进公司治理的具体计划和措施。

据保险公司提供的信息来实现对保险行业的有效管理。由此可见，公司的信息披露对行业监管、公司自身稳定以及市场良性发展都具有不可替代的作用（杨华良，2001）。

增加保险机构运行透明度、规范信息披露制度已成为当今保险业运行与监管的重点。在我国保险公司信息披露实践中，2010年6月开始施行的《保险公司信息披露管理办法》明确界定了保险公司信息披露的内涵：所谓保险公司信息披露是指保险公司为了规范其信息披露行为，保障投保人、被保险人和受益人的合法权益，促进保险业的健康发展，向社会公众公开其经营管理相关信息的行为。此后，《人身保险电话销售业务管理办法》《互联网保险业务信息披露管理细则》《中国保监会关于进一步加强保险公司关联交易信息披露工作有关问题的通知》等文件相继出台，对我国保险公司信息披露的各个方面进行详细规定。这些文件的出台，反映出监管部门对保险公司信息披露的重视程度在不断加强。然而由于信息披露成本较高等多方面原因，各家保险公司信息披露水平参差不齐，因此，评价我国保险公司信息披露水平对研究现阶段我国保险公司信息披露水平与监管预期之间的差异以及提高保险公司信息披露水平具有重要现实意义。

在一般公司治理领域，保护中小股东等利益相关者的利益是公司治理的核心内容，而由于保险公司资本结构具有高负债性的特点，投保人对公司资产的贡献程度远高于股东，因而投保人成了保险行业稳健发展的重要利益相关者。投保人为了自身的利益常常倾向于选择经营稳健的保险公司，而股东出于无限的对剩余利益索取的欲望，往往追求高收益而忽略高风险。因此，在保险公司治理中，股东与投保人之间存在着委托代理矛盾。同时，因为保险合约长期性和保险产品专业性的特点，相比保险公司股东而言，投保人往往处于信息劣势。这种市场信息不平衡的格局常常会激化委托代理矛盾，从而损害投保人等利益相关者的利益，因此，加强对投保人等利益相关者的保护成为保险公司治理的重要目标。而信息披露作为公司管理者与外部投资者等利益相关者交流公司绩效和公司治理的重要手段（Healy和Palepu，2001），也因此成为保险监管部门关注的重点内容。

基于以上分析，信息披露作为帮助监管部门实行有效监管的重要手段以及为投保人和投资者提供投资决策依据从而实现市场资源有效配置的一种重要机制，其初衷是通过外部监管实现保险公司的有效治理，从而缓解保险公司投保人与股东之间的委托代理问题，降低代理成本，保护投保人利益。

## 第二节 保险公司信息披露总体状况

### 一、监管部门开展的保险公司信息披露核查工作

为进一步规范保险公司信息披露行为，强化信息披露的市场约束作用，中国保监会组织开展了2015年保险公司信息披露核查工作。此次信息披露核查对象为根据《保险公司信息披露管理办法》相关规定应当披露2014年年度信息披露报告的133家保险公司。核查内容主要包括两方面：一是各公司在其官网以及中国保险行业协会官网上披露

的信息；二是各公司信息披露管理制度的建设情况和执行情况。核查时间范围为 2015 年 1 月 1 日至 6 月 30 日。核查发现的主要问题如下。

（一）应当披露的信息未予披露

1．8 家基本信息披露不完整的公司为：安盛天平、中华财险、安诚财险、英大财险、国寿集团、安邦财险、中荷人寿、农银人寿。

2．4 家公司 2014 年度信息披露报告中财务报表附注部分披露不完整的公司为：泰山财险、长江财险、安诚财险、英大财险。

3．5 家公司 2014 年度信息披露报告中未披露审计报告的主要意见的公司为：华安财险、中新大东方（现为恒大人寿）、华夏人寿、泰康养老、幸福人寿。

4．8 家公司 2014 年度信息披露报告中风险管理状况信息披露不完整的公司为：安盛天平、鑫安保险、中华财险、长江财险、浙商财险、民安财险（现为亚太财险）、众安财险、长江养老。

5．和谐健康在 2014 年度信息披露报告中未披露保险产品的原保险保费收入和新单标准保费。

6．15 家 2014 年度信息披露报告中偿付能力信息披露不完整的公司为：泰山财险、和谐健康、安诚财险、中法人寿、长安责任、诚泰财险、珠江人寿、泰康养老、北部湾财险、信泰人寿、百年人寿、丘博保险、平安人寿、利安人寿、前海人寿。

7．6 家重大关联交易信息未披露、披露不完整或无法链接临时信息披露报告的公司为：安盛天平、泰山财险、英大财险、长安责任、华夏人寿、劳合社中国。

8．泰山财险未披露更换总经理的重大事项。

9．7 家未披露处罚信息或者披露不完整的公司为：安盛天平、都邦财险、安诚财险、英大财险、长安责任、中新大东方（现为恒大人寿）、光大永明人寿。

（二）披露的信息不符合要求

1．都邦财险法定代表人变更后未更新基本信息。

2．14 家公司披露的产品经营信息数据口径不符合要求，分别为：昆仑健康、富邦财险、中新大东方（现为恒大人寿）、日本财险、信达财险、华泰人寿、瑞再企商、幸福人寿、工银安盛、北部湾财险、友邦、中华财险、长江财险、诚泰财险。

3．部分公司披露信息的格式不符合要求：①泰山财险年度信息披露报告格式不符合要求；②6 家公司的重大关联交易或重大事项未标注披露时间，分别为安邦养老、和谐健康、国华人寿、安邦财险、同方全球、东吴人寿；③6 家公司未编制临时信息披露报告或者未按照事项发生的先后顺序进行编号，分别为安盛天平、安邦养老、合众人寿、泰山财险、华夏人寿、劳合社中国。

（三）网站展示存在问题

1．7 家公司"公开信息披露"专栏位置不显著，分别为：弘康人寿、国寿集团、安华农险、富邦财险、安盛天平、众安财险、天安财险。

2．中法人寿"公开信息披露"专栏下子栏目的设置不符合要求。

（四）未按要求备案

7 家公司未按相关要求向监管部门报备信息披露管理制度，分别为：鑫安保险、安邦养老、中韩人寿、诚泰财险、复星保德信、农银人寿、锦泰财险。

## 二、保险公司信息披露状况评价相关研究

### （一）保险公司信息披露评价指标体系的构建

1. 保险公司信息披露评价指标的设立与赋值

笔者 2017 年尝试构建了保险公司信息披露评价指标体系，并利用该指标体系评价了我国保险公司信息披露的状况。该评价以信息真实性、准确性、完整性、及时性和有效性为基本原则，以《保险公司信息披露管理办法》及国务院、保险监管机构等部门颁布的其他有关保险公司信息披露的部门规章为主要依据，将信息披露评价指标体系主要分为强制性信息披露和自愿性信息披露两方面，强制性信息披露又分为披露行为、披露效度和披露内容 3 个方面（见表 9-1）。①信息披露评价指标共计 95 项，其中，准则层 M 包括 3 个方面，即 M1 披露行为、M2 披露效度和 M3 披露内容。子准则层 M1 包括 2 个方面，即 M11 披露信息更新时间和 M12 及时披露；子准则层 M2 也包括 2 个方面，即 M21 披露内容冲突和 M22 内容更正与补充行为；子准则层 M3 包括 11 个方面，即 M31 公司基本信息、M32 公司治理信息、M33 财务会计信息、M34 风险管理信息、M35 保险产品信息、M36 偿付能力信息、M37 重大关联交易、M38 重大事项、M39 资金运用、M310 互联网保险业务、M311 电话销售业务。按照《保险公司信息披露管理办法》《保险公司偿付能力管理规定》《互联网保险业务信息披露管理细则》《保险电话销售业务管理办法》等相关规定，准则层 M 所有指标均为强制性信息披露。准则层 V 包括 18 项自愿性信息披露指标。

该评价重点对子准则层 M3 下的指标进行了说明。其中，要素层 M31 至 M38 的各指标为《保险公司信息披露管理办法》第二章第六条至第十六条所有要求披露的内容。要素层 M31 至 M36 下的各指标只涉及披露与未披露两种情况，即披露赋值为 1，否则为 0。而要素层 M37、M38 指标涉及样本公司是否发生重大关联交易或重大事项以及发生后是否及时披露的情况，由于 M37、M38 为强制性指标，以样本中各项信息应该得到及时披露为标准：当样本发生重大关联交易或重大事项而未及时披露时，会为其带来负面的评价，赋值为 0；若样本公司未发生重大关联交易或重大事项且未进行披露时赋值为 1；若样本公司发生重大关联交易或重大事项且进行及时披露则赋值为 1。要素层 M39、M310 下的各指标为《互联网保险业务信息披露管理细则》中第六条及《保险电话销售业务管理办法》中第二十一条包含的所有内容，评价标准同 M31 至 M36，即披露赋值为 1，否则为 0。

具体来说，要素层 M31 指标包括：成立时间；注册资本；注册地；法定代表人；经营范围和经营区域；经营的保险产品目录及条款；客服电话和投诉电话；各分支机构营业场所；联系电话。要素层 M32 指标包括：董事会规模；独立董事规模；董事简历；董事履职情况；监事会规模；监事简历；监事履职情况；高管规模；高管人员简历；高管人员职责；高管人员履职情况；第一大股东持股比例；持股 5%以上的股东持股情况；

---

① 国内外保险公司信息披露方面的研究梳理以及本部分评价的详细过程请参考：郝臣，孙佳琪，钱璟，付金薇.我国保险公司信息披露水平及其影响研究——基于投保人利益保护的视角[J].保险研究，2017（7）：64-79.

股东会／股东大会召开次数；近 3 年股东会／股东大会主要决议；委员会种类；公司部门设置情况。要素层 M33 指标包括：资产负债表；利润表；现金流量表；所有者权益变动表；财务报表的编制基础；重要会计政策说明；会计估计说明；对公司财务状况有重大影响的再保险安排说明；公司合并、分立说明。要素层 M34 指标包括：对保险风险的识别和评价；对市场风险的识别和评价；对信用风险的识别和评价；对操作风险的识别和评价；对风险管理组织体系的简要介绍；风险管理总体策略；风险管理总体策略执行情况。要素层 M35 指标包括：上一年度保费收入前 5 位的保险产品名称；赔款支出；准备金；保费收入；承保利润；保险金额；前 5 位保险产品的保费收入；前 5 位保险产品新单标准保费收入（前 4 项为人身险和财产险公司共有，第 5、6 项为财产险公司特有，第 7、8 项为人身险公司特有）。要素层 M36 指标包括：实际资本；最低资本；资本溢额或缺口；偿付能力充足率；相比前一年偿付能力充足率变化情况及原因。要素层 M37 指标包括：交易对手；定价政策；交易目的；交易的内部审批流程；交易对公司本期和未来财务及经营状况的影响；独立董事的意见。要素层 M38 指标包括：重大事项。要素层 M39 指标包括：关联交易信息；风险责任人信息；举牌上市公司股票信息；大额未上市股权、大额不动产投资信息。要素层 M310 指标包括：网站名称；网址；业务合作范围；客服及消费者投诉电话；产品信息。要素层 M311 指标包括：专用号码；产品目录；保险代理机构；投诉维权途径。

准则层 V 指标包括：非保险子公司信息披露；新型产品信息披露；专门委员会情况；董事会召开情况；营业执照信息；信息披露制度；公司章程；社会责任；信用评级；相关政策客户告知书；招标公告；公司荣誉；公司文化；绩效评价与激励约束机制；在线咨询途径；公司新闻；大事记；战略和价值观。准则层 V 指标包含了国务院、保险监管机构等部门没有强制保险公司进行披露，但又能够有效帮助投保人等利益相关者、社会公众及监管部门更好地了解保险公司的经营状况的信息，因此这类指标可以视为自愿性评价指标，如保险公司公司章程、董事会专业管理委员会的组成及职责、董事会召开情况、信用评级、公司文化、绩效评价与激励约束机制等。需要与要素层 M37、M38 指标区分的是，由于准则层 V 各指标均为自愿性披露指标，因此以未进行披露即赋值为 0 为评价标准，即使各分项指标发生却未进行披露也不会为样本信息披露质量带来负面评价，赋值为 0；若各分项指标发生且进行披露则可以为样本信息披露质量带来正向评价，赋值为 1。

表 9-1　保险公司信息披露评价指标体系

| 准则层 | | 要素层 | 评价标准 |
|---|---|---|---|
| M 强制性信息披露（共计 77 项） | M1 披露行为（共计 2 项） | M11 披露信息更新时间 | 有 1，无 0 |
| | | M12 及时披露 | 有 1，无 0 |
| | M2 披露效度（共计 2 项） | M21 披露内容冲突 | 无 1，有 0 |
| | | M22 内容更正与补充行为 | 有 1，无 0 |
| | M3 披露内容（共计 73 项） | M31 公司基本信息（共计 9 项） | 每项有 1，无 0；各项加和 |
| | | M32 公司治理信息（共计 17 项） | 每项有 1，无 0；各项加和 |
| | | M33 财务会计信息（共计 9 项） | 每项有 1，无 0；各项加和 |
| | | M34 风险管理信息（共计 7 项） | 每项有 1，无 0；各项加和 |

续表

| 准则层 | | 要素层 | 评价标准 |
|---|---|---|---|
| M 强制性信息披露（共计 77 项） | M3 披露内容（共计 73 项） | M35 保险产品信息（人身险、财产险公司均共计 6 项） | 每项有 1，无 0；各项加和 |
| | | M36 偿付能力信息（共计 5 项） | 每项有 1，无 0；各项加和 |
| | | M37 重大关联交易（共计 6 项） | 有且进行及时披露则记为 1，有但未进行及时披露则为 0，其他情况记为 1 |
| | | M38 重大事项（共计 1 项） | 有且进行及时披露则记为 1，有但未进行及时披露则为 0，其他情况记为 1 |
| | | M39 资金运用（共计 4 项） | 有且进行及时披露则记为 1，有但未进行及时披露则为 0，其他情况记为 1 |
| | | M310 互联网保险业务（共计 5 项） | 每项有 1，无 0；各项加和 |
| | | M311 电话销售业务（共计 4 项） | 每项有 1，无 0；各项加和 |
| V 自愿性信息披露（共计 18 项） | | V 自愿性信息披露（共计 18 项） | 有且进行及时披露则记为 1，有但未进行及时披露则为 0，其他情况记为 0 |

资料来源：作者自制。

2. 保险公司信息披露指数的生成

该评价在生成保险公司信息披露指数时借助了信息论中的熵模型。"熵"原本是热力学中用于衡量系统无序程度的一个概念，后来被克劳德·香农（Claude Shannon）于1948 年引入信息论中，成为衡量信息量大小的一个标准。相比一般信息披露指数构建方法，熵模型在一定程度上克服了主观评价的弊端，这主要得益于熵模型自身的特点：一方面，熵模型在构建时采用了归一化处理的方法，通过量化的方法客观地处理一些定性指标；另一方面，熵模型的熵权系数均由自身数据决定，而非采用统一的权数标准，因而避免了标准误可能导致的样本之间因业务差异而造成的不可比性，从而提高了信息披露评价的准确性。

根据 2016 年监管部门公布的保险公司原保险保费收入情况，本报告整理了我国保险公司名单，其中人身险公司 78 家，财产险公司 73 家。剔除公司由于成立不足一年以及官方网站正在建设无法获得信息披露评价指标这两种情况导致的无效样本，最终有效评价样本包括人身险公司 68 家、财产险公司 62 家，共计 130 家。评价指标体系中各指标披露情况均通过浏览保险公司网站并参考中国保险行业协会官网等手工收集获得。

（二）保险公司信息披露评价结果分析

通过对评价结果进行统计，本报告得到了样本信息披露指数的描述性统计（见表9-2）。我国保险公司信息披露指数的平均值为 81.34，最大值为 88.61，最小值为 69.03，标准差为 3.55。强制性信息披露指数的平均值为 92.06，最大值为 98.65，最小值为 72.36。自愿性信息披露指数的平均值仅有 66.35，尽管最大值为 87.50，但是极差非常大，为 37.05，标准差也较高，为 7.11。因此，我国各保险公司自愿性信息披露水平差异明显，且整体来说自愿性信息披露状况较差。强制性信息披露指数高于自愿性信息披露指数，前者平均值比后者高 25.71。

表 9-2　我国保险公司信息披露指数描述性统计

| 评价指数 | 平均值 | 中位数 | 标准差 | 极差 | 最大值 | 最小值 |
| --- | --- | --- | --- | --- | --- | --- |
| 信息披露指数 | 81.34 | 81.79 | 3.55 | 19.58 | 88.61 | 69.03 |
| 强制性信息披露指数 | 92.06 | 92.34 | 3.64 | 26.29 | 98.65 | 72.36 |
| 自愿性信息披露指数 | 66.35 | 65.60 | 7.11 | 37.05 | 87.50 | 50.45 |

资料来源：作者自制。

表 9-3 的统计结果表明保险公司经营的险种类型不同，信息披露水平也不同。评价研究中包含 68 家人身险公司，其信息披露指数平均值为 82.30，最大值为 88.61，最小值为 69.03，标准差为 3.30；强制性信息披露指数平均值为 92.38，最大值为 97.02，最小值为 72.36，标准差为 3.56；但自愿性信息披露指数的平均值只有 69.16，且标准差较大，为 7.57，说明人身险公司的自愿性信息披露水平参差不齐。财产险公司共计 62 家，信息披露指数、强制性信息披露指数和自愿性信息披露指数的平均值分别为 80.28、91.70 和 63.27，均略低于人身险公司。

表 9-3　人身险、财产险公司信息披露指数描述性统计

| 险种类型 | 评价指数 | 平均值 | 中位数 | 标准差 | 极差 | 最大值 | 最小值 |
| --- | --- | --- | --- | --- | --- | --- | --- |
| 财产险 | 信息披露指数 | 80.28 | 80.66 | 3.55 | 12.97 | 85.07 | 72.10 |
| | 强制性信息披露指数 | 91.70 | 92.03 | 3.74 | 18.27 | 98.65 | 80.38 |
| | 自愿性信息披露指数 | 63.27 | 63.97 | 5.03 | 23.13 | 73.58 | 50.45 |
| 人身险 | 信息披露指数 | 82.30 | 82.53 | 3.30 | 19.58 | 88.61 | 69.03 |
| | 强制性信息披露指数 | 92.38 | 92.64 | 3.56 | 24.66 | 97.02 | 72.36 |
| | 自愿性信息披露指数 | 69.16 | 68.51 | 7.57 | 32.24 | 87.50 | 55.25 |

资料来源：作者自制。

表 9-4 统计结果表明，控股股东类型不同，保险公司信息披露水平也存在差异。该评价研究包含中资保险公司 85 家，其信息披露指数的平均值为 81.79，最大值为 88.61，最小值为 72.37，标准差为 3.08；中资保险公司的强制性信息披露指数的平均值为 92.73，最大值为 98.65，最小值为 80.38，标准差为 3.09；然而中资保险公司的自愿性信息披露水平较低，平均值仅有 67.23，且分布不均匀，标准差为 7.33。该评价研究包含外资保险公司 45 家，其信息披露指数、强制性信息披露指数以及自愿性信息披露指数平均值均低于中资保险公司，分别为 80.47、90.77 和 64.70，说明目前我国中资保险公司的信息披露整体水平要高于外资保险公司。

表 9-4　中资、外资保险公司信息披露指数描述性统计

| 资本性质 | 评价指数 | 平均值 | 中位数 | 标准差 | 极差 | 最大值 | 最小值 |
|---|---|---|---|---|---|---|---|
| 中资 | 信息披露指数 | 81.79 | 82.30 | 3.08 | 16.24 | 88.61 | 72.37 |
| | 强制性信息披露指数 | 92.73 | 92.57 | 3.09 | 18.27 | 98.65 | 80.38 |
| | 自愿性信息披露指数 | 67.23 | 66.72 | 7.33 | 32.50 | 87.50 | 55.00 |
| 外资 | 信息披露指数 | 80.47 | 81.19 | 4.22 | 17.88 | 86.91 | 69.03 |
| | 强制性信息披露指数 | 90.77 | 91.68 | 4.25 | 24.67 | 97.03 | 72.36 |
| | 自愿性信息披露指数 | 64.70 | 64.00 | 6.43 | 26.51 | 76.96 | 50.45 |

资料来源：作者自制。

### （三）保险公司信息披露评价结果具体分析

表 9-5 显示了我国保险公司的信息披露水平。由表 9-5 可知，保险公司信息披露指数平均值在[85，90）的保险公司共 16 家，占样本的 12.31%；平均值在[80，85）的保险公司共 76 家，占样本的 58.46%；平均值在[75，80）的保险公司共 30 家，占样本的 23.08%；平均值在[70，75）的保险公司共 7 家，占样本的 5.38%；平均值在 70 以下的保险公司仅 1 家，占样本的 0.77%。其中，信息披露指数排名前十的保险公司分别为光大永明人寿、富德生命、人保寿险、招商信诺、交银康联、中德安联、平安人寿、中美联泰、建信人寿和合众人寿。

保险公司强制性信息披露指数平均值在[95，100）的保险公司共 27 家，占样本的 20.77%；平均值在[90，95）的保险公司共 76 家，占样本的 58.46%；平均值在[85，90）的保险公司共 23 家，占样本的 17.69%；平均值在[80，85）的保险公司共 3 家，占样本的 2.31%；平均值在 80 以下的保险公司仅 1 家，占样本的 0.77%。其中，强制性信息披露指数排名前十的保险公司分别为中银保险、恒邦财险、交银康联、富德生命、东京海上日动、人保健康、国寿财险、中邮人寿、中融人寿和三星财险。

保险公司自愿性信息披露指数平均值在[85，90)的保险公司共 1 家，占样本的 0.77%；平均值在[80，85）的保险公司共 5 家，占样本的 3.85%；平均值在[75，80）的保险公司共 8 家，占样本的 6.15%；平均值在[70，75）的保险公司共 17 家，占样本的 13.08%；平均值在[65，70）的保险公司共 35 家，占样本的 26.92%；平均值在[60，65）的保险公司共 39 家，占样本的 30.00%；平均值在 60 以下的保险公司共 22 家，占样本的 16.92%。这表明自愿性信息披露指数总体偏低。其中，自愿性信息披露指数排名前十的保险公司分别为平安人寿、平安养老、建信人寿、光大永明人寿、富德生命、国寿股份、合众人寿、天安人寿、中融人寿和太平养老。

表 9-5　我国保险公司信息披露指数

| 公司简称 | 信息披露指数 | 强制性信息披露指数 | 自愿性信息披露指数 | 公司简称 | 信息披露指数 | 强制性信息披露指数 | 自愿性信息披露指数 |
|---|---|---|---|---|---|---|---|
| 光大永明人寿 | 88.61 | 94.61 | 83.25 | 美亚保险 | 81.69 | 93.40 | 64.26 |
| 富德生命 | 87.89 | 97.02 | 83.02 | 众诚车险 | 81.58 | 92.33 | 65.57 |
| 人保寿险 | 87.20 | 94.67 | 76.65 | 中银三星 | 81.56 | 88.82 | 71.18 |

| 公司简称 | 信息披露指数 | 强制性信息披露指数 | 自愿性信息披露指数 | 公司简称 | 信息披露指数 | 强制性信息披露指数 | 自愿性信息披露指数 |
|---|---|---|---|---|---|---|---|
| 招商信诺 | 86.91 | 93.17 | 76.74 | 中煤财险 | 81.56 | 91.26 | 67.09 |
| 交银康联 | 86.91 | 97.03 | 70.76 | 中华人寿 | 81.51 | 90.24 | 68.48 |
| 中德安联 | 86.70 | 92.67 | 76.96 | 安邦财险 | 81.40 | 89.91 | 68.67 |
| 平安人寿 | 86.64 | 95.47 | 86.53 | 人保健康 | 81.23 | 96.92 | 57.81 |
| 中美联泰 | 86.54 | 93.34 | 75.51 | 中宏人寿 | 81.19 | 93.45 | 61.57 |
| 建信人寿 | 86.16 | 94.67 | 83.59 | 太保安联健康 | 81.09 | 93.23 | 63.15 |
| 合众人寿 | 86.06 | 95.75 | 81.71 | 长城人寿 | 81.01 | 91.51 | 65.60 |
| 北大方正 | 86.01 | 93.40 | 75.54 | 农银人寿 | 81.00 | 90.54 | 67.08 |
| 信诚人寿 | 85.10 | 92.21 | 73.56 | 珠江人寿 | 80.90 | 90.54 | 66.82 |
| 天安人寿 | 85.08 | 96.04 | 80.69 | 安联财险 | 80.80 | 92.24 | 63.76 |
| 英大财险 | 85.07 | 95.97 | 68.82 | 北部湾财险 | 80.75 | 92.05 | 63.92 |
| 华安财险 | 85.05 | 94.00 | 71.66 | 吉祥人寿 | 80.64 | 90.62 | 66.01 |
| 恒安标准 | 85.02 | 94.20 | 70.26 | 安邦养老 | 80.62 | 90.67 | 65.89 |
| 太平财险 | 84.80 | 94.96 | 69.65 | 幸福人寿 | 80.60 | 94.09 | 59.06 |
| 国寿财险 | 84.78 | 96.90 | 66.72 | 太保寿险 | 80.59 | 92.34 | 75.48 |
| 中银保险 | 84.73 | 98.65 | 64.02 | 富邦财险 | 80.58 | 90.47 | 65.83 |
| 中融人寿 | 84.69 | 96.66 | 78.31 | 弘康人寿 | 80.52 | 90.32 | 66.19 |
| 信达财险 | 84.45 | 95.04 | 68.67 | 英大人寿 | 80.50 | 92.57 | 62.65 |
| 君龙人寿 | 84.42 | 92.88 | 70.76 | 长江财险 | 80.43 | 92.52 | 62.44 |
| 太保财险 | 84.42 | 95.83 | 67.43 | 鼎和财险 | 80.39 | 95.20 | 58.39 |
| 渤海财险 | 84.35 | 96.16 | 66.77 | 华海财险 | 80.30 | 89.16 | 67.09 |
| 浙商财险 | 84.31 | 94.60 | 68.95 | 长安责任 | 80.27 | 93.15 | 61.11 |
| 百年人寿 | 84.25 | 93.86 | 70.29 | 中邮人寿 | 80.15 | 96.77 | 55.25 |
| 永安财险 | 84.17 | 95.63 | 67.10 | 国泰财险 | 80.11 | 92.87 | 61.14 |
| 锦泰财险 | 84.15 | 95.48 | 67.26 | 安华农险 | 79.70 | 89.91 | 64.48 |
| 平安养老 | 84.13 | 92.60 | 84.09 | 三井住友 | 79.63 | 92.46 | 60.55 |
| 中英人寿 | 83.85 | 92.10 | 70.52 | 华夏人寿 | 79.49 | 89.95 | 64.10 |
| 民生人寿 | 83.85 | 93.64 | 69.89 | 安信农险 | 79.46 | 90.91 | 62.42 |
| 和谐健康 | 83.83 | 92.80 | 70.88 | 苏黎世财险 | 79.36 | 90.32 | 63.04 |
| 平安财险 | 83.78 | 90.58 | 73.58 | 泰康人寿 | 79.31 | 92.06 | 72.05 |
| 工银安盛 | 83.77 | 92.54 | 71.11 | 信泰人寿 | 79.19 | 90.32 | 62.75 |
| 阳光人寿 | 83.71 | 94.10 | 68.56 | 中意人寿 | 79.15 | 89.07 | 64.59 |
| 前海人寿 | 83.67 | 95.70 | 64.48 | 现代财险 | 78.99 | 87.37 | 66.47 |
| 恒大人寿 | 83.66 | 95.64 | 64.56 | 泰山财险 | 78.87 | 88.52 | 64.48 |
| 天安财险 | 83.56 | 93.89 | 68.16 | 都邦财险 | 78.84 | 88.99 | 63.71 |
| 三星财险 | 83.56 | 96.22 | 64.72 | 太平人寿 | 78.61 | 91.84 | 70.30 |

续表

| 公司简称 | 信息披露指数 | 强制性信息披露指数 | 自愿性信息披露指数 | 公司简称 | 信息披露指数 | 强制性信息披露指数 | 自愿性信息披露指数 |
|---|---|---|---|---|---|---|---|
| 陆家嘴国泰 | 83.47 | 92.80 | 68.47 | 中原农险 | 78.54 | 90.92 | 60.13 |
| 诚泰财险 | 83.43 | 95.48 | 65.49 | 安邦人寿 | 78.37 | 92.00 | 58.05 |
| 同方全球人寿 | 83.40 | 91.04 | 70.99 | 中韩人寿 | 78.31 | 88.05 | 64.00 |
| 恒邦财险 | 83.36 | 97.56 | 62.24 | 华泰人寿 | 78.11 | 89.84 | 59.23 |
| 君康人寿 | 83.31 | 95.66 | 65.10 | 合众财险 | 78.11 | 91.90 | 57.63 |
| 国华人寿 | 83.31 | 91.02 | 72.28 | 复星保德信 | 77.90 | 90.32 | 57.95 |
| 东京海上日动 | 83.21 | 96.95 | 62.78 | 华农财险 | 77.85 | 92.47 | 56.13 |
| 华泰财险 | 83.17 | 92.03 | 69.93 | 中荷人寿 | 77.40 | 85.57 | 64.00 |
| 紫金财险 | 83.08 | 95.83 | 64.11 | 安盛天平 | 77.01 | 89.54 | 58.37 |
| 国联人寿 | 83.06 | 95.95 | 64.00 | 中法人寿 | 76.90 | 88.01 | 60.43 |
| 永诚财险 | 82.74 | 95.48 | 63.79 | 日本财险 | 76.79 | 85.94 | 63.15 |
| 安诚财险 | 82.66 | 90.76 | 70.53 | 富德财险 | 76.72 | 87.50 | 60.67 |
| 国寿股份 | 82.65 | 91.82 | 82.78 | 燕赵财险 | 76.67 | 90.36 | 56.33 |
| 太平养老 | 82.65 | 94.90 | 77.09 | 史带财险 | 76.33 | 89.81 | 56.29 |
| 东吴人寿 | 82.59 | 90.97 | 69.00 | 众安在线 | 76.22 | 90.51 | 55.00 |
| 渤海人寿 | 82.55 | 94.93 | 62.78 | 爱和谊财险 | 76.18 | 91.07 | 54.07 |
| 新光海航 | 82.52 | 92.49 | 67.98 | 鑫安车险 | 75.87 | 88.70 | 56.79 |
| 同方全球人寿 | 82.51 | 90.38 | 69.71 | 利宝保险 | 75.21 | 88.01 | 56.18 |
| 利安人寿 | 82.49 | 94.67 | 63.04 | 上海人寿 | 74.97 | 86.12 | 58.40 |
| 瑞泰人寿 | 82.39 | 91.68 | 67.40 | 信利保险 | 74.88 | 91.35 | 50.45 |
| 亚太财险 | 82.31 | 92.17 | 67.61 | 中航安盟 | 74.43 | 86.73 | 56.13 |
| 昆仑健康 | 82.30 | 89.51 | 72.02 | 瑞再企商 | 73.69 | 87.13 | 53.73 |
| 大地财险 | 82.13 | 92.28 | 67.01 | 中石油自保 | 72.91 | 83.50 | 57.15 |
| 国元农险 | 82.08 | 93.14 | 65.59 | 中铁自保 | 72.37 | 80.38 | 60.41 |
| 平安健康 | 82.03 | 94.28 | 63.96 | 中意财险 | 72.10 | 81.01 | 58.80 |
| 汇丰人寿 | 81.88 | 94.79 | 61.29 | 长生人寿 | 69.03 | 72.36 | 62.88 |

资料来源：作者自制。

## 第三节　基于保险公司网站专栏的信息披露分析

### 一、我国保险公司网站建设总体情况

我国保险公司网站整体建设情况如表 9-6 所示，统计的 183 个有效样本中①，131 家公司网站建设正常，占比 71.58%；6 家公司没有网站，占比 3.28%；有网站但信息披露存在问题的公司有 46 家，占比 25.14%。

表 9-6　我国保险公司网站建设情况

| 网站建设情况 | 频数 | 比例（%） |
|---|---|---|
| 没有网站 | 6 | 3.28 |
| 年度信息披露暂缓 | 3 | 1.64 |
| 无信息披露专栏 | 4 | 2.19 |
| 信息披露专栏不显著 | 5 | 2.73 |
| 信息披露专栏部分信息缺失 | 6 | 3.28 |
| 信息披露专栏全部信息缺失 | 1 | 0.55 |
| 子栏目设置不符合规定 | 27 | 14.75 |
| 正常 | 131 | 71.58 |
| 合计 | 183 | 100.00 |

资料来源：根据各保险公司官网整理。

### 二、我国保险公司网站"公开信息披露"栏目建设总体分析

总体来看，我国保险公司公开信息披露存在以下问题：3 家公司年度信息披露暂缓；4 家公司无信息披露专栏；5 家公司信息披露专栏不显著；6 家公司信息披露专栏部分信息缺失；1 家公司信息披露专栏全部信息缺失；27 家公司子栏目设置不符合规定。判断信息披露专栏是否显著有两条标准：专栏是否在页面顶端及其字体是否清楚。判断子栏目设置是否符合规定的标准是《保险公司信息披露管理办法》（中国银行保险监督管理委员会令 2018 年第 2 号）中的相关规定，该办法规定一级子栏目名称分别为"基本信息""年度信息""重大事项"和"专项信息"，没有这样设置的都属于"子栏目设置不符合规定"的情况。

### 三、我国保险公司网站"公开信息披露"栏目建设具体分析

表 9-7 显示了中资和外资保险公司信息披露栏目建设情况。在统计的 134 家中资保

---

① 本部分分析的样本主要包括财产险、人身险和再保险公司以及相互保险组织，部分新设立的保险公司没有纳入统计分析范围。

险公司中，93 家公司信息披露正常，3 家公司信息披露专栏不显著，18 家公司子栏目设置不符合规定，6 家公司没有网站，3 家公司年度信息披露暂缓，4 家公司无信息披露专栏，6 家公司信息披露专栏部分信息缺失，1 家公司信息披露专栏全部信息缺失。在统计的 49 家外资保险公司中，38 家公司信息披露正常，9 家公司子栏目设置不符合规定，2 家公司信息披露专栏不显著。中资和外资保险公司中最显著的问题都是子栏目设置不符合规定，这一问题在中资保险公司占比为 13.43%，在外资保险公司中占比为 18.37%。

表 9-7 中外资保险公司信息披露栏目建设情况

| 资本性质 | 信息披露栏目建设情况 | 频数 | 比例（%） |
|---|---|---|---|
| 中资 | 信息披露专栏不显著 | 3 | 2.24 |
| | 子栏目设置不符合规定 | 18 | 13.43 |
| | 没有网站 | 6 | 4.48 |
| | 年度信息披露暂缓 | 3 | 2.24 |
| | 无信息披露专栏 | 4 | 2.99 |
| | 信息披露专栏部分信息缺失 | 6 | 4.48 |
| | 信息披露专栏全部信息缺失 | 1 | 0.75 |
| | 正常 | 93 | 69.40 |
| | 小计 | 134 | 100.00 |
| 外资 | 信息披露专栏不显著 | 2 | 4.08 |
| | 子栏目设置不符合规定 | 9 | 18.37 |
| | 正常 | 38 | 77.55 |
| | 小计 | 49 | 100.00 |
| 合计 | | 183 | — |

资料来源：根据各保险公司官网整理。

表 9-8 显示了不同组织形式保险公司信息披露栏目建设情况。在统计的 116 家股份制保险公司中，85 家公司信息披露正常，1 家公司没有网站，3 家公司年度信息披露暂缓，2 家公司无信息披露专栏，4 家公司信息披露专栏不显著，4 家公司信息披露专栏部分信息缺失，1 家公司信息披露专栏全部信息缺失，16 家公司子栏目设置不符合规定。在统计的 6 家相互制保险公司中，1 家公司信息披露正常，1 家公司信息披露专栏不显著，1 家公司子栏目设置不符合规定，3 家公司没有网站。在统计的 61 家有限制保险公司中，45 家公司信息披露正常，2 家公司没有网站，2 家公司无信息披露专栏，2 家公司信息披露专栏部分信息缺失，10 家公司子栏目设置不符合规定。从以上数据来看，三种组织形式的保险公司存在的最明显的问题都是子栏目设置不符合规定，这一问题在股份制、相互制、有限制保险公司的比例分别为 13.79%、16.67%和 16.39%。股份制保险公司信息披露专栏不显著和信息披露专栏部分信息缺失的问题也比较突出，均占比 3.45%，且股份制和有限制保险公司都存在信息披露缺失的状况。

表 9-8 不同组织形式保险公司信息披露栏目建设情况

| 组织形式 | 信息披露栏目建设情况 | 频数 | 比例（%） |
|---|---|---|---|
| 股份制 | 没有网站 | 1 | 0.86 |
| | 年度信息披露暂缓 | 3 | 2.59 |
| | 网站无法打开 | 0 | 0.00 |
| | 无信息披露专栏 | 2 | 1.72 |
| | 信息披露专栏不显著 | 4 | 3.45 |
| | 信息披露专栏部分信息缺失 | 4 | 3.45 |
| | 信息披露专栏全部信息缺失 | 1 | 0.86 |
| | 子栏目设置不符合规定 | 16 | 13.79 |
| | 正常 | 85 | 73.28 |
| | 小计 | 116 | 100.00 |
| 相互制 | 没有网站 | 3 | 50.00 |
| | 子栏目设置不符合规定 | 1 | 16.67 |
| | 信息披露专栏不显著 | 1 | 16.67 |
| | 正常 | 1 | 16.67 |
| | 小计 | 6 | 100.00 |
| 有限制 | 没有网站 | 2 | 3.28 |
| | 无信息披露专栏 | 2 | 3.28 |
| | 信息披露专栏部分信息缺失 | 2 | 3.28 |
| | 子栏目设置不符合规定 | 10 | 16.39 |
| | 正常 | 45 | 73.77 |
| | 小计 | 61 | 100.00 |
| 合计 | | 183 | — |

资料来源：根据各保险公司官网整理。

表 9-9 显示了经营不同险种保险公司的信息披露栏目建设情况。在统计的 88 家财产险公司中，59 家公司信息披露正常，2 家公司没有网站，3 家公司无信息披露专栏，3 家公司信息披露专栏不显著，2 家公司信息披露专栏部分信息缺失，19 家公司子栏目设置不符合规定。在统计的 89 家人身险公司中，70 家公司信息披露正常，4 家公司没有网站，2 家公司信息披露专栏不显著，2 家公司信息披露专栏部分信息缺失，7 家公司子栏目设置不符合规定，3 家公司年度信息披露暂缓，1 家公司信息披露专栏全部信息缺失。在统计的 6 家再保险公司中，2 家公司信息披露正常，各有 1 家公司无信息披露专栏和子栏目设置不符合规定，2 家公司信息披露专栏部分信息缺失。最显著的问题依旧是子栏目设置不符合规定，这一问题在财产险、人身险和再保险公司中的比例分别是 21.59%、7.87% 和 16.67%。其中财产险公司无信息披露专栏和信息披露专栏不显著的问题也比较明显，占比均为 3.41%，人身险公司存在年度信息披露暂缓的问题，再保险公司信息披露专栏部分信息缺失的问题占比较大，为 33.33%，但这一结果与样本数较少有关。

表 9-9　经营不同险种保险公司信息披露栏目建设情况

| 险种类型 | 信息披露栏目建设情况 | 频数 | 比例（%） |
|---|---|---|---|
| 财产险 | 没有网站 | 2 | 2.27 |
| | 无信息披露专栏 | 3 | 3.41 |
| | 信息披露专栏不显著 | 3 | 3.41 |
| | 信息披露专栏部分信息缺失 | 2 | 2.27 |
| | 子栏目设置不符合规定 | 19 | 21.59 |
| | 正常 | 59 | 67.05 |
| | 小计 | 88 | 100.00 |
| 人身险 | 没有网站 | 4 | 4.49 |
| | 信息披露专栏不显著 | 2 | 2.25 |
| | 信息披露专栏部分信息缺失 | 2 | 2.25 |
| | 子栏目设置不符合规定 | 7 | 7.87 |
| | 年度信息披露暂缓 | 3 | 3.37 |
| | 信息披露专栏全部信息缺失 | 1 | 1.12 |
| | 正常 | 70 | 78.65 |
| | 小计 | 89 | 100.00 |
| 再保险 | 无信息披露专栏 | 1 | 16.67 |
| | 信息披露专栏部分信息缺失 | 2 | 33.33 |
| | 子栏目设置不符合规定 | 1 | 16.67 |
| | 正常 | 2 | 33.33 |
| | 小计 | 6 | 100.00 |
| 合计 | | 183 | — |

资料来源：根据各保险公司官网整理。

## 四、我国保险公司网站"公开信息披露"栏目建设 2018 年与 2019 年数据对比

表 9-10 展示了我国保险公司 2018 年与 2019 年网站建设情况。在 183 家相同的样本公司中，2018 年在没有网站、网站无法打开、无信息披露专栏、信息披露专栏不显著、子栏目设置不符合规定方面存在问题的公司数量在 2019 年有所减少。此外，信息披露正常的公司数量由 127 家增长到 131 家，说明我国保险公司网站信息披露专栏建设尽管存在不足，但有总体向好的趋势。

表 9-10　我国保险公司 2018 年与 2019 年网站建设情况

| 网站建设情况 | 2018 年（家） | 2019 年（家） |
|---|---|---|
| 没有网站 | 8 | 6 |
| 年度信息披露暂缓 | 3 | 3 |
| 网站无法打开 | 1 | 0 |
| 无信息披露专栏 | 5 | 4 |

| 网站建设情况 | 2018 年（家） | 2019 年（家） |
|---|---|---|
| 信息披露专栏不显著 | 6 | 5 |
| 信息披露专栏部分信息缺失 | 4 | 6 |
| 信息披露专栏全部信息缺失 | 1 | 1 |
| 子栏目设置不符合规定 | 28 | 27 |
| 正常 | 127 | 131 |
| 合计 | 183 | 183 |

资料来源：根据各保险公司官网整理。

　　表 9-11 为中资保险公司与外资保险公司 2018 年和 2019 年信息披露栏目建设情况。对于中资保险公司来说，2018 年在信息披露专栏不显著、没有网站、网站无法打开、无信息披露专栏等方面存在的问题在 2019 年有所改善。此外，在子栏目设置不符合规定、信息披露专栏部分信息缺失方面存在问题的公司数量有所增加。总体来看，信息披露正常的保险公司由 91 家增加到 93 家。对于外资保险公司来说，2018 年在子栏目设置不符合规定方面存在问题的公司由 11 家变为 9 家，信息披露正常的保险公司由 36 家增加到 38 家。此外，2018 年与 2019 年中资保险公司与外资保险公司信息披露问题中占比最大的仍然是子栏目设置不符合规定，中资保险公司 2018 年占比为 12.69%，2019 年占比为 13.43%，外资保险公司 2018 年占比为 22.45%，2019 年占比为 18.37%，均有所下降。

表 9-11　中资保险公司与外资保险公司 2018 年和 2019 年信息披露栏目建设情况

| 资本性质 | 信息披露栏目建设情况 | 2018 年（家） | 2019 年（家） |
|---|---|---|---|
| 中资 | 信息披露专栏不显著 | 4 | 3 |
| | 子栏目设置不符合规定 | 17 | 18 |
| | 没有网站 | 8 | 6 |
| | 年度信息披露暂缓 | 3 | 3 |
| | 网站无法打开 | 1 | 0 |
| | 无信息披露专栏 | 5 | 4 |
| | 信息披露专栏部分信息缺失 | 4 | 6 |
| | 信息披露专栏全部信息缺失 | 1 | 1 |
| | 正常 | 91 | 93 |
| | 小计 | 134 | 134 |
| 外资 | 信息披露专栏不显著 | 2 | 2 |
| | 子栏目设置不符合规定 | 11 | 9 |
| | 正常 | 36 | 38 |
| | 小计 | 49 | 49 |
| 合计 | | 183 | 183 |

资料来源：根据各保险公司官网整理。

　　表 9-12 为不同组织形式保险公司 2018 年与 2019 年信息披露栏目建设情况。股份

制保险公司在没有网站、网站无法打开、信息披露专栏不显著、子栏目设置不符合规定方面存在问题的公司数量有所下降。另外，在信息披露专栏部分信息存在缺失方面存在问题的保险公司数量由 3 家增加到 4 家。信息披露正常的保险公司数量由 80 家增加到85 家。对于相互制公司来说，信息披露正常的公司数由 2 家下降为 1 家，而信息披露专栏不显著的公司数增加为 1 家。对于有限制公司来说，其中 1 家公司由 2018 年的无信息披露专栏变为 2019 年的信息披露专栏部分信息缺失。从占比对比来看，三种组织形式的公司存在最明显的问题仍然是子栏目设置不符合规定：股份制保险公司这一问题 2018年占比为 14.66%，2019 年占比为 13.79%；相互制保险公司这一问题 2018 年与 2019 年占比都为 16.67%；有限制保险公司这一问题 2018 年与 2019 年占比都为 16.39%。

表 9-12　不同组织形式保险公司 2018 年与 2019 年信息披露栏目建设情况

| 组织形式 | 信息披露栏目建设情况 | 2018 年（家） | 2019 年（家） |
|---|---|---|---|
| 股份制 | 没有网站 | 3 | 1 |
| | 年度信息披露暂缓 | 3 | 3 |
| | 网站无法打开 | 1 | 0 |
| | 无信息披露专栏 | 2 | 2 |
| | 信息披露专栏不显著 | 6 | 4 |
| | 信息披露专栏部分信息缺失 | 3 | 4 |
| | 信息披露专栏全部信息缺失 | 1 | 1 |
| | 子栏目设置不符合规定 | 17 | 16 |
| | 正常 | 80 | 85 |
| | 小计 | 116 | 116 |
| 相互制 | 没有网站 | 3 | 3 |
| | 子栏目设置不符合规定 | 1 | 1 |
| | 信息披露专栏不显著 | 0 | 1 |
| | 正常 | 2 | 1 |
| | 小计 | 6 | 6 |
| 有限制 | 没有网站 | 2 | 2 |
| | 无信息披露专栏 | 3 | 2 |
| | 信息披露专栏部分信息缺失 | 1 | 2 |
| | 子栏目设置不符合规定 | 10 | 10 |
| | 正常 | 45 | 45 |
| | 小计 | 61 | 61 |
| 合计 | | 183 | 183 |

资料来源：根据各保险公司官网整理。

表 9-13 为经营不同险种保险公司 2018 年与 2019 年信息披露专栏建设情况。财产险公司在没有网站、网站无法打开、无信息披露专栏、信息披露专栏不显著方面的问题有所改善。此外，在信息披露专栏部分信息缺失和子栏目设置不符合规定方面存在问题的公司数量呈现增长趋势。信息披露正常的保险公司数量没有发生变化。对于人身险公

司来说，其在没有网站、子栏目设置不符合规定方面存在问题的公司数量减少。此外，信息披露专栏部分信息缺失的公司数量由 1 家增加到 2 家。信息披露正常的保险公司数量由 66 家增加到 70 家。再保险公司 2018 年与 2019 年的信息披露情况无变动。从 2018 年与 2019 年占比对比来看，最显著的问题依旧是子栏目设置不符合规定：这一问题在财产险公司 2018 年占比为 18.18%，2019 年占比为 21.59%；在人身险公司 2018 年占比为 12.36%，2019 年占比为 7.87%；在再保险公司无变化，占比都是 16.67%。

表 9-13　经营不同险种保险公司 2018 年与 2019 年信息披露栏目建设情况

| 险种类型 | 信息披露栏目建设情况 | 2018 年（家） | 2019 年（家） |
|---|---|---|---|
| 财产险 | 没有网站 | 3 | 2 |
| | 网站无法打开 | 1 | 0 |
| | 无信息披露专栏 | 4 | 3 |
| | 信息披露专栏不显著 | 4 | 3 |
| | 信息披露专栏部分信息缺失 | 1 | 2 |
| | 子栏目设置不符合规定 | 16 | 19 |
| | 正常 | 59 | 59 |
| | 小计 | 88 | 88 |
| 人身险 | 没有网站 | 5 | 4 |
| | 信息披露专栏不显著 | 2 | 2 |
| | 信息披露专栏部分信息缺失 | 1 | 2 |
| | 子栏目设置不符合规定 | 11 | 7 |
| | 年度信息披露暂缓 | 3 | 3 |
| | 信息披露专栏全部信息缺失 | 1 | 1 |
| | 正常 | 66 | 70 |
| | 小计 | 89 | 89 |
| 再保险 | 无信息披露专栏 | 1 | 1 |
| | 信息披露专栏部分信息缺失 | 2 | 2 |
| | 子栏目设置不符合规定 | 1 | 1 |
| | 正常 | 2 | 2 |
| | 小计 | 6 | 6 |
| | 合计 | 183 | 183 |

资料来源：根据各保险公司官网整理。

# 第十章 保险公司外部治理：投保人利益保护

如何完善保险公司的治理机制，使其不仅为大股东的利益服务，还可以保障好其他利益相关者的利益，是一项重要的研究课题（姜洪，2016）。投保人是保险公司重要的利益相关者之一，因此保护投保人的利益是保险公司治理的重要目标。[①]对于投保人的利益保护包括保护保障和治理参与。本章从利益相关者保护保障和治理参与视角呈现我国保险公司外部治理发展的状况：首先从偿付能力的视角分析了我国保险公司在"偿一代"和"偿二代"下的偿付能力现状；其次分别从消费者投诉和保险公司服务（包括北京地区商业健康保险服务和全国保险公司服务）两个方面来分析投保人的治理参与情况。

## 第一节 保险公司偿付能力状况分析

### 一、我国保险公司偿付能力监管体系的演变

保险公司是协助被保险人管理自身风险、实现社会经济稳健发展的重要金融机构。保险经营是一种高负债经营行为，被保险人（或投保人）对保险公司资产的贡献远大于股东，如果经营失败，不仅影响股东利益，更影响广大被保险人的切身利益（罗胜，2006）。保险行业的良好发展，离不开对投保人利益的重视和保护。为切实保护投保人利益，保险公司需要稳健经营。其中，偿付能力是影响保险公司风险管控和绩效的一个重要因素。偿付能力是保险公司应满足的自有资本要求，其可使保险公司避免遭遇不利因素时，因挤兑导致丧失持续经营能力。由于保险公司偿付能力对投保人利益影响重大，因此，随

---

① 2013 年 6 月 5 日通过的《保险消费投诉处理管理办法》第四十三条明确给出了保险消费者的含义："本办法所称保险消费活动，是指购买中华人民共和国境内保险产品以及接受相关保险服务的行为。本办法所称保险消费者，包括投保人、被保险人和受益人。"本报告认为投保人、被保险人和受益人实际上是法律术语，每个术语都有其严谨的内涵，因此，什么时候该用"投保人"，什么时候该用"被保险人"，要根据所表述的具体内容而定。但目前很多学者更多地使用了"投保人"一词（当然这里面的投保人可能不是《保险法》中投保人的含义，实际上表达的是投保人或被保险人或受益人的含义），本报告也因此使用了"投保人"这一习惯性术语，即在没有加以说明的情况下，"保险消费者"的范畴等同于"投保人"。此外，出于严谨和为了尊重原有的表达方式，本报告在引用相关政策法规或者学者观点时，涉及上述基本概念的，均采用原文所用表达方式。保险人、投保人、被保险人、受益人、保单持有人和保险消费者等的具体内涵以及英文翻译可参考郝臣、李慧聪、崔光耀《治理的微观、中观与宏观——基于中国保险业的研究》一书（南开大学出版社，2017）第一章第四节基本概念界定相关内容。

着保险公司治理实践的展开，国际上对保险公司偿付能力的要求和监管也不断升级。欧盟在 2001 年启动偿付能力Ⅱ（Solvency Ⅱ），提出了定量监管要求、定性监管要求和市场约束机制三重支柱框架，随后此监管模式在国际上逐渐通行。2005 年，IAIS 借鉴银行业的监管经验，提出了保险监管三层级和偿付能力监管"三支柱"（财务状况、公司治理和市场行为）的"国际模型"。美国保险监督官协会（NAIC）自 2008 年开始，推进了美国偿付能力现代化工程（Solvency Modernization Initiative，SMI），完善了美国已有的以风险资本（Risk-based Capital，RBC）为核心的偿付能力监管体系。

我国自 2003 年开始实施《保险公司偿付能力额度及监管指标管理规定》（简称"偿一代"），以规模为导向，着重定量监管。实施"偿一代"的主要目的是对保险公司的规模进行管控和调整。随着保险行业的不断发展，保险公司偿付能力和风险管控的重要性不断提升。为了更好地促进保险业发展和对保险业的监管，中国保监会在 2012 年初发布了《中国第二代偿付能力监管制度体系建设规划》（简称"偿二代"）。至此，我国保险偿付能力监管的制度改革进入了新的阶段。2015 年，中国保监会正式发布保险公司偿付能力的监管规则，监管体系的改革进入过渡期。2016 年，我国开始正式实施风险导向的偿付能力监管体系。"偿二代"利用国际通用的三重支柱框架制定监管制度，具有风险导向、行业实际和国际可比的显著特征。在"偿二代"体系下，按照监管部门的要求，保险公司必须对其偿付能力进行定期评估和披露，而偿付能力又将资本要求和保险公司的风险管理能力相结合，所以保险公司会不断提高风险管理能力来满足偿付能力的要求。这样一来，对投保人利益的保护更容易落实。

## 二、2009—2019 年我国保险公司偿付能力状况分析

按照中国保监会对保险公司信息披露的要求，我国保险公司自 2010 年开始公开披露年度信息报告，2016 年开始公开披露偿付能力季度报告。本部分分析偿付能力所用数据均手工整理自各保险公司披露的年度信息报告以及偿付能力季度报告。其中，"偿一代"监管体系下的数据参考了保险公司 2010—2015 年的年度信息披露报告。由于 2010 年的年度信息披露报告同时披露了 2009 年的偿付能力信息，因此，在"偿一代"监管体系下的数据的时间范围为 2009—2015 年。"偿二代"监管体系下的早期数据参考了保险公司 2016—2017 年的偿付能力第四季度报告，用来反映各个保险公司当年的偿付能力状况；"偿二代"监管体系下的最新数据整理自中国银保监会官网公开披露的偿付能力监管委员会工作会议公告。

本部分通过查阅中国保监会官网中的保险机构信息，确定了所有保险公司样本的名单；再通过浏览中国保险行业协会官网以及各保险公司官网，收集并下载了保险公司的年度信息披露报告以及偿付能力季度报告。通过手工整理，本报告统计了 2009—2017 年的 1171 个样本数据。其中，2009—2015 年共 865 个样本数据（2009 年为 105 家、2010 年为 111 家、2011 年为 117 家、2012 年为 127 家、2013 年为 130 家、2014 年为 132 家、2015 年为 143 家）；2016—2017 年共 306 个样本数据（2016 年为 151 家、2017 年为 155 家）。

（一）"偿一代"下保险公司偿付能力状况分析：2009—2015

在"偿一代"监管体系下，衡量偿付能力的指标主要是偿付能力充足率，它的计算

公式为：偿付能力充足率＝实际资本/最低资本×100%。其中，实际资本等于认可资产与认可负债的差额；认可资产是保险公司在评估偿付能力时依据监管部门的规定所确认的资产；认可负债是保险公司在评估偿付能力时依据监管部门的规定所确认的负债；最低资本是保险公司为应对资产风险、承保风险等风险对偿付能力的不利影响，依据监管部门的规定而应当具有的资本数额。如表 10-1 所示，2009—2015 年间保险公司平均偿付能力充足率最小值为 2764.18%，在 2010 年，保险公司偿付能力充足率的平均值达到了 298909.98%，为历年最高。7 年间，保险公司偿付能力充足率的中位数处于 248.50%—328.00%，但仍然有 22 家保险公司的偿付能力在某些年份略显不足，其偿付能力充足率均低于 100%，如安华农险（2009 年、2010 年）、都邦财险（2009 年、2010 年、2011 年）、和谐健康（2009 年）、华安保险（2009 年）、农银人寿（2010 年、2011 年）、天安保险（2009年、2011 年）、新光海航人寿（2015 年）、信泰人寿（2009 年、2013 年）、中华财险（2011年）、昆仑健康（2011 年、2012 年）、新华人寿（2009 年、2010 年）、幸福人寿（2012年）、中融人寿（2015 年）和华安财险（2010 年）。保险公司 2009—2015 年的偿付能力充足率区间分布如图 10-1 所示。

表 10-1 2009—2015 年保险公司偿付能力充足率情况

| 指标 | 2009 年 | 2010 年 | 2011 年 | 2012 年 | 2013 年 | 2014 年 | 2015 年 |
|---|---|---|---|---|---|---|---|
| 样本数（家） | 105 | 111 | 117 | 127 | 130 | 132 | 143 |
| 平均值（%） | 5815.77 | 298909.98 | 53450.00 | 10795.72 | 3200.52 | 64000.71 | 2764.18 |
| 中位数（%） | 294.24 | 274.00 | 256.00 | 328.00 | 248.50 | 295.78 | 326.67 |
| 标准差（%） | 26202.47 | 3043281.32 | 550077.79 | 48462.96 | 18985.21 | 724117.20 | 13482.87 |
| 最小值（%） | −160.36 | −61.00 | −346.00 | 48.45 | −183.00 | 151.02 | −237.31 |
| 最大值（%） | 246329.88 | 32065014.00 | 5951627.00 | 397300.00 | 205772.00 | 8320393.84 | 133936.00 |

资料来源：根据各保险公司官网公开资料整理。

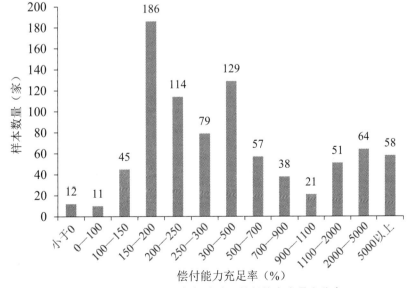

图 10-1 2009—2015 年保险公司偿付能力充足率分布

资料来源：根据各保险公司官网公开资料整理。

### （二）"偿二代"下保险公司偿付能力状况分析：2016—2017

在"偿二代"的监管体系下，衡量偿付能力的指标主要是综合偿付能力充足率和核心偿付能力充足率。其中，综合偿付能力充足率＝实际资本／最低资本×100%，用于衡量保险公司资本的总体充足状况；核心偿付能力充足率＝核心资本／最低资本×100%，用于衡量保险公司高质量资本的充足状况。核心资本是指保险公司在持续经营状态下和破产清算状态下均可以吸收损失的资本。如表 10-2 所示，2016—2017 年间，这 306 个样本数据的综合偿付能力充足率的平均值达到了 94149.29%，中位数为 257.00%，仅有中法人寿（2016 年、2017 年）、新光海航（2017 年）的综合偿付能力充足率不足监管部门要求的 100%，其余保险公司的综合偿付能力充足率均在 100% 以上。此外，核心偿付能力充足率的平均值达到了 94138.58%，中位数为 246.90%，仅有中法人寿（2016 年、2017 年）、新光海航（2017 年）的核心偿付能力充足率不足监管部门要求的 50%，其余保险公司的核心偿付能力充足率均在 50% 以上（见图 10-2）。这 306 个样本数据的综合偿付能力溢额的平均值达到了 87.33 亿元，核心偿付能力溢额的平均值达到了 73.02 亿元。

表 10-2 2016—2017 年保险公司偿付能力情况

| 变量 | 样本数 | 平均值 | 中位数 | 标准差 | 最小值 | 最大值 |
|---|---|---|---|---|---|---|
| 综合偿付能力充足率（%） | 306 | 94149.29 | 257.00 | 1643289.40 | −4035.94 | 28793116.84 |
| 核心偿付能力充足率（%） | 306 | 94138.58 | 246.90 | 1643290.01 | −4035.94 | 28793116.84 |
| 综合偿付能力溢额（亿元） | 306 | 87.33 | 12.97 | 362.78 | −6.24 | 4029.97 |
| 核心偿付能力溢额（亿元） | 306 | 73.02 | 10.39 | 332.68 | −114.41 | 3799.97 |

资料来源：根据各保险公司官网公开资料整理。

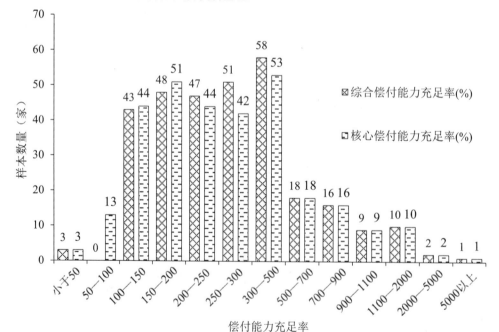

图 10-2 2016—2017 年保险公司偿付能力充足率分布

资料来源：根据各保险公司官网公开资料整理。

此外，本部分还比较分析了不同资本性质、险种类型的保险公司的偿付能力状况：就保险公司的资本性质而言，中资保险公司的综合偿付能力充足率和核心偿付能力充足率的平均值分别为 442.12% 和 428.11%，明显高于外资保险公司的 191.37% 和 187.54%；就保险公司经营的险种类型而言，财产险公司的综合偿付能力充足率和核心偿付能力充足率的平均值分别为 385.11% 和 374.09%，略高于人身险公司的 374.72% 和 336.93%。

**（三）"偿二代"下保险公司偿付能力状况分析：2018—2019 年**

1. 2019 年第三季度偿付能力和风险状况

根据中国银保监会偿付能力监管委员会工作会议的公告，2019 年第三季度末，纳入该次会议审议的 177 家保险公司综合偿付能力充足率为 246.5%，较上季度下降 0.5 个百分点，核心偿付能力充足率为 235.2%，较上季度上升 0.4 个百分点；财产险公司、人身险公司、再保险公司的综合偿付能力充足率分别为 277.4%、239.8% 和 312.9%。经审议，105 家保险公司在风险综合评级中被评为 A 类公司，69 家被评为 B 类公司，2 家被评为 C 类公司，1 家被评为 D 类公司。

会议认为，2019 年以来保险业整体运行平稳，偿付能力充足率保持在合理区间，风险综合评级结果稳定，杠杆率稳中有降，风险总体可控。但是，外部经济环境更趋复杂严峻，保险业仍面临不少风险挑战。

会议强调，中国银保监会将继续坚持以习近平新时代中国特色社会主义思想为指导，坚持稳中求进工作总基调，坚持新发展理念，持续深化金融供给侧结构性改革，积极稳妥推进保险业偿付能力监管和风险防控工作，全力打好防范化解金融风险攻坚战。

2. 2019 年第二季度偿付能力和风险状况

根据中国银保监会偿付能力监管委员会工作会议的公告，2019 年第二季度末，纳入该次会议审议的 177 家保险公司综合偿付能力充足率为 247%，较上季度上升 1.7 个百分点，核心偿付能力充足率为 234.8%，较上季度上升 1.4 个百分点；财产险公司、人身险公司、再保险公司的综合偿付能力充足率分别为 278.8%、240.1% 和 309.9%。经审议，105 家保险公司在风险综合评级中被评为 A 类公司，68 家被评为 B 类公司，2 家被评为 C 类公司，2 家被评为 D 类公司。

会议认为，第二季度保险业总体运行平稳，业务稳中有进，杠杆率稳中有降，偿付能力充足率保持在合理区间，风险综合评级结果稳定，风险总体可控。同时，由于外部经济环境变化影响，国内经济存在下行压力，保险业仍面临不少风险挑战。

会议强调，中国银保监会将继续坚持以习近平新时代中国特色社会主义思想为指导，不忘初心、牢记使命，坚持稳中求进工作总基调，增强忧患意识，把握长期大势，加强保险业偿付能力监管和风险防控，推动保险业高质量发展。

3. 2019 年第一季度偿付能力和风险状况

根据中国银保监会偿付能力监管委员会工作会议的公告，2019 年第一季度末，纳入该次会议审议的 177 家保险公司综合偿付能力充足率为 245.3%，较上季度上升 3.3 个百分点，核心偿付能力充足率为 233.4%，较上季度上升 2.4 个百分点。其中，财产险公司、人身险公司、再保险公司的综合偿付能力充足率分别为 271.8%、238.3% 和 335.7%。经审议，104 家保险公司在风险综合评级中被评为 A 类公司，70 家被评为 B 类公司，1 家被评为 C 类公司，2 家被评为 D 类公司。

会议指出，经过多措并举、集中治理，保险业转型发展取得积极成效，保险保障功能增强，保险业风险总体可控。第一季度保险业运行平稳，杠杆率稳中有降，偿付能力充足率保持高位运行，风险综合评级结果稳中向好。当前外部经济环境总体趋紧，国内经济存在下行压力，保险业要保持定力，在稳增长的基础上防控风险，不断提升保险业服务实体经济的质效。

会议强调，中国银保监会要以习近平新时代中国特色社会主义思想为指导，以开展"不忘初心、牢记使命"主题教育为契机，认真贯彻党中央、国务院决策部署，坚持稳中求进工作总基调，持续深化金融供给侧结构性改革，切实做好偿付能力监管和风险防控工作，稳步推进保险业高质量发展。

4. 2018 年第四季度偿付能力和风险状况

根据中国银保监会偿付能力监管委员会工作会议的公告，2018 年第四季度末，纳入该次会议审议的 177 家保险公司的平均综合偿付能力充足率为 242%，平均核心偿付能力充足率为 231%。其中，财产险公司、人身险公司、再保险公司的平均综合偿付能力充足率分别为274%、235%和282%。经审议，104 家保险公司在风险综合评级中被评为 A 类公司，69 家被评为 B 类公司，2 家被评为 C 类公司，2 家被评为 D 类公司。

会议指出，2018 年以来，保险业激进经营和市场乱象得到有效遏制，转型发展取得积极成效，业务结构优化，保险保障功能增强。偿付能力指标始终保持在合理区间较高位运行，战略风险、声誉风险等风险有所降低，保险公司风险管理能力稳步提升，保险业抵御风险的基础不断夯实。同时，外部环境变化影响增大，保险业周期性、结构性、体制性问题仍然存在。

会议强调，当前保险业风险总体可控，但面临的形势依然复杂严峻。中国银保监会将坚定不移以习近平新时代中国特色社会主义思想为指导，深入贯彻落实习近平总书记关于金融工作的系列重要指示精神，认真贯彻党中央、国务院决策部署，坚持稳中求进工作总基调，持续深化金融供给侧结构性改革，平衡好稳增长和防风险的关系，精准有效地处置重点领域风险，持续加强偿付能力监管，着力构建偿付能力风险分析监测体系，坚决打好防范化解金融风险攻坚战，努力引导保险业高质量发展，持续提升保险业服务实体经济的质效。

5. 2018 年第三季度偿付能力和风险状况

根据中国银保监会偿付能力监管委员会工作会议的公告，2018 年第三季度末，纳入该次会议审议的 177 家保险公司的平均综合偿付能力充足率为 245%，平均核心偿付能力充足率为 234%。其中，财产险公司、人身险公司、再保险公司的平均综合偿付能力充足率分别为265%、241%和254%。经审议，107 家保险公司在风险综合评级中被评为 A 类公司，65 家被评为 B 类公司，2 家被评为 C 类公司，3 家被评为 D 类公司。

会议指出，这一季度保险业总杠杆率逐渐下降，业务结构继续优化，内生增长动力进一步增强，实际资本、偿付能力溢额等指标持续上升，保险业抵御风险能力不断增强。同时，外部环境变化给保险业带来的压力明显增大，风险隐患在保险业逐渐暴露，防范和化解重大风险的任务依然是保险监管的首要任务。

会议强调，面对保险业运行存在的突出矛盾和问题，中国银保监会要继续深入贯彻落实习近平总书记关于金融工作的系列重要指示精神，按照党中央、国务院的部署，坚持稳中求进工作总基调，坚持新发展理念，坚定不移地推动高质量发展，坚决打好防范化解重大风险攻坚战，稳步推进保险业偿付能力监管和风险防控工作。

6. 2018 年第二季度偿付能力和风险状况

根据中国银保监会偿付能力监管委员会第 43 次工作会议的公告，2018 年第二季度末，纳入该次会议审议的 175 家保险公司的平均综合偿付能力充足率为 246%，较上个季度末下降 2 个百分点；平均核心偿付能力充足率为 235%，较上个季度末下降 2 个百分点。其中，财产险公司、人身险公司、再保险公司的平均综合偿付能力充足率分别为 272%、240%和 299％。经审议，119 家保险公司在风险综合评级中被评为 A 类公司，52 家被评为 B 类公司，2 家被评为 C 类公司，2 家被评为 D 类公司。

会议强调，防范和化解重大风险依然是保险监管的首要任务。保险行业自身正在发生积极变化，偿付能力充足率保持在合理区间较高位运行，战略风险和声誉风险均呈现向好趋势。当前外部环境正发生较大变化，各种外部冲击对保险业构成严峻挑战。中国银行保险监督管理委员会要继续深入贯彻落实习近平总书记关于金融工作的系列重要指示精神，按照党中央、国务院的部署，坚持稳中求进工作总基调，从宏观金融稳定大局出发，坚决打好防范化解重大风险攻坚战，稳步推进保险业偿付能力监管和风险防控工作。

7. 2018 年第一季度偿付能力和风险状况

根据中国银保监会偿付能力监管委员会第 42 次工作会议的公告，2018 年第一季度末，纳入该次会议审议的 172 家保险公司的平均综合偿付能力充足率为 248%，较上个季度末下降 3 个百分点；平均核心偿付能力充足率为 237%，较上个季度末下降 2.9 个百分点。其中，财产险公司、人身险公司、再保险公司的平均综合偿付能力充足率分别为 264%、243%和 309%。经审议，120 家保险公司在风险综合评级中被评为 A 类公司，48 家被评为 B 类公司，2 家被评为 C 类公司，2 家被评为 D 类公司。

会议强调，当前保险业风险总体可控，但形势依然复杂严峻。中国银行保险监督管理委员会将继续贯彻党的十九大、中央经济工作会议、全国金融工作会议、中央财经委员会会议和全国"两会"精神，稳中求进，从严监管，确保机构改革和监管工作"两不误，两促进"。对公司治理存在问题的公司采取必要措施，督促其及时进行整改。对流动性风险较大的公司继续加强跟踪监测，督促其切实做好风险防控工作。

# 第二节　保险消费者投诉情况分析

## 一、消费者投诉概述

2019 年前三季度，中国银保监会及其派出机构共接收涉及保险公司的保险消费投诉 71990 件，同比增长 3.40%。其中，保险合同纠纷投诉 69589 件，占投诉总量的 96.66%，同比增长 2.04%；涉嫌违法违规投诉 2401 件，占投诉总量的 3.34%，同比增长 68.02%。

本报告整理了 2012 年以来监管部门公布的接收保险消费投诉的情况，结果发现：2012—2015 年各年度投诉总量和保险公司亿元保费投诉量呈现逐年增长的趋势，在 2016

年出现一定程度的下降；但 2017 年和 2018 年出现了"爆发式"的增长，这两年监管部门接收的保险消费投诉远高于往年。通过比较财产险和人身险公司消费者投诉数据，本报告发现，财产险公司平均投诉量要高于人身险公司。

## 二、各年份投诉总量统计

2012—2015 年，监管部门接收的保险消费投诉数量逐年增加，在 2016 年有所下降，而 2017 年接收的保险消费投诉出现了近 4 倍的增长，在 2018 年仅略有下降。

2019 年统计的数据仅截至 2019 年三季度，但中国银保监会接收的保险消费投诉量已经接近 2018 年，表明 2019 年的保险消费投诉量有很大概率会超过 2018 年（见表 10-3）。

表 10-3　2012—2019 年投诉总量统计

| 年份 | 保险公司数量（家） | 投诉总量（件） |
|------|------|------|
| 2012 | 99 | 17157 |
| 2013 | 102 | 21283 |
| 2014 | 120 | 27818 |
| 2015 | 124 | 30133 |
| 2016 | 126 | 19422 |
| 2017 | 147 | 93111 |
| 2018 | 156 | 88454 |
| 2019 | 162 | 71990 |

资料来源：根据中国银保监会官网公开资料整理。

## 三、各年份亿元保费投诉量统计

通过整理监管部门公布的接收保险消费投诉情况，本报告对保险公司亿元保费投诉量进行了计算，计算公式为：保险公司亿元保费投诉量＝当期投诉总量／当期保费总量（单位：件／亿元）。

统计结果表明，2012—2019 年，平均每亿保费会出现至少一个投诉。2013—2016年保险公司亿元保费投诉量呈现下降趋势，而 2016 年之后，保险公司亿元保费投诉量开始大幅度增长。特别是 2019 年前三季度，保险公司亿元保费投诉量已经超过 5 件／亿元，保险消费投诉量越来越多（见表 10-4）。

表 10-4　2012—2019 年亿元保费投诉量统计

| 年份 | 样本数（家） | 平均值（件） | 中位数（件） | 标准差（件） | 极差（件） | 最小值（件） | 最大值（件） |
|------|------|------|------|------|------|------|------|
| 2012 | 96 | 2.26 | 1.50 | 3.77 | 35.28 | 0.01 | 35.29 |
| 2013 | 100 | 4.11 | 1.85 | 18.98 | 190.87 | 0.04 | 190.91 |
| 2014 | 115 | 2.62 | 1.77 | 3.53 | 25.04 | 0.02 | 25.06 |
| 2015 | 120 | 2.37 | 1.56 | 3.61 | 33.05 | 0.02 | 33.07 |
| 2016 | 123 | 1.32 | 0.79 | 2.30 | 19.69 | 0.00 | 19.69 |
| 2017 | 144 | 4.56 | 2.70 | 5.10 | 26.66 | 0.03 | 26.69 |
| 2018 | 160 | 4.88 | 2.81 | 9.73 | 107.00 | 0.00 | 107.00 |
| 2019 | 159 | 5.92 | 2.49 | 12.03 | 113.92 | 0.05 | 113.97 |

资料来源：根据中国银保监会官网公开资料整理。

## 四、各年份万张保单投诉量统计

通过整理监管部门公布的保险消费投诉情况，本报告对保险公司万张保单投诉量进行了计算，计算公式为：保险公司万张保单投诉量＝当期投诉总量／保单总量（单位：件／万张）。

统计结果表明，2014—2016 年，保险公司万张保单平均投诉量逐年下降，2016 年低至 0.27 件／万张。而 2017 年的万张保单投诉量的平均值比 2016 年增长了 2 倍多；2018 年万张保单投诉量平均值更是达到了 1.21 件／万张，保险消费投诉量持续保持在较高水平；2019 年前三季度的万张保单投诉量为 0.86（见表 10-5）。

表 10-5　2014—2019 年万张保单投诉量统计

| 年份 | 样本数（家） | 平均值（件） | 中位数（件） | 标准差（件） | 极差（件） | 最小值（件） | 最大值（件） |
|---|---|---|---|---|---|---|---|
| 2014 | 117 | 0.71 | 0.40 | 1.08 | 7.18 | 0.00 | 7.18 |
| 2015 | 120 | 0.53 | 0.37 | 0.61 | 5.45 | 0.00 | 5.45 |
| 2016 | 123 | 0.27 | 0.18 | 0.35 | 2.21 | 0.00 | 2.21 |
| 2017 | 144 | 0.85 | 0.64 | 0.75 | 3.37 | 0.00 | 3.37 |
| 2018 | 160 | 1.21 | 0.60 | 5.21 | 65.00 | 0.00 | 65.00 |
| 2019 | 159 | 0.86 | 0.49 | 1.90 | 21.54 | 0.00 | 21.54 |

资料来源：根据中国银保监会官网公开资料整理。

## 五、不同险种类型保险公司消费投诉情况的对比分析

本报告对 2014—2019 年监管部门接收的关于财产险和人身险公司的消费投诉情况分别进行统计，结果发现，财产险公司平均消费投诉量高于人身险公司，财产险公司亿元保费平均投诉量和万张保单平均投诉量也高于人身险公司，表明投保人对财产险公司的消费投诉比对人身险公司的消费投诉更加频繁（见表 10-6）。

表 10-6　不同险种类型保险公司的消费投诉量对比分析

| 财产险 | | | | | | | |
|---|---|---|---|---|---|---|---|
| 统计指标 | 样本数（家） | 平均值（件） | 中位数（件） | 标准差（件） | 极差（件） | 最小值（件） | 最大值（件） |
| 投诉总量 | 474 | 354.66 | 73.00 | 969.97 | 11712.00 | 1.00 | 11713.00 |
| 亿元保费投诉量 | 465 | 5.48 | 3.04 | 9.62 | 113.96 | 0.01 | 113.97 |
| 万张保单投诉量 | 381 | 0.74 | 0.40 | 1.36 | 21.54 | 0.00 | 21.54 |
| 人身险 | | | | | | | |
| 统计指标 | 样本数（家） | 平均值（件） | 中位数（件） | 标准差（件） | 极差（件） | 最小值（件） | 最大值（件） |
| 投诉总量 | 555 | 289.56 | 43.00 | 869.35 | 11600.00 | 1.00 | 11601.00 |
| 亿元保费投诉量 | 537 | 2.23 | 1.17 | 8.70 | 190.91 | 0.00 | 190.91 |
| 万张保单投诉量 | 427 | 0.61 | 0.39 | 0.83 | 8.55 | 0.00 | 8.55 |

资料来源：根据中国银保监会官网公开资料整理。

## 六、2012—2019 年不同险种类型保险公司消费投诉情况比较分析

本报告对不同年度监管部门接收的关于财产险和人身险公司的消费投诉情况进行了统计，其中 2012 年和 2013 年的万张保单投诉量未进行公布。通过分析 2014—2019 年的数据发现，各年度财产险公司投诉总量和亿元保费投诉量平均值均大于人身险，人身险公司万张保单投诉量平均值仅在 2014 年和 2015 年超过了财产险，在 2016 年与之持平；特别是 2019 年，财产险公司万张保单投诉量为 1.09 件／万张，超过人身险近 1 倍（见表 10-7）。

表 10-7 各年份分险种类型的保单投诉量平均值比较

| 年份 | 险种类型 | 样本数（家） | 投诉总量（件） | 亿元保费投诉量（件） | 万张保单投诉量（件） |
|---|---|---|---|---|---|
| 2012 | 财产险 | 43 | 171.84 | 1.95 | — |
| | 人身险 | 56 | 174.43 | 2.49 | — |
| 2013 | 财产险 | 43 | 210.58 | 2.31 | — |
| | 人身险 | 59 | 207.25 | 5.41 | — |
| 2014 | 财产险 | 53 | 239.75 | 2.97 | 0.40 |
| | 人身险 | 67 | 225.54 | 2.33 | 0.97 |
| 2015 | 财产险 | 55 | 268.15 | 3.29 | 0.41 |
| | 人身险 | 69 | 222.97 | 1.63 | 0.62 |
| 2016 | 财产险 | 62 | 161.39 | 2.12 | 0.27 |
| | 人身险 | 64 | 147.13 | 0.55 | 0.27 |
| 2017 | 财产险 | 72 | 680.96 | 7.59 | 0.97 |
| | 人身险 | 75 | 587.76 | 1.62 | 0.73 |
| 2018 | 财产险 | 78 | 623.50 | 8.00 | 1.81 |
| | 人身险 | 82 | 485.62 | 2.11 | 0.70 |
| 2019 | 财产险 | 76 | 516.18 | 10.11 | 1.09 |
| | 人身险 | 86 | 380.93 | 2.19 | 0.65 |

资料来源：根据中国银保监会官网公开资料整理。

## 第三节 北京地区商业健康保险服务评价

### 一、北京地区商业健康保险服务评价总体说明

商业健康保险是我国社会医疗保险必要而有益的补充，为了加快提高商业健康保险的经营和服务水平，维护消费者权益，在中国保险监督管理委员会北京监管局的指导下，北京保险行业协会于 2016 年制定了《北京地区商业健康保险服务评价指标披露制度》。该文件明确，评价指标体系包括保单平均出单时效、理赔平均时效和小额简易案件理赔平均时效三个指标。保单平均出单时效是指个人健康险保单的平均出单时长，时间越短，表示保险公司出单效率越高，消费者能越快拿到保单，获得保障。而理赔平均时效是指个人健康险理赔案件的平均处理时长，时间越短，表示保险公司理赔服务效率越高，消

费者能越快获得赔付。小额简易案件理赔平均时效则是指小额简易理赔案件（赔付金额小于或等于人民币 3000 元的无调查案件，此类案件占总理赔案件的 8 成左右）的平均处理时长。

2017 年 8 月，北京保险行业协会首次向社会公众披露北京地区商业健康保险服务评价指标情况：截至 2017 年 6 月底，个人健康险保单的行业平均出单时效为 1.97 天，行业理赔平均时效为 2.69 天，行业小额简易案件理赔平均时效为 2.32 天。之后，北京保险行业协会每个季度向社会公众发布一次评价结果。

## 二、北京地区保险公司服务评价指标具体情况

保单平均出单时效＝过去 12 个月所有个人新保单的总出单天数／过去 12 个月个人新保单件数。其中，出单天数＝出单日期－投保日期＋1。图 10-3 至图 10-9 显示了从 2017 年 9 月到 2019 年 3 月，每季度末核算的过去一年内的保单平均出单时效分布，图 10-10 则显示了从 2016 年 10 月 1 日到 2019 年 3 月 30 日的保单平均出单时效分布。由图可知，各时间段的保单平均出单时效分布基本相同，即保单平均出单时效为 1 天的公司是最多的，大部分公司的保单平均出单时效都在 10 天以内，只有极少数公司超过 10 天。

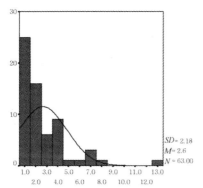

图 10-3 2017 年 9 月保单平均出单时效

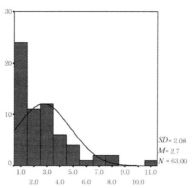

图 10-4 2017 年 12 月保单平均出单时效

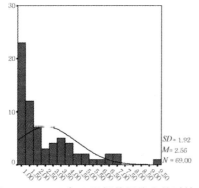

图 10-5 2018 年 3 月保单平均出单时效

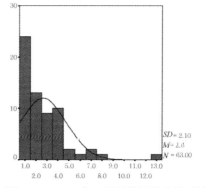

图 10-6 2018 年 6 月保单平均出单时效

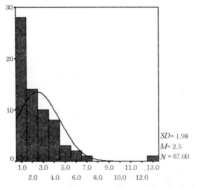
图 10-7　2018 年 9 月保单平均出单时效

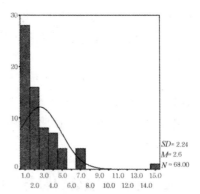
图 10-8　2018 年 12 月保单平均出单时效

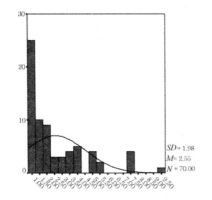
图 10-9　2019 年 3 月保单平均出单时效

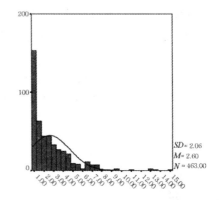
图 10-10　2017—2019 年保单平均出单时效

理赔平均时效＝过去 12 个月所有已决案件的总理赔天数／过去 12 个月已决案件数。其中，理赔天数＝结案日期－索赔日期＋1。图 10-11 到图 10-17 显示了从 2017 年 9 月到 2019 年 3 月，每季度末核算的过去一年内的理赔平均时效分布，图 10-18 则显示了从 2016 年 10 月 1 日到 2019 年 3 月 30 日的理赔平均时效分布。由图可知，随着时间的变化，各公司的理赔平均时效越来越集中在 4 天以内，且大多数公司的平均理赔时效都在 10 天以内，只有极少的公司超过 10 天。

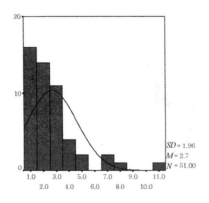
图 10-11　2017 年 9 月理赔平均时效

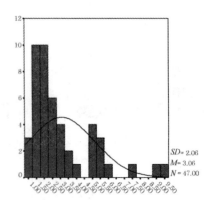
图 10-12　2017 年 12 月理赔平均时效

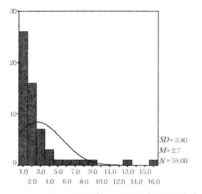

图 10-13　2018 年 3 月理赔平均时效

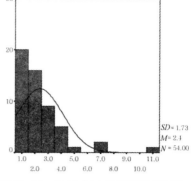

图 10-14　2018 年 6 月理赔平均时效

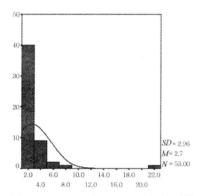

图 10-15　2018 年 9 月理赔平均时效

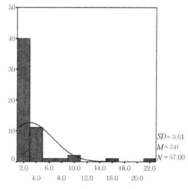

图 10-16　2018 年 12 月理赔平均时效

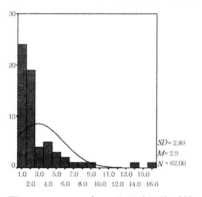

图 10-17　2019 年 3 月理赔平均时效

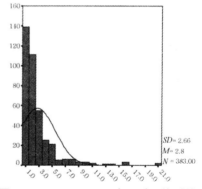

图 10-18　2017—2019 年理赔平均时效

小额简易案件理赔平均时效＝过去 12 个月所有已决案件的总理赔天数/过去 12 个月已决案件数。其中，理赔天数＝结案日期－索赔日期＋1。图 10-19 至图 10-25 显示了从 2017 年 9 月到 2019 年 3 月，每季度末核算的过去一年内的小额简易案件理赔平均时效分布，图 10-26 则显示了从 2016 年 10 月 1 日到 2019 年 3 月 30 日的小额简易案件理赔平均时效分布。由图可知，在各时间段内，各公司的小额简易案件理赔平均时效大多在 5 天之内，只有极少数公司的小额简易案件理赔平均时效超过 10 天，甚至超过 20 天。

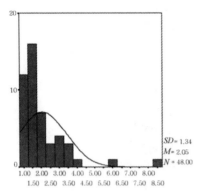
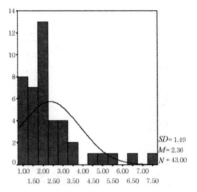

图 10-19　2017 年 9 月小额简易案件理赔平均时效　图 10-20　2017 年 12 月小额简易案件理赔平均时效

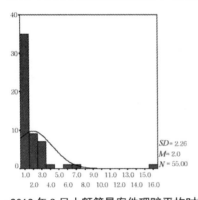
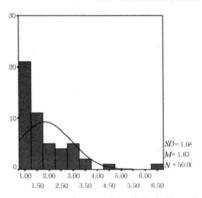

图 10-21　2018 年 3 月小额简易案件理赔平均时效　图 10-22　2018 年 6 月小额简易案件理赔平均时效

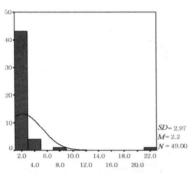
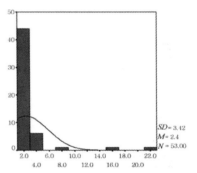

图 10-23　2018 年 9 月小额简易案件理赔平均时效　图 10-24　2018 年 12 月小额简易案件理赔平均时效

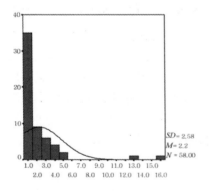
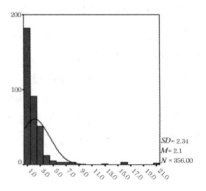

图 10-25　2019 年 3 月小额简易案件理赔平均时效　图 10-26　2017—2019 年小额简易案件理赔平均时效

## 三、北京地区保险公司保单平均出单时效分析

根据中国银行保险监督管理委员会北京监管局（以下简称"北京银保监局"）官网统计，截至 2017 年第三季度末，北京地区商业健康保险保单平均出单时效为 1.40 天，较上期缩短 0.57 天；截至 2017 年第四季度末，保单平均出单时效为 1.32 天，较上期缩短 0.08 天；截至 2018 年第一季度末，保单平均出单时效为 1.33 天，与上期持平；截至 2018 年第二季度末，保单平均出单时效为 1.27 天；截至 2018 年第三季度末，保单平均出单时效为 1.25 天；截至 2018 年第四季度末，保单平均出单时效为 1.25 天；截至 2019 年第一季度末，保单平均出单时效为 1.36 天，较上期延长 0.11 天。此外，本报告还计算了上述样本保险公司保单平均出单时效的平均值等统计指标（见表 10-8）。

表 10-8 样本保险公司保单平均出单时效统计

| 披露时间 | 样本数(家) | 平均值(天) | 中位数(天) | 标准差(天) | 极差（天） | 最小值(天) | 最大值(天) |
|---|---|---|---|---|---|---|---|
| 2017 年 12 月 | 63 | 2.63 | 1.87 | 2.18 | 12.00 | 1.00 | 13.00 |
| 2017 年 9 月 | 63 | 2.73 | 2.18 | 2.08 | 9.78 | 1.00 | 10.78 |
| 2018 年 12 月 | 69 | 2.56 | 1.68 | 1.92 | 8.67 | 1.00 | 9.67 |
| 2018 年 3 月 | 63 | 2.65 | 2.22 | 2.10 | 11.89 | 1.00 | 12.89 |
| 2018 年 6 月 | 67 | 2.50 | 1.96 | 1.98 | 12.33 | 1.00 | 13.33 |
| 2018 年 9 月 | 68 | 2.62 | 1.85 | 2.24 | 14.17 | 1.00 | 15.17 |
| 2019 年 3 月 | 70 | 2.55 | 1.69 | 1.98 | 8.48 | 1.00 | 9.48 |

资料来源：根据北京银保监局每年发布数据整理。

从险种类型来看，在各时间段内，财产险公司保单平均出单时效的平均值和中位数均小于人身险，说明财产险公司出单效率优于人身险公司（见表 10-9）。

表 10-9 不同险种类型保险公司保单平均出单时效统计

| 披露时间 | 险种类型 | 样本数（家） | 平均值（天） | 中位数（天） |
|---|---|---|---|---|
| 2017 年 12 月 | 财产险 | 21 | 1.44 | 1.00 |
| | 人身险 | 42 | 3.23 | 2.44 |
| 2017 年 9 月 | 财产险 | 20 | 1.67 | 1.00 |
| | 人身险 | 43 | 3.23 | 2.62 |
| 2018 年 12 月 | 财产险 | 23 | 1.49 | 1.03 |
| | 人身险 | 46 | 3.09 | 2.41 |
| 2018 年 3 月 | 财产险 | 21 | 1.35 | 1.00 |
| | 人身险 | 42 | 3.30 | 2.73 |
| 2018 年 6 月 | 财产险 | 23 | 1.29 | 1.00 |
| | 人身险 | 44 | 3.14 | 2.75 |
| 2018 年 9 月 | 财产险 | 23 | 1.39 | 1.03 |
| | 人身险 | 45 | 3.25 | 2.49 |
| 2019 年 3 月 | 财产险 | 24 | 1.45 | 1.01 |
| | 人身险 | 46 | 3.13 | 2.20 |

资料来源：根据北京银保监局每年发布数据整理。

## 四、北京地区保险公司理赔平均时效分析

根据北京银保监局官网统计结果，截至 2017 年第三季度末，理赔平均时效为 2.42
天，较上期缩短 0.27 天；截至 2017 年第四季度末，理赔平均时效为 2.14 天，较上期缩短
短 0.28 天；截至 2018 年第一季度末，理赔平均时效为 2.01 天，较上期缩短 0.13 天；截
至 2018 年第二季度末，理赔平均时效为 1.96 天；截至 2018 年第三季度末，理赔平均时
效为 1.90 天；截至 2018 年第四季度末，理赔平均时效为 1.87 天；截至 2019 年第一季
度末，理赔平均时效为 2.12 天，较上期延长 0.25 天。此外，本报告还计算了上述样本
保险公司理赔平均时效的平均值等统计指标（见表 10-10）。

表 10-10　样本保险公司理赔平均时效统计

| 披露时间 | 样本数（家） | 平均值（天） | 中位数（天） | 标准差（天） | 极差（天） | 最小值（天） | 最大值（天） |
|---|---|---|---|---|---|---|---|
| 2017 年 12 月 | 51 | 2.68 | 1.94 | 1.96 | 9.76 | 1.00 | 10.76 |
| 2017 年 9 月 | 47 | 3.06 | 2.28 | 2.06 | 8.65 | 1.00 | 9.65 |
| 2018 年 12 月 | 59 | 2.66 | 1.67 | 2.80 | 15.00 | 1.00 | 16.00 |
| 2018 年 3 月 | 54 | 2.38 | 1.88 | 1.73 | 9.50 | 1.00 | 10.50 |
| 2018 年 6 月 | 53 | 2.67 | 1.92 | 2.96 | 20.00 | 1.00 | 21.00 |
| 2018 年 9 月 | 57 | 3.01 | 1.60 | 3.61 | 20.00 | 1.00 | 21.00 |
| 2019 年 3 月 | 62 | 2.86 | 1.73 | 2.89 | 15.00 | 1.00 | 16.00 |

资料来源：根据北京银保监局每年发布数据整理。

从险种类型来看，在各时间段内，财产险公司理赔平均时效皆大于人身险公司，说
明人身险公司理赔效率更高，消费者可以更快获得赔付（见表 10-11）。

表 10-11　不同险种类型保险公司理赔平均时效统计

| 披露时间 | 险种类型 | 样本数（家） | 平均值（天） | 中位数（天） |
|---|---|---|---|---|
| 2017 年 12 月 | 财产险 | 17 | 3.03 | 2.10 |
| | 人身险 | 34 | 2.51 | 1.90 |
| 2017 年 9 月 | 财产险 | 15 | 3.05 | 2.28 |
| | 人身险 | 32 | 3.07 | 2.28 |
| 2018 年 12 月 | 财产险 | 19 | 3.60 | 1.99 |
| | 人身险 | 40 | 2.22 | 1.56 |
| 2018 年 3 月 | 财产险 | 17 | 2.51 | 2.05 |
| | 人身险 | 37 | 2.32 | 1.88 |
| 2018 年 6 月 | 财产险 | 17 | 3.76 | 2.07 |
| | 人身险 | 36 | 2.16 | 1.86 |
| 2018 年 9 月 | 财产险 | 19 | 4.66 | 2.57 |
| | 人身险 | 38 | 2.19 | 1.39 |
| 2019 年 3 月 | 财产险 | 20 | 3.82 | 1.68 |
| | 人身险 | 42 | 2.40 | 1.84 |

资料来源：根据北京银保监局每年发布数据整理。

## 五、北京地区保险公司小额简易案件理赔平均时效分析

根据北京银保监局官网统计结果，截至 2017 年第三季度末，小额简易案件理赔平均时效为 2.12 天，较上期缩短 0.20 天；截至 2017 年第四季度末，小额简易案件理赔平均时效为 1.94 天，较上期缩短 0.18 天；截至 2018 年第一季度末，小额简易案件理赔平均时效为 1.84 天，较上期缩短 0.10 天；截至 2018 年第二季度末，小额简易案件理赔平均时效为 1.8 天；截至 2018 年第三季度末，小额简易案件理赔平均时效为 1.73 天；截至 2018 年第四季度末，小额简易案件理赔平均时效为 1.73 天；截至 2019 年第一季度末，小额简易案件理赔平均时效为 1.88 天，较上期延长 0.15 天。此外，本报告还计算了上述样本保险公司小额简易案件理赔平均时效的平均值等统计指标（见表 10-10）。

表 10-12　样本保险公司小额简易案件理赔平均时效分统计

| 披露时间 | 样本数（家） | 平均值（天） | 中位数（天） | 标准差（天） | 极差（天） | 最小值（天） | 最大值（天） |
|---|---|---|---|---|---|---|---|
| 2017 年 12 月 | 48 | 2.05 | 1.53 | 1.34 | 7.33 | 1.00 | 8.33 |
| 2017 年 9 月 | 43 | 2.36 | 1.91 | 1.49 | 6.67 | 1.00 | 7.67 |
| 2018 年 12 月 | 55 | 1.97 | 1.25 | 2.26 | 15.00 | 1.00 | 16.00 |
| 2018 年 3 月 | 50 | 1.83 | 1.38 | 1.08 | 5.74 | 1.00 | 6.74 |
| 2018 年 6 月 | 49 | 2.21 | 1.38 | 2.97 | 20.00 | 1.00 | 21.00 |
| 2018 年 9 月 | 53 | 2.39 | 1.45 | 3.42 | 20.00 | 1.00 | 21.00 |
| 2019 年 3 月 | 58 | 2.23 | 1.38 | 2.58 | 15.00 | 1.00 | 16.00 |

资料来源：根据北京银保监局每年发布数据整理。

从险种类型来看，在各时间段内，财产险公司小额简易案件理赔平均时效都大于人身险公司，这仍然表明人身险公司理赔效率要高于财产险公司（见表 10-13）。

表 10-13　不同险种类型样本保险公司小额简易案件理赔平均时效统计

| 日期 | 险种类型 | 样本数（家） | 平均值（天） | 中位数（天） |
|---|---|---|---|---|
| 2017 年 12 月 | 财产险 | 16 | 2.52 | 1.89 |
|  | 人身险 | 32 | 1.81 | 1.50 |
| 2017 年 9 月 | 财产险 | 13 | 2.63 | 1.93 |
|  | 人身险 | 30 | 2.25 | 1.82 |
| 2018 年 12 月 | 财产险 | 16 | 3.21 | 1.81 |
|  | 人身险 | 39 | 1.47 | 1.20 |
| 2018 年 3 月 | 财产险 | 16 | 2.21 | 1.84 |
|  | 人身险 | 34 | 1.65 | 1.32 |
| 2018 年 6 月 | 财产险 | 14 | 3.83 | 2.33 |
|  | 人身险 | 35 | 1.57 | 1.25 |
| 2018 年 9 月 | 财产险 | 16 | 4.38 | 2.07 |
|  | 人身险 | 37 | 1.52 | 1.18 |
| 2019 年 3 月 | 财产险 | 17 | 3.41 | 1.64 |
|  | 人身险 | 41 | 1.74 | 1.33 |

资料来源：根据北京银保监局每年发布数据整理。

## 六、十佳公司及其指标状况

表 10-14 显示了保单平均出单时效十佳保险公司（北京分公司）。其中，人身险十佳公司分别为昆仑健康、太平养老、中国人寿、华夏人寿、和谐健康、合众人寿、人保寿险、农银人寿、泰康人寿和太平洋寿险，其保单平均出单时效都限制在 2 天之内，出单效率很高，消费者可在短期内拿到保单；财产险十佳公司分别为人保财险、中华联合财险、永安财险、国寿财险、利宝财险、美亚财险、苏黎世财险、国任财险、英大财险和紫金保险，其保单平均出单时效都为 1 天，说明消费者皆可以在 1 天内拿到保单，出单效率非常高。同时也说明财产险公司出单效率明显高于人身险。

表 10-14  2019 年 3 月保单平均出单时效十佳榜单

| 险种类型 | 序号 | 公司简称 | 保单平均出单时效 |
|---|---|---|---|
| 人身险 | 1 | 昆仑健康 | 1.00 |
| | 2 | 太平养老 | 1.00 |
| | 3 | 中国人寿 | 1.01 |
| | 4 | 华夏人寿 | 1.01 |
| | 5 | 和谐健康 | 1.02 |
| | 6 | 合众人寿 | 1.05 |
| | 7 | 人保寿险 | 1.22 |
| | 8 | 农银人寿 | 1.25 |
| | 9 | 泰康人寿 | 1.26 |
| | 10 | 太平洋寿险 | 1.52 |
| 财产险 | 1 | 人保财险 | 1.00 |
| | 2 | 中华联合财险 | 1.00 |
| | 3 | 永安财险 | 1.00 |
| | 4 | 国寿财险 | 1.00 |
| | 5 | 利宝财险 | 1.00 |
| | 6 | 美亚财险 | 1.00 |
| | 7 | 苏黎世财险 | 1.00 |
| | 8 | 国任财险 | 1.00 |
| | 9 | 英大财险 | 1.00 |
| | 10 | 紫金保险 | 1.00 |

资料来源：根据北京银保监局每年发布数据整理。

表 10-15 显示了理赔平均时效的十佳保险公司（北京分公司）。其中，人身险十佳公司分别为合众人寿、农银人寿、幸福人寿、恒安标准人寿、华夏人寿、中国人寿、友邦保险、招商信诺人寿、富德生命人寿和泰康人寿，其理赔平均时效最大值为 1.22 天，理赔效率非常高，消费者可以在 1 天半的时间内获得赔付；财产险十佳公司分别为中银

保险、国任财险、永诚财险、都邦财险、人保财险、永安财险、太平洋产险、太平财险、苏黎世财险和利宝财险，其理赔平均时效最大值为 1.67 天，说明消费者皆可以在 2 天内获得赔付，赔付效率较高。

表 10-15　2019 年 3 月理赔平均时效十佳公司（北京分公司）

| 险种类型 | 序号 | 公司简称 | 保单平均出单时效 |
|---|---|---|---|
| 人身险 | 1 | 合众人寿 | 1.00 |
| | 2 | 农银人寿 | 1.00 |
| | 3 | 幸福人寿 | 1.00 |
| | 4 | 恒安标准人寿 | 1.05 |
| | 5 | 华夏人寿 | 1.08 |
| | 6 | 中国人寿 | 1.11 |
| | 7 | 友邦保险 | 1.11 |
| | 8 | 招商信诺人寿 | 1.14 |
| | 9 | 富德生命人寿 | 1.20 |
| | 10 | 泰康人寿 | 1.22 |
| 财产险 | 1 | 中银保险 | 1.00 |
| | 2 | 国任财险 | 1.00 |
| | 3 | 永诚财险 | 1.01 |
| | 4 | 都邦财险 | 1.08 |
| | 5 | 人保财险 | 1.13 |
| | 6 | 永安财险 | 1.18 |
| | 7 | 太平洋产险 | 1.25 |
| | 8 | 太平财险 | 1.65 |
| | 9 | 苏黎世财险 | 1.65 |
| | 10 | 利宝财险 | 1.67 |

资料来源：根据北京银保监局每年发布数据整理。

表 10-16 显示了小额简易案件理赔平均时效的十佳保险公司（北京分公司）。其中，人身险十佳公司分别为合众人寿、恒安标准人寿、农银人寿、华夏人寿、幸福人寿、百年人寿、北大方正人寿、富德生命人寿、新华人寿和光大永明人寿，其小额简易案件理赔平均时效最大值为 1.04 天，理赔效率非常高，消费者发生的小额简易案件基本可以在 1 天的时间内获得赔付；财产险十佳公司分别为太平财险、永安财险、中银保险、国任财险、人保财险、都邦财险、太平洋产险、苏黎世财险、利宝财险和长安责任，其小额简易案件理赔平均时效最大值为 1.68 天，说明消费者都可以在 2 天内获得赔付，赔付效率较高。

表 10-16　2019 年 3 月小额简易案件理赔平均时效十佳榜单

| 险种类型 | 序号 | 公司简称 | 保单平均出单时效 |
|---|---|---|---|
| 人身险 | 1 | 合众人寿 | 1.00 |
|  | 2 | 恒安标准人寿 | 1.00 |
|  | 3 | 农银人寿 | 1.00 |
|  | 4 | 华夏人寿 | 1.00 |
|  | 5 | 幸福人寿 | 1.00 |
|  | 6 | 百年人寿 | 1.00 |
|  | 7 | 北大方正人寿 | 1.00 |
|  | 8 | 富德生命人寿 | 1.02 |
|  | 9 | 新华人寿 | 1.03 |
|  | 10 | 光大永明人寿 | 1.04 |
| 财产险 | 1 | 太平财险 | 1.00 |
|  | 2 | 永安财险 | 1.00 |
|  | 3 | 中银保险 | 1.00 |
|  | 4 | 国任财险 | 1.00 |
|  | 5 | 人保财险 | 1.06 |
|  | 6 | 都邦财险 | 1.11 |
|  | 7 | 太平洋产险 | 1.21 |
|  | 8 | 苏黎世财险 | 1.37 |
|  | 9 | 利宝财险 | 1.64 |
|  | 10 | 长安责任 | 1.68 |

资料来源：根据北京银保监局每年发布数据整理。

# 第四节　保险公司服务整理评价

## 一、我国保险公司服务评价体系说明

2015 年 7 月，中国保监会发布《保险公司服务评价管理办法（试行）》，通过对保险公司销售、承保、咨询、理赔、投诉全流程进行定量评价和服务创新评价，全面客观地衡量保险公司的服务水平，并向社会公众公布评价结果，对保险公司的客户口碑产生了深远影响。作为保险行业"三位一体"评价体系中衡量服务水平的指标，服务评价以消费者体验与感受为重要参数，是衡量保险公司服务的重要标尺。

根据《保险公司服务评价管理办法（试行）》，中国保监会成立了由保险监管部门、行业自律组织、大专院校学者、新闻工作者和保险消费者代表等组成的保险公司服务评价委员会，自 2017 年组织开展保险公司服务评价工作。2018 年及以后这项工作主要由中国银行保险信息技术管理有限公司（以下简称"中国银保信"）负责组织并发布结果。

保险公司服务评价内容为参评保险公司的上一年度服务情况。评价体系重点围绕消费者反映较强烈的销售、理赔、咨询、维权等方面的突出问题，结合行业实际，对财产保险和人身保险分别设定电话呼入人工接通率、理赔获赔率、投诉率等 8 类定量指标进行计分，在此基础上对重要服务创新和重大负面事件分别进行加分或减分调整。

保险公司服务评价范围为除养老保险公司、农业保险公司、健康保险公司、政策性保险公司等类型的保险公司之外，截至上一年年末开业满 3 个会计年度的财产保险公司和人身保险公司。

保险公司服务评价结果针对的是在目前指标体系下的保险公司服务水平，并不代表其资信水平和风险状况。评价结果按照得分从高到低依次分为 A、B、C、D 这 4 类，具体包括 AAA、AA、A、BBB、BB、B、CCC、CC、C、D 共 10 级。

## 二、我国保险公司服务评价结果总体情况

### （一）2016 年保险公司服务评价结果

2017 年，中国保监会根据《保险公司服务评价管理办法（试行）》组织开展了保险公司服务评价工作，评价内容为参评保险公司 2016 年度服务情况，并于 2017 年 11 月 24 日向社会首次公布了评价结果。

参评的 58 家财产险公司中，获评 A 类的保险公司有 10 家，占比 17.24%。其中 AAA 级空缺，AA 级 5 家，A 级 5 家。获评 A 类的保险公司分别是（按公司名称拼音排序）：安达保险有限公司、安盛天平财产保险股份有限公司、华泰财产保险有限公司、锦泰财产保险股份有限公司、太平财产保险有限公司、阳光财产保险股份有限公司、中国大地财产保险股份有限公司、中国平安财产保险股份有限公司、中国人民财产保险股份有限公司、中国太平洋财产保险股份有限公司。B 类有 38 家，占比 65.52%，其中 BBB 级 13 家，BB 级 11 家，B 级 14 家。C 类保险公司有 10 家，占比 17.24%，其中 CCC 级 5 家，CC 级 4 家，C 级 1 家。无 D 类公司。

参评的 59 家人身险公司中，获评 A 类保险公司的有 11 家，占比 18.64%。其中 AAA 级空缺，AA 级 4 家，A 级 7 家。获得 A 类的保险公司分别是（按公司名称拼音排序）：百年人寿保险股份有限公司、德华安顾人寿保险有限公司、恒安标准人寿保险有限公司、华泰人寿保险股份有限公司、吉祥人寿保险股份有限公司、泰康人寿保险有限责任公司、新华人寿保险股份有限公司、中国平安人寿保险股份有限公司、中国人寿保险股份有限公司、中国太平洋人寿保险股份有限公司、中信保诚人寿保险有限公司。B 类保险公司有 35 家，占比 59.32%，其中 BBB 级 17 家，BB 级 10 家，B 级 8 家。C 类保险公司有 12 家，占比 20.34%，其中 CCC 级 10 家，CC 级 1 家，C 级 1 家。D 类 1 家，占比 1.69%。

### （二）2017 年保险公司服务评价结果

2018 年 12 月 27 日，保险业数据信息共享平台中国银保信，在其官网上发布了 2017 年度保险公司服务评价结果。

参评的财产险公司有 60 家，比 2016 年增加 2 家。其中，获得 A 类评级的有 15 家，比 2016 年增加 5 家，占比 25.0%，其中 AA 级财产险公司从 5 家减少为 4 家。B 类保险

公司有 34 家，比 2016 年减少 4 家，占比 56.7%。C 类保险公司有 11 家，比 2016 年增加 1 家，占比 18.3%。

参评的人身险公司共 59 家，获得 A 类评级的保险公司有 12 家，比 2016 年增加 1 家，占比 20.3%，其中 AA 级保险公司从去年的 4 家减少为 3 家。B 类保险公司有 39 家，比 2016 年增加 4 家，占比 66.1%。C 类保险公司有 8 家，比 2016 年减少 4 家，占比 13.6%。无 D 类保险公司。

（三）2018 年保险公司服务评价结果

2019 年 10 月 14 日，中国银保信发布了 2018 年度保险公司服务评价结果，共有 64 家财产险公司和 61 家人身险公司参与了该次服务评价。

在 64 家财产险公司中，A 类公司有 16 家，B 类公司有 41 家，C 类公司有 7 家。具体来说，财产险公司中，共有 6 家公司被评为 AA 级，包括中国平安财产保险股份有限公司、中国人民财产保险股份有限公司等。日本财产保险（中国）有限公司等 10 家公司被评为 A 级。24 家公司被评为 BBB 级，9 家公司被评为 BB 级，8 家公司被评为 B 级。被评为 CCC 级的公司共 2 家，其中 CC 级公司有 3 家，C 级公司有 1 家。

在 61 家人身险公司中，A 类公司有 7 家、B 类公司有 44 家，C 类公司有 10 家。具体来说，人身险公司中，共有 3 家公司被评为 AA 级，包括交银康联人寿保险有限公司、太平人寿保险有限公司、中国太平洋人寿保险股份有限公司；4 家公司被评为 A 级。16 家公司被评为 BBB 级，15 家公司被评为 BB 级，13 家公司被评为 B 级。被评为 CCC 级的公司共 7 家，被评为 CC 级的公司共 3 家。

经过对近 3 年保险公司服务评价结果的统计分析可以发现，2016 年至今未出现 AAA 级公司，不过，D 级也仅在 2016 年出现过。

## 三、2018 年我国保险公司服务评价结果详细榜单

2018 年我国保险公司服务评价结果为 AA、A、BBB、BB、B、CCC、CC、C 级的保险公司数量分别为 9 家、14 家、40 家、24 家、21 家、9 家、6 家和 2 家，占比分别为 7.20%、11.20%、32.00%、19.20%、16.80%、7.20%、4.80% 和 1.60%。具体如表 10-17 所示。

表 10-17　我国保险公司服务评价结果详细榜单

| 编号 | 公司类型 | 服务评级 | 机构名称 |
|---|---|---|---|
| 1 | 财产险公司 | AA | 安盛天平财产保险股份有限公司 |
| 2 | 财产险公司 | AA | 乐爱金财产保险（中国）有限公司 |
| 3 | 财产险公司 | AA | 太平财产保险有限公司 |
| 4 | 财产险公司 | AA | 中国平安财产保险股份有限公司 |
| 5 | 财产险公司 | AA | 中国人民财产保险股份有限公司 |
| 6 | 财产险公司 | AA | 中国太平洋财产保险股份有限公司 |
| 7 | 财产险公司 | A | 鼎和财产保险股份有限公司 |
| 8 | 财产险公司 | A | 富邦财产保险有限公司 |

续表

| 编号 | 公司类型 | 服务评级 | 机构名称 |
|---|---|---|---|
| 9 | 财产险公司 | A | 合众财产保险股份有限公司 |
| 10 | 财产险公司 | A | 锦泰财产保险股份有限公司 |
| 11 | 财产险公司 | A | 日本财产保险（中国）有限公司 |
| 12 | 财产险公司 | A | 三星财产保险（中国）有限公司 |
| 13 | 财产险公司 | A | 鑫安汽车保险股份有限公司 |
| 14 | 财产险公司 | A | 阳光财产保险股份有限公司 |
| 15 | 财产险公司 | A | 中国大地财产保险股份有限公司 |
| 16 | 财产险公司 | A | 中航安盟财产保险有限公司 |
| 17 | 财产险公司 | BBB | 爱和谊日生同和财产保险（中国）有限公司 |
| 18 | 财产险公司 | BBB | 安诚财产保险股份有限公司 |
| 19 | 财产险公司 | BBB | 长江财产保险股份有限公司 |
| 20 | 财产险公司 | BBB | 诚泰财产保险股份有限公司 |
| 21 | 财产险公司 | BBB | 东京海上日动火灾保险（中国）有限公司 |
| 22 | 财产险公司 | BBB | 都邦财产保险股份有限公司 |
| 23 | 财产险公司 | BBB | 国任财产保险股份有限公司 |
| 24 | 财产险公司 | BBB | 国泰财产保险有限责任公司 |
| 25 | 财产险公司 | BBB | 华安财产保险股份有限公司 |
| 26 | 财产险公司 | BBB | 华海财产保险股份有限公司 |
| 27 | 财产险公司 | BBB | 史带财产保险股份有限公司 |
| 28 | 财产险公司 | BBB | 泰山财产保险股份有限公司 |
| 29 | 财产险公司 | BBB | 天安财产保险股份有限公司 |
| 30 | 财产险公司 | BBB | 亚太财产保险有限公司 |
| 31 | 财产险公司 | BBB | 燕赵财产保险股份有限公司 |
| 32 | 财产险公司 | BBB | 英大泰和财产保险股份有限公司 |
| 33 | 财产险公司 | BBB | 永诚财产保险股份有限公司 |
| 34 | 财产险公司 | BBB | 中国人寿财产保险股份有限公司 |
| 35 | 财产险公司 | BBB | 中华联合财产保险股份有限公司 |
| 36 | 财产险公司 | BBB | 中煤财产保险股份有限公司 |
| 37 | 财产险公司 | BBB | 中意财产保险有限公司 |
| 38 | 财产险公司 | BBB | 中银保险有限公司 |
| 39 | 财产险公司 | BBB | 众安在线财产保险股份有限公司 |
| 40 | 财产险公司 | BBB | 众诚汽车保险股份有限公司 |
| 41 | 财产险公司 | BB | 北部湾财产保险股份有限公司 |
| 42 | 财产险公司 | BB | 长安责任保险股份有限公司 |
| 43 | 财产险公司 | BB | 华泰财产保险有限公司 |

| 编号 | 公司类型 | 服务评级 | 机构名称 |
|------|----------|----------|----------|
| 44 | 财产险公司 | BB | 劳合社保险（中国）有限公司 |
| 45 | 财产险公司 | BB | 利宝保险有限公司 |
| 46 | 财产险公司 | BB | 美亚财产保险有限公司 |
| 47 | 财产险公司 | BB | 三井住友海上火灾保险（中国）有限公司 |
| 48 | 财产险公司 | BB | 永安财产保险股份有限公司 |
| 49 | 财产险公司 | BB | 紫金财产保险股份有限公司 |
| 50 | 财产险公司 | B | 安达保险有限公司 |
| 51 | 财产险公司 | B | 渤海财产保险股份有限公司 |
| 52 | 财产险公司 | B | 富德财产保险股份有限公司 |
| 53 | 财产险公司 | B | 恒邦财产保险股份有限公司 |
| 54 | 财产险公司 | B | 华农财产保险股份有限公司 |
| 55 | 财产险公司 | B | 泰康在线财产保险股份有限公司 |
| 56 | 财产险公司 | B | 浙商财产保险股份有限公司 |
| 57 | 财产险公司 | B | 中路财产保险股份有限公司 |
| 58 | 财产险公司 | CCC | 安心财产保险有限责任公司 |
| 59 | 财产险公司 | CCC | 京东安联财产保险有限公司 |
| 60 | 财产险公司 | CC | 瑞再企商保险有限公司 |
| 61 | 财产险公司 | CC | 现代财产保险（中国）有限公司 |
| 62 | 财产险公司 | CC | 信利保险（中国）有限公司 |
| 63 | 财产险公司 | C | 日本兴亚财产保险（中国）有限责任公司 |
| 64 | 财产险公司 | C | 苏黎世财产保险（中国）有限公司 |
| 65 | 人身险公司 | AA | 交银康联人寿保险有限公司 |
| 66 | 人身险公司 | AA | 太平人寿保险有限公司 |
| 67 | 人身险公司 | AA | 中国太平洋人寿保险股份有限公司 |
| 68 | 人身险公司 | A | 恒大人寿保险有限公司 |
| 69 | 人身险公司 | A | 泰康人寿保险有限责任公司 |
| 70 | 人身险公司 | A | 中国平安人寿保险股份有限公司 |
| 71 | 人身险公司 | A | 中银三星人寿保险有限公司 |
| 72 | 人身险公司 | BBB | 百年人寿保险股份有限公司 |
| 73 | 人身险公司 | BBB | 国华人寿保险股份有限公司 |
| 74 | 人身险公司 | BBB | 国联人寿保险股份有限公司 |
| 75 | 人身险公司 | BBB | 恒安标准人寿保险有限公司 |
| 76 | 人身险公司 | BBB | 华夏人寿保险股份有限公司 |
| 77 | 人身险公司 | BBB | 吉祥人寿保险股份有限公司 |
| 78 | 人身险公司 | BBB | 建信人寿保险股份有限公司 |
| 79 | 人身险公司 | BBB | 君龙人寿保险有限公司 |
| 80 | 人身险公司 | BBB | 民生人寿保险股份有限公司 |
| 81 | 人身险公司 | BBB | 农银人寿保险股份有限公司 |

续表

| 编号 | 公司类型 | 服务评级 | 机构名称 |
|---|---|---|---|
| 82 | 人身险公司 | BBB | 天安人寿保险股份有限公司 |
| 83 | 人身险公司 | BBB | 幸福人寿保险股份有限公司 |
| 84 | 人身险公司 | BBB | 友邦保险有限公司上海分公司 |
| 85 | 人身险公司 | BBB | 中国人寿保险股份有限公司 |
| 86 | 人身险公司 | BBB | 中信保诚人寿保险有限公司 |
| 87 | 人身险公司 | BBB | 中意人寿保险有限公司 |
| 88 | 人身险公司 | BB | 北大方正人寿保险有限公司 |
| 89 | 人身险公司 | BB | 渤海人寿保险股份有限公司 |
| 90 | 人身险公司 | BB | 长生人寿保险有限公司 |
| 91 | 人身险公司 | BB | 德华安顾人寿保险有限公司 |
| 92 | 人身险公司 | BB | 东吴人寿保险股份有限公司 |
| 93 | 人身险公司 | BB | 合众人寿保险股份有限公司 |
| 94 | 人身险公司 | BB | 君康人寿保险股份有限公司 |
| 95 | 人身险公司 | BB | 瑞泰人寿保险有限公司 |
| 96 | 人身险公司 | BB | 新华人寿保险股份有限公司 |
| 97 | 人身险公司 | BB | 阳光人寿保险股份有限公司 |
| 98 | 人身险公司 | BB | 英大泰和人寿保险股份有限公司 |
| 99 | 人身险公司 | BB | 中国人民人寿保险股份有限公司 |
| 100 | 人身险公司 | BB | 中荷人寿保险有限公司 |
| 101 | 人身险公司 | BB | 中宏人寿保险有限公司 |
| 102 | 人身险公司 | BB | 珠江人寿保险股份有限公司 |
| 103 | 人身险公司 | B | 复星保德信人寿保险有限公司 |
| 104 | 人身险公司 | B | 富德生命人寿保险股份有限公司 |
| 105 | 人身险公司 | B | 工银安盛人寿保险有限公司 |
| 106 | 人身险公司 | B | 光大永明人寿保险有限公司 |
| 107 | 人身险公司 | B | 弘康人寿保险股份有限公司 |
| 108 | 人身险公司 | B | 华汇人寿保险有限公司 |
| 109 | 人身险公司 | B | 前海人寿保险股份有限公司 |
| 110 | 人身险公司 | B | 上海人寿保险股份有限公司 |
| 111 | 人身险公司 | B | 信泰人寿保险股份有限公司 |
| 112 | 人身险公司 | B | 招商信诺人寿保险有限公司 |
| 113 | 人身险公司 | B | 中德安联人寿保险有限公司 |
| 114 | 人身险公司 | B | 中韩人寿保险有限公司 |
| 115 | 人身险公司 | B | 中邮人寿保险股份有限公司 |
| 116 | 人身险公司 | CCC | 长城人寿保险股份有限公司 |
| 117 | 人身险公司 | CCC | 华泰人寿保险股份有限公司 |
| 118 | 人身险公司 | CCC | 利安人寿保险股份有限公司 |
| 119 | 人身险公司 | CCC | 陆家嘴国泰人寿保险有限责任公司 |
| 120 | 人身险公司 | CCC | 同方全球人寿保险有限公司 |
| 121 | 人身险公司 | CCC | 中美联泰大都会人寿保险有限公司 |

| 编号 | 公司类型 | 服务评级 | 机构名称 |
|------|----------|----------|----------|
| 122 | 人身险公司 | CCC | 中英人寿保险有限公司 |
| 123 | 人身险公司 | CC | 汇丰人寿保险有限公司 |
| 124 | 人身险公司 | CC | 中华联合人寿保险股份有限公司 |
| 125 | 人身险公司 | CC | 中融人寿保险股份有限公司 |

资料来源：根据中国银保信官网公布文件整理。

# 第四篇

# 发展案例篇

改革开放以来，保险业保持着持续、健康、快速的发展态势。保险公司治理从无到有，不断健全完善，逐渐成为保险监管的核心。新形势下，保险业发展面临新的机遇和挑战，我们必须以习近平新时代中国特色社会主义思想为指导，以构建中国特色的现代保险公司治理机制为目标，开创保险公司治理监管的新局面。

——中国银保监会公司治理监管部.努力构建中国特色的现代保险公司治理机制 开创公司治理监管新局面[J].保险研究，2018（12）：38-41.

# 第十一章 建信财险公司治理案例分析

本章将从公司概况、股权结构与股东会及董监高的构成方面介绍建信财险公司治理的发展情况。

## 第一节 建信财险公司概况

### 一、公司简介

建信财产保险有限公司（以下简称"建信财险"）①于 2016 年 10 月成立，是经监管机构批准设立的全国性财产保险公司，隶属于中国建设银行集团（以下简称"建行集团"），经营总部设立在北京。该公司经营发展在总体上契合建行集团战略定位，肩负着"服务建行集团战略、服务建行集团主业、服务建行集团客户"的担当使命，秉承"至诚、担当、精进、超越"的核心价值理念，致力于发展成为具有特色和价值的现代智慧型财产保险公司。

具体来说建信财险具有以下几点优势。

1. 高效的集团协同

建行集团拥有数以亿计的个人客户和数百万的对公客户。建信财险通过与建行集团的信息共享和协同联动，理解客户保险需求，力求为客户提供专业化、特色化和综合化的保险保障方案，提升客户服务体验。

2. 广泛的服务渠道

建信财险利用建行集团遍布全国的营业网点、手机银行、网上银行、智能终端等渠道及公司网上商城、微信商城等自营渠道，广泛布局，推送保险产品及服务。通过线上、线下相结合的创新型服务模式，实现客户咨询、投保、理赔、查询等全流程的客户服务，提升服务效率。

3. 优质的产品供给

建信财险用心培育产品，围绕建行集团业务场景设计专业化的保险产品，并嵌入住

---

① 建信财险在 2018 年保险法人机构公司治理评价中，监管评价排名第二，综合评价排名第一，因此本章选择了该公司作为案例分析对象。

房金融、消费金融、小微信贷、重大项目融资等业务流程中，力求为客户提供优质的产品和全面的保障。对于个人客户，建信财险依据衣、食、住、行、医、学、游、金融等生活化场景差异化地设计产品，提供"千人千面"的保险服务，满足客户需求。

4. 领先的科技支撑

基于建行集团"新一代"核心业务系统及保险科技的先进理念，建信财险已初步建成适用于传统保险业务和互联网保险业务场景的"双优混合架构核心系统"。建信财险积极把握互联网、云计算、大数据、人工智能、区块链等前沿科技发展趋势，遵循企业级的服务治理和数据治理原则，采用分布式框架关键组件，引入微服务技术，满足高可用、高并发的业务要求，保障公司快速响应市场。

建信财险坚定"做优车险、做强非车险、做实互联网保险、做稳投资"的业务发展思路，在业务模式、产品、渠道、服务和风险管理方面突出特色，通过创新驱动、科技驱动和战略协同驱动三大"引擎"走出一条差异化的发展道路，努力打造"专而美"的智慧型财产险公司。建信财险的特色产品如下。

（1）"账户保"系列产品

围绕个人账户资金安全，建信财险打造了"账户保"系列产品：个人信用卡资金损失保险，保障信用卡资金安全；个人账户资金安全保险，保障个人全部实体账户资金安全；建设银行手机银行个人用户资金安全保险 A 款，保障建行手机银行用户资金安全；个人资金安全保险 A 款，保障实体及电子银行账户、非金融机构支付账户资金安全。该系列产品主要特点为：覆盖个人资金账户，保障责任清晰全面，产品类型灵活多样。

（2）"安守"系列产品

建信财险为个人客户提供了人身意外、出行安全、家庭财产立体化综合保障："安守人生"人身意外伤害保险，保障被保险人在日常生活、工作、外出中因发生意外事故导致的身故、残疾；"安守人生"航空意外伤害保险，保障被保险人在持有效机票乘坐合法民航客运班机途中因意外伤害导致的身故、伤残；"安守家财"家庭财产保险，保障被保险人的房屋及室内装潢、室内财产由于火灾、爆炸、暴风、暴雨、盗窃、漏水等风险造成的损失。该系列产品主要特点为：保障全面、投保便捷。

（3）"微小保"系列产品

建信财险为中小企业提供了企业综合保障方案。"微小保"系列是针对中小企业客户量身定做的保险产品，包括"微小保"中小企业综合保险、"微小保"快贷专享计划等。通过提供组合保险责任、指定专属投保方案等为中小企业客户提供全面、快捷的保险服务，为中小企业运营、发展保驾护航。该系列产品主要特点为：组合多种责任，保障更加全面；高保额，高保障；专属保险方案，购买简单便捷。

（4）机动车辆保险

该系列产品主要特点为：有多种产品套餐可供客户选择，投保简捷；提供丰富的承保增值服务；在常规理赔服务外，提供特色理赔服务。

（5）保险卡产品

保险卡产品是建信财险基于其银行系财产险公司特点打造的保险产品。保险卡分为实体卡和电子卡，客户购买时无须填写任何信息，购买后可通过账号和密码在有效期内随时激活保单。该系列产品主要特点为：购买手续简便，激活方式灵活；无须实名制，有效期内转赠无限制；产品配置简单灵活，卡片设计美观多样。

综上所述，建信财产的经营范围如下：机动车辆保险，包括机动车交通事故责任强制保险和机动车商业保险；企业／家庭财产保险及工程保险（特殊风险保险除外）；责任保险；船舶／货运保险；短期健康／意外伤害保险；上述业务的再保险业务；国家法律、法规允许的保险资金运用业务；经监管部门批准的其他业务（依法须经批准的项目，经相关部门批准后方可开展经营活动）。

## 二、组织架构

建信财险的组织架构如图 11-1 所示。公司设置股东会、董事会、监事会与高管层，其中董事会下设专门委员会，包括审计委员会、提名薪酬委员会和战略发展委员会。在高管层组织结构设置中，总公司业务部门设置较为全面，职能部门设置也较为齐全。

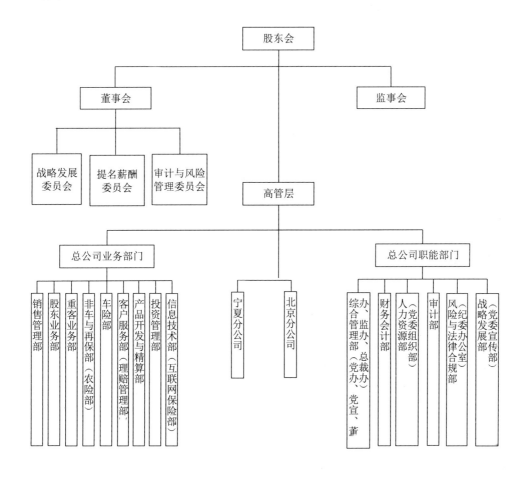

图 11-1　建信财险组织架构

资料来源：建信财险官网。

## 三、经营理念与客户服务

### （一）经营理念

建信财产致力于成为具有特色和价值的现代智慧型财产保险公司；企业的核心价值理念是"至诚、担当、精进、超越"；经营理念是"创新驱动发展、创造实现价值"；经营策略是"专业化服务、特色化经营、差异化发展"。

### （二）客户服务

建信财险着力打造全程全网、客户至上的理赔和客户服务体系，以全方位、全流程、差异化、智能化的客户服务为最终目标，以精细化、智能型、友好型的客服理赔信息系统为支撑，优先发展智能客服系统及客户自助服务系统，着力创造更高的服务价值，具体措施如下。

一是坚持高品质服务。建信财险着重强调客户体验升级，通过不断提高服务能力和服务品质，持续提升客户满意度，通过全程全网的服务网络、快捷高效的服务流程，实现专业贴心的客户服务。

二是坚持"理赔、客服并重"服务理念。建信财险坚持全方位、全流程的大客服理念，开创了集前置服务标准化与后期理赔便捷化于一体的绿色通道模式，第一时间解决客户诉求，提升服务效率。

三是坚持特色化服务。建信财险深入推进理赔咨询、专家坐席、人伤调节及法律咨询、就近理赔等特色理赔服务，充分发挥专业优势，打造银行系财产险特色服务品牌。

四是坚持智慧型服务。公司积极引入移动互联网服务手段，实现自助理赔、移动查勘、代检代验等增值服务管理，打造线上线下服务一体化，智能与人工相结合，线上客服与传统热线互补的智慧型服务体系。

## 四、公司历史与所获荣誉

### （一）公司历史

2016 年 3 月 28 日，建信财险获批筹建。2016 年 10 月 9 日取得开业批复。

2016 年 10 月 18 日，建信财险开业首日即承保第一单团体意外险业务。

2017 年 1 月，建信财险承保建设银行信用卡中心"龙卡安心用"业务，保额逾 1000 亿元，保障人数超 200 万人。

2017 年 2 月，建信财险受理首笔账户资金安全险理赔案，自报案至结案仅耗时 2 个工作日。

2017 年 6 月，建信财险车险、"账户保"、"安守"等系列产品正式上线，并打通建设银行代理渠道，实现账户保等 3 款产品全国热销。

2017 年上半年末，建信财险综合投资收益率稳步超越同类保险公司平均水平。

2017 年 7 月，宁夏分公司开业。

2017 年 8 月，北京分公司开业。

2017 年 9 月，为宁夏回族自治区同心县 2162 名建档立卡贫困人口捐赠意外健康保险，保额合计 1.08 亿元。

2017 年 10 月，建信财险成立一周年之际，累计保费收入突破 1 亿元。

2017 年 10 月，建信财险《三大引擎引领差异化发展之路》见刊《中国保险报》，并被人民网、搜狐网等各大媒体转载。

（二）所获荣誉

2018 年 2 月，建信财险获得银川阅海湾中央商务区服务中心授予的 2017 年度"优秀纳税企业"荣誉称号。其"账户保"系列产品被评为"2017 年度创新保险产品"。

2018 年 2 月，建信财险获得同心县人民政府赠予的"真情帮扶 至诚大爱"荣誉称号。

2017 年 12 月，建信财险在由《每日经济新闻》主办的 2017 中国金融发展论坛暨第八届金融金鼎奖颁奖典礼上，斩获"年度卓越价值成长保险公司"奖。

2017 年 11 月，建信财险在由中国保监会指导、中国保险行业协会主办的"7·8 全国保险公众宣传日"活动中获得"最佳创意奖"和"2017 年中国保险业 7·8 公益扶贫贡献奖"。

# 第二节　建信财险股权结构与股东会

## 一、实际控制人控制公司情况说明

建信人寿保险股份有限公司持有建信财险 90.20% 的股权，为建信财险控股股东；中国建设银行股份有限公司持有建信人寿保险股份有限公司 51% 的股份，为建信人寿保险股份有限公司控股股东、建信财险实际控制人。

## 二、股权结构情况

建信财险持股比例在 5% 以上的股东及其持股情况如表 11-1 所示。建信财险的第一大股东为建信人寿保险股份有限公司，持股比例为 90.2%；宁夏交通投资集团有限公司、银川通联资本投资有限公司持股比例均为 4.9%。总体来看，建信财险的股权结构相对较为集中。

表 11-1　建信财险持股比例在 5% 以上的股东及其持股情况

| 股东名称 | 持股比例（%） | 浴本性质 | 备注 |
|---|---|---|---|
| 建信人寿保险股份有限公司 | 90.20 | 国有法人 | 发起人 |
| 宁夏交通投资集团有限公司 | 4.90 | 国有法人 | 发起人 |
| 银川通联资本投资有限公司 | 4.90 | 国有法人 | 发起人 |

资料来源：建信财险官网。

### 三、建信财险 2016—2018 年股东会召开情况

#### （一）2018 年度股东会

2019 年 4 月 28 日，建信财产在北京召开 2018 年度股东会，委托代表出席会议的股东合计持有公司股东会 100%的表决权。会议审议并一致通过《建信财产保险有限公司 2018 年度董事会工作报告》《建信财产保险有限公司 2018 年度董事尽职报告》《建信财产保险有限公司 2018 年度独立董事尽职报告》《建信财产保险有限公司监事会 2018 年度工作报告》《建信财产保险有限公司 2018 年度监事履职情况报告》《建信财产保险有限公司三年滚动商业计划（2018 年—2020 年）》的议案。会议同时听取了《建信财产保险有限公司 2018 年关联交易情况和管理制度执行情况的报告》。

#### （二）2018 年第三次临时股东会

2018 年 11 月 28 日，建信财险在北京召开了 2018 年第三次临时股东会（电话会议），委托代表出席会议的股东合计持有公司股东会 100%的表决权。会议审议并一致通过了《关于聘用外部审计师的议案》。

#### （三）2018 年第二次临时股东会

2018 年 7 月 23 日，建信财险在北京以现场方式召开 2018 年第二次临时股东会，公司全体股东均委派代表出席会议，委派代表出席会议的股东合计持有公司股东会 100%的表决权。会议审议并一致通过《建信财产保险有限公司 2017 年度独立董事尽职报告》《建信财产保险有限公司 2018 年度综合经营计划》两项议案。

#### （四）2018 年第一次临时股东会

2018 年 6 月 14 日，建信财险在北京召开了 2018 年第一次临时股东会（电话会议），委托代表出席会议的股东合计持有公司股东会 100%的表决权。会议主题是增补公司第一届董事会 3 名非独立董事和第一届监事会股东代表监事。根据公司章程，该次会议通过累积投票对拟选董事、监事进行了表决，表决结果为：王云、张华清、杨立斌、李忠华得票数均占出席会议有效表决权的 100%。根据表决结果，选举王云、张华清为公司第一届董事会拟任执行董事，选举杨立斌为公司第一届董事会拟任非执行董事，选举李忠华为公司第一届监事会拟任股东代表监事。

#### （五）2017 年度股东会

2018 年 4 月 26 日，建信财险在北京召开 2017 年度股东会，委托代表出席会议的股东合计持有公司股东会 100%的表决权。会议审议并一致通过《建信财产保险有限公司 2017 年度经营情况及 2018 年度经营工作安排报告》《建信财产保险有限公司董事会 2017 年度工作报告》《建信财产保险有限公司董事 2017 年度尽职情况报告》《建信财产保险有限公司监事会 2017 年度工作报告》《建信财产保险有限公司监事 2017 年度尽职评价报告》《关于审议修改<建信财产保险有限公司股东会议事规则>的议案》《建信财产保险有限公司董事会议事规则》《关于审议修改<建信财产保险有限公司监事会议事规则>的议案》《建信财产保险有限公司三年发展规划（2018—2020 年）》等 9 项议案。会议同时听取了《建信财产保险有限公司 2017 年关联交易情况和管理制度执行情况的报告》。

### （六）2017 年第三次临时股东会

2017 年 12 月 27 日，建信财险召开 2017 年第三次临时股东会，委托代表出席会议的股东合计持有公司股东会 100%的表决权。会议审议并一致通过关于审议修改公司《章程》的议案、《关于审议建信财产保险有限公司扶贫捐赠支出的议案》两项议案。

### （七）2017 年第二次临时股东会

2017 年 12 月 21 日，建信财险召开 2017 年第二次临时股东会，委托代表出席会议的股东合计持有公司股东会 100%的表决权。会议审议并一致通过《关于免去薛峰公司董事职务的议案》。

### （八）2017 年第一次临时股东会

2017 年 7 月 20 日，建信财险召开 2017 年第一次临时股东会，委托代表出席会议的股东合计持有公司股东会 100%的表决权。会议审议并一致通过《关于<建信财产保险有限公司 2017 年度综合经营计划>的议案》《关于审议修改<建信财产保险有限公司董事会议事规划>的议案》《关于审议修改<建信财产保险有限公司监事会议事规则>的议案》。

### （九）2016 年度股东会

2017 年 4 月 20 日，建信财险召开 2016 年度股东会，委托代表出席会议的股东合计持有公司股东会 100%的表决权。会议审议并一致通过《关于审议修改<建信财产保险有限公司章程>的议案》《建信财产保险有限公司 2016 年度经营情况及 2017 年度经营工作安排报告》《建信财产保险有限公司董事会 2016 年工作报告》《建信财产保险有限公司监事会 2016 年工作报告》《建信财产保险有限公司董事尽职评价报告》《建信财产保险有限公司监事尽职评价报告》的议案，共计 6 项议案。

## 第三节　建信财险董监高构成情况

### 一、董事会构成情况

建信财险董事会人员情况如表 11-2 所示，董事会人数为 8 人。王云任公司董事长、执行董事，张华清任执行董事及公司总裁，董事会设有 3 名非执行董事、2 名独立董事和一名职工代表董事。虽然建信财险的独立董事人数未达到中国银保监会《保险机构独立董事管理办法》中至少 3 名独立董事的基本要求，但是这 2 名独立董事分别具备法律和财务背景。一般情况下，公司聘请具有法律背景的独立董事的主要目的在于，当企业面临较多的法律诉讼问题时，其可以为公司提供有效咨询（何威风和刘巍，2017）；同时，鉴于保险行业的特性，具备法律背景的独立董事对于保险公司的有效经营是至关重要的。而具有财务背景的独立董事则能够帮助企业减少的投资过度和投资不足的行为（杭健，2017）。因此，建信财险的独立董事结构是比较合理有效的。而且公司董事长和总经理不存在兼任的情况，能够保证董事长和总经理有效地履职。

表 11-2 建信财险董事会人员情况

| 姓名 | 职务 | 性别 | 学历 | 任期起止时间 |
|------|------|------|------|------|
| 王云 | 董事长、执行董事 | 男 | 硕士 | 2018 至今 |
| 张华清 | 执行董事、总裁 | 男 | 硕士 | 2018 至今 |
| 杨立斌 | 非执行董事 | 男 | 硕士 | 2018 至今 |
| 张彪 | 非执行董事 | 男 | 硕士 | 2016 至今 |
| 张洪林 | 非执行董事 | 男 | 本科 | 2016 至今 |
| 王新军 | 独立董事 | 男 | 博士 | 2016 至今 |
| 邓峰 | 独立董事 | 男 | 博士 | 2016 至今 |
| 李若谷 | 副总裁、董事会秘书、职工代表董事 | 男 | 本科 | 2016 至今 |

资料来源：建信财险官网。

## 二、监事会构成情况

建信财险监事会人员情况如表 11-3 所示，监事会人数为 3 人。李忠华任公司监事长、股东代表监事，张启航和陈岩任职工代表监事。建信财险监事会的 3 位成员均具备经济或金融方面的背景，具备较强的监督能力。

表 11-3 建信财险监事会人员情况

| 姓名 | 职务 | 性别 | 学历 | 任期起止时间 |
|------|------|------|------|------|
| 李忠华 | 监事长、股东代表监事 | 男 | 硕士 | 2018 至今 |
| 张启航 | 职工代表监事 | 男 | 本科 | 2016 至今 |
| 陈岩 | 职工代表监事 | 男 | 硕士 | 2018 至今 |

资料来源：建信财险官网。

## 三、高管层构成情况

建信财险高级管理层人员情况如表 11-4 所示，高管层总人数为 5 人。张华清任总裁兼执行董事，刘海涛任常务副总裁兼审计责任人，罗晶和李若谷任副总裁，同时，李若谷还兼任董事会秘书、职工代表董事和合规负责人，李波任纪委书记。

表 11-4 建信财险高级管理层人员情况

| 姓名 | 职务 | 性别 | 学历 | 任期起止时间 |
|------|------|------|------|------|
| 张华清 | 总裁 | 男 | 硕士 | 2016 至今 |
| | 执行董事 | 男 | 硕士 | 2018 至今 |
| 刘海涛 | 常务副总裁兼审计责任人 | 男 | 本科 | 2017 至今 |
| 罗晶 | 副总裁 | 女 | 硕士 | 2016 至今 |

续表

| 姓名 | 职务 | 性别 | 学历 | 任期起止时间 |
|------|------|------|------|------------|
| 李若谷 | 副总裁 | 男 | 本科 | 2018 至今 |
| | 董事会秘书 | 男 | 本科 | 2016 至今 |
| | 职工代表董事 | 男 | 本科 | 2016 至今 |
| | 合规负责人 | 男 | 本科 | 2017 至今 |
| | 首席风险官 | 男 | 本科 | 2017 至今 |
| 李波 | 纪委书记 | 男 | 硕士 | 2018 至今 |

资料来源：建信财险官网。

# 第十二章  阳光人寿公司治理案例分析

本章将从公司概况、股权结构与关联交易、董监高构成、风险管理、社会责任五个方面介绍并分析阳光人寿的公司治理发展情况。

## 第一节  阳光人寿公司概况

### 一、公司简介

阳光人寿保险股份有限公司（以下简称"阳光人寿"）①成立于 2007 年 12 月 17 日，是阳光保险集团股份有限公司（以下简称"阳光保险"）旗下的全国性人身险公司，主要经营人寿保险、健康保险和意外伤害保险等人身险业务。阳光保险是国内七大保险集团之一，成立于 2005 年 7 月，集团注册资本金 67.11 亿元人民币，由中国石油化工集团公司、中国南方航空集团公司、中国铝业公司、中国外运长航集团有限公司、广东电力发展股份有限公司等大型企业集团发起组建。

阳光人寿依托阳光保险集团的资源和优势，积极布局医养产业和综合金融，整合上下游资源，延伸寿险产业链。在实现保险、医疗和养老协同发展的基础上，阳光人寿以综合金融为突破口，借助科技创新积极推动互联网生态圈建设，为客户提供"一站式"服务，满足客户全方位、多层次的保障需求，提升客户体验。此外，阳光人寿积极响应国家政策，参与社会保障体系建设，在税优健康保险、税延养老保险、政策保险等方面均有业务拓展，为社会保障体系完善作出贡献。

截至 2018 年三季度末，阳光人寿资产总额达 2342.35 亿元，负债总额为 2060.99 亿元，股东权益为 281.37 亿元。2018 年，中国保险行业协会发布《关于 2017 年度保险公司法人机构经营评价结果的公告》，分别从经营效果、服务水平和风险状况 3 个不同角度对保险公司进行了综合评价，阳光人寿被评为 A 级保险公司。2018 年，阳光人寿综合偿付能力充足率为 219.37%，核心偿付能力充足率 194.35%，满足中国银保监会关于偿付能力充足率的要求，风险综合评级（分类监管）结果为 B 类。

---

① 阳光人寿在监管部门 2018 年进行的公司治理评价中，是中资人身险公司中的第一名（详见本报告第十五章第二节相关内容），因此本章选择了该公司作为案例分析对象。

2018 年，阳光人寿以"保险+健康"理念为导向，以"精准定价""客户实验室"等战略重点项目为突破口，不断提升大数据精算能力和差异化风险定价能力，匹配客户多样化保障需求，不断研发更贴近客户的个性化产品，创新设计并推出了基于体检报告数据的优选定期寿险和终身险产品，以及基于运动数据的"悦动保"定期寿险和"臻欣"终身寿险重疾组合产品。

## 二、组织架构

阳光人寿是中资性质的专业性人身险公司，其组织架构如图 12-1 所示。

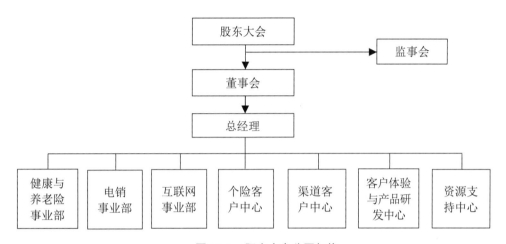

图 12-1　阳光人寿公司架构

资料来源：阳光人寿公司官网。

## 三、所获荣誉

2019 年 3 月 29 日，阳光人寿北京分公司在《北京青年报》主办的第十一届"财星榜"颁奖典礼中被授予"2018 年度金牌服务奖"。

2018 年 12 月 29 日，中国保险行业协会在京举行全国保险扶贫好事迹发布暨"7·8"活动总结会议，阳光人寿获"保险脱贫攻坚奖"。

2018 年 12 月 12 日，第十三届 21 世纪亚洲金融年会举行，阳光人寿荣膺"2018 年度卓越寿险公司"称号。

2017 年 12 月 20 日，2017 中国金融发展论坛暨第八届金鼎奖颁奖礼举行，阳光人寿荣膺"2017 年度卓越价值成长保险公司"称号。

2016 年 11 月 04 日，阳光人寿凭借卓越的市场表现和突出的价值获评"2015 年度中国市场竞争力十佳人身险公司"。

2015 年 11 月 20 日，第 24 期"中国保险热点对话"在北京举办，阳光人寿获评"2014 年度中国价值成长性十佳保险公司"。

2014 年 8 月 22 日，中国资产管理年会暨第七届 21 世纪资产管理"金贝奖"颁奖典礼举行，阳光人寿荣获"2014 年最具战略创新保险公司"称号。

2013 年 6 月 26 日，21 世纪资产管理年会暨第六届中国资产管理"金贝奖"颁奖典礼举行，阳光人寿获评"最佳设计与创新保险公司"。

2012 年 10 月 26 日，阳光人寿凭借其在价值发展方面的出色表现获评《保险文化》第七届中国保险创新大奖之"2012 年度最具竞争力保险品牌"奖。

2011 年 11 月 26 日，第六届中国保险创新大奖颁奖盛典暨第四届中国保险文化与品牌创新论坛举行，阳光人寿凭借其在价值发展方面的出色表现获评"2011 年度最受客户关注保险品牌"。

## 第二节　阳光人寿股权结构与关联交易

### 一、实际控制人及其控制情况的简要说明

阳光人寿的控股股东是阳光保险，无实际控制人。

### 二、股权结构

阳光人寿股权结构情况如表 12-1 所示。公司持股较为集中，第一大股东为阳光保险，持股比例为 99.9999%；另一股东为拉萨市慧聚企业管理咨询有限公司，持股比例为 0.0001%。

表 12-1　阳光人寿股权结构情况

| 发起人名称 | 出资额（万元） | 股权比例（%） |
|---|---|---|
| 阳光保险集团股份有限公司 | 1834247.8872 | 99.9999 |
| 拉萨市慧聚企业管理咨询有限公司 | 2.1128 | 0.0001 |
| 合计 | 1834250.00 | 100.00 |

资料来源：阳光人寿公司官网。

截至目前，阳光保险、拉萨市慧聚企业管理咨询有限公司都没有出质阳光人寿股权的情况。

相关研究表明，股权集中可减少"搭便车"现象，减少管理层的自利行为并有效降低代理成本（Shleifer 和 Vishny，1986；Ma、Naughton 和 Tian，2010）；同时，通过控制董事会，大股东便于挑选更有能力的管理者且可以积极参与公司的经营决策（Hosono、Tomiyama 和 Tsufomu，2004）。基于我国的社会环境，有学者指出股权集中会对公司绩效产生较为显著的正向影响，且该正向影响在我国东部地区更为显著（贺炎林、张瀛文和莫建明，2014）。阳光人寿股权结构清晰，集中程度较高，同时其公司住所和营业场所均位于社会发展治理水平较高的地区，因此，阳光人寿的控股情况在一定程度上是利于公司决策与绩效提升的。

### 三、公司关联交易

阳光人寿2018年度关联交易金额累计77228.91万元，2017年度关联交易金额累计122270.87万元。

**（一）保险代理业务关联交易**

2018年，阳光人寿第三季度保险代理业务关联交易金额累计0.20万元；第二季度保险代理业务关联交易金额累计0.20万元；第一季度保险代理业务关联交易金额累计0.20万元。2017年，阳光人寿第四季度保险代理业务关联交易金额累计58.80万元；第三季度保险代理业务关联交易金额累计57.80万元；第二季度保险代理业务关联交易金额累计42.10万元；第一季度保险代理业务关联交易金额累计18.20万元。

**（二）保险业务关联交易**

2018年，阳光人寿第四季度保险业务关联交易金额累计3672.86万元；第三季度保险业务关联交易金额累计887.27万元；第二季度保险业务关联交易金额累计657.65万元；第一季度保险业务关联交易金额累计233.25万元。2017年，阳光人寿第四季度保险业务关联交易金额累计1117.80万元；第三季度保险业务关联交易金额累计346.30万元；第二季度保险业务关联交易金额累计333.10万元；第一季度保险业务关联交易金额累计18.60万元。

**（三）资产类关联交易**

2018年，阳光人寿第四季度资产类关联交易金额累计288.52万元；第三季度资产类关联交易金额累计825.41万元；第二季度资产类关联交易金额累计298.78万元；第一季度资产类关联交易金额累计66.60万元。2017年，阳光人寿第四季度资产类关联交易金额累计358.40万元；第三季度资产类关联交易金额累计236.00万元；第二季度资产类关联交易金额累计16.87万元；第一季度资产类关联交易金额累计46.50万元。

**（四）劳务或服务类关联交易**

2018年，阳光人寿第四季度劳务或服务类关联交易金额累计226.64万元；第三季度劳务或服务类关联交易金额累计3516.73万元；第二季度劳务或服务类关联交易金额累计1846.34万元；第一季度劳务或服务类关联交易金额累计767.00万元。2017年，阳光人寿第四季度劳务或服务类关联交易金额累计2947.00万元；第三季度劳务或服务类关联交易金额累计1728.50万元；第二季度劳务或服务类关联交易金额累计1260.70万元；第一季度劳务或服务类关联交易金额累计316.70万元。

**（五）委托资产管理费及产品管理费**

2018年，阳光人寿第四季度委托资产管理费及产品管理费累计17245.08万元；第三季度委托资产管理费及产品管理费累计23094.55万元；第二季度委托资产管理费及产品管理费累计15577.72万元；第一季度委托资产管理费及产品管理费累计8023.91万元。2017年，阳光人寿第四季度委托资产管理费及产品管理费累计68235.20万元；第三季度委托资产管理费及产品管理费累计22236.50万元；第二季度委托资产管理费及产品管理费累计14710.20万元；第一季度委托资产管理费及产品管理费累计8185.60万元。

## 第三节　阳光人寿董监高构成情况

阳光人寿的治理结构比较完善，股东会、董事会、监事会和管理层职责明确，并建立了相应的议事规则、决策机制、决策评估和责任追究机制，股东会、董事会、监事会和管理层之间的权责明确，相互制衡，运作规范。阳光人寿董监高共计 22 人，其中博士 1 人，硕士 13 人，本科 7 人，大专 1 人，均具备较高的专业知识水平与认知能力，有利于阳光人寿制定并执行科学的经营决策。同时，阳光人寿的高管职位设置具备一定的科学性，各位董事与高管具备丰富的履职经验和较强的专业背景。

### 一、董事会构成情况

阳光人寿有董事 6 名，均由股东阳光保险提名（见表 12-2）。

表 12-2　阳光人寿董事人员情况

| 姓名 | 职务 | 性别 | 出生年份 | 学历 |
|------|------|------|----------|------|
| 李科 | 董事长 | 男 | 1964 年 | 博士 |
| 宁首波 | 董事 | 男 | 1963 年 | 硕士 |
| 彭吉海 | 董事 | 男 | 1970 年 | 硕士 |
| 聂锐 | 董事 | 男 | 1968 年 | 硕士 |
| 赵燕 | 董事 | 女 | 1969 年 | 硕士 |
| 李伟 | 董事 | 男 | 1973 年 | 硕士 |

资料来源：阳光人寿公司官网。

李科，高级经济师，现任阳光保险集团股份有限公司董事、总经理，阳光财产保险股份有限公司董事长，阳光人寿保险股份有限公司董事长。

宁首波，高级经济师，现任阳光保险集团股份有限公司董事、副总经理，阳光财产保险股份有限公司董事，阳光人寿保险股份有限公司董事、总经理。

彭吉海，高级会计师，现任阳光保险集团股份有限公司董事、副总经理、财务负责人、投资负责人，阳光财产保险股份有限公司董事，阳光人寿保险股份有限公司董事，阳光资产管理股份有限公司副总经理、财务负责人，阳光信用保证保险股份有限公司董事长。

聂锐，现任阳光保险集团股份有限公司董事、合规负责人、首席风险官，阳光财产保险股份有限公司董事，阳光人寿保险股份有限公司董事，阳光资产管理股份有限公司董事、副总经理。

赵燕，现任阳光保险集团股份有限公司董事会秘书，阳光人寿保险股份有限公司董事，阳光资产管理股份有限公司董事、副总经理、董事会秘书。

李伟，现任阳光保险集团股份有限公司总经理助理，阳光人寿保险股份有限公司董事。

## 二、监事会构成情况

阳光人寿设有监事 3 名，其中监事会主席 1 名（侯惠胜），职工监事一名（张伟刚）。阳光保险提名的监事有侯惠胜、梅兰。

表 12-3　阳光人寿监事人员情况

| 姓名 | 职务 | 性别 | 出生年份 | 学历 |
|------|------|------|----------|------|
| 侯惠胜 | 监事会主席 | 男 | 1982 年 | 硕士 |
| 梅兰 | 监事 | 女 | 1983 年 | 硕士 |
| 张伟刚 | 监事 | 男 | 1977 年 | 硕士 |

资料来源：阳光人寿公司官网。

## 三、高管层构成情况

阳光人寿高级管理层共 14 人，包括总经理 1 位，副总经理 3 位，总经理助理 5 位，同时设置了总精算师、董事会秘书、财务负责人、审计责任人、合规负责人等高级管理层职位。

表 12-4　阳光人寿高级管理层人员情况

| 姓名 | 职务 | 性别 | 任期 | 职责 |
|------|------|------|------|------|
| 宁首波 | 总经理 | 男 | 2016 年至今 | 主持公司全面工作，分管战略企划部、人力资源部、法律合规部、风险管理部；负责协调集团企业文化、品牌宣传、稽核监察工作 |
| 龚贻生 | 副总经理 | 男 | 2015 年至今 | 兼管负责健康与养老险事业部 |
| 李所义 | 副总经理 | 男 | 2016 年至今 | 负责个险客户中心，分管营销部、市场部、综合开拓部、培训部 |
| 高永梅 | 副总经理 | 女 | 2017 年至今 | 分管中心城市发展部、收展部，协管个险客户中心 |
| 王海峰 | 总经理助理 | 男 | 2016 年至今 | 兼管负责互联网事业部 |
| 黄生东 | 总经理助理 | 男 | 2014 年至今 | 负责广东分公司，分管深圳分公司 |
| 阎桉 | 总经理助理 | 男 | 2017 年至今 | 分管银保营销部、银保培训与支持部 |
| 刘兆龙 | 总经理助理 | 男 | 2017 年至今 | 兼管电销事业部 |
| 孙峰 | 总经理助理 | 男 | 2018 年至今 | 分管产品市场部，负责公司整体市场规划与开拓 |
| 赵宇平 | 总精算师 | 男 | 2018 年至今 | 分管精算部，负责产品评估、价值管理、偿付能力管理工作 |
| 董迎秋 | 董事会秘书 | 男 | 2017 年至今 | 负责董事会秘书工作 |

续表

| 姓名 | 职务 | 性别 | 任期 | 职责 |
|------|------|------|------|------|
| 张启津 | 财务负责人 | 男 | 2018 年至今 | 分管财务部、办公室、党群工作部、投资管理部，负责财务管理工作 |
| 赵立丽 | 审计责任人 | 女 | 2013 年至今 | 负责审计管理工作 |
| 孙毅 | 合规负责人 | 男 | 2014 年至今 | 负责合规管理工作 |

资料来源：阳光人寿公司官网。

# 第四节　阳光人寿风险管理情况

保险业是管理风险的行业，因此，保险机构自身的风险管理就显得尤为重要（陈文辉，2010）。阳光人寿在 2016 年度偿付能力风险管理能力评估（Solvency Aligned Risk Management Requirements and Assessment，SARMRA）中得分为 80.00 分，并免于接受 2017 年度偿付能力风险管理能力评估。2018 年，阳光人寿在偿付能力风险管理能力评估中的成绩为 81.20 分，较 2016 年首次评估成绩有了明显提高；同时，阳光人寿公司治理现场评估成绩为 91.10 分，在参评保险公司中排名第一，标志着其风险管理能力稳步提升，公司治理环境更加完善。此外，2018 年第一至第四季度，阳光人寿风险综合评级结果均为 B。

## 一、风险评估

### （一）市场风险

阳光人寿主要采用风险价值模型（Value at Risk，VaR）对权益类资产可能遭受的市场价格风险进行度量。目前，阳光人寿制定了完善的股票资产压力测试方案及应急处理办法，防范极端事件可能给公司经营带来的冲击。若压力测试结果显示，在极端情况下，阳光人寿季度偿付能力充足率（预测）小于 110%，那么其将立即启动应急预案，由分管投资领导组织成立股票投资业务应急小组，召开资产配置小组会议，商讨相关对策，调整下一阶段股票投资策略，并及时向投资决策委员会报告。

### （二）信用风险

阳光人寿从国内金融业的信用风险管理状况和自身情况出发，建立了基于内部评级基础的标准化信用评估体系，通过信用风险评估和授信管理，有效控制投资过程中的信用风险。

同时，阳光人寿建立了完善的信用风险跟踪监测制度，主要通过发行债券和跟踪交易对手信用风险评级、交易监控、测算预期损失等手段，加强对信用风险的跟踪和监测。此外，阳光人寿建立了严格的信用风险突发事件应急预案，就信用风险突发事件的防范、报告和应急处理进行明确规定。一旦发生信用风险事件，将立即启动应急预案、成立应急处理小组，召开会议，制定相关对策。

（三）保险风险

在损失发生率风险方面，阳光人寿持续监测损失发生率风险的实际与预期发生率的比率（A/E Ratio），确保其趋势稳定在合理区间内，一旦出现异常波动，需谨慎查找原因并通知管理层。此外，阳光人寿通过再保险合同将部分风险转移给再保险公司承担，确保自身承担的保险风险在可控范围之内。

为降低退保风险，阳光人寿采取了如下措施：加大培训和宣导的投入，减少销售误导，提高业务品质；针对各渠道业务特点，包括电销、营销、经代、银行代理在内的各渠道，通过修改公司章程、增加业务品质导向、选择优质的合作对象等措施，提高业务继续率；加强对退保经验的监测和分析，以使管理层及时了解退保情况，提高对业务持续率风险的管控力。

（四）流动性风险

阳光人寿持续完善流动性风险管理制度及流程，建立以风险识别、风险评估、风险控制及风险监测为导向的全流程管理体系，具体包括如下几个方面：进一步完善流动性风险管理相关制度；完善监控和预警机制，按日出具分账户现金流量表，每周及每月监控实际经营活动现金流情况，并对未来的现金流进行动态预测，做好事前预警；根据现金流预测，盘点未来经营活动现金流情况，投资端提前规划资产配置，提升高流动性资产配置比例，提前规划流动性和资金头寸，准备足额随时可变现的高流动性资产，防范流动性风险；充分发挥资产负债管理在流动性管理方面的职能，密切关注资产负债匹配情况，对缺口进行有效管理和前瞻性预测。

（五）操作风险

阳光人寿的操作风险主要体现为销售中的合规风险，为防范操作风险，阳光人寿做了如下工作：进一步完善各渠道的销售内控流程，强化销售内控管理机制；下发并执行标准培训课件，保证各级机构员工和销售人员第一时间了解最新的法律法规、监管政策、行业风险动态和公司内部管理要求，为自身业务健康快速发展提供基础保障；开展一系列风险排查工作，包括现有产品自查整改、销售行为可回溯自查整改、防范和处置非法集资风险排查、反洗钱风险排查、非法中介业务合作情况排查等。此外，阳光人寿开发了销售风险大数据智能监控预警系统，通过对海量数据的挖掘分析，锁定可疑的销售人员和销售团队，防范销售合规风险。

（六）战略风险

在战略制定方面，阳光人寿战略管理部门统筹成立由各战略规划主体共同组成的战略规划联合工作组，召开战略规划工作启动会议，明确各单位职责分工、联络人和工作进度，严格按照既有流程完成战略规划的起草、修订及审核。

在战略实施方面，阳光人寿做了如下工作：确定了完整的战略实施流程，以保证现有组织架构和工作岗位能够有效推进战略执行；建立了与战略目标相匹配的考核和激励机制，为促进公司整体战略目标的达成提供了保障；建立了完整的会议制度，定期对战略实施情况、业务经营情况进行分析和检视，及时发现并解决经营过程中出现的问题；高度重视市场研究，对市场变化趋势和同业公司发展状况进行跟踪；关注宏观经济环境变化，对中国银保监会及国务院其他部委的相关政策等及时进行梳理和分析，必要时依据市场环境和自身发展情况及时调整经营策略，保障战略目标的顺利实现。

### （七）声誉风险

阳光人寿严格按照《阳光人寿声誉风险管理工作指引》相关规定，在已经建立起全面的危机预警机制的基础之上，通过日常排查、每日媒体信息监测、负面消息追踪、结果公示等手段，及时处理可能有损公司声誉的隐患，对已经形成影响的事件进行及时补救，尽可能挽回公司品牌形象。除日常危机管理外，在每年的春节前后及"3·15"期间，阳光人寿全系统均会加强重要时点的危机防范工作，对各业务部门提出风险排查的相关要求。

## 二、风险控制

### （一）风险控制职责

阳光人寿按照公司章程及《全面风险管理框架》等风险管理制度的相关规定，明确由董事会负责审议评估公司风险管理效果，对风险管理工作承担最终责任。董事会下设风险管理委员会，在董事会的授权下履行相应的风险管理职责。阳光人寿高级管理层（含首席风险官）在董事会的授权下履行全面风险管理的具体职责，对风险管理工作承担直接责任。阳光人寿高级管理层下设风险管理委员会，负责落实管理层在风险管理方面的具体要求。阳光人寿总公司风险管理部牵头公司全面风险管理工作，其他相关部门密切配合，覆盖所有业务单位，并向下延伸至所有省级分支机构。稽核监察部对风险管理履职情况进行监督，并对风险管理效果开展独立评价。

### （二）风险管理体系

阳光人寿建立了"三道防线"的风险管理体系：第一道防线是各职能部门和业务单位（事前自我防范）；第二道防线是风险管理部及合规、内控、法律等其他专门风险管理部门（事中管理监控）；第三道防线是内部审计部门（事后独立评价）。

2018年，阳光人寿为进一步加强风险防控做了如下工作：继续恪守"依法合规、规范经营"的信条，进一步完善全面风险管理体系、检视现行风险管理制度机制、丰富风险管理工具；加大资源投入，关注风控合规队伍建设，充实基层风控合规力量；通过现场培训、视频会议、微信公众号、风控合规技能竞赛等途径和手段，开展对风控合规专岗人员及业务条线的培训宣传，进一步夯实公司风控合规管理基础；落实监管新规，将反洗钱要求嵌入业务运营日常工作中，通过各种方式，不断推进反洗钱规则在业务中的有效实施；进一步加强违法违规行为管控力度，严厉打击违法违规操作行为，妥善处置遗留问题；积极推动包括《中国银保监会办公厅关于进一步深化保险业市场乱象整治工作的通知》《中国保监会关于印发〈反保险欺诈指引〉的通知》等文件在全系统落地，强化责任追究，努力构建"一级抓一级，层层抓落实"的风险防控格局。

# 第五节　阳光人寿社会责任

## 一、精准扶贫[①]

### （一）岗后村阳光保障计划

2016 年，阳光人寿、阳光产险大连分公司联合体，在大连团市委、大连保监局的指导下，将大连市 128 个低收入村中的复州城镇岗后村作为长期扶贫对口村。从保险扶贫的角度，他们精心设计了"岗后村阳光保障计划"，开展为期 5 年的定点帮扶。该计划包括了为村里低收入家庭免费提供从房屋到人身意外的全方位保险、为贫困学生提供助学金、与重点帮扶对象签订庭院养殖承诺书等一系列内容。

大连分公司的阳光扶贫攻坚小分队，以志愿者服务为主线，走进学校、社会福利院、社区贫困家庭，送去关爱和帮扶。2016 年 12 月，他们主动联系大连社会福利院，组织员工每月到福利院为孩子们开展志愿服务，并投资 6.5 万元捐建孤残儿童的"心理治疗室"，为福利院的孩子提供心理治疗。

2018 年，阳光人寿、阳光产险大连分公司联合体在 2016 年原项目保险保障的基础上，开拓产业扶贫新内容，加大庭院养殖支持力度，帮销农产品，并将此项目复制到更多贫困村，帮助贫困村民斩掉"穷根"，打赢脱贫攻坚战。

### （二）贡红镇扶贫保险项目

2018 年 9 月，阳光人寿与察右后旗贡红镇结成帮扶对子后，不断细化帮扶方案，扎实推进精准帮扶工作，先后开展了建档立卡贫困生帮扶、捐资改善村容村貌、邀请农科院专家调研指导、建立大学生实习基地、定期采购销售农副产品、邀请阳光融和医院专家义诊送药等多个帮扶项目。阳光人寿已在健康扶贫、产业扶贫、教育扶贫等多个方面，为当地居民撑起保护伞。

2018 年 10 月，阳光人寿联合阳光融和医院、中国保信组成工作队，一起前往察右后旗贡红镇"送医送药下乡"，为当地居民进行义诊、入户诊疗。这一活动覆盖该地区所有患有甲类疾病的贫困户。

2019 年 3 月，阳光人寿与内蒙古乌兰察布市察右后旗贡红镇签订《内蒙古自治区察右后旗贡红镇扶贫保险项目协议书》。未来两年，阳光人寿将为当地居民提供总保额近 6 亿元的保险保障，以帮助当地解决"因病致贫""因病返贫"问题。根据该项目方案，阳光人寿将在 2019—2020 年为全体贡红镇常住户籍居民提供每人 10 万元保额的甲类疾病补充医疗保障。同时，阳光人寿还为贡红镇卫生院捐赠了数码多功能治疗仪、颈椎牵引器等多种医疗器械。除此以外，阳光人寿还将建立远程问诊室，持续开展义诊送药，并联合阳光融和医院为察右后旗的乡村医生提供远程培训，进一步推进健康扶贫工作落地。

---

① 本部分基于中国保险行业协会官网披露的 2018 年至今的行业要闻整理。

## 二、阳光之星爱心基金

"阳光之星爱心基金"是由阳光人寿的营销员荣誉组织"阳光之星"会员每月捐赠10 元钱、阳光人寿配捐 10 元钱组成，该基金主要用于同阳光保险一起捐建阳光之星博爱学校。

2019 年 3 月 20 日，第 31 所"阳光之星博爱小学"在四川省广元市剑阁县顺利落地。

2018 年 10 月 29 日，第 30 所"阳光之星博爱小学"在江西省宜昌市五峰土家族自治县长乐坪镇顺利落地。

2018 年 10 月 18 日，第 29 所"阳光之星博爱小学"在江西宜省抚州市黄县中港镇顺利落地。

2018 年 6 月 15 日，第 28 所"阳光之星博爱小学"在柳州市柳江区成团镇顺利落地。

2018 年 6 月 11 日，第 27 所"阳光之星博爱小学"在日照市莒县峤山镇顺利落地。

2018 年 4 月 16 日，第 26 所"阳光之星博爱学校"在甘肃省白银市靖远县顺利落地。

2018 年 3 月 16 日，第 25 所"阳光之星博爱小学"在湖南省邵阳市新邵县顺利落地。

2017 年 11 月 30 日，第 24 所"阳光之星博爱小学"在河南省周口市东新区许湾乡顺利落地。

2017 年 11 月 16 日，第 23 所"阳光之星博爱小学"在山东省菏泽市东明县长兴集乡顺利落地。

# 第十三章 安华农险公司治理案例分析

本章将从公司概况、股东大会运作及股权结构、董事会运作及构成、监事会运作及构成、高级管理层运作及构成 5 个方面介绍安华农险的公司治理发展情况，之后重点从安华农险公司内部治理事件入手分析该公司的治理问题。

## 第一节 安华农险公司概况

### 一、公司简介

安华农业保险股份有限公司（以下简称"安华农险"）①成立于 2004 年 12 月，注册资本金为 10.575 亿元，总部设在吉林省长春市。安华农险是在国家重视"三农"发展，提出健全农业风险保障体系，探索建立政策性农业保险制度的大背景下，由中国保监会批准成立的综合性经营、专业化运作的全国性农业保险公司。

安华农险成立十余年来，始终秉持"根植农村、安身农业、贴近农民、服务三农"的企业宗旨，致力于探索新形势下农业保险的发展道路，在大力开办农业保险的同时，其业务也涵盖了商业性财产保险及团体人身意外保险，形成城乡互补、农商并举的业务格局，年保费收入超过 44 亿。

安华农险拥有强大的服务团队，有正式员工 3000 多名及全国各级分支机构 300 多家，为个人客户和企业客户提供各类财产险、农险、人身意外伤害保险等服务。

### 二、经营范围和经营区域

安华农险经营范围包括：农业保险；财产损失保险；责任保险；法定责任保险；信用保险和保证保险；短期健康保险和意外伤害保险；其他涉及农村、农民的财产保险业务；上述业务的再保险业务；国家法律、法规允许的保险资金运用业务；经监管部门批

---

① 安华农险分散的股权结构导致公司董事和高级管理人员变动频繁，影响了公司绩效，安华农险是许多中小保险公司的一个缩影，因此本报告专门以安华农险公司治理案例为例来介绍股权结构分散情况下保险公司治理可能面临的挑战与解决方法。

准的其他业务。

截至目前，安华农险经营区域包括：吉林省、内蒙古自治区、辽宁省、山东省、北京市、青岛市、大连市、四川省、河北省、黑龙江省和广东省。

## 三、治理结构

安华农险股东大会下设董事会与监事会，董事会下设董事会办公室与总裁室，由总裁室统筹管理办公室、法律合规部、研发及推广中心等各个部门，组织架构如图 13-1 所示。

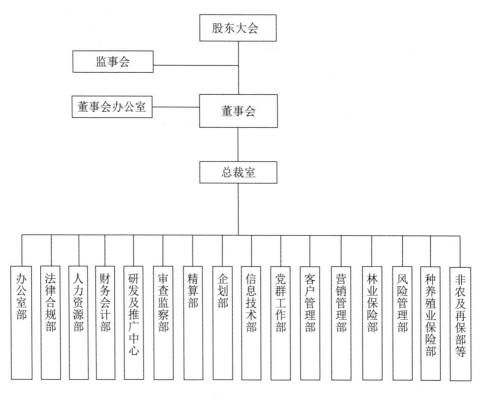

图 13-1  安华农险公司组织架构图

资料来源：根据安华农险官网整理绘制。

# 第二节  安华农险股东、股东大会与关联交易

## 一、实际控制人及其控制情况的简要说明

安华农险无实际控制人。

## 二、股东及持股情况

安华农险持股比例在 5% 以上的股东及持股情况如表 13-1 所示。

表 13-1　安华农险持股比例在 5% 以上的股东及持股情况

| 序号 | 股东名称 | 股份数（万股） | 持股比例（%） |
|---|---|---|---|
| 1 | 融捷投资控股集团有限公司 | 18000 | 17.02 |
| 2 | 安华佳和投资有限公司 | 10800 | 10.21 |
| 3 | 中科恒源科技股份有限公司 | 9700 | 9.17 |
| 4 | 中国能源投资有限公司 | 7200 | 6.81 |
| 5 | 广州均信咨询服务有限公司 | 6840 | 6.47 |
| 6 | 吉林省投资集团有限公司 | 6750 | 6.38 |
| 7 | 廊坊北方机械工程集团有限公司 | 6240 | 5.90 |
| 8 | 北京环球银证投资有限公司 | 6000 | 5.67 |
| 9 | 陕西佳乐紫光科贸有限公司 | 5700 | 5.39 |
| 10 | 吉林昊融集团股份有限公司 | 5400 | 5.11 |
| 11 | 长春市融兴经济发展有限公司 | 5400 | 5.11 |
| 12 | 青岛启盛源建筑工程有限公司 | 5400 | 5.11 |
| | 合计 | 86680 | 88.35 |

资料来源：安华农险官网。

由上表可以看出，安华农险持股比例在 5% 以上的各股东之间持股比例比较接近。此外，本章选取了 CR1、CR3 和 H5 指数三个指标来进一步分析安华农险股权结构的特点。

CR1 指第一大股东持股份额在公司总股份中所占比重，按照第一大股东持股比例的多少，可以将股权结构类型细分为绝对控股、相对控股和股权分散 3 类控股模式。当 CR1≥50% 时为绝对控股，当 20%≤CR1<50% 时为相对控股，当 CR1<20% 时为股权分散。安华农险 CR1=17.02%，小于 20%，因此控股模式为股权分散。

CR3 是指公司前三大股东持股份额占公司总股份的比重。CR3 越高，股权集中度越高。安华农险 CR3=36.40%，根据 CSMAR 数据库计算结果可得，2018 年 A 股上市公司平均 CR3 为 51.09%，即安华农险前三大股东持股比例远低于 A 股上市公司前三大股东平均持股总额，说明其股权结构比上市公司的还要分散。

H 指数是公司前 N 位股东持股比例的平方和。股权越集中，H 值越大；反之则越小。H 值越接近 1，前 N 位股东持股比例差距越大，股权结构越集中；H 值越接近 0，前 N 位股东持股比例差距越小。安华农险 H5=0.0566，非常接近于 0，则说明前五大股东之间持股比例差距很小。

由上述分析可知，安华农险的股权结构较为分散。

## 三、近年来股东大会召开情况

### （一）2018 年度股东大会

2019 年 4 月 25 日，安华农险 2018 年度股东大会以现场方式在吉林省长春市松苑宾馆召开。出席会议的各位股东代表合计持有安华农险总股份的 99.329%。会议通过《公司 2018 年董事会工作报告》《公司 2018 年度董事尽职报告》《公司 2018 年度独立董事尽职报告》《公司 2018 年监事会工作报告》《公司 2018 年度监事尽职报告》《公司 2018 年度工作报告》《公司 2018 年度决算报告》《公司 2018 年度审计报告》《公司 2018 年第四季度偿付能力审计报告》《公司 2018 年偿付能力状况回顾与分析报告》《公司 2018 年度关联交易报告》《公司 2019 年度全面预算报告》。

### （二）2017 年度股东大会

2018 年 4 月 25 日，安华农险 2017 年度股东大会以"主会场+分会场"视频会议的形式在北京市西城区阜外大街甲 28 号京润大厦 16 楼会议室召开。全部股东代表出席会议，出席会议股东代表合计持有安华农险 100%的股份。会议通过以下 13 项议案：《公司 2017 年度董事会工作报告》《公司 2017 年度董事尽职报告》《公司 2017 年度独立董事尽职报告》《公司 2017 年度监事会工作报告》《公司 2017 年度监事尽职报告》《公司 2017 年度工作报告》《公司 2017 年度审计报告》《公司 2017 年度决算报告》《公司 2017 年度利润分配方案》《公司 2018 年度全面预算报告》《公司 2017 年第四季度偿付能力审计报告》《公司 2017 年偿付能力状况回顾与分析报告》以及《公司 2017 年度关联交易情况报告》。

### （三）2016 年度股东大会

2017 年 4 月 26 日，安华农险 2016 年度股东大会以"主会场+分会场"视频会议的形式在北京市西城区阜外大街甲 28 号京润大厦 16 楼会议室召开。全部股东代表出席会议，出席会议的股东代表合计持有安华农险 100%的股份。会议通过以下 10 项议案：《公司 2016 年度董事会工作报告》《公司 2016 年度监事会工作报告》《公司 2016 年度工作报告》《公司 2016 年度决算方案》《公司 2016 年度利润分配》《公司 2017 年度全面预算方案》《公司 2016 年偿付能力状况回顾与分析报告》《公司 2016 年度关联交易情况报告》《公司 2016 年第四季度偿付能力审计报告》以及《公司 2017—2020 年发展规划》。

### （四）2015 年度股东大会

2016 年 4 月 28 日，安华农险 2015 年度股东大会以现场方式在北京市首都机场 3 号航站楼三经路 1 号首都机场希尔顿酒店召开。全部股东代表出席会议，出席会议的股东代表合计持有安华农险 100%的股份。该次会议符合公司章程规定，会议决议依法有效。会议通过以下 8 项议案：《公司 2015 年度董事会工作报告》《公司 2015 年度监事会工作报告》《公司 2015 年度工作报告》《公司 2015 年度决算方案》《公司 2015 年度利润分配》《公司 2016 年度全面预算方案》《公司 2015 年度董事、监事奖励事项》以及《长治市南烨实业集团有限公司参与公司 2015 年度增资扩股》。

## 四、公司关联交易情况

根据《保险公司信息披露管理办法》《关于进一步加强保险公司关联交易信息披露工作有关问题的通知》等相关规定，安华农险披露了其关联交易信息。

截至 2018 年 12 月 31 日，安华农险 2018 年度各类关联交易金额累计 23.19 万元。

截至 2017 年 12 月 31 日，安华农险 2017 年度各类关联交易金额累计 270.03 万元。

截至 2016 年 12 月 31 日，安华农险 2016 年度各类关联交易金额累计 244.26 万元。

此外，本章从中国保险行业协会官网上获取了安华农险 2016 年、2017 年和 2018 年的营业收入总额，并计算该公司同期关联交易占营业收入总额的比例，结果如下：2018 年度营业收入总额为 31676.08 万元，关联交易总额占营业收入的 0.07%；2017 年度营业收入总额为 45657.79 万元，关联交易总额占营业收入的 0.59%；2016 年安华农险营业收入总额为 40535.86 万元，关联交易总额占营业收入的 0.60%。因此，安华农检关联交易占营业收入比例很小，表明关联交易对营业收入的影响较小。

## 第三节　安华农险董监高构成情况

### 一、董事会构成情况

安华农险董事会人员情况如表 13-2 所示。董事会总人数为 8 人，其中董事会临时负责人 1 人，独立董事 3 人，非执行董事 5 人。

表 13-2　安华农险董事会人员情况

| 姓名 | 职务 | 性别 | 出生年份 | 学历 |
|------|------|------|----------|------|
| 张韧锋 | 非执行董事、董事会临时负责人 | 男 | 1973 年 | 本科 |
| 吕向阳 | 非执行董事 | 男 | 1962 年 | 大专 |
| 卢建利 | 非执行董事 | 女 | 1966 年 | 硕士 |
| 田锁庄 | 非执行董事 | 男 | 1954 年 | 硕士 |
| 潘中玉 | 非执行董事 | 男 | 1963 年 | 硕士 |
| 刘文忻 | 独立董事 | 女 | 1949 年 | 博士 |
| 郝演苏 | 独立董事 | 男 | 1958 年 | 博士 |
| 毛志宏 | 独立董事 | 男 | 1961 年 | 博士 |

资料来源：安华农险官网。

## 二、监事会构成情况

安华农险监事会人员情况如表 13-3 所示，安华农险共设监事 3 人，其中职工监事 1 人。

表 13-3　安华农险监事会人员情况

| 姓名 | 职务 | 性别 | 出生年份 | 学历 |
|------|------|------|----------|------|
| 周国庆 | 监事会主席 | 男 | 1952 年 | 硕士 |
| 曹克 | 监事 | 男 | 1974 年 | 硕士 |
| 吴伟 | 职工监事 | 男 | 1971 年 | 硕士 |

资料来源：安华农险官网。

## 三、高管层构成情况

安华农险高级管理层人员情况如表 13-4 所示，高级管理层共 8 人，其中经营管理层临时负责人兼副总经理、财务负责人、总精算师 1 人，专职副总经理 4 人，董事会秘书兼合规负责人、首席风险官 1 人，审计责任人 1 人，总经理助理兼首席信息官 1 人。

表 13-4　安华农险保险公司高级管理层人员情况

| 姓名 | 职务 | 性别 | 出生年份 | 学历 |
|------|------|------|----------|------|
| 周县华 | 经营管理层临时负责人、副总经理、财务负责人、总精算师 | 男 | 1978 年 | 博士 |
| 赵玉山 | 副总经理 | 男 | 1963 年 | 本科 |
| 解文超 | 副总经理 | 男 | 1984 年 | 硕士 |
| 牛钢 | 副总经理 | 男 | 1974 年 | 硕士 |
| 李东方 | 副总经理 | 男 | 1961 年 | 本科 |
| 刘清元 | 董事会秘书、合规负责人、首席风险官 | 男 | 1975 年 | 博士 |
| 梁振铎 | 审计责任人 | 男 | 1974 年 | 硕士 |
| 张胜利 | 总经理助理、首席信息官 | 男 | 1982 年 | 本科 |

资料来源：安华农险官网。

# 第四节　安华农险公司内部治理事件

## 一、公司治理绩效不佳[①]

2018 年偿付能力报告显示，安华农险 2018 年全年净亏损 2.94 亿元，这也是近 10 年以来该公司首次出现亏损。安华农险年报数据显示，其 2009—2017 年净利润分别为 2517 万元、7305 万元、2.47 亿元、1.28 亿元、6045 万元、5065 万元、8757 万元、1226 万元和 415 万元，同时，安华农险业务收入增长较缓慢。中国银保监会 2018 年公布的数据显示，安华农险 11 家省级分公司中，有 7 家省级分公司出现了保费收入同比下滑的情况。2009—2017 年，安华农险保险业务收入分别为 22.27 亿元、25.88 亿元、26.35 亿元、23.61 亿元、27.35 亿元、32.64 亿元、39.78 亿元、46.08 亿元和 50.66 亿元。安华农险内部人士透露："安华农险以农业保险为主，同时在大力发展车险业务，也想立足农村推非车险业务，出了一款防癌医疗险，但并没有竞争优势，主要是内部员工在买。"从具体险种来看，自 2014 年以来，安华农险保费收入排名前五的商业险种，已经连续 4 年全部承保亏损，且亏损扩大趋势明显。2015 年，安华农险保费收入排名前五的车险、责任险、企业财产保险、意外伤害保险和家庭财产保险，分别承保亏损 1.33 亿元、1152.43 万元、442.64 万元、561.73 万元和 541.98 万元。2016 年，前述险种依次分别承保亏损 1.23 亿元、1567.41 万元、 498.52 万元、1062.60 万元和 338.77 万元。2017 年，安华农险保费收入排名前五的车险、责任险、企业财产保险、意外伤害保险和货物运输保险，分别承保亏损 1.78 亿元、1898 万元、1368 万元、999.54 万元和 380.94 万元。近年来，安华农险经营情况江河日下反映了其公司治理绩效较差，暴露出来的是股东内斗、高管变动等一系列内部治理问题。

## 二、高管更迭频繁

2019 年 2 月 18 日，安华农险官网发布变更董事会负责人的公告，免去李福申董事长职务，非执行董事张韧锋任临时负责人，代行董事长职责。张剑峰不再担任总经理职务，在新一任总经理正式履职前，由副总经理兼财务负责人、总精算师周县华担任公司经营管理层临时负责人，代行总经理职权。任职 3 年中，安华农险原董事长李富申经历多次职位变动，最终成为安华农检的普通员工。

### （一）2015 年出任董事长[②]

2015 年 5 月 12 日，安华农险发公告称：董事会提请审议李富申任董事长的决议。

① 中国经营网. 安华农险十年突变脸：亏损 2.94 亿元[EB/OL].（2019-03-09）[2020-03-09]. http://www.cb.com.cn/index/show/ jr_m/cv/cv12517208268.

② 资料来源：新浪财经网.安华农险元旦前夕突变：董事长"上任""离任"两坐过山车! 张韧锋临危顶班?［EB/OL].（2019-01-02）[2020-03-09]. https://cj.sina.com.cn/articles/view/6141069267/16e0947d301900cokj.

2015 年 5 月 14 日，原保监会核准李富申任安华农险董事长的申请，证实了原董事长刘志强卸任的消息。安华农险董事工任职公告见图 13-2。

**安华农业保险临时信息披露报告2015年1号**

发布日期：  2015年05月12日

## 关于公司高管人员变动的公告

2015年4月3日，公司四届董事会第十一次会议做出了《关于提请审议李富申任公司四届董事会董事长的决议》；2015年5月11日，根据保监许可〔2015〕403号批复正式履职。

特此公告。

2015年5月12日

图 13-2    安华农险董事长任职公告

资料来源：安华农险官网。

### （二）2019 年离任[①]

李富申在担任安华农险董事长期间，增资扩股，动作频频，以期给公司发展铺平道路。但安华农险增资扩股之路并非坦途。2018 年元旦前后，有媒体曝光，安华农险遭匿名举报，称该公司 20%股东反对增资方案，起诉其增资程序违反规定，且增资方案迟迟未能获批，安华农险正准备更改增资方案。举报信还说，安华农险 2016 年第四季度偿付能力报告涉嫌"造假"，利用"未经审计"调高偿付能力充足率，躲避监管。

但是，2018 年第四次临时股东大会上，安华农险未地增资扩股进行实质性的规定，却罢免了李富申董事长一职，任命非执行董事张韧锋担任董事长。安华农险变更董事长公告见图 13-3。公司的临时负责人。

**安华农业保险股份有限公司**

**关于变更公司董事会负责人的公告**

根据安华农业保险股份有限公司（以下简称"公司"）2018年第5次临时股东大会决议，李富申先生自2018年12月27日起不再担任公司董事及董事长职务。根据公司第四届董事会第七十八次会议决议，张韧锋先生自2019年2月14日起担任公司董事会临时负责人，代行董事长职责。（张韧锋先生简历详见公司公开信息披露专栏"董事和监事简历"）

特此公告。

安华农业保险股份有限公司

2019年2月18日

图 13-3    安华农险董事长变动公告

资料来源：安华农险官网。

---

① 新浪财经网.安华农险元旦前夕突变：董事长"上任""离任"两坐过山车！张韧锋临危顶班？[EB/OL].（2019-01-02）[2020-03-09]. https://cj.sina.com.cn/articles/view/6141069267/16e0947d301900cokj.

### 三、股东间纠纷不断

2015 年 9 月，安华农险召开 2015 年第 3 次临时股东大会，通过了一份增资扩股议案，第一轮增资计划以 1.16 元 / 股的价格，按各股东现有持股比例进行认购，发行新股不超过 40 亿股（含 40 亿股），募集资金不超过 46.4 亿元（含 46.4 亿元），同时规定，参加该次增资的股东必须于 2015 年 10 月 31 日之前与安华农险签订《认购协议》，于 2015 年 10 月 30 日之前足额支付增资款，否则视为放弃认购的增资额度。

2015 年 11 月 26 日，安华农险第四届董事会第 22 次会议审议通过了《安华公司 2015 年增资扩股协议认购情况的报告》，最终确定参与第二轮认购的主体，并对第二轮认购额度分配、认购协议的签订及缴付时间、增资后的股权结构进行了具体确认。

2016 年 12 月 15 日，安华农险召开第三十九次董事会会议，审议通过了《调整增资议案》，对第二轮认购额度分配、增资结果、公司章程、认购缴款及签约期限等进行了一些调整。

安华农险股东中科恒源认为，上述安华农险第三十九次董事会会议决议不具备法律效力，应予以撤销，并提起诉讼，但最后未得到法院认可。

2016 年 12 月 30 日，安华农险召开 2016 年第四次临时股东大会，全体股东均出席了会议，会议审议了《确认增资相关事项及相应修改公司章程》的议案，该议案主要内容即拟在原 10.575 亿股股份的基础上，新增股份 41.7171 亿股，增资后总股本 52.2921 亿股。

按上述增资方案，有 11 家股东参与认购，另有 11 家股东未参与此次增资。导致参与增资的股东持有的安华农险股份集中增加，而一些未参与增资的大股东股权便受到大幅稀释。[1]如融捷投控的持股比例将由 17.021% 上升为 20%，成为第一大股东，中科恒源持股比例由 9.173% 上升为 18.500%，由第三大股东升为第二大股东；而原本第二大股东安华佳和投资的持股比例将由 10.213% 降为 2.065%，原有股东联想控股股份有限公司持股比例由 6.809% 降为 1.377%[2]，其他九家股东股份也被不同程度稀释。

一些股东或担心权益因此受损，因此上述审议并非全票通过，有 20.804% 的股东持反对意见。[3]

2017 年 12 月 26 日，中国保监会发展改革部向安华农险出具《关于要求安华公司依法合规开展增资工作的函》，要求：安华农险撤回《关于增加注册资本及修改公司章程的请示》（安农险字〔2016〕666 号），退还相关股东增资资金；暂停股东中科恒源、陕西佳乐紫光科贸有限公司的增资权利，不得参与安华农险后续增资事宜；限制股东行使"公

---

① 中国经营网. 安华农险十年突变脸：亏损 2.94 亿元[EB/OL].（2019-03-09）[2020-03-09]. http://www.cb.com.cn/index/show/jr_m/cv/cv12517208268.

② 根据安华农险官网于 2019 年 4 月 4 日披露的《安华农业保险股份有限公司关于变更股东有关情况的信息披露公告》，2019 年 3 月，安华农险股东联想控股股份有限公司与中国能源投资有限公司签订《股份转让协议》，拟将其持有的 6.809% 的股份（7200 万股）转让给中国能源投资有限公司。

③ 凤凰网财经. 安华农险上市梦断：董事长被免　股东举报增资违规[EB/OL].（2019-01-28）[2020-03-11]. https://finance.ifeng.com/c/7jpA1HgO5j1.

司股东优先购买权可以转让"的权利,修改章程第二十六条第八款;抓紧制定增资方案,依法合规推进公司增资工作。

此后,根据安华农险官网资料显示,安华农险股东大会的决议虽大部分能通过,但出现 20% 以上的反对票已是常态,股东间的内斗延续至今,安华农险也再未公开提出增资一事。[①]

## 四、对安华农险公司治理事件的思考

### (一)实际控制人的缺乏

安华农险持股比例达到 5% 以上的股东有 12 个。其中,持股比例最大的股东融捷投资控股集团有限公司,持股比例也仅为 17.0%。安华农险股权高度分散,且缺乏实际控制人,导致公司经营决策权分散。

在股权高度分散的情况下,小股东在治理偏好上存在着"搭便车"问题,缺乏参与公司治理的能力和动力,弱化了对公司经营者的内部监督;同时,伴随着股权的分散,"管理者控制"问题趋于严重,如果缺乏其他治理机制,将会导致较高的代理成本,造成公司内部治理效率低下。高度分散的股权结构所导致的"搭便车"问题和较高的代理成本对公司绩效起反向作用,随着股权分散度的增加,公司绩效趋于下降。从图 13-4 可以看出,安华农险 2009—2018 年净利润分别为 2517.05 万元、7306.00 万元、24745.17 万元、12857.16 万元、6045.87 万元、5065.58 万元、8757.64 万元、1226.11 万元、415.08 万元和 -32867.63 万元。安华农险于 2015—2018 年公司董事及高级管理人员变动频繁,实质是股权分散引发的控制权之争,间接导致净利润急剧下滑,2018 年首次出现亏损且数额巨大,公司绩效受到了股权高度分散带来的较大的不利影响。若保险公司治理缺乏实际控制人,在进行决策时,各利益主体难免会存在冲突。

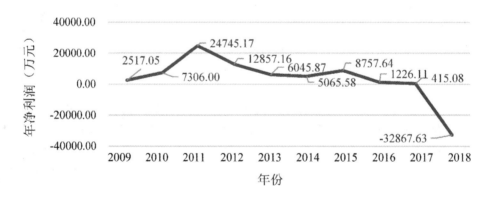

图 13-4  安华农险 2009—2018 年净利润变化图

资料来源:中国保险行业协会官网。

---

① 中国经营网 . 安华农险十年突变脸:亏损 2.94 亿元 [EB/OL] . (2019-03-09)[2020-03-11]. http://www.cb.com.cn/index/show/jr_m/cv/cv12517208268/p/s.html.

## （二）险企治理中的双重矛盾

麦肯锡咨询公司于 2019 年 1 月发布的《纾困突围——中国中小保险企业破局之道》指出，中国中小保险企业治理存在着双重矛盾：一是股东与股东之间的矛盾；二是股东与管理层之间的矛盾。

随着市场竞争的日趋激烈，股东的短时间内将公司做大做强的过高期望难以通过经营层实现，股东与经营层间的期望落差加大了彼此在博弈中的矛盾。同时，股东之间的利益和目标也不能完全达成一致。

中小保险企业的高层频繁更替，以及股东结构不稳定，给公司的经营带来了挑战。2018 年上半年，10 多家中小保险企业变更了董事长或总经理（含新成立的保险公司），同时，中小公司的股东也在频繁变迭。2015—2017 年，50 余家中小保险企业的股权发生变动，其中包括大股东的变更，这对其内部稳定和高管的去留也产生了显著影响。[①]

"正常市场都会有股权的变动，股权一旦生变，特别是大股东发生变化，会相应影响到高管的变化"，2019 年 2 月 26 日国务院发展研究中心金融研究所保险研究室副主任朱俊生向时代周报记者表示，"如果股权变化特别频繁，可能会带来一些问题，其中最突出的问题就是高管任职期限非常短。中国险企董事长和总经理任期超过三年的不多，这可能导致公司发展战略再发生改变，影响到战略的持续性以及经营特色的塑造"。[②]

一般来说，股东所要求的是股东权益最大化，而高管所追求的是自身利益最大化。当两者的利益存在冲突时，如果公司股权过于分散，没有实际控制人进行决策，就会出现各利益主体对立的局面。

## （三）股权极度分散引发控制权之争

本部分将我国 A 股上市公司的前三大股东的平均持股情况与安华农险前三大股东的持股情况进行对比。从 CSMAR 数据库选取 A 股上市公司的前三大股东的持股比例数据整理成表 13-5，可以发现我国 A 股上市公司股权结构情况：2009—2012 年，A 股上市公司第一大股东持股比例保持在 36.3%左右，2012—2017 年出现了小幅度的下降，2018 年有所回升，总体平均持股比例在 33%—37%；第二大股东持股比例在 8.8%—10.9%波动，2009—2012 年缓慢上升，2012 年后开始下降，于 2014 年开始缓慢回升；第三大股东持股比例在 3.7%—5.1%。总体上来说，我国 A 股上市公司股权趋于分散，第一大股东平均持股比例较低。上市公司股权分散化的趋势已经形成，为控制权之争提供了理想的股权结构条件。

而安华农险的股东持股情况如下：持股比例在 5%以上的股东高达 11 个，第一大股东的持股比例仅为 17.0%，第二大股东的持股比例达到 10.2%，第三大股东的持股比例高达 9.2%。安华农险作为一家未上市公司，其股权结构却比上市公司还要分散，A 股上市公司的第一大股东平均持股比例在 33%以上，且第二大股东平均持股比例与其差距较大，第三大股东与第二大股东之间的持股比例相差也较大，约有一倍的持股比例差额。而安华农险的第一大股东持股比例仅仅比第二大股东持股比例多出 6.8%，第二大股东与第三大股东之间的持股比例相差很小。股权过于分散导致股东们难以达成一致意见，无

①　曲向军，毕强，刘一方，等. 纾困突围：中国中小保险企业破局之道[R].北京：麦肯锡公司，2019.
②　新浪财经. 股权纷争高管更迭　中小险企告别高光时刻[EB/OL].（2019-02-06）[2020-03-15].
https://finance.sina.com.cn/money/insurance/bxdt/2019-02-26/doc-ihrfqzka9159187.shtml.

法做到"集体行动"。这些都导致了安华农险的控制权之争。

表 13-5　A 股上市公司前三大股东平均持股比例

单位：%

| 年份 | 第一大股东持股比例 | 第二大股东持股比例 | 第三大股东持股比例 |
| --- | --- | --- | --- |
| 2009 | 36.47 | 8.82 | 3.71 |
| 2010 | 36.55 | 9.36 | 4.04 |
| 2011 | 36.16 | 9.64 | 4.24 |
| 2012 | 36.32 | 9.69 | 4.24 |
| 2013 | 36.12 | 9.50 | 4.14 |
| 2014 | 35.48 | 9.35 | 4.08 |
| 2015 | 34.39 | 9.64 | 4.38 |
| 2016 | 33.89 | 10.07 | 4.78 |
| 2017 | 33.70 | 10.39 | 5.06 |
| 2018 | 35.33 | 10.82 | 4.94 |

资料来源：根据 CSMAR 数据库整理。

按照传统的公司治理理论，公司主要存在两种委托代理关系，分别是大股东与管理层的委托代理关系和小股东与大股东的委托代理关系。与之对应的是，控制权之争也可分为两种类型，分别是大股东与管理层的控制权之争和股东与股东的控制权之争，也存在两种代理成本或者利益冲突，即大股东与小股东的利益冲突和股东与管理层的利益冲突。而本案例中的大股东之间持股比例相近，呈现均衡的股权结构，这就导致了比较特殊的代理问题。均衡股权结构是指公司的大股东之间的股权比例相当接近，没有其他小股东或者其他小股东的股权比例极低的情况。而股权结构均衡会导致一系列的问题：容易形成股东僵局，无法形成有效的股东大会决议；容易激化股东矛盾；容易造成公司控制权与利益索取权的失衡。

公司的股权结构是公司所有权的一种结构安排，公司的股权结构会对公司的治理结构产生影响，公司的治理效率又会对公司绩效产生影响。有学者认为，股权集中有利于降低大股东参与的公司治理的代理成本，提升治理效率。施莱弗和维什尼（1986）开展了大股东方面的研究，他们采用理论模型证明了大股东可以采用购并等活动来监督公司的管理者，并提出了股东监督论，认为集中的股权有助于公司价值的提高，大股东有能力也有动力加强对经营者的监督，即股权集中度越高公司价值越高。国内学者朱红军和汪辉（2004）以案例研究的方式考察民营上市公司股权制衡的效果，发现股权制衡结构并不能提高我国民营上市公司的治理效率，认为股权制衡模式并不比大家广泛诟病的"一股独大"更有效率。徐莉萍、辛宇和陈工孟（2006）在对大股东的股权性质作出清晰界定的基础上，考察了中国上市公司的股权集中度和股权制衡及其对公司经营绩效的影响，实证结果表明，经营绩效和股权集中度之间呈现出显著的正向线性关系，而且这种线性关系在不同股权性质的控股股东中都是明显存在的。也就是说，控股股东对公司经营绩效的影响更多的是正向的激励效应，而不是负向的侵害效应，同时，过高的股权制衡程度对公司的经营绩效有负面影响。唐睿明和邱文峰（2014）基于创业板上市公司的数据，从股权集中度、股权制衡度的角度来进行分析，结果表明，随着第一大股东持股比例与前五大股东持股比例的增加，公司绩效也会提高。得出这一结论的原因是第一大股东通常是上市公司的创始人或实际所有者，公司经营的好坏直接关系到其自身利益，因此第一大股东有充分的动机去监管公司的日常经营；同时，前五大股东持股比例越高，其与公司的利益越一致，他们越有动力去监管公司的日常事务，改善公司经营状况。而安华农险正是由于股权高度分散，大股东之间的股权制衡引发了控制权之争，对公司绩效产生了不利影响，进而导致公司经营业绩一落千丈。

**（四）类似事件时有发生**

这类特殊的委托代理问题也曾出现在其他公司上，如民生银行。民生银行一个重要的特征就是长期的股权分散，即便是多年来的第一大股东新希望集团，其单一持股比例也从未超过 10%。1996 年民生银行初创时股东有 59 位，其中包括刘永好、张宏伟、卢志强、郭广昌、史玉柱、冯仑等企业家，他们中的任何一位在当今中国商界都有着举足轻重的地位。民生银行股权分散，股东派系林立。如何平衡各大股东之间的利益，维持大股东与管理层之间的关系，一直是每届民生银行董事长和总经理要面临的主要问题。后来安邦保险的持续增持，才打破民生银行原有的股东均衡格局。[①]

安华农险的控制权之争，实质上是中小保险公司发展之路的一个缩影。此前，珠峰财险、华海保险、永安财险都曾被爆出各种内部矛盾。

2019 年 1 月 1 日至 2 月 25 日，披露董事长或总经理变动的保险企业多达 6 家；2018 年，保险企业中有 69 位董事长/总经理是新上任的。这意味着近四成的保险企业发生了董事长或总经理上的人事变动。

2019 年以来，安诚财险、渤海财险、安华农险等陆续公告高管人员变动，作为互联网保险企业的安心财险，则在 2018 年第四季度偿付能力报告中披露了总经理离任的信息。股东结构不稳定，是高管层频繁发生人事变动的重要导火索。无论是传统保险企业，还是互联网保险企业，不管是财产险公司，还是寿险公司，还是农险公司，都存在股权不稳的问题，直接表现就是股权变动、人事更迭频繁，严重的还可以产生股东之间的纷争及管理层面的内斗。[②]

安华农险缺乏实际控制人，高层频繁更替，引发控制权之争，实质是其大股东之间股权均衡且过度分散的结果，此类特殊的委托代理问题在其他企业也时有发生，对企业经营产生了不利影响。由此可见，合理的股权结构对于保险公司内部治理乃至企业未来的可持续和健康发展有着十分重要的作用。

① 华尔街见闻网. 民生银行涅槃了吗？［EB/OL］.（2018-04-17）［2020-03-12］. https://wallstreetcn.com/articles/3282596.

② 时代周报网. 股权纷争高管更迭 中小险企告别高光时刻［EB/OL］.（2019-02-26）［2020-03-12］. https://finance.sina.com.cn/ money/ insurance/bxdt/ 2019-02-26/doc-ihrfqzka9159187.shtml.

# 第十四章　中国人保公司治理案例分析

本章将从公司概况、股权结构与股东大会、董监高构成、董事会运作与监事会运作四个方面介绍中国人保公司治理的发展情况。

## 第一节　中国人保概况

### 一、公司简介

中国人民保险集团股份有限公司（以下简称"中国人保"）①是一家综合性保险金融集团，是世界五百强企业之一，也是世界上最大的保险公司之一。旗下拥有人保财险、人保资产、人保健康、人保寿险、人保投资、华闻控股等十余家专业子公司，实现了全保险产业链和银行、信托等非保险金融领域战略布局。2012 年 12 月 7 日，中国人保在香港联合交易所完成了 H 股上市（股票代码 01339），成为中国内地大型国有金融企业境外上市"第一股"，开创了中管保险集团境外整体上市的先河。2018 年 11 月 16 日，中国人保在上海证券交易所正式挂牌（股票代码 601319），成为国内第五家"A+H"股上市的金融保险企业。

中国人保是我国保险事业的缔造者和开拓者，拥有"PICC 中国人民保险"品牌，其业务范围包括：财产保险、人身保险、再保险、资产管理、不动产投资和另类投资、金融科技、年金和养老金、保险经纪等。截至 2018 年 12 月 31 日，中国人保实收资本 442.24 亿元，全年实现保费收入 4986.08 亿元。集团综合偿付能力充足率为 309%，核心偿付能力充足率为 244%。

### 二、组织架构

中国人保的组织架构如图 14-1 所示。公司设有股东大会、董事会、监事会及高级管理层。其中董事会下设四个专门委员会，包括审计委员会、提名薪酬委员会、战略与

---

① 中国人保作为国内领先的大型综合性保险金融集团，拥有领先的技术和强大的综合实力，于 2018 年回归 A 股上市。因此本章选择该公司作为案例分析对象。

投资委员会、风险管理委员会。监事会下设两个委员会，包括履职尽责监督委员会和财务与内部监督委员会。

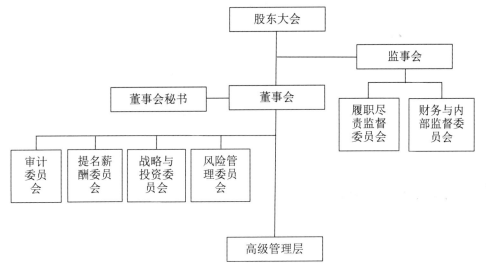

图 14-1 中国人保组织架构

资料来源：中国人保官网。

## 三、经营理念与战略

### （一）经营理念

中国人保的经营理念是"以市场为导向，以客户为中心"，工作作风为"求真务实、规范严谨、令行禁止、艰苦奋斗、开拓创新"，文化内涵是"坚持以人为本，践行和谐奋进"，使命是"人民保险，服务人民"，核心价值观是"理念立司、专业兴司、创新强司、正气治司"，愿景是"做人民信赖的卓越品牌"。

### （二）发展战略

2018 年 6 月 28 日，中国人保首次发布创新驱动发展战略路线图，并首次对外公布"3411"战略规划。"3"即推动财产险、寿险、健康险 3 家保险公司转型；"4"即实施创新驱动发展战略、数字化战略、一体化战略和国际化战略等 4 大战略；两个"1"分别指打好 1 场中心城市攻坚战及县域市场保卫战，和守住 1 条不发生系统性风险的底线，加固底板，全面提升集团依法合规与风险防范水平。

### （三）战略方向

中国人保通过科技创新、服务创新、商业模式创新和管理创新等创新驱动推动公司转型。

在科技创新方面，中国人保聚焦三类科技赋能，切实发挥数字化技术在集团转型升级、创新发展中的引领和支撑作用，具体措施如下：推动创新的线上化、平台化、智能化，推动公司数字化转型；利用新技术、新应用对传统金融保险业务进行全方位、全角度、全链条的改造；提高全要素生产率，充分发挥数字化技术对发展的放大、叠加、倍增作用。

在服务创新方面，中国人保打造四维服务格局，实施大服务战略。其以发展现代保险服务业为主要方向，全面升级保险产品供给，大力发展"保险+服务"模式，实现保险服务模式从提供简单经济补偿向规划全面风险解决方案转变。

在商业模式创新方面，中国人保布局四大生态体系。其从客户生产生活的实际需求出发，对跨界产业链进行整合，布局消费生活、车主、健康养老、"三农"四大生态圈，构建以客户为中心的串联产业服务链。

在管理创新方面，中国人保夯实六化管理支撑。一是夯实专业化的发展能力，二是形成差异化的区域发展模式，三是培养精细化的经营管理能力，四是建立敏捷化的市场响应机制，五是深入推进集团一体化建设，六是打造科学化的党建平台载体。

## 四、公司历史与所获荣誉

### （一）公司历史

1949 年 10 月，经中华人民共和国政务院批准，中国人保在北京成立，标志着中国保险事业掀开了新的一页。

1996 年 8 月，经国务院决定和中国人民银行批准，中国人保改组为中国人民保险（集团）公司，下设中保财产保险有限公司、中保人寿保险有限公司、中保再保险公司。

1998 年 10 月，国务院批准恢复中国人民保险公司名称，3 家子公司分别更名为中国人民保险公司、中国人寿保险公司、中国再保险公司。

2003 年 7 月，经国务院同意和中国保监会批准，中国人保发起设立中国人民财产保险股份有限公司，并更名为中国人保控股公司。同年，中国人保控股公司发起设立了国内第一家保险资产管理公司——中国人保资产管理股份有限公司，以及中国内地最大的非寿险公司——中国人民财产保险股份有限公司。

2003 年 11 月，中国人保财险作为内地金融机构境外上市第一股正式在港挂牌交易（股票代码 02328），由此成功拉开了内地金融业进军境外资本市场的序幕。

2008 年，中国人保财险保费收入逾 1000 亿元，成为我国保险业第一家年度保费收入突破千亿元大关的非寿险公司。

2009 年 9 月，中国人保成功改制为中国人民保险集团股份有限公司，实现了从传统国有企业向现代国有控股金融保险集团的重大转变。

2012 年 12 月，中国人保在香港联合交易所完成了 H 股上市（股票代码 01339），开创了中管保险集团境外整体上市的先河。

2018 年 11 月，中国人保在上海证券交易所正式登陆 A 股市场（股票代码 601319），成为国内第五家"A+H"股上市的金融保险企业。

### （二）所获荣誉

中国人保 2018—2019 年所获荣誉节选如下。

2019 年 4 月 12 日，在香港咨询机构投资洞见与委托组织的 2019 亚洲跨境投资洞见峰会暨专业投资大奖颁奖典礼上，中国人保资产荣获"人民币债券在岸市场 3 年最佳表现奖"和"中国大陆市场最佳财富管理者"两项大奖，首次在境外机构组织的评奖活动中获得荣誉。

2019 年 3 月 14 日，在中国质量万里行促进会主办的第五届中国质量诚信品牌论坛上，人保财险荣获"全国质量诚信品牌优秀示范企业奖"。

2018 年 12 月，在《21 世纪经济报道》和 21 世纪研究院金融研究中心共同主办的"亚洲金融竞争力排名"评选活动中，中国人保财险再度荣获"年度亚洲最佳财险公司"奖项，十度蝉联榜单榜首。

2018 年 12 月，在第三届智能金融国际论坛暨 2018"领航中国"年度颁奖典礼上，中国人保财险荣获"杰出财产险公司"奖项。

2018 年 11 月，人保寿险荣获《中国保险报》评选的"2018 中国市场竞争力十佳寿险公司"奖项。

2018 年 11 月，在《国际金融报》举办的 2018 中国资本市场扶贫先锋论坛上，人保财险获得"2018 年度扶贫先锋企业"奖项。

2018 年 8 月，中国人保在 2018 年中国企业 500 强排行榜上排名第 29 位。

2018 年 8 月，中国人保荣登美国《财富》（*Fortune Magazine*）"世界 500 强"第 117 位，比 2010 年排名提升 254 位。

2018 年 7 月，在《每日经济新闻》主办的 2018（第三届）中国保险业创新与发展论坛上，人保寿险荣获"优秀人寿保险公司"奖。

2018 年 7 月，在 2018（第三届）中国保险业创新与发展论坛暨 2018 年中国保险风云榜颁奖礼上，人保财险荣获"改革开放 40 周年•优秀财产保险公司"奖项。

2018 年 6 月，在《证券时报》主办的"2018 年中国保险业方舟奖"评选活动中，中国人保财险荣获"2018 中国保险业高质量发展保险公司"奖项。

2018 年 2 月，在中国保险资产管理业协会于 2017 年举办的"支持实体经济助力国家战略"保险资产管理创新作品征集活动中，人保资本地市级政府风险评价项目荣获"中国保险资产管理业协会工具方案类二等创新作品"奖项。

2018 年 1 月，在人民网主办的第十二届人民企业社会责任颁奖典礼上，人保健康荣获"人民企业社会责任奖"中的"年度企业奖"。

# 第二节　中国人保股权结构与股东大会

## 一、实际控制人控制公司情况

中国人保的实际控制人为中华人民共和国财政部。财政部持有中国人保 67.60%[①]的股权。

---

① 中国人保于 2018 年 12 月 26 日接到通知，财政部决定将所持股权的 10% 划转给社保基金会，划转后，财政部持股比例为 60.84%。

## 二、股权结构情况

中国人保主要持股股东及持股情况如表 14-1 所示。中国人保的第一大股东为财政部，持股比例为 67.60%；第二大股东为香港中央结算有限公司，持股比例为 19.68%。相对而言，中国人保的股权结构较为集中。

表 14-1　中国人保主要持股股东及持股情况

| 股东名称 | 持股数量（千万） | 持股比例（%） | 股东性质 |
| --- | --- | --- | --- |
| 财政部 | 2989.61 | 67.60 | 国家 |
| 香港中央结算有限公司 | 870.50 | 19.68 | 境外法人 |
| 全国社会保障基金理事会 | 380.15 | 8.60 | 国家 |
| 中国人寿保险有限公司 | 29.47 | 0.67 | 国有法人 |
| 新华人寿保险股份有限公司 | 8.98 | 0.20 | 国有法人 |
| 太平人寿保险有限公司 | 8.98 | 0.20 | 国有法人 |
| 中国银行股份有限公司 | 8.98 | 0.20 | 其他 |

资料来源：中国人保 2018 年年报。

## 三、近年来股东大会召开情况

中国人保近年来股东召开情况如下。需要说明的是，中国人保官网未披露 2017 年度股东大会和 2018 年前三次临时股东大会决议。

### （一）2018 年度股东大会

中国人保 2018 年度股东大会于 2019 年 6 月 21 日在北京市海淀区清华西路 28 号大会议厅召开。该次会议采取现场投票和网络投票相结合的方式。网络投票系通过上海证券交易所股东大会网络投票系统向全体 A 股股东提供投票平台。出席会议的股东及股东授权代表共 43 人，代表股份占有表决权股份总数的 85.26%。会议通过了《关于 2018 年度董事会报告的议案》《关于 2018 年度监事会报告的议案》《关于 2018 年度财务决算的议案》《关于 2018 年度利润分配的议案》《关于 2019 年度固定资产投资预算的议案》《关于聘请 2019 年度财务报表审计师的议案》《关于 2018 年度独立董事述职报告和履职评价结果的议案》《关于修改〈中国人民保险集团股份有限公司章程〉的议案》《关于发行股份一般性授权的议案》。此外，会议还听取了《2018 年度董事尽职报告》《2018 年度关联交易及其管理制度执行情况和内部交易评估的报告》和《2018 年度偿付能力有关情况的报告》。

### （二）2018 年第四次临时股东大会

中国人保 2018 年第四次临时股东大会于 2018 年 12 月 21 日在北京市西城区西长安街 88 号中国人保大厦 11 层 1150 会议室召开。现场出席会议的股东及股东授权代表共 26 人，其代表股份占公司有表决权股份总数的 82.81%。股东大会审议并投票表决，通过《关于集团公司董事与监事 2017 年度薪酬方案的议案》决议。

### （三）2017 年第四次临时股东大会

中国人保 2017 年第四次临时股东大会于 2017 年 12 月 29 日在北京市西城区西长安街 88 号中国人保大厦 11 层 1150 会议室召开。现场出席此次股东大会的股东及股东授权代表共 5 人，其代表股份占公司有表决权股份总数的 85.84%。会议审议并投票表决通过了《关于公司董事与监事 2016 年度薪酬清算方案的议案》。

### （四）2017 年第三次临时股东大会

中国人保 2017 年第三次临时股东大会于 2017 年 10 月 31 日在北京市西城区西长安街 88 号中国人保大厦 11 层 1150 会议室召开。现场出席会议的股东及股东授权代表共 4 人，其代表股份占公司有表决权股份总数的 86.51%。会议审议并投票表决通过了《关于 2017 年中期利润分配的议案》《关于修订〈中国人民保险集团股份有限 16 公司章程〉的议案》。

### （五）2017 年第二次临时股东大会

中国人保 2017 年第二次临时股东大会于 2017 年 9 月 8 日在北京市西城区西长安街 88 号中国人保大厦 1150 会议室召开。现场出席会议的股东及股东授权代表共 4 人，其代表股份占公司有表决权股份总数的 86.45%。会议审议并投票表决通过了《关于中国人民保险集团股份有限公司发行资本补充债的议案》《关于选举谢一群先生为公司第二届董事会执行董事的议案》《关于选举唐志刚先生为公司第二届董事会执行董事的议案》《关于选举肖雪峰先生为公司第二届董事会非执行董事的议案》。

### （六）2017 年第一次临时股东大会

中国人保 2017 年第一次临时股东大会于 2017 年 7 月 31 日在北京市西城区西长安街 88 号人保大厦 1150 会议室召开。现场出席会议的股东及股东授权代表共 6 人，其代表股份占公司有表决权股份总数的 86.51%。会议审议并投票表决通过了《关于首次公开发行 A 股股票并上市方案的议案》《关于授权办理首次公开发行 A 股股票并上市具体事宜的议案》《关于首次公开发行 A 股股票并上市募集资金用途的议案》《关于首次公开发行 A 股股票并上市前滚存利润分配方案的议案》《关于首次公开发行 A 股股票并上市后三年分红回报规划的议案》《关于首次公开发行 A 股股票并上市后三年内稳定公司 A 股股价预案的议案》《关于首次公开发行 A 股并上市的招股说明书信息披露相关承诺事项的议案》《关于首次公开发行 A 股股票摊薄即期回报及填补措施的议案》《关于前次募集资金使用情况报告的议案》《关于修订〈中国人民保险集团股份有限公司章程〉的议案》《关于修订〈中国人民保险集团股份有限公司股东大会议事规则〉的议案》决议。

### （七）2016 年度股东大会

中国人保 2016 年度股东大会于 2017 年 6 月 23 日在北京市西城区西长安街 88 号人保大厦 1150 室召开。现场出席会议的股东及股东授权代表共 4 人，其代表股份占公司有表决权股份总数的 85.47%，其中内资股股份占公司有表决权股份总数的 92.94%，H 股股份占公司有表决权股份总数的 7.06%。会议审议并投票表决通过了《关于 2016 年度董事会报告的议案》《关于 2016 年度监事会报告的议案》《关于 2016 年度财务决算的议案》《关于 2016 年度利润分配的议案》《关于 2017 年度固定资产投资预算的议案》《关于聘请 2017 年度财务报表审计师的议案》《关于选举缪建民先生为公司第二届董事会执行董事的议案》《关于选举王清剑先生为公司第二届董事会非执行董事的议案》《关于发行股份一般性授权的议案》。此外，本次股东大会还审阅了《2016 年度董事尽职报告》《2016 年度独立董事尽职报告》《2016 年度关联交易及其管理制度执行情况和内部交易评估的报告》《人保集团 2016 年度偿付能力有关情况的报告》。

### （八）2016 年第一次临时股东大会

中国人保 2016 年第一次临时股东大会于 2016 年 5 月 27 日在北京市海淀区清华西路 28 号会议厅召开。现场出席此次股东大会的股东及股东授权代表共 3 人，其代表股份占公司有表决权股份总数的 85.05%。会议审议并投票表决通过了《关于 2016 年度固定资产投资预算的议案》《关于发起设立中国人民养老保险有限责任公司的议案》《关于集团公司董事与监事 2014 年度薪酬清算方案的议案》等。

## 第三节　中国人保董监高构成情况

### 一、董事会构成情况

中国人保董事会人员情况如表 14-2 所示。董事会由 14 名董事组成，其中包括 4 名执行董事、5 名非执行董事、5 名独立非执行董事，符合中国银保监会的基本要求。公司董事会和总经理不存在两职兼任的情况，能够保障董事长和总经理的有效履职。

表 14-2　中国人保董事会人员情况

| 姓名 | 职务 | 性别 | 年龄（岁） | 任期起始时间 |
|---|---|---|---|---|
| 缪建民 | 董事长/执行董事 | 男 | 53 | 2018 年 1 月/2017 年 7 月 |
| 白涛 | 副董事长、执行董事 | 男 | 55 | 2018 年 10 月 |
| 谢一群 | 执行董事 | 男 | 57 | 2017 年 10 月 |
| 唐志刚 | 执行董事 | 男 | 54 | 2017 年 11 月 |
| 王清剑 | 非执行董事 | 男 | 54 | 2017 年 7 月 |
| 肖雪峰 | 非执行董事 | 男 | 48 | 2017 年 10 月 |
| 华日新 | 非执行董事 | 女 | 59 | 2015 年 10 月 |
| 程玉琴 | 非执行董事 | 女 | 57 | 2015 年 10 月 |
| 王智斌 | 非执行董事 | 男 | 51 | 2016 年 8 月 |
| 邵善波 | 独立董事 | 男 | 69 | 2018 年 5 月 |
| 高永文 | 独立董事 | 男 | 61 | 2018 年 5 月 |
| 陆建瑜 | 独立董事 | 男 | 78 | 2015 年 7 月 |
| 林义相 | 独立董事 | 男 | 55 | 2015 年 9 月 |
| 陈武朝 | 独立董事 | 南 | 49 | 2017 年 3 月 |

资料来源：中国人保官网。

## 二、监事会构成情况

中国人保监事会人员情况如表 14-3 所示。监事会由 5 名监事组成，其中包括 1 名独立监事，2 名职工代表监事，2 名股东监事。

表 14-3　中国人保监事人员情况

| 姓名 | 职务 | 性别 | 年龄 | 任期起始时间 |
| --- | --- | --- | --- | --- |
| 林帆 | 监事长、股东监事 | 男 | 59 | 2012 年 5 月 |
| 许永现 | 股东监事 | 男 | 55 | 2009 年 9 月 |
| 荆新 | 独立监事 | 男 | 61 | 2017 年 3 月 |
| 王大军 | 职工代表监事 | 男 | 51 | 2016 年 3 月 |
| 姬海波 | 职工代表监事 | 男 | 55 | 2017 年 3 月 |

资料来源：中国人保官网。

## 三、高管层构成情况

中国人保高级管理层人员情况如表 14-4 所示。高级管理层共 11 人，涉及的职务包括总裁、副总裁、董事会秘书、纪委书记、首席风险官、业务总监等。

表 14-4　中国人保高级管理层人员情况

| 姓名 | 职务 | 性别 | 年龄（岁） | 任期起始时间 |
| --- | --- | --- | --- | --- |
| 白涛 | 总裁 | 男 | 55 | 2018 年 9 月 |
| 谢一群 | 副总裁 | 男 | 57 | 2015 年 7 月 |
| 唐志刚 | 副总裁、董事会秘书 | 男 | 54 | 2013 年 9 月、2019 年 3 月 |
| 盛和泰 | 副总裁 | 男 | 48 | 2014 年 6 月 |
| 石青峰 | 纪委书记 | 男 | 51 | 2018 年 7 月 |
| 李祝用 | 副总裁、合规负责人、首席风险官 | 男 | 46 | 2018 年 11 月、12 月、8 月 |
| 韩可胜 | 总裁助理、审计责任人 | 男 | 53 | 2010 年 5 月、2018 年 2 月 |
| 赵军 | 首席信息技术执行官 | 男 | 58 | 2007 年 9 月 |
| 林智勇 | 业务总监 | 男 | 55 | 2019 年 3 月 |
| 周厚杰 | 财务负责人、首席财务执行官 | 男 | 54 | 2010 年 3 月 |
| 吕晨 | 业务总监 | 男 | 47 | 2013 年 8 月 |

资料来源：中国人保官网。

# 第四节　中国人保董事会、监事会运作

## 一、董事会运作情况

董事会为中国人保的决策机构，每年至少召开 4 次定期会议，并根据需要召开临时会议。定期会议通知应当于会议召开 14 个工作日前（不包括会议召开当日）通知全体董事，临时会议通知应当于会议召开 5 个工作日前（不包括会议召开当日）通知全体董事。每次董事会会议均有详细会议记录。在召开会议前，各董事会收到相关通知与资料，以便其在掌握相关资料的情况下作出决定。中国人保董事会由 14 名董事组成（现任董事会人员情况见本章第三节），其中包括 4 名执行董事、5 名非执行董事、5 名独立董事。董事任期 3 年，可以连任，但独立董事连续任期不得超过 6 年。

### （一）董事会主要职责

董事会根据《公司章程》对股东大会负责，主要职责包括（但不限于）：①召集股东大会并向股东大会报告工作；②执行股东大会决议；③决定公司的发展战略、年度经营计划和投资方案；④制订公司的年度财务预算方案、决算方案；⑤制订公司的利润分配方案和弥补亏损方案；⑥制订公司增加和减少注册资本、发行债券或其他证券及上市方案；⑦拟订回购公司股票或者合并、分立、解散及变更公司形式的方案；⑧制订《公司章程》的修改方案，拟订股东大会议事规则、董事会议事规则，审议董事会专业委员会工作规则；⑨审议批准公司的关联交易，法律法规、规范性文件或者公司股票上市地证券监督管理机构规定的，以及公司相关授权方案中规定的应当由股东大会审议批准的关联交易除外；⑩向股东大会报告关联交易情况和关联交易管理制度执行情况；⑪审议批准公司非重大的对外投资、资产购置、资产处置与核销等事项；⑫在股东大会授权范围内，审议批准公司对外赠予事项（授权总裁审议的事项除外）；⑬决定或授权董事长决定公司内部管理机构的设置；⑭聘任或者解聘公司总裁、董事会秘书，根据总裁的提名，聘任或者解聘副总裁、总裁助理、财务负责人、合规负责人等，根据董事长或审计委员会的提名，聘任或者解聘审计责任人，根据提议股东、董事长、1 / 3 以上董事或半数以上（至少 2 名）独立董事的提议，选举产生提名薪酬委员会主任委员和委员，根据提名薪酬委员会提名，选举产生董事会其他专业委员会主任委员（战略与投资委员会主任委员除外）和委员；⑮决定公司风险管理、合规和内部控制政策，制定公司内控合规管理、内部审计等制度，批准公司年度风险评估报告、合规报告、内部控制评估报告；⑯制定公司信息披露、投资者关系管理等相关制度，管理信息披露、投资者关系等事项；⑰每年对董事进行尽职考核评价，并向股东大会和监事会提交董事尽职报告；⑱决定由董事会聘任的高级管理人员的薪酬、绩效考核和奖惩事项；⑲审议公司治理报告；⑳向股东大会提请聘请或解聘会计师事务所；㉑听取公司总裁的工作汇报并检查总裁的工作；㉒选聘实施公司董事及高级管理人员审计的外部审计机构；㉓法律、法规、规范性文件和《公司章程》规定的以及股东大会授予的其他职权。

## （二）董事会 2018 年工作摘要

2018 年，中国人保董事会共召集了 5 次股东大会会议，提请股东大会审议批准了 32 项议案，并提交了 4 项报告；召开了 11 次董事会会议，审议及审阅了 96 项议案。是年，董事会完成的主要工作包括：①召集了 5 次股东大会；②审议通过了公司 2019 年度经营计划和固定资产投资预算；③审议通过了中国人保 2018 年、2019 年整体资产战略配置计划、中国人保集团资本规划（2018－2020 年）；④审议通过了中国人保集团 2018 年度审计计划及费用预算；⑤审议通过了中国人保 2017 年度财务决算及利润分配；⑥审议通过了 2017 年度报告、年度业绩公告、年度"偿二代"偿付能力报告、2018 年中期报告、中期业绩公告、2018 年上半年度"偿二代"偿付能力报告的议案；⑦审议通过了 2018 年度风险偏好陈述书；⑧审议通过了董监高人员责任保险事宜的议案；⑨审议批准了公司 2017 年度内部控制评价报告、风险评估报告、合规报告、公司治理报告及公司规划实施情况评估报告、保险资金运用内部控制评价及审计相关报告；⑩审议通过了公司优化调整机构设置和职能配置的议案；⑪选举董事长、副董事长，聘任公司总裁、副总裁、合规负责人、首席风险官；⑫提名第三届董事会执行董事候选人、非执行董事候选人和独立非执行董事候选人；⑬选举第三届董事会审计委员会主任委员和委员、提名薪酬委员会主任委员和委员、战略与投资委员会委员、风险管理委员会主任委员和委员；⑭审议通过了公司负责人 2017 年度薪酬方案、2017 年度绩效考核激励计提方案、董事与监事 2017 年度薪酬清算方案；⑮审议通过了聘请 2018 年度财务报表审计师的议案；⑯审议通过了发行股份一般性授权的议案；⑰审议通过了延长 A 股发行及相关事宜有效期的议案；⑱审议通过了公司向人保再保险增资的议案；⑲审议推荐相关子公司董事和监事人选、相关子公司利润分配等议案；⑳审议通过了《关于集团公司与人保资产、人保投控及人保资本签署〈投资业务管理交易框架协议〉的议案》《关于集团公司与人保资产、人保香港资产签署资产委托管理协议及补充协议的议案》；㉑听取了公司 2017 年度董事尽职报告、2017 年度独立董事尽职报告、2017 年度关联交易及其管理制度执行情况和内部交易评估的报告、2017 年度关联交易专项审计结果的报告。

## 二、董事会下属专业委员会运作情况

中国人保董事会下设 4 个专业委员会，分别是审计委员会、提名薪酬委员会、战略与投资委员会、风险管理委员会，各专业委员会基本情况如下。

### （一）审计委员会

审计委员会主要负责公司内部控制制度及其实施情况的审查，审核监督公司内部审计制度和关联交易制度及其实施，对外部审计机构的聘任事宜发表意见并监督其与公司的关系，审阅公司的财务数据及监管财务申报，就财务信息的真实性、完整性和准确性作出判断。

2018 年中国人保董事会审计委员会由 4 名董事组成，其中独立董事 3 人、非执行董事 1 人，且主任委员由独立董事担任。

审计委员会主要职责包括（但不限于）：①审核公司重大财务会计政策及其实施情况，听取年度财务预算、决算方案汇报，监督财务运营情况；②评估审计责任人工作并向董事会提出意见;③审核公司内部审计基本制度并向董事会提出意见,审核公司年度审计计划和审计预算,并向董事会提出建议,指导公司内部审计工作,监督内部审计质量;④每年定期检查评估内部控制的健全性和有效性,及时处理关于内部控制方面重大问题的投诉;⑤协调内部审计与外部审计,监督通过内部审计和外部审计所发现重大问题的整改和落实;⑥就外部会计师事务所的聘用和解聘、酬金等问题向董事会提出建议,按适用的标准监督外部会计师事务所是否独立客观及审计程序是否有效;⑦就外部会计师事务所提供的非审计服务制定政策,并予以执行;⑧确保董事会及时响应外部会计师事务所给予管理层的《审核情况说明函件》中提出的事宜;⑨审查外部会计师事务所所作出的公司年度审计报告及其他专项意见、经审计的公司年度财务会计报告、其他财务会计报告和其他需披露的财务信息,对前述财务会计报告信息的真实性、完整性和准确性作出判断性报告后提交董事会审议;⑩确认公司的关联方,并向董事会和监事会报告,并应当及时向公司相关工作人员公布其所确认的关联方;⑪对应由股东大会、董事会批准的关联交易进行初审并提交董事会批准;⑫在董事会授权范围内审批关联交易或者接受关联交易备案;⑬向董事会提交公司年度关联交易情况以及关联交易管理制度执行情况的专项报告,就公司全年发生的关联交易的总体状况、风险程度、结构分布进行详细报告;⑭法律、法规、规范性文件和《公司章程》规定的、公司股票上市地证券监督管理机构要求的以及董事会授权的其他事宜。

2018 年,中国人保审计委员会共召开了 8 次会议,研究审议了 32 项议题。完成的主要工作包括:①研究审议了 2017 年度报告、年度业绩公告、内部控制评价报告、风险评估报告、保险资金运用内部控制评价及审计相关报告、2018 年中期报告、中期业绩公告;②研究审议了《中国人民保险集团 2018 年度审计计则及费用预算》;③研究审议了《关于〈中国人民保险集团省级分支机构审计分类监督综合评价暂行办法〉的议案》;④研究审议了《2017 年度关联交易及其管理制度执行情况和内部交易评估的报告》及《2017 年度关联交易专项审计情况报告》;⑤研究审议了《关于聘请公司 2018 年度财务报表审计的议案》;⑥研究审议了《中国人民保险集团 2017 年度审计工作情况报告》;⑦研究审议了《中国人民保险集团 2017 年度审计发现问题综合分析及整改情况综合分析报告》;⑧研究审议了《中国人民保险集团 2018 年上半年审计工作情况报告》;⑨研究审议了《中国人民保险集团 2018 年上半年审计发现问题及整改情况综合分析报告》;⑩研究审议了《关于三年一期 A 股财务报表专项审计相关报告的议案》;⑪研究审议了《关于 2018 年 1—3 月财务报表及审阅报告的议案》;⑫研究审议了《关于 2018 年 1—6 月业绩预计情况的议案》;⑬研究审议了《关于 2018 年 1—9 月业绩预计情况的议案》;⑭研究审议了《关于制定〈中国人民保险集团股份有限公司规范与关联方资金往来管理暂行办法〉的议案》;⑮研究审议了《关于修订〈中国人民保险集团股份有限公司董事会审计委员会工作规则〉的议案》;⑯研究审议了《关于与人保资产、人保投控及人保资本签署〈投资业务管理交易框架协议〉的议案》;⑰研究审议了《关于签署人保再保险职场租赁合同的议案》;⑱研究审议了《关于集团公司与人保资产、人保香港资产签署资产委托管理协议及补充协议的议案》;⑲研究审议了《关于人保寿险与兴业银行签署 2018—2019 年度保险业务协议的议案》;⑳研究审议了《关于 2017 年末及 2018 年 3 月 31 日内涵价值报告的议案》;㉑研究审议了与人保物业签订《物业管理总体委托合同》及配套协议关联交易事

项；㉒研究审议了《关于 2018 年 3 月 31 日内部控制评价报告及内部控制审计报告的议案》；㉓研究审议了《关于与人保养老续签〈中国人保大厦租赁合同〉的议案》。

**（二）提名薪酬委员会**

提名薪酬委员会主要负责在职权范围内协助董事会拟定公司董事、高级管理人员的选任程序和标准，对拟任人选的任职资格和条件进行初步审核；研究、拟定董事、监事和高级管理人员的薪酬方案、绩效考核制度以及激励方案，向董事会提出建议，并监督方案或制度的实施。

2018 年，中国人保提名薪酬委员会由 5 名董事组成，其中独立董事 4 人、非执行董事 1 人，且主任委员由独立非执行董事担任。

提名薪酬委员会主要职责包括（但不限于）：①研究董事、由董事会聘任的高级管理人员的选择标准和程序，每年至少对董事会的架构人数和组成（包括技能、知识及经验方面）进行一次审查，并就任何为配合公司策略而拟对董事会作出的变动提出建议；②充分考虑董事会成员的多元化，广泛搜寻合格的董事、由董事会聘任的高级管理人员的人选，并向董事会提出建议；③审核独立董事的独立性；④审查董事候选人和由董事会聘任的高级管理人员候选人，并就董事的委任、重新委任及继任计划向董事会提出建议；⑤研究董事、由董事会聘任的高级管理人员的考核标准，进行考核并提出建议；⑥根据同类公司支付的薪酬、须付出的时间及职责、公司及下属子公司内其他职位的雇用条件等标准，通过正规而透明的程序，研究、制定和审查董事、监事、由董事会聘任的高级管理人员的薪酬政策与方案，并向董事会提出建议；⑦根据董事会所确定的公司方针及目标，对董事及由董事会聘任的高级管理人员的薪酬建议进行审查；⑧就执行董事、监事及由董事会聘任的高级管理人员的特定薪酬待遇向董事会提出建议；⑨就非执行董事及独立非执行董事的薪酬向董事会提出建议；⑩就免除董事职务事项出具独立审慎的意见；⑪审查批准向执行董事、监事及由董事会聘任的高级管理人员就其丧失或终止职务或委任而须支付的赔偿；⑫审查批准董事因行为失当遭解雇或罢免所涉及的赔偿安排；⑬法律、法规、规范性文件和《公司章程》规定的、公司股票上市地证券监督管理机构要求的以及董事会授权的其他事宜。

2018 年，中国人保董事会提名薪酬委员会共召开了 9 次会议，研究审议了 30 项议题。完成的主要工作包括：①研究审议了提名公司第三届董事会董事候选人事宜，向董事会提出建议并获通过；②研究审议了提名董事长、总裁、副董事长、副总裁、董事会秘书、合规负责人、首席风险官人选事宜，向董事会提出建议并获通过；③研究审议了提名第三届董事会审计委员会主任委员和委员人选、战略与投资委员会委员人选、风险管理委员会主任委员和委员人选事宜，向董事会提出建议并获通过；④研究审议了公司 2017 年度绩效考核激励计提方案；⑤研究审议了公司负责人 2017 年度薪酬方案；⑥研究审议了公司董事与监事 2017 年度薪酬清算方案；⑦研究审议了推荐相关子公司董事和监事人选的议案；⑧研究审议了《关于优化调整集团公司机构设置和职能配置的议案》；⑨研究审议了 2017 年度公司治理报告中的"激励约束机制"部分；⑩审阅了公司 2017 年度董事尽职报告、2017 年度独立董事尽职报告。

**（三）战略与投资委员会**

战略与投资委员会主要负责对公司中、长期发展战略和重大投资决策进行研究并提出建议。

2018 年，中国人保战略与投资委员会由 6 名董事组成，其中执行董事 3 人、非执行董事 2 人、独立执行董事 1 人。

战略与投资委员会主要职责包括（但不限于）：①审议公司总体发展战略规划和各专项发展战略规划，并向董事会提出建议；②根据国际、国内经济金融形势和市场变化趋势，对可能影响公司发展战略规划及其实施的因素进行评估并向董事会及时提出发展战略规划调整建议；③评估公司各类业务的总体发展状况，并向董事会及时提出发展战略规划调整建议；④审议年度财务预算决算方案，并向董事会提出建议；⑤审核须经董事会批准的对外投资相关事项（如对外投资管理制度，对外投资的管理方式，对外投资决策程序和授权机制，资产战略配置规划、年度投资计划和投资指引及相关调整方案，重大直接投资事项，新投资品种的投资策略和运作方案，对外投资绩效考核评价制度）；⑥应股东、董事要求，在股东大会、董事会上对公司对外投资议案进行说明；⑦制定及修改公司治理方面的政策，并向董事会提出建议；⑧监察董事及高级管理人员的培训及持续专业发展；⑨制定、修改及监察公司人员及董事操守方面的内部守则；⑩监察公司根据公司股票上市地证券监督管理机构的要求对有关公司治理的披露；⑪法律、法规、规范性文件和《公可章程》规定的、公司股票上市地证券监督管理机构要求的以及董事会授权的其他事宜。

2018 年，中国人保战略与投资委员会共召开了 7 次会议，研究审议了 30 项议题，完成的主要工作包括：①研究审议了公司 2019 年度经营计划、财务计划和固定资产投资预算方案；②研究审议了中国人民保险集团 2018 年、2019 年度资产战略配置计划；③研究审议了公司 2017 年度公司治理报告第一部分 "公司治理运作" 和第五部分 "公司治理评价"；④研究审议了公司 2017 年度董事会报告；⑤研究审议了公司 2017 年度企业管治报告；⑥研究审议了公司 2017 年度财务决算报告及 2017 年度利润分配相关事宜；⑦研究审议了 2017 年度中国人保集团规划实施情况评估报告；⑧研究审议了《关于中国人民保险集团 2017 年度企业社会责任报告的议案》；⑨研究审议了《关于制定〈中国人民保险集团股份有限公司募集资金管理暂行办法〉的议案》；⑩研究审议了《关于制定〈中国人民保险集团股份有限公司信息披露暂缓与豁免管理办法〉的议案》；⑪研究审议了《关于修订〈中国人民保险集团股份有限公司重大信息内部报告管理办法〉的议案》；⑫研究审议了《关于修订〈中国人民保险集团股份有限公司信息披露事务管理办法〉的议案》；⑬研究审议了《关于修订〈中国人民保险集团股份有限公司董事会秘书工作规则〉的议案》；⑭研究审议了发行股份一般性授权事宜；⑮研究审议了《中国人民保险集团资本规划（2018 年—2020 年）》；⑯研究审议了相关子公司利润分配和未分配利润转增注册资本的议案；⑰研究审议了向人保再保险增资的议案；⑱研究审议了《关于人保资产设立公募基金子公司的议案》；⑲研究审议了 A 股发行及相关事宜的议案；⑳审阅了《关于中国人民保险集团 2017 年度财务计划执行情况的报告》；㉑审阅了《关于人保金服对重度人保小额贷款有限责任公司增资的报告》。

（四）风险管理委员会

风险管理委员会主要职责是全面了解公司面临的各项重大风险及其管理状况，监督风险管理体系运行的有效性并向董事会提出建议。

中国人保风险管理委员会由 6 名董事组成，其中执行董事 1 人、非执行董事 3 人、独立董事 2 人，主任委员由执行董事担任。

风险管理委员会主要职责包括（但不限于）：①负责公司的风险管理，全面了解公司面临的各项重大风险及其管理情况，监督风险管理体系运行的有效性；②审议公司的风险管理总体目标、基本政策和工作制度，并向董事会提出意见和建议；③审议公司的风险管理机构设置及其职责，并向董事会提出意见和建议；④审议公司重大决策的风险评估和重大风险的解决方案，并向董事会提出意见和建议；⑤审议公司的年度风险评估报告，并向董事会提出意见和建议；⑥审核并向公司董事会提交公司年度合规报告；⑦审查公司半年度合规报告；⑧听取有关合规事项的报告，并向董事会提出意见和建议；⑨就制订和修改适用于公司人员及董事的内部合规守则、评估监察公司的合规政策及状况向董事会提出建议；⑩法律、法规、规范性文件和《公司章程》规定的、公司股票上市地证券监督管理机构要求的以及董事会授权的其他事宜。

2018 年，中国人保董事会风险管理委员会共召开了 6 次会议，研究审议了 12 项议题，完成的主要工作包括：①研究审议了修订公司全面风险管理制度；②研究审议了《关于加强违规案件整改及进一步提升内控合规水平的工作方案》；③研究审议了董事、监事及高级管理人员责任保险续保事宜；④研究审议了公司 2017 年度合规报告；⑤研究审议了公司 2017 年度风险评估报告；⑥研究审议了集团 2017 年度偿付能力报告；⑦研究审议了集团 2018 年度风险偏好陈述书；⑧研究审议了集团 2018 年上半年度偿付能力报告；⑨研究审议了 2017 年度内部控制评价报告；⑩研究审议了 2018 年中期业绩公告和中期报告；⑪研究审议了 2018 年上半年内部控制评价报告及内部控制审计报告；⑫研究审议了《关于提请股东大会授权办理招股说明书责任保险购买事宜的议案》；⑬研究审议了《关于 2018 年第一季度内控评价报告及内控审计报告的议案》。

### 三、监事会运作情况

#### （一）主要职责

监事会对股东大会负责，对公司财务状况、财务合规情况和内部控制健全性、有效性情况进行监督，对董事、高级管理人员履行规定职责、执行职务行为等有关情况进行监督。

监事会主要职责具体包括：①对董事会编制的公司定期报告进行审核并提出书面审核意见；②向股东大会报告工作；③检查公司财务；④提名独立董事；⑤对董事、高级管理人员执行公司职务的行为进行监督，对违反法律、法规、《公司章程》或者股东大会决议的董事、高级管理人员提出罢免的建议；⑥当董事、高级管理人员的行为损害公司的利益时，要求董事高级管理人员予以纠正；⑦提议召开股东大会，在董事会不能履行或不履行《公司法》规定的召集和主持股东大会职责时召集和主持股东大会；⑧审议高级管理人员提起诉讼案；⑨依照《公司法》第一百五十二条的规定，对董事、高级管理人员提起诉讼；⑩发现公司经营情况异常，可以进行调查，必要时，可以聘请会计师事务所、律师事务所等专业机构协助其工作，费用由公司承担；⑪法律、法规、规范性文件和《公司章程》规定的以及股东大会授予的其他职权。

### （二）监事会 2018 年工作摘要

2018 年，中国人保监事会按照《公司法》《公司章程》的有关规定，认真履行监督职责，维护公司、股东及员工的利益。2018 年，中国人保监事会共召开 9 次会议，审议研究和听取了 75 项议案；其中监事会履职尽职监督委员会召开了 7 次会议、财务与内控监督委员会召开了 9 次会议。监事会会议出席情况记录如表 14-5 所示。

表 14-5　中国人保 2018 年监事会会议出席情况

| 出席情况 | 林帆 | 荆新 | 许永现 | 王大军 | 姬海波 |
|---|---|---|---|---|---|
| 应出席（次） | 9 | 9 | 9 | 9 | 9 |
| 亲身出席（次） | 8 | 8 | 9 | 8 | 9 |
| 亲身出席率（%） | 88.89 | 88.89 | 100 | 88.89 | 100 |
| 委托出席（次） | 1 | 1 | 0 | 1 | 0 |
| 委托出席率（%） | 11.11 | 11.11 | 0.00 | 11.11 | 0.00 |

资料来源：中国人保 2018 年年报。

### （三）中国人保独立监事

中国人保其监事会运作的一个特点是设立了独立监事一职。独立监事，又称外部监事、外部监察人、独立监察人，即不属于公司董事、管理层或普通员工的监事。独立监事除了担任监事一职外，与公司没有其他关系。独立监事独立进行判断，不与公司存在可能影响其独立判断能力的关系。

我国上市公司设立监事会的主要目的是使公司的管理和监督得以清楚划分，相互制衡，有效避免董事滥用职权，营私舞弊，预防重大的经营危机和道德风险。然而在实际运作中，往往存在两大问题。一方面，由于"内部人"现象严重，监事会形同虚设、不能发挥应有作用。另一方面，上市公司在股权上"一股独大"、在决策上"一票定乾坤"、在经营上"内部人控制"的现象十分普遍，在这种情况下，占上市公司董事会三分之一的独立董事必然成为弱势群体，在没有特别赋权的情况下，独立董事很难有效开展工作。中国人保则通过设立独立监事一职很好地弥补了以上治理问题。

首先，中国人保独立监事具备"独立性"。大多数上市公司监事会主要由股东代表（含大股东）和职工代表组成，难以保证其客观地监督大股东、董事会和高管的行为。独立监事则在实质意义上与公司、公司经营管理层（尤其是在公司商务或交易活动中）利害关系上相对独立，无任何直接或间接的利害关系。其次，中国人保独立监事具备"专家性"。大多数上市公司监事会内的股东和职工的代表难以具备较强的专业水平，即使有意愿履行监督职责，可能也会"心有余而力不足"。中国人保聘任中国人民大学会计系教授荆新先生作为独立监事，保证了该职位应具备的资深专业能力。中国人保引入独立监事制度既保证了独立监事的"独立性"又增加了其"专家性"，既增强了监事会的监督意愿又提高了监事会的职业能力，可以从根本上解决监事会形同虚设的问题。

独立监事制度和独立董事制度作为上市公司治理结构中重要的一种制衡手段，有不同的特点和权责范围。独立董事由于具有投票权，参与经营战略制定，因此具有"事前监督、内部监督与决策过程监督"的特点。而独立监事则表现出"日常、事后、外部监督"的特点。中国人保独立监事的设立，在保证了独立董事权利的同时，使得董事与独立监事相互配合形成"专家决策+专家监督"的科学模式，真正起到保护中小股东和利益相关者的作用。

第五篇

# 发展评价篇

中国上市公司治理水平在 2003 至 2019 年总体上不断提高,经历了 2009 年的回调,金融危机之后,趋于逐年上升态势,并在 2019 年达到新高 63.19,但较去年改善幅度有所放缓。

——南开大学中国公司治理研究院院长李维安教授 2019 年 7 月 20 日在以"中国公司治理转型:数据时代新挑战"为主题的第十届公司治理国际研讨会上的主题报告

# 第十五章　中国一般保险公司治理评价

公司治理评价是对公司治理状况的科学的、量化的反映。目前迫切需要进行保险法人机构的治理评价以反映我国保险业的公司治理发展状况。已有的治理评价多局限于上市公司，本章所谓的"一般"是相对于上市公司来说的，是指全行业的治理评价。本章关注了我国保险业的公司治理水平。首先，在梳理一般公司治理评价开展进程的基础上，重点总结了我国保险法人机构治理评价的 3 个阶段；其次，基于保险监管部门 2015 年和 2017 年公司治理评价结果进行了保险法人机构治理状况的分析；最后，对保险法人机构未来治理评价进行了展望。

## 第一节　保险法人机构治理评价探索

党的十八届三中全会明确提出，完善和发展中国特色社会主义制度，推进国家治理体系和治理能力现代化是全面深化改革的总目标。保险法人机构是保险行业的微观主体，保险法人机构治理是国家治理体系的重要组成部分，也是整个保险行业公司治理水平的体现。保险业服务国家治理能力现代化的前提是做好自身的治理。我国保险法人机构治理在经历了政企合一的完全行政型治理、治理观念的导入、治理结构与机制的建立几个阶段后，进入关注公司治理质量的新阶段。保险法人机构治理评价是以指数的形式对保险法人机构治理质量进行量化反映，能够为进行科学决策和提高治理水平提供明确的方向。因此，如何科学、客观、准确地开展评价工作就显得尤为重要。

### 一、公司治理评价问题的提出

我国保险业自 1980 年恢复运行以来保持了较快的发展速度，我国也在 2015 年首次成为全球第三大保险市场，与第二名在市场规模上相差无几。2017 年，我国原保险保费收入 36581.01 亿元，同比增长 18.16%。这主要得益于国务院于 2006 年发布的《国务院关于保险业改革发展的若干意见》和 2014 年发布的《国务院关于加快发展现代保险服务业的若干意见》两个保险业"国十条"对我国保险业的改革发展进行的全面部署。两次保险业"顶层设计"均将保险公司现代企业制度建设和完善作为改革发展的重要内容，而其中的核心便是完善保险公司治理。

　　自 2006 年 1 月《关于规范保险公司治理结构的指导意见（试行）》出台以来，公司治理成为保险公司继市场行为和偿付能力之后的第三大监管支柱。经过 10 多年的实践，作为我国保险公司体制改革核心的保险公司以及其他保险法人机构如保险集团公司、保险资产管理公司、再保险公司的治理状况，是监管部门、各大保险法人机构和其他利益相关方等关注的焦点。

　　公司治理评价就是对公司治理状况的科学衡量，这项工作的意义在于通过治理评价发现和解决治理改革发展中的重要问题，尤其是瓶颈问题，从而全面提高公司治理水平。公司治理评价是一个系统的工程，涉及治理评价主体（谁来评）、治理评价指标体系（用什么评）、治理评价对象（评价谁）、治理评价结果使用（评价作用发挥）等方面内容，其中的核心是治理评价指标体系。

## 二、国内外主要公司治理评价系统

　　公司治理评价萌芽于 1950 年美国管理学会会长杰克逊·马丁德尔（Jackson Martindell）提出的董事会绩效分析[①]，随后一些商业性组织也推出了公司治理状况评价系统。最早的比较规范的公司治理评价研究是由美国机构投资者协会在 1952 年设计的评价董事会程序。随后出现了公司治理诊断与评价的系列研究成果，如 1998 年标准普尔公司（S&P）推出公司治理服务系统并于 2004 年完善了该系统，1999 年欧洲戴米诺公司（Deminor）推出戴米诺公司治理评价系统，2000 年亚洲里昂证券（CLSA）开发里昂公司治理评价系统，2003 年穆迪（Moody）将公司治理评价作为增强信用分析的一部分引入。

　　就国内而言，2003 年南开大学中国公司治理研究院评价课题组推出我国第一个全面、系统的公司治理评价系统，此后每年发布一次中国上市公司治理指数（也称南开治理指数，英文缩写为 CCGI[NK]），该评价系统的评价对象只有 4 家保险机构，具体来说有中国人寿（601628）和新华保险（601336）两家 A 股上市保险公司以及中国平安（601318）、中国太保（601601）两家保险集团公司。中国社会科学院世界经济与政治研究所公司治理研究中心进行的中国上市公司 100 强公司治理评价是国内另一项较早开展且具有持续性的评价工作，该系统的评价对象为国内市值排名前 100 名的公司，没有直接涉及保险公司。

　　早期对于保险法人机构的治理评价主要是由非官方的评级机构或媒体完成的。例如，亚太区杂志《亚洲公司治理》（*Corporate Governance Asia*）评选的亚洲公司治理年度杰出表现奖，就考虑了保险公司的治理情况，中国平安曾于 2007 年获得该奖。国际财经杂志《欧洲货币》（*Euromoney*）的最佳治理公司排名中，也增加了关于保险公司治理的排名。

　　但是，需要说明的是，这些治理评价都是根据一般公司的治理评价体系进行的，除了《保险公司治理报告》中的治理评分之外，国内外鲜有基于保险法人机构治理特点设计的专门的、详细的和可操作的治理评价指标体系。

　　最后，通过对国内外治理评价系统的比较，本报告发现评价公司治理的结果都是以

---

[①] Jackson Martindell. The Scientific Appraisal of Management-A Study of the Business Practices of Well Managed Companies[M]. New York: Harper, 1950.

公司治理评价指数（简称"公司治理指数"）来衡量的，即运用统计学和运筹学等原理，根据一定的指标体系，对照一定的标准，按照科学的程序，通过定量分析与定性分析，以指数形式对公司治理状况作出的评价。

## 三、我国保险法人机构治理评价实践

### （一）早期探索阶段：摸底检查和专项自查

通过保险法人治理评价，我们能够直观、准确地掌握保险公司的治理状况（郝臣，2017）。我国保险法人机构治理评价工作的探索始于监管部门进行的治理摸底检查和专项自查工作。2006 年 9 月至 10 月，中国保监会对 44 家保险法人机构治理状况进行了首次全面摸底检查。通过这次摸底检查，监管部门基本摸清了保险法人机构治理存在的问题和风险，也为后续监管制度制定和治理评价方法的研发打下了坚实的基础。

2007 年初，中国保监会发布了《关于落实〈关于规范保险公司治理结构的指导意见〉的通知》及一系列完善保险法人机构治理的制度措施。为推动保险法人机构切实落实相关制度，中国保监会在 2007 年底开展了保险公司治理专项自查活动。法人机构治理的摸底检查和专项自查为正式进行保险法人机构治理评价奠定了基础。

### （二）正式开展阶段：导入治理评价体系

《关于规范报送〈保险公司治理报告〉的通知》，要求各保险集团公司、保险公司、保险资产管理公司按照规定的内容和格式要求，于每年 4 月 30 日前向中国保监会报送经董事会审议通过的上一年度公司治理报告。报告中关于公司治理状况的自我监管评分是中国保监会全面开展保险法人机构治理评价的标志，该项工作是常态化进行，不同于临时性的摸底或自查。该评价体系由遵守性、有效性和调节性三类共计 100 个指标组成。

2010 年以后，中国保监会又先后多次出台文件规范我国保险法人机构治理评价有关问题，如中国保监会于 2012 年 2 月 10 日发布的《关于进一步做好〈保险公司治理报告〉报送工作的通知》，2015 年 6 月 1 日发布的《中国保监会关于进一步规范报送〈保险公司治理报告〉的通知》。

### （三）全面深入阶段：出台办法和发布结果

为综合评价保险法人机构治理状况，进一步完善保险法人机构治理结构，提升行业公司治理水平，2015 年 12 月 7 日，中国保监会出台《保险法人机构公司治理评价办法（试行）》。该办法对保险法人机构公司治理评价机制、内容和方法、结果运用等方面作了全面系统的规定。

为全面摸清保险行业治理状况，强化治理监管力度，按照该办法规定，中国保监会于 2017 年上半年开展了首次覆盖全行业的保险法人机构治理现场评估工作，并于 2017 年 9 月 27 日正式发布通报。治理评价结果显示，130 家中资保险法人机构治理指数平均分为 83.74 分；大于等于 60 分且小于 70 分的重点关注类公司有 4 家，包括君康人寿、华夏人寿、华汇人寿和长安责任；没有低于 60 分的不合格类公司。49 家外资保险法人机构治理综合评价平均得分为 86.21 分。评价结果表明，我国保险法人机构治理合规水平较高，但有效性总体偏低，主要反映在董事会专业委员会、风险管理与内部控制等治理机制还存在虚化现象，没有充分发挥应有的治理作用等方面。

## 第二节　保险法人机构治理评价结果

### 一、2015 年保险法人机构治理评价

为进一步完善保险法人机构治理结构，提升行业公司治理水平，根据《保险法人机构公司治理评价办法（试行）》规定，中国保监会于 2015 年开展了首次保险法人机构公司治理综合评价工作，对 127 家中资保险法人机构公司治理水平和风险状况进行综合评判。[①]

（一）2015 年保险法人机构公司治理的发展状况

本报告通过整理中国保监会披露的监管评分和自评分结果，对 2015 年度我国保险法人机构公司治理的发展状况进行分析。

此次保险法人机构公司治理评价中，保险法人机构公司治理自评分结果整体优于监管评分结果。参与自评的 127 家保险法人机构公司治理自评分平均值为 94.2 分。其中，自评分在[90，100]的保险法人机构有 111 家，占比最高，达 88.10%；自评分在[70，90）的保险法人机构有 14 家，占比 11.11%；自评分在[60，70）的保险法人机构有 1 家，占比 0.79%；没有自评分小于 60 分的保险法人机构。而监管评分方面，保险法人机构公司治理监管评分平均值为 85.8 分。其中，监管评分在[90，100]的保险法人机构有 49 家，占比 38.58%；监管评分在[70，90）的保险法人机构有 72 家，占比最高，达 56.69%；监管评分在[60，70）的保险法人机构有 2 家，占比 1.57%；监管评分在[0，60）的保险法人机构有 4 家，占比 3.15%。

（二）2015 年保险法人机构公司治理的问题

基于保险监管部门公布的 2015 年保险法人机构公司治理的评价结果，本报告发现：第一，保险法人机构公司治理状况多数较为良好，公司治理监管评分在[70，90）的合格类保险法人机构占比最高，说明我国保险法人机构公司治理水平仍旧存在提升的空间；第二，保险法人机构公司治理监管评分在[90，100]的优质类比例达到近 40%，表明我国保险业仍旧存在一定数量公司治理较好的保险法人机构，可以发挥行业示范作用；第三，我国保险法人机构对自身治理水平的评价明显高于监管部门的客观评价结果，说明存在大量保险法人机构没有意识到自身存在的公司治理问题。

### 二、2017 年保险法人机构治理评价

为全面摸清保险行业公司治理现状，强化公司治理监管力度，按照《保险法人机构公司治理评价办法（试行）》规定，中国保监会于 2017 年上半年开展了首次覆盖全行业

---

① 2016 年 11 月，中国保监会在官网披露了《中国保监会关于 2015 年度保险法人机构公司治理评价结果的通报》，本部分内容参考了该通报中的相关内容。

的保险法人机构公司治理现场评估工作。[1]

**（一）2017年保险法人机构公司治理的发展状况**

根据2017年9月中国保监会在官网披露的《中国保监会关于2017年保险法人机构公司治理评价结果的通报》，本报告先分析了我国保险法人机构公司治理的总体发展情况，再根据《保险法人机构公司治理评价办法（试行）》的规定，将公司治理的评价结果划分为优质、合格、重点关注和不合格4类，按照不同资本性质、业务类型和组织形式对我国保险法人机构公司治理发展状况进行比较分析。

1. 总体分析

从总体结果来看，参与评价的保险法人机构的公司治理综合评分平均值为84.42分，中位数为86.05分，标准差为7.34。其中，综合评分的最大值为96.80分，最小值为63.95分，综合评分分布状况如图15-1所示。而监管评分方面，保险法人机构的公司治理监管评分的平均值为81.24分，中位数为81.75分，标准差为8.50。其中，监管评分的最大值为97.00分，最小值为60.25分。

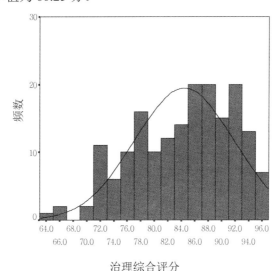

治理综合评分

**图15-1 2017年度保险法人机构治理综合评分分布图**

资料来源：根据监管部门公开披露数据整理。

2. 不同资本性质保险法人机构治理评价结果比较分析

本报告将保险法人机构按照不同资本性质划分为中资保险法人机构和外资保险法人机构，进行比较分析。

中资保险法人机构中，参与评价的130家中资保险法人机构的综合评分平均值为83.74分，中位数为83.98分，标准差为7.88，最大值为96.80分，最小值为63.95分。从中资保险法人机构综合评分区间分布来看，35家中资保险法人机构的综合评分在[90，100]的优质类区间，占比26.92%；91家中资保险法人机构的综合评分在[70，90）的合

---

[1] 2017年9月，中国保监会在官网披露了保监发改〔2017〕261号文件《中国保监会关于2017年保险法人机构公司治理评估有关情况的通报》，本部分内容参考了该通报中的相关内容，并在该通报披露的中资和外资保险法人机构评价结果的基础上，分析了中国保险法人机构的总体治理状况。

格类区间，占比 70.00%；4 家中资保险法人机构的综合评分在 [60，70) 的重点关注类区间，占比 3.08%；不存在综合评分小于 60 分的不合格类中资保险法人机构。参与评价的 130 家中资保险法人机构的监管评分平均值 79.74 分，中位数为 79.75 分，标准差为 8.81，最大值为 96.00 分，最小值为 60.25 分。从中资保险法人机构监管评分区间分布来看，24 家中资保险法人机构的监管评分在 [90，100] 的优质类区间，占比 18.46%；85 家中资保险法人机构的监管评分在 [70，90) 的合格类区间，占比 65.38%；21 家中资保险法人机构的监管评分在 [60，70) 的重点关注类区间，占比 16.15%；不存在监管评分小于 60 分的不合格类中资保险法人机构。

外资保险法人机构中，参与评价的 49 家外资保险法人机构的综合评分平均值为 86.21 分，中位数为 86.35 分，标准差为 5.13，最大值为 95.10 分，最小值为 72.10 分。从外资保险法人机构综合评分区间分布来看，14 家外资保险法人机构的综合评分在 [90，100] 的优质类区间，占比 28.57%；35 家外资保险法人机构的综合评分在 [70，90) 的合格类区间，占比 71.43%；不存在综合评分小于 70 分的重点关注类和不合格类外资保险法人机构。参与评价的 51 家外资保险法人机构的监管评分平均值为 85.06 分，中位数为 86.25 分，标准差为 6.08，最大值为 97.00 分，最小值为 70.00 分。从外资保险法人机构监管评分区间分布来看，13 家外资保险法人机构的监管评分在 [90，100] 的优质类区间，占比 25.49%；38 家外资保险法人机构的监管评分在 [70，90) 的合格类区间，占比 74.51%；不存在监管评分小于 70 分的重点关注类和不合格类外资保险法人机构。

3. 不同业务类型保险法人机构治理评价结果比较分析

按照不同业务类型，保险法人机构可以划分为财产险公司、人身险公司、再保险公司、集团公司和资产管理公司。

财产险公司中，参与评价的 74 家财产险公司的综合评分平均值为 84.13 分，中位数为 85.83 分，标准差为 7.00，最大值为 95.40 分，最小值为 69.75 分。具体来说，18 家财产险公司的综合评分在 [90，100] 的优质类区间，占比 24.32%；55 家财产险公司的综合评分在 [70，90) 的合格类区间，占比 74.32%；1 家财产险公司的综合评分在 [60，70) 的重点关注类区间，占比 1.35%；不存在综合评分小于 60 分的不合格类财产险公司。参与评价的 75 家财产险公司的监管评分平均值为 80.74 分，中位数为 81.00 分，标准差为 8.03，最大值为 93.50，最小值为 64.25。具体来说，11 家财产险公司的监管评分在 [90，100] 的优质类区间，占比 14.67%；56 家财产险公司的监管评分在 [70，90) 的合格类区间，占比 74.67%；8 家财产险公司的监管评分在 [60，70) 的重点关注类区间，占比 10.67%；不存在监管评分小于 60 分的不合格类财产险公司。

人身险公司中，参与评价的 70 家人身险公司的综合评分平均值为 84.36 分，中位数为 86.30 分，标准差为 7.66，最大值为 95.70 分，最小值为 63.95 分。具体来说，20 家人身险公司的综合评分在 [90，100] 的优质类区间，占比 28.57%；47 家人身险公司的综合评分在 [70，90) 的合格类区间，占比 67.14%；3 家人身险公司的综合评分在 [60，70) 的重点关注类区间，占比 4.29%；不存在综合评分小于 60 分的不合格类人身险公司。参与评价的 71 家人身险公司的监管评分平均值为 81.78 分，中位数为 82.25 分，标准差为 8.95，最大值为 97.00 分，最小值为 60.25 分。具体来说，19 家人身险公司的监管评分在 [90，100] 的优质类区间，占比 26.76%；43 家人身险公司的监管评分在 [70，90) 的合格类区间，占比 60.56%；9 家人身险公司的监管评分在 [60，70) 的重点关注类区间，占比 12.68%；不存在监管评分小于 60 分的不合格类人身险公司。

再保险公司中，4 家参与评价的再保险公司综合评分平均值为 84.46 分，监管评分的平均值为 81.44 分，综合评分和监管评分的评分结果均集中于 [70，90) 的合格类区间。

集团公司中，11 家参与评价的集团公司综合评分平均值为 89.26 分，监管评分的平均值为 86.25 分，综合评分和监管评分的评分结果均在 70 分以上的优质类和合格类区间。

资产管理公司中，20 家参与评价的资产管理公司综合评分平均值为 83.03 分，监管评分的平均值为 78.38 分，综合评分和监管评分的评分结果均在 60 分以上。

4. 不同组织形式保险法人机构治理评价结果比较分析

保险法人机构按照不同组织形式可以划分为股份制法人机构和有限制法人机构两大类。

股份制法人机构中，参与评价的 105 家股份制法人机构的综合评分平均值为 83.16 分，中位数为 83.40 分，标准差为 7.68，最大值为 96.05 分，最小值为 63.95 分。具体来说 24 家股份制法人机构的综合评分在 [90，100] 的优质类区间，占比 22.86%；77 家股份制法人机构的综合评分在 [70，90) 的合格类区间，占比 73.33%；4 家股份制法人机构的综合评分在 [60，70) 的重点关注类区间，占比 3.81%；不存在综合评分小于 60 分的不合格类股份制法人机构。参与评价的 106 家股份制法人机构的监管评分平均值为 79.13 分，中位数为 78.88 分，标准差为 8.66，最大值为 94.75 分，最小值为 60.25 分。具体来说，18 家股份制法人机构的监管评分在 [90，100] 的优质类区间，占比 16.98%；71 家股份制法人机构的监管评分在 [70，90) 的合格类区间，占比 66.98%；17 家股份制法人机构的监管评分在 [60，70) 的重点关注类区间，占比 16.04%；不存在监管评分小于 60 分的不合格类股份制法人机构。

有限制法人机构中，参与评价的 74 家有限制法人机构的综合评分平均值为 86.21 分，中位数为 86.38 分，标准差为 6.35，最大值为 96.80 分，最小值为 71.90 分。具体来说，25 家有限制法人机构的综合评分在 [90，100] 的优质类区间，占比 33.78%；49 家有限制法人机构的综合评分在 [70，90) 的合格类区间，占比 66.22%；不存在综合评分小于 70 分的重点关注类和不合格类有限制法人机构。参与评价的 75 家有限制法人机构的监管评分平均值为 84.22 分，中位数为 85.50 分，标准差为 7.25，最大值为 97.00 分，最小值为 67.25 分。具体来说，19 家有限制法人机构的监管评分在 [90，100] 的优质类区间，占比 25.33%；52 家有限制法人机构的监管评分在 [70，90) 的合格类区间，占比 69.33%；4 家有限制法人机构的监管评分在 [60，70) 的重点关注类区间，占比 5.33%；不存在监管评分小于 60 分的不合格类有限制法人机构。

2017 年所有保险机构（按资本性质分类）的公司治理评价结果详见表 15-1 和表 15-2。

表 15-1　2017 年中资保险法人机构治理评价结果

| 序号 | 机构名称 | 机构类型 | 监管评分 | 综合得分 |
|------|----------|----------|----------|----------|
| 1 | 国寿集团 | 集团公司 | 96.00 | 96.80 |
| 2 | 人保集团 | 集团公司 | 94.75 | 96.05 |
| 3 | 太平集团 | 集团公司 | 94.00 | 96.00 |

| 序号 | 机构名称 | 机构类型 | 监管评分 | 综合得分 |
|---|---|---|---|---|
| 4 | 中再集团 | 集团公司 | 93.00 | 94.60 |
| 5 | 太保集团 | 集团公司 | 90.25 | 93.35 |
| 6 | 平安集团 | 集团公司 | 90.50 | 89.30 |
| 7 | 阳光集团 | 集团公司 | 82.00 | 88.00 |
| 8 | 泰康集团 | 集团公司 | 80.50 | 86.70 |
| 9 | 华泰集团 | 集团公司 | 80.50 | 84.70 |
| 10 | 安邦集团 | 集团公司 | 74.00 | 79.00 |
| 11 | 中华集团 | 集团公司 | 73.25 | 77.35 |
| 12 | 英大财险 | 财产险和再保险公司 | 93.00 | 95.40 |
| 13 | 阳光农险 | 财产险和再保险公司 | 91.50 | 94.10 |
| 14 | 平安财险 | 财产险和再保险公司 | 90.75 | 94.05 |
| 15 | 中银保险 | 财产险和再保险公司 | 90.25 | 93.35 |
| 16 | 太保财险 | 财产险和再保险公司 | 89.75 | 93.05 |
| 17 | 中石油自保 | 财产险和再保险公司 | 88.25 | 92.55 |
| 18 | 安信农险 | 财产险和再保险公司 | 88.75 | 92.45 |
| 19 | 合众财险 | 财产险和再保险公司 | 90.50 | 92.30 |
| 20 | 恒邦财险 | 财产险和再保险公司 | 90.25 | 92.15 |
| 21 | 东海航运 | 财产险和再保险公司 | 88.00 | 91.60 |
| 22 | 太平产险 | 财产险和再保险公司 | 88.00 | 91.60 |
| 23 | 国寿财险 | 财产险和再保险公司 | 87.00 | 90.20 |
| 24 | 人保财险 | 财产险和再保险公司 | 91.25 | 89.75 |
| 25 | 信达财险 | 财产险和再保险公司 | 84.75 | 89.65 |
| 26 | 众诚车险 | 财产险和再保险公司 | 84.75 | 89.25 |
| 27 | 华农财险 | 财产险和再保险公司 | 85.50 | 88.90 |
| 28 | 永诚财险 | 财产险和再保险公司 | 83.50 | 88.90 |
| 29 | 中再产险 | 财产险和再保险公司 | 85.50 | 88.90 |
| 30 | 阳光信保 | 财产险和再保险公司 | 84.50 | 88.70 |
| 31 | 鑫安车险 | 财产险和再保险公司 | 85.75 | 88.65 |
| 32 | 中再寿险 | 财产险和再保险公司 | 84.75 | 88.45 |
| 33 | 中铁自保 | 财产险和再保险公司 | 83.25 | 88.35 |
| 34 | 安诚财险 | 财产险和再保险公司 | 80.50 | 87.10 |
| 35 | 国元农险 | 财产险和再保险公司 | 79.50 | 86.90 |
| 36 | 大地财险 | 财产险和再保险公司 | 80.75 | 86.85 |
| 37 | 诚泰财险 | 财产险和再保险公司 | 80.00 | 86.40 |
| 38 | 中国信保 | 财产险和再保险公司 | 80.50 | 86.30 |
| 39 | 安华农险 | 财产险和再保险公司 | 80.75 | 85.65 |

| 序号 | 机构名称 | 机构类型 | 监管评分 | 综合得分 |
|------|----------|----------|----------|----------|
| 40 | 中路财险 | 财产险和再保险公司 | 80.00 | 84.40 |
| 41 | 泰康在线 | 财产险和再保险公司 | 77.25 | 83.95 |
| 42 | 中原农险 | 财产险和再保险公司 | 77.00 | 83.40 |
| 43 | 安邦财险 | 财产险和再保险公司 | 77.50 | 81.50 |
| 44 | 天安财险 | 财产险和再保险公司 | 78.75 | 81.25 |
| 45 | 渤海财险 | 财产险和再保险公司 | 73.75 | 80.65 |
| 46 | 华海财险 | 财产险和再保险公司 | 76.50 | 80.10 |
| 47 | 都邦财险 | 财产险和再保险公司 | 73.50 | 79.30 |
| 48 | 华安财险 | 财产险和再保险公司 | 74.25 | 78.95 |
| 49 | 华泰财险 | 财产险和再保险公司 | 74.50 | 77.90 |
| 50 | 燕赵财险 | 财产险和再保险公司 | 73.50 | 77.50 |
| 51 | 北部湾财险 | 财产险和再保险公司 | 74.75 | 77.45 |
| 52 | 锦泰财险 | 财产险和再保险公司 | 73.75 | 77.25 |
| 53 | 阳光财险 | 财产险和再保险公司 | 72.25 | 77.15 |
| 54 | 太平再保险 | 财产险和再保险公司 | 73.75 | 76.25 |
| 55 | 亚太财险 | 财产险和再保险公司 | 73.50 | 75.90 |
| 56 | 众安在线 | 财产险和再保险公司 | 69.25 | 75.55 |
| 57 | 浙商财险 | 财产险和再保险公司 | 74.50 | 75.50 |
| 58 | 中煤财险 | 财产险和再保险公司 | 70.75 | 75.05 |
| 59 | 泰山财险 | 财产险和再保险公司 | 69.25 | 74.95 |
| 60 | 中华财险 | 财产险和再保险公司 | 71.00 | 74.80 |
| 61 | 永安财险 | 财产险和再保险公司 | 67.00 | 73.60 |
| 62 | 易安财险 | 财产险和再保险公司 | 68.75 | 72.65 |
| 63 | 鼎和财险 | 财产险和再保险公司 | 66.00 | 72.20 |
| 64 | 安心财险 | 财产险和再保险公司 | 68.25 | 72.15 |
| 65 | 紫金财险 | 财产险和再保险公司 | 70.75 | 72.05 |
| 66 | 长江财险 | 财产险和再保险公司 | 64.25 | 71.95 |
| 67 | 长安责任 | 财产险和再保险公司 | 65.25 | 69.75 |
| 68 | 太平人寿 | 人身险公司 | 93.50 | 95.70 |
| 69 | 太保安联健康 | 人身险公司 | 94.00 | 95.60 |
| 70 | 平安养老 | 人身险公司 | 92.50 | 94.30 |
| 71 | 太平养老 | 人身险公司 | 92.00 | 93.60 |
| 72 | 长江养老 | 人身险公司 | 90.25 | 93.35 |
| 73 | 太保寿险 | 人身险公司 | 90.00 | 92.80 |
| 74 | 建信人寿 | 人身险公司 | 90.25 | 92.55 |

| 序号 | 机构名称 | 机构类型 | 监管评分 | 综合得分 |
|---|---|---|---|---|
| 75 | 人保寿险 | 人身险公司 | 90.25 | 91.75 |
| 76 | 国寿养老 | 人身险公司 | 87.25 | 91.15 |
| 77 | 人保健康 | 人身险公司 | 87.50 | 90.90 |
| 78 | 平安人寿 | 人身险公司 | 92.75 | 90.65 |
| 79 | 国寿股份 | 人身险公司 | 92.25 | 90.35 |
| 80 | 新华人寿 | 人身险公司 | 86.75 | 88.85 |
| 81 | 幸福人寿 | 人身险公司 | 84.75 | 88.45 |
| 82 | 国联人寿 | 人身险公司 | 83.00 | 88.20 |
| 83 | 合众人寿 | 人身险公司 | 83.50 | 88.10 |
| 84 | 英大人寿 | 人身险公司 | 84.75 | 87.65 |
| 85 | 百年人寿 | 人身险公司 | 80.00 | 87.20 |
| 86 | 光大永明人寿 | 人身险公司 | 85.50 | 86.30 |
| 87 | 天安人寿 | 人身险公司 | 80.25 | 83.75 |
| 88 | 中华人寿 | 人身险公司 | 77.75 | 83.45 |
| 89 | 利安人寿 | 人身险公司 | 75.75 | 83.05 |
| 90 | 安邦人寿 | 人身险公司 | 79.50 | 82.70 |
| 91 | 农银人寿 | 人身险公司 | 75.50 | 82.50 |
| 92 | 吉祥人寿 | 人身险公司 | 78.00 | 82.40 |
| 93 | 安邦养老 | 人身险公司 | 77.50 | 81.50 |
| 94 | 泰康养老 | 人身险公司 | 76.75 | 81.25 |
| 95 | 和谐健康 | 人身险公司 | 76.50 | 80.90 |
| 96 | 国华人寿 | 人身险公司 | 76.50 | 80.10 |
| 97 | 长城人寿 | 人身险公司 | 74.50 | 79.10 |
| 98 | 中融人寿 | 人身险公司 | 77.50 | 78.90 |
| 99 | 中邮人寿 | 人身险公司 | 75.75 | 78.85 |
| 100 | 信泰人寿 | 人身险公司 | 71.75 | 78.65 |
| 101 | 民生人寿 | 人身险公司 | 71.50 | 76.70 |
| 102 | 昆仑健康 | 人身险公司 | 69.50 | 75.30 |
| 103 | 上海人寿 | 人身险公司 | 68.00 | 74.20 |
| 104 | 东吴人寿 | 人身险公司 | 70.50 | 73.70 |
| 105 | 珠江人寿 | 人身险公司 | 69.00 | 73.60 |
| 106 | 弘康人寿 | 人身险公司 | 66.50 | 72.50 |
| 107 | 阳光人寿 | 人身险公司 | 64.50 | 72.50 |
| 108 | 渤海人寿 | 人身险公司 | 64.75 | 70.65 |
| 109 | 华汇人寿 | 人身险公司 | 66.25 | 65.75 |

续表

| 序号 | 机构名称 | 机构类型 | 监管评分 | 综合得分 |
|------|----------|----------|----------|----------|
| 110 | 华夏人寿 | 人身险公司 | 60.25 | 65.15 |
| 111 | 君康人寿 | 人身险公司 | 60.25 | 63.95 |
| 112 | 太平资产 | 资产管理公司 | 93.50 | 94.90 |
| 113 | 新华资产 | 资产管理公司 | 88.75 | 92.45 |
| 114 | 平安资产 | 资产管理公司 | 88.00 | 92.40 |
| 115 | 太平洋资产 | 资产管理公司 | 88.50 | 92.30 |
| 116 | 合众资产 | 资产管理公司 | 88.25 | 90.95 |
| 117 | 人保资产 | 资产管理公司 | 84.50 | 90.30 |
| 118 | 光大永明资产 | 资产管理公司 | 83.75 | 89.05 |
| 119 | 英大资产 | 资产管理公司 | 82.00 | 84.00 |
| 120 | 国寿资产 | 资产管理公司 | 76.25 | 83.75 |
| 121 | 中再资产 | 资产管理公司 | 79.00 | 83.00 |
| 122 | 泰康资产 | 资产管理公司 | 77.00 | 82.60 |
| 123 | 中英益利 | 资产管理公司 | 75.00 | 81.00 |
| 124 | 安邦资产 | 资产管理公司 | 73.00 | 78.80 |
| 125 | 长城财富 | 资产管理公司 | 71.50 | 78.10 |
| 126 | 民生通惠 | 资产管理公司 | 74.00 | 76.60 |
| 127 | 华安资产 | 资产管理公司 | 69.75 | 76.05 |
| 128 | 华夏久盈 | 资产管理公司 | 67.25 | 72.15 |
| 129 | 华泰资产 | 资产管理公司 | 67.50 | 71.90 |
| 130 | 阳光资产 | 资产管理公司 | 63.50 | 71.50 |

资料来源：根据监管部门公开披露数据整理。

表 15-2　2017 年外资保险法人机构治理评价结果

| 序号 | 机构名称 | 机构类型 | 监管评分 | 综合得分 |
|------|----------|----------|----------|----------|
| 1 | 美亚保险 | 财产险和再保险公司 | 86.75 | 86.45 |
| 2 | 东京海上日动 | 财产险和再保险公司 | 83.00 | 80.20 |
| 3 | 安盛天平 | 财产险和再保险公司 | 70.25 | 80.55 |
| 4 | 瑞再企商 | 财产险和再保险公司 | 81.75 | 84.25 |
| 5 | 安达保险 | 财产险和再保险公司 | 83.00 | 85.40 |
| 6 | 三井住友 | 财产险和再保险公司 | 92.50 | 95.10 |
| 7 | 三星财险 | 财产险和再保险公司 | 83.50 | 85.30 |
| 8 | 苏黎世财险 | 财产险和再保险公司 | 86.00 | 86.40 |
| 9 | 安联财险 | 财产险和再保险公司 | 86.25 | 83.75 |

续表

| 序号 | 机构名称 | 机构类型 | 监管评分 | 综合得分 |
|---|---|---|---|---|
| 10 | 利宝保险 | 财产险和再保险公司 | 81.00 | 81.80 |
| 11 | 日本财险 | 财产险和再保险公司 | 91.75 | 91.05 |
| 12 | 中航安盟 | 财产险和再保险公司 | 77.25 | 81.35 |
| 13 | 劳合社中国 | 财产险和再保险公司 | 93.50 | 92.50 |
| 14 | 中意财险 | 财产险和再保险公司 | 70.00 | 77.60 |
| 15 | 现代财险 | 财产险和再保险公司 | 88.50 | 87.90 |
| 16 | 爱和谊财险 | 财产险和再保险公司 | 91.50 | 93.70 |
| 17 | 国泰财险 | 财产险和再保险公司 | 87.00 | 86.20 |
| 18 | 乐爱金财险 | 财产险和再保险公司 | 86.00 | 86.00 |
| 19 | 日本兴亚 | 财产险和再保险公司 | 82.00 | 86.00 |
| 20 | 信利保险 | 财产险和再保险公司 | 87.50 | 90.50 |
| 21 | 富邦财险 | 财产险和再保险公司 | 88.50 | 91.10 |
| 22 | 史带财险 | 财产险和再保险公司 | 73.75 | 75.45 |
| 23 | 瑞士再北京 | 财产险和再保险公司 | 89.00 | 不适用 |
| 24 | 中宏人寿 | 人身险公司 | 80.75 | 84.85 |
| 25 | 中德安联 | 人身险公司 | 82.25 | 87.35 |
| 26 | 工银安盛 | 人身险公司 | 88.00 | 89.60 |
| 27 | 信诚人寿 | 人身险公司 | 84.50 | 86.30 |
| 28 | 交银康联 | 人身险公司 | 80.25 | 86.95 |
| 29 | 中意人寿 | 人身险公司 | 80.00 | 81.60 |
| 30 | 中荷人寿 | 人身险公司 | 92.00 | 93.20 |
| 31 | 同方全球人寿 | 人身险公司 | 79.25 | 86.35 |
| 32 | 中法人寿 | 人身险公司 | 73.50 | 72.10 |
| 33 | 中英人寿 | 人身险公司 | 92.00 | 92.40 |
| 34 | 中美联泰 | 人身险公司 | 90.75 | 92.85 |
| 35 | 北大方正 | 人身险公司 | 79.50 | 84.50 |
| 36 | 长生人寿 | 人身险公司 | 88.00 | 87.60 |
| 37 | 招商信诺 | 人身险公司 | 86.75 | 86.05 |
| 38 | 恒安标准 | 人身险公司 | 92.75 | 90.45 |
| 39 | 瑞泰人寿 | 人身险公司 | 80.50 | 80.45 |
| 40 | 陆家嘴国泰 | 人身险公司 | 79.75 | 78.85 |
| 41 | 华泰人寿 | 人身险公司 | 85.50 | 86.90 |
| 42 | 中银三星 | 人身险公司 | 87.25 | 87.55 |
| 43 | 平安健康 | 人身险公司 | 91.00 | 93.40 |
| 44 | 汇丰人寿 | 人身险公司 | 90.50 | 91.90 |

| 序号 | 机构名称 | 机构类型 | 监管评分 | 综合得分 |
|------|---------|---------|---------|---------|
| 45 | 新光海航 | 人身险公司 | 80.50 | 78.70 |
| 46 | 君龙人寿 | 人身险公司 | 91.50 | 92.10 |
| 47 | 复星保德信 | 人身险公司 | 91.50 | 88.50 |
| 48 | 中韩人寿 | 人身险公司 | 87.75 | 90.25 |
| 49 | 德华安顾 | 人身险公司 | 88.25 | 86.15 |
| 50 | 友邦上海 | 人身险公司 | 97.00 | 不适用 |
| 51 | 中意资产 | 资产管理公司 | 76.50 | 78.78 |

资料来源：根据监管部门公开披露数据整理。

### （二）2017年保险法人机构公司治理问题分析

对保险监管部门公布的 2017 年度保险法人机构公司治理评价结果进行分析，本报告有如下 3 点发现：第一，保险法人机构的治理监管评分集中于 70 分到 90 分的区间，治理处于中等水平，缺乏高治理水平的保险法人机构；第二，外资保险法人机构的公司治理综合评分和监管评分结果均高于中资保险法人机构，标准差也更小，表明外资保险法人机构治理水平高于中资保险法人机构，各外资保险法人机构之间的治理水平差异也较小，我国中资保险法人机构的公司治理问题应当受到重视；第三，资产管理公司的综合评分和监管评分均最低，表明我国资产管理公司的公司治理存在较大的提升空间，而集团公司的评分结果处于优质类区间的比例较高，表明我国集团公司的公司治理水平较其他类保险法人机构更高；第四，有限制保险法人机构的公司治理的综合评分和监管评分结果均高于股份制保险法人机构，标准差也更小，说明我国股份制保险法人机构的治理水平有待提高。

## 三、2018年外资保险法人机构公司治理评估情况

2018 年，中国银保监会依据《保险法人机构公司治理评价办法（试行）》抽取 1 家保险集团公司、28 家财产险公司、20 家人身险公司、1 家保险资产管理公司，共计 50 家中资保险法人机构，开展公司治理现场评估工作。

### （一）2018年保险法人机构公司治理发展状况

根据 2019 年 1 月中国银保监会在官网披露的《中国银保监会关于 2018 年保险法人机构公司治理现场评估结果的通报》，本报告首先基于评价结果分析了我国保险法人机构公司治理的总体发展情况；其次根据《保险法人机构公司治理评价办法（试行）》的规定，将公司治理的评价结果划分为优质、合格、重点关注和不合格 4 类，按照不同资本性质、业务类型和组织形式对我国保险法人机构公司治理发展状况进行比较分析。

1. 总体分析

从总体结果来看，参与评价的保险法人机构的公司治理综合评分平均值为 80.49 分，中位数为 81.85 分，标准差为 8.60，最大值为 91.10 分，最小值为 39.75 分，综合评分分

布状况如图 15-2 所示。监管评分方面，保险法人机构的公司治理监管评分的平均值为76.36 分，中位数为 77.00 分，标准差为 6.85，最大值为 88.50 分，最小值为 60.00 分。自评分方面，保险法人机构的公司治理自评分的平均值为 89.94 分，中位数为 93.00 分，标准差为 13.87，最大值为 99.00 分，最小值为 0.00 分。

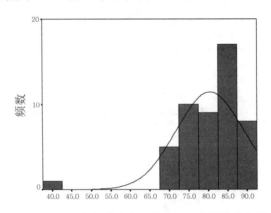

图 15-2　2018 年保险法人机构治理综合评分分布图

资料来源：根据监管部门公开披露数据整理。

2. 不同业务类型保险法人机构评价结果比较分析

本报告对财产险公司、人身险公司、集团公司和资产管理公司的治理状况进行了比较分析。

财产险公司中，参与评价的 28 家财产险公司的综合评分平均值为 80.35 分，中位数为 83.00 分，标准差为 10.02，最大值为 90.95 分，最小值为 39.75 分。具体来说，2 家财产险公司的综合评分在 [90，100] 的优质类区间，占比 7.14%；24 家财产险公司的综合评分在 [70，90) 的合格类区间，占比 85.71%；1 家财产险公司的综合评分在 [60，70)的重点关注类区间，占比 3.57%；1 家财产险公司的综合评分在 [0，60) 的不合格类区间，占比 3.57%。参与评价的 28 家财产险公司的监管评分平均值为 76.72 分，中位数为79.13 分，标准差为 7.03，最大值为 86.75 分，最小值为 60.00 分。具体来说，22 家财产险公司的监管评分在 [70，90) 的合格类区间，占比 78.57%；6 家财产险公司的监管评分在 [60，70) 的重点关注类区间，占比 21.43%；不存在监管评分在 [90，100] 的优质类区间和小于 60 分的不合格类财产险公司。参与评价的 28 家财产险公司的自评分平均值为 89.35 分，中位数为 93.50 分，标准差为 17.82，最大值为 99.00 分，最小值为 0.00 分。具体来说，21 家财产险公司的自评分在 [90，100] 的优质类区间，占比 75.00%；6 家财产险公司的自评分在 [70，90) 的合格类区间，占比 21.43%；不存在自评分在 [60，70)的重点关注类区间的财产险公司；1 家财产险公司的自评分在不合格类区间，占比 3.57%。

人身险公司中，参与评价的 20 家人身险公司的综合评分平均值为 80.38 分，中位数为 79.63 分，标准差为 6.55，最大值为 91.10 分，最小值为 68.00 分。具体来说，2 家人身险公司的综合评分在 [90，100] 的优质类区间，占比 10.00%；16 家人身险公司的综合评分在 [70，90) 的合格类区间，占比 80.00%；2 家人身险公司的综合评分在 [60，70)的重点关注类区间，占比 10.00%；不存在综合评分小于 60 分的不合格类人身险公司。参与评价的 20 家人身险公司的监管评分平均值为 75.85 分，中位数为 76.38 分，标准差为 6.86，最大值为 88.50 分，最小值为 63.00 分。具体来说，不存在监管评分在 [90, 100] 的优质类区间的财产险公司；15 家人身险公司的监管评分在 [70, 90) 的合格类区间，占比 75.00%；5 家人身险公司的监管评分在 [60, 70) 的重点关注类区间，占比 25.00%；不存在监管评分小于 60 分的不合格类人身险公司。参与评价的 20 家人身险公司的自评分平均值为 90.30 分，中位数为 90.00 分，标准差为 5.75，最大值为 99.00 分，最小值为 81.00 分。具体来说，11 家人身险公司的自评分在 [90, 100] 的优质类区间，占比 55.00%；9 家人身险公司的自评分在 [70, 90) 的合格类区间，占比 45.00%；不存在自评分小于 70 分的重点关注类和不合格类人身险公司。集团公司和资产管理公司各有一家公司参与这次公司治理评价，其中，参与评价的集团公司综合评分为 81.20 分，监管评分为 74.00 分，自评分为 92.00 分；参与评价的资产管理公司综合评分为 86.05 分，监管评分为 78.75 分，自评分为 97.00 分。

3. 不同组织形式保险法人机构评价结果比较分析

本报告对股份制法人机构和有限制法人机构的治理状况进行了分析，同时也关注了相互制法人机构的治理状况。

股份制法人机构中，参与评价的 42 家股份制法人机构的综合评分平均值为 80.43 分，中位数为 81.85 分，标准差为 8.93，评分最大值为 91.10 分，最小值为 39.75 分。具体来说，3 家股份制法人机构的综合评分在 [90, 100] 的优质类区间，占比 7.14%；35 家股份制法人机构的综合评分在 [70, 90) 的合格类区间，占比 83.33%；3 家股份制法人机构的综合评分在 [60, 70) 的重点关注类区间，占比 7.14%；1 家股份制法人机构的综合评分在 [0, 60) 的不合格类区间，占比 2.38%。参与评价的 42 家股份制法人机构的监管评分平均值为 76.36 分，中位数为 76.88 分，标准差为 6.78，最大值为 88.50 分，最小值为 60.00 分。具体来说，不存在监管评分在 [90, 100] 的优质类区间的股份制法人机构；33 家股份制法人机构的监管评分在 [70, 90) 的合格类区间，占比 78.57%；9 家股份制法人机构的监管评分在 [60, 70) 的重点关注类区间，占比 21.43%；不存在监管评分小于 60 分的不合格类股份制法人机构。参与评价的 42 家股份制法人机构的自评分平均值为 89.21 分，中位数为 92.50 分，标准差为 14.95，最大值为 99.00 分，最小值为 0.00 分。具体来说，27 家股份制法人机构的自评分在 [90, 100] 的优质类区间，占比 64.29%；14 家股份制法人机构的自评分在 [70, 90) 的合格类区间，占比 33.33%；不存在自评分在 [60, 70) 的重点关注类区间的股份制法人机构；1 家股份制法人机构的自评分在 [0, 60) 的不合格类区间，占比 2.38%。

有限制法人机构中，参与评价的 7 家有限制法人机构的综合评分平均值为 82.03 分，中位数为 82.65 分，标准差为 6.16，最大值为 90.95 分，最小值为 73.20 分。具体来说，1 家有限制法人机构的综合评分在 [90, 100] 的优质类区间，占比 14.29%；6 家有限制法人机构的综合评分在 [70, 90) 的合格类区间，占比 85.71%；不存在综合评分小于 70 分的重点关注类和不合格类有限制法人机构。参与评价的 7 家有限制法人机构的监管评分平均值为 77.71 分，中位数为 78.75 分，标准差为 6.65，最大值为 86.25 分，最小值为 67.00 分。具体来说，不存在监管评分在 [90, 100] 的优质类区间的有限制法人机构；6 家有限制法人机构的监管评分在 [70, 90) 的合格类区间，占比 85.71%；1 家有限制法人机构的监管评分在 [60, 70) 的重点关注类区间，占比 14.29%；不存在监管评分小于

60 分的不合格类有限制法人机构。参与评价的 7 家有限制法人机构的自评分平均值为
93.86 分，中位数为 95.00 分，标准差为 3.80，最大值为 98.00 分，最小值为 87.00 分。
具体来说，6 家有限制法人机构的自评分在[90，100]的优质类区间，占比 85.71%；1 家
有限制法人机构的自评分在[70，90）的合格类区间，占比 14.29%；不存在自评分小于
70 分的重点关注类和不合格类有限制法人机构。相互制法人机构中，只有一家公司参与
公司治理评价，其综合评分为 72.25 分，监管评分为 66.75 分，自评分为 93.00 分。

（二）2018 年保险法人机构公司治理的问题分析

基于保险监管部门公布的 2018 年保险法人机构公司治理的评价结果，本报告有如下
几点发现：第一，我国保险公司自评分值偏高，且方差较大，说明我国保险法人机构对其
自身公司治理问题的认识不充分且与实际存在较大差异；第二，人身险类保险法人机构的
监管评分和自评分结果均高于财产险类保险法人机构，说明我国人身险类保险法人机构的
公司治理水平整体高于财产险类保险法人机构；第三，有限制保险法人机构公司治理的评
分结果均高于股份制保险法人机构，标准差也更小，表明我国有限制保险法人机构的治理
状况要优于股份制保险法人机构，各有限制保险法人机构之间的治理水平差异也较小。

## 四、近年来我国保险法人机构公司治理发展趋势分析

将 2015 年、2017 年和 2018 年三次保险法人机构公司治理评价结果进行比较可以发
现，保险法人机构的公司治理监管评分平均值从 2015 年的 85.80 分下降到 2018 年的 76.72
分，下降了 10.58%；保险法人机构的公司治理自评分均值从 2015 年的 94.20 分下降到
2017 年的 89.19 分，下降了 5.32%，2018 年公司治理自评分略有回升，为 89.35 分，但
仍与 2015 年的自评分平均值存在较大差距；保险法人机构的公司治理综合评分平均值从
2015 年的 89.16 分下降到 2018 年的 81.77 分，下降了 8.28%（见图 15-3）。由此可见，
我国保险法人机构的公司治理水平在近年来呈现出下降趋势，治理问题日渐凸显。

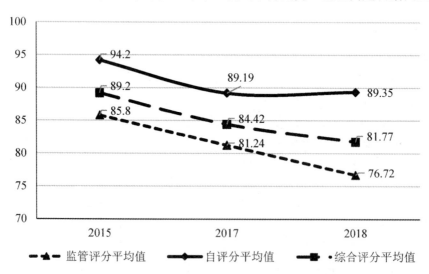

图 15-3　2015、2017 和 2018 年保险法人机构治理比较

资料来源：根据监管部门公开披露数据整理。

## 第三节　保险法人机构治理评价总结与展望

### 一、我国保险法人机构公司治理评价总结

提升保险法人机构公司治理的有效性是我国保险法人机构公司治理改革的大方向，而对我国保险法人机构的公司治理进行优化和完善，首先要对其公司治理状况进行评价。因此，本报告基于我国保险监管部门公布的三次保险法人机构公司治理评价结果，首先对我国保险法人机构的公司治理状况进行了总体层面的分析，其次对不同资本性质、业务类型和组织形式的保险法人机构进行了分类比较分析，最后针对监管部门在 2016 年、2017 年和 2019 年公布的三次保险法人机构公司治理评价结果进行比较分析。

经过分析，本报告得出如下几点结论：第一，我国保险法人机构公司治理经过多年的实践，总体上得到了提高，无论是监管评分、自评分还是综合评分的平均值均在 80 分以上，但在近年出现了下滑的趋势；第二，保险法人机构对其自身治理水平的评价结果高于监管部门的评价结果，大量保险法人机构没有意识到其在公司治理方面存在的问题，其中保险公司治理理念的认识还有待进一步强化；第三，从保险法人机构资本性质比较来看，外资保险法人机构的公司治理水平整体高于中资保险法人机构；第四，从保险法人机构业务类型比较来看，集团公司的公司治理水平整体高于其他业务类型的保险法人机构；第五，从保险法人机构组织形式来看，有限制保险法人机构的公司治理水平整体高于股份制和相互制保险法人机构。

### 二、展望：保险法人机构治理的多维评价

#### （一）治理评价三维模型

评价指标体系是评价系统的核心，而评价指标体系设计的思路或者包括哪些维度则是核心中的核心。为科学、全面、准确地评价保险公司治理质量，对保险法人机构治理的评价不应仅局限于按照上述提到的国内外经典公司治理评价系统中的治理内容维度进行，还要考虑合规性和法人机构的类型，即从治理层次和治理对象维度进行系统全面的评价。于是，本报告构建了保险法人机构治理评价的三维立体模型（图 15-4），使保险法人机构治理评价从一维拓展到三维。

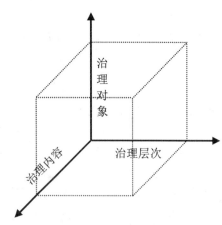

图 15-4　保险法人机构治理评价三维模型

资料来源：作者自制。

### （二）治理内容维度的治理评价

已有的治理评价主要从治理内容这一维度展开，即关注具体的治理结构与机制的状况。例如，标准普尔公司治理评价体系在公司层面主要关注所有权结构、利益相关者的权利和相互关系、财务透明度和信息披露情况以及董事会结构和程序。中国上市公司治理指数（CCGINK）主要从股东治理、董事会治理、监事会治理、经理层治理、信息披露和利益相关者治理 6 个方面来评价治理状况。

在治理内容方面，保险法人机构治理评价包括内部治理和外部治理两大部分。在我国的制度背景下，保险法人机构治理评价应以内部治理为主，包括股东治理、董事会治理、监事会治理、合规官等高管设置、内部控制与风险管理等，外部治理中考虑保险法人机构治理的特殊性，信息披露和利益相关者治理等维度也需要纳入评价体系中。

### （三）治理层次维度的治理评价

治理评价主要是评价治理合规性。治理合规性是指治理活动中遵从有关治理法律法规政策的情况，是治理有效性的必要条件。治理合规性具有层次性，可以分为强制性合规（又称为"一般合规"）和自主性合规（又称为"高级合规"）。所以，对保险法人机构治理的评价不应仅局限于按照上述提到的国内外经典治理评价系统中的治理内容维度进行，还要考虑治理层次或合规性的层次。

在治理层次方面，可以将保险法人机构治理评价分为强制合规评价和自主合规评价两个层次，其中强制合规是治理合规的底线，不允许触碰，而自主合规则是鼓励性内容，是保险法人机构在治理方面创新的重要体现。

### （四）治理对象维度的治理评价

除了考虑治理的层次性，还要考虑治理对象的特殊性。在治理对象方面，不同机构经营存在其经营特殊性，而经营的特殊性又会带来治理方面的特殊性。因此，对于不同的保险法人机构，应该采用不同的治理评价指标体系。

按照不同资本性质，可将保险法人机构治理评价分为中资和外资两种类型法人机构的治理评价；按照不同业务类型，则可以分为保险集团（控股）公司、财产险公司、人身险公司、再保险公司、资产管理公司等类型法人机构的治理评价；按照不同组织形式，可分为相互制保险公司、有限责任保险公司和股份有限保险公司的治理评价；按照治理对象上市情况，还可划分为上市保险公司和非上市保险公司治理评价。

## 三、我国保险法人机构治理评价优化

治理评价不仅有助于保险法人机构及时掌握治理的总体运行状况，进而为从整体上剖析当前面临的困境与机遇提供现实依据，也为寻求保险法人机构深化治理改革的路径提供有益指引。为了完善我国保险法人机构治理评价工作，推进我国保险业治理能力现代化，本部分提出以下几方面的建议。

第一，建立分类治理评价体系。分类治理理念要求在治理实践中根据治理对象的不同采用不同的治理模式，避免治理模式的套用和"一刀切"。在评价领域，同样要遵循分类治理理念，即为了进行科学的评价，需要考虑评价对象的特殊性。其中既包括因评价对象业务类型不同反映出的特殊性，也包括组织形式方面的差异所带来的特殊性。目前我国保险法人机构治理评价仍然是"大一统"模式，所有类型法人机构均采用同一套评价指标体系，不能很好地反映出各类保险机构的治理特点，因此，需要在目前评价体系基础上衍生出针对不同类型法人机构的治理评价指标体系。

第二，导入第三方治理评价机制。治理评价能够准确有效地掌握机构的治理状况，发现治理存在的突出问题，从而在第一时间加强相关监管、规避治理风险。治理评价是一项长期的系统工程，评价主体（谁来评）这个问题需要首先考虑。监管部门在治理评价方面有较强的权威性和专业性，但由于人力有限，进行大规模、大样本的评价成本较高。因此，可以建立独立的第三方评价机制，如聘请学术研究机构等作为合作伙伴，要求其提供独立、客观、科学的评价结果，为有效监管提供支撑。

第三，定期发布公司治理状况清单。根据评价结果，可以制作并发布最佳治理机构清单，形成治理的分类或分组，进而从社会声誉方面给予机构完善治理的动力，同时也可以在全行业形成治理标杆机构的示范效应。治理标杆机构的具体实践可以带动全行业治理水平的提升，在声誉激励的推动下，其他机构会主动向治理标杆机构学习，完善其治理结构与机制。而治理标杆机构为了维护声誉和保持自身的标杆地位也会进一步提高自身的治理水平。

第四，加强对治理评价结果的利用。治理评价工作并不能单独高效地发挥其监管作用，即建立评价机制本身并不是目的所在，更重要的是配合更丰富的监管手段，比如构建治理方面的积分档案、将评价结果与相关事项审批挂钩等，可以强化治理监管的有效性。此外，监管部门可以采取双向互动方式展开评价工作，即每年评价结束后将评价结果反馈给评价对象，使其了解自身治理的优势和不足。若能对重点关注的机构附带相应指导建议，则会进一步提高治理评价工作的成效。

第五，开发保险法人机构治理数据库。治理评价指数是治理评价的结果。随着保险业信息化特别是监管信息化水平的提高，包括治理指数在内的治理数据的采集和存储已经不存在障碍。建设治理数据库一方面可以为基于大数据技术的建模、挖掘和使用等奠定基础，另一方面，相关数据库建设也可以推进保险法人机构治理领域研究的进展，打破理论研究的瓶颈，而理论研究的深入也能更好地指导治理实践的发展。

# 第十六章 中国上市保险公司治理评价

本章重点关注了保险机构当中的 5 家上市保险机构的治理发展状况,其中中国人保、中国平安和中国太保是集团公司,中国人寿是人身险公司,新华保险是财产险公司。在介绍 5 家上市保险机构治理基本情况的基础上,本章利用南开大学中国公司治理研究院每年发布的中国上市公司治理指数(CCGI$^{NK}$)对其治理发展状况进行了整体和分维度的治理评价与分析。

## 第一节 中国上市公司治理指数研发与构成

21 世纪以来,由于公司治理质量和治理环境受到越来越多的关注,如何识别公司治理的优劣便成为亟须解决的问题。这就迫切需要建立一套适应中国上市公司治理环境的公司治理评价系统,用来观察与分析中国上市公司在股权结构、董事会运作、经营层激励约束、监事会监督、信息披露以及利益相关者参与治理等方面的现状与问题,进而从整体上提高公司治理质量,保证公司良好的运营质量和经营业绩。

### 一、中国上市公司治理指数研发

南开大学中国公司治理研究院公司治理评价课题组在总结了公司治理理论相关研究、公司治理原则、各类公司治理评价系统以及大量实证研究和案例研究成果的基础上,于 2003 年设计出中国首套上市公司治理评价系统,2004 年公布首部《中国公司治理评价报告》,同时发布中国上市公司治理指数。随后,于 2004 年、2005 年对该系统加以优化,广泛征求各方面的意见,对 6 个维度评价指标进行适度调整,具体包括:通过对上市公司治理评价的实证研究,对部分不显著性指标进行调整;通过对公司实施治理评价,不断检验系统的有效性并进行优化;引入新的公司治理研究思想,例如利益相关者理论;听取各方面的意见,广泛研讨;紧密关注治理环境(如法律法规)变化,并及时反映到评价系统中。

南开大学中国公司治理研究院公司治理评价课题组至今已连续 17 年累计对 34416 个样本的治理状况进行评价并发布《中国上市公司治理评价报告》。中国公司治理的研究从公司治理理论研究深入到公司治理原则与应用研究,之后从公司治理原则研究进一步发展到公司治理评价指数的研究。中国上市公司治理指数的研究发展呈现渐进式的动态优化过程。具体来说，中国上市公司治理指数的形成经历了 4 个阶段。

第一阶段：研究并组织制定《中国公司治理原则》。在中国经济体制改革研究会的支持下，南开大学中国公司治理研究院于 2001 年推出的《中国公司治理原则》被中国证监会《中国上市公司治理准则》以及太平洋经济合作理事会（Pacific Economic Cooperation Council，PECC）组织制定的《东亚地区公司治理原则》所吸收借鉴，为建立公司治理评价指标体系提供了参考性标准。

第二阶段：构建"中国上市公司治理评价指标体系"。经过两年的调研，第一届公司治理国际研讨会于 2001 年 11 月提出《在华三资企业公司治理研究报告》，经反复修正，于 2003 年 4 月提出"中国上市公司治理评价指标体系"。围绕公司治理评价指标体系，在 2003 年 11 月，第二届公司治理国际研讨会上南开大学中国公司治理研究院征求国内外专家意见，根据前期的研究结果和公司治理专家的建议，最终将公司治理指标体系确定为 6 个维度，具体包括股东治理指数、董事会治理指数、监事会治理指数、经理层治理指数、信息披露指数和利益相关者治理指数，合计 80 多个评价指标。

第三阶段：正式推出中国上市公司治理指数和《中国公司治理评价报告》。基于评价指标体系与评价标准，南开大学中国公司治理研究院构筑了中国上市公司治理指数（CCGI$^{NK}$），并发布《中国公司治理评价报告》，该报告应用中国上市公司治理指数第一次对中国上市公司进行大样本全面量化评价分析，之后逐年发布年度公司治理报告。需要说明的是，第一次发布用到的 2002 年数据来自上市公司的大样本问卷调查，之后各年发布的数据均来自上市公司的公司披露信息。

第四阶段：中国上市公司治理评价系统应用阶段。在学术上，公司治理评价为课题、著作、文章等系列成果的研究提供了平台，南开大学中国公司治理研究院获得国家自然科学基金重点项目和国家社科重大招标项目支持，基于中国上市公司治理指数撰写的《公司治理报告》在商务印书馆、北京大学出版社以及国际出版社等出版社出版，为监管部门治理监管工作提供了支持，为企业提升治理水平提供了指导。中国上市公司治理指数连续应用于"CCTV 中国最具价值上市公司年度评选"；应用于联合国贸发会议对中国企业的公司治理状况抽样评价和世界银行招标项目，2007 年 10 月 31 日至 11 月 1 日，应联合国贸发会议邀请，李维安教授参加了在瑞士日内瓦召开的联合国国际会计和报告准则政府间专家工作组（Intergovernmental Working Group of Experts on International Standards of Accounting and Reporting，ISAR）第 24 届会议，并就《中国公司治理信息披露项目》作大会报告；应用于国务院国资委国有独资央企董事会建设与评价等和国家发改委委托项目推出的"中国中小企业经济发展指数"研究；应用于保险公司治理评价，2007 年南开大学中国公司治理研究院接受中国保监会委托，设计保险公司治理评价标准体系；应用于国有企业治理评价，2008 年南开大学中国公司治理研究院接受国务院国资委委托，对央企控股公司治理状况进行评价；应用于相关数据库建设，开发中国公司治理数据库；应用于观察股市表现，研发中国公司治理股价指数；应用于诊断个体公司的治理状况；设计中国公司治理计分卡。

## 二、中国上市公司治理指数构成

此评价指标体系基于中国上市公司面临的治理环境特点，侧重公司内部治理机制，强调公司治理的信息披露、中小股东的利益保护、上市公司独立性、董事会的独立性以及监事会参与治理等，从股东治理、董事会治理、监事会治理、经理层治理、信息披露和利益相关者治理 6 个维度，设置 19 个二级指标，具体包括 80 多个评价指标，对中国上市公司治理的状况作出全面、系统的评价。评价指标体系见表 16-1。

表 16-1　中国上市公司治理指数评价指标体系

| 指数<br>（目标层） | 公司治理评价 6 个维度<br>（准则层） | 公司治理评价各要素<br>（要素层） |
|---|---|---|
| 中国上市公司<br>治理指数<br>（$CCGI^{NK}$） | 股东治理（$CCGI^{NK}_{SH}$） | 上市公司独立性 |
| | | 上市公司关联交易 |
| | | 中小股东权益保护 |
| | 董事会治理（$CCGI^{NK}_{BOD}$） | 董事权利与义务 |
| | | 董事会运作效率 |
| | | 董事会组织结构 |
| | | 董事薪酬 |
| | | 独立董事制度 |
| | 监事会治理（$CCGI^{NK}_{BOS}$） | 监事会运行状况 |
| | | 监事会规模结构 |
| | | 监事会胜任能力 |
| | 经理层治理（$CCGI^{NK}_{TOP}$） | 经理层任免制度 |
| | | 经理层执行保障 |
| | | 经理层激励约束 |
| | 信息披露（$CCGI^{NK}_{ID}$） | 信息披露可靠性 |
| | | 信息披露相关性 |
| | | 信息披露及时性 |
| | 利益相关者治理（$CCGI^{NK}_{STH}$） | 利益相关者参与程度 |
| | | 利益相关者协调程度 |

资料来源：李维安，等.中国公司治理与发展报告 2012[M].北京大学出版社，2012.

# 第二节　上市保险公司概况

## 一、中国人寿公司简介

中国人寿保险股份有限公司（简称"中国人寿"或"国寿股份"，其中证券监管部门多用"中国人寿"，行业监管部门多用"国寿股份"）是中国人寿保险（集团）公司（简称"国寿集团"）①的核心成员单位，公司注册资本为人民币 282.65 亿元。其控股股东国寿集团，是国有特大型金融保险央企、国家副部级单位，2018 年《财富》世界 500 强排名第 42 位。2003 年 12 月 17 日、18 日，中国人寿在纽约和中国香港上市，创造了 2003 年全球最大首次公开发行（Initial Public Offering，IPO）纪录。2007 年 1 月 9 日，中国人寿回归 A 股（代码 601628），在上海上市，成为首家在三地上市的金融保险企业。

经过长期的发展和积淀，中国人寿业务版图不断扩大，参股国寿资管、国寿财险、国寿养老，下设国寿（苏州）养老养生投资有限公司（简称"苏州养生"）、上海瑞崇投资有限公司（简称"上海瑞崇投资"）、国寿（北京）健康管理有限公司（简称"国寿健康"）等多家子公司，在 2016 年入主广发银行，业务范围全面涵盖人身险、养老保险（企业年金）、资产管理、银行等多个领域。中国银保监会官网披露数据显示，2017 年中国人寿实现原保险保费收入 5122.68 亿元，占市场份额 19.7%，市场排名第一位。

中国人寿作为中国人身险业的"领头羊"，股改上市 10 年后，在 2013—2017 年间，业务稳健发展，推进转型升级，严格风险防控，经营管理成绩显著。原保险保费收入由 2013 年的 3267 亿元增加到 2017 年的 5123 亿元，基本实现两年跨越一个千亿平台，成为国内首家总保费过 5000 亿元的人身险公司。其中，续期保费由 2013 年的 1907 亿元增加到 2017 年的 2881 亿元，年均复合增长率超 10%；2017 年首年期交保费和续期保费之和占总保费的比重达到 78.3%，续期保费拉动效应进一步显现，持续发展能力大幅增强。近年来中小险企的迅速崛起，占领挤压大型险企市场份额，加之国寿保险主动优化结构、控制趸交业务规模，使得市场份额连年下滑，虽在 2017 年企稳至 19.7%，占据行业第一的位置，但 2018 年和 2019 年的最新数据显示，其领先优势在逐步减弱，行业地位遭遇一定挑战。

## 二、中国平安公司简介

中国平安保险（集团）股份有限公司（简称"中国平安""平安"或"平安集团"，其中证券监管部门多称"中国平安"，行业监管部门多称"平安集团"）于 1988 年在深圳成立，2004 年 6 月 24 日在香港上市，H 股代码为 02318；2007 年 3 月 1 日在上海证券交易所上市，A 股代码为 601318。历经保险业务→综合金融→"金融+科技" 30 余年的发展，中国平安已成为全国最大的综合金融服务提供商，为探索"金融+生态"商业模式奠定了坚实的基础。总体看来，中国平安的发展经历了以下几个阶段。

第一阶段（1988—1998 年），探索现代保险，搭建机制平台。1988 年，中国平安成立，开始经营财产险业务。1994 年开始率先引进个人营销体系，推行个人人身险营销业务。中国平安不断优化股权结构，先后吸引摩根士丹利、高盛公司、汇丰等海外投资者，

---

① 中国人寿保险（集团）公司前身是成立于 1949 年的中国人民保险公司。1996 年，根据《保险法》关于财产险和人身险分业经营的要求，中国人民保险公司改组为中国人民保险（集团）公司，下设中保财产保险有限公司、中保人寿保险有限公司和中保再保险有限公司，3 家公司分别为当时国内最大的专业产险公司、最大的专业寿险公司、唯一的专业再保险公司。其中，中保人寿保险有限公司 1999 年更名为中国人寿保险公司。2003 年，经国务院和中国保监会批准，中国人寿保险公司进行重组改制，变更为中国人寿保险（集团）公司。

较早形成了多元化的股权结构。同时，与日本第一生命等国外成熟险企合作，引进学习国际先进管理制度和国际化管理标准，搭建了以保险为主业的现代化经营平台。

第二阶段（1998—2008 年），专注经营保险，探索综合金融。中国平安早在 1995 年就开始布局综合金融业务，在 1995 年和 1996 年先后成立了证券公司和信托公司。1998 年，在中国平安的全国工作会议上，马明哲作了题为《构建跨世纪远景，实施新时期战略》的报告，提出平安下一个十年将朝着"国际一流的综合金融服务集团"目标迈进。2003 年，中国平安开始在平安集团的统筹下进行综合金融布局，实现金融全牌照。2006 年，中国平安全国运营管理中心在上海张江正式投入运营，率先在中国金融保险行业引入"金融工厂"概念，用统一的大后台为前线金融产品提供全方位的支持和服务。这一时期，中国平安从前线业务和后台支持上初步建立起"一个客户、一个账户、多个产品、一站式服务"的综合金融体系。

第三阶段（2008—2019 年），强化综合金融实践，探索"金融+科技"。在这一阶段，中国平安贯彻"科技引领金融"的方针，明确"以个人客户为中心"的经营理念，在不断完善传统综合金融业务的同时，开展布局互联网与科技板块。2012 年，陆金所成立，中国平安互联网金融开启全面布局。2014 年开始，随着"平安好房""平安好医生"等公司成立，中国平安深化"互联网+综合金融"模式，围绕"医、食、住、行、玩"等生活场景为客户提供一站式服务，中国平安的发展愿景也从"个人综合金融服务提供商"拓展为"个人金融生活服务提供商"。在科技运用方面，中国平安于 2010 年率先推出 MIT 移动展业平台，随后通过"E 行销""口袋 E""展 E 宝"等工具，在全销售流程上武装代理人，2015 年推出全面向个人客户的平安人寿"E 服务"应用程序（后改名"金管家"），打造出联动线上、线下的移动综合金融生活服务平台。2017 年，中国平安确立"金融+科技"双驱动战略，以人工智能、区块链、云、大数据和安全五大核心技术为基础，深度聚焦金融科技与医疗科技两大领域，对内提质增效，提升传统金融业务的竞争力，对外通过输出创新科技与服务，促进科技成果转化为价值。

从利润构成来看，人身险业务是平安集团利益的主要来源，财产险、银行、证券和信托利润占比之和低于人身险且逐年下降。金融和医疗科技利润贡献程度呈上升趋势。

## 三、中国太保公司简介

中国太平洋保险（集团）股份有限公司（又称"太平洋保险"，简称"中国太保""太保"或"太保集团"，证券监管部门多称"中国太保"，行业监管部门多称"太保集团"）是在于 1991 年 5 月 13 日成立的中国太平洋保险公司的基础上组建而成的保险集团公司，总部设在上海，是国内领先的"A+H"股上市综合性保险集团（A 股代码 601601；H 股代码 02601）。

中国太保以成为"行业健康稳定发展的引领者"为愿景，始终以客户需求为导向，专注保险主业，做精保险专业，创新保险产品和服务，提升客户体验，同时，其价值持续增长，实力不断增强，连续 8 年入选《财富》世界 500 强，2018 年位列第 220 位。2018 年上半年实现营业收入 2046.94 亿元，同比增长 15.3%，实现净利润 82.54 亿元，同比增长 26.8%。为超过 1.23 亿名客户提供全方位风险保障解决方案、财富规划和资产管理服务。

中国太保险积极服务于国家战略、实体经济和民生保障，主动响应"一带一路"倡议，提供累计超过 5000 亿元的保险保障，覆盖 65 个不同国家地区的不同项目。同时，参与多层次医疗体系建设、服务"三农"建设、应对人口老龄化挑战、支持食品安全治理体系构建、助力小微企业发展、实施具有社会和环境效益的投资项目，为助力国家发展和增进民生福祉保驾护航。

平时注入一滴水，难时拥有太平洋。中国太保充分发挥经济"减震器"和社会"稳定器"的功能，过去 10 年累计赔付金额近 5600 亿元，及时做好京昆高速特大车祸、九寨沟地震以及"飞鸽""纳沙"等重大灾难事故的理赔服务。"太好赔""太 e 赔""e 农险"等一系列精细化服务，让客户获得极简、极速、极暖的保险服务。财产险、人身险公司分别获年度经营评价最高等级 A 级和服务评价 AA 级，成为行业发展和服务新标杆。

中国太保以"做一家负责任的保险公司"为使命，各类精准扶贫项目已覆盖全国 460 万建档立卡贫困户，创建了大病保险扶贫、农险扶贫、产业扶贫、投资扶贫、智力扶贫等多种可复制推广的典型模式，136 名优秀干部深入开展驻村帮扶工作，带领广大村民走上共同富裕之路。同时，中国太保关爱孤残儿童、助梦希望小学，在"弱有所扶"上不断取得新进展。连续 8 年获中国企业社会责任榜"杰出企业奖"，同时入选中国 A 股市场环境、社会、治理（Environment，Social Responsibility and Corporate Governance，ESG）绩效最佳"美好 50 公司"。

中国太保坚持做保险行业的"长跑者"，坚持高质量发展道路，推进实施"转型 2.0"，围绕"客户体验最佳""业务质量最优""风控能力最强"三大目标，聚焦人才和科技两大关键因素，补齐关键短板，实现方式转变、结构优化和动能转换。

## 四、新华保险公司简介

新华人寿保险股份有限公司（简称"新华保险"或"新华人寿"，证券监管部门多称"新华保险"，行业监管部门多称"新华人寿"）成立于 1996 年 9 月，总部位于北京市，是一家大型人身险企业，目前拥有新华资产管理股份有限公司、新华家园养老服务（北京）有限公司和新华世纪电子商务有限公司、新华家园健康科技（北京）有限公司、新华养老保险股份有限公司、北京新华卓越康复医院有限公司等子公司。2011 年，新华保险在上海证券交易所和香港联合交易所同步上市，A 股代码为 601336，H 股代码为 01336。

2017 年，新华保险蝉联《福布斯》（Forbes）和《财富》双料世界 500 强，同时获得穆迪 A2、惠誉 A 的保险公司财务实力评级。

## 五、中国人保公司简介

中国人民保险集团股份有限公司（简称"中国人保"），于 1949 年 10 月 20 日在北京西郊民巷 108 号挂牌成立。2009 年 9 月，中国人民保险集团公司成功改制为中国人民保险集团股份有限公司，实现了从传统国有企业向现代国有控股金融保险集团的重大转变。2012 年 12 月 7 日，中国人保在香港联合交易所完成了 H 股上市（股票代码 01339），开创了中管保险集团境外整体上市的先河。2018 年 11 月 16 日，中国人保集团在上海证券交易所正式登陆 A 股市场（股票代码 601319），成为国内第五家"A+H"股上市的金融保险企业。

目前，中国人保旗下拥有中国人民财产保险股份有限公司、中国人保资产管理有限公司、中国人民健康保险股份有限公司、中国人民人寿保险股份有限公司、中诚信托有限责任公司、人保投资控股有限公司、人保资本投资管理有限公司、人保金融服务有限公司、人保再保险股份有限公司、中国人民养老保险有限责任公司、中国人民保险（香港）有限公司、中盛国际保险经纪有限责任公司等 10 多家专业子公司，实现了全保险产业链和银行、信托等非保险金融领域战略布局，业务范围覆盖财产险、人身险、再保险、资产管理、不动产投资和另类投资、金融科技、年金和养老金、保险经纪等。自 2010 年入榜《财富》世界 500 强以来，中国人保排位不断提升，2018 年以年营业收入 715.8 亿美元的成绩位列第 117 位。

# 第三节　上市保险公司的三会一层状况

## 一、上市保险公司股权结构与运作状况

### （一）上市保险公司股权集中度

5 家上市保险公司 2018 年第一大股东平均持股比例为 46.50%，大部分公司第一大股东持股比例都在 20%—40%。其中，中国人寿第一大股东持股比例平均值最高，为 68.37%；中国平安第一大股东持股比例平均值最低，为 23.53%（见表 16-2）。5 家上市保险公司 2018 年前十大股东平均持股比例为 83.03%。中国人保前十大股东持股比例平均值最高，为 97.66%；中国平安前十大股东持股比例平均值最低，为 47.06%（见表 16-3）。

表 16-2　上市保险公司第一大股东持股比例

单位：%

| 公司简称 | 2013 年 | 2014 年 | 2015 年 | 2016 年 | 2017 年 | 2018 年 | 平均值 |
|---|---|---|---|---|---|---|---|
| 中国人寿 | 68.37 | 68.37 | 68.37 | 68.37 | 68.37 | 68.37 | 68.37 |
| 中国平安 | 6.08 | 5.41 | 32.10 | 32.09 | 32.72 | 32.78 | 23.53 |
| 中国太保 | 30.58 | 30.59 | 30.59 | 30.60 | 30.60 | 30.60 | 30.59 |
| 新华保险 | 31.99 | 32.62 | 33.14 | 33.14 | 33.14 | 33.14 | 32.86 |
| 中国人保 | — | — | — | — | — | 67.60 | 67.60 |
| 平均值 | 34.26 | 34.25 | 41.05 | 41.05 | 41.21 | 46.50 | — |

数据来源：根据各保险公司历年年报整理。

表 16-3　上市保险公司前十大股东持股比例

单位：%

| 公司简称 | 2013 年 | 2014 年 | 2015 年 | 2016 年 | 2017 年 | 2018 年 | 平均值 |
|---|---|---|---|---|---|---|---|
| 中国人寿 | 94.73 | 94.82 | 96.91 | 97.21 | 97.27 | 97.62 | 96.43 |
| 中国平安 | 27.80 | 20.79 | 56.45 | 59.25 | 59.04 | 59.01 | 47.06 |

续表

| 公司简称 | 2013 年 | 2014 年 | 2015 年 | 2016 年 | 2017 年 | 2018 年 | 平均值 |
|---|---|---|---|---|---|---|---|
| 中国太保 | 75.57 | 75.38 | 77.12 | 78.19 | 77.18 | 78.43 | 76.98 |
| 新华保险 | 87.27 | 83.94 | 85.45 | 85.39 | 85.30 | 82.44 | 84.97 |
| 中国人保 | — | — | — | — | — | 97.66 | 97.66 |
| 平均值 | 71.34 | 68.73 | 78.98 | 80.01 | 79.70 | 83.03 | — |

数据来源：根据各保险公司历年年报整理。

### （二）上市保险公司股权性质

由表 16-4 可知，除中国平安外，其余 4 家上市保险公司的实际控制人均为国有性质。这与我国保险公司大部分脱胎于原银行的保险部、各地政府、信托投资公司，国有资本掌握控制权的历史根源有关。根据年报显示，中国平安[①]和中国太保无实际控制人。

表 16-4　上市保险公司实际控制人

| 公司简称 | 实际控制人 | 控股股东性质 |
|---|---|---|
| 中国人寿 | 财政部 | 国有 |
| 中国平安 | 无实际控制人 | 外资 |
| 中国太保 | 无实际控制人 | 国有 |
| 新华保险 | 中国投资有限责任公司 | 国有 |
| 中国人保 | 财政部 | 国有 |

数据来源：根据各保险公司 2018 年报整理。

### （三）上市保险公司流通股比例

2013 年、2014 年 5 家上市保险公司流通股比例为 91.89%，2015—2017 年各上市保险公司流通股比例已全部达到 100.00%（见表 16-5）。

表 16-5　上市保险公司流通股比例

单位：%

| 公司简称 | 2013 年 | 2014 年 | 2015 年 | 2016 年 | 2017 年 | 2018 年 | 平均值 |
|---|---|---|---|---|---|---|---|
| 中国人寿 | 100.00 | 100.00 | 100.00 | 100.00 | 100.00 | 100.00 | 100.00 |
| 中国平安 | 100.00 | 100.00 | 100.00 | 100.00 | 100.00 | 100.00 | 100.00 |
| 中国太保 | 99.13 | 99.13 | 100.00 | 100.00 | 100.00 | 100.00 | 99.71 |
| 新华保险 | 68.43 | 68.43 | 100.00 | 100.00 | 100.00 | 100.00 | 89.48 |
| 中国人保 | — | — | — | — | — | 22.02 | 22.02 |
| 平均值 | 91.89 | 91.89 | 100.00 | 100.00 | 100.00 | 84.40 | — |

数据来源：根据各保险公司历年年报整理。

---

① 根据中国平安 2018 年年报显示，中国平安最大的股东是香港中央结算（代理人）有限公司，这家公司是集中清算的中介公司，拥有 H 股股东账户的总股份，因此这家公司并不是真正意义上的股东；中国平安的第二大股东是深圳市投资控股有限公司，持股比例为 5.27%，但其并不是平安保险持股最多的股东。目前平安保险持股数量最多的是卜蜂集团，因为平安集团第三大股东和第四大股东都是卜蜂集团（即正大集团）间接控股的公司，卜蜂集团间接持有中国平安的股份比例达到 9.19%。

### （四）上市保险公司股东大会召开次数

2018 年,5 家上市保险公司股东大会召开平均次数为 3.00 次,较之前年份有所增加。其中,中国人保 2018 年召开股东大会 5 次。中国太保股东大会召开次数较少,2018 年仅召开 1 次。(见表 16-6)

表 16-6　上市保险公司股东大会召开次数

单位：次

| 公司简称 | 2013 年 | 2014 年 | 2015 年 | 2016 年 | 2017 年 | 2018 年 | 平均值 |
|---|---|---|---|---|---|---|---|
| 中国人寿 | 2 | 3 | 2 | 2 | 2 | 2 | 2.17 |
| 中国平安 | 2 | 1 | 3 | 4 | 1 | 5 | 2.67 |
| 中国太保 | 1 | 1 | 2 | 1 | 2 | 1 | 1.33 |
| 新华保险 | 4 | 2 | 2 | 2 | 3 | 2 | 2.50 |
| 中国人保 | — | — | — | — | — | 5 | 5.00 |
| 平均值 | 2.25 | 1.75 | 2.25 | 2.25 | 2.00 | 3.00 | — |

数据来源：根据各保险公司历年年报整理。

## 二、上市保险公司董事会结构与运作状况

### （一）上市保险公司董事会构成

5 家上市保险公司 2018 年董事人数平均值为 12.80。其中,中国平安董事人数达到 15 人,中国人寿董事人数最少,为 10 人。2018 年,这 5 家公司独立董事平均人数比往年略有下降,除中国人寿独立董事人数为 4 人外,其他 4 家公司独立董事人数均为 5 人(见表 16-7)。

表 16-7　上市保险公司董事及独立董事数量

单位：人

| 年份 | 董事会构成 | 中国人寿 | 中国平安 | 中国太保 | 新华保险 | 中国人保 | 平均值 |
|---|---|---|---|---|---|---|---|
| 2013 年 | 董事 | 11 | 19 | 12 | 13 | — | 13.75 |
| | 独立董事 | 4 | 7 | 4 | 6 | — | 5.25 |
| 2014 年 | 董事 | 11 | 19 | 14 | 15 | — | 14.75 |
| | 独立董事 | 4 | 7 | 5 | 6 | — | 5.50 |
| 2015 年 | 董事 | 12 | 17 | 14 | 13 | — | 14.00 |
| | 独立董事 | 4 | 6 | 5 | 5 | — | 5.00 |
| 2016 年 | 董事 | 11 | 17 | 14 | 12 | — | 13.50 |
| | 独立董事 | 4 | 6 | 5 | 5 | — | 5.00 |
| 2017 年 | 董事 | 11 | 17 | 13 | 13 | — | 13.50 |
| | 独立董事 | 4 | 6 | 5 | 5 | — | 5.00 |
| 2018 年 | 董事 | 10 | 15 | 12 | 13 | 14 | 12.80 |
| | 独立董事 | 4 | 5 | 5 | 5 | 5 | 4.80 |

数据来源：根据各保险公司历年年报整理。

## （二）上市保险公司董事会运作

上市保险公司平均每年召开董事会 6—9 次，2018 年，董事会平均召开次数最高，达到 8.80 次。2013—2019 年，中国平安平均召开董事会 6.17 次，位于上市保险公司之末；总体来说，上市保险公司积极、有效地召开了董事会（见表 16-8）。

根据公司年报披露，5 家上市保险公司都成立了相应的专门委员会，主要包括战略与投资、审计、提名薪酬、风险管理等委员会（见表 16-9）。此外，上市保险公司都制定了各委员会工作细则，明确各自的职责与职权，以提升董事会的工作质量。

### 表 16-8　上市保险公司董事会召开次数

单位：次

| 公司简称 | 2013 年 | 2014 年 | 2015 年 | 2016 年 | 2017 年 | 2018 年 | 平均值 |
|---|---|---|---|---|---|---|---|
| 中国人寿 | 7 | 7 | 6 | 6 | 6 | 8 | 6.67 |
| 中国平安 | 7 | 5 | 7 | 6 | 5 | 7 | 6.17 |
| 中国太保 | 6 | 5 | 7 | 6 | 13 | 8 | 7.50 |
| 新华保险 | 14 | 8 | 9 | 12 | 11 | 10 | 10.67 |
| 中国人保 | — | — | — | — | — | 11 | 11.00 |
| 平均值 | 8.50 | 6.25 | 7.25 | 7.50 | 8.75 | 8.80 | — |

数据来源：根据各保险公司历年年报整理。

### 表 16-9　2018 年上市保险公司董事会专门委员会构成与运作情况

| 公司简称 | 专门委员会构成 | 专门委员会数量（个） | 召开会议次数（次） |
|---|---|---|---|
| 中国人寿 | 战略与投资，审计，提名薪酬，风险管理 | 4 | 25 |
| 中国平安 | 战略与投资，审计，提名薪酬，风险管理 | 4 | 13 |
| 中国太保 | 战略与投资，审计，提名薪酬，风险管理 | 4 | 24 |
| 新华保险 | 战略与投资，审计，提名薪酬，风险管理 | 4 | 27 |
| 中国人保 | 战略与投资，审计，提名薪酬，风险管理 | 4 | 30 |
| 专门委员会数量平均值 | | 4 | 23.80 |

数据来源：根据各保险公司 2018 年年报整理。

## （三）上市保险公司董事激励约束

2018 年，中国平安前三名董事报酬总额达 3451.40 万元，在上市保险公司中排名第一，中国太保前三名董事报酬总额也处于较高水平，达 477.50 万元，排名第二，中国人寿前三名董事报酬总额最低，为 230.44 万元（见表 16-10）。2018 年，5 家上市保险公司独立董事报酬平均值为 35.57 万元，其中，中国平安最高，为 66.00 万元，中国人保最低，为 23.33 万元（见表 16-10）。此外，5 家上市保险公司中，仅有两家公司董事持有公司股票（见表 16-11）。

表 16-10　上市保险公司董事报酬情况

单位：万元

| 公司简称 | 前三名董事报酬总额 | | | | | | 2018 年独立董事平均报酬 |
|---|---|---|---|---|---|---|---|
| | 2013 年 | 2014 年 | 2015 年 | 2016 年 | 2017 年 | 2018 年 | |
| 中国人寿 | 233.97 | 200.19 | 162.83 | 440.02 | 432.00 | 230.44 | 31.50 |
| 中国平安 | 2825.76 | 2845.27 | 2755.08 | 2925.17 | 3296.39 | 3451.40 | 66.00 |
| 中国太保 | 581.90 | 756.40 | 269.20 | 269.20 | 367.00 | 477.50 | 28.00 |
| 新华保险 | 658.09 | 735.24 | 569.43 | 556.34 | 774.61 | 261.12 | 29.00 |
| 中国人保 | — | — | — | — | — | 246.45 | 23.33 |
| 平均值 | 1074.93 | 1134.28 | 939.14 | 1047.68 | 1217.50 | 933.38 | 35.57 |

数据来源：根据各保险公司历年年报整理。

表 16-11　上市保险公司董事持股情况

| 公司简称 | 统计时间 | 董事持股数量（股） | 董事持股比例（%） |
|---|---|---|---|
| 中国太保 | 2013 年 | 193400 | 0.0021 |
| | 2014 年 | 193400 | 0.0021 |
| | 2015 年 | 193400 | 0.0021 |
| | 2016 年 | 193400 | 0.0021 |
| | 2017 年 | 12000 | 0.0001 |
| | 2018 年 | 28000 | 0.0003 |
| 中国平安 | 2013 年 | 2020280 | 0.0255 |
| | 2014 年 | 2020280 | 0.0227 |
| | 2015 年 | 4040560 | 0.0223 |
| | 2016 年 | 4478964 | 0.0245 |
| | 2017 年 | 5589475 | 0.0306 |
| | 2018 年 | 6409591 | 0.0351 |
| 平均值 | | 2114395.80 | 0.0141 |

数据来源：根据各保险公司历年年报整理。

### （四）上市保险公司董事胜任能力

学历在一定程度上可以反映董事的知识水平和管理能力。上市保险公司研究生及以上学历董事所占比例较高，其中中国人寿达到 90.00%，即使比例最低的中国平安，研究生及以上学历董事所占比例也达到 66.67%（见表 16-12）。董事年龄方面，5 家上市保险公司董事年龄主要集中于 50—60 岁（见表 16-13），就平均年龄而言，中国人寿董事平均年龄最高，为 61.00 岁，新华保险董事年龄最低，为 54.23 岁（见表 16-12）。总体来说，上市保险公司董事会成员学历高，经验丰富，胜任能力较强。

表 16-12　2018 年上市保险公司董事学历及年龄情况

| 公司简称 | 研究生及以上学历数量（人） | 比例（%） | 平均年龄（岁） |
|---|---|---|---|
| 中国人寿 | 9 | 90.00 | 61.00 |
| 中国平安 | 10 | 66.67 | 57.53 |
| 中国太保 | 9 | 75.00 | 55.42 |
| 新华保险 | 11 | 84.62 | 54.23 |
| 中国人保 | 12 | 85.71 | 57.14 |
| 平均值 | 10.20 | 80.40 | 57.06 |

数据来源：根据各保险公司 2018 年报整理。

表 16-13　2018 年上市保险公司董事会成员年龄分布

| 年龄阶段（岁） | 数量（人） | 比例（%） |
|---|---|---|
| 30—40（含 40 岁） | 0 | 0.00 |
| 40—50（含 50 岁） | 17 | 26.56 |
| 50—60（含 60 岁） | 31 | 48.44 |
| 60—70（含 70 岁） | 11 | 17.19 |
| 70 以上 | 5 | 7.81 |

数据来源：根据各保险公司 2018 年年报整理。

## 三、上市保险公司监事会结构与运作状况

### （一）上市保险公司监事会构成

自 2013 年开始，各上市保险公司监事会人数总体呈下降趋势，2018 年有所回升。其中，中国平安与新华保险各年监事会人数及历年平均值较高（见表 16-14）。职工监事是监事会的重要组成人员，2018 年 5 家上市保险公司职工监事数量占监事的比例平均值为 41%（见表 16-15）。

表 16-14　上市保险公司监事数量

单位：人

| 公司简称 | 2013 年 | 2014 年 | 2015 年 | 2016 年 | 2017 年 | 2018 年 | 平均值 |
|---|---|---|---|---|---|---|---|
| 中国人寿 | 5 | 5 | 5 | 5 | 3 | 4 | 4.50 |
| 中国平安 | 7 | 7 | 5 | 5 | 5 | 5 | 5.67 |
| 中国太保 | 5 | 5 | 5 | 4 | 4 | 4 | 4.50 |
| 新华保险 | 7 | 7 | 7 | 4 | 4 | 4 | 5.50 |
| 中国人保 | — | — | — | — | — | 5 | 5.00 |
| 平均值 | 6.00 | 6.00 | 5.50 | 4.50 | 4.00 | 4.40 | — |

数据来源：根据各保险公司历年年报整理。

表 16-15　2018 年上市保险公司职工监事情况

| 公司简称 | 职工监事 | |
| --- | --- | --- |
| | 数量（人） | 占监事比例（%） |
| 中国人寿 | 2 | 50.00 |
| 中国平安 | 2 | 40.00 |
| 中国太保 | 1 | 25.00 |
| 新华保险 | 2 | 50.00 |
| 中国人保 | 2 | 40.00 |
| 平均值 | 1.80 | 41.00 |

数据来源：根据各保险公司 2018 年报整理。

### （二）上市保险公司监事会运作

5 家上市保险公司平均每年召开 4—6 次监事会，2013—2018 年，其监事会会议平均召开次数呈现总体上升的趋势（见表 16-16）。总体来看，上市保险公司可以按照相关规章制度召开监事会，运作效果良好。

表 16-16　上市保险公司监事会召开次数

单位：次

| 公司简称 | 2013 年 | 2014 年 | 2015 年 | 2016 年 | 2017 年 | 2018 年 | 平均值 |
| --- | --- | --- | --- | --- | --- | --- | --- |
| 中国人寿 | 5 | 6 | 6 | 5 | 5 | 6 | 5.50 |
| 中国平安 | 4 | 4 | 5 | 5 | 4 | 5 | 4.50 |
| 中国太保 | 5 | 4 | 4 | 4 | 7 | 6 | 5.00 |
| 新华保险 | 5 | 5 | 4 | 6 | 4 | 4 | 4.67 |
| 中国人保 | — | — | — | — | — | 9 | 9.00 |
| 平均值 | 4.75 | 4.75 | 4.75 | 5.00 | 5.00 | 6.00 | — |

数据来源：根据各保险公司历年年报整理。

### （三）上市保险公司监事胜任能力

本报告同样从监事知识文化水平的角度来分析其胜任能力。5 家上市保险公司具有本科及以上学历的监事所占比例为 100.00%，其中，中国人保硕士及以上学历的比例达 100.00%（见表 16-17）。由此可知，上市保险公司对监事学历的要求日渐提高。

表 16-17　2018 年上市保险公司监事学历情况

| 公司简称 | 研究生及以上学历 | | 本科生 | | 两者共占比例 |
| --- | --- | --- | --- | --- | --- |
| | 数量（人） | 比例（%） | 数量（人） | 比例（%） | （%） |
| 中国人寿 | 2 | 40.00 | 3 | 60.00 | 100.00 |
| 中国平安 | 3 | 60.00 | 2 | 40.00 | 100.00 |
| 中国太保 | 3 | 75.00 | 1 | 25.00 | 100.00 |
| 新华保险 | 0 | 0.00 | 4 | 100.00 | 100.00 |
| 中国人保 | 5 | 100.00 | 0 | 0.00 | 100.00 |

数据来源：根据各保险公司 2018 年年报整理。

## 四、上市保险公司高级管理人员状况

高级管理人员包含总经理、总裁、首席执行官、副总经理、副总裁、董事会秘书和年报上公布的其他管理人员（包括董事、监事中兼任的高管人员）。

### （一）上市保险公司高级管理人员构成

上市保险公司高管平均数量自 2013 年以来有所下降，2017 年出现回升，2018 年小幅下降。2018 年，中国平安高管数量最多，达到 12 人，中国太保最少，为 9 人（见表 16-18）。

表 16-18　上市保险公司高管数量

单位：人

| 公司简称 | 2013 年 | 2014 年 | 2015 年 | 2016 年 | 2017 年 | 2018 年 | 平均值 |
|---|---|---|---|---|---|---|---|
| 中国人寿 | 12 | 10 | 7 | 8 | 10 | 10 | 9.50 |
| 中国平安 | 13 | 12 | 13 | 13 | 14 | 12 | 12.83 |
| 中国太保 | 11 | 10 | 9 | 8 | 9 | 9 | 9.33 |
| 新华保险 | 14 | 14 | 11 | 9 | 11 | 11 | 11.67 |
| 中国人保 | — | — | — | — | — | 10 | 10.00 |
| 平均值 | 12.50 | 11.50 | 10.00 | 9.50 | 11.00 | 10.40 | — |

数据来源：根据各保险公司历年年报整理。

### （二）上市保险公司高级管理人员激励约束

上市保险公司中中国平安前三名高管报酬连续 6 年位于上市保险公司首位。2018 年，中国人寿前三名高管报酬总额最低，为 499.49 万元（见表 16-19）。

表 16-19　上市保险公司前三名高管报酬总额

单位：万元

| 公司简称 | 2013 年 | 2014 年 | 2015 年 | 2016 年 | 2017 年 | 2018 年 | 平均值 |
|---|---|---|---|---|---|---|---|
| 中国人寿 | 225.65 | 230.60 | 211.16 | 440.02 | 432.00 | 499.49 | 339.82 |
| 中国平安 | 3186.79 | 3270.56 | 3180.36 | 3258.40 | 3894.39 | 4219.69 | 3501.70 |
| 中国太保 | 1367.00 | 1026.20 | 879.50 | 969.50 | 1194.60 | 982.10 | 1069.82 |
| 新华保险 | 1500.96 | 1483.73 | 1451.12 | 1148.76 | 1161.88 | 678.90 | 1237.56 |
| 中国人保 | — | — | — | — | — | 691.32 | 691.32 |
| 平均值 | 1570.10 | 1502.77 | 1430.54 | 1454.17 | 1670.72 | 1414.30 | — |

数据来源：根据各保险公司历年年报整理。

### （三）上市保险公司高级管理人员胜任能力

5 家上市保险公司高级管理人员最低学历为本科，研究生及以上学历高管占据了很大比例，都超过了 50%。此外，在 2018 年，就上市保险公司高级管理人员平均年龄而言，中国平安研究生及以上学历高管平均年龄最高，为 53.75 岁；中国太保研究生及以上学历高管平均年龄最低，为 49.11 岁（见表 16-20）。总体来说，上市保险公司高级管理人员学历高，经验丰富，工作能力较强。

表 16-20　2018 年上市保险公司高级管理人员学历及年龄

| 公司简称 | 研究生及以上学历数量（人） | 比例（%） | 平均年龄（岁） |
|---|---|---|---|
| 中国人寿 | 8 | 80.00 | 52.60 |
| 中国平安 | 9 | 75.00 | 53.75 |
| 中国太保 | 8 | 88.89 | 49.11 |
| 新华保险 | 9 | 81.82 | 52.90 |
| 中国人保 | 10 | 100.00 | 52.55 |
| 平均值 | 8.80 | 85.14 | 52.18 |

数据来源：根据各保险公司 2018 年年报整理。

## 第四节　上市保险公司治理评价

以中国公司治理研究院中国上市公司治理指数为依据，对 2013—2018 年中国人寿、中国平安、中国太保、新华保险和中国人保 5 家 A 股上市的保险公司的治理状况进行分析。本节评价样本因为数据获取原因未包括 H 股上市的保险公司。

### 一、上市保险公司治理总体评价

总体来看，2013—2018 年，上市保险公司治理评价指数呈现先升后降再回升的趋势。5 家上市保险公司治理评价指数平均值在 2018 年达到最高水平，为 66.64。其中，中国平安 2013—2018 年的治理评价指数平均值达到 66.16，高于其他 4 家保险公司，而 2018 年中国太保公司治理指数高于其他 4 家上市公司，为 70.02（见表 16-21）。

表 16-21　上市保险公司治理评价指数

| 公司简称 | 2013 年 | 2014 年 | 2015 年 | 2016 年 | 2017 年 | 2018 年 | 平均值 |
|---|---|---|---|---|---|---|---|
| 中国人寿 | 60.93 | 63.68 | 61.14 | 61.86 | 60.03 | 63.63 | 61.88 |
| 中国平安 | 67.82 | 67.64 | 62.13 | 65.06 | 65.21 | 69.09 | 66.16 |
| 中国太保 | 62.57 | 70.29 | 63.10 | 64.30 | 63.13 | 70.02 | 65.57 |
| 新华保险 | 64.82 | 62.52 | 65.08 | 63.26 | 60.73 | 64.55 | 63.49 |
| 中国人保 | — | — | — | — | — | 65.93 | 65.93 |
| 平均值 | 64.04 | 66.03 | 62.86 | 63.62 | 62.27 | 66.64 | — |

数据来源：中国公司治理研究院公司治理数据库。

## 二、上市保险公司股东治理评价

上市保险公司股东治理评价指数在 2013—2016 年间逐年下降，在 2016 年达到历史最低水平，为 61.54；在 2017 年又有所回升，2018 年达到历史最高水平，股东治理评价指数平均值为 68.15。其中，以中国平安较为突出，历年股东治理评价指数平均值为 66.93，其 2018 年股东治理评价指数也领先于其他 4 家上市保险公司（见表 16-22）。

表 16-22　上市保险公司股东治理评价指数

| 公司简称 | 2013 年 | 2014 年 | 2015 年 | 2016 年 | 2017 年 | 2018 年 | 平均值 |
|---|---|---|---|---|---|---|---|
| 中国人寿 | 65.23 | 66.48 | 66.05 | 61.14 | 62.09 | 57.99 | 63.16 |
| 中国平安 | 70.60 | 68.79 | 66.53 | 59.22 | 63.99 | 72.43 | 66.93 |
| 中国太保 | 68.25 | 66.09 | 67.15 | 59.95 | 67.39 | 70.83 | 66.61 |
| 新华保险 | 63.68 | 65.64 | 66.73 | 65.84 | 65.18 | 70.43 | 66.25 |
| 中国人保 | — | — | — | — | — | 69.05 | 69.05 |
| 平均值 | 66.94 | 66.75 | 66.61 | 61.54 | 64.66 | 68.15 | — |

数据来源：中国公司治理研究院公司治理数据库。

## 三、上市保险公司董事会治理评价

上市保险公司董事会治理评价指数在 2013—2018 年间呈现逐年上升的趋势，2018 年董事会治理评价指数平均值达到 67.09。其中，中国太保历年董事会治理评价指数平均值高于其他 4 家保险公司，为 67.33，但 2018 年中国人寿董事会治理指数最高，为 68.84（见表 16-23）。

表 16-23　上市保险公司董事会治理评价指数

| 公司简称 | 2013 年 | 2014 年 | 2015 年 | 2016 年 | 2017 年 | 2018 年 | 平均值 |
|---|---|---|---|---|---|---|---|
| 中国人寿 | 59.68 | 62.48 | 60.78 | 65.68 | 67.80 | 68.84 | 64.21 |
| 中国平安 | 61.78 | 63.57 | 63.59 | 64.94 | 65.06 | 66.24 | 64.20 |
| 中国太保 | 64.86 | 66.63 | 68.20 | 68.75 | 66.92 | 68.63 | 67.33 |
| 新华保险 | 66.72 | 60.95 | 68.67 | 65.65 | 68.27 | 64.82 | 65.85 |
| 中国人保 | — | — | — | — | — | 66.91 | 66.91 |
| 平均值 | 63.26 | 63.41 | 65.31 | 66.26 | 67.01 | 67.09 | — |

数据来源：中国公司治理研究院公司治理数据库。

## 四、上市保险公司监事会治理评价

上市保险公司监事会治理评价指数自 2013 年起呈现逐年下降的趋势，到 2017 年时降至 64.79，但 2018 年监事会治理评价指数有所回升，提高到 69.33。其中，中国平安历年监事会治理评价指数平均值高于其他 4 家保险公司，为 68.97，但 2018 年中国太保监事会治理评价指数最高，为 73.12（见表 16-24）。

表 16-24　上市保险公司监事会治理评价指数

| 公司简称 | 2013 年 | 2014 年 | 2015 年 | 2016 年 | 2017 年 | 2018 年 | 平均值 |
|---|---|---|---|---|---|---|---|
| 中国人寿 | 66.47 | 65.77 | 68.03 | 65.17 | 63.63 | 71.16 | 66.70 |
| 中国平安 | 71.86 | 71.38 | 68.02 | 67.45 | 67.60 | 67.53 | 68.97 |
| 中国太保 | 68.53 | 68.29 | 68.53 | 61.01 | 65.09 | 73.12 | 67.43 |
| 新华保险 | 70.55 | 68.25 | 67.01 | 65.77 | 62.85 | 65.96 | 66.73 |
| 中国人保 | — | — | — | — | — | 68.86 | 68.86 |
| 平均值 | 69.35 | 68.42 | 67.90 | 64.85 | 64.79 | 69.33 | — |

数据来源：中国公司治理研究院公司治理数据库。

## 五、上市保险公司高级管理人员治理评价

上市保险公司高管治理评价指数也称为上市保险公司经理层治理评价指数，该指数从激励约束、执行保障等方面反映上市保险公司高管治理状况。5 家上市保险公司高管治理评价指数波动较为明显，2017 年高管治理评价指数平均值最低，为 49.31，而 2018 年该指数达到历年最高，为 67.14。其中，除了 2015 年，其他年份中国太保高管治理评价指数都高于其他 4 家（见表 16-25）。

表 16-25　上市保险公司高管治理评价指数

| 公司简称 | 2013 年 | 2014 年 | 2015 年 | 2016 年 | 2017 年 | 2018 年 | 平均值 |
|---|---|---|---|---|---|---|---|
| 中国人寿 | 57.64 | 53.54 | 51.75 | 56.96 | 40.48 | 60.36 | 53.46 |
| 中国平安 | 66.23 | 68.95 | 59.77 | 68.75 | 57.30 | 72.76 | 65.63 |
| 中国太保 | 67.35 | 74.90 | 54.56 | 69.14 | 57.45 | 74.46 | 66.31 |
| 新华保险 | 56.23 | 51.26 | 54.68 | 56.45 | 42.00 | 64.64 | 54.21 |
| 中国人保 | — | — | — | — | — | 63.48 | 63.48 |
| 平均值 | 61.86 | 62.16 | 55.19 | 62.83 | 49.31 | 67.14 | — |

数据来源：中国公司治理研究院公司治理数据库。

## 六、上市保险公司信息披露评价

上市保险公司信息披露评价指数呈现波动的态势，2018 年信息披露评价指数平均值为 61.65。其中，中国人保历年信息披露指数平均值最高，为 66.71，该公司也是 2018 年信息披露指数最高的公司（见表 16-26）。

表 16-26 上市保险公司信息披露评价指数

| 公司简称 | 2013 年 | 2014 年 | 2015 年 | 2016 年 | 2017 年 | 2018 年 | 平均值 |
|---|---|---|---|---|---|---|---|
| 中国人寿 | 53.81 | 65.41 | 57.11 | 59.74 | 62.69 | 59.36 | 59.69 |
| 中国平安 | 69.07 | 61.86 | 53.23 | 65.56 | 72.51 | 61.55 | 63.96 |
| 中国太保 | 51.64 | 62.97 | 61.87 | 63.31 | 59.68 | 64.06 | 60.59 |
| 新华保险 | 76.15 | 67.78 | 66.43 | 64.43 | 67.80 | 56.56 | 66.53 |
| 中国人保 | — | — | — | — | — | 66.71 | 66.71 |
| 平均值 | 62.67 | 64.51 | 59.66 | 63.26 | 65.67 | 61.65 | — |

数据来源：中国公司治理研究院公司治理数据库。

## 七、上市保险公司利益相关者治理评价

上市保险公司利益相关者治理评价指数总体呈现先升后降再上升的趋势，2017 年该指数平均值为 61.69，2018 年为 68.56。在各保险公司中，中国平安历年利益相关者治理评价指数平均值处于较高水平，平均值为 69.93（见表 16-27）。

表 16-27 上市保险公司利益相关者治理评价指数

| 公司简称 | 2013 年 | 2014 年 | 2015 年 | 2016 年 | 2017 年 | 2018 年 | 平均值 |
|---|---|---|---|---|---|---|---|
| 中国人寿 | 68.27 | 72.13 | 68.54 | 63.21 | 64.44 | 65.14 | 66.96 |
| 中国平安 | 70.52 | 76.94 | 65.78 | 63.60 | 63.79 | 78.95 | 69.93 |
| 中国太保 | 55.66 | 90.00 | 57.50 | 60.19 | 63.09 | 71.30 | 66.29 |
| 新华保险 | 50.02 | 62.69 | 67.82 | 61.09 | 55.45 | 68.29 | 60.89 |
| 中国人保 | | | | | | 59.11 | 59.11 |
| 平均值 | 61.12 | 75.44 | 64.91 | 62.02 | 61.69 | 68.56 | — |

数据来源：中国公司治理研究院公司治理数据库。

# 第六篇

# 发展展望篇

下一步银保监会将提升银行保险业的公司治理有效性，持续加强公司治理监管。一是进一步弥补监管制度短板，完善银行保险业的公司治理体系；二是开展对银行保险业公司治理的评价；三是推动公司治理的信息化系统建设。

——中国银保监会副主席梁涛 2019 年 7 月 4 日在国务院新闻办公室举行的新闻发布会上的发言

# 第十七章　中国保险公司治理发展总结

本章主要从宏观、中观和微观三个层面来梳理 2019 年我国保险公司治理事件。宏观层面包括 2018 年公司治理评估结果出炉、批准筹建首家外资养老保险公司、保险机构座谈会的召开、六大治理乱象、推进金融业对外开放、财政部修订金融企业财务规则、中央经济工作会议召开等相关事件；中观层面包括行业国家标准的实施、保险业乱象治理、关联交易管理办法的颁布、法人机构经营评价结果公布等相关事件；微观层面包括保险公司人事变动、股权收购、股权冻结、行政处罚、行政监管、向股东借钱、年报披露等相关事件。以下将从这 3 个层面出发，结合共计 80 个治理事件①，全方位展示 2019 年我国保险公司治理实践。

## 第一节　宏观层面治理事件

### 一、2018 年保险法人机构公司治理评估结果出炉

2019 年 1 月 23 日，中国银保监会通报了 2018 年 50 家中资保险法人机构（保险集团公司 1 家，财产险及再保险公司 28 家，人身险公司 20 家，保险资产管理公司 1 家）。公司治理现场评估的结果：2018 年中国银保监会只抽取 50 家保险法人机构进行评估，相较 2017 年的 181 家大为减少，但从整体来看，保险公司仍存在不少治理问题，主要包含 7 大类：股东股权行为不合规、"三会一层"运作不规范、关联交易管理不严格、内部审计不达标、薪酬管理制度不完善、信息披露不充分、自我评价不客观。

最终的评估结果显示，90 分以上的优质类公司有 3 家；70—90 分的合格类公司有 42 家；60—70 分的重点关注类公司有 3 家，分别是燕赵财险、弘康人寿和前海人寿；小于 60 分的不合格类公司有 1 家。其中，都邦财险因未按要求报送公司治理报告及自评表，导致自评分为零分。与上一年度结果对比，股东股权行为不合规、"三会一层"运作不规范等问题依旧存在，完善保险公司内部整改和外部监管仍需要一段时间，保险公司存

---

① 本部分治理事件主要来自发展报告课题组成员日常积累的监管部门官方网站以及各类媒体的报道，经过筛选确定。此外，为系统反映我国保险公司治理实践状况，本章梳理的治理事件数量较上一年度报告显著增加。

在的"顽疾"尚需整治。

外部监管方面，中国银保监会提出了 3 个解决措施：一是分类采取监管措施，对重点关注类和不合格类机构，视情况采取监管谈话、印发监管意见、责令撤换公司董事会秘书、一年内停止批准分支机构设立等监管措施。二是"一对一"反馈评估结果，即要求参评机构在期限内完成整改。三是强化评估结果应用，中国银保监会将对各机构"偿二代"下风险综合评级公司治理风险项目进行分值调整，同时将公司治理评估结果作为分支机构批设、高管任免等行政审批事项的重要参考。

## 二、中国银保监会办公厅授权派出机构实施部分行政许可事项

2019 年 3 月 11 日，中国银保监会办公厅发布通知，为贯彻落实国务院机构改革精神，进一步简政放权，优化监管流程，提高监管质效，授权派出机构实施部分以下行政许可事项。

首先，授权派出机构实施的行政许可事项有：①保险公司在银保监局辖内变更营业场所审批；②保险公司省级分公司开业审批；③保险公司除董事长、总经理（含主持工作的副总经理）以外的其他董事、监事和高级管理人员任职资格核准。

其次，授权派出机构实施的行政许可事项，由保险公司或拟设省级分公司所在地银保监局受理、审查和决定。

最后，中国银保监会相关部门应加强对派出机构市场准入工作的指导和监督。

## 三、中国银保监会批准筹建首家外资养老保险公司

2019 年 3 月 27 日，中国银保监会官网发布消息，继 2018 年批准 7 家外资银行和保险法人机构设立申请后，中国银保监会近期又批准 3 项市场准入和经营地域拓展申请，分别为：中英合资恒安标准人寿保险有限公司筹建首家外资养老保险公司恒安标准养老保险有限责任公司、美国安达集团增持华泰保险集团股份有限公司股份、香港友邦保险公司参与跨京津冀区域保险经营试点。其中,恒安标准养老保险有限责任公司获批筹建，成为国内第 9 家专业养老保险机构，也是国内首家外资养老保险机构。

中国银保监会将持续推进银行业保险业对外开放，持续改善营商环境，使更多符合条件的外资银行和保险机构参与中国金融市场，为经济社会发展提供更多、更好的金融服务。

## 四、郭树清赴中国人保调研并主持召开保险机构座谈会

2019 年 4 月 11 日，中国人民银行党委书记、中国银保监会主席郭树清赴中国人民保险集团股份有限公司调研，并主持召开保险机构座谈会。

会议指出，在以习近平同志为核心的党中央坚强领导下，在国务院金融委的直接指挥下，近年来，保险业紧紧围绕服务实体经济，深化供给侧结构性改革、坚决整治市场乱象、努力防范和化解各类风险、改善业务结构和质量以及提升服务经济社会发展的能

力，各项工作均取得明显成效。但同时，保险业公司治理结构仍然不够规范、内控机制需要进一步加强，服务经济社会发展的能力和水平需要进一步提高，全行业转向高质量发展的任务依然十分艰巨。

会议要求，保险业要严守定位、回归本源、转型发展，坚持服务实体经济的根本导向，坚守长期稳健风险管理和保障的基本属性。要将服务重点领域和薄弱环节作为着力点，将治理市场乱象作为有力抓手，将深化改革开放作为基本动力，加快调整机构体系、市场结构和产品结构，牢固树立以客户为中心的指导思想，努力推进科技创新和管理创新，降低运营成本，提升服务质效。不断改善客户体验、提高社会满意度，为全面建成小康社会、满足人民群众的美好生活需要作出更大贡献。

## 五、中国银保监会揭示六大治理乱象

2019 年 4 月，中国银保监会向各银保监局、银行保险机构以及各会管经营类机构下发《中国银保监会办公厅关于前期发生重大案件机构公司治理问题的通报》(以下简称《通报》)。

《通报》指出，相关金融机构在公司治理方面存在的六大问题，具体包括：党的建设和公司治理未能有效融合，党的领导虚化弱化；"两会一层"没有发挥稳健决策和有效监督作用，治理架构有形无实；股权管理不规范、关系不清晰，股东行为不合规不审慎；大肆进行不当利益输送，关联交易管控薄弱；发展战略盲目激进，发展模式粗放，业绩观扭曲；无序设立非金融子公司，盲目扩张，风险积聚，集团管控失灵。

针对上述问题，中国银保监会提出下一步落实公司治理"以案为鉴、以案促改"工作的多项要求，具体为：切实加强党的领导，把党的领导融入公司治理各个环节；加强履职能力建设，有效发挥"两会一层"作用；严格规范股权管理，从筑牢公司治理防线；强化关联交易管控，严厉打击违规利益输送；完善战略规划机制，引导银行保险机构高质量发展；加强集团（控股）公司管控，严防无序设立子公司风险。

## 六、郭树清就银行业保险业扩大对外开放接受采访

2019 年 5 月 1 日，中国银保监会官网发布消息，中国人民银行党委书记、中国银保监会主席郭树清就银行业保险业扩大对外开放回答了记者的提问。

郭树清表示，习近平总书记在党的十九大明确提出要推动形成全面开放新格局，2018 年以来，多次强调包括开放金融业在内的对外开放重大举措落地"宜早不宜迟、宜快不宜慢"。金融管理部门坚决贯彻落实党中央、国务院的决策部署，持续推动银行业保险业对外开放。在深入研究评估的基础上，中国银保监会拟推出 12 条对外开放新措施，具体是：①按照内外资一致原则，同时取消单家中资银行和单家外资银行对中资商业银行的持股比例上限；②取消外国银行来华设立外资法人银行的 100 亿美元总资产要求和外国银行来华设立分行的 200 亿美元总资产要求；③取消境外金融机构投资入股信托公司的 10 亿美元总资产要求；④允许境外金融机构入股在华外资保险公司；⑤取消外国保

险经纪公司在华经营保险经纪业务需满足30年经营年限、总资产不少于2亿美元的要求；⑥放宽中外合资银行中方股东限制，取消中方唯一或主要股东必须是金融机构的要求；⑦鼓励和支持境外金融机构与民营资本控股的银行业保险业机构开展股权、业务和技术等各类合作；⑧允许外国保险集团公司投资设立保险类机构；⑨允许境内外资保险集团公司参照中资保险集团公司资质要求发起设立保险类机构；⑩按照内外资一致原则，同时放宽中资和外资金融机构投资设立消费金融公司方面的准入政策；⑪取消外资银行开办人民币业务审批，允许外资银行开业时即可经营人民币业务；⑫允许外资银行经营"代理收付款项"业务。

郭树清指出，进一步扩大银行业保险业对外开放是我国经济和金融自身发展的需要，这将有利于丰富市场主体、激发市场活力，提高金融业经营管理水平和竞争能力，也有利于学习借鉴国际先进理念和经验，扩大产品与服务创新，增加金融有效供给，满足广大人民群众不断增长的金融服务需求。进一步扩大开放，构建公平一致的市场环境，将更加有利于银行保险机构充分竞争、优化股权结构、规范股东行为、形成合理多样的市场体系。

## 七、中国银保监会发布保险业整治乱象五大工作要点

2019年5月17日，中国银保监会官网公布《关于开展"巩固治乱象成果促进合规建设"工作的通知》，部署未来治理乱象工作要点。其中保险领域的工作要点主要有如下5方面。

第一，公司治理：股东虚假出资，入股资金来源不合法；股权关系不透明、不清晰；公司章程约定不完善；董监高履职前未取得任职资格，兼任不相容职务，关键岗位长期空缺；"三会一层"履职不到位；未按规定进行内部审计；内控机制不健全，合规内审部门资源配置和独立性不足；激励约束机制不完善，考核评价体系中风险与合规指标占比过低；责任追究机制不完善；关联交易管理制度不健全，未严格落实关联交易管理制度；违规进行关联交易；等等。

第二，资金运用：资金运用制度机制和投资能力要求未持续满足监管规定；从事"假委托"；违规嵌套、开展通道业务；未按规定范围投资，违规投向国家及监管禁止的行业或产业，违规向地方政府提供融资或通过融资平台违规新增地方政府债务；投资比例管理和集中度风险管理违规；未按规定进行资金运用内部控制专项外部审计；等等。

第三，产品开发：产品开发设计偏离保险保障本源，违反法律法规和监管制度，违背保险基本原理；条款费率内容不合规，未按规定报送条款费率；责任准备金评估方法、精算假设不真实、不合理，万能账户及结算利率不符合精算规定，分红账户及红利分配不符合精算规定；等等。

第四，销售理赔：在销售过程中存在欺骗、隐瞒、误导等问题，进行不实、不当宣传推介，未严格落实保险销售行为可回溯制度；违规销售未经监管部门批准的金融产品；给予或承诺给予投保人、被保险人、受益人保险合同约定之外的利益；违规向商业银行网点派驻销售人员从事产品宣传推介、销售活动；拒不依法履行保险合同约定的赔偿或者给付保险金义务，恶意拖赔惜赔；等等。

第五，业务财务数据：偿付能力数据不真实，偿付能力信息披露不真实、不完整；财务业务数据不真实，费用延迟入账，非正常调节未决赔款准备金和未到期责任准备金；客户信息不真实、不完整；承保理赔档案资料不真实、不完整；虚假承保、虚假理赔；编制和提供虚假的报告、报表、文件和资料；通过虚构中介业务、虚列人员、虚列费用等方式套取资金向相关机构、人员暗中支付利益；等等。

## 八、中国银保监会同意将中国人保 29.9 亿股股份划转社保基金

2019 年 5 月 20 日，中国银保监会官网发布《中国银保监会发布关于中国人民保险集团股份有限公司变更股东的批复》，同意将财政部持有中国人保的 29.9 亿股股份划转给全国社会保障基金理事会（以下简称"社保基金会"）。中国人保公告显示，社保基金会国有资本划转一户接收财政部一次性划转给社保基金会持有的中国人保股份 29.9 亿股（A 股），占比为 6.76%。本次权益变动完成后，社保基金会持有的中国人保股份从 43.26 亿股增至 73.15 亿股，持股比例从 9.78% 升至 16.54%。

## 九、郭树清：坚定不移推进金融业对外开放

2019 年 5 月 25 日，中国银保监会首席风险官兼办公厅主任、新闻发言人肖远企代央行党委书记、中国银保监会主席郭树清在 2019 清华五道口全球金融论坛上宣读的发言稿中提到，金融是服务业的重要领域，为更好地服务实体经济和满足人民生活需求，必须进一步扩大金融业对外开放。

截至目前，外资占中国 A 股市场的比重只有 2%，占中国债券市场的比重也只有 2.9%；外资银行资产占全部商业银行的比重为 1.6%，外资保险公司占比为 5.8%，都还有很大的提升空间。监管机构欢迎在风险管控、信用评级、消费金融养老保险、健康保险等方面具有特色和专长的外资机构进入中国，丰富市场主体，创新金融产品，激发市场活力。

同时发言稿还指出，扩大金融开放的同时，金融风险的传染性和复杂性也会增大，防控金融风险特别重要。要特别警惕境外资金的大进大出和"热钱"炒作，坚决避免房地产和金融资产出现过度泡沫。

## 十、险资权益类投资比例有望"松绑"，入市比例或提升

2019 年 6 月 9 日，中国银保监会新闻发言人在接受媒体采访时明确，中国银保监会正在积极研究提高保险公司权益类资产的监管比例事宜。这是继 2019 年 3 月中国银保监会"喊话"鼓励和支持险资入市支持资本市场发展后的进一步动作。

该新闻发言人表示，为深化保险资金运用市场化改革，进一步优化保险资产配置结构，总体方向是在审慎监管的原则下，赋予保险公司更多投资自主权，更好地发挥保险资金长期投资、价值投资优势，提高证券投资比重，促进资本市场长期稳定健康发展。

此前，根据《关于加强和改进保险资金运用比例监管的通知》规定，保险资金运用

相关监管指标将股票、股权统称为"权益类资产",同时该通知也明确投资权益类资产的余额占上季度末总资产比例不超过 30%。

## 十一、中国银保监会国际咨询委员会第一次会议召开

中国银保监会国际咨询委员会(International Advisory Committee,IAC)第一次会议于 2019 年 6 月 11 日至 12 日在上海召开。

中国银保监会主席郭树清在会上介绍了中国当前经济金融最新形势和近期银行业保险业监管工作重点。会议围绕金融科技下的监管和问题金融机构的处置两个议题进行了深入讨论,包括金融科技最新发展及其对银行业保险业的影响、监管面对的挑战和应对之策以及金融机构风险处置机制和实践经验等。委员们对中国银行业保险业改革开放和审慎监管取得的进展给予了高度评价。

## 十二、郭树清:让违法违规者及时受到足够严厉的惩处

2019 年 6 月 13 日,第十一届陆家嘴论坛在上海开幕。作为本届论坛的共同轮值主席,中国人民银行党委书记、中国银保监会主席郭树清为论坛致开幕辞。

郭树清表示,中国金融体系稳健运行为全面深化改革、推动经济高质量发展提供了坚强保障。在以习近平同志为核心的党中央坚强领导下,按照国务院金融委的统一部署,金融系统正在贯彻落实新发展理念,大力推进供给侧结构性改革,持续优化机构体系、市场体系、产品体系,努力为实体经济和人民生活提供更加优质高效的金融服务。在此过程中,有 8 点需要特别强调:①必须继续牢固树立以客户为中心的经营理念;②应当着力发展更多专业化、个性化金融机构;③融资市场体系要更好地适应企业生命周期;④建立完善有中国特色的公司治理结构;⑤让违法违规者及时受到足够严厉的惩处;⑥应当下决心改变金融资产的分布结构;⑦坚决防止结构复杂产品死灰复燃;⑧必须正视一些地方房地产金融化问题。

## 十三、中国人民银行就《金融控股公司监督管理试行办法(征求意见稿)》征求意见

2019 年 7 月 26 日,为推动金融控股公司规范发展,有效防控金融风险,更好地服务实体经济,中国人民银行会同相关部门起草的《金融控股公司监督管理试行办法(征求意见稿)》,正式向社会公开征求意见。

该办法共 7 章 56 条,主要包括以下 7 方面内容。①明确监管范围,即符合一定条件且实际控制人为境内非金融企业和自然人的金融控股公司,由中国人民银行实施监管。对于金融机构跨业投资其他类型金融机构形成的综合化金融集团,由相关金融监管部门根据该办法实施监管,并负责制定具体实施细则。②将市场准入作为防控风险的第一道门槛,明确董事、监事、高管人员的任职条件,对金融控股公司实施事中、事后持续监

管。其中涉及的行政许可事项，将依法由国务院作出决定。③严格股东资质监管，通过正面清单和负面清单的方式，规定成为金融控股公司股东的条件及禁止行为。金融控股公司主要股东、控股股东或实际控制人应当核心主业突出、公司治理规范、股权结构清晰、财务状况良好。④强化资本来源真实性和资金运用合规性监管。资金来源应真实可靠，不得以委托资金等非自有资金投资金融控股公司。金融控股公司对金融机构不得虚假注资、循环注资。⑤强化公司治理和关联交易监管。金融控股公司应具有简明、清晰、可穿透的股权结构，依法参与所控股金融机构的公司治理，不得滥用实质控制权。不得隐匿关联交易和资金真实去向。⑥完善风险"防火墙"制度。金融控股公司应建立统一的全面风险管理体系，对内部的交叉任职、信息共享等进行合理隔离。⑦合理设置过渡期。允许已存在的、尚不符合该办法要求的企业集团在一定期限内进行整改，以促进平稳过渡。

## 十四、中国银保监会出台现场检查办法相关文件

2019 年 9 月 18 日，为进一步完善现场检查制度框架，规范现场检查行为，提升现场检查质效，中国银保监会就《中国银保监会现场检查办法（试行）（征求意见稿）》公开征求意见。

2019 年 12 月 26 日，中国银保监会官网发布消息称《中国银保监会现场检查办法（试行）》已经中国银保监会 2019 年第 6 次委务会议通过，该办法自 2020 年 1 月 28 日起施行。

该办法严格落实上位法规定，适应监管架构调整要求，加强顶层设计，总结以往现场检查实践经验，厘清现场检查职责，规范现场检查程序，确保检查流程的完整性和一致性。主要章节包括总则、职责分工、立项管理、检查流程、检查方式、检查处理、考核评价和附则。

该办法的出台将进一步提升中国银保监会现场检查的科学性、规范性和有效性，有助于更好发挥现场检查的独特优势，督促和推动银行业和保险业机构全面贯彻落实国家宏观政策，在有效防范金融风险的同时，更好地支持实体经济持续稳健发展，更好地维护金融安全稳定大局。

## 十五、财政部修订金融企业财务规则

2019 年 9 月 26 日，财政部发布《金融企业财务规则（征求意见稿）》，在 2007 年开始施行的现行财务规则基础上进一步扩大适用对象，将民营金融企业也纳入该规定监管范围，这意味着保险公司，包括民营险企都要遵循该规定。

2007 年开始施行的《金融企业财务规则》的适用对象是在中国依法设立的国有及国有控股金融企业、金融控股公司、担保公司等。而最新的征求意见稿适用对象则扩大为在中国依法设立的获得金融业务许可证的各类金融企业。有关部门对于民营金融企业的监管不断加码。

　　值得注意的是，针对当前金融企业存在的虚假注资、违规代持、资本金抽逃等违法违规行为，征求意见稿最核心的一个变化是新增了资本金管理内容，明确出资人发起设立或增资入股金融企业应当使用真实合法的自有资金出资，不得使用委托（管理）资金、债务资金等非自有资金。

　　此次征求意见稿的发布将民营保险企业纳入监管范围，且与中国银保监会相关规定保持统一，相当于对金融企业财务违法违规行为进行双重约束。

## 十六、中国银保监会增加内设机构"管委会"

　　2019 年 10 月，中国银保监会官网的内设机构一栏，新增了"管委会"机构栏目，但官网尚未披露管委会的主要职能以及主要负责人信息。据了解，管委会即中国银保监会会管经营类机构管委会，专门负责统筹管理中国银保监会旗下的经营性单位，包括华融、东方、长城、信达四大资产管理公司，以及保险保障基金、中国银保信、信托业保障基金、上海保交所、中国保险报业集团、中国农村金融杂志社等。

## 十七、中国银保监会积极推动对外开放措施实例落地

　　根据中国银保监会官网披露信息显示，继 2018 年宣布 15 条银行业保险业开放措施后，2019 年，中国银保监会又陆续出台两轮共计 19 条开放措施，为提高我国金融业服务实体经济能力和国际竞争力奠定了良好的制度与市场基础。截至 2019 年 10 月末，境外保险机构共在我国设立了 59 家外资保险机构、131 家代表处和 18 家保险专业中介机构，外资保险公司原保险保费收入 2513.63 亿元，总资产 12847.47 亿元。

## 十八、国务院：保险公司及其分支机构的设立变更坚持内外资一致原则

　　2019 年 11 月，国务院印发《关于进一步做好利用外资工作的意见》，提出 4 个方面共 20 条政策措施。其中包括：减少外国投资者投资设立银行业保险业机构和开展相关业务的数量型准入条件；取消外国保险经纪公司在华经营保险经纪业务的经营年限、总资产要求，扩大投资入股外资银行和外资保险机构的股东范围；允许外国保险集团公司投资设立保险类机构，继续支持按照内外资一致的原则办理外资保险公司及其分支机构设立及变更等行政许可事项。

## 十九、中央经济工作会议：2020 年引导保险公司回归保障功能

　　2019 年 12 月 10—12 日，中央经济工作会议在北京举行，会议对 2020 年经济工作作出具体部署。其中，在深化经济体制改革的重点工作中提到，要加快金融体制改革，引导保险公司回归保障功能。具体内容为：加快金融体制改革，完善资本市场基础制度，提高上市公司质量，健全退出机制，稳步推进创业板和新三板改革，引导大银行服务

重心下沉，推动中小银行聚焦主责主业，深化农村信用社改革，引导保险公司回归保障功能。

## 二十、中国银保监会党委传达学习中央经济工作会议精神

2019 年 12 月 13 日，中国银保监会党委书记、主席郭树清同志主持召开党委扩大会议，传达学习中央经济工作会议精神，研究部署贯彻落实措施。会议提出 3 点要求：①提升服务实体经济质效，助力全面建成小康社会圆满收官；②着力深化改革开放，推动银行业保险业高质量发展；③坚决打赢防范化解金融风险攻坚战，牢牢守住不发生系统性风险底线。在推动银行业保险业高质量发展方面，要引导保险公司、资产管理公司回归本源，优化银行保险机构的股权结构，强化关联交易监管，优化激励约束机制。

# 第二节　中观层面治理事件

## 一、保险行业首个国家标准正式实施

2019 年 4 月 1 日，中国保险行业首个国家标准《保险术语（GB／T 36687-2018）》（以下简称《保险术语》）正式实施。《保险术语》共收录 817 条保险专业术语，既包含面向业内人士的专业术语，也包含面向消费者的一般术语，是保险行业内部沟通和外部交流的规范性、通用性语言，也是保险业各类标准的基础标准。该标准实施后，将有效帮助消费者更好地理解保险产品、条款和保险机构提供的各项保险服务，保护消费者权益。

《保险术语》共分为 3 个层次，包括基础术语、保险产品术语、投保和承保术语、保险合同管理术语、赔偿和给付术语、市场和营销术语、保险中介术语、精算术语、再保险术语、保险组织与监管术语等，基本囊括我国保险业基本领域的所有术语。相比行业标准，《保险术语》兼具权威性、专业性及普及性，其中新增面向普通消费者的"基础术语"章节，包含保险产品定义、销售、承保、理赔等销售及服务环节常用术语，并在标准编制审查过程中引入中国标准化研究院、交通运输部公路科学研究院、数据通信技术研究所等行业外专家意见，对标准进行反复论证审查，使术语更加丰富，描述更加准确。

作为行业标准用语"词典"，《保险术语》的发布实施将对保险行业转型发展具有重要意义，主要体现在 3 个方面：一是有助于维护消费者权益，促进社会公众对保险知识的理解和保险知识的普及，帮助消费者更好地理解保险产品、条款和保险机构提供的各项保险服务，提高消费者对保险的满意度；二是有助于提高保险行业内及保险业与其他关联行业的合作沟通效率，加速达成共识，降低交互成本；三是有助于加强行业风险管控，让监管机构可获取统一口径的监管数据，对保险机构的市场行为、偿付能力、公司治理结构等进行有效的风险监测，促进保险业稳健发展。

## 二、中国银保监会保险条线"小三定"收官

2019 年，中国银保监会系统对保险条线监管职责进行了一次调整，内部"小三定"（定职能、定内设机构和定编制）收官。

整体来看，此次调整的力度是温和的，主要是重新划分监管事权特别是理顺市场准入机制，明晰内部职能定位，对其进行细化、整合和规整。纵向来看，授权派出机构处理部分保险公司法人层面的审批事项，意在建立上下互动的保险条线流程框架。横向来看，此次调整对内设部门的职责配备进行了调整和划转，落实了监管总部的职能体系。

由"小三定"出发，总结近一年保险业的改革成效，可以清晰地看到中国银监会和中国保监会整合过程中的逻辑思路：①以机构监管为轴线划分职权，做实"权责一致"；②功能调整坚持主次分明、统分结合，同类事项归口管理；③稳妥下放职权，逐步实行属地化监管；④融通工作风格，更新监管规则体系，塑造机关新面貌。值得注意的是，虽然各条线职责分工纷纷敲定，但是最受瞩目的互联网保险监管，目前仍然悬空。

## 三、中国银保监会发监管意见通报新光海航、百年资管漏报数据

2019 年 4 月 10 日，中国银保监会官网发布了对新光海航人寿保险有限责任公司和百年保险资产管理有限责任公司的监管意见。经核查发现，两家公司在报送监管统计数据时漏报数据。

监管意见显示，在向中国保险统计信息系统报送监管统计数据时，新光海航人寿保险有限责任公司漏报业务类数据，百年保险资产管理有限责任公司漏报"受托管理非保险资金"数据。

针对上述问题，中国银保监会提出两项要求：一是两家公司在完成数据补报后，立即整改监管数据报送中存在的问题，全面梳理数据报送流程，明确监管数据报送责任制，严格数据报送工作问责，确保监管统计数据报送质量；二是两家公司建立健全并进一步完善数据治理和数据质量控制机制，强化监管统计管理，严格落实监管统计制度，建立严密的统计相关文件管理流程和归档、交接制度，保障监管统计工作有序有效开展。此外，两家公司应自监管意见发文之日起 15 日内将整改情况报告中国银保监会。

## 四、中国银保监会进一步加强车险监管

2019 年 1 月 14 日，针对车险市场乱象，中国银保监会印发《中国银保监会办公厅关于进一步加强车险监管有关事项的通知》。该通知主要针对当前车险市场未按照规定使用车险条款费率和业务财务数据不真实两个方面问题，提出以下措施：①中国银保监会各派出机构按照职责，依法对辖区内财产保险机构车险经营违法违规行为进行查处。为确保监管措施的及时性和有效性，对市场乱象问题快速进行纠正，各派出机构查实财产保险机构未按照规定报批和使用车险条款、费率的行为后，中国银保监会或其派出机构可对相关财产保险机构采取责令停止使用车险条款和费率、限期修改等监管措施，并依

法对相关财产保险机构及责任人员进行处罚；②由中国保险行业协会建立对会员单位投诉举报的受理、核查制度，并将违法违规线索及时报送中国银保监会财险部；③由中国保险信息技术管理有限责任公司建立车险费率执行相关数据的监测机制，将数据异常情况及时报送中国银保监会财险部。

实践方面，各银保监局加强对车险市场乱象的治理。根据相关文件显示，截至2019年4月30日，浙江、广西、安徽、河南、四川、山东、青岛、新疆、山西、黑龙江、湖南等11地银保监局针对违规不执行报批条款费率的现象，先后叫停32个地市级保险机构的车险业务。除业务被叫停外，涉及机构的高管还受到从扣减薪酬到免职等不同程度的处罚。中国银保监会建议各银保监局下一步从加大对市场乱象的整治力度、加大对保险中介机构的监管力度、加大对不真实数据的查处力度和加强沟通协作4个方面加大车险市场整治力度，对于保险机构和相关中介机构违法违规的现象，可根据实际情况，依法采取责令改正、罚款、取缔、没收违法所得直至吊销业务许可证等监管措施。

## 五、首份银行保险业消费投诉处理办法公开征求意见

2019年11月1日，为了规范银行业保险业消费投诉处理工作，保护消费者合法权益，中国银保监会发布《银行业保险业消费投诉处理管理办法（征求意见稿）》。

该管理办法从组织管理、监督管理两方面制定了消费者权益管理制度框架，新增了网络消费投诉方式和责任追究制度，规定银行保险机构应当建立消费投诉溯源整改等一系列监管措施。这是业内发布的第一份银行业保险业消费投诉处理管理办法。与此前银监会和保监会单独发布的相关规定不同的是，新规将责任主体划分得更加明确，不予受理内容的条款数量大大减少，同时提出了更多便民措施。该管理办法的发布能切实保护金融消费者的权益，至此，消费者权益管理制度雏形初步形成。

## 六、35家险企控股630家非保险子公司

截至2019年5月6日，共计35家险企控股了630家非保险子公司，医疗、投资、房地产、养老以及健康管理等为投资热门行业，同时还不乏类似矿泉水等冷门行业。从数量来看，泰康保险集团控股非保险子公司数量最多，达353家，其中，医疗、养老类公司占比最大。此外，平安人寿、前海人寿、阳光人寿3家险企的控股非保险子公司数量也均在20家以上。

## 七、多公司被下处罚书

根据中国银保监会官网披露，2019年以来，多家保险公司被下处罚书。

2019年1月4日，中国银保监会针对华贵人寿保险股份有限公司在银保业务经营过程中给予投保人保险合同约定以外的其他利益，未按照规定使用经备案的保险条款和保险费率以及编制虚假的财务报告三项违规行为作出行政处罚。

2019 年 2 月 21 日，中国银保监会针对长江财产保险股份有限公司湖北分公司副总经理未取得保险监管机构核准的高管任职资格，但在实际工作中已履行相关高管职责作出行政处罚。

2019 年 4 月 8 日，中国银保监会针对信美人寿相互保险社在"相互保"业务中未按照规定使用经批准或者备案的保险条款、保险费率以及欺骗投保人、被保险人或者受益人的违规行为作出行政处罚。

2019 年 5 月 10 日，中国银保监会针对中国人寿保险股份有限公司（北京市昌平支公司）存在妨碍监督检查、欺骗投保人的行为作出行政处罚。

2019 年 5 月 17 日，中国银保监会针对永诚财险委托未取得合法资格的机构从事保险销售活动的行为作出行政处罚；针对华海财险聘任不具有任职资格人员担任公司董事作出行政处罚。

## 八、3 家外资险企获批筹建省级分公司

2019 年 1 月 4 日，中国银保监会批准汇丰人寿筹建浙江分公司、批准中航安盟财险筹建山东分公司、批准中信保诚人寿筹建陕西分公司。2019 年以来，中国银保监会共批复了 18 家险企分公司开业，11 家险企分公司获批筹建。

除了上述 3 家险企外，获批开业的还有黄河财险的北京分公司、融盛财险的辽宁分公司、海峡金桥的江苏分公司、国元农险的安徽分公司、英大泰和的甘肃分公司、太平再保险的上海分公司、安信农业的上海分公司、新疆前海联合的四川分公司、东海航运的青岛分公司、大地财险的西藏分公司、中原农业的内蒙古分公司、国元农业的山东分公司、泰康养老的宁波分公司。

## 九、94 家 A 股公司 5 月以来被险企调研 184 次

2019 年 5 月以来，共有 58 家保险公司对 94 家上市公司进行调研，共调研 184 次。其中，华东医药、北方华创等被 10 家以上险企密集调研。从行业分布来看，被险企调研的上市公司主要集中在电子、医药生物、计算机等热门行业，调研榜前十位中有 4 家上市公司来自医药生物板块，3 家上市公司来自电子板块。

## 十、多家险企股权质押比例超 60%

截至 2019 年一季度末，仅在一季度信息披露报告中公布的股权质押不完全的险企数量就达到了 31 家，而其中多家险企的股权质押比例甚至超过 60%。

经梳理发现，仅在 2019 年一季度信息披露报告中明确表示有股权质押或冻结情况存在的险企数量就已经达到了 31 家之多，其中包括 20 家寿险公司，11 家财险公司，前海人寿、渤海人寿、利安人寿、幸福人寿、长城人寿、农银人寿、东吴人寿、华安保险、安诚财险都在其中。

从披露的具体股权质押冻结比例来看，大多数公司股权质押或冻结的比例较小，多

在 20%以内,但也有个别公司质押冻结股权比例已经超过 60%,例如前海人寿,截至 2019 年第一季度末仍有 80%以上的股权处于质押状态,渤海人寿股权质押比例超过了 60%,华安保险股权质押的比例也超过了 60%。

## 十一、2019 年上半年保险业治乱象成效显著

2019 年 7 月 4 日,在国新办举行的新闻发布会上,中国银保监会副主席梁涛指出,通过持续整治,保险业乱象治理取得了明显的效果,保险市场乱象在很大程度上得到了纠正。2019 年上半年以来,中国银保监会和派出机构针对保险业共发布 402 张行政处罚决定书,较去年同期下降 36.99%;罚款金额共计 6387.63 万元,较去年同期下降 40.62%。

2019 年上半年,中国银保监会发布 5 张行政处罚决定书。华贵人寿、长江财险、信美人寿、华海财险和永诚财险等 5 家公司,因存在给予投保人保险合同约定以外的其他利益、未按照规定使用经备案的保险条款和保险费率、编制虚假财务资料、聘任不具有任职资格人员担任公司高管、在"相互保"业务中存在违法违规行为等问题被处罚,5 家公司及相关当事人被罚款 310 万元。

2019 年上半年,34 个地方派出机构对相关保险机构进行了处罚,共发布 397 张行政处罚决定书,罚款金额共计 6077.63 万元。从行政处罚决定书的发布数量来看,上海、四川和黑龙江以 69 张、39 张和 37 张排在前三;从罚款金额来看,四川、黑龙江和上海以 1033.9 万元、661.9 万元和 472.3 万元位列前三。

2019 年上半年,47 家保险公司受到处罚。其中,财产险公司 25 家,人身险公司 22 家。财产险公司共计被罚 2261.9 万元(不含个人处罚):罚款金额最高的是人保财险,为 616 万元;太保产险被罚 356.5 万元,位列第二;中华联合财险被罚 292 万元,位列第三。人身险公司共计被罚 852.4 万元(不含个人处罚):罚款金额最高的是人保寿险,为 227 万元;泰康人寿被罚 100.4 万元,位列第二;华贵人寿被罚 85 万元,位列第三。

上述保险公司被处罚的主要原因有:欺骗投保人,拒绝妨碍监督检查,编制或者提供虚假的报告、报表、文件和资料,农业保险承保理赔档案不真实、不完整,虚构保险中介业务套取费用,拒不依法履行赔偿义务,给予投保人、被保险人保险合同约定以外其他利益,利用自媒体发布夸大保险产品收益信息,聘任不具有任职资格人员担任公司高管,未经批准变更营业场所,违规跨区域经营保险业务等。

2019 年以来,中国银保监会加大了对营销人员在微信朋友圈等自媒体平台发布虚假营销信息的处罚力度。1 月,中国银保监会发布了《关于防范利用自媒体平台误导宣传的风险提示》,对相关风险进行提示。随后,人保寿险、幸福人寿和工银安盛人寿等 3 家公司的从业人员因在微信朋友圈转发了含误导内容的自媒体文章和夸大保险产品收益的信息等原因被处罚。

2019 年上半年,人保财险、中国人寿、阳光农险、阳光人寿、中华联合财险等公司因拒绝妨碍监督检查、欺骗投保人、虚假理赔、虚构业务套取费用等原因,被责令停止接受新业务 11 次。其中,中国人寿北京昌平支公司因拒绝妨碍监督检查、欺骗投保人,被责令停止接受新业务一年。人保财险、人保寿险、太保产险、阳光农险等公司的 15

位负责人被撤销任职资格。

2019 年上半年，中国银保监会加强了保险中介业务监管，2 月发布《关于加强保险公司中介渠道业务管理的通知》，明确五大内控要求、九大严格把关要求和 9 个"不得"要求；4 月发布《2019 年保险中介市场乱象整治工作方案的通知》，禁止第三方网络平台非法从事保险中介业务。

2019 年上半年，98 家保险专业中介机构受到处罚，罚款金额共计 1358.1 万元（不含个人处罚）。罚款金额最高的是四川宝瑞保险销售，为 81 万元；四川普惠保险代理被罚 65 万元，位列第二；北京华夏保险经纪被罚 61 万元，位列第三。

保险专业中介机构被处罚的原因主要是：拒绝或妨碍依法监督检查，设立分支机构未报告，编制并提供虚假财务资料，编制虚假保险中介业务，超出核准区域经营业务，未按规定管理业务档案，未按规定制作规范的客户告知书，隐瞒股东真实出资情况，提供虚假材料进行备案，未按规定投保职业责任保险，聘任不具有任职资格的高管人员，利用业务便利为其他机构或者个人牟取不正当利益，未按规定报告营业场所变更事项，等等。

其中，江苏智慧领航保险代理、广东鼎智保险代理等 2 家公司分别被责令停止接受新业务 3 个月和 1 个月，升华茂林保险销售服务公司负责人被撤销任职资格。

2019 年上半年，中国银保监会对保险兼业代理机构也进行了处罚。

中国工商银行、中国农业银行、中国建设银行、中国邮储银行、中国邮政集团和湖南娄底农村商业银行因欺骗投保人、客户信息不真实、销售误导等原因被处罚。

襄阳瑞森实业有限公司、哈尔滨市道里区鑫苹果汽车装饰商店等 2 家公司，因拒绝及消极应对检查、利用业务便利为其他单位或个人谋取不正当利益被取消保险兼业代理业务许可证。

在第三方网络平台方面，杭州心有灵犀互联网金融股份有限公司因未取得经营保险经纪业务许可证而从事保险经纪业务，被没收违法所得 61.03 万元，并处罚款 61.03 万元。

连续两年开展的保险业市场乱象整治工作，取得了阶段性成效，但保险业市场乱象成因复杂，整治工作具有长期性、复杂性和艰巨性，不可能一蹴而就。

对此，在国新办新闻发布会上，梁涛为下一步保险业市场乱象整治工作定了基调："中国银保监会以习近平新时代中国特色社会主义思想为指导，巩固前期整治成果，防止乱象反弹回潮，推动银行业保险业实现高质量发展，进一步提升服务实体经济和服务社会发展的能力。"

## 十二、险企年中风险评级：A 类公司 87 家

截至 2019 年 8 月 15 日，险企披露的二季度偿付能力报告显示，最近一次的风险评级中，A 类公司有 87 家，占比 57.2%；B 类公司有 62 家，占比 40.8%；C 类公司有 1 家；D 类公司有 2 家。其中，长安责任由于此前涉及点对点网络借款（P2P）业务，偿付能力下滑，风险评级降至 D；中法人寿由于资本金迟迟得不到补充，偿付能力也出现大幅下滑，风险评级已连续多年为 D。

### 十三、大地财险天津分公司、富德财险天津分公司车险业务被叫停

2019 年以来，银保监系统已依法对 66 家地市级以上财险机构采取停止 3—6 个月使用商业车险条款费率的监管措施。天津银保监局对大地财险天津分公司和富德财险天津分公司在全市范围内采取停止使用商业车险条款费率的监管措施。此前，监管叫停使用商业车险条款费率仅涉及地市级、计划单列市机构，这次升格至省级分支机构。

### 十四、多家保险公司更名

2019 年以来，包括新光海航人寿、天茂集团、安盛天平在内的多家保险公司发布公告宣布更名。

2019 年 6 月 18 日，新光海航人寿官网发布"新光海航人寿保险有限责任公司关于公司名称及法定代表人变更的公告"。公告称，自 3 月 26 日获得中国银行保险监督管理委员会核准公司名称变更后，该公司已经完成工商变更手续，自 2019 年 6 月 10 日起，该公司名称变更为鼎诚人寿保险有限责任公司，公司法定代表人变更为万峰。

2019 年 8 月 26 日，天茂集团连发 13 份公告，公布吸收合并国华人寿的相关预案。公告称，天茂集团拟通过国华人寿股东发行股份、可转换债券及支付现金等方式吸收合并国华人寿，吸收合并的发行股价为 6.30 元／股。合并完成后，天茂集团将作为存续公司拟更名为"国华人寿保险股份有限公司"，原国华人寿股东将成为更名后的上市公司股东。

2019 年 8 月 26 日，安盛集团将中国财险公司安盛天平更名为安盛保险。2018 年 11 月，安盛天平第四大股东天茂集团发布公告称，拟出售所持安盛天平股份，此次交易总对价为人民币 46 亿元。出售完成后，安盛集团将持有安盛天平保险 100% 股权。

### 十五、保险严监管进行时

2019 年 7 月 4 日下午，国务院新闻办公室就推进金融供给侧结构性改革的措施成效举行发布会，中国银保监会副主席周亮就银行业保险业在服务实体经济、防范金融风险、深化金融改革开放取得的阶段性成效进行介绍，同时明确将继续深化金融改革开放，平衡好稳增长和防风险的关系。

周亮表示："两年多来共罚没 60 多亿元，超过前 10 年处罚总和，处罚了违规人员8000 多人次，形成了强有力的震慑。"在数据背后，周亮强调："处罚是手段，不是目的，我们的目的是通过我们的监管、责任的到位来倒逼银行保险机构落实自己的主体责任，维护市场秩序，保护人民群众根本利益，牢牢守住不发生系统性金融风险的底线。"

截至 2019 年 8 月 29 日，银保监系统共公布罚单 2491 张。其中，中国银保监会机关公布罚单 9 张，银保监局本级公布罚单 936 张，银保监分局本级公布罚单 1546 张。保险业方面，银保监系统严格执行机构与人员双罚制，针对个人的处罚明显增多。从保险

业被罚主体看，保险中介机构收罚单最多，处罚的事由涉及编制虚假报表、资料，给予投保人合同以外的利益，虚列、套取费用等。

截至 2019 年 12 月 25 日，中国银保监会对银行业、保险业和信托业等开出逾 4000 张罚单。其中银保监会机关开出罚单 16 张，银保监局本级开出罚单 1543 张，银保监分局本级开出罚单 2463 张。其中保险业 2019 年收到罚单超 800 张，虚列费用等成被罚主因，罚款总额超过 1 个亿，与 2018 年全年 1400 张罚单、罚款约 2.4 亿元相比，2019 年保险业被处罚的情况已经有所好转。

## 十六、中国银保监会：前 7 月保险公司偿付能力保持在合理区间

中国银保监会官网显示，2019 年前 7 个月，银行保险机构用于实体经济的人民币贷款增加 10.8 万亿元，同比增多 7798 亿元；投资地方政府专项债余额超过 7.3 万亿元，占全部专项债余额比重超过 80%。保险业充分发挥风险管理和保障功能，2019 年以来已累计为全社会提供风险保障金额 3849 万亿元，赔付支出 7254 亿元。此外，保险公司综合偿付能力充足率 245.3%，核心偿付能力充足率 233.4%，均保持在合理区间。

## 十七、中国银保监会发布《保险公司关联交易管理办法》

2019 年 9 月 9 日，为深入贯彻落实党中央、国务院在中央经济工作会议和全国金融工作会议上关于金融工作的有关精神，进一步加强保险公司关联交易监管，严厉打击通过违规关联交易进行利益输送等乱象，有效防范金融风险，中国银保监会发布《保险公司关联交易管理办法》。

该办法共 7 章 64 条，从以下几方面加强关联交易监管，强化保险公司内控管理：①完善关联方认定标准。该办法借鉴国际、国内会计准则及我国保险公司关联交易监管实际情况，合理界定了关联方认定标准。②科学制定监管指标。该办法结合近年来保险公司业务发展情况和经营管理特点，按照"重点突出、抓大放小"的原则，明确了重大关联交易标准，同时，进一步完善资金运用类关联交易监管比例，制定比例上限，控制关联交易总体风险。③加强穿透监管。要求保险公司按照实质重于形式的原则，跟踪监控保险资金流向，层层穿透至底层基础资产，对可能导致利益倾斜的自然人、法人或其他组织，穿透认定关联方和关联交易。④完善内控和问责机制。要求保险公司设立董事会关联交易控制委员会和关联交易管理办公室，负责关联交易的全面和日常管理，优化管理流程，完善内控机制，强化问责机制，明确保险公司相关部门和独立董事可以对违规关联交易提出问责建议，监管部门可以责令保险公司对相关责任人予以问责。⑤加强信息披露。明确董事会关联交易控制委员会统筹管理信息披露工作，保证信息的真实性、准确性和完整性。同时借鉴国际监管规则，提高信息披露标准，要求保险公司在年报中不仅按照会计准则披露关联交易情况，还应当按照监管要求披露当年关联交易总体情况。⑥强化监管职能。该办法设立专门章节明确关联交易管理和监管职责，要求保险公司股东、董事、监事、高级管理人员等关联方如实披露关联关系有关信息，不得隐瞒或提供虚假陈述。明确保险公司董事会对关联交易管理承担最终责任。中国银保监会依法对违

规行为和相关责任人采取监管措施，加大对责任主体的监管力度。

该办法的发布顺应了市场发展需要，进一步健全了公司治理监管制度体系。下一步，中国银保监会将强化制度建设，弥补监管短板，持续加强监管，不断提高保险公司风险防范意识和管理水平。

## 十八、多家保险公司董事违法违规

2019 年以来，多家保险公司董事、总裁因违法违规而被调查。

2019 年 6 月 21 日，中纪委官网通报，人保投资控股原副总裁刘继东涉嫌严重违法违纪接受调查。这已经是 2019 年上半年来，人保投资控股第二位"落马"的高管，此前，2019 年 3 月，人保投资控股总裁刘虹也因涉嫌严重违法违纪接受调查。

2019 年 9 月 6 日，中纪委官网消息，人保投控原党委书记、总裁刘虹被开除党籍，同时被人保集团开除职务。2019 年 3 月 22 日，刘虹因涉嫌严重违纪违法接受调查。通报称，刘虹利用职务上的便利或职权、地位形成的便利条件，为他人谋取利益并收受财物，涉嫌受贿犯罪。

2019 年 9 月 12 日，据四川省纪委监委官网消息，国宝人寿党委书记、董事长易军涉嫌严重违纪违法，正接受纪律审查和监察调查。

## 十九、中国银保监会通报部分人身险产品备案后无销量

2019 年 9 月 19 日，中国银保监会官方发布《关于近期人身保险产品问题的通报》。中国银保监会对 2017 年各公司备案产品截至 2018 年底的销售情况进行统计分析，发现部分公司相当数量的产品备案后并未销售，或者销量极低，反映出保险公司产品策略不清晰、产品管理存在漏洞、产品开发效能低下等问题，同时也是对监管资源的浪费。

其中，大家人寿、天安人寿、太平人寿、平安健康等 7 家公司销量为 0 的产品数量超过 10 种，平安健康、大家人寿、泰康养老等 6 家公司销量为 0 的产品数量占比超过备案产品数量的 30%。

此外，中国银保监会还通报了多家公司在产品报送、产品设计、产品费率厘定及精算假设、产品条款表述等方面存在问题。

## 二十、中国平安首次入围道琼斯可持续发展指数

2019 年 9 月 21 日，中国平安被正式纳入 2019 道琼斯可持续发展新兴市场指数（The Dow Jones Sustainability Indexes，DJSI），成为中国内地首家入围的保险企业。据了解，该指数是第一个跟踪全球范围内上市公司可持续发展的指数，在资本市场上拥有广泛影响力。2019 年仅有两家中国内地企业入围 DJSI。中国平安作为其中之一，长期积极践行企业社会责任，打造了兼顾海外标准和中国特色的 ESG 管理体系，获得了世界权威评级机构的认可。

## 二十一、多家保险公司就股权进行交易

中国信达、珠峰财险、天安财险等在内的多家保险公司发出了股权交易的公告。

2019 年 6 月 11 日，中国信达在港交所发布公告，拟增加年度股东大会议案——转让所持全部幸福人寿股权。幸福人寿是中国信达控股的寿险公司，中国信达持股共计约 51.66 亿股，股权占比为 50.995%。根据公告，中国信达拟通过省级以上产权交易所，对外公开转让所持全部幸福人寿股份。挂牌底价不低于幸福人寿的资产评估备案结果，评估基准日为 2019 年 3 月 31 日。全部转让股份面向同一竞买人或联合竞买团一次性转让。

此外，3 家保险公司的股权同时出现在淘宝司法拍卖平台上，分别为珠峰财险 9.9% 股权、天安财险 0.95% 股权和诚泰财险 1.68% 股权，起拍金额合计约 5 亿元。珠峰财险在 3 家中被出售的股权最多。公告显示，拍卖标的为珠峰财险 9.9% 股权；其他两家险企天安财险和诚泰财险被拍卖的股权份额较少，分别为 1.69 亿股和 1 亿股。

2019 年 9 月 27 日，H 股公司华电福新发布公告，华电资本控股以 1642.5 万元价格受让 6% 华信保险经纪股权。2019 年 8 月，华电资本控股在北京产权交易所挂牌，拟以 5.91 亿元出清所持华泰保险 6600 万股股权。

## 二十二、易纲：国内保险公司达 229 家

2019 年 9 月 30 日，央行行长易纲在《中国金融》刊发署名文章《中华人民共和国成立 70 年金融事业取得辉煌成就》。文章指出，我国金融业已形成了覆盖银行、证券、保险、基金、期货等领域，种类齐全、竞争充分的金融机构体系。我国银行业金融机构达到 4588 家，保险公司 229 家。全国金融业总资产 300 万亿元，其中保险业总资产 18 万亿元。

在保险市场方面，从 1979 年恢复国内保险业务开始，保险市场不断发展壮大，逐步建立了由保险公司、保险中介机构、再保险公司、保险资产管理公司等市场主体组成的保险市场体系，形成了覆盖人寿保险、财产保险、医疗保险、再保险、农业保险等多领域的产品体系，在风险分担、服务民生、促进经济发展等方面发挥了重要作用。2018 年末，我国原保险保费收入 3.8 万亿元，保险密度 2724 元 / 人，保险深度 4.22%，成为全球第二大保险市场。

根据中国银保监会在官网更新的关于金融机构的最新数据，截至 2019 年 6 月底，全国共有 236 家保险机构和 2652 家保险专业中介机构。其中，保险集团公司 12 家、出口信用保险公司 1 家、财险公司 87 家、寿险公司 81 家、养老保险公司 8 家、健康险公司 7 家、再保险公司 11 家、资产管理公司 26 家、农村保险互助社 3 家。保险中介机构中，有保险中介集团 5 家、专业代理公司 1769 家、保险经纪公司 497 家以及保险公估公司 381 家。

## 二十三、保险资金运用部：缺乏资产负债管理理念是行业乱象产生的重要原因之一

《保险业风险观察》2019年第5期发表中国银保监会保险资金运用监管部署名文章，该文章指出，良好的资产负债管理是金融机构可持续经营的基础。20世纪80年代至今，国际上多家保险公司因巨额利差损而导致破产，教训非常深刻。

近年来，我国保险行业也出现了高负债成本、高风险投资、双轮驱动等较为激进的经营模式。反思行业出现乱象的一个重要原因就是部分保险机构缺乏资产负债管理的基本理念，不顾负债特征和保险基本规律，激进经营、激进投资，导致资产负债错配严重，金融风险积聚。

## 二十四、中国银保监会再掀乱象整治风暴

2019年10月10日，中国银保监会官网发布《中国银保监会办公厅关于开展银行保险机构侵害消费者权益乱象整治工作的通知》明确将在10—12月期间在银行业保险业、开展侵害消费者权益乱象整治工作，并对银行业保险业存在的侵害消费者合法权益的45类表现形式进行了全面盘点。

在保险业侵害消费者合法权益的表现形式中，该通知重点列举如下：以"产品升级"等名义短信通知投保人，默认投保人同意转换为替代产品；诱导唆使投保人为购买新的保险产品终止保险合同；客户信息不真实，车险保单将4S店、中介机构等记录为投保人；为规避"双录"，营销员引导客户到自助终端购买，或在柜台使用网银购买；非法利用政府公信力进行营销宣传，如银行保险机构及其从业人员利用网络、自媒体平台等故意曲解政策，甚至编造、传播虚假信息，误导消费者认为政府或监管部门对产品或服务提供保证，等等。

该通知要求银行保险机构对照列举内容一一自查，且"有什么排查什么，查实什么整治什么，有什么问题解决什么问题。在全面排查的基础上，逐项列出问题清单并对照整改"。根据该通知内容，此次覆盖银行业以及保险业的乱象整治工作将以银行保险机构自查为主，监管部门适时开展督导和抽查。

根据中国银保监会的有关部署，此次统一的乱象整治工作将划分为3个阶段。

自查整改阶段。2019年10月—11月，各银保监局组织辖内各银行保险机构按照整治工作要点认真开展对照自查、整改、书面报告辖区银保监局。

监管抽查阶段。2019年10月—12月，各银保监局根据辖区情况，针对重点机构和重点业务，适时开展监管抽查。

总结汇报阶段。各银保监局应于2019年12月15日前，向中国银保监会消保局报送侵害消费者权益乱象整治工作报告。

该通知要求银行保险机构对机构自查和监管抽查发现的问题要逐一建档立案，严格自查自纠，一次性问责到位。同时，该通知要求各级监管部门要督促银行保险机构深入剖析本次整治发现的问题，查找问题根源，弥补制度短板，完善治理体系，建立长效机制。

## 二十五、多家专业保险公司排队申请牌照

2019 年上半年，有数十家待筹建的保险公司正在排队候场，多数仍是传统的寿险公司和财险公司，包括海金财险、融光人寿、天年人寿、东方文化财险、君平人寿、友泰财险、福家人寿、大诚国民人寿等。此外还有许多专业保险公司，如亚太互联网人寿保险、宜生人寿相互保险社、安宁人寿相互保险社、慈联人寿相互保险社、太平洋保证保险、牡丹信用保险、长宏健康保险、中贵火灾保险、众惠医联健康相互保险、仁安责任保险、汉唐再保险等。

## 二十六、建立"投诉＋举报＋信访"全方位消费纠纷多元化解机制

2019 年 11 月 1 日，中国银保监会官网接连发布《银行业保险业消费投诉处理管理办法（征求意见稿）》《银行保险违法行为举报处理办法》《中国银保监会信访工作办法》，拟全方位建立"投诉+举报+信访"消费纠纷多元化解机制。对于投诉处理时限，文件规定，对于事实清楚、争议情况简单的消费投诉，应当在 15 日内办理完毕并告知投诉人，情况复杂的可延长至 30 日。同时建立投诉处理回避制度，指定与被投诉事项无直接利益人员核实投诉内容，以避免投诉处理人员因利益冲突导致纠纷久拖不决、问题隐瞒不报得不到处理等问题。

## 二十七、中国银保监会：消保体制机制建设将纳入监管考核评价

2019 年 11 月 8 日，中国银保监会官网发布《关于银行保险机构加强消费者权益保护工作体制机制建设的指导意见》，明确将消保工作体制机制建设纳入消费者权益保护监管考核评价，并将其结果作为监管评级和采取监管措施的重要参考。该指导意见还提到，银行保险机构内部应在董事会下设消费者权益保护委员会，定期召开消保工作会议，指导和督促消保工作管理制度体系的建立和完善，并至少以一年为一个披露周期进行重大信息披露等。

## 二十八、中国银保监会再次摸底人身险公司注册地及经营情况

继 2019 年 2 月摸底人身险公司注册地及经营地情况后，2019 年 11 月，中国银保监会人身险部向 18 家人身险公司下发《关于人身险公司住所和经营场所情况的调研通知》。该通知显示，此次调研内容包括但不限于：经批复的变更和未经批复的实际变更情况；住所和营业场所变更的原因和经过；保险公司法人许可证、营业执照、公司开业批复文件、公司营业场所变更的批复文件；住所和营业场所不一致对公司经营的影响；关于住所和营业场所的监管建议；等等。

### 二十九、2018 年保险公司法人机构经营评价结果公示

2019 年 11 月 26 日，中国保险业协会官网披露 2018 年度保险公司法人机构经营评价结果显示，参与本次评价 151 家保险公司中，财产险公司 77 家，人身险公司 74 家。财产险公司中 A 类公司 20 家，B 类公司 51 家，C 类公司 6 家。人身险公司中 A 类公司 13 家，B 类公司 54 家，C 类公司 6 家，D 类公司 1 家。值得注意的是，华汇人寿为本次评级中唯一一家 D 类公司，相较之下，中法人寿评级为 C。

### 三十、中国银保监会通报险资运用存在的八大问题

2019 年 11 月，中国银保监会向保险机构下发了《中国银保监会办公厅关于保险资金运用领域存在问题的通报》，通报了险资运用存在的八大问题，其中提到部分险企因违规被中国银保监会采取下令整改措施。其中，中融人寿、珠江人寿和北大方正人寿 3 家公司因为违反险资运用比例被下令整改。3 家公司的问题分别为：中融人寿其他金融资产占上季末总资产的 25.03%（监管红线：25%）；北大方正其他金融资产占上季末总资产的 27.22%（监管红线：25%）；珠江人寿不动产类资产占上季末总资产的 30.72%（监管红线：30%）。

## 第三节　微观层面治理事件

### 一、华凯保险治理混乱

2019 年 2 月 12 日，挂牌主办商财通证券再次提示华凯保险股东纷争或将带来不利影响，而这已经是短短一个半月时间内，财通证券发布的第三次提示。此前两次风险提示分别在 1 月 23 日和 1 月 25 日，财通证券表示，"华凯保险股东之间发生控制权之争、存在严重分歧，公司存在经营管理层不稳定的风险，可能对公司信息披露、正常经营和持续发展带来不利影响"。

除了控制权之争，华凯保险还存在关联方资金占用的情况。华凯保险 2018 年半年报显示，2018 年 4 月，华凯保险向关联方贵州至惠金融服务有限公司（以下简称"至惠金服"）拆出 6 笔共计 2100 万元的资金。该关联方至惠金服正是华凯保险第二大股东上海灏商旗下子公司，詹訣铄为实际控股股东，上海灏商与华凯保险分别持股 55%、19%。

2019 年 4 月 24 日，蓝鲸保险注意到华凯保险发布一封最新的风险提示公告，公告显示，财通证券在督导过程中，发现通过电话、微信等方式均无法与华凯保险董事詹訣铄取得联系，通过华凯保险其他高管也未能获知詹訣铄行踪，基于此，财通证券进行风险提示。这已经是 2019 年以来华凯保险收到的第 5 封提示性公告，持续的风险提示所呈现的，是华

凯保险基于股东股权争斗所逐步暴露的一系列乱象。

其实控子公司至惠金融正处于业务停摆状态。至惠金融官网信息显示，其出借收益部分月交易额在 2018 年 9 月显示为 0，月回款额在 2018 年 10 月显示为 0。在历史记录中，显示该公司仍有三项投资项目处于"还款中"，融资金额合计 20 万元，投标已完成，但项目的查看详情页面，显示"页面已丢失"。蓝鲸保险致电至惠金融，但截至发稿，无人接听。至惠金融业务的停滞，对于华凯保险的营收与投资均造成一定程度的负面影响。不仅如此，至惠金融背后，还牵扯詹诐铄通过华凯保险进行利益输送的风险。

2019 年 4 月 30 日，全国中小企业股转系统公告称华凯保险因未按时披露年报，被暂停股票转让。而后华凯保险公告称，若公司无法在 2019 年 6 月 28 日披露 2018 年度报告，公司将存在被终止挂牌的风险。

## 二、华泰保险集团成为国内首家外资保险集团

2019 年 3 月 4 日，中国银保监会发文批准华泰保险集团股份有限公司变更股东，安达百慕大保险公司受让华泰保险集团股份有限公司 2.48 亿股股份（占总股本 6.1772%），加之此前其通过 3 家子公司持有的华泰保险集团股份有限公司 20% 的股权，安达系对华泰保险集团股份有限公司的持股比例合计达到 26.1772%，并拥有一票否决权，实现了对于华泰保险集团股份有限公司的控股。由此，华泰保险集团股份有限公司性质由中资变为合资，成为国内首家外资保险集团（控股）公司。

在安达保险的持续增持之下，华泰保险集团股份有限公司股权正逐渐从分散走向集中。其资本结构、资本性质的改变必然会影响公司治理格局，而治理格局的改变又将直接作用于公司发展模式、日常经营管理。华泰保险集团股份有限公司能否适应新的治理格局已经成为大家关注和华泰保险集团股份有限公司管理层需要正视的问题之一。从过往经验来看，外资险企在华的发展普遍不算顺利，第一家外资险企友邦保险入华近 30 年来，虽然数量上实现了由 0 到 50 家的跨越，但其市场份额却没有大的增长。根据中国银保监会公布的数据，2018 年底，外资寿险公司的市场份额仅占寿险整体市场的 8.10%，相较 2017 年底的 9.84% 下滑近两个百分点；同时，外资财产险公司仅占财产险市场的 1.94%，相较 2017 年底的 1.85% 略有上浮。作为国内首家外资保险集团，华泰保险集团股份有限公司之后的表现无论如何，都将成为研究公司治理如何影响公司经营的最佳样本之一。

## 三、国元农险合肥中支因拒不履行保险合同赔偿被罚 25 万元

2019 年 4 月 19 日，安徽银保监局发布行政处罚显示，国元农业保险股份有限公司合肥中心支公司存在拒不依法履行保险合同约定的赔偿义务的行为，罚款 20 万元；胡茂梁时任副总经理，具体分管该险种的理赔工作，应承担直接责任，对其处以警告并处罚款 5 万元。

## 四、天安财险被中债资信列入负面信用观察名单

2019 年 5 月 7 日，据澎湃新闻消息，中债资信对天安财险的评级进行了调整，并将其列入了负面信用观察名单。

中债资信于 5 月 6 日在其官网发布天安财险 2015 年资本补充债券跟踪评级的信息。其内容显示，天安财险 2019 年面临较大的满期给付压力，短期流动性压力加大，投资收益持续下滑，盈利能力有所波动，评定天安财险主体信用等级为"AA"，列入负面信用观察名单，债项等级为"AA-"。对此，中债资信认为，天安财险底层投资资产流动性较差，资产负债期限错配较严重，短期流动性风险加大。此外，中债资信还指出，受理财型产品满期给付影响，天安财险资产负债表有所收缩，投资收益持续下降，盈利能力有所波动。

## 五、易安保险第一大股东持有的 15% 股权被冻结

2019 年 4 月 16 日晚，光汇系公司香港上市公司光汇石油（控股）有限公司（股票代码 00933）发布公告称，其董事会主席兼执行董事薛光林因为担保了上市公司的全资子公司 Brightoil Singapore Pte. Ltd.债务逾 3000 万美元被香港高等法院裁定为破产，并于近日辞去上市公司职务。

同时，易安保险在 4 月 30 日发布的 2019 年第一季度偿付能力报告显示，作为并列第一大股东之一的光汇石油所持其 15% 股份也已被全部冻结，其中 5% 股份被质押。

## 六、中法人寿 20 余次向股东借款

2019 年 5 月 10 日，中国保险行业协会官网披露《关于中法人寿保险有限责任公司与鸿商产业控股集团有限公司签署借款协议关联交易信息披露报告》。该公告中的交易概述指出，鉴于中法人寿目前偿付能力严重不足，并已出现流动性风险，经公司股东及公司领导决定，为履行公司作为保险企业的社会责任，维护公司存量客户的正常利益，维护公司和市场的稳定，鸿商集团向中法人寿提供借款。

据了解，借款资金主要应用于应对中法人寿出现的流动性风险，用于支付存量保单到期、退保等与客户相关的利益支出，满足维持日常运营的基本需要。此次借款日期为 2019 年 4 月 26 日，交易金额 1000 万元。

经北京商报记者统计，中法人寿在 2017 年以来已累计向鸿商集团借款达 20 次，累计借款金额超 2 亿元。2019 年，中法人寿向鸿商集团借款 2 次，累计借款金额 2000 万元；2017、2018 年该公司分别向鸿商集团借款 9 次，2017 年中法人寿累计借款约为 1.3 亿元，2018 年中法人寿累计借款 6010 万元。

2019 年 12 月 10 日，中法人寿在其官网披露借款公告，鉴于公司目前偿付能力严重不足，并已出现流动性风险，鸿商产业控股集团又向中法人寿提供借款 850 万元。而这

已经是中法人寿本年度第 5 次向大股东借款。

## 七、国寿昌平支公司妨碍监督检查等被罚

2019 年 5 月 10 日，北京银保监局行政处发布处罚信息显示，中国人寿保险股份有限公司北京市昌平支公司存在拒绝妨碍监督检查、欺骗投保人的行为，被罚 30 万元并责令停止接受新业务一年；针对两位相关责任人进行了相应处罚，对公司负责人郭瑞森处以警告并罚款 10 万元，撤销任职资格，对邓平处以警告并罚款 10 万元。

## 八、盛世华诚保险年报迟迟未披露

2019 年 5 月 17 日，盛世华诚保险主办券商安信证券发布的《关于广东盛世华诚保险销售股份有限公司无法按时披露 2018 年年度报告的风险提示公告》显示，盛世华诚保险因资本市场调整发展和公司工作安排，未能在 2019 年 4 月 30 日之前披露 2018 年年度报告，公司股票从 2019 年 5 月 6 日起（含当日）被暂停转让。截至公告日，该公司无法预计披露 2018 年年度报告的具体时间。

同时，安信证券提醒称，如盛世华诚保险在 2019 年 6 月 30 日之前（含当日）仍无法披露 2018 年年报，根据相关规定，该公司股票存在被终止挂牌的风险。

盛世华诚保险于 4 月 19 日就曾发布临时公告称，若公司在 2019 年 4 月 30 日（含当日）前无法披露 2018 年年报，公司股票存在自 2019 年 5 月第一个转让日起被暂停转让的风险，存在公司及相关责任主体被采取公开谴责的纪律处分并记入证券期货市场诚信档案数据库的风险；若公司在 2019 年 6 月 30 日之前仍无法披露 2018 年度报告，公司股票存在被终止挂牌的风险。

2019 年 5 月 28 日，针对盛世华诚保险的做法，新三板对相关负责人已作出纪律处分决定。

## 九、两公司被下监管函

2019 年 5 月 17 日，中国银保监会官网发布监管函显示，都邦财险、燕赵财险在中国银保监会 2018 年公司治理现场评估中，在公司治理的股东股权、公司章程及"三会一层"运作、关联交易管理、内部审计、考核激励等方面存在多项违法违规事实，被责令整改、形成报告及公司治理问题整改情况反馈表于 2019 年 5 月 31 日前书面报至中国银保监会。

## 十、浙商保险再换高管

2019 年 5 月 21 日，浙江省交通投资集团有限公司发布一则公示信息显示，其面向集团内外公开竞聘（选聘）浙商保险公司经营层副职已经有了初步结果，原中华联合财险销售公司筹备组负责人蔡昌芹，原安邦财险浙江分公司总经理、党委书记董悦拟出任

浙商保险副总经理，但他们的任命尚需经过公示以及监管批准的等多个流程。这是浙商保险成立 10 年来第 5 次更换高管人员。

## 十一、长安责任再次被采取监管措施

2019 年 6 月 3 日，长安责任保险股份有限公司于公司官网披露变更注册资本有关情况的公告显示，本次增资扩股将长安责任的注册资本由 16.2 亿元增至 32.5 亿元，共募集资本金 16.3 亿元。

2019 年 6 月 6 日，中国银保监会官网发布了一道行政监管措施决定书，对长安责任保险在已采取监管措施的基础上，增加两项监管措施。一是责令该公司限制董事、监事和高级管理人员的薪酬水平，董事、监事和高级管理人员 2019 年的薪酬（税前）应在 2018 年度实际支付薪酬金额（税前）基础上进行下调，下调幅度不得低于 20%，其中，董事长和总经理的下调幅度应高于平均值。二是责令该公司上海、山东、河南及宁波 4 个省（市）级分支机构停止接受责任险新业务。

## 十二、美亚财险浙江分公司因编制或提供虚假资料被罚 24 万元

2019 年 6 月 4 日，中国银保监会浙江监管局近日公布关于美亚财产保险有限公司（以下简称"美亚财险"）浙江分公司的行政处罚信息。

美亚财险浙江分公司存在编制或者提供虚假的报告、报表、文件、资料的行为。邹金对美亚财险浙江分公司编制或者提供虚假的报告、报表、文件、资料负有直接责任。中国银保监会浙江监管局决定对美亚财险浙江分公司罚款 20 万元，对邹金处警告处分，并罚款 4 万元。

## 十三、天安财险股东深圳德景质押全部所持股份

2019 年 6 月 27 日，西水股份发布公告称，其股东深圳德景近日将其持有的 1.16 亿股质押给国泰元鑫资产管理有限公司，质押期限自 2019 年 6 月 25 日起至办理完股票解除质押登记之日止。深圳德景共持有西水股份 1.16 亿股，持股比例 10.62%，这意味着此次其质押了全部所持股份。

另外，公司控股股东正元投资及其一致行动人合计持有西水股份 2.04 亿股，占西水股份总股份的 18.65%，其中累计已质押股份数量为 1.91 亿股，占控股股东及其一致行动人所持有公司股份总数的 93.64%，占西水股份总股份的 17.46%。股东北京绵世方达投资有限责任公司共持有公司股份 1.176 亿股，占公司总股份的 10.75%，目前质押股数占其持股总数的 80.43%。

## 十四、大家保险集团有限责任公司成立

2019 年 7 月 11 日，经中国银保监会批准，中国保险保障基金有限责任公司、中国石油化工集团有限公司、上海汽车工业（集团）总公司共同出资设立大家保险集团有限责任公司（简称"大家保险集团"），注册资本 203.6 亿元。

大家保险集团将依法受让安邦人寿、安邦养老和安邦资管股权，并设立大家财险，依法受让安邦财险的部分保险业务、资产和负债。安邦集团将做好存量保单兑付工作，全面履行保险合同义务，切实保障保险消费者及各有关方面合法权益。重组完成后，安邦集团将不开展新的保险业务。

大家保险集团的设立，标志着安邦集团风险处置工作取得阶段性成果。接管期间，安邦接管组将推动大家保险集团依法参与安邦集团重组，立足保险主业，为社会公众提供健康、养老和财富管理一揽子保障服务，按照既定方向，积极引入合格战略投资者，切实保护保险消费者和各方面合法权益。

## 十五、华汇人寿董事长马彪离职

2019 年 7 月 30 日，华汇人寿披露的 2019 年二季度偿付能力报告显示，董事长马彪已经离职，对于离职原因并未公开披露。同时，从华汇人寿披露的董事层成员名单可以看出，华汇人寿在二季度里仅重新提名了 7 位拟任董事。资料显示，马彪历任广东发展银行沈阳直属支行（分行级）行长、广东发展银行大连分行行长、生命人寿监事长等职。二季度偿付能力报告显示，华汇人寿在 2019 年前两个季度共亏损 0.24 亿元，其核心和综合偿付能力充足率均为 1024.3%，最近一期的风险综合评级为 A 类。

## 十六、安泰保险经纪违规隐瞒行政处罚收天津证监局监管关注函

2019 年 8 月 2 日，安泰保险经纪在新三板发布公告称，公司收到天津证监局监管关注函，生效时间为 7 月 31 日。公告显示，收函原因是安泰保险经纪没有及时披露 2019 年 2 月 27 日天津银保监局下发的行政处罚决定书。据了解，银保监系统行政处罚决定书涉及的问题有 4 项，分别为未按规定报告住所及分支机构营业场所变更事项、超出核准区域经营业务、未按规定管理业务档案、未按规定制作客户告知书，共计处罚 5.3 万元。

## 十七、"80 后"林乐获批出任昆仑健康董事长

2019 年 8 月 6 日，昆仑健康官网发布临时信息披露报告，林乐出任公司董事长的任职资格已获中国银保监会核准。昆仑健康官网显示，林乐生于 1981 年，曾在平安证券（香港）、民生银行广州分行任职，2018 年 6 月起出任昆仑健康董事，自 2019 年 3 月担任昆仑健康临时负责人，2019 年 7 月起担任昆仑健康董事长。此外工商信息显示，昆仑健康的法人也于 8 月 1 日由李英哲变更为林乐。

## 十八、平安产险辽宁分公司总经理因占公款 1057 万元被判刑 8 年

2019 年 8 月 26 日，保险法案例解读公众号指出，原平安产险辽宁分公司总经理朱国平授意虚假报销 1057.3 万元。据了解，朱国平利用总经理的职务之便，指令分公司财务部向 17 个下级业务单位追加项目拓展费，并以需要资金处理相关费用为名，授意下级单位通过虚假报销的方式将拓展费从公司账户报销套现后，再交回朱国平本人使用。综合本案被告人犯罪事实、情节、社会危害性以及认罪悔罪态度，法院判决被告人朱国平犯职务侵占罪，判处有期徒刑 8 年，并处没收个人财产人民币 50 万元。

## 十九、国寿财险重庆两机构多项违规被罚 76 万元

2019 年 9 月 11 日，重庆银保监局发布行政处罚信息，国寿财险重庆市南岸区支公司因赠送车险投保人加油卡，涉及费用 1336.99 万元，机构和相关责任人共计被罚 40 万元。

国寿财险重庆市渝中区支公司因给予投保人合同约定以外的利益和套取费用，涉及金额 55.8 万，机构和相关责任人共计被罚 36 万元。

## 二十、中国保信正式更名为中国银保信

2019 年 9 月 16 日，中国银保信在北京揭牌，"中国保险信息技术管理有限责任公司"正式更名为"中国银行保险信息技术管理有限公司"，标志着中国银保信继建成保险业信息共享格局之后，将服务领域由保险业拓展至银行业。

面对监管体制改革和银行保险业融合发展的新形势，中国银保监会从统筹银行保险业金融基础设施建设的高度，批准中国保信在名称中加入"银行"字样，服务领域也扩大至银行业，为银行保险业提供信息共享、数据应用、风险管理、生产支撑等服务。

## 二十一、广东银保监局注销 2 张专业保险代理牌照

2019 年 9 月 18 日，广东银保监局官网发布公告，广东华灏保险代理有限公司、广州德高保险代理有限公司已不被允许延续许可证有效期，依据规定对两家公司的《经营保险代理业务许可证》予以注销。工商信息显示，两家机构的注册资本均在 5000 万元以下。

北京商报记者统计发现，2019 年初至今，中国银保监会派出机构共注销了近 400 家保险中介机构的许可证。注销的原因有：许可证有效期届满未延续、被所属法人机构撤销、依法注销、依法吊销、主动撤销等。

## 二十二、平安一分支因"妨碍检查"被开出分局最高保险罚单

2019 年 9 月 18 日，中国平安财产保险股份有限公司淮北中心支公司存在虚列费用套取资金、妨碍监督检查的违法行为，被罚款 55 万元，主要负责人王奇志被警告并罚款 3 万元，员工陈宁馨被警告并罚款 1 万元，这也是 2019 年度由银保监分局开具的处罚金额最高的保险罚单。

## 二十三、人保财险瑞安支公司被罚 20 万元

2019 年 9 月 24 日，中国银保监会温州监管分局公布关于中国人民财产保险股份有限公司瑞安支公司的行政处罚信息公开表。

信息公开表显示，中国人民财产保险股份有限公司瑞安支公司存在给予投保人、被保险人保险合同约定以外的保险费回扣的违法行为，被中国银保监会温州监管分局罚款 15 万元，当事人陈咸淳被警告并罚款 5 万元。

## 二十四、百年人寿涉股权、资金违规投资等问题遭监管入驻

2019 年 10 月 1 日，界面新闻独家称监管部门已入驻百年人寿，对公司股权、保险资金违规投资运用等问题进行检查。另据接近百年人寿人士透露，百年人寿内部纷争不断，此前百年人寿旗下 9 家分公司曾因内部员工举报而接受监管进驻检查。此次监管升级，直接进驻百年人寿总部。公开资料显示，百年人寿成立于 2009 年，是东北地区首家中资寿险法人机构。

## 二十五、两大股东披露中华联合财险 2019 年上半年净利润相差 6 亿元

据《每日经济新闻》消息，两家 A 股股东所披露半年报中，对中华联合财险的归母净利润描述相差 6 亿元。具体来看，持有中华联合 19.6%股份的第二大股东辽宁成大 2019 年半年报显示，中华联合上半年实现归母净利润 7.86 亿元，而 13.06%的第三大股东中国中车则在半年报中称中华联合上半年归母净利润为 1.31 亿元，两者相差 6.5 亿元之多。有会计从业人士称，若投资标的一致，会计核算方式一致，两位参股股东披露的中华保险的财务数据应该一致。

此外，中华联合在保险行业协会官网披露的半年度偿付能力报告显示，其上半年保险业务收入近 270 亿元，净利润为 1.50 亿元；而根据辽宁大成的半年报披露，中华联合上半年净利润为 8.85 亿元。

## 二十六、2019 年前 10 个月 39 家险企现股权转让

截至 2019 年 10 月 17 日，已有 39 家险企股权变动或预告生变。具体来看，32 家发布股权变动的险企中，财产险公司 16 家、人身险公司 11 家，保险集团类公司 5 家。其中，除了 5 家保险集团以及平安财险、安邦人寿、中华联合财险 3 家规模较大的公司外，其余均为中小型险企，占比将近八成，包括农银人寿、国联人寿、恒邦财险、华海财险、诚泰财险、泰山财险等。

## 二十七、安心财险换董事长但总经理仍空缺

2019 年 10 月 30 日，安心财险发布的第三季度偿付能力报告显示，公司选举韩刚为第二届董事会董事长（拟任），任职资格尚待中国银保监会批准，原董事长黄胜仍担任董事。公开资料显示，韩刚曾任职于中共天津市委工业工委等处，2017 年 3 月至今担任中诚信投资集团有限公司副总裁、财务总监。但自从原总经理钟诚加盟轻松筹后，安心保险总经理职位至今空缺。

## 二十八、首家外资控股集团安联（中国）获准开业

2019 年 11 月 14 日，德国安联集团（Allianz）官网公布，经过近一整年的筹建，中国银保监会已正式批准安联（中国）保险控股有限公司开业。2018 年 11 月 25 日，德国安联集团获准筹建安联（中国）保险控股有限公司。至此，国内保险集团增至 13 家。

## 二十九、安盛集团完成收购安盛天平剩余 50% 股权

2019 年 12 月 14 日，法国安盛集团（AXA）宣布，从国内股东手中完成收购安盛天平剩余 50% 股权，成为中国最大的外资独资财产险公司。此次收购安盛天平剩余 50% 股权，总对价为 46 亿元。交易完成后，安盛天平将纳入母公司安盛集团合并财务报表范围。

## 三十、大家财险 12 月 12 日正式开业

据财联社 2019 年 12 月 5 日消息，大家财险 36 家分公司拿到营业许可，已经完成工商登记注册开业。12 月 12 日，大家财险在深圳开业，大家保险集团有限责任公司总经理徐敬惠、大家财险财产保险有限责任公司总经理施辉出席开业庆典。大家财险注册资本 40 亿元，注册地为深圳，拥有 36 家省级分公司，1500 家分支机构。

# 第十八章　中国保险公司治理发展展望

我国保险业从保险大国向保险强国转型的现实背景、服务国家治理体系和治理能力现代化的迫切需求以及保险业处于"十三五"发展规划收官之年的关键阶段现状，对我国保险公司治理提出了更高的要求。基于上述三大背景，本章对我国保险公司治理发展进行了展望，本报告认为2020年将是继2017年、2018年和2019年之后的又一个监管年，在全面提升公司治理合规性的同时，保险公司治理的有效性也将受到更多的重视，进而加速提升保险公司治理能力。

## 第一节　从保险大国向保险强国转型的现实背景

### 一、我国保险业发展最新状况

2019年我国保险业原保险保费收入为42644亿元（2018年为38017亿元），其中产险业务原保险保费收入11649亿元，人身险业务原保险保费收入30995亿元。

2019年我国保险业提供保险金额为6470万亿元（2018年为6897万亿元），其中，产险公司保险金额5369万亿元，人身险公司本年累计新增保险金额1101万亿元。

2019年我国保险业新增保单件数为495.38亿件（2018年为290.72亿件），其中，产险公司签单数量487.41亿件，人身险公司累计新增保单7.97亿件。

2019年我国保险业赔付支出12894亿元（2018年为12298亿元），其中财产险业务赔付支出6502亿元，人身险业务赔付支出6392亿元，人身险中寿险业务赔付支出3743亿元，健康险业务赔付支出2351亿元，人身意外伤害险赔付支出298亿元。

2019年我国保险业资金运用余额185271亿元（2018年为164088.38亿元），其中银行存款25227亿元，债券64032亿元，股票和证券投资基金24365亿元。

2019年我国保险业资产总额为205645亿元（2018年为183309亿元），其中再保险公司资产总额为4261亿元，资产管理公司资产总额为641亿元。

2019年我国保险业净资产24808亿元，较2018年的20154亿元增长23.09%。

## 二、保险业总体发展大而不强

从 1949 年中国人民保险公司成立开始算起，中国保险业一路走过了 70 年的砥砺之程，其中既经历过停业近 20 年之落，更有改革开放后飞速发展之起。毋庸置疑，我国保险行业在改革开放 40 多年的发展历程中，行业发展迅速，取得了辉煌的成就（郭金龙和朱晶晶，2018）。如今的中国保险业，从"量"上来说，在改革推动下业务快速发展，瑞士再保险公司的公司数据统计显示，我国保费规模的世界排名从改革之初 1980 年的第 48 位提升到了 2016 年、2017 年和 2018 年的第 2 位，并与第 1 位的差距在逐渐缩小，可以说成绩斐然。反映保险业发展状况的除了保费规模这个指标之外，还有两个非常重要的指标，即保险深度和保险密度，瑞士再保险公司的公司数据统计显示，1980—2018 年我国保险深度的世界排名从 1980 年的第 60 名上升到 2018 年的第 41 名，保险密度的世界排名从 1980 年的第 60 名上升到 2018 年的第 51 名（见图 18-1）。

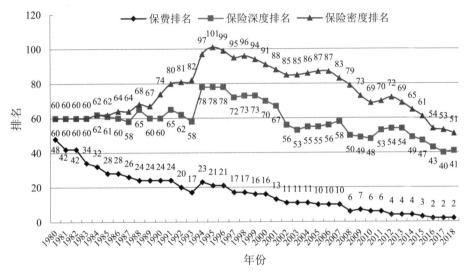

**图 18-1　我国保费、保险深度和保险密度世界排名**

资料来源：根据瑞士再保险公司官网公开披露数据整理。

此外，我国保险行业也存在两个与改革开放方向相悖的现象（魏华林，2018）。第一个现象是对保险业的认知上还存在两个误区：一是认为规模大的保险公司，就是好公司；二是认为赚到钱的保险公司，就是好公司。第二个现象是保险市场集中度出现异常。以我国财产保险公司为例，2018 年前 3 家保险公司的市场份额是 63%，其中，人保财险占比 33%，平安财险占比 20%，太保财险占比 10%；而前 10 家保险公司合计后的市场份额达到 85%。相比之下，美国最大的财产保险公司州立农业保险公司（STATE FARM GRP）的市场份额只有 10% 左右。美国前 3 家财产保险公司的市场份额是 20% 左右，前

10 家财产保险公司的市场份额是 45% 左右。①市场集中度指标反映出市场化程度，反映出市场的活力。中美保险市场集中度指标上的差别，表明我国保险市场的改革开放还有很大的调整空间。因此，从"质"上来说，无论是保险深度与保险密度，还是我国保险市场主体结构等，都还有一定的提升空间。

2014 年发布的《国务院关于加快发展现代保险服务业的若干意见》指出："改革开放以来，我国保险业快速发展，服务领域不断拓宽，为促进经济社会发展和保障人民群众生产生活作出了重要贡献。但总体上看，我国保险业仍处于发展的初级阶段，不能适应全面深化改革和经济社会发展的需要，与现代保险服务业的要求还有较大差距。"

在为过去 40 年的发展感到自豪和欣慰的同时，我们也应清醒地意识到中国还不是一个保险强国，我国保险市场和保险业的发展水平仍然处于初级阶段，距离一个保险强国还有很远、很艰难的路要走（陈秉正，2018）。我国保险业的快速发展在得益于全行业科学治理的同时，也对保险业治理提出了更高的要求（郝臣等，2018）。

## 第二节　服务国家治理体系和治理能力现代化的迫切需求

### 一、加速我国经济与社会治理的现代化进程

国家对保险业发展与监管的政策支持明显加强，其中最具标志性的两个文件是 2006 年发布的《国务院关于保险业改革发展的若干意见》以及 2014 年发布的《国务院关于加快发展现代保险服务业的若干意见》。2014 年发布的《国务院关于加快发展现代保险服务业的若干意见》指出，"保险是现代经济的重要产业和风险管理的基本手段，是社会文明水平、经济发达程度、社会治理能力的重要标志"，"立足于服务国家治理体系和治理能力现代化，把发展现代保险服务业放在经济社会工作整体布局中统筹考虑"。

习近平总书记在十九大报告中指出："我国经济已由高速增长阶段转向高质量发展阶段，正处在转变发展方式、优化经济结构、转换增长动力的攻关期，建设现代化经济体系是跨越关口的迫切要求和我国发展的战略目标。必须坚持质量第一、效益优先，以供给侧结构性改革为主线，推动经济发展质量变革、效率变革、动力变革，提高全要素生产率，着力加快建设实体经济、科技创新、现代金融、人力资源协同发展的产业体系，着力构建市场机制有效、微观主体有活力、宏观调控有度的经济体制，不断增强我国经济创新力和竞争力。"

2019 年 1 月 14 日，中国银保监会成立后的首次监管工作会议在京举行。2019 年银行业和保险业监督管理工作会议认为："当前银行业保险业风险总体可控，但面临的形势

---

① 根据金融界官网 2018 年 8 月 25 日发布的文章"中美财险公司市场集中度比较"显示，美国前 10 大财产险公司依次为 STATE FARM GRP、LIBERTY MUT GRP、ALLSTATE INS GRP、BERKSHIRE HATHAWAY GRP、TRAVELERS GRP、NATIONWIDE CORP GRP、PROGRESSIVE GRP、AMERICAN INTL GRP、FARMERS INS GRP 和 UNITED SERV AUTO ASSN GRP，这些公司的市场份额依次为 10.28%、5.16%、5.08%、4.64%、4.00%、3.33%、3.32%、3.28%、3.27%和 2.76%，合计 45.12%。

依然复杂严峻。要按照党中央、国务院的部署，开拓进取，奋发有为，扎实推进各项工作。要全面贯彻党的十九大、十九届二中、三中全会精神和中央经济工作会议精神，坚持党对金融工作的集中统一领导，坚持稳中求进工作总基调，践行新发展理念，以服务供给侧结构性改革为主线，着力提高金融服务实体经济能力，打好防范化解金融风险攻坚战，坚定不移深化改革扩大开放，推动银行业保险业向高质量发展转变，为全面建成小康社会提供更有力的金融支撑。"

2019 年 3 月 5 日，李克强总理在两会上作了政府工作报告。据统计，报告共提及 15 次"保险"这一关键词，例如"建立企业职工基本养老保险基金中央调剂制度""提高居民基本医保补助标准和大病保险报销比例""下调城镇职工基本养老保险单位缴费比例""继续执行阶段性降低失业和工伤保险费率政策""加快推进养老保险省级统筹改革，继续提高企业职工基本养老保险基金中央调剂比例、划转部分国有资本充实社保基金""实施职业技能提升行动，从失业保险基金结余中拿出 1000 亿元，用于 1500 万人次以上的职工技能提升和转岗转业培训""扩大长期护理保险制度试点""扩大政策性农业保险改革试点""增强保险业风险保障功能""扩大出口信用保险覆盖面""继续提高城乡居民基本医保和大病保险保障水平，居民医保人均财政补助标准增加 30 元，一半用于大病保险""降低并统一大病保险起付线，报销比例由 50%提高到 60%，进一步减轻大病患者、困难群众医疗负担""完善退役士兵基本养老、基本医疗保险接续政策"等。

## 二、公司治理是市场微观主体质量的重要方面

我国经济已由高速增长阶段转向高质量发展阶段。保险业作为金融领域的重要行业，也必须将高质量发展作为下一阶段行业改革发展的主要目标和基本要求。当然，行业高质量发展离不开高质量的市场微观主体。

股市健康发展需要 4 个条件：一是宏观经济的基本面要好，二是上市公司质量要高，三是投资者的成熟度和理性度要高，四是监管要适度、有效（成思危，2009）。保险公司是保险行业的基石，必须提高保险公司质量，保险行业才能健康和高质量发展。

改革开放以来，我国保险业"因改革开放而复苏，因改革开放而繁荣"，遵循了历史前进的逻辑，体现了历史必然性和客观规律性，正快步行走在从传统保险业向高质量保险业发展的转型升级之路上（缪建民，2018）。成思危（2007）指出，对上市公司质量的评价有两个重要指标，一个是财务绩效，另一个是公司治理。考虑保险行业的特点，本报告认为，社会责任、财务绩效和公司治理是保险公司质量的 3 个方面。因此，保险业的高质量发展需要高治理质量的保险公司。

2019 年 12 月 30 日发布的《中国银保监会关于推动银行业和保险业高质量发展的指导意见》指出，我国金融业到 2025 年要实现金融结构更加优化，形成多层次、广覆盖、有差异的银行保险机构体系；公司治理水平持续提升，基本建立中国特色现代金融企业制度。在建立健全中国特色现代金融企业制度方面，要全面加强党的领导、严格规范股权管理、加强"三会一层"建设、优化激励约束机制和强化金融消费者合法权益保护。

# 第三节 保险业"十三五"发展规划的收官之年

## 一、规划总目标与具体目标

"十三五"时期是我国全面建成小康社会决胜阶段，也是我国保险业从保险大国迈向保险强国的关键时期。中国保监会根据《中华人民共和国国民经济和社会发展第十三个五年规划纲要》和《国务院关于加快发展现代保险服务业的若干意见》，编制了《中国保险业发展"十三五"规划纲要》（以下简称《"十三五"规划纲要》）。《"十三五"规划纲要》主要明确"十三五"时期（2016—2020 年）我国保险业的指导思想、发展目标、重点任务和政策措施，是未来五年保险业科学发展的宏伟蓝图，是全行业改革创新的行动纲领，是保险监管部门履行职责的重要依据。

"十三五"时期是我国全面建成小康社会、实现第一个百年奋斗目标的决胜阶段，将为实现第二个百年奋斗目标、实现中华民族伟大复兴的中国梦奠定更加坚实的基础。《"十三五"规划纲要》提出，我国保险业要立足新起点，持续推进行业改革创新，更好地支持经济社会建设，为服务国家治理体系和治理能力现代化作出更大贡献。

《"十三五"规划纲要》指出"十三五"时期我国保险业发展的主要目标是"到 2020 年，基本建成保障全面、功能完善、安全稳健、诚信规范，具有较强服务能力、创新能力和国际竞争力，与我国经济社会发展需求相适应的现代保险服务业，努力由保险大国向保险强国转变，使保险成为政府、企业、居民风险管理和财富管理的基本手段，成为提高保障水平和保障质量的重要渠道，成为政府改进公共服务、加强社会治理和推进金融扶贫的有效工具"。

六个具体目标分别是：保险业实现中高速增长、产品和服务供给更优、行业影响力显著增强、消费者满意度普遍提高、法治化水平显著提高、监管现代化不断深入。监管现代化不断深入包括三个方面：第一，第二代偿付能力监管制度有效施行，保险业资本补充机制不断完善；第二，保险公司治理监管体制机制覆盖全面、运行有效，监管方式不断创新，风险预测、防范和处置机制不断优化；第三，市场行为监管的针对性、科学性和有效性不断提高，市场秩序不断规范。

## 二、规划对保险公司治理高度重视

《"十三五"规划纲要》深化改革明确了"十三五"期间我国保险业的重点任务和政策措施：深化改革，增强行业可持续发展动力；开拓创新，提高服务经济社会发展能力；服务民生，构筑保险民生保障网；提效升级，发挥保险资金支持经济建设作用；开放发展，提升保险业国际竞争力；加强监管，筑牢风险防范底线；人才为本，建设高素质人才队伍；科学统筹，保证《"十三五"规划纲要》顺利实施。

需要说明的是，《"十三五"规划纲要》全文 25 次提到"治理"一词。其中还先后 10 次提到"公司治理"一词。例如，"初步构建中国特色的保险公司治理监管制度体系，公司治理监管进入量化评级新阶段，引领国际监管规则新趋势"，"保险公司治理监管体制机制覆盖全面、运行有效，监管方式不断创新，风险预测、防范和处置机制不断优化"，"坚持机构监管与功能监管相统一，宏观审慎监管与微观审慎监管相统一，风险防范与消费者权益保护并重，完善公司治理、偿付能力和市场行为'三支柱'监管制度，建立全面风险管理体系，牢牢守住不发生系统性区域性风险底线"，"具有较高国际水准、符合中国特色、引领国际监管规则的公司治理监管体系"，"围绕内审内控、关联交易、独立董事、薪酬管理、信息披露等关键环节，增强公司治理监管的刚性约束"，"建立完善公司治理监管信息系统，搭建公司治理风险模型，实现公司治理风险的实时监测、预警和管理"，以及"加强保险公司控股股东和实际控制人管理，优化股权结构，完善公司治理"。可见，《"十三五"规划纲要》高度重视保险公司治理。可以预见，在"十三五"的收官之年，对公司治理的重视将会被提升到新的高度。

## 第四节　保险公司治理合规性与有效性全面提升

### 一、我国保险公司治理监管发展

保险业是以风险为经营对象的特殊行业。保险公司若无力承担保险责任而出现经营风险，会给社会带来很大的负面影响，而完全依靠保险公司自身去防范和处置其经营风险是不可行的（江生忠，2018）。因此，保险监管具有重要的意义。可以说，改革开放 40 多年来中国保险业的发展历程，也是中国政府在保险监管理念、监管制度和监管方法方面不断改革创新并和国际接轨的历程。

改革开放 40 年来，伴随着中国保险业的发展，保险监管发展经历了三个阶段：1979 至 1998 年的初级阶段、1998 至 2006 年的市场行为监管和偿付能力监管并重阶段、2006 年以来的"三支柱"监管阶段。自从确立"三支柱"监管框架以来，我国现代保险监管体系建设取得了显著成绩，同时也面临诸多新的风险挑战（郑伟，2018）。

2006 年，保险公司治理成为继市场行为和偿付能力之后的第三大监管支柱。中国银保监会公司治理监管部在《保险研究》2018 年第 12 期发表的文章《努力构建中国特色的现代保险公司治理机制开创公司治理监管新局面》中指出，改革开放以来保险公司治理监管经历了不平凡的历程。这一历程中，公司治理监管先后经历了探索建立现代保险企业制度，公司治理从无到有；保险机构改制上市全面推进，公司治理改革进一步深化；顺应国际趋势，构建"三支柱"现代保险监管框架，公司治理监管体系逐步健全；保险公司治理改革和监管不断健全，取得显著成效四个阶段。

## 二、全面提升我国保险公司治理能力

为贯彻落实党的十九大、全国金融工作会议和 2017 中央经济工作会议精神，进一步加强保险业风险防控，提升风险防范能力，严守不发生系统性金融风险底线。中国保监会 2018 年 1 月 12 日推出的《打赢保险业防范化解重大风险攻坚战的总体方案》，提出要紧紧围绕服务实体经济、防控金融风险和深化金融改革三项任务，始终把主动防范化解风险放在更加突出的位置，切实践行"保险业姓保、监管姓监"。围绕"强监管、防风险、治乱象、补短板、服务实体经济"，制定实施"1+4"系列文件，维护保险业稳定健康发展。

该方案明确了未来三年时间内的三大方面工作任务，21 项具体工作任务。在第三大方面工作任务"加强薄弱环节监管制度建设"中，"改进公司治理监管制度"是其具体工作任务之一。为了进一步加强公司治理监管，提出：第一，起草《保险公司治理监管办法》，提升公司治理刚性约束，修订完善保险公司"三会一层"监管规则，建立董事、监事和高级管理人员履职监督评价体系；第二，建立全覆盖的关联交易监管机制，有效防范不当利益输送的风险；第三，研究制定国内系统重要性保险机构监管制度（中国保监会发改部落实）；第四，建立健全科学有效的战略风险监管评价机制；第五，建立健全保险公司市场退出机制（中国保监会发改部、国际部落实）。这项工作的完成时限是 3 年，优先等级为最高级的三星级。

保险产品的特殊性、保险风险的集中性、资本结构的高比例负债性、保险的社会性及保险合同的附和性等这些特有行业属性，决定了保险公司治理在治理标准、治理机制等方面与其他行业相比要求更高、规则更严、把握更难（刘淑彦，2017）。2019 年 1 月 14 日召开的中国银保监会成立后的首次银行业和保险业监督管理工作会议要求，要坚持不懈治理金融市场乱象，进一步遏制违法违规经营行为，有序化解影子银行风险，依法处置高风险机构，严厉打击非法金融活动，稳步推进互联网金融和网络借贷风险专项整治；下大力气补齐监管短板，做到远近兼顾，标本兼治；坚定不移深化金融改革扩大开放，着力完善公司治理机制，优化金融机构体系，支持直接融资发展，推进市场化兼并重组，扩大银行业保险业开放，加快建立多层次、广覆盖、差异化金融体系，形成全方位、多层次、宽领域的高水平开放新格局；创新和完善监管方式方法，做到审慎监管与行为监管、风险监管与合规监管、定量监测与定性判断、前瞻预判与持续防控，以及国际经验与中国国情相结合，动态前瞻把握好工作节奏与力度，真正提升监管能力和监管效率。

据相关统计数据，监管部门近 3 年来发布多张行政处罚决定书、监管函、行政监管措施决定书、监管意见等，在数量、频度上创历史新高。在经历了三年的"强监管、防风险、治乱象、补短板、服务实体经济"一系列专项工作后，相关工作没有结束，这些仍然是 2020 年我国保险监管工作重心。因此，可以预见，我国"十三五"收官之年的 2020 年也必将是"监管年"。在当前保险风险日趋多样化的形势下，公司治理监管只能加强，不能削弱，监管部门必须以更加有效的手段推进公司治理监管工作（中国银保监会公司治理监管部，2018）。在这样的背景下，保险公司治理的合规性将会得到显著提高，公司治理不允许存在明显的短板；与此同时，治理的有效性也会越来越受到关注，进而全面提升公司能力。结合"十三五"规划中的目标和措施以及银行业和保险业监督管理工作会议精神，2020 年我国保险公司治理方面可能会有如下方面工作开展：第一，深入普及公司治理理念，多渠道、多形式推广公司治理理念；第二，修订 2006 年发布的《关于规范保险公司治理结构的指导意见（试行）》相关内容，出台《保险机构公司治理指导意见》；第三，进一步强化中小保险机构的公司治理；第四，发布我国银行和保险业的公司治理评价办法，开展金融业的公司治理评价，探索公司治理风险量化与预警模型。

# 参考文献

[1] 阿道夫·A. 伯利,加德纳·C. 米恩斯. 现代公司与私有财产[M]. 甘华鸣,罗锐韧,蔡如海,译. 北京:商务印书馆,2005.

[2] 陈秉正. 从保险大国到保险强国[J]. 保险研究,2018(12):68—72.

[3] 陈德萍,陈永圣. 股权集中度、股权制衡度与公司绩效关系研究:2007~2009 年中小企业板块的实证检验[J]. 会计研究,2011(1):38—43.

[4] 陈文辉. 中国保险业发展和监管的几个问题[J]. 保险研究,2010(7):8—11.

[5] 成思危. 居安思危促股市健康发展[N]. 金融时报,2009-02-06.

[6] 代山庆. 论习近平社会治理思想[J]. 学术探索,2015(3):63—69.

[7] 董迎秋,王瑞涵. 我国保险行业公司治理实践探析[J]. 保险理论与实践,2018(4):71—80.

[8] 费方域. 公司治理的理论前提及其意义[J]. 上海经济研究,1996(6):46—48.

[9] 冯占军,李凯飞,龚新宇,等. 保险业高质量发展[J]. 保险理论与实践,2018(8):1—21.

[10] 冯占军,刘延辉,王稳,等. 保险业加快对外开放与国际化[J]. 保险理论与实践,2018(6):1—23.

[11] 郭金龙,朱晶晶. 改革开放四十年来我国保险业风险及其防范措施[N]. 证券时报,2018-10-16(A02).

[12] 郭树清. 推进供给侧结构性改革 提供更加优质高效金融服务[J]. 中国金融家,2019(7):27—28.

[13] 杭健. 财务独立董事对非效率投资的影响研究[J]. 财会通讯,2017(24):103—106.

[14] 郝臣,崔光耀. 保险公司治理概念之辨析与拓展——基于中国实践视角[J]. 公司治理评论,2018(1):1—19.

[15] 郝臣,付金薇,李维安. 国外保险公司治理研究最新进展——基于 2008—2017 年文献的综述[J]. 保险研究,2018(4):112—127.

[16] 郝臣,李慧聪,崔光耀. 治理的微观、中观与宏观——基于中国保险业的研究[M]. 天津:南开大学出版社,2017.

[17] 郝臣,李慧聪,罗胜. 保险公司治理研究:进展、框架与展望[J]. 保险研究,2011(11):119—127.

[18] 郝臣,钱璟,付金薇,等. 我国保险业治理的发展与优化研究[J]. 西南金融,2018(1):41—50.

［19］郝臣，孙佳琪，钱璟，等. 我国保险公司信息披露水平及其影响研究——基于投保人利益保护的视角[J]. 保险研究，2017（7）：64—79.

［20］郝臣. 保险法人机构治理评价新思路[J]. 上海保险，2018（4）：10—13.

［21］郝臣. 保险公司治理的优化[J]. 中国金融，2017（16）：80—81.

［22］郝臣. 保险公司治理对绩效影响实证研究——基于公司治理评价视角[M]. 北京：科学出版社，2016.

［23］郝臣. 提升我国保险公司治理能力的思考——标准引领与监管推动的视角[J]. 保险理论与实践，2018（7）：1—31.

［24］郝臣. 中国保险公司治理发展报告 2018[M]. 天津：南开大学出版社，2019.

［25］郝臣. 中国保险公司治理研究[M]. 北京：清华大学出版社，2015.

［26］何威风，刘巍. 公司为什么选择法律背景的独立董事?[J]. 会计研究，2017（4）：45—51.

［27］贺炎林，张瀛文，莫建明. 不同区域治理环境下股权集中度对公司业绩的影响[J]. 金融研究，2014（12）：148—163.

［28］胡坚，高飞. 保险监管制度的国际比较及其对中国的借鉴[J]. 山西财经大学学报，2004（2）：16—21.

［29］侯旭华，许闲. 保险会计信息披露制度的国际比较研究与启示[J]. 保险研究，2008（4）：17—20.

［30］江生忠. 中国保险业发展报告 2008 年[M]. 北京：中国财政经济出版社，2009.

［31］江生忠. 中国保险业发展成果的经验与问题的反思[J]. 保险研究，2018（12）：92—95.

［32］姜洪. 正确理解保险公司治理中的五对关系[N]. 中国保险报，2016-08-22（005）.

［33］冷煜. 保险监管国际比较及发展趋势研究[J]. 保险研究，2009（3）：88—94.

［34］李慧聪，李维安，郝臣. 公司治理监管环境下合规对治理有效性的影响——基于中国保险业数据的实证研究[J]. 中国工业经济，2015（8）：98—113.

［35］李维安，郝臣. 公司治理手册[M]. 北京：清华大学出版社，2015.

［36］李维安，等. 国有控股金融机构治理研究[M]. 北京：科学出版社，2018.

［37］李维安，李慧聪，郝臣. 保险公司治理、偿付能力与利益相关者保护[J]. 中国软科学，2012（8）：35—44.

［38］李维安，等. 公司治理[M]. 天津：南开大学出版社，2001.

［39］李维安. 公司治理学（第一版）[M]. 北京：高等教育出版社，2005.

［40］李维安. 公司治理学（第二版）[M]. 北京：高等教育出版社，2009.

［41］李维安. 公司治理学（第三版）[M]. 北京：高等教育出版社，2016.

［42］李维安. 中国のコーポレートガバナンス[M]. 东京：税务经理协会，1998.

［43］李维安，等. 中国公司治理与发展报告 2012[M]. 北京：北京大学出版社，2012.

［44］李维安，等. 中国公司治理与发展报告 2013[M]. 北京：北京大学出版社，2014.

［45］李维安，等. 中国公司治理与发展报告 2014[M]. 北京：北京大学出版社，2016.

［46］南开大学公司治理研究中心公司治理评价课题组. 2003 中国上市公司治理评价研究报告[M]. 北京：商务印书馆，2007.

［47］南开大学公司治理研究中心公司治理评价课题组. 2004 中国上市公司治理评价研究报告［M］. 北京：商务印书馆，2007.

［48］南开大学公司治理研究中心公司治理评价课题组. 2005 中国上市公司治理评价研究报告［M］. 北京：商务印书馆，2012.

［49］南开大学公司治理研究中心公司治理评价课题组. 2006 中国上市公司治理评价研究报告［M］. 北京：商务印书馆，2012.

［50］南开大学公司治理研究中心公司治理评价课题组. 2007 中国上市公司治理评价研究报告［M］. 北京：商务印书馆，2014.

［51］南开大学公司治理研究中心公司治理评价课题组. 2008 中国上市公司治理评价研究报告［M］. 北京：商务印书馆，2011.

［52］李维安，等. 2009 中国上市公司治理评价研究报告［M］. 北京：商务印书馆，2019.

［53］李维安，等. 2010 中国上市公司治理评价研究报告［M］. 北京：商务印书馆，2019.

［54］李维安，等. 2011 中国上市公司治理评价研究报告［M］. 北京：商务印书馆，2019.

［55］李维安，等. 2012 中国上市公司治理评价研究报告［M］. 北京：商务印书馆，2018.

［56］李维安，等. 2013 中国上市公司治理评价研究报告［M］. 北京：商务印书馆，2018.

［57］李维安，等. 2014 中国上市公司治理评价研究报告［M］. 北京：商务印书馆，2017.

［58］李维安，等. 2015 中国上市公司治理评价研究报告［M］. 北京：商务印书馆，2016.

［59］林毅夫，蔡昉，李周. 充分信息与国有企业改革［M］. 上海：生活·读书·新知三联书店，上海人民出版社，1997.

［60］林毅夫，蔡昉，李周. 现代企业制度的内涵与国有企业改革方向［J］. 经济研究，1997（3）：3—10.

［61］刘宝璋. 我国保险监管制度研究［D］. 山东大学，2005.

［62］刘淑彦. 从监管函连发看保险公司治理［N］. 中国保险报，2017-12-08（004）.

［63］卢昌崇. 公司治理机构及新、老三会关系论［J］. 经济研究，1994（11）：10—17.

［64］卢昌崇. 企业治理结构［M］. 大连：东北财经大学出版社，1999.

［65］罗三秀，孙雅琴. 成思危：大部分上市公司治理不理想［N］. 证券日报，2009-04-13（B2）.

［66］罗胜. 加强治理结构监管健全保险监管体系［N］. 中国保险报，2006-02-17（002）.

［67］缪建民. 坚定把改革开放引向深入　推进保险业高质量发展［J］. 保险研究，2018（12）：42—46.

［68］南开大学风险管理与保险学系. 中国保险业发展报告 2012：保险业发展与宏观经济运行［M］. 北京：中国财政经济出版社，2012

［69］钱颖一. 企业的治理结构改革和融资结构改革［J］. 经济研究，1995（1）：20—29.

［70］青木昌彦，钱颖一. 转轨经济中的公司治理结构：内部人控制和银行的作用［M］. 北京：中国经济出版社，1995.

［71］孙祁祥，郑伟. 保险制度与市场经济：六个基本理念［J］. 保险研究，2009（7）：19—23.

［72］孙祁祥，郑伟. 中国保险业发展报告［M］. 北京：北京大学出版社，2012.

［73］孙祁祥，郑伟. 中国保险业发展报告 2013［M］. 北京：北京大学出版社，2013.

[74] 孙祁祥，郑伟. 中国保险业发展报告 2014[M]. 北京：北京大学出版社，2014.

[75] 孙祁祥，郑伟. 中国保险业发展报告 2015[M]. 北京：北京大学出版社，2015.

[76] 孙祁祥，郑伟. 中国保险业发展报告 2016[M]. 北京：北京大学出版社，2016.

[77] 孙祁祥，郑伟. 中国保险业发展报告 2017[M]. 北京：北京大学出版社，2017.

[78] 孙祁祥，郑伟. 中国保险业发展报告 2018[M]. 北京：北京大学出版社，2018.

[79] 孙祁祥，郑伟. 中国保险业发展报告 2019[M]. 北京：北京大学出版社，2019.

[80] 孙蓉，杨馥. 改革开放三十年：中国保险业的变迁与发展[J]. 保险研究，2008（12）：7—15.

[81] 唐睿明，邱文峰. 股权结构与公司绩效关系的实证研究——基于创业板上市公司的数据[J]. 南京审计学院学报，2014（3）：68—77.

[82] 田志龙，杨辉，李玉清. 我国股份公司治理结构的一些基本特征研究：对我国百家股份公司的实证分析[J]. 管理世界，1998（2）：135—142.

[83] 王峰虎，张怀莲. 论中国保险监管的目标及政策——兼论消费者保护问题[J]. 西藏大学学报（汉文版），2003（1）：19—23.

[84] 王浦劬. 国家治理、政府治理和社会治理的基本含义及其相互关系辨析[J]. 社会学评论，2014（3）：12—20.

[85] 魏华林. 保险的本质、发展与监管[J]. 金融监管研究，2018（8）：1—20.

[86] 吴敬琏. 什么是现代企业制度[J]. 改革，1994（1）：17—34.

[87] 吴敬琏. 现代公司与企业改革[M]. 天津：天津人民出版社，1994.

[88] 谢志刚，崔亚. 论保险监管制度体系的建设目标[J]. 保险研究，2014（1）：12—20.

[89] 辛向阳. 习近平国家治理思想的理论渊源[J]. 当代世界与社会主义，2014（6）：65—69.

[90] 徐莉萍，辛宇，陈工孟. 股权集中度和股权制衡及其对公司经营绩效的影响[J]. 经济研究，2006（1）：90—100

[91] 杨馥. 中国保险公司治理监管制度研究[M]. 北京：经济科学出版社，2011.

[92] 杨华良. 论我国保险业信息披露制度的建设[J]. 保险研究，2001（11）：5—8.

[93] 杨瑞龙，周业安. 论利益相关者合作逻辑下的企业共同治理机制[J]. 中国工业经济，1998（1）：38—45.

[94] 俞可平. 全球治理引论[J]. 马克思主义与现实，2002（1）：20—32.

[95] 俞可平. 推进国家治理体系和治理能力现代化[J]. 前线，2014（1）：5—8.

[96] 张维迎. 所有制、治理结构及委托—代理关系：兼评崔之元和周其仁的一些观点[J]. 经济研究，1996（9）：3　16.

[97] 赵国英. 国有企业公司治理改革的马克思主义理论解读[J]. 产业与科技论坛，2009（12）：226—229.

[98] 赵景文，于增彪. 股权制衡与公司经营业绩[J]. 会计研究，2005（12）：59—64+96.

[99] 郑伟. 改革开放 40 年的保险监管[J]. 保险研究，2018（12）：73—77.

[100] 中国银保监会公司治理监管部. 努力构建中国特色的现代保险公司治理机制开创公司治理监管新局面[J]. 保险研究，2018（12）：38—41.

［101］ 朱红军，汪辉．"股权制衡"可以改善公司治理吗？——宏智科技股份有限公司控制权之争的案例研究［J］．管理世界，2004（10）：114—123.

［102］ 卓志．保险监管的政治经济理论及其启示［J］．金融研究，2001（5）：111—118.

［103］ Andrei Shleifer, Robert W. Vishny. A Survey of Corporate Governance ［J］. The Journal of Finance, 1997, 52(2): 737-783.

［104］ Andrei Shleifer, Robert W. Vishny. Large Shareholders and Corporate Control ［J］. Journal of Political Economy, 1986, 94(3): 46-488.

［105］ Colin Mayer. Corporate Governance, Competition and Performance ［J］. Journal of Law and Society, 1997, 24(1):152-176.

［106］ Eells R. S. F. The Meaning of Modern Business: An Introduction to the Philosophy of Large Corporate Enterprise ［M］. New York: Columbia University Press, 1960.

［107］ Elaine Sternberg. Corporate Governance: Accountability in the Marketplace ［M］. London: Institute of Economic Affairs, 1998.

［108］ Jackson Martindell. The Scientific Appraisal of Management: A Study of the Business Practices of Well Managed Companies［M］. New York: Harper, 1950.

［109］ James Rosenau. Governance in the 21st Century ［J］. Global Governance, 1995, 1(1):13-43.

［110］ Kaoru Hosono, Masayo Tomiyama, Miyagawa Tsutomu. Corporate Governance and Research and Development: Evidence from Japan ［J］. Economics of Innovation and New Technology, 2004, 13(2):141-164.

［111］ Kevin Keasey, Michael Wright. Corporate Governance: Responsibilities, Risks, and Remuneration ［M］. Hoboken: John Wiley & Sons, 1997.

［112］ Lawrence E. Mitchell. Corporate Governance ［M］. Farnham: Ashgate Publisher, 1994.

［113］ Margaret Blair. Ownership and Control: Rethinking Corporate Governance for the Twenty-first Century ［M］. Washington D. C.: Brookings Institution Press, 1995.

［114］ Margaret M. Blair. For Whom Should Corporations Be Run? An Economic Rationale for Stakeholder Management ［J］. International Journal of Strategic Management: Long Range Planning, 1995, 31(2): 195-200.

［115］ Oliver E. Williamson. Corporate Governance ［J］. Yale Law Journal, 1984, 93(7): 1197-1230.

［116］ Oliver E. Williamson. Markets and Hierarchies: Analysis and Antitrust Implications ［M］. New York: The Free Press, 1975.

［117］ Oliver E. Williamson. The Economic Institutions of Capitalism: Firms, Markets, Relational Contracting ［M］. New York: The Free Press, 1985.

［118］ Oliver Hart. Corporate Governance: Some Theory and Implications ［J］. The Economic Journal, 1995, 105(5):678-689.

［119］ Paul Healy, Krishna Palepu. Information Asymmetry, Corporate Disclosure, and the Capital Markets: A Review of the Empirical Disclosure Literature ［J］. Journal of

Accounting and Economics, 2001, 31(1): 405-440.

[120] Philip L. Cochran, Steven L. Wartick. Corporate Governance: A Review of the Literature [M]. New Jersey: Financial Executives Research Foundation, 1988.

[121] Rafael La Porta, Florencio Lopez de Silanes, Andrei Shleifer, Robert W. Vishny. Investor Protection and Corporate Valuation [J]. The Journal of Finance, 2002, 57(3):1147-1170.

[122] Rafael La Porta, Florencio Lopez-de-Silanes, Andrei Shleifer and Robert W. Vishny. Law and Finance [J]. Journal of Political Economy, 1998,106 (6):1113-1155.

[123] Rafael La Porta, Florencio Lopez-de-Silanes, Andrei Shleifer and Robert W. Vishny. Investor Protection and Corporate Governance [J]. Journal of Financial Economics, 2000, 58(2):3-27.

[124] Robert Ian Tricker. Corporate Governance: Practices, Procedures and Powers in British Companies and Their Boards of Directors [M]. Oxford: Gover Publishing Company Limited, 1984.

[125] Robert Monks, Nell Minow. Corporate Governance [M]. Hoboken: JohnWiley & Sons, 1995.

[126] Ronald H. Coase. The Nature of the Firm [J]. Economica, 1937, 4(16): 386-405.

[127] Saleem Sheikh, William Rees. Corporate Governance and Corporate Control [M]. London: Cavendish Publishing, 1995.

[128] Shiguang Ma, Tony Naughton, Gary Gang Tian. Ownership and Ownership Concentration: Which is Important in Determining the Performance of China's Listed Firms? [J]. Accounting and Finance, 2010, 50(4):871-897.

[129] Stephen D. Prowse. Corporate Governance in an International Perspective: A Survey of Corporate Control Mechanisms among Large Firms in the U.S., U.K., Japan and Germany [J]. Financial Markets, Institutions and Instruments, 1995, 4(1):1-63.

[130] World Bank. Managing Development: The Governance Dimension (A Discussion Paper) [R]. World Bank, 1994.

# 附录

## 附表1　2018年160个国家和地区保险业发展状况

| 编号 | 国家和地区 | 所在洲 | 人口（百万） | GDP（十亿美元） | 人身险保费（十亿美元） | 非人身险保费（十亿美元） | 总保费（十亿美元） | 保险深度（%） | 保险密度（美元） |
|---|---|---|---|---|---|---|---|---|---|
| 1 | 美国 | 北美洲 | 327.9 | 20576.0 | 593.4 | 876.0 | 1469.4 | 7.1412 | 4481.2 |
| 2 | 中国内地 | 亚洲 | 1415.6 | 13613.0 | 313.4 | 261.5 | 574.9 | 4.2230 | 406.1 |
| 3 | 日本 | 亚洲 | 127.1 | 4975.0 | 334.2 | 106.4 | 440.7 | 8.8573 | 3467.0 |
| 4 | 英国 | 欧洲 | 66.5 | 2824.0 | 235.5 | 101.0 | 336.5 | 11.9161 | 5060.3 |
| 5 | 法国 | 欧洲 | 67.4 | 2777.0 | 165.1 | 92.9 | 258.0 | 9.2895 | 3827.4 |
| 6 | 德国 | 欧洲 | 83.0 | 4005.0 | 96.4 | 145.1 | 241.5 | 6.0297 | 2909.5 |
| 7 | 韩国 | 亚洲 | 51.7 | 1604.0 | 98.1 | 81.0 | 179.0 | 11.1608 | 3462.7 |
| 8 | 意大利 | 欧洲 | 60.5 | 2071.0 | 125.3 | 44.9 | 170.3 | 8.2216 | 2814.4 |
| 9 | 加拿大 | 北美洲 | 37.0 | 1711.0 | 54.1 | 73.8 | 127.9 | 7.4752 | 3456.8 |
| 10 | 中国台湾 | 亚洲 | 23.6 | 584.0 | 102.0 | 19.9 | 121.9 | 20.8733 | 5165.3 |
| 11 | 印度 | 亚洲 | 1356.0 | 2696.0 | 73.7 | 26.1 | 99.8 | 3.7033 | 73.6 |
| 12 | 荷兰 | 欧洲 | 17.2 | 913.0 | 15.7 | 68.6 | 84.4 | 9.2388 | 4904.1 |
| 13 | 澳大利亚 | 大洋洲 | 25.0 | 1417.0 | 30.1 | 49.0 | 79.1 | 5.5822 | 3164.0 |
| 14 | 西班牙 | 欧洲 | 46.6 | 1426.0 | 34.1 | 40.0 | 74.1 | 5.1942 | 1589.5 |
| 15 | 爱尔兰 | 欧洲 | 4.9 | 374.0 | 63.4 | 9.7 | 73.2 | 19.5615 | 14930.6 |
| 16 | 巴西 | 拉丁美洲 | 211.1 | 1869.0 | 39.3 | 33.6 | 72.8 | 3.8973 | 345.0 |
| 17 | 中国香港 | 亚洲 | 7.4 | 363.0 | 61.0 | 4.9 | 65.9 | 18.1570 | 8906.8 |
| 18 | 瑞士 | 欧洲 | 8.6 | 706.0 | 30.4 | 28.9 | 59.4 | 8.4108 | 6904.7 |
| 19 | 南非 | 非洲 | 57.5 | 375.0 | 38.5 | 9.8 | 48.3 | 12.8720 | 839.5 |
| 20 | 比利时 | 欧洲 | 11.5 | 532.0 | 18.7 | 18.5 | 37.3 | 7.0019 | 3239.1 |
| 21 | 瑞典 | 欧洲 | 10.2 | 550.0 | 27.0 | 10.1 | 37.1 | 6.7436 | 3636.3 |
| 22 | 丹麦 | 欧洲 | 5.8 | 351.0 | 26.6 | 9.8 | 36.4 | 10.3675 | 6274.1 |
| 23 | 卢森堡 | 欧洲 | 0.6 | 69.0 | 28.1 | 4.8 | 32.9 | 47.6232 | 54766.7 |

| 编号 | 国家和地区 | 所在洲 | 人口（百万） | GDP（十亿美元） | 人身险保费（十亿美元） | 非人身险保费（十亿美元） | 总保费（十亿美元） | 保险深度（%） | 保险密度（美元） |
|---|---|---|---|---|---|---|---|---|---|
| 24 | 新加坡 | 亚洲 | 5.7 | 361.0 | 22.5 | 8.2 | 30.6 | 8.4792 | 5370.2 |
| 25 | 墨西哥 | 拉丁美洲 | 131.0 | 1225.0 | 12.1 | 15.2 | 27.4 | 2.2327 | 208.8 |
| 26 | 芬兰 | 欧洲 | 5.5 | 275.0 | 22.2 | 5.0 | 27.2 | 9.8909 | 4945.5 |
| 27 | 泰国 | 亚洲 | 69.2 | 505.0 | 18.1 | 8.5 | 26.6 | 5.2733 | 384.8 |
| 28 | 俄罗斯 | 欧洲 | 143.9 | 1546.0 | 7.2 | 16.4 | 23.6 | 1.5259 | 163.9 |
| 29 | 挪威 | 欧洲 | 5.3 | 436.0 | 12.1 | 8.9 | 21.1 | 4.8349 | 3977.4 |
| 30 | 奥地利 | 欧洲 | 8.9 | 457.0 | 6.6 | 13.8 | 20.4 | 4.4639 | 2292.1 |
| 31 | 印度尼西亚 | 亚洲 | 267.1 | 1043.0 | 15.5 | 4.9 | 20.4 | 1.9540 | 76.3 |
| 32 | 以色列 | 亚洲 | 8.5 | 372.0 | 10.1 | 8.6 | 18.7 | 5.0161 | 2195.3 |
| 33 | 马来西亚 | 亚洲 | 32.1 | 349.0 | 11.6 | 5.1 | 16.6 | 4.7650 | 518.1 |
| 34 | 波兰 | 欧洲 | 38.0 | 591.0 | 4.4 | 12.2 | 16.6 | 2.8037 | 436.1 |
| 35 | 葡萄牙 | 欧洲 | 10.3 | 238.0 | 9.7 | 5.8 | 15.5 | 6.5252 | 1507.8 |
| 36 | 智利 | 拉丁美洲 | 18.2 | 296.0 | 8.2 | 5.4 | 13.6 | 4.5980 | 747.8 |
| 37 | 阿拉伯联合酋长国 | 亚洲 | 9.5 | 427.0 | 2.9 | 9.6 | 12.5 | 2.9180 | 1311.6 |
| 38 | 阿根廷 | 拉丁美洲 | 44.7 | 513.0 | 1.8 | 10.4 | 12.1 | 2.3626 | 271.1 |
| 39 | 土耳其 | 欧洲 | 82.0 | 787.0 | 1.4 | 9.0 | 10.5 | 1.3291 | 127.6 |
| 40 | 新西兰 | 大洋洲 | 4.8 | 202.0 | 1.8 | 8.6 | 10.4 | 5.1535 | 2168.8 |
| 41 | 沙特阿拉伯 | 亚洲 | 33.4 | 783.0 | 0.3 | 9.2 | 9.5 | 1.2095 | 283.5 |
| 42 | 哥伦比亚 | 拉丁美洲 | 49.4 | 333.0 | 2.9 | 6.4 | 9.3 | 2.7928 | 188.3 |
| 43 | 委内瑞拉 | 拉丁美洲 | 32.4 | 566.0 | 0.2 | 7.6 | 7.8 | 1.3710 | 239.5 |
| 44 | 伊朗 | 亚洲 | 81.9 | 382.0 | 1.0 | 6.7 | 7.7 | 2.0131 | 93.9 |
| 45 | 捷克共和国 | 欧洲 | 10.6 | 255.0 | 2.6 | 4.5 | 7.1 | 2.7725 | 667.0 |
| 46 | 菲律宾 | 亚洲 | 106.7 | 331.0 | 4.2 | 1.9 | 6.0 | 1.8187 | 56.4 |
| 47 | 越南 | 亚洲 | 96.4 | 241.0 | 3.8 | 2.0 | 5.8 | 2.4232 | 60.6 |
| 48 | 列支敦士登 | 欧洲 | 0.04 | 7.0 | 2.4 | 3.2 | 5.5 | 79.1429 | 138500.0 |
| 49 | 马耳他 | 欧洲 | 0.5 | 15.0 | 1.8 | 3.6 | 5.4 | 35.6667 | 10700.0 |
| 50 | 希腊 | 欧洲 | 10.7 | 217.0 | 2.2 | 2.6 | 4.8 | 2.2074 | 447.7 |
| 51 | 摩洛哥 | 非洲 | 36.2 | 118.0 | 2.2 | 2.4 | 4.6 | 3.8814 | 126.5 |
| 52 | 秘鲁 | 拉丁美洲 | 32.5 | 225.0 | 1.9 | 2.0 | 3.9 | 1.7422 | 120.6 |
| 53 | 匈牙利 | 欧洲 | 9.8 | 156.0 | 1.8 | 2.0 | 3.8 | 2.4295 | 386.7 |
| 54 | 卡塔尔 | 亚洲 | 2.7 | 188.0 | 0.0 | 3.0 | 3.0 | 1.6170 | 1125.9 |
| 55 | 斯洛文尼亚 | 欧洲 | 2.1 | 56.0 | 0.9 | 1.9 | 2.8 | 4.9464 | 1319.0 |
| 56 | 巴基斯坦 | 亚洲 | 200.8 | 283.0 | 1.9 | 0.7 | 2.6 | 0.9293 | 13.1 |
| 57 | 斯洛伐克 | 欧洲 | 5.4 | 113.0 | 1.0 | 1.6 | 2.6 | 2.3009 | 481.5 |
| 58 | 罗马尼亚 | 欧洲 | 19.4 | 230.0 | 0.5 | 2.0 | 2.5 | 1.0913 | 129.4 |

| 编号 | 国家和地区 | 所在洲 | 人口（百万） | GDP（十亿美元） | 人身险保费（十亿美元） | 非人身险保费（十亿美元） | 总保费（十亿美元） | 保险深度（%） | 保险密度（美元） |
|---|---|---|---|---|---|---|---|---|---|
| 59 | 肯尼亚 | 非洲 | 51.0 | 90.0 | 0.9 | 1.3 | 2.1 | 2.3667 | 41.8 |
| 60 | 乌克兰 | 欧洲 | 42.4 | 124.0 | 0.1 | 1.6 | 1.8 | 1.4274 | 41.7 |
| 61 | 厄瓜多尔 | 拉丁美洲 | 16.9 | 106.0 | 0.4 | 1.3 | 1.7 | 1.6038 | 100.6 |
| 62 | 黎巴嫩 | 亚洲 | 6.0 | 54.0 | 0.5 | 1.1 | 1.6 | 2.9630 | 266.7 |
| 63 | 埃及 | 非洲 | 99.3 | 250.0 | 0.7 | 0.9 | 1.6 | 0.6320 | 15.9 |
| 64 | 克罗地亚 | 欧洲 | 4.1 | 61.0 | 0.5 | 1.1 | 1.6 | 2.5738 | 382.9 |
| 65 | 巴拿马 | 拉丁美洲 | 4.2 | 62.0 | 0.4 | 1.2 | 1.6 | 2.5323 | 373.8 |
| 66 | 孟加拉国 | 亚洲 | 166.3 | 270.0 | 1.1 | 0.5 | 1.5 | 0.5704 | 9.3 |
| 67 | 保加利亚 | 欧洲 | 7.0 | 65.0 | 0.2 | 1.3 | 1.5 | 2.3077 | 214.3 |
| 68 | 乌拉圭 | 拉丁美洲 | 3.5 | 60.0 | 0.6 | 0.9 | 1.5 | 2.4833 | 425.7 |
| 69 | 哥斯达黎加 | 拉丁美洲 | 4.9 | 60.0 | 0.2 | 1.1 | 1.4 | 2.2500 | 275.5 |
| 70 | 科威特 | 亚洲 | 4.2 | 131.0 | 0.2 | 1.2 | 1.3 | 1.0000 | 311.9 |
| 71 | 尼日利亚 | 非洲 | 196.2 | 372.0 | 0.6 | 0.7 | 1.2 | 0.3280 | 6.2 |
| 72 | 多米尼加共和国 | 拉丁美洲 | 10.9 | 80.0 | 0.2 | 1.0 | 1.2 | 1.5000 | 110.1 |
| 73 | 阿尔及利亚 | 非洲 | 41.9 | 176.0 | 0.1 | 1.1 | 1.2 | 0.6761 | 28.4 |
| 74 | 特立尼达和多巴哥 | 拉丁美洲 | 1.4 | 27.0 | 0.5 | 0.6 | 1.2 | 4.3333 | 835.7 |
| 75 | 阿曼 | 亚洲 | 4.8 | 76.0 | 0.2 | 1.0 | 1.1 | 1.4737 | 233.3 |
| 76 | 斯里兰卡 | 亚洲 | 20.9 | 89.0 | 0.5 | 0.6 | 1.0 | 1.1573 | 49.3 |
| 77 | 哈萨克斯坦 | 亚洲 | 18.4 | 162.0 | 0.3 | 0.8 | 1.0 | 0.6296 | 55.4 |
| 78 | 塞浦路斯 | 欧洲 | 0.9 | 24.0 | 0.4 | 0.6 | 1.0 | 4.2083 | 1122.2 |
| 79 | 纳米比亚 | 非洲 | 2.6 | 14.0 | 0.7 | 0.3 | 1.0 | 7.2143 | 388.5 |
| 80 | 塞尔维亚 | 欧洲 | 7.0 | 51.0 | 0.2 | 0.8 | 1.0 | 1.9216 | 140.0 |
| 81 | 危地马拉 | 拉丁美洲 | 17.2 | 79.0 | 0.2 | 0.8 | 1.0 | 1.2278 | 56.4 |
| 82 | 中国澳门 | 亚洲 | 0.6 | 54.0 | 0.7 | 0.2 | 1.0 | 1.7778 | 1600.0 |
| 83 | 约旦 | 亚洲 | 9.8 | 44.0 | 0.1 | 0.8 | 0.9 | 2.0455 | 91.8 |
| 84 | 突尼斯 | 非洲 | 11.7 | 41.0 | 0.2 | 0.7 | 0.9 | 2.1220 | 74.4 |
| 85 | 巴哈马国 | 拉丁美洲 | 0.4 | 13.0 | 0.2 | 0.6 | 0.8 | 6.0769 | 1975.0 |
| 86 | 牙买加 | 拉丁美洲 | 2.9 | 15.0 | 0.3 | 0.5 | 0.8 | 5.2000 | 269.0 |
| 87 | 津巴布韦 | 非洲 | 16.9 | 19.0 | 0.5 | 0.3 | 0.7 | 3.8947 | 43.8 |
| 88 | 开曼群岛 | 拉丁美洲 | 0.1 | 4.0 | 0.0 | 0.7 | 0.7 | 18.2500 | 7300.0 |
| 89 | 巴林 | 亚洲 | 1.4 | 40.0 | 0.1 | 0.6 | 0.7 | 1.8000 | 514.3 |
| 90 | 萨尔瓦多 | 拉丁美洲 | 6.4 | 26.0 | 0.2 | 0.5 | 0.7 | 2.7692 | 112.5 |
| 91 | 古巴 | 拉丁美洲 | 11.5 | 98.0 | 0.1 | 0.6 | 0.7 | 0.7041 | 60.0 |
| 92 | 爱沙尼亚 | 欧洲 | 1.3 | 28.0 | 0.1 | 0.5 | 0.7 | 2.3214 | 500.0 |

续表

| 编号 | 国家和地区 | 所在洲 | 人口（百万） | GDP（十亿美元） | 人身险保费（十亿美元） | 非人身险保费（十亿美元） | 总保费（十亿美元） | 保险深度（%） | 保险密度（美元） |
|---|---|---|---|---|---|---|---|---|---|
| 93 | 科特迪瓦 | 非洲 | 24.9 | 44.0 | 0.3 | 0.4 | 0.6 | 1.4545 | 25.7 |
| 94 | 冰岛 | 欧洲 | 0.3 | 26.0 | 0.1 | 0.6 | 0.6 | 2.3462 | 2033.3 |
| 95 | 毛里求斯 | 非洲 | 1.3 | 14.0 | 0.3 | 0.3 | 0.6 | 4.2857 | 461.5 |
| 96 | 白俄罗斯 | 欧洲 | 9.4 | 58.0 | 0.1 | 0.5 | 0.6 | 1.0172 | 62.8 |
| 97 | 安哥拉 | 非洲 | 30.8 | 101.0 | 0.0 | 0.6 | 0.6 | 0.5743 | 18.8 |
| 98 | 拉脱维亚 | 欧洲 | 1.9 | 35.0 | 0.1 | 0.5 | 0.6 | 1.6571 | 305.3 |
| 99 | 迦纳 | 非洲 | 29.5 | 52.0 | 0.3 | 0.3 | 0.6 | 1.0962 | 19.3 |
| 100 | 立陶宛 | 欧洲 | 2.8 | 53.0 | 0.2 | 0.4 | 0.5 | 1.0000 | 189.3 |
| 101 | 玻利维亚 | 拉丁美洲 | 11.2 | 41.0 | 0.2 | 0.3 | 0.5 | 1.2683 | 46.4 |
| 102 | 博茨瓦纳 | 非洲 | 2.3 | 19.0 | 0.4 | 0.1 | 0.5 | 2.7368 | 226.1 |
| 103 | 洪都拉斯 | 拉丁美洲 | 9.4 | 24.0 | 0.1 | 0.3 | 0.5 | 1.9583 | 50.0 |
| 104 | 波斯尼亚和黑塞哥维那 | 欧洲 | 3.5 | 20.0 | 0.1 | 0.3 | 0.4 | 2.1500 | 122.9 |
| 105 | 巴拉圭 | 拉丁美洲 | 6.9 | 42.0 | 0.1 | 0.4 | 0.4 | 1.0238 | 62.3 |
| 106 | 利比亚 | 非洲 | 6.5 | 58.0 | 0.0 | 0.4 | 0.4 | 0.6379 | 56.9 |
| 107 | 巴巴多斯 | 拉丁美洲 | 0.3 | 5.0 | 0.1 | 0.2 | 0.4 | 7.2000 | 1200.0 |
| 108 | 喀麦隆 | 非洲 | 24.7 | 38.0 | 0.1 | 0.3 | 0.4 | 0.9474 | 14.6 |
| 109 | 阿塞拜疆 | 亚洲 | 9.9 | 45.0 | 0.1 | 0.2 | 0.4 | 0.7778 | 35.4 |
| 110 | 埃塞俄比亚 | 非洲 | 107.6 | 79.0 | 0.0 | 0.3 | 0.3 | 0.4177 | 3.1 |
| 111 | 塞内加尔 | 非洲 | 16.3 | 18.0 | 0.1 | 0.2 | 0.3 | 1.7222 | 19.0 |
| 112 | 坦桑尼亚 | 非洲 | 59.2 | 56.0 | 0.1 | 0.3 | 0.3 | 0.5536 | 5.2 |
| 113 | 赞比亚 | 非洲 | 17.6 | 27.0 | 0.1 | 0.2 | 0.3 | 1.1111 | 17.0 |
| 114 | 文莱 | 亚洲 | 0.4 | 14.0 | 0.1 | 0.2 | 0.2 | 1.7143 | 600.0 |
| 115 | 莫桑比克 | 非洲 | 30.3 | 15.0 | 0.0 | 0.2 | 0.2 | 1.6000 | 7.9 |
| 116 | 尼加拉瓜 | 拉丁美洲 | 6.3 | 13.0 | 0.0 | 0.2 | 0.2 | 1.6923 | 34.9 |
| 117 | 格鲁吉亚 | 亚洲 | 3.9 | 17.0 | 0.0 | 0.2 | 0.2 | 1.1765 | 51.3 |
| 118 | 苏丹 | 非洲 | 41.6 | 50.0 | 0.0 | 0.2 | 0.2 | 0.3800 | 4.6 |
| 119 | 乌干达 | 非洲 | 44.4 | 28.0 | 0.1 | 0.1 | 0.2 | 0.6786 | 4.3 |
| 120 | 加蓬 | 非洲 | 2.1 | 16.0 | 0.0 | 0.1 | 0.2 | 1.1250 | 85.7 |
| 121 | 前南斯拉夫马其顿共和国 | 欧洲 | 2.1 | 12.0 | 0.0 | 0.2 | 0.2 | 1.5000 | 85.7 |
| 122 | 阿尔巴尼亚 | 欧洲 | 2.9 | 15.0 | 0.0 | 0.1 | 0.2 | 1.0000 | 51.7 |
| 123 | 布基纳法索 | 非洲 | 19.8 | 16.0 | 0.1 | 0.1 | 0.2 | 0.9375 | 7.6 |
| 124 | 乌兹别克斯坦 | 亚洲 | 32.3 | 38.0 | 0.0 | 0.1 | 0.1 | 0.3684 | 4.3 |
| 125 | 卢旺达 | 非洲 | 12.5 | 10.0 | 0.0 | 0.1 | 0.1 | 1.2000 | 9.6 |
| 126 | 多哥 | 非洲 | 8.0 | 5.0 | 0.1 | 0.1 | 0.1 | 2.4000 | 15.0 |

续表

| 编号 | 国家和地区 | 所在洲 | 人口（百万） | GDP（十亿美元） | 人身险保费（十亿美元） | 非人身险保费（十亿美元） | 总保费（十亿美元） | 保险深度（%） | 保险密度（美元） |
|---|---|---|---|---|---|---|---|---|---|
| 127 | 柬埔寨 | 亚洲 | 16.2 | 24.0 | 0.0 | 0.1 | 0.1 | 0.4583 | 6.8 |
| 128 | 马拉维 | 非洲 | 19.2 | 7.0 | 0.0 | 0.1 | 0.1 | 1.5714 | 5.7 |
| 129 | 刚果共和国 | 非洲 | 5.4 | 8.0 | 0.0 | 0.1 | 0.1 | 1.3750 | 20.4 |
| 130 | 贝宁 | 非洲 | 11.5 | 11.0 | 0.0 | 0.1 | 0.1 | 0.9091 | 8.7 |
| 131 | 摩尔多瓦 | 欧洲 | 3.5 | 11.0 | 0.0 | 0.1 | 0.1 | 0.9091 | 28.6 |
| 132 | 黑山 | 欧洲 | 0.6 | 5.0 | 0.0 | 0.1 | 0.1 | 2.0000 | 166.7 |
| 133 | 老挝 | 亚洲 | 7.0 | 18.0 | 0.0 | 0.1 | 0.1 | 0.5000 | 12.9 |
| 134 | 马里 | 非洲 | 19.2 | 17.0 | 0.0 | 0.1 | 0.1 | 0.5294 | 4.7 |
| 135 | 亚美尼亚 | 亚洲 | 2.9 | 13.0 | 0.0 | 0.1 | 0.1 | 0.6154 | 27.6 |
| 136 | 伯利兹 | 拉丁美洲 | 0.4 | 2.0 | 0.0 | 0.1 | 0.1 | 4.0000 | 200.0 |
| 137 | 海地 | 拉丁美洲 | 11.1 | 10.0 | 0.0 | 0.1 | 0.1 | 0.7000 | 6.3 |
| 138 | 也门 | 亚洲 | 30.5 | 34.0 | 0.0 | 0.1 | 0.1 | 0.1765 | 2.0 |
| 139 | 尼日尔 | 非洲 | 22.4 | 9.0 | 0.0 | 0.0 | 0.1 | 0.5556 | 2.2 |
| 140 | 乍得 | 非洲 | 15.4 | 11.0 | 0.0 | 0.0 | 0.0 | 0.1818 | 1.3 |
| 141 | 叙利亚 | 亚洲 | 18.8 | 23.0 | 0.0 | 0.0 | 0.0 | 0.0870 | 1.1 |
| 142 | 百慕大群岛 | 拉丁美洲 | 0.1 | 6.0 | 0.0 | 0.0 | 0.0 | 0.0000 | 0.0 |
| 143 | 英属维尔京群岛 | 拉丁美洲 | 0.03 | 1.0 | 0.0 | 0.0 | 0.0 | 0.0000 | 0.0 |
| 144 | 布隆迪 | 非洲 | 11.2 | 3.0 | 0.0 | 0.0 | 0.0 | 0.0000 | 0.0 |
| 145 | 刚果民主共和国 | 非洲 | 84.2 | 43.0 | 0.0 | 0.0 | 0.0 | 0.0000 | 0.0 |
| 146 | 厄立特里亚 | 非洲 | 6.0 | 7.0 | 0.0 | 0.0 | 0.0 | 0.0000 | 0.0 |
| 147 | 斐济 | 大洋洲 | 0.9 | 5.0 | 0.0 | 0.0 | 0.0 | 0.0000 | 0.0 |
| 148 | 几内亚 | 非洲 | 13.3 | 10.0 | 0.0 | 0.0 | 0.0 | 0.0000 | 0.0 |
| 149 | 伊拉克 | 亚洲 | 39.3 | 196.0 | 0.0 | 0.0 | 0.0 | 0.0000 | 0.0 |
| 150 | 吉尔吉斯斯坦 | 亚洲 | 6.1 | 8.0 | 0.0 | 0.0 | 0.0 | 0.0000 | 0.0 |
| 151 | 马达加斯加 | 非洲 | 26.3 | 12.0 | 0.0 | 0.0 | 0.0 | 0.0000 | 0.0 |
| 152 | 毛里塔尼亚 | 非洲 | 4.0 | 5.0 | 0.0 | 0.0 | 0.0 | 0.0000 | 0.0 |
| 153 | 蒙古 | 亚洲 | 3.1 | 13.0 | 0.0 | 0.0 | 0.0 | 0.0000 | 0.0 |
| 154 | 缅甸 | 亚洲 | 53.8 | 76.0 | 0.0 | 0.0 | 0.0 | 0.0000 | 0.0 |
| 155 | 尼泊尔 | 亚洲 | 29.6 | 28.0 | 0.0 | 0.0 | 0.0 | 0.0000 | 0.0 |
| 156 | 巴布亚新几内亚 | 大洋洲 | 8.4 | 20.0 | 0.0 | 0.0 | 0.0 | 0.0000 | 0.0 |
| 157 | 塞舌尔 | 非洲 | 0.1 | 2.0 | 0.0 | 0.0 | 0.0 | 0.0000 | 0.0 |
| 158 | 斯威士兰 | 非洲 | 1.4 | 5.0 | 0.0 | 0.0 | 0.0 | 0.0000 | 0.0 |
| 159 | 塔吉克斯坦 | 亚洲 | 9.1 | 7.0 | 0.0 | 0.0 | 0.0 | 0.0000 | 0.0 |
| 160 | 土库曼斯坦 | 亚洲 | 5.8 | 42.0 | 0.0 | 0.0 | 0.0 | 0.0000 | 0.0 |

资料来源：根据瑞士再保险公司官网公开披露数据整理。

# 附表 2　我国保险经营机构代码表

| 序号 | 保险经营机构名称 | 保险机构代码 | |
| --- | --- | --- | --- |
| | | 基础信息代码 | 状态信息代码 |
| 1 | 中国人民保险集团股份有限公司 | 1949102001 | BJSICSGO |
| 2 | 香港民安保险有限公司深圳分公司 | 1982010901 | SZSBFUPF |
| 3 | 中华联合保险集团股份有限公司 | 1986071501 | BJSICSGO |
| 4 | 中国平安保险（集团）股份有限公司 | 1988032101 | SZSICSGO |
| 5 | 香港民安保险有限公司海口分公司 | 1988102201 | HKSBFUPF |
| 6 | 中国太平洋保险（集团）股份有限公司 | 1991051301 | SHSICSGO |
| 7 | 友邦保险有限公司上海分公司 | 1992092901 | SHSBFUNO |
| 8 | 东京海上火灾保险株式会社上海分公司 | 1994081301 | SHSBFUPF |
| 9 | 史带财产保险股份有限公司 | 1995012501 | SHSIFSPO |
| 10 | 天安财产保险股份有限公司 | 1995012701 | SHSICSPO |
| 11 | 美亚保险公司广州分公司 | 1995103001 | GZSBFUPF |
| 12 | 友邦保险有限公司广东分公司 | 1995103002 | GZSBFUNO |
| 13 | 中保财产保险有限公司 | 1996082101 | BJSICLPF |
| 14 | 中国人寿保险（集团）公司 | 1996082201 | BJSICLGO |
| 15 | 中国再保险（集团）股份有限公司 | 1996082202 | BJSICSGO |
| 16 | 华泰保险集团股份有限公司 | 1996082901 | BJSIFSGO |
| 17 | 泰康保险集团股份有限公司 | 1996090901 | BJSICSGO |
| 18 | 永安财产保险股份有限公司 | 1996091301 | XASICSPO |
| 19 | 新华人寿保险股份有限公司 | 1996092801 | BJSICSNO |
| 20 | 中宏人寿保险有限公司 | 1996111501 | SHSIFLNO |
| 21 | 华安财产保险股份有限公司 | 1996120301 | SZSICSPO |
| 22 | 丰泰保险（亚洲）有限公司上海分公司 | 1997011701 | SHSBFUPF |
| 23 | 美亚保险公司上海分公司 | 1997111301 | SHSBFUPF |
| 24 | 中国太平保险集团有限责任公司 | 1998070801 | BJSICLGO |
| 25 | 建信人寿保险股份有限公司 | 1998101201 | SHSICSNO |
| 26 | 皇家太阳联合保险公司上海分公司 | 1998102301 | SHSBFUPF |
| 27 | 中德安联人寿保险有限公司 | 1998112501 | SHSIFLNO |
| 28 | 工银安盛人寿保险有限公司 | 1999051401 | SHSIFLNO |
| 29 | 美亚保险公司深圳分公司 | 1999101901 | SZSBFUPF |
| 30 | 友邦保险有限公司深圳分公司 | 1999101902 | SZSBFUNO |
| 31 | 交银康联人寿保险有限公司 | 2000070401 | SHSIFLNO |
| 32 | 美国联邦保险股份有限公司上海分公司 | 2000082201 | SHSBFUPF |
| 33 | 中信保诚人寿保险有限公司 | 2000092801 | BJSIFLNO |

| 序号 | 保险经营机构名称 | 保险机构代码 | |
|---|---|---|---|
| | | 基础信息代码 | 状态信息代码 |
| 34 | 天安人寿保险股份有限公司 | 2000112401 | BJSICSNO |
| 35 | 三星火灾海上保险公司上海分公司 | 2001051501 | SHSBFUPF |
| 36 | 三井住友海上火灾保险公司上海分公司 | 2001051502 | SHSBFUPF |
| 37 | 中国出口信用保险公司 | 2001110801 | BJSICLPO |
| 38 | 中国太平洋人寿保险股份有限公司 | 2001110901 | SHSICSNO |
| 39 | 中国太平洋财产保险股份有限公司 | 2001110902 | SHSICSPO |
| 40 | 中银集团保险有限公司深圳分公司 | 2001112801 | SZSBFUPF |
| 41 | 太平人寿保险有限公司 | 2001113001 | SHSICLNO |
| 42 | 太平财产保险有限公司 | 2001122001 | SZSICLPO |
| 43 | 东方人寿保险股份有限公司 | 2002012401 | SHSICSNF |
| 44 | 中意人寿保险有限公司 | 2002013101 | BJSIFLNO |
| 45 | 富德生命人寿保险股份有限公司 | 2002030401 | SZSICSNO |
| 46 | 光大永明人寿保险有限公司 | 2002042201 | TJSICLNO |
| 47 | 友邦保险有限公司北京分公司 | 2002061101 | BJSBFUNO |
| 48 | 民生人寿保险股份有限公司 | 2002061801 | BJSICSNO |
| 49 | 友邦保险有限公司江苏分公司 | 2002071601 | NJSBFUNO |
| 50 | 友邦保险有限公司东莞支公司 | 2002110701 | DGSBFUNO |
| 51 | 友邦保险有限公司江门支公司 | 2002110702 | JMSBFUNO |
| 52 | 中荷人寿保险有限公司 | 2002111901 | DLSIFLNO |
| 53 | 北大方正人寿保险有限公司 | 2002112801 | SHSIFLNO |
| 54 | 中英人寿保险有限公司 | 2002121101 | BJSIFLNO |
| 55 | 中国平安人寿保险股份有限公司 | 2002121701 | SZSICSNO |
| 56 | 中国平安财产保险股份有限公司 | 2002122401 | SZSICSPO |
| 57 | 安联保险公司广州分公司 | 2003010801 | GZSBFUPF |
| 58 | 同方全球人寿保险有限公司 | 2003041601 | SZSIFLNO |
| 59 | 日本财产保险公司大连分公司 | 2003060101 | DLSBFUPF |
| 60 | 中国人寿保险股份有限公司 | 2003063001 | BJSICSNO |
| 61 | 中国人民财产保险股份有限公司 | 2003070701 | BJSICSPO |
| 62 | 中国人保资产管理有限公司 | 2003071601 | SHSICLAO |
| 63 | 招商信诺人寿保险有限公司 | 2003080401 | SZSIFLNO |
| 64 | 慕尼黑再保险公司北京分公司 | 2003090501 | BJSBFURO |
| 65 | 长生人寿保险有限公司 | 2003092301 | SHSIFLNO |
| 66 | 瑞士再保险股份有限公司北京分公司 | 2003092701 | BJSBFURO |
| 67 | 中国大地财产保险股份有限公司 | 2003101501 | SHSICSPO |
| 68 | 中国人寿资产管理有限公司 | 2003112301 | SHSICLAO |

续表

| 序号 | 保险经营机构名称 | 保险机构代码 | |
|---|---|---|---|
| | | 基础信息代码 | 状态信息代码 |
| 69 | 恒安标准人寿保险有限公司 | 2003120101 | TJSIFLNO |
| 70 | 美国利宝互助保险公司重庆分公司 | 2003120301 | CQSBFUPF |
| 71 | 中国财产再保险有限责任公司 | 2003121501 | BJSICLRO |
| 72 | 中国人寿再保险有限责任公司 | 2003121601 | BJSICLRO |
| 73 | 瑞泰人寿保险有限公司 | 2004010601 | BJSIFLNO |
| 74 | 中美大都会人寿保险有限公司 | 2004021601 | BJSIFLNF |
| 75 | 德国通用再保险股份公司上海分公司 | 2004073001 | SHSBFURO |
| 76 | 安信农业保险股份有限公司 | 2004091501 | SHSICSPO |
| 77 | 法国安盟保险公司成都分公司 | 2004092201 | CDSBFUPF |
| 78 | 永诚财产保险股份有限公司 | 2004092701 | SHSICSPO |
| 79 | 安邦保险集团股份有限公司 | 2004101501 | BJSICSGF |
| 80 | 平安养老保险股份有限公司 | 2004121301 | SHSICSNO |
| 81 | 陆家嘴国泰人寿保险有限责任公司 | 2004122901 | SHSIFLNO |
| 82 | 安华农业保险股份有限公司 | 2004123001 | CCSICSPO |
| 83 | 安盛天平财产保险有限公司 | 2004123101 | SHSIFLPO |
| 84 | 中银保险有限公司 | 2005010501 | BJSICLPO |
| 85 | 亚太财产保险有限公司 | 2005011001 | SZSICLPO |
| 86 | 阳光农业相互保险公司 | 2005011002 | HEBICMPO |
| 87 | 华泰资产管理有限公司 | 2005011801 | BJSICLAO |
| 88 | 太平养老保险股份有限公司 | 2005012601 | SHSICSNO |
| 89 | 合众人寿保险股份有限公司 | 2005012801 | WHSICSNO |
| 90 | 中再资产管理股份有限公司 | 2005021801 | SHSICSAO |
| 91 | 国信人寿保险股份有限公司 | 2005031001 | SHSICSNF |
| 92 | 华泰人寿保险股份有限公司 | 2005032201 | BJSIFSNO |
| 93 | 中国人民健康保险股份有限公司 | 2005033101 | BJSICSNO |
| 94 | 三星财产保险（中国）有限公司 | 2005042501 | SHSIFLPO |
| 95 | 中银三星人寿保险有限公司 | 2005052601 | BJSIFLNO |
| 96 | 平安资产管理有限责任公司 | 2005052701 | BJSICLAO |
| 97 | 日本财产保险（中国）有限公司 | 2005053101 | DLSIFLPO |
| 98 | 平安健康保险股份有限公司 | 2005061301 | SHSIFSNO |
| 99 | 阳光财产保险股份有限公司 | 2005072801 | BJSICSPO |
| 100 | 中美联泰大都会人寿保险有限公司 | 2005081001 | SHSIFLNO |
| 101 | 长城人寿保险股份有限公司 | 2005092001 | BJSICSNO |
| 102 | 渤海财产保险股份有限公司 | 2005092801 | TJSICSPO |

| 序号 | 保险经营机构名称 | 保险机构代码 | |
|---|---|---|---|
| | | 基础信息代码 | 状态信息代码 |
| 103 | 都邦财产保险股份有限公司 | 2005101901 | JLSICSPO |
| 104 | 中国人民人寿保险股份有限公司 | 2005111001 | BJSICSNO |
| 105 | 农银人寿保险股份有限公司 | 2005121901 | BJSICSNO |
| 106 | 中法人寿保险有限责任公司 | 2005122301 | BJSIFLNO |
| 107 | 昆仑健康保险股份有限公司 | 2006011201 | BJSICSNO |
| 108 | 和谐健康保险股份有限公司 | 2006011202 | CDSICSNO |
| 109 | 华农财产保险股份有限公司 | 2006012401 | BJSICSPO |
| 110 | 泰康资产管理有限责任公司 | 2006022101 | SHSICLAO |
| 111 | 恒大人寿保险有限公司 | 2006051101 | CQSIFLNO |
| 112 | 苏黎世保险公司北京分公司 | 2006051701 | BJSBFUPF |
| 113 | 太平洋资产管理有限责任公司 | 2006060901 | BJSICLAO |
| 114 | 新华资产管理股份有限公司 | 2006070301 | SZSICSAO |
| 115 | 太平资产管理有限公司 | 2006090101 | BJSICLAO |
| 116 | 君康人寿保险股份有限公司 | 2006110601 | BJSICSNO |
| 117 | 中华联合财产保险股份有限公司 | 2006120601 | BJSICSPO |
| 118 | 华夏人寿保险股份有限公司 | 2006123001 | TJSICSNO |
| 119 | 中国人寿财产保险股份有限公司 | 2006123002 | BJSICSPO |
| 120 | 安诚财产保险股份有限公司 | 2006123101 | CQSICSPO |
| 121 | 中国人寿养老保险股份有限公司 | 2007011501 | BJSICSNO |
| 122 | 现代财产保险（中国）有限公司 | 2007030201 | BJSIFLPO |
| 123 | 劳合社保险（中国）有限公司 | 2007031501 | SHSIFLPO |
| 124 | 中意财产保险有限公司 | 2007041301 | BJSIFLPO |
| 125 | 信泰人寿保险股份有限公司 | 2007051801 | HZSICSNO |
| 126 | 长江养老保险股份有限公司 | 2007051802 | SHSICSNO |
| 127 | 英大泰和人寿保险股份有限公司 | 2007062601 | BJSICSNO |
| 128 | 阳光保险集团股份有限公司 | 2007062701 | SZSICSGO |
| 129 | 泰康养老保险股份有限公司 | 2007081001 | BJSICSNO |
| 130 | 三井住友海上火灾保险（中国）有限公司 | 2007090601 | SHSIFLPO |
| 131 | 利宝保险有限公司 | 2007092101 | CQSIFLPO |
| 132 | 美亚财产保险有限公司 | 2007092401 | SHSIFLPO |
| 133 | 幸福人寿保险股份有限公司 | 2007110501 | BJSICSNO |
| 134 | 长安责任保险股份有限公司 | 2007110701 | BJSICSPO |
| 135 | 国华人寿保险股份有限公司 | 2007110801 | WHSICSNO |
| 136 | 阳光人寿保险股份有限公司 | 2007121701 | SYSICSNO |
| 137 | 国元农业保险股份有限公司 | 2008011801 | HEBICSPO |

| 序号 | 保险经营机构名称 | 保险机构代码 | |
|---|---|---|---|
| | | 基础信息代码 | 状态信息代码 |
| 138 | 安达保险有限公司 | 2008020101 | SHSIFLPO |
| 139 | 法国再保险公司北京分公司 | 2008031201 | BJSBFURO |
| 140 | 瑞再企商保险有限公司 | 2008031701 | SHSIFLPO |
| 141 | 汉诺威再保险股份公司上海分公司 | 2008051901 | SHSBFURO |
| 142 | 鼎和财产保险股份有限公司 | 2008052201 | SZSICSPO |
| 143 | 东京海上日动火灾保险（中国）有限公司 | 2008072201 | SHSIFLPO |
| 144 | 国泰财产保险有限责任公司 | 2008082801 | SHSIFLPO |
| 145 | 中煤财产保险股份有限公司 | 2008101301 | TYSICSPO |
| 146 | 英大泰和财产保险股份有限公司 | 2008110401 | BJSICSPO |
| 147 | 君龙人寿保险有限公司 | 2008111001 | XMSIFLNO |
| 148 | 太平再保险有限公司北京分公司 | 2008121501 | BJSBFURF |
| 149 | 爱和谊日生同和财产保险（中国）有限公司 | 2009012301 | TJSIFLPO |
| 150 | 鼎诚人寿保险有限责任公司 | 2009030201 | BJSIFLNO |
| 151 | 紫金财产保险股份有限公司 | 2009050801 | NJSICSPO |
| 152 | 百年人寿保险股份有限公司 | 2009060101 | DLSICSNO |
| 153 | 日本兴亚财产保险（中国）有限责任公司 | 2009061901 | SZSIFLPO |
| 154 | 浙商财产保险股份有限公司 | 2009062501 | HZSICSPO |
| 155 | 汇丰人寿保险有限公司 | 2009062701 | SHSIFLNO |
| 156 | 中邮人寿保险股份有限公司 | 2009081801 | BJSICSNO |
| 157 | 国任财产保险股份有限公司 | 2009083101 | BJSICSPO |
| 158 | 乐爱金财产保险（中国）有限公司 | 2009102301 | NJSIFLPO |
| 159 | 京东安联财产保险（中国）有限公司 | 2010032401 | GZSIFLPO |
| 160 | 中融人寿保险股份有限公司 | 2010032601 | BJSICSNO |
| 161 | 大家人寿保险股份有限公司 | 2010062301 | BJSICSNO |
| 162 | 富邦财产保险有限公司 | 2010100801 | XMSIFLPO |
| 163 | 泰山财产保险股份有限公司 | 2010123101 | JNSICSPO |
| 164 | 锦泰财产保险股份有限公司 | 2011013001 | CDSICSPO |
| 165 | 中航安盟财产保险有限公司 | 2011022201 | CDSIFLPO |
| 166 | 信利保险（中国）有限公司 | 2011031401 | SHSIFLPO |
| 167 | 大家资产管理有限责任公司 | 2011052001 | BJSICLAO |
| 168 | 众诚汽车保险股份有限公司 | 2011060801 | GZSICSPO |
| 169 | 利安人寿保险股份有限公司 | 2011071401 | NJSICSNO |
| 170 | 生命保险资产管理有限公司 | 2011071501 | BJSICLAO |
| 171 | 华泰财产保险有限公司 | 2011072901 | SHSIFLPO |

| 序号 | 保险经营机构名称 | 保险机构代码 | |
| --- | --- | --- | --- |
| | | 基础信息代码 | 状态信息代码 |
| 172 | 慈溪市龙山镇伏龙农村保险互助社 | 2011090601 | NBSICMNO |
| 173 | 长江财产保险股份有限公司 | 2011111801 | WHSICSPO |
| 174 | 华汇人寿保险股份有限公司 | 2011122201 | SYSICSNO |
| 175 | 诚泰财产保险股份有限公司 | 2011123101 | KMSICSPO |
| 176 | 安邦财产保险股份有限公司 | 2011123102 | SZSICSPF |
| 177 | 前海人寿保险股份有限公司 | 2012020801 | SZSICSNO |
| 178 | 光大永明资产管理股份有限公司 | 2012030201 | SHSICSAO |
| 179 | 富德财产保险股份有限公司 | 2012050701 | SZSICSPO |
| 180 | 合众资产管理股份有限公司 | 2012051401 | SZSICSAO |
| 181 | 东吴人寿保险股份有限公司 | 2012052301 | SZSICSNO |
| 182 | 鑫安汽车保险股份有限公司 | 2012061501 | CCSICSPO |
| 183 | 弘康人寿保险股份有限公司 | 2012071901 | BJSICSNO |
| 184 | 吉祥人寿保险股份有限公司 | 2012090701 | CSSICSNO |
| 185 | 复星保德信人寿保险有限公司 | 2012092101 | SHSIFLNO |
| 186 | 珠江人寿保险股份有限公司 | 2012092601 | GZSICSNO |
| 187 | 民生通惠资产管理有限公司 | 2012111501 | BJSICLAO |
| 188 | 中韩人寿保险有限公司 | 2012113001 | HZSIFLNO |
| 189 | 阳光资产管理股份有限公司 | 2012120401 | BJSICSAO |
| 190 | 北部湾财产保险股份有限公司 | 2013011801 | NNSICSPO |
| 191 | 中英益利资产管理股份有限公司 | 2013041201 | BJSICSAO |
| 192 | 安盛保险有限公司 | 2013051601 | SHSIFLPF |
| 193 | 中意资产管理有限责任公司 | 2013052301 | BJSIFLAO |
| 194 | 苏黎世财产保险（中国）有限公司 | 2013070201 | SHSIFLPO |
| 195 | 慈溪市龙山农村保险互助联社 | 2013071701 | NBSICMNO |
| 196 | 德华安顾人寿保险有限公司 | 2013072201 | JNSIFLNO |
| 197 | 华安财保资产管理有限责任公司 | 2013090501 | TJSICLAO |
| 198 | 众安在线财产保险股份有限公司 | 2013100901 | SHSICSPO |
| 199 | 中石油专属财产保险股份有限公司 | 2013122601 | KLMICSPO |
| 200 | 大家养老保险股份有限公司 | 2013123101 | BJSICSNO |
| 201 | RGA 美国再保险公司上海分公司 | 2014092601 | SHSBFURO |
| 202 | 华海财产保险股份有限公司 | 2014120901 | YTSICSPO |
| 203 | 太保安联健康保险股份有限公司 | 2014121001 | SHSICSNO |
| 204 | 渤海人寿保险股份有限公司 | 2014121801 | TJSICSNO |
| 205 | 恒邦财产保险股份有限公司 | 2014123001 | NCSICSPO |
| 206 | 国联人寿保险股份有限公司 | 2014123101 | WXSICSNO |

| 序号 | 保险经营机构名称 | 保险机构代码 | |
|---|---|---|---|
| | | 基础信息代码 | 状态信息代码 |
| 207 | 燕赵财产保险股份有限公司 | 2015020301 | TSSICSPO |
| 208 | 合众财产保险股份有限公司 | 2015021101 | BJSICSPO |
| 209 | 上海人寿保险股份有限公司 | 2015021601 | SHSICSNO |
| 210 | 长城财富保险资产管理股份有限公司 | 2015031801 | SZSICSAO |
| 211 | 英大保险资产管理有限公司 | 2015040301 | SZSICLAO |
| 212 | 中路财产保险股份有限公司 | 2015040302 | QDSICSPO |
| 213 | 华夏久盈资产管理有限责任公司 | 2015051201 | DLSICLAO |
| 214 | 中原农业保险股份有限公司 | 2015051301 | ZZSICSPO |
| 215 | 富德保险控股股份有限公司 | 2015070101 | SZSICSGO |
| 216 | 中国铁路财产保险自保有限公司 | 2015070601 | BJSICLPO |
| 217 | 瑞安市兴民农村保险互助社 | 2015102201 | WZSICMPO |
| 218 | 泰康在线财产保险股份有限公司 | 2015111201 | WHSICSPO |
| 219 | 中华联合人寿保险股份有限公司 | 2015112401 | BJSICSNO |
| 220 | 太平再保险（中国）有限公司 | 2015121101 | BJSICLRO |
| 221 | 东海航运保险股份有限公司 | 2015122501 | NBSICSPO |
| 222 | 安心财产保险有限责任公司 | 2015123101 | BJSICLPO |
| 223 | 阳光信用保证保险股份有限公司 | 2016011101 | CQSICSPO |
| 224 | 易安财产保险股份有限公司 | 2016021601 | SZSICSPO |
| 225 | 久隆财产保险有限公司 | 2016031701 | ZHSICLPO |
| 226 | 建信保险资产管理有限公司 | 2016040701 | SZSICLAO |
| 227 | 新疆前海联合财产保险股份有限公司 | 2016051901 | WLMICSPO |
| 228 | 珠峰财产保险股份有限公司 | 2016052201 | LSSICSPO |
| 229 | 百年保险资产管理有限责任公司 | 2016080101 | DLSICLAO |
| 230 | 永诚保险资产管理有限公司 | 2016080102 | NBSICLAO |
| 231 | 海峡金桥财产保险股份有限公司 | 2016082501 | FZSICSPO |
| 232 | 新华养老保险股份有限公司 | 2016091901 | BJSICSNO |
| 233 | 建信财产保险有限公司 | 2016101101 | YCSICLPO |
| 234 | 泰康人寿保险有限责任公司 | 2016112801 | BJSICLNO |
| 235 | 前海再保险股份有限公司 | 2016120501 | SZSICSRO |
| 236 | 横琴人寿保险有限公司 | 2016122801 | ZHSICLNO |
| 237 | 复星联合健康保险股份有限公司 | 2017012301 | GZSICSNO |
| 238 | 和泰人寿保险股份有限公司 | 2017012401 | JNSICSNO |
| 239 | 中远海运财产保险自保有限公司 | 2017020801 | SHSICLPO |
| 240 | 众惠财产相互保险社 | 2017021401 | SZSICMPO |

| 序号 | 保险经营机构名称 | 保险机构代码 | |
|---|---|---|---|
| | | 基础信息代码 | 状态信息代码 |
| 241 | 华贵人寿保险股份有限公司 | 2017021701 | GYSICSNO |
| 242 | 人保再保险股份有限公司 | 2017022301 | BJSICSRO |
| 243 | 信美人寿相互保险社 | 2017051101 | BJSICMNO |
| 244 | 爱心人寿保险股份有限公司 | 2017062201 | BJSICSNO |
| 245 | 汇友财产相互保险社 | 2017062801 | BJSICMPO |
| 246 | 招商局仁和人寿保险股份有限公司 | 2017070401 | SZSICSNO |
| 247 | 中国人民养老保险有限责任公司 | 2017101201 | BJSICLNO |
| 248 | 广东粤电财产保险自保有限公司 | 2017111001 | GZSICLPO |
| 249 | 三峡人寿保险股份有限公司 | 2017122001 | CQSICSNO |
| 250 | 黄河财产保险股份有限公司 | 2018010201 | LZSICSPO |
| 251 | 太平科技保险股份有限公司 | 2018010801 | JXSICSPO |
| 252 | 北京人寿保险股份有限公司 | 2018021401 | BJSICSNO |
| 253 | 国宝人寿保险股份有限公司 | 2018040801 | CDSICSNO |
| 254 | 瑞华健康保险股份有限公司 | 2018051501 | XASICSNO |
| 255 | 海保人寿保险股份有限公司 | 2018053001 | HKSICSNO |
| 256 | 国富人寿保险股份有限公司 | 2018060701 | NNSICSNO |
| 257 | 融盛财产保险股份有限公司 | 2018070901 | SYSICSPO |
| 258 | 工银安盛资产管理有限公司 | 2019051301 | SHSIFLAO |
| 259 | 交银康联资产管理有限公司 | 2019061801 | SHSIFLAO |
| 260 | 大家保险集团有限责任公司 | 2019062501 | BJSICLGO |
| 261 | 大家财产保险有限责任公司 | 2019082801 | SZSICLPO |
| 262 | 安联（中国）保险控股有限公司 | 2019112801 | SHSIFLGO |

资料来源：作者根据本报告第二章设计的保险机构编码规则整理所得。

## 附表3　1979—2019年保险公司治理政策法规文件目录

| 序号 | 文件名 | 发布主体 | 文件编号 | 文件层次 | 一级分类 | 二级分类 | 时间 | 治理意义 |
|---|---|---|---|---|---|---|---|---|
| 1 | 《中国人民银行全国分行行长会议纪要》 | 国务院 | 国发〔1979〕99号 | 国务院规范性文件 | 保险业治理 | 发展方针 | 1979-02-28 | 正式提出恢复我国保险业 |
| 2 | 《国务院对中国人民银行〈关于成立中国人民保险公司董事会的报告〉和〈中国人民保险公司章程〉给中国人民银行的批复》 | 国务院 | 国函〔1982〕282号 | 行业规定 | 保险公司治理 | 公司治理基础 | 1982-12-27 | 批准成立中国人民保险公司董事会、监事会 |
| 3 | 《财产保险合同条例》 | 国务院 | 国发〔1983〕135号 | 行政法规 | 保险公司治理 | 公司治理基础 | 1983-09-01 | 中华人民共和国成立后第一部财产保险合同方面法规 |
| 4 | 《关于加快发展我国保险事业的报告》 | 国务院 | 国发〔1984〕151号 | 国务院规范性文件 | 保险业治理 | 发展方针 | 1984-11-03 | 为加快发展我国保险事业提供意见和相关措施 |
| 5 | 《保险企业管理暂行条例》 | 国务院 | 国发〔1985〕33号 | 行政法规 | 保险公司治理 | 公司治理基础 | 1985-03-03 | 中华人民共和国成立后第一部对保险企业管理法律文件 |
| 6 | 《中国人民银行关于依法加强人民银行行使国家保险管理机关职责的通知》 | 中国人民银行 | 银发〔1988〕74号 | 部门规范性文件 | 保险业治理 | 监管部门 | 1988-03-26 | 肯定了中国人民保险公司在我国保险事业中的主渠道作用 |
| 7 | 《国务院办公厅关于加强保险事业管理的通知》 | 国务院 | 国办发〔1989〕11号 | 国务院规范性文件 | 保险业治理 | 发展方针 | 1989-02-16 | 为加强国营金融、保险企业成本管理、提高经济效益提供保障 |
| 8 | 《国营金融、保险企业成本管理办法》 | 财政部 | 财商字〔1990〕第500号 | 部门规章 | 保险公司治理 | 外部监管 | 1990-12-28 | 保障《保险企业管理暂行条例》顺利地贯彻实施 |

| 序号 | 文件名 | 发布主体 | 文件编号 | 文件层次 | 一级分类 | 二级分类 | 时间 | 治理意义 |
|---|---|---|---|---|---|---|---|---|
| 9 | 《中国人民银行关于对保险业务和机构进一步清理整顿和加强管理的通知》 | 中国人民银行 | 银发〔1991〕92 号 | 部门规范性文件 | 保险业治理 | 行业监管 | 1991-04-13 | 加强中国人民银行对保险业务的管理 |
| 10 | 《上海外资保险机构暂行管理办法》 | 中国人民银行 | 银发〔1992〕221 号 | 部门规章 | 保险公司治理 | 公司治理基础 | 1992-09-11 | 加强对外资保险机构的管理 |
| 11 | 《关于重申银行、保险企业财务管理和收入分配集中于中央财政的通知》 | 财政部、中国人民银行、中国工商银行、中国农业银行、中国人民建设银行和中国人民保险公司 | 财商字〔1992〕第 360 号 | 部门规范性文件 | 保险业治理 | 行业监管 | 1992-10-05 | 强调银行、保险企业财务管理和收入分配均执行国家统一政策 |
| 12 | 《保险代理机构管理暂行办法》 | 中国人民银行 | 银发〔1992〕258 号 | 部门规章 | 保险机构治理 | 中介机构 | 1992-11-02 | 加强对保险企业设立保险代理机构的管理 |
| 13 | 《中国人民保险公司关于处理保险行业中一些问题的政策界限》 | 中国人民保险公司 | 保发〔1993〕37 号 | 行业规定 | 保险业治理 | 行业监管 | 1993-02-22 | 明确行业中一些问题的政策界限 |
| 14 | 《中国人民保险公司全资附属（或合资）企业财务管理的若干规定（试行）》 | 中国人民保险公司 | 保发〔1993〕95 号 | 行业规定 | 保险公司治理 | 特定背景下的公司治理文件 | 1993-03-06 | 规范中国人民保险公司全资附属（或合资）企业财务管理行为 |
| 15 | 《经营目标责任制管理暂行办法》 | 中国人民保险公司 | 保发〔1994〕56 号 | 行业规定 | 保险公司治理 | 公司治理基础 | 1994-03-24 | 明确经营目标责任制的相关问题 |
| 16 | 《中国人民银行关于保险代理机构有关问题的通知》 | 中国人民银行 | 银发〔1994〕129 号 | 部门规范性文件 | 保险机构治理 | 中介机构 | 1994-05-26 | 加强对保险代理机构的管理 |

| 序号 | 文件名 | 发布主体 | 文件编号 | 文件层次 | 一级分类 | 二级分类 | 时间 | 治理意义 |
|---|---|---|---|---|---|---|---|---|
| 17 | 《中国人民保险公司全资直属企业暂行管理办法》 | 中国人民保险公司 | 保发〔1995〕6号 | 行业规定 | 保险公司治理 | 特定背景下的公司治理文件 | 1995-01-17 | 促进全资直属企业加强经营管理 |
| 18 | 《中国人民保险公司附属企业管理审计方案》 | 中国人民保险公司 | 保发〔1995〕48号 | 行业规定 | 保险公司治理 | 特定背景下的公司治理文件 | 1995-03-23 | 强化对附属企业的审计监督 |
| 19 | 《中国人民保险公司系统工资管理暂行办法》 | 中国人民保险公司 | 保发〔1995〕51号 | 行业规定 | 保险公司治理 | 特定背景下的公司治理文件 | 1995-03-29 | 进一步加强和规范人保公司系统工资管理工作 |
| 20 | 《保险法》 | 全国人大常委会 | 中华人民共和国主席令2015年第26号 | 法律 | 保险业治理 | 法律 | 1995-06-30 | 是我国保险公司治理的基础法律 |
| 21 | 《中国人民银行关于改革中国人民保险公司机构体制的通知》 | 中国人民银行 | 银发〔1995〕301号 | 部门规范性文件 | 保险业治理 | 发展规划 | 1995-11-06 | 理顺保险机构体制,实行产、人身险分业经营 |
| 22 | 《中国人民保险(集团)公司海外机构财务管理暂行规定》 | 中国人民保险公司 | 保发〔1995〕198号 | 行业规定 | 保险公司治理 | 特定背景下的公司治理文件 | 1995-12-01 | 规范中国人民保险(集团)公司海外机构的财务管理行为 |
| 23 | 《中国人民保险(集团)公司海外机构管理暂行规定》 | 中国人民保险公司 | 保发〔1995〕198号 | 行业规定 | 保险公司治理 | 特定背景下的公司治理文件 | 1995-12-01 | 加强对中国人民保险(集团)公司海外机构及其资产的管理 |
| 24 | 《中国人民保险(集团)公司海外机构经营目标责任制考核暂行办法》 | 中国人民保险公司 | 保发〔1995〕198号 | 行业规定 | 保险公司治理 | 特定背景下的公司治理文件 | 1995-12-01 | 推动海外机构加强经营目标管理 |
| 25 | 《中国人民保险(集团)公司外派干部管理暂行规定》 | 中国人民保险公司 | 保发〔1995〕198号 | 行业规定 | 保险公司治理 | 特定背景下的公司治理文件 | 1995-12-01 | 加强外派干部队伍建设 |

| 序号 | 文件名 | 发布主体 | 文件编号 | 文件层次 | 一级分类 | 二级分类 | 时间 | 治理意义 |
|---|---|---|---|---|---|---|---|---|
| 26 | 《关于外商投资金融保险企业制定内部财务管理制度的指导意见》 | 财政部 | 财政部财工字〔1996〕第 25 号 | 部门规范性文件 | 保险公司治理 | 外部监管 | 1996-01-31 | 规范外商投资金融保险企业内部财务管理制度 |
| 27 | 《保险管理暂行规定》 | 中国人民银行 | 无 | 部门规章 | 保险业治理 | 行业监管 | 1996-07-25 | 《保险法》颁布实施后的第一个配套文件 |
| 28 | 《财政部关于保险公司保险保障基金有关财务管理的通知》 | 财政部 | 财商字〔1997〕194 号 | 部门规范性文件 | 保险公司治理 | 外部监管 | 1997-05-05 | 加强对保险保障基金的财务管理 |
| 29 | 《全国保险行业公约》 | 十三家签约保险公司 | 无 | 行业规定 | 保险业治理 | 行业协会 | 1997-09-09 | 维护保险市场秩序、规范保险行为、保护保险活动当事人的正当权益 |
| 30 | 《保险代理人管理规定（试行）》 | 中国人民银行 | 银发〔1997〕513 号 | 部门规章 | 保险机构治理 | 中介机构 | 1997-11-30 | 规范保险代理人行为，维护保险市场秩序 |
| 31 | 《保险经纪人管理规定（试行）》 | 中国人民银行 | 银发〔1998〕61 号 | 部门规章 | 保险机构治理 | 中介机构 | 1998-02-24 | 我国第一个关于保险经纪人的法规 |
| 32 | 《国务院关于撤销中国人民保险（集团）公司实施方案的批复》 | 国务院 | 国函〔1998〕85 号 | 国务院规范性文件 | 保险业治理 | 发展方针 | 1998-10-07 | 机构分立增加了保险市场主体数量 |
| 33 | 《财政部会计司〈保险公司会计制度〉问题解答》 | 财政部 | 财会字〔1998〕60 号 | 部门规范性文件 | 保险业治理 | 行业监管 | 1998-12-28 | 为保险监督管理机构和其他会计信息使用者提供有用的会计信息 |
| 34 | 《保险机构高级管理人员任职资格管理暂行规定》 | 中国保监会 | 保监发〔1999〕10 号 | 部门规范性文件 | 保险公司治理 | 董监高 | 1999-01-11 | 规范保险机构高级管理人员任职资格的管理 |

| 序号 | 文件名 | 发布主体 | 文件编号 | 文件层次 | 一级分类 | 二级分类 | 时间 | 治理意义 |
|------|--------|----------|----------|----------|----------|----------|------|----------|
| 35 | 《国务院办公厅关于印发中国保险监督管理委员会职能配置内设机构和人员编制规定的通知》 | 国务院 | 国办发〔1999〕21号 | 国务院规范性文件 | 保险业治理 | 监管部门 | 1999-03-04 | 规范中国保监会职能配置、内设机构和人员编制 |
| 36 | 《中国人民保险公司对各级公司领导干部的监督管理的规定》 | 中国人民保险公司 | 人保发〔1999〕56号 | 行业规定 | 保险公司治理 | 特定背景下的公司治理文件 | 1999-04-27 | 加强对各级公司领导干部的监督和制约 |
| 37 | 《保险公司内部控制制度建设指导原则》 | 中国保监会 | 保监发〔1999〕131号 | 部门规章 | 保险公司治理 | 内部控制 | 1999-08-05 | 确立我国保险公司内部控制制度 |
| 38 | 《向保险公司投资入股暂行规定》 | 中国保监会 | 保监发〔1999〕270号 | 部门规范性文件 | 保险公司治理 | 股东治理 | 1999-12-24 | 规范向保险公司投资入股行为 |
| 39 | 《保险公司管理规定》 | 中国保监会 | 中国保监会令2015年第3号 | 部门规章 | 保险公司治理 | 公司治理基础 | 2000-01-13 | 全面规范保险公司及其分支机构的基础性规章 |
| 40 | 《中国人民保险公司内部审计工作规范的暂行规定》 | 中国人民保险公司 | 人保发〔2000〕36号 | 行业规定 | 保险公司治理 | 内部审计 | 2000-02-16 | 加强中国人民保险公司内部审计工作管理 |
| 41 | 《中国人民保险公司经理经济责任审计暂行规定》 | 中国人民保险公司 | 人保发〔2000〕39号 | 行业规定 | 保险公司治理 | 内部审计 | 2000-02-17 | 明确中国人民保险公司经理经济责任审计有关事项 |
| 42 | 《中国保险监督管理委员会关于规范中资保险公司吸收外资参股有关事项的通知》 | 中国保监会 | 保监发〔2001〕126号 | 部门规范性文件 | 保险公司治理 | 股东治理 | 2001-06-09 | 规范中资保险公司吸收外资参股行为 |
| 43 | 《保险代理机构管理规定》 | 中国保监会 | 中国保监会令2004年第14号 | 部门规章 | 保险机构治理 | 中介机构 | 2001-11-16 | 规范保险代理机构行为的基本制度 |

续表

| 序号 | 文件名 | 发布主体 | 文件编号 | 文件层次 | 一级分类 | 二级分类 | 时间 | 治理意义 |
|---|---|---|---|---|---|---|---|---|
| 44 | 《保险经纪公司管理规定》 | 中国保监会 | 中国保监会令2001年第5号 | 部门规章 | 保险机构治理 | 中介机构 | 2001-11-16 | 规范保险经纪公司行为的基本制度 |
| 45 | 《外资保险公司管理条例》 | 国务院 | 国务院令第336号 | 行政法规 | 保险公司治理 | 公司治理基础 | 2001-12-12 | 规范外资保险公司行为的基本制度 |
| 46 | 《中国保险监督管理委员会关于加强对保险公司设立分支机构管理的通知》 | 中国保监会 | 保监发〔2001〕199号 | 部门规范性文件 | 保险公司治理 | 公司治理基础 | 2001-12-14 | 加强对保险公司设立分支机构的管理 |
| 47 | 《保险公司高级管理人员任职资格管理规定》 | 中国保监会 | 中国保监会令2003年第2号 | 部门规章 | 保险公司治理 | 董监高 | 2002-03-01 | 加强对保险公司高级管理人员任职资格的管理 |
| 48 | 《再保险公司设立规定》 | 中国保监会 | 中国保监会令2002年第4号 | 部门规章 | 保险机构治理 | 经营机构 | 2002-09-17 | 规范再保险公司设立行为的基本制度 |
| 49 | 《中国保险监督管理委员会主要职责内设机构和人员编制规定》 | 国务院 | 国办发〔2003〕61号 | 国务院规范性文件 | 保险业治理 | 监管部门 | 2003-07-07 | 进一步规范中国保监会主要职责、内设机构和人员编制 |
| 50 | 《国有保险公司监事会检查报告报送程序规定》 | 中国保监会 | 保监发〔2003〕113号 | 部门规范性文件 | 保险公司治理 | 监事会治理 | 2003-08-19 | 规范国务院派驻国有保险公司监事会检查报告报送程序 |
| 51 | 《外国保险机构驻华代表机构管理办法》 | 中国保监会 | 中国保监会令2006年第5号 | 部门规章 | 保险机构治理 | 经营机构 | 2004-01-15 | 加强对外国保险机构驻华代表机构的管理 |
| 52 | 《中国保监会派出机构管理部工作规则》 | 中国保监会 | 保监厅发〔2004〕13号 | 部门规范性文件 | 保险业治理 | 监管部门 | 2004-02-06 | 明确中国保监会派出机构管理部职责 |
| 53 | 《保险资产管理公司管理暂行规定》 | 中国保监会 | 中国保监会令2004年第2号 | 部门规章 | 保险机构治理 | 经营机构 | 2004-04-21 | 加强对保险资产管理公司的监督管理 |

| 序号 | 文件名 | 发布主体 | 文件编号 | 文件层次 | 一级分类 | 二级分类 | 时间 | 治理意义 |
|---|---|---|---|---|---|---|---|---|
| 54 | 《关于外国财产保险分公司改建为独资财产保险公司有关问题的通知》 | 中国保监会 | 保监发〔2004〕45号 | 部门规范性文件 | 保险公司治理 | 公司治理基础 | 2004-05-10 | 规范外国财产保险分公司改建有关事宜 |
| 55 | 《外资保险公司管理条例实施细则》 | 中国银保监会 | 中国银保监会令2019年第4号 | 部门规章 | 保险公司治理 | 公司治理基础 | 2004-05-13 | 规范外资保险公司管理的实施细则 |
| 56 | 《中国保险监督管理委员会派出机构监管职责规定》 | 中国保监会 | 中国保监会令2016年第1号 | 部门规章 | 保险业治理 | 监管部门 | 2004-06-30 | 明确中国保监会派出机构监管工作职责 |
| 57 | 《保险机构投资者股票投资管理暂行办法》 | 中国保监会、中国证监会 | 中国保监会、中国证监会令2004年第12号 | 部门规章 | 保险机构治理 | 经营机构 | 2004-10-24 | 加强保险机构投资者股票投资业务管理 |
| 58 | 《保险中介机构法人治理指引（试行）》 | 中国保监会 | 保监发〔2005〕21号 | 部门规范性文件 | 保险机构治理 | 中介机构 | 2005-02-28 | 为建立保险中介机构法人治理提供指引 |
| 59 | 《保险中介机构内部控制指引（试行）》 | 中国保监会 | 保监发〔2005〕21号 | 部门规范性文件 | 保险机构治理 | 中介机构 | 2005-02-28 | 规范保险中介机构内部控制 |
| 60 | 《中国保险监督管理委员会行政处罚程序规定》 | 中国保监会 | 中国保监会令2017年第1号 | 部门规章 | 保险业治理 | 监管部门 | 2005-11-08 | 规范中国保监会行政处罚程序 |
| 61 | 《关于规范保险公司治理结构的指导意见（试行）》 | 中国保监会 | 保监发〔2006〕2号 | 部门规范性文件 | 保险公司治理 | 公司治理基础 | 2006-01-05 | 开启我国保险公司治理改革 |
| 62 | 《关于定期报送保险公司基本资料和数据的通知》 | 中国保监会 | 保监厅发〔2006〕3号 | 部门规范性文件 | 保险公司治理 | 信息披露 | 2006-01-25 | 规范保险公司定期报送相关资料的问题 |
| 63 | 《中国保险监督管理委员会办公厅关于保险监管机构列席保险公司股东会/股东大会、董事会会议有关事项的通知》 | 中国保监会 | 保监厅发〔2006〕5号 | 部门规范性文件 | 保险公司治理 | 外部监管 | 2006-02-07 | 完善了监管机构对保险公司治理监管的途径 |

续表

| 序号 | 文件名 | 发布主体 | 文件编号 | 文件层次 | 一级分类 | 二级分类 | 时间 | 治理意义 |
|---|---|---|---|---|---|---|---|---|
| 64 | 《国务院关于保险业改革发展的若干意见》 | 国务院 | 国发〔2006〕23号 | 国务院规范性文件 | 保险业治理 | 发展方针 | 2006-06-15 | 我国保险业改革发展的第一次顶层设计 |
| 65 | 《保险公司董事和高级管理人员任职资格管理规定》 | 中国保监会 | 中国保监会令2006年第4号 | 部门规章 | 保险公司治理 | 董监高 | 2006-07-12 | 加强和完善保险公司董事和高级管理人员任职资格的管理 |
| 66 | 《保险公司设立境外保险类机构管理办法》 | 中国保监会 | 中国保监会令2015年第3号 | 部门规章 | 保险公司治理 | 公司治理基础 | 2006-07-31 | 加强对保险公司设立境外保险类机构的管理 |
| 67 | 《非保险机构投资境外保险类企业管理办法》 | 中国保监会 | 中国保监会令2006年第6号 | 部门规章 | 保险业治理 | 行业监管 | 2006-07-31 | 规范非保险机构投资境外保险类企业的行为 |
| 68 | 《关于保险机构投资商业银行股权的通知》 | 中国保监会 | 保监发〔2006〕98号 | 部门规范性文件 | 保险机构治理 | 经营机构 | 2006-09-21 | 规范保险机构投资商业银行股权的行为 |
| 69 | 《中国保险业发展"十一五"规划纲要》 | 中国保监会 | 保监发〔2006〕97号 | 部门规范性文件 | 保险业治理 | 发展规划 | 2006-09-21 | 明确"十一五"期间保险业的发展方向、预期目标和政策措施 |
| 70 | 《保险公司独立董事管理暂行办法》 | 中国保监会 | 保监发〔2007〕22号 | 部门规范性文件 | 保险公司治理 | 董事会治理 | 2007-04-06 | 建立保险公司独立董事制度 |
| 71 | 《保险公司风险管理指引（试行）》 | 中国保监会 | 保监发〔2007〕23号 | 部门规范性文件 | 保险公司治理 | 风险管理 | 2007-04-06 | 强化保险公司风险管理 |
| 72 | 《保险公司关联交易管理暂行办法》 | 中国保监会 | 保监发〔2007〕24号 | 部门规范性文件 | 保险公司治理 | 股东治理 | 2007-04-06 | 规范保险公司关联交易行为 |
| 73 | 《保险公司内部审计指引（试行）》 | 中国保监会 | 保监发〔2007〕26号 | 部门规范性文件 | 保险公司治理 | 内部审计 | 2007-04-09 | 加强保险公司内部审计管理 |

续表

| 序号 | 文件名 | 发布主体 | 文件编号 | 文件层次 | 一级分类 | 二级分类 | 时间 | 治理意义 |
|---|---|---|---|---|---|---|---|---|
| 74 | 《公开发行证券的公司信息披露编报规则第 4 号——保险公司信息披露特别规定》 | 中国证监会 | 证监公司字〔2007〕139 号 | 部门规范性文件 | 保险公司治理 | 信息披露 | 2007-08-28 | 规范上市保险公司的信息披露行为 |
| 75 | 《保险公司合规管理指引》 | 中国保监会 | 保监发〔2007〕91 号 | 部门规范性文件 | 保险公司治理 | 合规管理 | 2007-09-07 | 加强保险公司合规管理 |
| 76 | 《保险公司总精算师管理办法》 | 中国保监会 | 中国保监会令2007年第 3 号 | 部门规章 | 保险公司治理 | 董监高 | 2007-09-28 | 建立保险公司总精算师管理办法 |
| 77 | 《保险公司董事、监事及高级管理人员培训管理暂行办法》 | 中国保监会 | 保监发〔2008〕27 号 | 部门规范性文件 | 保险公司治理 | 董监高 | 2008-04-15 | 建立保险公司董事、监事及高级管理人员培训管理制度 |
| 78 | 《关于〈保险公司合规管理指引〉具体适用有关事宜的通知》 | 中国保监会 | 保监发〔2008〕29 号 | 部门规范性文件 | 保险公司治理 | 合规管理 | 2008-04-18 | 明确《保险公司合规管理指引》的有关适用问题 |
| 79 | 《保险公司董事会运作指引》 | 中国保监会 | 保监发〔2008〕58 号 | 部门规范性文件 | 保险公司治理 | 董事会治理 | 2008-07-08 | 规范保险公司董事会运作 |
| 80 | 《关于规范保险公司章程的意见》 | 中国保监会 | 保监发〔2008〕57 号 | 部门规范性文件 | 保险公司治理 | 公司治理基础 | 2008-07-08 | 加强对保险公司章程的监管 |
| 81 | 《关于保险公司高级管理人员 2008 年薪酬发放等有关事宜的通知》 | 中国保监会 | 保监发〔2008〕112 号 | 部门规范性文件 | 保险公司治理 | 董监高 | 2008-12-05 | 进一步规范保险公司高级管理人员的薪酬问题 |
| 82 | 《保险公司财务负责人任职资格管理规定》 | 中国保监会 | 中国保监会令2008年第 4 号 | 部门规章 | 保险公司治理 | 董监高 | 2008-12-11 | 加强保险公司财务负责人的任职资格管理 |
| 83 | 《关于报送保险公司分类监管信息的通知》 | 中国保监会 | 保监发〔2008〕113 号 | 部门规范性文件 | 保险公司治理 | 信息披露 | 2008-12-15 | 明确分类监管信息报送的相关事项 |

| 序号 | 文件名 | 发布主体 | 文件编号 | 文件层次 | 一级分类 | 二级分类 | 时间 | 治理意义 |
|------|--------|----------|----------|----------|----------|----------|------|----------|
| 84 | 《关于开展保险公司财务业务数据真实性自查工作的通知》 | 中国保监会 | 保监发〔2009〕9号 | 部门规范性文件 | 保险公司治理 | 外部监管 | 2009-01-22 | 明确保险公司财务业务数据真实性自查工作 |
| 85 | 《关于2009年保险公司合规工作要求的通知》 | 中国保监会 | 保监发〔2009〕16号 | 部门规范性文件 | 保险公司治理 | 合规管理 | 2009-02-13 | 明确2009年保险公司合规工作重点要求 |
| 86 | 《关于实施〈保险公司财务负责人任职资格管理规定〉有关事项的通知》 | 中国保监会 | 保监发〔2009〕23号 | 部门规范性文件 | 保险公司治理 | 董监高 | 2009-02-27 | 确保《保险公司财务负责人任职资格管理规定》顺利实施 |
| 87 | 《保险公估机构监管规定》 | 中国保监会 | 中国保监会令2015年第3号 | 部门规章 | 保险机构治理 | 中介机构 | 2009-09-25 | 加强对保险公估机构的监管 |
| 88 | 《保险经纪机构监管规定》 | 中国保监会 | 中国保监会令2015年第3号 | 部门规章 | 保险机构治理 | 中介机构 | 2009-09-25 | 加强对保险经纪机构的监管 |
| 89 | 《保险专业代理机构监管规定》 | 中国保监会 | 中国保监会令2015年第3号 | 部门规章 | 保险机构治理 | 中介机构 | 2009-09-25 | 加强对保险专业代理机构的监管 |
| 90 | 《保险公司信息化工作管理指引（试行）》 | 中国保监会 | 保监发〔2009〕133号 | 部门规范性文件 | 保险公司治理 | 信科治理 | 2009-12-29 | 加强保险公司信息化工作管理 |
| 91 | 《保险公司董事、监事和高级管理人员任职资格管理规定》 | 中国保监会 | 中国保监会令2014年第1号 | 部门规章 | 保险公司治理 | 董监高 | 2010-01-08 | 加强和完善对保险公司董事、监事和高级管理人员任职资格的管理 |
| 92 | 《保险集团公司管理办法（试行）》 | 中国保监会 | 保监发〔2010〕29号 | 部门规范性文件 | 保险机构治理 | 经营机构 | 2010-03-12 | 确定了保险集团公司监管的总体框架、基本内容和基本程序 |
| 93 | 《保险公司股权管理办法》 | 中国保监会 | 中国保监会令2018年第5号 | 部门规章 | 保险公司治理 | 股东治理 | 2010-05-04 | 规范保险公司股权管理 |

续表

| 序号 | 文件名 | 发布主体 | 文件编号 | 文件层次 | 一级分类 | 二级分类 | 时间 | 治理意义 |
|---|---|---|---|---|---|---|---|---|
| 94 | 《保险公司信息披露管理办法》 | 中国保监会 | 中国银保监会令2018年第2号 | 部门规章 | 保险公司治理 | 信息披露 | 2010-05-12 | 规范保险公司的信息披露行为 |
| 95 | 《保险资金投资股权暂行办法》 | 中国保监会 | 保监发〔2010〕79号 | 部门规范性文件 | 保险公司治理 | 外部监管 | 2010-07-31 | 规范保险资金投资股权行为 |
| 96 | 《保险公司内部控制基本准则》 | 中国保监会 | 保监发〔2010〕69号 | 部门规范性文件 | 保险公司治理 | 内部控制 | 2010-08-10 | 确定保险公司执行《企业内部控制基本规范》的细则 |
| 97 | 《保险公司董事及高级管理人员审计管理办法》 | 中国保监会 | 保监发〔2010〕78号 | 部门规范性文件 | 保险公司治理 | 董监高 | 2010-09-02 | 规范保险公司董事及高级管理人员的审计工作 |
| 98 | 《保险公司资本保证金管理办法》 | 中国保监会 | 保监发〔2015〕37号 | 部门规范性文件 | 保险公司治理 | 外部监管 | 2011-07-07 | 加强对保险公司资本保证金的管理 |
| 99 | 《中国保险业发展"十二五"规划纲要》 | 中国保监会 | 保监发〔2011〕47号 | 部门规范性文件 | 保险业治理 | 发展规划 | 2011-08-03 | 明确"十二五"期间保险业的发展方向、重点任务和政策措施 |
| 100 | 《保险公司保险业务转让管理暂行办法》 | 中国保监会 | 中国保监会令2011年第1号 | 部门规章 | 保险公司治理 | 退出机制 | 2011-08-26 | 规范保险公司保险业务转让行为 |
| 101 | 《保险中介服务集团公司监管办法（试行）》 | 中国保监会 | 保监发〔2011〕54号 | 部门规范性文件 | 保险机构治理 | 中介机构 | 2011-09-22 | 规范保险中介服务集团公司的监督管理 |
| 102 | 《保险公司信息系统安全管理指引（试行）》 | 中国保监会 | 保监发〔2011〕68号 | 部门规范性文件 | 保险公司治理 | 信科治理 | 2011-11-16 | 防范化解保险公司信息系统安全风险 |
| 103 | 《保险公司薪酬管理规范指引（试行）》 | 中国保监会 | 保监发〔2012〕63号 | 部门规范性文件 | 保险公司治理 | 董监高 | 2012-07-19 | 规范保险公司薪酬管理行为 |
| 104 | 《保险公司控股股东管理办法》 | 中国保监会 | 中国保监会令2012年第1号 | 部门规章 | 保险公司治理 | 股东治理 | 2012-07-25 | 规范保险公司控股股东行为 |

续表

| 序号 | 文件名 | 发布主体 | 文件编号 | 文件层次 | 一级分类 | 二级分类 | 时间 | 治理意义 |
|---|---|---|---|---|---|---|---|---|
| 105 | 《关于贯彻实施〈保险公司董事及高级管理人员审计管理办法〉有关事项的通知》 | 中国保监会 | 保监发〔2012〕102号 | 部门规范性文件 | 保险公司治理 | 董监高 | 2012-11-02 | 进一步规范保险公司高管人员审计 |
| 106 | 《关于贯彻实施〈保险公司薪酬管理规范指引（试行）〉有关事项的通知》 | 中国保监会 | 保监发〔2012〕101号 | 部门规范性文件 | 保险公司治理 | 董监高 | 2012-11-02 | 为贯彻实施《保险公司薪酬管理规范指引（试行）》提供指导 |
| 107 | 《中国保监会办公厅关于进一步做好保险公司公开信息披露工作的通知》 | 中国保监会 | 保监厅发〔2013〕15号 | 部门规范性文件 | 保险公司治理 | 信息披露 | 2013-03-08 | 进一步贯彻落实《保险公司信息披露管理办法》 |
| 108 | 《保险公司发展规划管理指引》 | 中国保监会 | 保监发〔2013〕18号 | 部门规范性文件 | 保险公司治理 | 董事会治理 | 2013-03-12 | 规范保险公司发展规划工作 |
| 109 | 《关于部分保险公司纳入分类监管实施范围的通知》 | 中国保监会 | 保监厅发〔2013〕29号 | 部门规范性文件 | 保险公司治理 | 外部监管 | 2013-04-11 | 通知部分保险公司纳入分类监管实施范围 |
| 110 | 《中国保监会关于规范有限合伙式股权投资企业投资入股保险公司有关问题的通知》 | 中国保监会 | 保监发〔2013〕36号 | 部门规范性文件 | 保险公司治理 | 股东治理 | 2013-04-17 | 进一步完善保险公司股权管理行为 |
| 111 | 《保险公司业务范围分级管理办法》 | 中国保监会 | 保监发〔2013〕41号 | 部门规范性文件 | 保险公司治理 | 外部监管 | 2013-05-02 | 规范保险公司业务范围管理 |
| 112 | 《保险消费投诉处理管理办法》 | 中国保监会 | 中国保监会令2013年第8号 | 部门规章 | 保险业治理 | 行业监管 | 2013-07-01 | 规范保险消费投诉处理工作 |
| 113 | 《人身保险公司服务评价管理办法》 | 中国保监会 | 保监发〔2013〕73号 | 部门规范性文件 | 保险公司治理 | 外部监管 | 2013-09-02 | 为全面贯彻落实《人身保险业务基本服务规定》保驾护航 |

| 序号 | 文件名 | 发布主体 | 文件编号 | 文件层次 | 一级分类 | 二级分类 | 时间 | 治理意义 |
|---|---|---|---|---|---|---|---|---|
| 114 | 《保险公司声誉风险管理指引》 | 中国保监会 | 保监发〔2014〕15号 | 部门规范性文件 | 保险公司治理 | 风险管理 | 2014-02-19 | 加强保险公司声誉风险管理 |
| 115 | 《中国保监会关于外资保险公司与其关联企业从事再保险交易有关问题的通知》 | 中国保监会 | 保监发〔2014〕19号 | 部门规范性文件 | 保险公司治理 | 股东治理 | 2014-03-05 | 规范外资保险公司关联交易行为 |
| 116 | 《保险公司收购合并管理办法》 | 中国保监会 | 保监发〔2014〕26号 | 部门规范性文件 | 保险公司治理 | 并购机制 | 2014-03-21 | 规范保险公司收购合并行为 |
| 117 | 《保险公司资金运用信息披露准则第1号：关联交易》 | 中国保监会 | 保监发〔2014〕44号 | 部门规范性文件 | 保险公司治理 | 股东治理 | 2014-05-19 | 规范保险公司资金运用关联交易信息披露行为 |
| 118 | 《国务院关于加快发展现代保险服务业的若干意见》 | 国务院 | 国发〔2014〕29号 | 国务院规范性文件 | 保险业治理 | 发展方针 | 2014-08-10 | 我国保险业改革发展的第二次顶层设计 |
| 119 | 《保险公司所属非保险子公司管理暂行办法》 | 中国保监会 | 保监发〔2014〕78号 | 部门规范性文件 | 保险公司治理 | 股东治理 | 2014-09-28 | 规范保险公司所属非保险子公司的行为 |
| 120 | 《中国保监会关于保险公司投资信托产品风险有关情况的通报》 | 中国保监会 | 保监资金〔2014〕186号 | 部门规范性文件 | 保险公司治理 | 外部监管 | 2014-09-29 | 对保险公司投资信托产品风险有关情况进行通报并提出监管要求 |
| 121 | 《相互保险组织监管试行办法》 | 中国保监会 | 保监发〔2015〕11号 | 部门规范性文件 | 保险机构治理 | 经营机构 | 2015-01-23 | 建立相互保险组织的监督管理制度 |
| 122 | 《中国保监会关于2014年保险公司投诉处理考评情况的通报》 | 中国保监会 | 保监消保〔2015〕27号 | 部门规范性文件 | 保险公司治理 | 外部监管 | 2015-03-27 | 加强对保险公司投诉处理情况监管 |
| 123 | 《中国保监会关于调整保险资金境外投资有关政策的通知》 | 中国保监会 | 保监发〔2015〕33号 | 部门规范性文件 | 保险机构治理 | 经营机构 | 2015-03-27 | 规范保险资金境外投资，进一步扩大保险资产的国际配置空间 |

续表

| 序号 | 文件名 | 发布主体 | 文件编号 | 文件层次 | 一级分类 | 二级分类 | 时间 | 治理意义 |
|---|---|---|---|---|---|---|---|---|
| 124 | 《中国保监会关于进一步规范保险公司关联交易有关问题的通知》 | 中国保监会 | 保监发〔2015〕36号 | 部门规范性文件 | 保险公司治理 | 股东治理 | 2015-04-01 | 进一步规范保险公司关联交易行为 |
| 125 | 《保险公司资金运用信息披露准则第2号：风险责任人》 | 中国保监会 | 保监发〔2015〕42号 | 部门规范性文件 | 保险公司治理 | 信息披露 | 2015-04-10 | 规范保险公司资金运用风险责任人的信息披露行为 |
| 126 | 《保险机构董事、监事和高级管理人员培训管理办法》 | 中国保监会 | 保监发〔2015〕43号 | 部门规范性文件 | 保险机构治理 | 经营机构 | 2015-04-10 | 进一步完善保险机构董事、监事和高级管理人员培训管理制度 |
| 127 | 《中国保监会关于进一步规范报送〈保险公司治理报告〉的通知》 | 中国保监会 | 保监发改〔2015〕95号 | 部门规范性文件 | 保险机构治理 | 经营机构 | 2015-06-01 | 优化保险公司治理监管 |
| 128 | 《保险公司董事会提案管理指南》 | 中国保险行业协会 | 无 | 行业规定 | 保险公司治理 | 董事会治理 | 2015-06-03 | 为保险公司规范董事会提案管理提供指引 |
| 129 | 《中国保监会关于保险机构开展员工持股计划有关事项的通知》 | 中国保监会 | 保监发〔2015〕56号 | 部门规范性文件 | 保险机构治理 | 经营机构 | 2015-06-18 | 规范员工持股计划 |
| 130 | 《中国保监会关于加强保险公司筹建期治理机制有关问题的通知》 | 中国保监会 | 保监发〔2015〕61号 | 部门规范性文件 | 保险公司治理 | 公司治理基础 | 2015-07-01 | 规范保险公司筹建期的治理工作 |
| 131 | 《保险公司服务评价管理办法（试行)》 | 中国保监会 | 保监发〔2015〕75号 | 部门规范性文件 | 保险公司治理 | 外部监管 | 2015-07-31 | 提出保险公司服务评价管理办法 |
| 132 | 《保险公司经营评价指标体系（试行)》 | 中国保监会 | 保监发〔2015〕80号 | 部门规范性文件 | 保险公司治理 | 外部监管 | 2015-08-07 | 构建保险公司经营评价指标体系 |
| 133 | 《中国保监会关于深化保险中介市场改革的意见》 | 中国保监会 | 保监发〔2015〕91号 | 部门规范性文件 | 保险机构治理 | 中介机构 | 2015-09-17 | 推进保险中介市场深化改革，促进保险中介市场有序发展 |

| 序号 | 文件名 | 发布主体 | 文件编号 | 文件层次 | 一级分类 | 二级分类 | 时间 | 治理意义 |
|---|---|---|---|---|---|---|---|---|
| 134 | 《中国保监会关于保险业服务京津冀协同发展的指导意见》 | 中国保监会 | 保监发〔2015〕106号 | 部门规范性文件 | 保险业治理 | 发展规划 | 2015-12-03 | 推动保险业更好服务京津冀协同发展 |
| 135 | 《保险法人机构公司治理评价办法（试行）》 | 中国保监会 | 保监发〔2015〕112号 | 部门规范性文件 | 保险机构治理 | 经营机构 | 2015-12-07 | 首次提出我国保险法人机构公司治理评价办法 |
| 136 | 《保险机构内部审计工作规范》 | 中国保监会 | 保监发〔2015〕113号 | 部门规范性文件 | 保险机构治理 | 经营机构 | 2015-12-07 | 规范了保险机构内部审计工作 |
| 137 | 《中国保险保障基金有限责任公司业务监管办法》 | 中国保监会 | 保监厅发〔2015〕79号 | 部门规范性文件 | 保险业治理 | 行业监管 | 2015-12-14 | 明确对保障基金公司的业务监管 |
| 138 | 《保险公司资金运用信息披露准则第3号：举牌上市公司股票》 | 中国保监会 | 保监发〔2015〕121号 | 部门规范性文件 | 保险公司治理 | 信息披露 | 2015-12-23 | 规范保险公司举牌上市公司股票行为信息披露 |
| 139 | 《中国保监会关于保险业履行社会责任的指导意见》 | 中国保监会 | 保监发〔2015〕123号 | 部门规范性文件 | 保险业治理 | 行业监管 | 2015-12-24 | 推动保险公司社会责任实践的开展 |
| 140 | 《中国保险监督管理委员会政务信息工作办法》 | 中国保监会 | 保监发〔2015〕128号 | 部门规范性文件 | 保险业治理 | 监管部门 | 2015-12-29 | 规范中国保监会政务信息工作 |
| 141 | 《保险机构董事、监事和高级管理人员任职资格考试管理暂行办法》 | 中国保监会 | 保监发〔2016〕6号 | 部门规范性文件 | 保险机构治理 | 经营机构 | 2016-01-18 | 首次提出保险机构董监高任职资格考试办法 |
| 142 | 《中国保监会关于全面推进保险法治建设的指导意见》 | 中国保监会 | 保监发〔2016〕7号 | 部门规范性文件 | 保险业治理 | 行业监管 | 2016-01-18 | 指导全面推进保险法制建设 |
| 143 | 《中国保监会关于正式实施中国风险导向的偿付能力体系有关事项的通知》 | 中国保监会 | 无 | 部门规范性文件 | 保险业治理 | 行业监管 | 2016-01-25 | 中国风险导向的偿付能力体系正式实施 |

| 序号 | 文件名 | 发布主体 | 文件编号 | 文件层次 | 一级分类 | 二级分类 | 时间 | 治理意义 |
|---|---|---|---|---|---|---|---|---|
| 144 | 《关于银行类保险兼业代理机构行政许可有关事项的通知》 | 中国保监会 | 保监中介〔2016〕44 号 | 部门规范性文件 | 保险机构治理 | 中介机构 | 2016-04-25 | 指导银行类保险兼业保险代理 |
| 145 | 《保险公司资金运用信息披露准则第4 号：大额未上市股权和大额不动产投资》 | 中国保监会 | 保监发〔2016〕36 号 | 部门规范性文件 | 保险公司治理 | 信息披露 | 2016-05-04 | 规范保险公司大额未上市股权和大额不动产投资的信息披露行为 |
| 146 | 《中国保监会关于进一步加强保险公司合规管理工作有关问题的通知》 | 中国保监会 | 保监发〔2016〕38 号 | 部门规范性文件 | 保险公司治理 | 合规管理 | 2016-05-06 | 进一步规范保险公司合规负责人的任职管理 |
| 147 | 《中国保监会关于进一步加强保险公司关联交易信息披露工作有关问题的通知》 | 中国保监会 | 保监发〔2016〕52 号 | 部门规范性文件 | 保险公司治理 | 信息披露 | 2016-06-30 | 进一步规范保险公司关联交易信息披露工作 |
| 148 | 《中国保监会关于保险公司在全国中小企业股份转让系统挂牌有关事项的通知》 | 中国保监会 | 保监发〔2016〕71 号 | 部门规范性文件 | 保险公司治理 | 外部监管 | 2016-08-10 | 明确提出了保险公司新三板挂牌的要求 |
| 149 | 《中国保险业发展"十三五"规划纲要》 | 中国保监会 | 保监发〔2016〕74 号 | 部门规范性文件 | 保险业治理 | 发展规划 | 2016-08-23 | 明确"十三五"时期保险业的指导思想、发展目标、重点任务和政策措施 |
| 150 | 《中国保监会关于强化人身保险产品监管工作的通知》 | 中国保监会 | 保监人身险〔2016〕199 号 | 部门规范性文件 | 保险公司治理 | 外部监管 | 2016-09-02 | 进一步规范了人身保险产品的外部监管 |
| 151 | 《中国保监会关于做好保险专业中介业务许可工作的通知》 | 中国保监会 | 保监发〔2016〕82 号 | 部门规范性文件 | 保险机构治理 | 中介机构 | 2016-09-29 | 规范了保险中介机构业务许可的要求 |

| 序号 | 文件名 | 发布主体 | 文件编号 | 文件层次 | 一级分类 | 二级分类 | 时间 | 治理意义 |
|---|---|---|---|---|---|---|---|---|
| 152 | 《保险公司合规管理办法》 | 中国保监会 | 保监发〔2016〕116 号 | 部门规范性文件 | 保险公司治理 | 合规管理 | 2016-12-30 | 强化保险公司合规管理 |
| 153 | 《中国保监会关于印发〈保险公司跨京津冀区域经营备案管理试点办法〉及开展试点工作的通知》 | 中国保监会 | 保监发〔2017〕1 号 | 部门规范性文件 | 保险公司治理 | 外部监管 | 2017-01-05 | 指导保险业服务京津冀发展战略 |
| 154 | 《中国保监会关于进一步加强保险资金股票投资监管有关事项的通知》 | 中国保监会 | 保监发〔2017〕9 号 | 部门规范性文件 | 保险公司治理 | 外部监管 | 2017-01-24 | 进一步强化保险资金股票投资的监管 |
| 155 | 《中国保监会关于加强相互保险组织信息披露有关事项的通知》 | 中国保监会 | 保监发〔2017〕26 号 | 部门规范性文件 | 保险机构治理 | 经营机构 | 2017-03-28 | 加强相互保险组织信息披露 |
| 156 | 《中国保监会关于进一步加强保险监管、维护保险业稳定健康发展的通知》 | 中国保监会 | 保监发〔2017〕34 号 | 部门规范性文件 | 保险业治理 | 行业监管 | 2017-04-20 | 进一步加强保险监管，维护保险业稳定发展 |
| 157 | 《中国保监会关于保险业服务"一带一路"建设的指导意见》 | 中国保监会 | 保监发〔2017〕38 号 | 部门规范性文件 | 保险业治理 | 发展规划 | 2017-04-27 | 指导保险业服务"一带一路"建设 |
| 158 | 《中国保监会关于强化保险监管、打击违法违规行为、整治市场乱象的通知》 | 中国保监会 | 保监发〔2017〕40 号 | 部门规范性文件 | 保险业治理 | 行业监管 | 2017-04-28 | 针对市场乱象强化监管 |
| 159 | 《中国保监会关于保险业支持实体经济发展的指导意见》 | 中国保监会 | 保监发〔2017〕42 号 | 部门规范性文件 | 保险业治理 | 发展规划 | 2017-05-04 | 指导保险业支持服务实体经济发展 |
| 160 | 《中国保监会关于弥补监管短板构建严密有效保险监管体系的通知》 | 中国保监会 | 保监发〔2017〕44 号 | 部门规范性文件 | 保险业治理 | 行业监管 | 2017-05-05 | 指导监管部门强化保险监管 |

续表

| 序号 | 文件名 | 发布主体 | 文件编号 | 文件层次 | 一级分类 | 二级分类 | 时间 | 治理意义 |
|---|---|---|---|---|---|---|---|---|
| 161 | 《中国保监会关于进一步加强保险公司开业验收工作的通知》 | 中国保监会 | 保监发〔2017〕51 号 | 部门规范性文件 | 保险公司治理 | 公司治理基础 | 2017-06-22 | 强化保险公司开业验收中的公司治理监管 |
| 162 | 《中国保监会关于进一步加强保险公司关联交易管理有关事项的通知》 | 中国保监会 | 保监发〔2017〕52 号 | 部门规范性文件 | 保险公司治理 | 股东治理 | 2017-06-23 | 进一步强化对保险公司关联交易监管的要求 |
| 163 | 《保险公估人监管规定》 | 中国保监会 | 中国保监会令2018年第 2 号 | 部门规章 | 保险机构治理 | 中介机构 | 2018-02-01 | 明确对保险公估人的监管 |
| 164 | 《保险经纪人监管规定》 | 中国保监会 | 中国保监会令2018年第 3 号 | 部门规章 | 保险机构治理 | 中介机构 | 2018-02-01 | 明确对保险经纪人的监管 |
| 165 | 《深化党和国家机构改革方案》 | 中国共产党第十九届中央委员会 | 无 | 党内法规 | 保险业治理 | 监管部门 | 2018-03-21 | 保险监管机构变更为中国银行保险监督管理委员会 |
| 166 | 《中国银行保险监督管理委员会关于放开外资保险经纪公司经营范围的通知》 | 中国银保监会 | 银保监发〔2018〕19 号 | 部门规范性文件 | 保险机构治理 | 中介机构 | 2018-04-27 | 放开外资保险公司经纪业务经营范围 |
| 167 | 《中国银保监会关于允许境外投资者来华经营保险代理业务的通知》 | 中国银保监会 | 银保监发〔2018〕30 号 | 部门规范性文件 | 保险机构治理 | 中介机构 | 2018-06-19 | 允许外资经营保险代理业务 |
| 168 | 《中国银保监会关于允许境外投资者来华经营保险公估业务的通知》 | 中国银保监会 | 银保监发〔2018〕29 号 | 部门规范性文件 | 保险机构治理 | 中介机构 | 2018-06-19 | 允许外资经营保险公估业务 |
| 169 | 《保险机构独立董事管理办法》 | 中国银保监会 | 银保监发〔2018〕35 号 | 部门规范性文件 | 保险机构治理 | 经营机构 | 2018-06-30 | 强化保险机构独立董事管理 |
| 170 | 《中国银保监会关于 2018 年保险法人机构公司治理现场评估结果的通报》 | 中国银保监会 | 银保监发〔2019〕2 号 | 部门规范性文件 | 保险机构治理 | 经营机构 | 2019-01-11 | 通过现场评估进一步促进保险法人机构提升公司治理水平 |

| 序号 | 文件名 | 发布主体 | 文件编号 | 文件层次 | 一级分类 | 二级分类 | 时间 | 治理意义 |
|---|---|---|---|---|---|---|---|---|
| 171 | 《中国银保监会关于进一步加强金融服务民营企业有关工作的通知》 | 中国银保监会 | 银保监发〔2019〕8号 | 部门规范性文件 | 保险业治理 | 发展规划 | 2019-02-25 | 进一步加强保险业服务民营企业发展 |
| 172 | 《中国银保监会办公厅关于加强保险公司中介渠道业务管理的通知》 | 中国银保监会办公厅 | 银保监办发〔2019〕19号 | 部门规范性文件 | 保险机构治理 | 中介机构 | 2019-02-26 | 强化保险公司中介业务管理 |
| 173 | 《中国银保监会办公厅关于授权派出机构实施部分行政许可事项的通知》 | 中国银保监会办公厅 | 银保监办发〔2019〕69号 | 部门规范性文件 | 保险业治理 | 监管机构 | 2019-03-11 | 明确中国银保监会授权派出机构可以实施的行政许可事项范围 |
| 174 | 《中国银保监会关于开展"巩固治乱象成果 促进合规建设"工作的通知》 | 中国银保监会 | 银保监发〔2019〕23号 | 部门规范性文件 | 保险业治理 | 发展规划 | 2019-05-08 | 进一步推动保险机构加强合规建设 |
| 175 | 《保险资产负债管理监管暂行办法》 | 中国银保监会 | 银保监发〔2019〕32号 | 部门规范性文件 | 保险机构治理 | 经营机构 | 2019-08-07 | 加强保险资产负债管理监管 |
| 176 | 《保险公司关联交易管理办法》 | 中国银保监会 | 银保监发〔2019〕35号 | 部门规范性文件 | 保险公司治理 | 股东治理 | 2019-08-25 | 进一步规范了保险公司关联交易行为，加强保险公司关联交易监管 |
| 177 | 《关于加快农业保险高质量发展的指导意见》 | 财政部、农业农村部、银保监会、林草局 | 财金〔2019〕102号 | 部门规范性文件 | 保险业治理 | 发展规划 | 2019-09-19 | 指导农业保险高质量发展 |
| 178 | 《中国银保监会办公厅关于开展银行保险机构侵害消费者权益乱象整治工作的通知》 | 中国银保监会办公厅 | 银保监办发〔2019〕194号 | 部门规范性文件 | 保险机构治理 | 经营机构 | 2019-09-24 | 进一步加强对侵害消费者权益乱象的整治 |
| 179 | 《国务院关于进一步做好利用外资工作的意见》 | 国务院 | 国发〔2019〕23号 | 国务院规范性文件 | 保险业治理 | 发展规划 | 2019-10-30 | 进一步推动保险业对外开放 |

| 序号 | 文件名 | 发布主体 | 文件编号 | 文件层次 | 一级分类 | 二级分类 | 时间 | 治理意义 |
|---|---|---|---|---|---|---|---|---|
| 180 | 《中国银保监会关于银行保险机构加强消费者权益保护工作体制机制建设的指导意见》 | 中国银保监会 | 银保监发〔2019〕38号 | 部门规范性文件 | 保险机构治理 | 经营机构 | 2019-11-04 | 加强消费者权益保护工作体制机制建设 |
| 181 | 《中国银保监会关于印发银行保险机构公司治理监管评估办法（试行）的通知》 | 中国银保监会 | 银保监发〔2019〕43号 | 部门规范性文件 | 保险机构治理 | 经营机构 | 2019-11-25 | 进一步加强保险机构公司治理监管 |
| 182 | 《中国银保监会办公厅关于明确取消合资寿险公司外资股比限制时点的通知》 | 中国银保监会 | 银保监办发〔2019〕230号 | 部门规范性文件 | 保险公司治理 | 股东治理 | 2019-12-06 | 明确取消合资寿险公司外资股比限制的时点 |
| 183 | 《中国银保监会现场检查办法（试行)》 | 中国银保监会 | 中国银保监会令2019年第7号 | 部门规章 | 保险业治理 | 监管部门 | 2019-12-24 | 完善现场检查制度框架，规范现场检查行为，提升现场检查质效 |
| 184 | 《中国银保监会关于推动银行业和保险业高质量发展的指导意见》 | 中国银保监会 | 银保监发〔2019〕52号 | 部门规范性文件 | 保险业治理 | 发展规划 | 2019-12-30 | 推动银行业和保险业高质量发展 |

资料来源：作者自制。

注：表格中"文件编号"指该文件最新版本的编号，"时间"指该文件首次发布的时间。

# 索引